# 老报刊里的日本侵华实录

## 第3卷·侵华政治文化篇

谢华　主编

哈爾濱工業大學出版社
HARBIN INSTITUTE OF TECHNOLOGY PRESS

# 序

■张同新

这套四卷本（6册）的《老报刊里的日本侵华实录》，分为(战争侵略篇、侵华教育篇、侵华经济篇、侵华政治文化篇），由哈尔滨工业大学出版社即将付梓出版。全书收录的文章全部是日本帝国主义侵略中国14年间的，也是中国人民与日本侵略者作殊死博斗的抗日战争14年期间，老报刊作者的当年之作。这套书的编者谢华先生将1931～1945年期间我国出版的诸多报刊刊载的记述、评论日本侵华罪行文章作了系统的梳理，全方位、多角度地再现那段悲壮历史，揭露了日本侵略者所犯下的滔天罪行，向世人揭开一幕幕鲜为人知的血腥史实，会让当代人真实感悟到当年的日本侵略中国的战争场景，了解中国的苦难，控诉日本人的野蛮行径，讴歌中国各族人民抗击日本侵略者的不屈不挠的爱国情操。

由于种种原因，抗战中留下来的资料较少，《老报刊里的日本侵华实录》选用二三百篇老报刊上的图文“原汁原味”地再现了当时日本侵华的真实记载，再现了二战期间日本入侵中国的罪恶行径。字字血、声声泪，让炎黄子孙义愤填膺。这些当年侵华日军吹嘘“战果”的图文，今天都成为其侵略的罪证。可以说，这是3500万中国冤魂的大控诉！

任何善良的人民都会为无辜人民的惨死而颤栗、愤怒！发生在二十世纪三四十年代那场腥风血雨的战争，日本军国主义的野蛮侵略，使我国陷入了前所未有的民族大灾难。从1931年策动的“九一八事变”侵占我东北三省，到1935年制造“华北事变”，日本鲸吞中国的野心日益膨胀，以1937年“七七事变”“八一三”对上海的侵略为标志，日本发动了全面侵华战争。

日寇铁蹄任意践踏我国的大好河山，以极端野蛮的方式进行侵略、掠夺、杀戮、奴役。他们屠杀中国军民，强行掠取劳工，蹂躏和摧残妇女，进行细菌战和化学战，制造了一起起灭绝人性的惨案，犯下了一桩桩令人发指的罪行。侵华日军在中国到处实行“烧光、杀光、抢光”的“三光政策”，已为中外人士包括日本人民所公认，也为大批参加侵华战争的日本官兵所证实。但冈村宁茨——这个曾经担任日本华北方面军司令官和中国派遣军总司令官等职的“它”，对自己所犯下的战争罪行不是悔过，而是厚颜无耻地吹捧，并公然矢口否认他指挥侵华日军实行的“三光政策”，还吹捧自己始终是信守“戒烧”“戒淫”“戒杀”信条的。更有甚者，日本还有人著书立说，“日本无罪”“日本不是侵略国”“南京大屠杀之虚构”等，否认日本在中国制造的屠杀惨案，否认他们所犯下的滔天罪行，并为被历史钉在耻辱柱上的战犯扬幡招魂。

而战后一些有良知的日本学者也到过中国进行实地考察，写出了符合历史事实的学术著作，如吉田光义先生多次到河北日本制造无人区的村庄考察，著有《华北无人区》一书，他赠送给我的那一本，仍然保存在我的书架上。这些中日友好人士的当代之作，与本书收集当年之作结合起来看，现在日本的右翼势力否认侵略历史，捏造历史，以他们的前辈的罪恶行径为荣，其用心之险恶，便一目了然了。

作者都是当年的历史见证人。我也在日本实行殖民统治下的伪满洲国生活过，亲眼所见日本大兵抓劳工、强征“国兵”“出荷”抢粮、摧残百姓的暴行，亲身体验了日本的奴化教育，后来我走上了研究中国现代史的道路。这套书的不少文章我都涉猎过，备感亲切。这套书的出版无论从学术研究看，还是从反对日本帝国主义复活，坚持中日友好，维护亚洲及世界和平等政治意义看，都是一个难得的资料。

谢华先生是多年来一直喜好收藏老报刊的收藏家，长期致力于报刊史的编撰整理工作。他编辑出版《老报刊里的日本侵华实录》(4卷6册)，正是对这段历史的最好见证，既有助于今人更好地了解二战的历史事实与细节，也进一步充实研究了这些珍贵文献，挖掘出其内在价值，为还原史实、推动相关研究发挥了更大的作用。

揭露与研究日本侵略中国的罪行，是中国抗日战争史的一个重要课题，也是中日关系史的一个重要课题，长期以来一直为中国人民和世界和平正义人士所关注。还在那场战争期间，中外众多报刊就对日本侵华罪行给予了特别的关注，进行了大量的报道和揭露。战后，国民政府和中国解放区救济总会对日本侵华罪行进行了大量的调查；远东国际军事法庭也派员来中国对日本战犯的罪行进行了调查、取证。这些，成为研究日本侵略中国罪行的重要的历史文献。苏联伯力审判，特别是新中国成立初期对日本战犯的审判，使揭露和研究日本侵华罪行提升到一个新的境界。1972年以来，以《中日联合声明》为基础，随着中日邦交正常化的发展，正视历史，妥善解决战争遗留问题，发展中日和平友好关系，成为强大的历史洪流。

但是，由于侵华日军销毁、藏匿其罪证，美国着眼于远东战略而掩护大批日本战犯逃脱国际法庭的追究，日本政府一直绝对保守秘密，因而，使日本侵华罪行的许多重大问题或被掩藏、或被阻断而未遗留下来。迄今尚未见有关全面、系统地研究日本侵略中国罪行的“文献性”史作问世。

今天，那场战争已经过去80多个年头了，中日两国正在《中日联合声明》等三个文件的基础上，致力于建立和平与发展的友好合作伙伴关系。但是，日本军国主义发动的那场侵华战争，造成中国3 500万人伤亡，6 000亿美元经济损失。我国人民的生命财产遭到历史上从未有过的空前大浩劫，千百万同胞家破人亡，或留下残疾而悲痛终生。这样空前的民族灾难，无论如何也无法抹去人们头脑中的记忆。

《老报刊里的日本侵华实录》一书，作为第一套系统地揭露与研究日本侵略中国罪行的史作，力图在吸收长期研究和积累成果的基础上，运用新的档案文献和调查资料，对日本帝国主义侵略中国的罪行做出较为系统、全面的论述。其主要特点是，把它作为日本侵华史和中日关系史的一个典型来考察，从历史、现实与未来发展的角度，来阐述日本侵略中国罪行的历史发展，分析其历史特点，论证其罪行、罪责，揭示其亟待解决的遗留问题，回击日本右翼势力否认侵华罪行、复活日本军国主义的图谋。

“以史为鉴可以知兴替”。日本侵华战争，是一个铁血写成的历史，正视这段历史具有很强的现实意义，在一定意义上影响着中日关系的走向，也影响日本人民的命运与日本国的前途。历史的教训值得人们永远记取。时至今日，日本朝野右翼势力猖獗，竭力美化侵略战争，鼓吹皇国史观，妄图复活日本军国主义，重温建立“大东亚共荣圈”的迷梦；日本司法机关还一直沿用100年前天皇宪法来审视中国受害者民间诉讼案，或者完全无视中国受害者的事实，或者不得不承认中国受害者事实，却自相矛盾地顽固坚持判决中国受害者败诉。因而，引起了中国人民和亚洲各国人民的忧虑和愤慨。“前事不忘，后事之师”。正视历史，才能更好地面向未来，防止历史悲剧的再演，使中日两国及亚洲各国沿着和平与发展的友好合作关系而稳定、持久发展。

《老报刊里的日本侵华实录》一书，不仅是详细记录日军侵华的滔天罪行，更重要的是让更多的日本青少年记住“军备亡国”的道理，从而也是对日本右翼势力有力的回击。日本长崎、广岛的居民，每年都纪念遭受原子弹爆炸造成的历史悲剧，这是很有意义的。希望长崎、广岛的民众在纪念这次灾难的受害同胞时，能想到造成这场历史灾难的罪魁祸首，正是供奉在东京靖国神社的法西斯恶魔，从而坚持日本要走和平发展，与中国、亚洲及世界各国和平友好的道路，防止与反对当初发动侵略战争的孝子贤孙们，妄图以新形式走复活军国主义道路。这些人的阴谋如果得逞，不仅是亚洲及世界的不幸，更主要的是日本人民的不幸。他们的阴谋如果得逞，日本人民受到的灾难将远远超过1945年的长崎与广岛。让我们牢记历史，中日两国人民团结起来，共同为建立中日友好、和谐世界做共同努力。

如果说这套书还有着美中不足之处，就是内容还有充实的空间，不少珍贵的文章尚未收入，相信此书会推动这项工作有更大进展。

2015年6月17日于北京西顶长弓斋

# 目录 CONTENTS

# 科　学

《科学》杂志于中华民国4年（1915）1月在上海问世，“以传播世界最新科学知识为职志”。

从创刊初期到1950年，《科学》均为月刊，共出版32卷，总发行量逾76万册。在抗日战争的艰难岁月里，仍在大后方坚持用毛边纸印行，几未间断。1951年，《科学》因与全国科联新办的《自然科学》（后亦停刊）合并，出了一期32卷增刊号后停刊，1957年又复刊。1957至1960年为季刊，共出版 4卷，由上海科学技术出版社出版，约发行 3.2万册。1961年第二次停刊。

1985年，在中国科协、中国科学院和国家科委的指导帮助下，在全国科学界许多知名人士的关心支持下，组成了以周光召（时任中科院副院长）为主编、科学家为主体（含近50位中科院学部委员）的几十人的《科学》杂志编委会。同时，上海科学技术出版社也组成了《科学》杂志编辑部，在编委会指导下工作。1985年10月，作为复刊号的《科学》37卷1期出版，实现了《科学》的第二次复刊。

面对新时期的形势和任务，周光召主编在《复刊词》中指出：《科学》复刊后所承担的任务“是向我国已经受过普通教育的人（包括正在或已经受过高等教育的人）综合地介绍现代科学的各个方面，帮助他们提高现代科学的素养。”“复刊的《科学》将在改善知识结构、增进对现代科学的了解方面做广大读者的益友。”

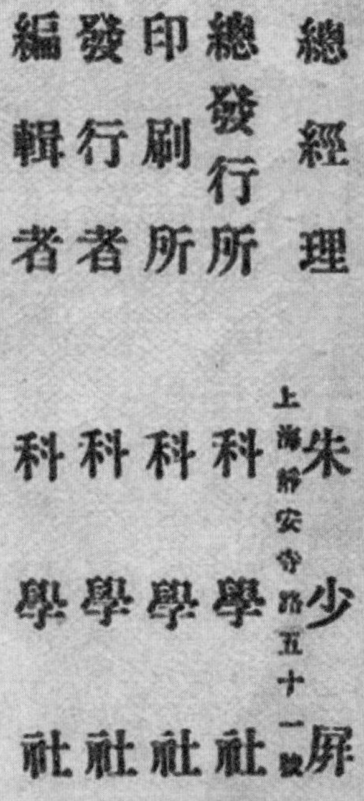
總經理　朱少屏
上海靜安寺路五十一號
總發行所　科學社
印刷所　科學社
發行者　科學社
編輯者　科學社

《科学》杂志版权页

# SCIENCE

# 科學

## 本期要目




中華民國十二年十二月
上海大同大學科學社事務所
中國科學社發行
上海商務印書館代售
第八卷第十二期　每冊二角五分
中華郵務局特准掛號認爲新聞紙類


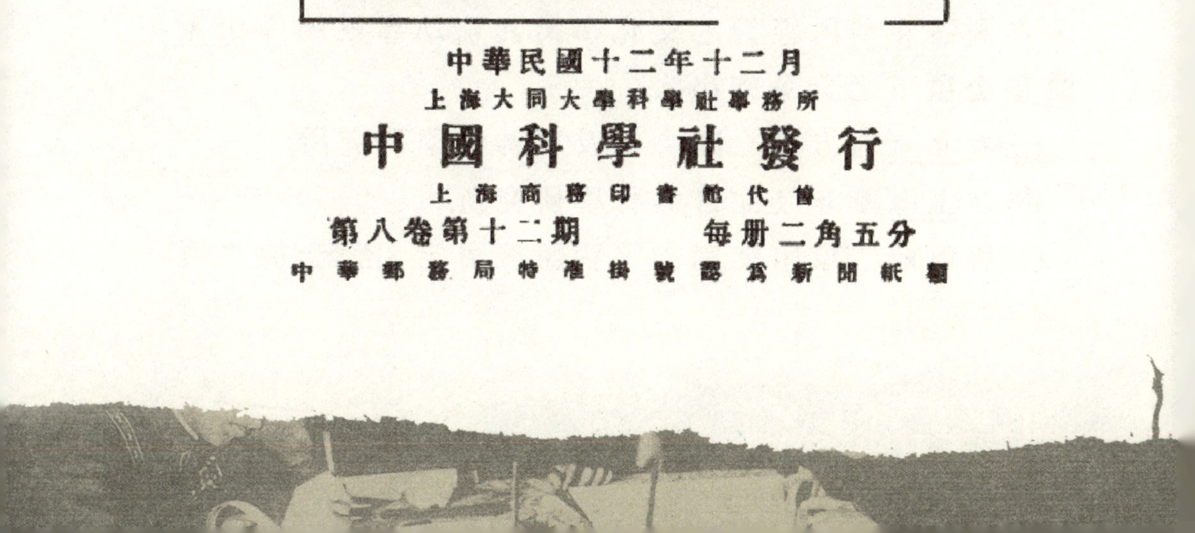

# 雜 俎

## 日本對華文化事業新協定

去年冬間日本外務省爲對華文化事業,開中日兩國非正式協議.其議決事項,共十二條,業由雙方委員請示本國政府,一俟奉到訓令,卽行簽字.我國方面因教育總長尚未定人,故擱而未議.日本方面已準備妥帖,無論何日,中國一行承認,卽可實行.至其用途,專用諸辦理圖書館博物館及精神科學研究所自然科學研究所等,比較的尚稱適當.茲錄其條項如下.預會者日人方面,出淵對華文化事務局長,岡部事務官,伊藤書記,朝岡事務官,中國方面汪公使,朱教育部特派員,張參事官,陳學務專員,錢秘書官.議決事項:—

(一)日本方面舉辦對華文化事業時,應將中國方面有識階級之代表的意見十分尊重.

(二)庚子賠款項下之資金,主用於爲中國人所辦之文化事業.至對於日本在山東所已設學校病院,及其他現時日本各團體在華所經營之文化事業,其補助專就關係山東賠償金項下之資金支出之.

(三)在北京地方設立圖書館及精神科學研究所.

(四)在上海地方設立自然科學研究所.

(五)辦理前二項事業應支經費,隨後另定.(附記)前二項

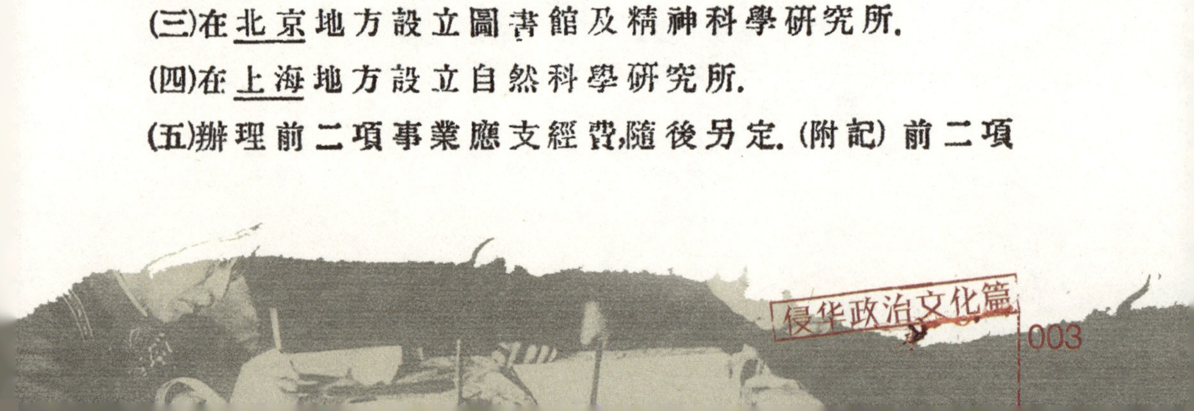

圖書館及研究所之館長所長,經雙方面定,以中國人充之.

(六)將來庚子賠款項下資金有贏餘時,應再舉辦下開各事業. (甲)就適當地點設立博物館, (乙)在濟南地方設立醫科大學,以濟南病院附屬之. (丙)在廣東地方設立醫學校及附屬病院.

(七)對於第三至第六項所開各項事業,設評議員會,以中日兩國人組織之.其員數各評議員會約二十名,中日兩方各出十名,由兩方協商,另選中國人一名爲會長.

(八)北京圖書館及研究所之用地,由中國政府免價撥給.

(九)救恤費之名義,應從速改爲慈善費,或其他名稱.(附記)十三年度此項費用,經出淵局長聲明以十萬元爲限.十四年度以後廢止之.

(十)對於留日中國學生,從明年度起,依下開方法給與學費.(附記)此項經費期限,經雙方面定,以十年爲限. (甲)學費定額每人每月七十元,一律平等給與. (乙)得受此項學費之留學生名數,每年度總計不得逾三百二十名. (丙)前項學生之名額,以各省選出衆議院議員定額,及各省負擔庚子賠款之數目,分攤於各省,由大學及專門學校肄業生內遴選之.此種大學及專門學校,由中國駐日公使館與日本文部省及對華文化事務局協商指定. (丁)應照前項遴選之學生,不以官費生爲限,自費生亦在其內. (戊)業經入選之學生,如認有成績惡劣,或品行不良者,隨時停止其學費.(附記)文內品行不良字樣,業經雙方面商,由中國公使館詳加解釋,列舉事項,以免誤會.

(十一)對於留日中國學生本年度給與學費辦法,照下開方法行之.(甲)按照第十項所定明年度以後之給與方法所遴選之學生,逐名給與之.(乙)此項學費之給與,自民國十三年一月份起.(丙)從前欠繳之各學校修金(授業料),以本年度未支用之經費清結之.

(十二)對於留日中國學生給與學費之支付,中國駐日公使館行之.

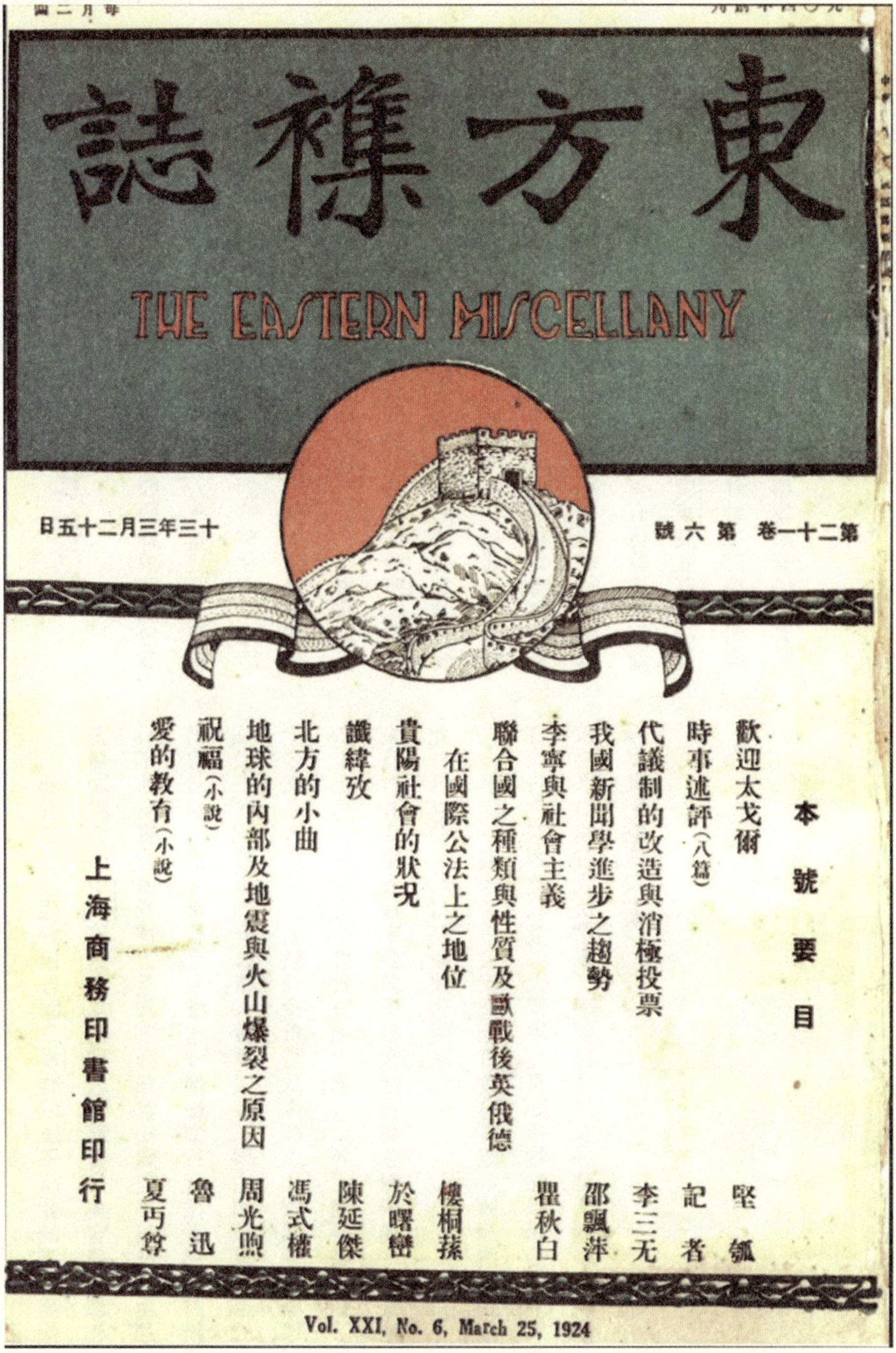
東方雜誌
THE EASTERN MISCELLANY
第二十一卷第六號
十三年三月二十五日
本號要目
歡迎太戈爾 堅瓠
時事述評(八篇) 記者
代議制的改造與消極投票 李三无
我國新聞學進步之趨勢 邵飄萍
李寧與社會主義 瞿秋白
聯合國之種類與性質及歐戰後英俄德在國際公法上之地位 樓桐蓀
貴陽社會的狀況 於曙巒
讖緯攷 陳延傑
北方的小曲 馮式權
地球的內部及地震與火山爆裂之原因 周光煦
祝福(小說) 魯迅
愛的教育(小說) 夏丏尊
上海商務印書館印行
Vol. XXI, No. 6, March 25, 1924

《东方杂志》封面

# 日本對華文化事業及其糾葛

美人以退還庚子賠款博得我國人一般的好感，其對於我國前途果屬有利與否，姑不深論。近年來日人有鑒於此，屢思踵行。迨大地震後，始將此後應得庚子賠款充對華文化事業事毅然決定。至十二月二十九日並發表對華文化事業調查會官制，進而為實行的計劃。同時，外務省方面亦派對華文化事務局長出淵勝次及事務官岡部長景與我國駐日公使汪榮寶，政府特派員朱念祖及學務專員陳延齡等為非正式的磋商，當將彼此一致的意見，總為大綱若干條。大旨係日本對於此後庚子賠款，以用於華人所辦的文化事業為主，如於北京則設立圖書館及精神科學研究所，於上海則設立自然科學研究所，並每年撥出三十萬為補助我國留日學生經費；此外若再有餘款，更於適當地點設立博物館，在濟南設立醫科大學，在廣東設立醫學校及附屬病院。我國委員當即備文呈報政府，由外教二部提出閣議通過。而日本退還庚子賠款以充對華文化事業經費的計畫，遂從此決定了。

我國留日學生方面自聞日本有以庚子賠款的三十萬撥充補助經費，由中國使館代為辦理之說，私費生與官費生即相爭不休。使署方面覺雙方互相攻訐，殊無法處理，不得已乃由學務專員呈請教育部核定分配辦法，俾便遵行。近聞教部已將辦法於三月八日以部令公布，大旨係：（一）學生額數為三百二十名，以各省衆議員名額及擔負賠款金額之比例為分配標準；（二）每名每月得支學費日幣七十元；（三）各省應得名額，在留東官自費生中各補半數，若係單數則自費生得多補一名。於是此一幕補助費的滑稽劇，才告解決。

然而一波未平，一波又起，因日政府有請我國派遣學生赴日旅行之舉，國立私立各大學學生又起爭端。結果仍由國立八校校務討論會議決選派了事，若私立以及各地大學學生，固無權享此利益也。（謫塵）

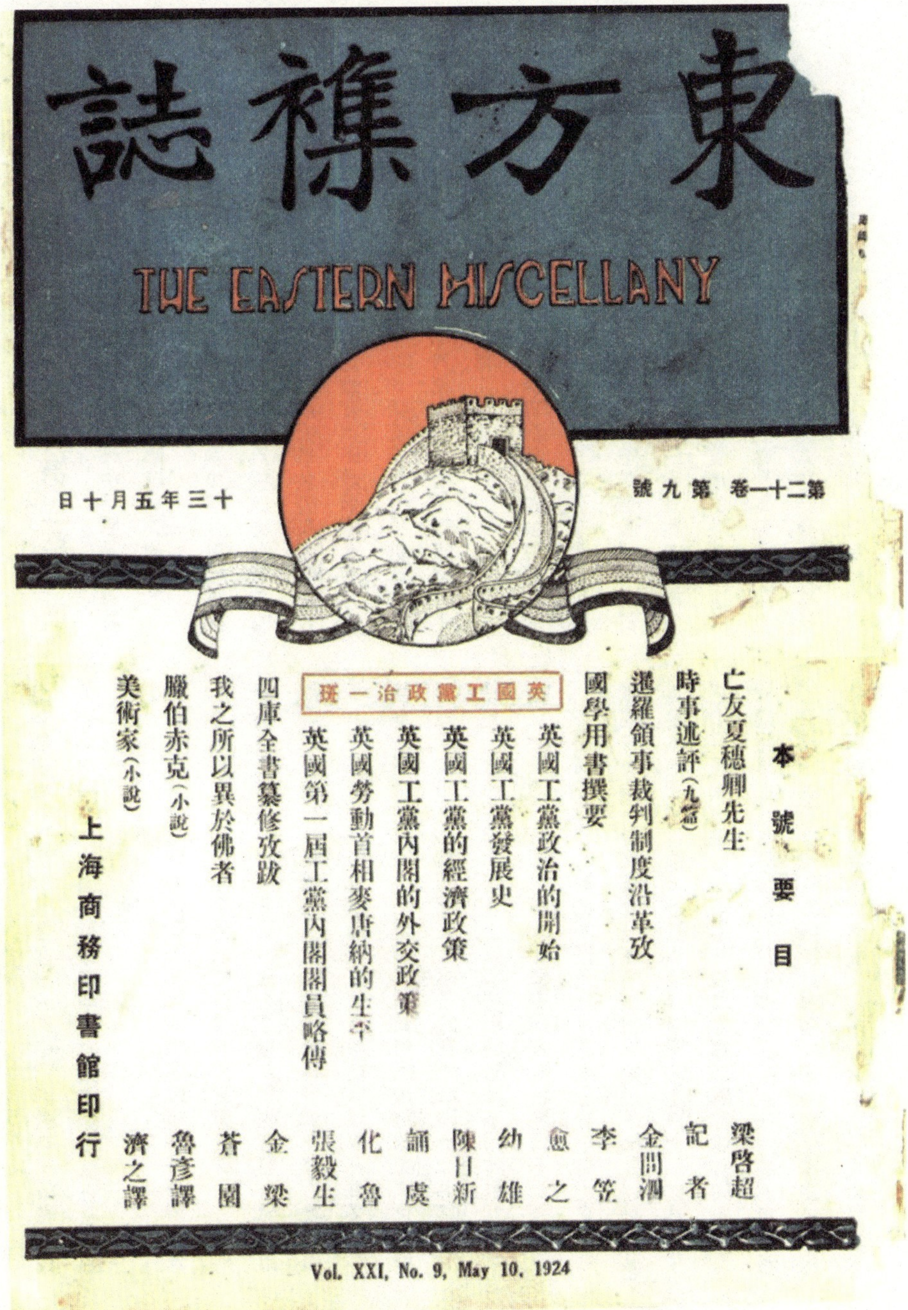

# 東方雜誌

THE EASTERN MISCELLANY

第二十一卷第九號

十三年五月十日

本號要目

| | |
|---|---|
| 亡友夏穗卿先生 | 梁啓超 |
| 時事述評（九篇） | 記者 |
| 暹羅領事裁判制度沿革攷 | 金問泗 |
| 國學用書撰要 | 李笠 |
| **英國工黨政治一斑** | |
| 英國工黨政治的開始 | 愈之 |
| 英國工黨發展史 | 幼雄 |
| 英國工黨的經濟政策 | 陳日新 |
| 英國工黨內閣的外交政策 | 誦虞 |
| 英國勞動首相麥唐納的生平 | 化魯 |
| 英國第一屆工黨內閣閣員略傳 | 張毅生 |
| 四庫全書纂修攷跋 | 金梁 |
| 我之所以異於佛者 | 蒼園 |
| 臘伯赤克（小說） | 魯彥譯 |
| 美術家（小說） | 濟之譯 |

上海商務印書館印行

Vol. XXI, No. 9, May 10, 1924

# 日本對華文化事業的第二幕

日本的對華文化事業協定於二月間經中日兩國委員簽字，中國留日學生補助學費辦法亦經教育部核定；於是日本對華文化事業的第一幕告終。詳見本誌第六號論武君所述嗣後，兩方對於實行一層：中國方面應日本之請，由北京的國立八校派男女學生四十六人赴日本參觀；日本方面既派帝國大學教授服部宇之吉來華為交換教授，又派文化事務局參贊朝岡健，事務官小村俊三至北京上海調查接洽設置圖書館，研究所事宜。這第二幕的日本對華文化事業的進行，使中日兩國智識階級漸趨接近，中日兩國國交上也受到不少的影響。

以中國近來教育經費的困難，教育事業的停頓，忽然日本方面能以每年三百八十餘萬元投諸對華文化事業，當然可以引起中國教育界的歡迎。查日本對華文化事業經費特別會計中，對這三百八十餘萬元的支配，是以二百三十三萬四千餘元作為圖書館，人文科學研究所，自然科學研究所的設置基金；所餘的一百四十七萬二千餘元，除支付文化事務局薪俸車費十萬餘元外，即以一百三十五萬五千八百元為事業費，用諸兩國交換講演及互派學生旅行費，留日中國學生補助費等事件上。這項經費，雖然支配權柄全在日人，而中國的教育事業，總可因此略略活動，服部朝岡小村等來華後的到處受人歡迎，原因雖不一，這一層卻頗有關係。

日本方面這回辦理對華文化事務，手段頗為高妙。對於從北京到日本去參觀的學生，則招待得非常好；對於廣東方面抱着缺望的學界，則答以秋間招致北京以外學生時，將一同邀請；而奉派來華的日員，則在上海北京竭力與中國各學術團體周旋。其中朝岡健在各地歡迎會上的談話，口口聲聲，表明文化事務超越於政治外交之上；解釋日本政府辦理這對華文化事務的誠意；說明自己為調查文化事業的實施準備，接洽中國人士意見而來，希望與中國人士協調。這項談話，姑不問其真意如何，而在極短的一時期中，則頗能使中國各學術團體不十分缺望。

中國方面，除各學術團體及教育界人士於上海北京等地歡迎會中與日員交換意見外；自然科學家二十餘人則提出意見書，本誌下期當采入選錄欄；最高學府的北京大學，則據四月三十日報紙所載，已組織臨時委員會細加研究，並有頗關重要的議案提交該校評議會；教育部亦經派委陳任中等為專員辦理這事。惟近來國內各方對於日本辦理對華文化事業的誠意頗有所懷疑。朱經農對於對支文化事業之懷疑一文中，以日本方面『似是而非的退還賠款』與『似是而非的合作』爲不滿意，而提出『超然的組織』與『開誠的合作』兩意見，范源濂歡宴服部時，演說中日文化事業的精神與形式都應超越政治。似對於日本方面更有進一步的要求了。

眼前這日本對華文化事業的第二幕，經多時的熱鬧，將有轉入第三幕的趨勢。若以事實來證，則（一）北京學界已發生許多小團體，各自活動，對於評議會圖書館及兩研究所中各十名的評議員及中國會長有互相競爭的形勢；（二）朝岡在上海北京尋覓設置圖書館研究所的地址，單獨進行，不與中國人士交換意見，已引起一部分中國人士的不滿意。觀此，則將來的第三幕，不是中國各團體自相衝突，便是中日兩國相衝突，前途的難於樂觀，殊可想見。

最近全國教育會聯合會退還庚子賠款事宜委員會等十一個國內教育學術大團體已明白要求：『由中日兩國推選專門學者，組織文化事業理事會，籌畫決定並管理日本以庚子賠款辦理文化事業之一切事務。理事人數中日各半，別設理事長一人，由中國人充之。』而聲明『如果日本方面不能容納上面所述的辦法，決不願參加這種事業。』則中日兩方的不融洽已有很顯明的表示了。（朔一）

# 东北新建设

东北幅员辽阔，土地肥沃，资源丰富。优越的自然条件，加之在地理位置上与日俄两国相邻，历来成为日俄两国争夺的焦点。尤其是日本帝国主义自中日甲午战争之后，通过一系列不平等的条约，在中国东北获得了“特殊权益”，对东北进行经济侵略，掠夺中国的资源，倾销其商品。以“满铁”为中心的日本资本主义势力几乎垄断了东北的经济命脉。至20世纪20年代末，日本商品占东北贸易进口额的70%，占出口总额的75%。日本在东北的投资高达14亿日元。日本大量商品和巨额资本的涌进，严重摧残了东北民族资本主义工商业的发展。

张学良深知：“经济是一国命脉，经济上不能复兴，政治上就永远没有独立自主的一天。”鉴于发展经济对于实现民族独立的重要性，张学良主政东北后，就发出了“东北新建设”的号召。中华民国17年（1928）10月10日，张学良为《东北新建设》杂志创刊题名。该刊由东北新建设杂志社主编发行，月刊。

民国18年（1929）10月8日，张学良提议成立东北新建设委员会，通盘筹划东北新建设事宜。他认为，所谓“东北新建设”或“建设新东北”，“新”就是现代化，其目的就在于“建设新的东北，助成现代化国家，消弭邻邦野心”。至“九一八”事变前，张学良兴办实业，发展经济、教育，整顿金融，振兴民族经济，为东北实现经济现代化做出了重要贡献。

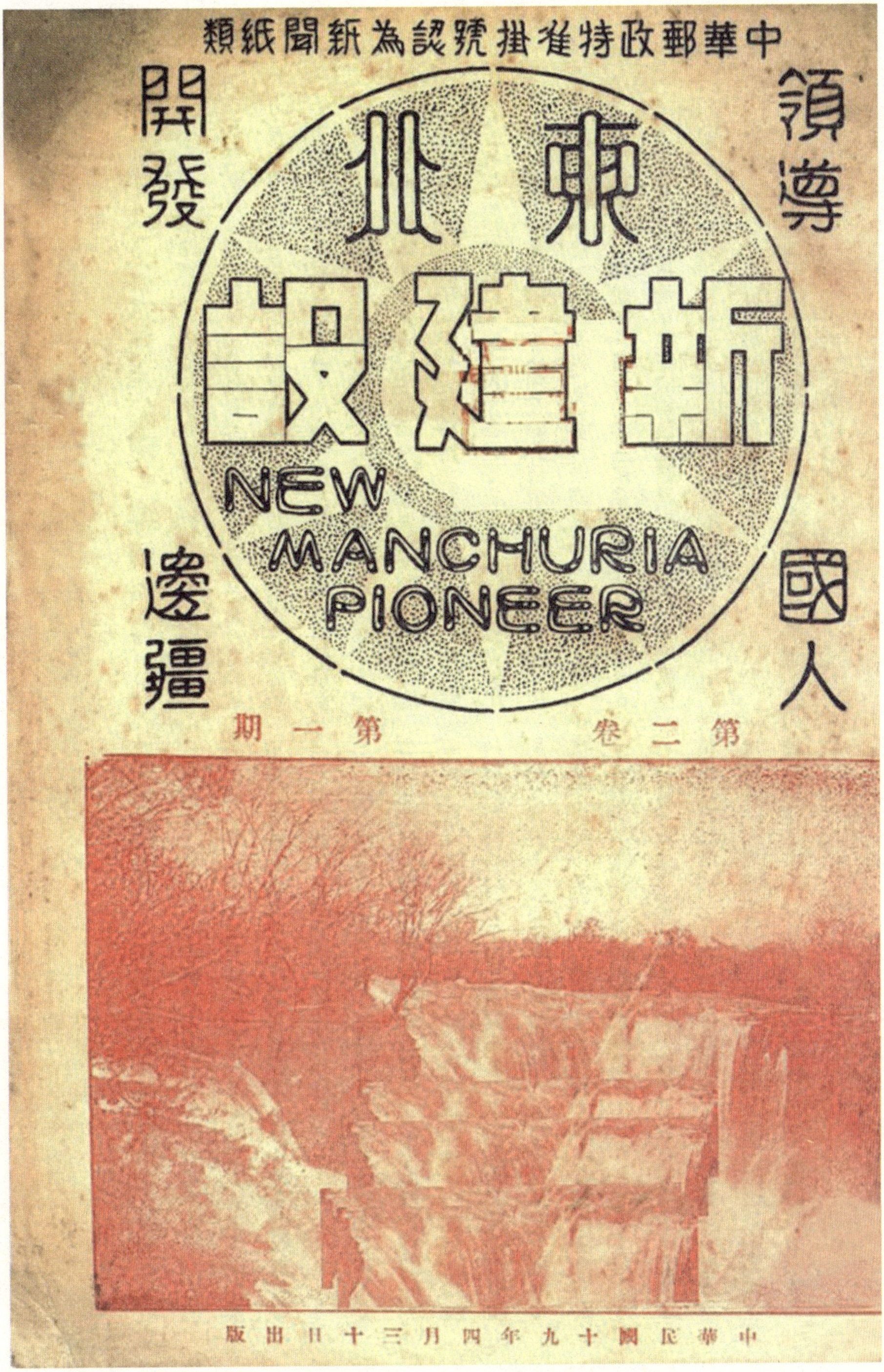
中華郵政特准掛號認為新聞紙類
領導
國人
開發
邊疆
東北
新建設
NEW
MANCHURIA
PIONEER
第二卷
第一期
中華民國十九年四月三十日出版

《东北新建设》杂志封面

# 日本在東三省的政治勢力

轉載東方公論

許謹公

## （一）日本資本帝國主義的特色

人人都能知道，近世的所謂帝國主義，和古代征服主義的性質是截然兩樣。古代的征服他國目的在得歲貢，或得賦稅，可以說是政治的，近世帝國主義的目的在開闢市場和掠奪原料，可以說是經濟的。所以帝國主義按理是無需乎政治。不過，由纖維工業發展到鋼鐵工業之後，由自由競爭進而至于獨佔市場，于是帝國主義的好戰性便起，同時也就需要政勢治力的扶助了。但是，這帝國主義的發生是在一個國家產業革命使用機器生產之後—也就是走上資本主義的道路之後—因為生產過剩，不能不在國外尋求市場并掠奪原料。生產力的發達沒有超過某程度之後，帝國主義是不會產生的。所以經濟學者都說：「資本主義是最後階段的帝國主義」。英美等經濟發達較早的國家都已經經過資本主義進到帝國主義，更進而至于好戰的政治期了。最近各國軍備競爭的日見激烈和第二次世界大戰的醞釀都由此而生。

日本這個國家有很特色的地方。日本自從明治維新，產業革命開始，在將一切踏上資本主義的道途上，便帶有帝國主義意味，同時好戰性便很大。中日和日俄兩次大戰，方纔確立了日本的資本主義經濟，所以日本的資本主義生而有政治性；日本的帝國主義生而有好戰性。這政治和好戰兩種性情，恐怕是與日本資本帝國主義相終始。

這個緣故也很容易解釋。因為日本的產業革命不似英美各國是生產力發達後自然生成，乃是由於感覺濟濟先進國的威脅，由人工趕造而生的，多少帶有強制性。一方面因為國內資本和原料的異常貧乏不能不求之于國外，而國外市場和原料又早為各經濟先進國家所佔領，日本要為他的新經濟找基礎，首先非要對外一戰不可。同時，日本是個經濟後進國，技術方面當然不如各經濟先進國家。如若在市場上和人家自由競爭起來，恐怕是十九要失敗，所以在獲得了市場和原料場之後仍不能不用政治的力量來看守着。所以日本資本主義號稱「溫室裡的資本主義」。這溫室裡的熱力是由帝國主義的戰爭而來，并且需要政治上的堅壁以保障熱力不泄外散。

滿蒙是日本由戰爭以得到的專有市場和原料場，也就是日本所說的「賭國運以得的特殊地帶。」現在日本用最強大的政治力量—軍艦，陸軍，要塞，以及司法，行政，和警察上各種特權—看守這個特殊地帶。這政治力量之大是列強在中國所絕無僅有。中國雖然也很感覺這特殊政治極力的可憎，可恨，因而高唱撤消，但是，在日本資本帝國主義沒有倒坍之前，恐怕是很不容易！

## (二)日本政治勢力大本營的關東廳

日本在東三省政治勢力的大本營要推關東廳。關東廳管轄，日本所謂「關東州」地方。關東州包括旅順，大連，和金州一帶，本來是帝俄時代的租借地。日俄戰後轉借於日本。日本把這關東州和朝鮮，台灣，庫頁并列，早已不看作是中國的領土！日本在這關東州裡設官置軍，文武俱備，關東廳實掌大權，最值得注意，可以詳細的由各方面看看！

(1)史的發展—關東州租借本是由旅順大連的租借而來。遠在三十年前(西歷一八九八年，清光緒二十四年)帝俄借口德國租借膠州灣強索旅順大連而去。日俄戰爭後，日軍以四次總攻擊，血戰攻下旅順後，于一九〇四年九月編遼東守備軍，設司令部于金州，十一月又移大連，任命參謀長神尾光臣為軍政長官，以軍政統治旅順，大連，及金州一帶。這是日本在東三省施行政治統治的起始。翌年(一九〇五年)五月，日本廢止遼東守備軍，大連的軍政署也隨之裁撤，新設關東州民政署，隸屬於日本滿洲軍兵站總監陸軍大將兒玉源太郎屬下，保持關東州內的安寧并佐助諸般軍務。關東州民政署設在大連，同時在旅順和金州設立支署。第一任民政長官是石塚英藏。同年十月，日俄和議成功，日本滿洲總司令部撤廢，日本又改設關東總督府，以陸軍大將大島義昌為總督，統攝關東州內的軍民兩政，直到一九〇六年八月日軍撤退為止。這一個期間可以說是日本統治關東州的完全軍政時代。

一九〇六年八月，日本裁撤關東總督府，另發布關東都督府官制。都督府內，除都督辦公室(日本名都督官房)外，設民政及陸軍兩部，分掌民軍兩政而同隸于都督之下。都督限用陸軍武官。都督府設在旅順。第一任都督是大島義昌，民政部長是石塚英藏。這種制度實行到一九一九年四月為止

。這一個期間可以說是日本統治關東州的半軍政時代。

一九一九年四月，日本政府又廢止關東都督府，另公布關東廳官制。軍事另設關東軍司令部。民政全歸關東廳長官——長官也由陸軍武官改為文官，離陸軍部而獨立。第一任關東廳長官便是日本著名辣腕外交家林權助。關東廳的組織多由林權助規劃改革，直沿用到現在。在這一個期間可以說是日本統治關東州的民政時代。

(2)關東廳組織——關東廳長官由日本天皇親任，管轄關東州內一切事宜，并且可以管理，保護，監督，和取締滿鐵會社，職權甚為高大。關東廳內部的組織，最主要的是民政署，其次是內務，警務兩局和財務部。警察署等。其關於司法(法院，檢察局，和刑務所，)交通(遞信局)以及教育（學務課及直轄學校）等組織都很是完備。茲將關東廳組織內容列表(表一)如次：

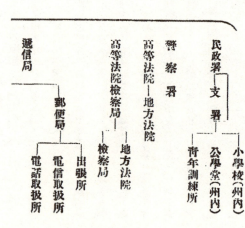

表一——關東廳行政組織表

- 長官官房
  - 秘書課
  - 文書課
  - 外事課
  - 審議室
- 內務局
  - 地方課
  - 學務課
  - 殖產課
  - 土木課
- 民政署——支署
  - 小學校(州內)
  - 公學堂(州內)
  - 青年訓練所
- 警察署
- 高等法院——地方法院
- 高等法院檢察局
  - 地方法院
  - 檢察局
- 遞信局——郵便局
  - 出張所
  - 電信取扱所
  - 電話取扱所

松花江上之中東路鐵橋

松花江上之商輪

松花江源長量闊饒舟楫之利自民國十五年沈成章氏收回日俄兩國航權後千里松江外船絕跡實中國內河航業特殊現象

關東廳
- 警務局
  - 警務課
  - 保安課
  - 衛生課
- 財務部
  - 經理課
  - 財務課
- 工科大學
- 中學校
- 高等女學校
- 師範學堂
- 大連商業學堂
- 金州農業學校
- 警察官練習所
- 觀測所—支所
- 專賣局
- 旅順醫院
- 婦人醫院
- 電信局
- 電話局
- 郵便所
- 刑務所—刑務支所
- 海務局—支局
- 療病院
- 農事試驗場
- 蠶業試驗場
- 種畜場
- 種馬所
- 水產試驗場
- 取引所
- 博物館
- 救療所
- 臨時土地調查部
- 體育研究所

（3）地方制度——關東廳對於關東廳內的地方行政係在旅順大連兩地設立民政署，在金州設立民政支署，在普蘭店和貔子窩設立出張所。

在十六年之前，（西歷一九一三年），居住旅順和大連的日本人民，向日本大內民政署長要求實行市自治制，當時，關東州尙在都督府時代，軍權甚盛，不許。直到一九一五年九月，始由關東州都督府發布大連和旅順市規則，于是旅順大連兩地方有所謂市議會和選舉市長的事項。不過這種市議會和日本內地不同，議員一半由官選。額數大連是三十名，旅順是十六名。市長由市議會推薦三人，由關東廳長官選任。管轄的事務也很狹，僅僅是關于敎育，衛生，及其指定的事項而已！

## （三）南滿鐵路附屬地的政治

日本繼承帝俄的權利，在南滿鐵路沿線有所謂附屬地。附屬地內的行政，也都歸日本統轄，儼然是日本國土的沿長，這是日俄兩帝國主義在中國建築鐵路的特殊現象，其他的帝國主義國家，在東三省以外建築鐵路尙沒有到這種程度！帝俄倒後，中東鐵路附屬地的行政權完全都收回來了，在全中國，帝國主義國家建築的鐵路中，附帶有行政權的，現今惟有南滿鐵路一條了！南滿鐵路附屬地的行政權幷沒有條約上的根據。在東清鐵路（卽中東鐵路）合同中僅僅說：『鐵路附近開採砂土，石塊，石灰等項所需土地，若係官地由中國



政府給與，不納地價，若係民地，按照市價，或一次繳清，或按年向地主納租，由該公司自行籌款付給。」帝俄強佔附屬地後，強自實行統治權，日本沿襲帝俄，而於政治方面愈染帝國主義深濃色彩，直到現在將錯就錯，錯的不以爲怪了。

南滿鐵路附屬地的政治，號稱「四頭政治。」滿鐵會社的組織中有地方部就是爲管理南滿鐵路附屬地的土木，敎育，衛生，及其他公共設施，並得課居住人民賦稅。一般的政治權握在手裡，可以算是一頭。但是關東廳對于滿鐵會社是有監督和取締權的上級機關，而且南滿鐵路附屬地內的警察權歸關東廳所有，這也可以算是一頭。可是附屬地的司法和外交事務又歸于領事館，所以領事當然也要算是一頭。此外，關東軍司令官有保持關東州和南滿鐵路沿線的安寧秩序之權，更當滿洲一帶保安警備之任，這當然更是有力的一頭。因爲南滿鐵路是不統一的四頭政治，所以有時也相衝突，日本當局現正在謀統一之道呢！

## （四）在東三省的日本兵力

日本在東三省駐搭重兵，以武力看守他這一大塊市場和

原料場：這是日本在東三省政治勢力的核心。日本在關東州及南滿鐵路沿線一帶駐兵是沒有條約根據的。日俄戰爭後，兩國締結波茲瑪斯和約的時候，私自規定在中東和南滿兩路沿綫，每一公里可以設二十五名的守備兵。日本又在日俄戰後完成的安奉鐵路也設置守備兵。日本在東三省駐劄的兵力如何，外人無從知曉，據他自己說共有鐵路獨立守備隊六大隊和南滿派遣陸軍一師團。後來因爲整理軍備的緣故，民國十二年三月撤退守備隊二大隊。現存實在的兵力是陸軍一師團和鐵路獨立守備隊四大隊。按日本軍隊一師約兩萬餘人，所以在東三省的日本兵力，至少也在四萬以上。這四萬以上兵力的如何編製呢？最高機關是關東軍司令部，以下有旅順要塞司令部，駐劄師團，獨立守備隊，旅順重砲隊，關東憲兵隊，陸軍倉庫，衛戍病院等。今擇其重要的分述如下：

（1）關東軍司令部——這是日本在東三省軍事上的最高統率機關。關東司令官，以陸軍大將或中將任之，直隸於日本天皇，統率日本在關東州及南滿安奉兩鐵路沿綫陸軍諸部隊，任關東州的警備及南滿安奉兩鐵路的保護。關東軍司令官，關於軍政承受日本陸軍大臣的命令，關於作戰及動員計劃承受日本參謀總長的命令，關於教育承受教育總監的命令，關東司令部內分設參謀部，副官部，兵器部，經理部，軍醫部，獸醫部，法務部等。

（2）駐劄師團——日俄戰後，日本留兩個師團，駐屯東三省，民國前六年（明治三十九年）改派獨立守備隊六大隊保護南滿鐵路，與一個師團交代，所以現在東三省日本駐軍，除守備隊外，是一個師團。師團設司令部於遼陽。各部隊分駐在關東州內及南滿鐵路沿綫各地，每二年和駐日本內地的師團交代一次。

（3）獨立守備隊——民國前六年（日本明治三十九年）七月，日本用豫備役者編成獨立守備隊六大隊，分駐在南滿鐵路的普蘭店長春間及安東鐵路的瀋陽安東間，專任警備鐵路和保護電綫。民國前三年（日本明治四十二年）四月，日本又在公主嶺設立獨立守備隊司令部，統轄全守備隊。民國五年（日本大正五年）六月，日本廢豫備役制而改爲現役制。民國十二年（日本大正十二年）三月，日本縮減軍備結果，撤同兩大隊以後便是四大隊。

（4）旅順要塞司令部——日本爲防備旅順這軍事重鎮，

設置旅順要塞司令部，隸屬于關東軍司令官之下，担任旅順要塞的防禦計畫，並管理旅順，要塞所有的兵器，器具，材料及防禦營造物等。

(5)關東憲兵隊——日本在東三省設立關東憲兵隊，受關東軍司令官的指揮，主要任務爲軍事警察，有時受關東廳長官的任命任行政司法警察。關東憲兵隊本部設在旅順，並在旅順，大連，遼陽，瀋陽，鐵嶺，長春，安東設分隊，柳樹屯，大石橋，營口，海城，撫順，開原，四平街，公主嶺，連山關設分遣所。

(6)旅順軍港——海軍方面，日俄戰爭後，以旅順爲軍港，設立鎮守府。民國三年(日本大正三年)四月廢旅順鎮守府改爲要港部。華盛頓會議議決裁減海軍，據日本人說，以後即將要港部廢除，仍存留防備隊。民國十四年四月，日本整理行政，實行減縮，據日本人說，防備隊也撤廢，現在所存的海軍有二等巡洋艦一隻，驅艦逐一隻，及無線電信所等。

(7)北滿派遣隊——日本以保護中東鐵路沿綫的日本人爲名，由駐劄師團中派遣一個聯隊，屯駐于長春與哈爾濱間及哈爾濱與波克拉尼奇耶張間。聯隊本部設哈爾濱。

(8)軍需及軍醫等機關——日本爲供給東三省日本駐軍的被服，糧秣，陣營用具，衛生材料，獸醫材料等，設關東陸軍倉庫于旅順，並設支庫于大連及鐵嶺。民國十年十二月倉庫移大連，旅順改爲支庫。日本爲收容患病軍人及衛生材料，在旅順及遼陽設立衛戍病院，幷在大連，柳樹屯，大石橋，海城、瀋陽，公主嶺，及安東，連山關各地設分院。日本爲收容犯罪軍人、在軍法會議所在的旅順和遼陽，設立衛戍刑務所兩處。

## (五)商租權問題及土地佔有

中國，因爲有租界地的緣故，不許各國商民在內地雜居，尤其不許外國商民有「土地所有權。」但是，日本在有名的二十一條中曾提出：

(一)日本國臣民，在南滿洲爲蓋造商工業應用之房場，或爲經營農業，得商租其需用地畝，(第二號第二條)。

(二)日本國臣民，得在南滿洲任便居住往來，並經營商工業一切生意，(第二號第三條)。

這便是有名的土地商租權問題。我們都知道，在華盛頓

## 冬日松花江上之運輸狀況

東省冬日氣候嚴寒江水成冰常達數尺舟楫概行停泊所有一切運輸乃悉仰馬車之轉運

## 松花江畔開闢最早之商埠

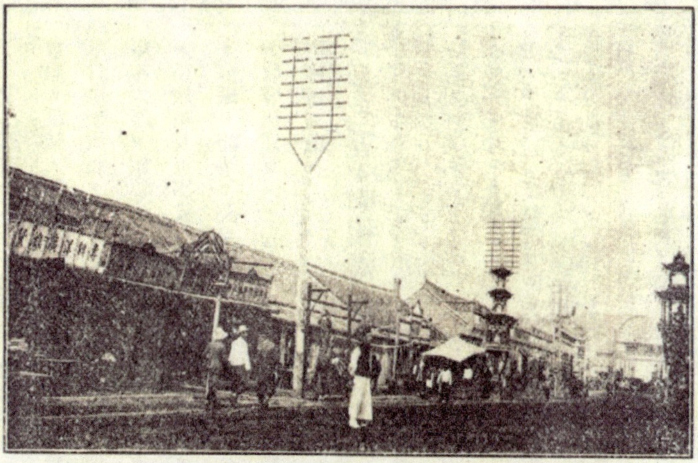

三姓爲松花江開闢最早之商埠屬依蘭道居牡丹江下游與松花江水會合之濱由此溯江而上三百餘里卽爲哈爾濱貿易繁盛與黑河一帶相伯仲

## 日本在東三省的政治勢力

會議以後，二十一條是國際上的一大懸案。奉天省議會於民國十三年十二月三十日會決議請省政府拒絕商租問題。但是，日本不聽那一套，依然在東三省收買土地。東亞勸業株式會社，號稱滿鐵會社的姊妹公司，便是日本在東三省的收買土地機關。東亞勸業株式會社設在瀋陽，民國十年十二月成立，資本金號稱二千萬元（日金），實收五百萬元（日金），在東三省已經收買土地，約有十二萬四千六百七十二町步，實際耕作的計有水田一千二百九十七町步，旱地六千四百四十町步。今年在新民縣指揮日警，槍殺中國民農的，便是東亞勸業株式會社！其他以日本私人名義或團體名在東三省所收買的土地數目也有二百二十五萬九千畝之多。至於假託中國人的名義，或用中日合辦名義，或用典租借用等名義，所得去的土地尙不知道有多少。玆將東亞勸業株式會社以外，日本用私人名義或團體名義在東三省所收買土地數目及地點列表（表二）如次：

表二——日本在東三省所買土地表

| 收買者 | 畝數 | 所在地 |
| --- | --- | --- |
| 南宮房次郎 | 一一一一 | 營口士台子，蓋平三塊石<br>鐵嶺范家屯，奉天吳家荒等 |
| 勝弘貞次郎 | 一〇六〇 | 盤山丁家堡新民母陀子<br>瀋陽京安堡 |
| 原口統太郎 | 三八九 | 新民公太堡子 |
| 津久氏 | 一四三 | 新民孫家套 |
| 佐佐木 | 三〇〇 | 阜新巨江泡子 |
| 大來修治 | 八二〇 | 雙山衙門屯 |
| 以上係鐵路放資收買價值共三十餘萬元 | | |
| 佐佐江農場 | 五五八五五 | 鄭家屯錢家店一帶 |
| 華綮公司 | 六三一二八五 | 達爾罕旂一帶 |
| 石川五郎 | 六四七二六〇 | 西札魯特旂梅倫廟北 |
| 東省實業會社 | 二二八六九町 | 不詳 |
| 早間農場 | 二六〇〇町 | 通遼 |
| 自在丸 | 六八〇町 | 通遼 |
| 蒙古產業公司 | 二〇〇一三町 | 林西一帶 |
| 其他 | 六七五〇〇〇畝 | 大孤山法庫等地 |
| 共計十四萬町合我國二百二十五萬九千畝 | | |

日本在收買商租之外，依條約關係尙有關東州租借地（即旅順大連租借地），面積約爲二百十八日本方里（每一日本里合中國六里有奇）其中陸地約爲二百零二日本方里有奇

島嶼約爲十六日本方里有寄，和全東三省相比（全東省面積爲六萬四千四百八十二日本方里）約佔二百九十四分之一。玆將關東州內各地土地面積列表（表三）如次：

表三—關東州內土地面積表

| 管轄別 | | 面積（方里） |
|---|---|---|
| 大連民政署 | 直轄管內 | 二七・一四三 |
| | 金州支署 | 四六・四〇〇 |
| | 普蘭店支署 | 七一・八一八 |
| | 貔子窩支署 | 三九・二六八 |
| | 計 | 一八四・六二九 |
| 旅順民政署 | | 三九・八六三 |
| 州內合計 | | 四二二・六二九 |

此外，南滿鐵路沿線還佔有中國土地甚多，總數達六千九百五十萬坪，其中有鐵路線沿用者，有煤礦佔用者，有工場佔用者，…玆將南滿鐵 路所佔附屬地面積列表（表四）如次：

表四—南滿鐵路附屬地表

| 用地 | 面積 | 用地 | 面積 |
|---|---|---|---|
| 路線 | 二四五五萬坪 | 停車場 | 五四三 |
| 煤礦 | 六五五 | 採鑛地 | 七二 |
| 工場 | 一六九 | 道路 | 一二八 |
| 陸軍 | 一六九 | 宅地 | 六六五 |
| 耕地 | 一八四〇 | 山地 | 六三 |
| 荒地 | 五九 | 雜地 | 一三一 |
| 其他 | 一二三 | 計 | 六九五〇 |

## （六）領事裁判及司法權的掠奪

日本在關東州內既然獲得了政治和軍事的權利，司法權自然也隨之而去。在日俄戰後，日本軍隊初佔關東州的時候，一切日本人的司法都歸軍事庭管轄，適用日本法令。對于中國人則制軍律以懲治之。一九〇五年六月，關東州民政署成立後，民政長任滿洲軍總司法部的司法委員，執行司法職務。一九〇六年六月，關東州總督府制定關東州審理條例。同年七月，日本政府又以勅令公布關東都督府法院令，自此以後，日本便在關東州內設立法院。法院分高等法院及地方法院兩種。一九〇八年九月，日本政府又頒布關東州裁判令，規定一切日本內地的法律均得適用于關東州內。一九一九年六月，日本政府又修改關東州裁判令的一部，直實行到現在爲止。現在日本在關東州內的法院，共有三個，一個是關東廳高等法院，設在旅順，一個是關東廳地方法院，設在旅順，一個是地方法院支廳，設在大連。這三個法院均直隸于關東廳長官。

日本在關東州又設立監獄以收容犯人。在一九〇五年日俄戰爭結束之後，關東州內的監獄事務屬于軍政署警察事務的一部。一九〇六年九月，關東州都督府民政部在旅順設置監獄本署，在大連設立支署，在金州設立出張所，這是日本在東三省設立監獄之始。一九〇七年廢大連支署及金州出張所，全部囚犯便集中收容于旅順本監。

在關東州外，南滿鐵路沿線附屬地及其他日本人所住的東三省內地的司法，則歸日本領事所管轄，即所謂領事裁判權也。日本的領事裁判權根據于一八九六年（清光緒二十二年）十月中日締結日清通商航海條約，其中第三條：

『日本爲外國通商，無論現在開放或將來開放清國之港市內，認爲有利害之必要場所，得派駐總領事、領事，副領事，及代辦領事，…享有裁判管轄權』。



日本在東三省實行領事裁判事務起始于一八九九年。一九〇八年日本政府規定滿洲的領事裁判，凡屬重罪的公判都移歸關東廳法院，領事裁判的終審也歸于關東廳高等法院，領事僅能審理輕罪者的預審而已。

從此以後南滿安兩鐵路沿線及東三省內地凡是有日本領事設立地方的司法權都隨之轉入日本關東廳法院手中。茲將日本在東三省所設的領事館列表（表五）如次：以見司法權喪失的一般：

表五—東三省的日本領事館表（民國十七年七月末調查）

| 館名 | 館長格 | 館長（代理長）氏名 |
|---|---|---|
| 奉天總領事館 | 總領事 | 林久治郎 |
| 哈爾濱總領事館 | 總領事 | 八木元八 |
| 吉林總領事館 | 總領事 | 川越茂 |
| 間島總領事館 | 總領事 | 鈴木要太郎 |
| 長春分館 | 主任書記生 | 望月純一郎 |
| 百草溝分館 | 主任書記生 | 田中繁三 |
| 局子街分館 | 主任代理 | 園部政助 |
| 頭道溝分館 | 主任書記生 | 毛利此吉 |

| | | |
|---|---|---|
| 同通化分館 | 主任書記生 | 阿部又重郎 |
| 同新民府分館 | 副領事 | 瀨山靖次郎 |
| 滿洲里領事館 | 領事 | 田中文一郎 |
| 齊齊哈爾領事館 | 領事 | 清水八百一 |
| 長春領事館 | 領事 | 永井清 |
| 農安分館 | 事務取扱警部 | 高野豐 |
| 安東領事館 | 領事 | 岡田兼一 |
| 鐵嶺領事館 | 領事 | 近藤信一 |
| 掏鹿分館 | 主任書記生 | 興津良郎 |
| 海龍分館 | 主任書記生 | 坂內彌代記 |
| 鄭家屯領事館 | 領事代理副領事 | 中野高一 |
| 遼陽領事館 | 事務代理書記生 | 吉井秀男 |
| 牛莊領事館 | 領事 | 岸田英治 |
| 赤峯領事館 | 事務代理書記生 | 中根直介 |

## （七）警察權的喪失

日本在關東州，南滿鐵路沿線附屬地及各地領事館內，又設置警察以行使其政治權力。在一九〇五年六月，關東廳民政署成立，其中有警察課，是警察行政的中央機關。同時，旅順和金州等民政署和支署也都設立警察機關。這是日本在東三省設立警察之始。後來官制經過多次修正。現今，日本在關東廳內設警察局，隸屬於關東廳長官，為日本在東三省警察行政方面的最高機關。此外在關東州內，南滿鐵路附屬地內，及領事館內設立警察署或支署，共有二十八處及派出所三百八十七座，勢力遍于南滿矣！茲將日本在東三省所設警察署列表（表六）如次：

表六—日本在東三省所設警察署表

| | 名稱 | 派出所數 |
|---|---|---|
| 關東州內 | 金州民政支署 | 一六 |
| | 普蘭店民政支署 | 二三 |
| | 貔子窩民政支署 | 二三 |
| | 旅順警察署 | 二四 |
| | 大連警察署 | 三三 |
| | 大連水上警察署 | 三 |
| | 大連小崗子警察署 | 一〇 |
| | 大連沙河口警察署 | 一二 |

黑省邊防副司令萬福麟氏

東北邊防軍出發之情形

吉省邊防副司令張作相氏

東北童子軍之歡送邊防軍

遼寧工商團體代表贈送邊防軍之錦標

| 南滿鐵路附屬地 | |
| --- | --- |
| 瓦房店警察署 | 一三 |
| 大石橋警察署 | 九 |
| 營口警察署 | 四 |
| 鞍山警察署 | 一四 |
| 遼陽警察署 | 一〇 |
| 奉天警察署 | 二〇 |
| 撫順警察署 | 二五 |
| 本溪湖警察署 | 一三 |
| 鐵嶺警察署 | 八 |
| 開原警察署 | 一三 |
| 四平街警察 | 一二 |
| 公主嶺警察署 | 八 |
| 長春警察署 | 一九 |
| 安東警察署 | 二八 |
| **領事館** | |
| 牛莊領事館警察署 | 六 |
| 遼陽 | 二 |
| 奉天 | 七 |
| 鐵嶺 | 一七 |

| 管內 | |
| --- | --- |
| 長春 | 六 |
| 安東 | 一〇 |
| 合計 | 三八七 |

其中最可注意的，就是日本警察在東三省橫行，即在附屬地以外的中國內地，凡有日本人或朝鮮人經營事業的地方，也私立警察派出所等。

## （八）東三省的日本郵電網

日本在東三省南部各地廣設郵政，電報，電話，及無線電報，幾乎是無處不有，密如蛛網，分述之如下：

（A）郵政—日本在東三省設立郵政，起始于日俄戰爭時的野戰郵政。民國前六年（一九〇五年即明治三十九年）九月關東州都督府設立郵便電信兩局，並在東三省各地設立分局。現在日本在東三省設立的郵局共有四十一所，分局八所，郵便所十七處，郵櫃一百五十所。民國十七年度收發信件達一萬萬另四百萬件之多。郵政收入最高紀錄的民國十三年度達六百七十七萬元，比民國二年的一百二十四萬元，增加到五倍以上，最近因為中國郵政增價，且施行郵包稅，日本郵局生意越發的好了，日本又計劃航政郵政，試驗數次，成績很好。民國十八年四月先辦大連大阪間郵件，將來擴充到大連，上海，及東三省與朝鮮各地。實行後，日本郵政在東三省將更有大發展。

(B)電報—日本在東三省設置電報起始于日俄戰爭時的軍用電信。關東都督府時代設立郵政電信局，其中的一部卽係經營電報。關東遞信局成立，內中也有電信局，並在各地設立分局。現在日本在東三省所設立的電報局計有無線電報九十六所。民國十八年日本電報局收發電報達四百十三萬件。此外海底電線計有大連佐世保間綫，大連東京間線（經過朝鮮直達），瀋陽大阪間直達線，大連長崎間線，瀋陽下關間直達線。無綫電報最早的是大連灣沙砣子的無綫電台，成立于民國前一年（日本明治四十四年）十一月。民國十一年（日本大正十一年）日本又在大連柳樹屯設置一所。此外公主嶺和秦皇島尙有日本軍用無線電台。現在東三省的日本無線電報機關共有二十一所。

(C)電話—日本在東三省設置電話始於日俄戰爭的時候，目的在供給軍用。戰後卽開放，當時通話的範圍是大連，遼陽，瀋陽，鐵嶺，新民，公主嶺，旅順及柳樹屯。現在日本電話有兩大幹綫：一個是大連長春間線，長四百三十五英里（約合中一千三百里），一個安東瀋陽間線，長一百七十英里（約合中國五百里有奇）。同時安東與朝鮮的新義州間，瀋陽，與朝鮮的平壤鎮南浦間，瀋陽，安東與朝鮮京城，仁川間也都可以通話。民國十六年四月中日通信聯絡協定成立，于是大連，旅順，瀋陽，安東，天津，北平，洮南都可以通話了。現在日本在東三省所設立的電話處十九所，公共電話一百零六所。

綜合日本在東三省所設的郵政，電報，電話，無線電報局所共有四百六十餘所之多，分佈在南滿安奉兩鐵路沿線各要站。茲將日本在東三省各地所設的郵電機關列表（表七）如次：

表七—日本在東三省所設郵電機關表

| 地方 | 郵局及郵櫃 | 無線電所 | 電報局所 | 電話局所 |
|---|---|---|---|---|
| 大連 | 一四所 | 一九 | 四 | 五五 |
| 沙河口 | 六 | 一 | 一 | 八 |
| 周水子 | 二 | 〇 | 一 | 一 |

## 生活周刊

《生活》：“有中国人的地方，就有《生活》周刊”，如此辉煌一举，传阅九州，《生活》缔造了一个传奇，而其缔造者邹韬奋自己缔造了自己的传奇。这是一个纯粹的杂志人，一个坚守的言论者，俞月亭在《韬奋论》里说道：“韬奋从中华民国15年（1926）10月接办《生活》周刊，到民国33年（1944）病逝，18年中，除却6次流亡，实际从事新闻工作的时间不到12年。而其中，主编《生活》周刊的时间将近7年”。

对贪官腐败的揭露，对社会弊端的批判，对抗日救国的宣传、对无力人民的关怀，《生活》周刊的责任和理性树立起一种杂志的榜样，在政府当局加以控制和打压下，《生活》犹如现在读者的“翻墙”，通过各种手段，在禁止邮寄的指令以促其衰亡的当局控制下，《生活》在读者的热心帮助下，绕过军警监视，继续履行着自己的使命。《生活》周刊的“屡屡出轨”，使得其终究面临了被停刊的命运，在《生活》最后一期——民国22年（1933）第8卷50期上，胡愈之执笔《最后的几句话》：“统治者的利剑可以断绝民众文字上的联系，而不能断绝精神意识上的联系。人类的全部历史记载着，民众的利益永远战胜了一切”。

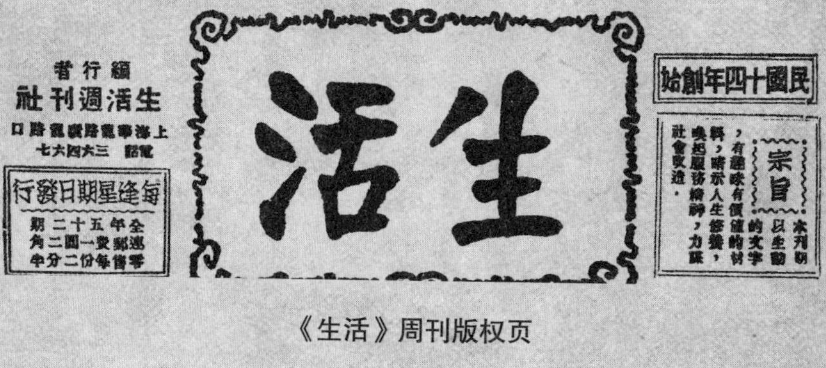


《生活》周刊版权页

# 日本報界與中國（日本通訊）

羽仙

中華民國之成立已有十九年的歷史，但『中華民國』四個字，在日本報紙上，從來沒有見到，依然用着什麼『支那』兩個字。記得上半年我國政府曾有正式公文給日本政府，說明以後不得再稱『支那』，那時反被日本報紙上譏諷了一陣，結果到處的稱呼依舊是『支那』兩個字！（最近他們政府纔很勉強的通過改稱『中華民國』。）當北方僞政府成立時他們就發出論調，說什麼『爲了利害的關係，不得不予以承認』等語，這是他們見好於閻馮，希望中國有兩個政府實現，又可以從中搗鬼。最近日本外交次官永井氏在南京和蔣主席會見時，說到『日本叫小幡氏（這人就是逼迫我國承認二十一條件的壞坏子）到中國來，是以一等國視中國』，這明明是侮辱我國的語氣，而東京日日新聞反說是國民政府露了戰勝的餘威，利用日本外交部長幣原氏的軟弱，故意同他們爲難。十月二十三日該報又題着『對中國外交的危險性』一文，其中最最不滿意於我國者，可分數點述之：（下文照他們的口氣）『（一）中央政府在戰爭之初，不惜低首日本以見好，且嚴重的取締排日運動，求得一些幫助，等到戰爭順利，態度忽變，形勢已日趨於險惡。（二）間島事件，明明是中國官吏的不法行爲，而南京政府反向日本出以反逆的態度。（三）中日電信會議在開會的起初，尚屬平和，近來中國的態度，忽然強硬，并提出滿洲的日本郵政須一律取消。（四）對於庚款問題，要求收回自營，仿照英美的先例，不惜破壞東方的文化事業。（五）上海社會局無故拿出殺辣的手段，禁止日本米的買賣。（六）中國人素來不講情義，要求外國援助的時候，低頭服小都情願，到了事體成功之後，立即反面無情，例如：張作霖殺死郭松齡後，對於日本反益行排斥；蔣介石北伐成功後，就驅逐鮑羅廷，對於俄國加以大彈壓。（七）日本在中國戰亂之際，往往對於一方的勢力與以好感，他方即出之以冷淡態度，這是最最危險的愚策……』又該新聞社的社長松內則信，於本年四月起，在我國內地視察了半年，此次回來後，特於十月二十三日晚上在日本青年會大講其視察經過，把我國中央政府，罵得一蹋糊塗！他說：『中央政府要想靠美國的幫助，近來已被美國所看破，加以拒絕。政府中的人物，亂七八糟，好像家族的制度。每逢星期六，政府要人都向上海白相去，把南京變成了一個空城。中國民族性固然很勤勞，但多是盲目的。中國人的意見很不齊，將來一定是四分五裂，共產當道，中央政府的壽命，亦將不久……』

國際插圖

"YOUR HAND, DUCE"
"First take off your glove," replies Mussolini to Briand's Pan-European offer.
Kladderadatsch, Berlin

此係德報插圖，表示白里安欲與墨索里尼握手，墨氏叫他先把打拳用的手套脫去。法意積忌之深實可爲歐洲未來戰爭之導火線。

又在二十三日的國民新聞上，看見一篇『漢鐵包圍政策』，內容的大要是：『中國最近的人民頗努力於滿蒙的政策，在東三省方面，築港，築鐵路，已把日本的滿鐵包圍，一切貨物及郵政，都在自己的鐵道上運輸，已不經過滿鐵，計劃很週密，進行頗迅速，近來聽說又向別國借資本，築造未完成的鐵路，因此滿鐵的事業已一落千丈，日本在滿蒙的勢力亦已陷於不利的地位，如不設法救濟，不久將漸歸消滅，這是目前最最重大危險的問題，不得不注意中國的滿蒙政策，以及列國在滿蒙的行動。』這節前段在我們可算是差強人意的消息，在我們是滿意，在日本卻適成其爲不滿意。

日本不喜歡我國的和平已彰彰在人耳目，現在內亂漸平，人人趨向於建設方面，力圖事業的發展，於是他們就惴惴不安，好像大難之將至，所以日日新聞一天銷數在百萬份以上的堂堂大報，便說出許多大含酸素的話，多方詆毀，而且日日新聞有英文版，行銷全世界。我們一方面要繼續在建設上努力，一方面還須同時顧到國際方面的宣傳。

# 革命外交

《革命外交》杂志创刊于中华民国19年（1930）2月13日，原名为《中东路周刊》。由中央宣传部革命外交周刊编辑处编辑，中央宣传部出版科发行，每星期四出版，每份售洋三分。

为适应事实上的需要和抓着中国革命问题的核心起见，以研究革命外交为宗旨，这是该刊创办的目的。

中華民國十九年二月二十七日

革命外交週刊第三期

（原名中東路週刊）

每星期四出版

每份售洋三分

編輯處　中央宣傳部革命外交週刊編輯處

發行處　中央宣傳部出版科

代售處　各省市各大書店

《革命外交》杂志版权页

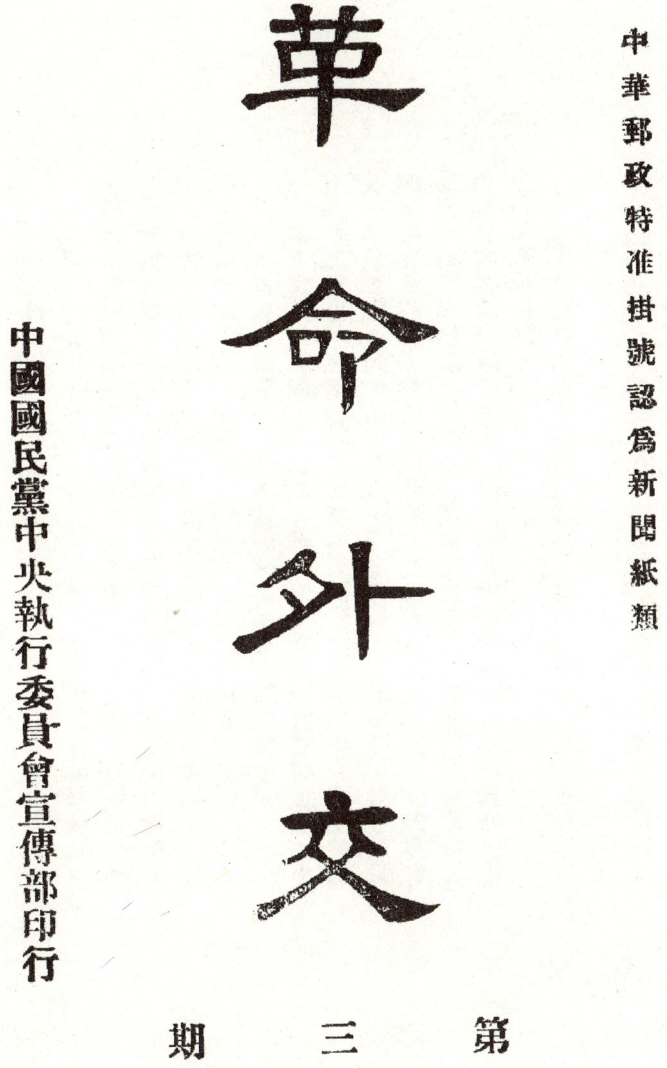

中華郵政特准掛號認爲新聞紙類

革命外交

第三期

中國國民黨中央執行委員會宣傳部印行

《革命外交》杂志封面

# 日本在滿洲文化侵略眞相

高哲民

一、緒言

帝國主義爲掠奪原料，及獨佔市場，本其資本主義最後發達之階段，當然需要殖民地，及半殖民地。但殖民地，及半殖民地，被帝國主義者侵入，以致精血日漸枯竭之際，則又必然發生民族之自覺，以形成大規模之反帝國主義運動。如此次韓國印度等獨立運動即爲好例。故帝國主義者每因之運用兩隻鐵腕：

一、爲武力鐵腕……使人望而生畏之武力壓迫政策。

二、爲文化鐵腕……溫柔可愛式之宗教及教育侵略政策。先用強暴之武力，以締結不平等條約，而佔據水陸要塞，使殖民地及半殖民地之人民，俯首帖耳，受其掠奪，被其吸吮。猶恐該民族發生自覺心也，爲消患於無形，及爲永久之統治計，遂利用文化侵略政策以制其死命。此一般帝國主義者，在吾國之興學校立教堂之懷柔政策所由來也。而日本在滿洲所施行之文化侵略，當然不能逃此範圍。

日本政府在滿洲所施行之教育，其目的約略言之，可分二種：

（一）對於日本學生方面　在灌輸經營滿蒙之知識，以堅固其侵略滿蒙之意志爲宗旨。

（二）對於中國學生方面　在造成多數親日派，暨緩和吾國人民仇日之思想，以解除日本侵略滿蒙之一切障礙爲宗旨。

其教育吾國人之目的，在完全造成「中國人之日本化」，換言之，即使中國人民，喪失其民族性之自覺，而永久作爲日本之奴隸是也。因之對於中國人之子弟入學，特別予以種種便利，以售其陰險之術。如：

（一）學費免收，且有獎勵金法，以廣招徠。

（二）畢業後必代謀相當職業，較爲本國服務薪金稍優。

（三）乘火車免費，以減除遠方來學之苦。

凡此種種之小惠，皆爲日人引誘吾國民之鉤餌。因之無識愚民，喜日人之惠遇其子弟也，爭往求學。日人之計既售，而吾國教育當局仍漠視而不聞問，任其自然，坐令日人侵略政策完成，而予我國以莫大之毒害，曷勝浩嘆！

考日本在南滿之一切利益，係日俄戰後，繼承俄國而來，故教育一事，亦其中之一。茲爲研究便利起見，先述帝俄勢力支配於滿洲之時代。當日俄戰前，俄國政府爲普及俄語，及培養親俄思想計，遂在大連，旅順，普蘭店，及貔子窩，金州各地，設立中俄學校，以養育中國學生，是爲滿洲地方，外人文化侵略之始。其後俄國爲教育其僑居子弟，更設立旅順小學，陸軍預備學校，初等女學，東清鐵路局，「即中東路局」在大連亦設立小學校，本因日俄戰爭結果，南滿利益讓與日人，帝俄計劃遂歸瓦解。

日本繼俄國之後，經營南滿，將旅大管內，改名關東州，設軍政署以治之。民國前九年十二月，金州軍政署依地方紳士之請，設立南金書院民立小學，於十二月開學成立，此爲日本勢力下第一個爲中國人讀書而立之學校。翌年（民國前八年）九月改爲關東州公學堂南金書院。同年五月，大連軍政署公布公學堂規則。大連公學於六月成立。旅順公學於十月初成立。其後陸續增加，凡爲中國人所設之小學，統稱之公學堂。至於日人所設立之學校，則始於民國前八年五月。當時在大連旅順設立小學校，收容學生五百人。迄後日本得寸進尺，侵掠不已，由關東州，擴充而至南滿鐵路附屬地。學校數目，由小學而中學，而專門，而大學，增加無已，遂致造成今日之狀況。

二、學校教育

在滿洲日人所經營之學校範書者；計日本學生有四萬七千人，佔日人在滿洲人口總數（二十萬三千人）百分之二十一。而中國學生有三萬人。

其中（一）爲日本人所設立之學校；有小學校，中學校，實業補習學校，高等女學校，實業學校，專門學校，及大學校等。（其中專門學校及大學校中國學生可以考入爲其例外）（二）爲中國人所設立之學校；有普通學堂，公學堂，中學校，實業學校，及師範學校等。

至於各種學校之經營有以下各種機關，列表如後：

日本在滿洲教育設施一覽表（一九二七年五月一日滿鐵調查課）

| 經營機關 | 教育程度別 | 學校種類別 | 校數 關東州 | 校數 鐵道附屬地 | 校數 領事館管內 |
|---|---|---|---|---|---|
| 關東廳立 | 初等教育 | 小學校 | 一九 | — | — |
| | | 公學堂 | 一〇 | — | — |
| | 中等教育 | 中學校（旅順大連） | 四 | — | — |
| | 中等教育 | 高等女學校（旅順大連） | 二 | — | — |
| | 師範教育 | 師範學堂（旅順） | 一 | — | — |
| | 實業教育 | 商業學堂（大連） | 一 | — | — |
| | | 農業學堂（金州） | 一 | — | — |
| | 高等教育 | 工科大學（旅順） | 一 | — | — |

| | | | | | |
|---|---|---|---|---|---|
| 大連市立 | 中等教育 | 高等女學校（大連） | 一 | — | — |
| 大連市立 | 實業教育 | 商工學校（大連） | 一 | — | — |
| 會立 | 初等教育 | 普通學堂 | 一〇九 | — | — |
| 南滿鐵道株式會社立 | 幼稚教育 | 幼稚園 | 三 | 一九 | 二 |
| 南滿鐵道株式會社立 | 初等教育 | 小學校 | — | 一五 | 四 |
| 南滿鐵道株式會社立 | 初等教育 | 公學堂 | — | 一〇 | — |
| 南滿鐵道株式會社立 | 中等教育 | 中學校（鞍山，瀋陽，撫順，安東） | — | 四 | — |
| 南滿鐵道株式會社立 | 中等教育 | 高等女學校（瀋陽，安東，撫順，長春） | — | 四 | — |
| 南滿鐵道株式會社立 | 中等教育 | 中學堂（瀋陽） | — | 一 | — |
| 南滿鐵道株式會社立 | 實業教育 | 商業學校（長春，營口，遼陽） | — | 三 | — |
| 南滿鐵道株式會社立 | 實業教育 | 農業學校（熊岳，公主嶺） | — | 二 | — |
| 南滿鐵道株式會社立 | 實業教育 | 鑛山學校（撫順） | — | 一 | — |
| 南滿鐵道株式會社立 | 補習教育 | 實業補習學校 | 六 | 二六 | — |
| 南滿鐵道株式會社立 | 補習教育 | 家政女學校 | — | 一二 | — |
| 南滿鐵道株式會社立 | 補習教育 | 日語學校 | — | 一 | — |
| 南滿鐵道株式會社立 | 專門教育 | 醫學堂（瀋陽） | — | 一 | — |
| 南滿鐵道株式會社立 | 專門教育 | 工業專門（大連） | 一 | — | — |
| 南滿鐵道株式會社立 | 專門教育 | 教育專門（瀋陽） | — | 一 | — |
| 南滿鐵道株式會社立 | 高等教育 | 醫科大學（瀋陽） | — | 一 | — |
| 日本居留民會立 | 初等教育 | 小學校（錦縣，滿洲里，開島，局子街，頭道溝，琿春，） | — | — | 六 |
| 東洋協會立 | 實業教育 | 商業學校（大連） | 一 | — | — |
| 東洋協會立 | 補習教育 | 日語學校（旅順） | 一 | — | — |
| 日俄協會立 | 專門教育 | 日俄協會學校（哈爾濱） | — | — | 一 |
| 朝鮮總督府設立 | 初等教育 | 普通學校（中韓人） | — | 一 | 五 |
| 朝鮮總督府設立 | 教育 | 私塾（中韓人） | — | 五 | 七 |
| 其他私立學校 | 幼稚教育 | 幼稚園 | 一三 | 二 | — |
| 其他私立學校 | 初等教育 | 私塾 | 二〇三 | 五 | — |
| 其他私立學校 | 初等教育 | 小學校（中國人） | 一 | 六 | — |
| 其他私立學校 | 初等教育 | 普通學校（中韓人） | — | 六 | 三五九 |
| 其他私立學校 | 初等教育 | 公學堂（中國人） | — | 一 | — |
| 其他私立學校 | 補習教育 | 大連日語學校（大連） | 一 | — | — |
| 其他私立學校 | 補習教育 | 羽衣女學院（大連） | 一 | — | — |
| 其他私立學校 | 補習教育 | 女子技藝學校（大連） | 一 | — | — |
| 其他私立學校 | 補習教育 | 滿洲法政學院（大連） | 一 | — | — |
| 其他私立學校 | 補習教育 | 中華女子手藝學校（大連） | 一 | — | — |
| 其他私立學校 | 補習教育 | 海城東語學社（海城） | 一 | — | 一 |
| 其他私立學校 | 補習教育 | 遼陽日語學堂（遼陽） | — | — | 一 |
| 其他私立學校 | 補習教育 | 同文商業學校（瀋陽） | — | — | 一 |
| 其他私立學校 | 補習教育 | 同文商業學校（吉林） | — | — | 一 |
| 其他私立學校 | 補習教育 | 中日懇親學堂（安東） | — | — | 一 |

（未完）

# 日本在滿洲文化侵略眞相（續）

高哲民

南滿醫科大學　一九一一年四月，滿鐵會社在奉天創設南滿醫學堂以研究一般之醫學，及滿洲特有之疾病，而保持日本僑民之健康爲目的。校舍自一九一一年八月興工，至一九二〇年末告竣，規模異常宏大。本科四年，研究科一年以上，卒業後得稱南滿醫學士。據一九二一年調查：本科學生，日本一二七名，中國人五名，共計一三二名；教員專任者二九人，兼任者一一人，共計四十人；經費在一九二〇年度預算二七萬元。

一九二二年八月，因日政府對滿洲文化政策提高，遂改稱南滿醫科大學，養成最高之醫科人才，其中學生中日並收，惟以日人爲最多。至於教授亦多聘請日本各大學畢業之最優學者，以謀學業成績之高深。

滿洲法政學院　一九二一年八月，日人在大連設置滿洲法制學院一所，以村井市長爲校長。內分政治經濟科，法律科二種。政治經濟科，授法學通論，政治學，殖民政策，經濟原論，財政政策，商業學，經濟政策等科目；共有教員八人，學生一一二人。法律科，授憲法，民法，刑法，商法，國際法，刑事訴訟法等科目；共有教員六人，學生一〇八人。此種學校，實爲補助其國民政治及經濟侵略特種知識之工具也。

二、文化宣傳機關　日本政府在滿洲除設立學校，以吸收我國子弟造成日本化以外，其對於社會教育，提倡尤不遺餘力。但此所謂之社會教育，實包含有文化侵略上之宣傳意味在焉。其規模最大者：當以滿鐵會社所經營之『滿鐵圖書館，』關東廳所管理之『博物館，』及日本政府所創辦之『滿蒙文化協會』，並日人所出版之二百餘種『雜誌及新聞。』茲分述如後：

（A）滿鐵圖書館：滿鐵會社所經營之圖書館；以大連圖書館，最爲豐富，設備亦最完全，工程費爲十萬元，藏書達二十九萬千二百七十冊，每月平均有六千人看書，館內有交通，殖民九，及滿蒙經營特別研究室。在滿鐵沿線及哈爾濱等地方，尚有簡易圖書館二十二所。茲將滿鐵會社設立各圖書館詳細情況，列表如次：

滿鐵圖書館表（民國十六年調查）

| 館名 | 開館日期 | 藏書冊數 | 閱覽冊數 | 一日平均 | 閱覽人員 | 一日平均 | 閱覽料金 | 巡回書庫回付 個所 | 巡回書庫回付 冊數 | 巡回書庫回付 閱覽人員 |
|---|---|---|---|---|---|---|---|---|---|---|
| 大連 | 四二 | 三三·五五九 | 六〇·〇四八 | 一八二 | 六九·九九二 | 二二九 | 八六·八六 | — | — | — |
| 日本橋 | 一八五 | 六·八三〇 | 二五·〇八三 | 八八 | 四六·七六七 | 一六五 | 三二·五五 | — | — | — |
| 電氣遊園 | 三九 | 五·〇四五 | 七三·六五二 | 二三八 | 三六·一〇三 | 一一五 | 四二·三四〇 | 七 | 三·八〇五 | 二·〇八四 |
| 近江町 | 一八七 | 四·七二九 | 三三·五九九 | 一二五 | 三二·一六九 | 一〇九 | 一九·一〇〇 | — | — | — |
| 埠頭 | 一八四 | 九·一三三 | 八九·〇四〇 | 三一四 | 八〇·一五五 | 一六二 | 一〇〇·三三〇 | 二 | 四五〇 | — |
| 南沙河口 | 一八六 | 四·〇四七 | 三一·五八七 | 一一〇 | 一九·六八〇 | 一〇四 | 三一·五〇 | 二 | 六六〇 | — |

| | | | | | | | | | | |
|---|---|---|---|---|---|---|---|---|---|---|
| 沙河口 | 一六二 | 九・〇四五 | 五六・七五五 | 一九一 | 五一・六六六 | 一八一 | 二〇五・九二〇 | 一 | 六六〇 | — |
| 瓦房店 | 二〇三 | 三一・五九五 | 二〇・七〇四 | 一六八 | 三七・六五一 | 二三五 | 一〇三・五七〇 | 一五 | 四・九〇三 | 七七 |
| 火石橋 | 一五五 | 三三・七〇五 | 三七・三〇〇 | 一二三 | 二七・三六二 | 九〇 | 二二五・八八〇 | 一五 | 四・四六八 | 四・二六六 |
| 營口 | 一六九 | 三三・二三六 | 三〇・四六六 | 一〇五 | 二三・二二〇 | 八八 | 八一・四〇〇 | 一〇 | 二・七二五 | 五・四六八 |
| 鞍山 | 一六六 | 八・六九二 | 三九・六六八 | 一五九 | 五一・六七一 | 一八一 | 一九一・四二五 | — | 二・九九六 | — |
| 遼陽 | 一九一 | 六・二七〇 | 五七・三一七 | 一九七 | 三五・七四〇 | 一三三 | 一三三・四一〇 | — | — | — |
| 奉天 | 三三四 | 三〇・一七一 | 一〇一・九〇五 | 三六六 | 四五・八〇八 | 一三一 | 一七三・二三二 | 七 | 二・九一〇 | — |
| 奉天八幡町 | 一五七 | 二・二六五 | 三四・九八八 | 三一六 | 三三・六三一 | 八〇 | 二・九四〇 | — | — | — |
| 鐵嶺 | 一七二 | 六・三二五 | 一五・三三四 | 一五九 | 二七・九〇二 | 一〇一 | 三八・七八〇 | — | — | — |
| 開原 | 一九〇 | 五・〇七五 | 一四・三〇七 | 八四 | 二三・七九〇 | 九三 | 六七・〇五〇 | 二 | 一・七四三 | — |
| 四平街 | 一九三 | 四・七〇五 | 二七・九二二 | 九五 | 三〇・一七四 | 六九 | 八三・四一〇 | 二 | 四九六 | 四九 |
| 公主嶺 | 一五〇 | 五・三〇〇 | 一七・三二九 | 九四 | 一五・七七七 | 五四 | 五七・三〇〇 | — | — | — |
| 長春 | 一九九 | 八・四〇〇 | 四〇・四九〇 | 六九 | 三九・九六三 | 一二三 | 一四九・六八〇 | 八 | 二・九三〇 | 一・七六一 |
| 本溪湖 | 一九二 | 四・九一五 | 三六・二八一 | 一二五 | 一九・七三六 | 六七 | 八七・五三〇 | 六 | 一・三六五 | 一・一六六 |
| 安東 | 一三六 | 七・六九六 | 八四・四九六 | 二〇六 | 五七・五五六 | 一〇九 | 一一五・七七〇 | 四 | 二・〇四三 | 二・六〇五 |
| 撫順 | 一五四 | 一五・八七一 | 七五・一二五 | 一五四 | 七五・六八二 | 一三三 | 一六八・八八〇 | 四 | 一・七六八 | 四五〇 |
| 哈爾濱 | 一八四 | 一六・四〇〇 | 三三・九三〇 | 八〇 | 三三・二二〇 | 四四 | 九〇・八八〇 | 一 | 四四〇 | 七三 |
| 計 | 六・四五五 | 二九九・二五八 | 一・〇四〇・五一九 | 二五八 | 八六八・四九五 | 一三二一 | 二・二三五・七四〇 | 三三 | 四四・九八二 | 一七・二五八 |

一一二一

滿鐵社會所經營之圖書館以外，尚有（一）貔子窩文庫；係日本居留民所經營者，民國十二年七月成立，爲日皇儲成婚之紀念。（二）金州會立簡易圖書館；成立於民國十二年五月，藏書三千八百三十九冊，閱覽人爲二萬〇五百三十六。（三）瀋陽俄國將校圖書館；成立於民國前三年十一月，藏書一千五百冊，閱覽人爲一千二百五十。（四）橫下圖書館；成立於民國十六年三月，藏書九百七十七冊，閱覽人爲七百。

(B)博物館　關東廳在旅順辦有博物館一座，規模宏大，分本館，考古館，紀念館三大部。本館成立於民國七年四月，關於學術技藝參考資料，搜集極爲完備；內分動物，植物，水產，礦物，風俗，參考各部。閱覽人數每年達四萬六千五百二十四。（民國十五年）考古館，成立於民國六年四月，內分先史時代遺物，有史時代遺物等部。閱覽人數每年達四萬六千五百二十四。紀念館，係陳列日俄戰役之紀念品，目的在供戰史研究，成立於民國前六年四月。閱覽人數每年達四萬〇四百五十一。此外尚有附屬圖書閱覽場。至於全博物館設備，據民國十六年末調查，本館爲四萬八千五百十八件，考古館爲五千四百〇六件，紀念館爲二千四百八十九件，圖書冊數爲一萬一千三百六十六。其規模之大，姑不具論。單就日人經營之用心而言，亦足以處處形容中日兩國優劣之分，而在歐美觀光人士之批評，其所得滿洲之印象，於無形中影響吾國前途尤爲重大也。

(C)滿蒙文化協會　係由日本政府當局所創辦者。假唱中日文化親善之說，以宣傳日人在滿蒙之特殊權利爲目的。我國東北人士墮其詭計中者甚多。茲將其內容述之如左：

1.調查滿蒙真相　本其侵略滿蒙之經驗，而蒐集滿蒙各方面之知識，用爲研究之調查材料；又對於滿蒙投機企業等之經濟發展，担負誘導之責。



2.宣傳滿蒙內情　由協會自動開各種研究會，講演會；並用書冊新聞及活動電影等，詳細介紹滿蒙之實況；凡國際人士，對於滿蒙及東亞組織視察團時，必與以相當之輔助。

3.予旅行者以便利　對於在滿蒙及遠東之旅行者，頁給旅行之方案，及旅程之計劃，及其他一切之便宜手續。

4.定期發行刊物　該協會之宣傳機關，有月刊三種：（一）日文之滿蒙文化月刊，（二）漢文之東北文化月刊，（三）英文之『Thelight of Manchuria』此外每年發行一次滿蒙年鑑，發表各方面調查之材料，以資宣傳。

5.資助圖書出板　除該協會自己之調查研究，及滿鐵社會之調查機關之著作外，凡其他公共團體，及個人各種著述，該協會均行補助費用使之出板，廣爲傳播。

6.夏期學術會　每屆夏令休假期，日本內地來滿洲之練習學生，逐年增加。該協會對於此種學生，開設夏期學術會，供給宿舍，俾遂學習之目的；乘機請名人講演，宣傳開發滿蒙之智識，以鼓勵日本青年之進取心。

（未完）

# 日本在滿洲文化侵略眞相（續）

高哲民

7.會員及會費　一九二〇年，有會員一九〇〇名。該年度之收支預算，約八九〇〇〇〇元。近來因會務益形發達，而會員亦日漸增多。

8.職員　以關東廳長官及關東軍司令官爲顧問，後藤新平爲總裁，早川千吉郎爲會長；此外有副會長三，理事九，會務委員二十七，書記長一，主事六，及其他職員十餘人，皆日人雅負時望抱有野心之名流。以故，該協會在滿洲之勢力極大。近來自漢文之「東北文化月刊」發行後，又復將我東北省區當局引入，以助其發展。利用中日共存共榮之濫調，而以文化侵略手段掠奪我滿蒙，其用心之險，宣傳之惡，爲害於吾國疆土者，實甚爲重大也。

(D)新聞雜誌　新聞及雜誌，爲輿論之中心，亦爲文化侵略之利器，日人在滿洲對於新聞等事業，經營不遺餘力，其目的；一方面以潛移默化一般之民衆心理，一方面掩蔽世人耳目，而淆亂觀聽。茲略舉其較著者述之：

(甲)漢文版報紙

(一)泰東日報　該報社爲在大連之資格最老者，創始於光緒三十四年十一月三日，創辦人爲金子雪齋。金子爲侵略之急進派，金死去，有阿部眞言者，繼其後。其編輯長亦爲日人名飯河道雄，曾充任吾國河南師範學校教習，與夫日人創辦專爲愚弄吾國同胞之旅順第二中學校長，異端稱爲「支那通」者。故該報之言論，時時帶有恐嚇誘引之色彩；且遇吾國政變時，彼即大爲鼓吹，以便完成其使命。現發刊號數，已達六六九四號，每日出兩大張，銷數在八千左右。東省同胞，受其麻醉者，當不在少數也。

(二)關東報　該報社爲滿鐵機關報，惟以經理不得人，日銷僅二千份左右，而現殊頹靡，已不堪吾人之注意矣，日僅出兩大張。

(三)滿洲報　該報社之社長，爲西片朝三，係政友會之會員，雖所委編輯爲中國人，然重要反宣傳之電文，咸由其勾圖，如操縱於己手無異。當張逆宗昌之再度禍魯時，彼曾大爲援助，得其津貼不少。現復備有武田南陽者，專遊歷於各地，從事偵探吾國之政情，以便作其反宣傳之資料。該報社雖創於民國十一年，然其活動力殊堪驚人，現銷數已達一萬以上，其發刊號數已達二千五百零一號，日出兩張半。

以上各報，雖在大連，而其銷數已達東北腹地，國人若不及早設法阻止之，於文化上，國勢上，實有極大之危險也。此外於瀋陽復有一盛京時報，純爲滿鐵所經營，主其事者，爲菊池，署名救霜庵，不知者幾疑爲中國人。其爲文頗能得國人之歡心，故其銷數與滿洲報相伯仲也。

(乙)英文版報紙

滿洲日報　英文版之日本報，僅此一家，而爲滿鐵公司所設立。銷數雖僅在千份以上，而其經常年費，竟需三十萬元，蓋滿鐵專用以向國際間作宣傳。此次中東事件，彼曾大事鼓吹，欲蒙蔽北平使團之注目也。

(丙)日本版報紙

滿洲日報　該報爲滿鐵之機關報，與英文版負同一之使命，持同一之論調。創始於光緒三十一年十二月十五日，發刊號數現爲八四七三號，主筆政者爲山口源二，社長爲高柳保太郎。分爲朝鮮夕刊，共出三大張。

二，大連新聞　亦與滿日同一色彩；出刊亦同，創於民國九年四月二十二日，主筆政者爲大內四郎。

至於雜誌，亦分數種述之如後；

1.週刊　有兩種：曰『滿洲新聞』，爲日人在滿唯一之英文週報。初爲滿鐵機關報，一九一二年，獨立經營，每期八頁，八百餘份。『大連週報』，一九二〇年所創，每期八頁，二千三百餘份。

2.月刊　大連市之月刊，約三〇餘種，以號稱東北文化中心之奉天，僅三四種者，不可同日語也。其著名者，詳見下表。

3.年刊　如滿蒙年鑑。

4.雜刊　隔日刊者，如亞西亞評論；月三次者，如獎學新聞；年四次者，如東洋醫學雜誌；年六次者，如滿蒙唱歌；不定期如支那礦業時報，滿鐵調查資料等。

此外如通信社，凡主要城市，日人均一一設立，以傳播新聞消息；如大連之日滿通信社，及滿洲市況通信社，幾遍設於南滿路沿線。其餘如電通，東方，商通，幾種規模較大之通信社，尤爲操縱我東北新聞唯一之通訊機關。因吾國人在東北所辦之報紙，事實上無所取材，遂不得不仰賴日本所辦之通信社。而日人因之藉機亂造謠言，顚倒是非，固所在多有也。國人不察，轉相紀載，蔚成輿論，適墮日人之奸計而不自知，良可慨嘆！此實由吾國無大規模國際宣傳機關，而使日人得以隨意操縱所致之故，所願國人能急起直追，努力自辦大規模之通訊機關，以分發國內各報館，則新聞材料可以翔實，庶幾可免外人之惡宣傳，而造成異正之輿論乎？

茲調查日本在滿洲新聞雜誌列表如左；（民國十七年六月調查）

（一）關於時事者

| 名稱 | 發行所 | 創刊年月 | 刊行種目 | 代表者 |
| --- | --- | --- | --- | --- |
| 滿洲日報 | 大連市東公園町 | 民國前八年十月 | 日刊 | 鳳谷亮 |
| 泰東日報 | 奥町 | 民國前五年十月 | 同 | 阿部眞言 |
| マンチユリア·デーリーニユース | 東公園町 | 民國一年八月 | 同 | 濱村善吉 |
| 大連新聞 | 飛彈町 | 民國九年三月 | 同 | 寶性確成 |
| 日本電報 | 大山通 | 民國九年八月 | 同 | 內海安吉 |
| 日滿通信 | 佐渡町 | 民國十年四月 | 同 | 津上善七 |
| 滿洲報 | 山縣通 | 民國十一年七月 | 同 | 西片朝三 |
| 聯合通信 | 紀伊町 | 民國十二年十月 | 同 | 川島信太郎 |
| 帝國通信 | 山縣通 | 民國十三年三月 | 同 | 松井繼夫 |
| 週刊極東 | 丹後町 | 民國十三年六月 | 週刊 | 吉田觀藏 |
| 響 | 天神町 | 民國四年七月 | 月刊 | 武田松太郎 |
| 協和 | 東公園町 | 民國五年一月 | 同 | 湯淺秀富 |

（未完）

# 日本在滿洲文化侵略之眞相（續）

高哲民

統觀上表，凡日人在吾東北所設施之教育，已極詳盡。凡各種教育機關，無不具備，內之就學生亦逐年增加，但苦無最高學府，以為中等以上學生就學之所。於是日本衆議院於一九二一年，第四十四次議會，提出滿洲大學建議案。略謂：『我國（日本）大陸政策，當移最高文化於滿洲，無論何人，均所公認；故於奉天設立大學，除為文化之中心外，可為其他各種調查之機關。……先設醫科，工科，理科等，續設法科，文科，各大學。……………』此案提出後，議會通過。遂將滿鐵所辦之南滿醫學堂，改為醫科大學；關東廳所辦之旅順工科學堂，改為工科大學；將來其他各科，行將次第設立。必使滿洲文化全操諸日人手中而後已。關于日本在滿洲設立大學，日人已曾有露骨之表示，如日人榎尾松治（遼東新報記者）言曰：

『日本在滿洲教育之主體為日本及日本人主義，客體為對於中國人之第日本主義。……中國在滿，未設一個大學，文化教育設施，實不完備，文化程度，亦甚為幼稚。滿洲文化程度之幼稚，非僅為中國人之恥，實亦日本人之恭也。何者，北京，天津，上海，漢口，濟南，各地方大學，及高等專門教育機關，依英，美，法，諸國人所設立經營者甚多；滿洲為日本特殊權利之地帶，其文化設施之劣，正由日本漠視於文化上之設施；依日本之富力與文化，開拓滿蒙，實所應盡之義務也。彼英國民所到之地，必先樹尖塔摩天之教會堂，而以廣大之運動場圍之；故日本對於滿洲之經營，亦必先由文化的設施始。英國之開拓印度，即首先設立幾多之大學，法國之得哥的幾亞納，亦先設殖民學校及大學。日本為開拓滿蒙計，確有設立殖民學堂及大學之必要。……至大學之目的，一在教育中國之青年學生，同時又在養成將來活動於中國之日本青年』。

此種論調純係充分表現日本帝國主義文化侵略之口吻，實為日本在滿設立教育機關之基本目的。國民閱此，亦將有所自覺乎？茲將日本所辦之大學分述如後：

旅順工科大學　日本對於滿洲，為實施其經濟的侵略政策計，對於實業人材，不得不廣為培殖，以為貫澈其主張之準備，此旅順工科學堂所由設也。一九〇九年，關東都督府民政長官白仁武氏，首倡創辦實業教育之議。五月十日，得日皇之許可，發佈旅順工科學堂官制，開始籌備。六月中，任命白仁武為堂長，又任命文部省實業學務局長莫野文二等四人為籌備委員。至一九一〇年四月一日，籌備就緒，由日本各府縣中學校長推荐之學生一九八人入學。五月開課。由是日本在滿實業教育之最高學府成立。校內共分機械，電氣，採礦，冶金等四科，授以高等之學術技藝，修業年限四年。

起初該工校僅收容日本之學生，自一九一九年四月以來，拼爲中日親善之假招牌，實行其文化侵略主義，遂收容中國之學生；預科一年，卒業後升入本科。茲將一九二五年該校之學生名額等，列表如次：

| 科別 | 生徒 日本 | 生徒 中國 | 教員 日本 | 教員 中國 | 經費 經常 | 經費 臨時 |
| --- | --- | --- | --- | --- | --- | --- |
| 機械科 | 一〇〇 | 七 | | | | |
| 電氣科 | 八五 | 八 | 五五 | 一 | 一四〇·七一〇 | 六八·三四〇 |
| 採礦冶金科 | 七一 | 十二 | | | | |

此外預科有我國學生一七人，總計日本學生二五六人，我國學生四四人，共三〇〇人；經費共三六萬九二一三元，較諸我國一省教育費，猶有加焉，其計劃之大，野心之深，可以概見。

迨一九二二年，因日本對滿之文化政策，日見成功，而中等以上之畢業生徒，亦日漸增加，遂有建設大學之必要；於是關東廳決定自一九二三年四月改工科學堂爲工科大學，以養成最高之工業人材。當一九二二年八月，先招中國學生一級，作爲補習科。一年期滿，然後升入預科。至一九二三年度起，將從前之工科學生，改爲附屬專門部；畢業後永不續招。後此，每年四月招大學預科生，日本人八十名，我國四十名。預科三年，本科三年，而我國人宜多一年之補習。該校現已完全成立，共計工科學生二一〇〇餘人，大學預科學生一〇〇餘人，補習科學生二〇餘人。

# 记者周报

《记者周报》创刊于中华民国19年（1930）5月18日，由上海新闻记者联合会编辑，会址位于福州路512号2楼，每逢星期日出版。该报以如何使全国的记者站在一条战线上，如何可以把全国的记者精神集中起来，如何提高全国记者的地位等等为使命，尤盼国内外关于新闻事业的发展都能由该报尽量介绍，使该报担当起全国记者们前导的明灯。

第一號

上海新聞記者聯合會編輯

記者週報

會址福州路五一二號二樓

民國十九年五月十八日

每逢星期日出版

非會員取費二分

《记者周报》版权页

調查

日人文化侵略下之

# 東北文化事業

□宣傳帝國主義之政策
□掩飾侵略滿蒙之野心
□描寫我國民族弱點盡其技倆

——王君致四川報界函——

王慈溪

王慈溪君赴東北方面考察新聞事業　業於本月中旬返滬．日前王君將考察經過、致函四川報界團體、原文如次、此次漫遊東北．考察各方情形、所得結果、罔不痛心、尤其余本身為新聞記者、對於東北之新聞事業、尤痛心不置、特撮要為諸君言之、(一)東北地方因在日人勢力之下、東北新聞事業、亦遂為日人所把持、舉余游歷所及、無不見日人報紙、滿坑滿谷、單以日刊而論、如青島則有大青島報、青島新報、大連則有泰東日報、滿洲報、關東報、滿洲日報、滿洲日刊、大連新聞、日本電報、滿洲新報、滿洲商業新報、聯合通信、帝國通信、瀋陽有盛京時報、奉天新聞、奉天日日新聞、每日新聞、奉天電報通信、商業通信、日本電報、滿洲通信、撫順有撫順新報、本溪有安奉每日新聞　長春有北滿日報、長春實業新聞、內外經濟通信、四平街有四洮新聞、開原有開原實業時報、商業通信、哈爾濱有大北新報、至于週刊月刊以及不定期刊、則更汗牛充棟、單獨大連一隅、僅有一百五十餘種、就中各項報紙、尤以大青島報、泰東日報、滿洲報、盛京時報、大北新報(附華文報)等數家、在東北最佔勢力、由青島以至哈爾濱、縱橫一帶、無處不有其代派處、而此一帶人民、一日讀報、必讀上列各報、有如上海人之讀申新報然、已忘其含有文化侵略作用也、上項報紙、一般人多謂其製造謠言、挑撥中國內亂與淆亂國際觀聽、實則其最大作用、尚另有兩點、(一)宣傳帝國主義之政策、以掩護其侵略滿蒙之罪惡，余過大連時、曾見滿洲報公然發表論文、謂日本開發滿蒙、實與中國有莫大利益、又謂日本現租借旅大及佔有滿鐵、係死十萬人、用二十億元戰勝俄國所得來、尚屬得不償失、今中國對日人之在滿蒙、輒憤憤不平；設滿蒙而無日人、必早已為俄人所吞併、詎尚有今日、其蔑辭我國人為何如乎、(二)暴露我國民族之弱點、以引起該國人民之輕視、而好藉力經營滿蒙、每種報紙之地方新聞或社會新聞、專事描寫我國人之惡俗醜態為能事、如記述嫖賭刼殺、奸盜邪淫、以及貪汚無味等事、無不淋漓盡致、令人讀之欲嘔、乃我國新聞界不明此義、尚相率效尤、誠不知其用心之所在也、然而亦不獨讀報為然、即讀書又何嘗不是讀日本書、良以大連幷無中國人所辦之學校與所開之書局也、第二東北人民較關內人特別勤奮、其勤儉忍耐等精神、遠為日本人所不及、偶問其對日本態度、則無不切齒痛恨、思有以解除其厭迫、與上流社會人之滿口中日親善、截然不同、乃東北報紙、在此日人咄咄逼人下、反安然無事、當不可怪、倘使其能自起指導輿論責任及提起民族意識、將此項人民引向國民革命之大道、我相信倭寇兇橫、終足以制其死命也、惜乎東北報界之於帝國主義、尚在「不識不知、順帝之則」之狀態中、與吾人所企望者、適得其反、嗚呼、(完)

(附白)、記者本函草竟、偶檢閱記者週報第十一期簡報、見載有大連民報晚報協報及盛京滿洲民衆大北等報分社、成立報聯會、已具文呈請縣政府立案、又載有發逸直接辦關東報分社及前本埠滿洲分社記者周叶麟接辦晚報各等語、適與本函所謂大連無一家中國報大相抵觸、細味原文、始知此項消息、係關大連通訊者、誤於揣測、為大連、關、查其所云各節、全與大連事實不符、(一)大連幷無華人辦有民報晚報晚報協報、(二)滿洲報關東報均在大連、何至又在連設分社必為鄰縣勿疑，(三)大連只有日本之民政署及市役所、(四)大連係由一漁村而經營有市場者、並無所謂城，記者此次遊連、目擊實如此、用誌數言、藉資更正、王慈溪識於滬寓、

調查

## 日人文化侵略下之

# 東北新聞事業（續）

大連輿論全在日人掌握中十三萬同胞所在竟無華人報館學校及書局

◎華報僅一二家有生氣◎

王君致四川報界函

第二東北新聞事業為東北人自辦者、據余沿途所見、亦不在少數 在青島有青島時報、中華新報、民國日報、正報、瀋陽有東三省民報、東三省公報、東北商工日報、新社會報、醒時報、新民晚報、長春有大東報 撫順有國民新聞、吉林有吉長日報、共和報、哈爾濱有國際協報、東三省時報 濱江時報、晨光報等、惟就中除東三省民報消息尚稱靈敏、國際協報、言論尚有精神而外、餘多未脫羅氣、不但不會與日報相競爭、且引不起讀者興趣、蓋以消息言、實較日報陳腐不堪、日報以有帝國主義為奧援、每日至少亦有電通聯合等社電訊、報告大局情勢 東北報紙因私人小本經營、最缺少電報通訊、其尤要篇幅者、幾完全係轉載平津京滬快報、如何不遭失敗、再則日報對于地方新聞、除暴露我民族弱點外、頗注意社會上之統計調查、其增進讀者智識與興趣、殊為不少、東北報紙、則除依樣暴露我民族弱點外、於社會上之各項統計調查、乃專門付之缺如 即成不缺、亦不過有此一回事而已、又如之何不公日報歷例、以言論言、較日報尤麻木不仁、幾無一家報可以負指導社會之責任、其估評論、概不外兩種、（一）最普通者、彼等對於當前重大問題、往往置之不問、或漠然視之、而所論者、則不是舍大論小、便是舍近論遠、甚至舍本國而論外國、致令讀者茫然莫味、無絲毫實益可言 此種情形、如何能與傲霸庵雲（日本在東省之有名論說記者、現在盛京時報任事）相角逐、自然陷於「我不得寄餘」也、（二）最怪異者、即往往站在記者個人立場、恃其言論威權 為等人爭論無聊事件、余在青島、見民國日報副刊欄內、有記者與女士討論文學問題、該記者竟節外生枝、以勸其與他做老婆共枕席等語相戲謔、且連篇累牘、繼續揭載四五日、亦若津津有味者然、是亦新聞界所僅見之妙事也 此外余於東 報界情況、有最不能忘懷者、尚有兩事、第一大連地方、何等重要、全市大小報紙、竟無一家係中國人所辦、考其原因、蓋國人之在該地者、只有上等人與下等人、但少有中等人、上等人為亡命之軍閥官僚、

重慶新聞界、因弁兵 再搗毀西蜀晚報事件、自八月五日起舉行全體大罷工、靜待政府正當解決、會誌前報、後新聞界以罷工已一星期之久、政府方面猶毫無表示、乃於十二日由新聞界全體組織罷工委員會、發出宣言、請求各地新聞界聲援、同時并有本市五十餘民衆團體成立新聞界罷工後援會、作有力之援助、而政府方面始深恐風潮擴大、負摧殘輿論之名、乃由二十一軍叢文彬師長出名於十五日宴請新聞界城防司令及各部副官長在中央公園涨秋山館解釋一切、略謂：此次新聞界為西蜀晚報被毀事件罷工、迄今已有十餘日、重慶華洋雜處、觀瞻所繫、竟致十餘日無報紙出版、各方消息異常隔閡、難免無反動份子乘機造謠、新聞界有關係社會之責、應請早復工作、至於保障問題、兄弟及城防部並各師副官長、願負全責、保無危險云云、於是一場軒然大波因此幾句空洞之詞、即暫告平靜、本日各報各通信社皆已出刊、各報同時并登出啓事一則云、…此次西蜀晚報、被搗事件、協會等認為關係新聞界全體安危、及社會治安甚鉅、故經聯席會議決議、一致罷工、以期早日解決、現當局已明令緝拿兇手、保險將來、一律復工、特此聲明、此啓、

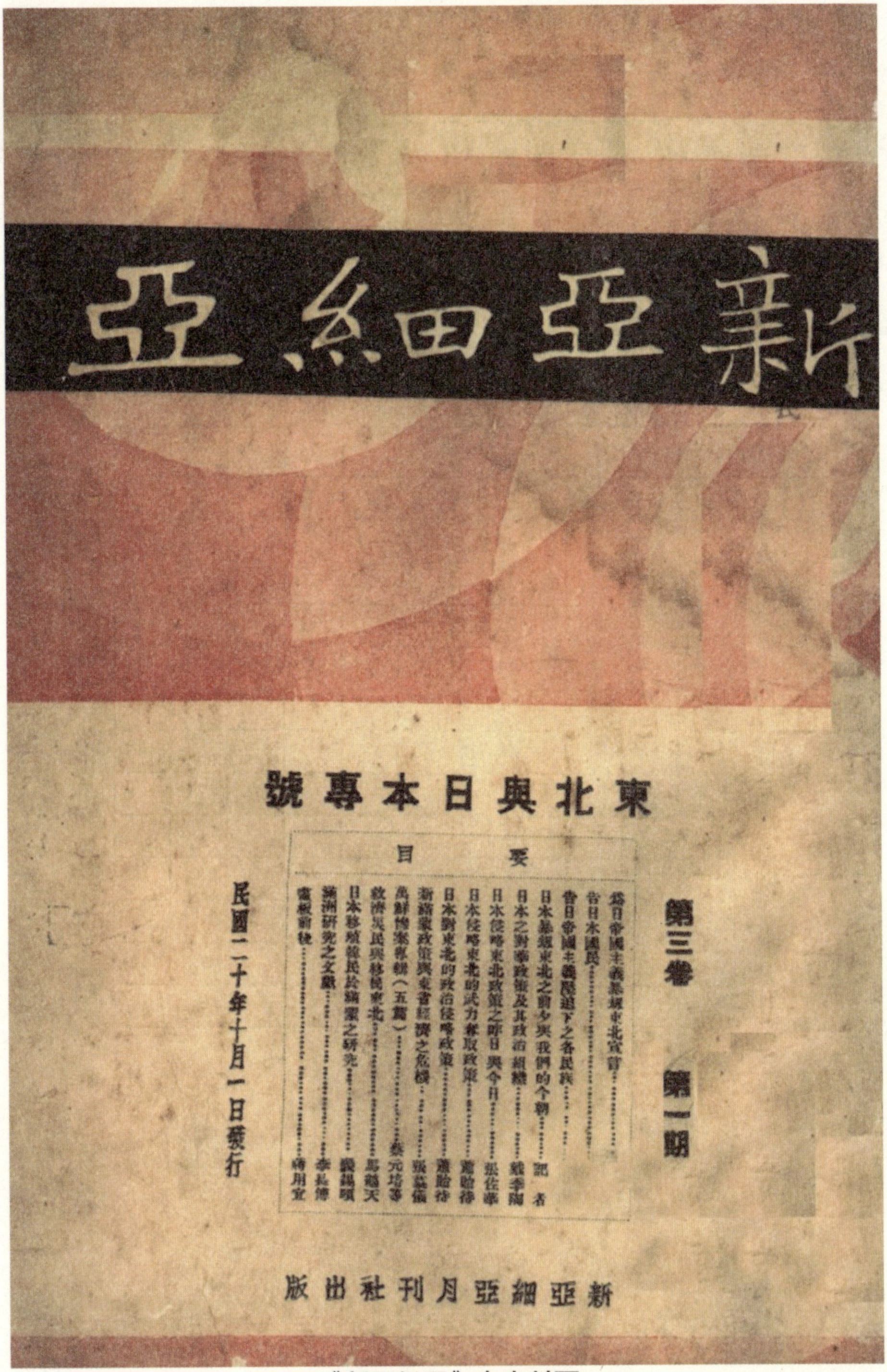
新亞細亞

東北與日本專號

第三卷 第一期

要目

為日帝國主義侵略東北宣言……
告日本國民……
告日帝國主義壓迫下之各民族……
日本攫奪東北之前夕與我們的今朝……記者
日本之對華政策及其政治組織……戴季陶
日本侵略東北政策之昨日與今日……張佐華
日本侵略東北的武力奪取政策……蕭貽徐
日本對東北的政治侵略政策……蕭貽徐
新銀蒙政策與東省經濟之危機……張蕊儀
萬鮮慘案專輯（五篇）……蔡元培等
救濟災民與移民東北……馬鶴天
日本移殖韓民於滿蒙之研究……饒錫頤
滿洲研究之文獻……李長傅
當頭前棒……時用宜

民國二十年十月一日發行

新亞細亞月刊社出版

《新亚细亚》杂志封面

# 日本對東北的政治侵略政策

蕭貽待



## 一　概論

帝國主義本資本過剩的結果，故其向外發展，首任尋求市場原料及直接投資等，以促其消長。自產業革命以後，帝國主義紛起，世界的形勢驟變，於是帝國主義內部的衝突日見劇烈，而弱小民族反帝國主義運動，亦日益強大。在此兩大爭鬥之中，帝國主義的地位非常危險，而弱小民族運動，尤足致他的死命；帝國主義爲求競爭與生存，感覺到單獨經濟侵略的不可能，所以政治侵略政策應運而生、這種侵略政策，匪但增加了經濟侵略的力量，且鞏固了帝國主義的壁壘。日本是一個新進的帝國主義者，他的經濟力量自不及其他各帝國主義的穩固，故尤須藉政治力量來保護。因此，日帝國主義的政治侵略政策，較任何帝國主義都要來得兇猛。日本帝國主義對中國的政治侵略，始於中日之戰，成功於日俄之戰，而盛於歐洲大戰，以迄於今日，故今日中國受日帝國主義的政治侵略最爲利害，卽以東北而言己全入於其侵略的勢力範圍，大好山河，幾非我所有了。

溯自日本侵略我東北，迄今己二十餘年了，吾人僅知其爲侵略政策，而未識其侵略的實跡何存，與侵略的目的的所在，譬猶大盜己踰垣入室、頤指其僮僕，竊據其貨財，而屋之主人，熟視無覩，日沈酣於醉夢之中，於是強梁者志得意滿，如入無人之境，爲所欲爲，喧賓奪主，勢將日朘月削，不殄滅無餘不已，此今日東北危機之所由成了。雖然，吾人不暇責日人侵略的陰謀，有加無已，而深惆我國人士甘爲魚肉，坐視封豨宰割，漠然無所動於中，試叩以日本在東北所經營之事業若何、侵越之主權若何，輒箝口結舌，漠然不知對，

此尤可爲痛哭流淚長太息者了。夫日本所特以侵略我東北者，不在經濟，而在維持經濟侵略發展的政治，是吾人研究日本侵略東北，須先宜究其政治侵略，以明其侵略的眞髓。

政治的意義包含甚廣，以日本在我東北的政治侵略而言，如殖民、軍事、文化、郵電、行政、司法等等均是，事實極其複雜。雖然，本文是研究關於政治侵略，然殖民、軍事、文化、事實繁複；且爲日人侵略東北最着意之點，非有專文難得其詳，故本文對於此三項，均置不提，而另闢專文討論，其他則概在本文研究範圍，希閱者注意及之。

## 二 所謂「關東州」與「關東廳」

### （一） 對於「關東州」與「關東廳」的認識

中日戰爭的結果，中國失敗，於是日本要求賠償割地及其他種種的苛條，所割之地，除台灣澎湖羣島外，遼東半島也在割讓之列，其時正値舊俄帝國東攻政策實施的時候，以爲遼東半島割讓予日本，於其政策有絕大不利，遂聯合法德各國有干涉還遼的事件；日本不得已，將遼東半島退還中國，中國加賠戰費二萬萬兩，乃得告一段落，但是日俄的仇視卽由此起了，單簡的說，也就是日俄後來戰爭的遠因。

日本既戰退中國，取得朝鮮，其北進政策（大陸政策）益就穩固。俄國干涉日本退還遼東半島，以爲有利於中國，要求淸政府租旅順大連爲報酬，且築東淸鐵道（後改中東鐵道，旅順至哈爾濱爲其支線）以發展其東攻政策。日本見俄在東三省的勢力日大，非但與其北進政策不利，且其本國亦受其威脅，於是二者從事備戰，思決一雌雄：迄千九百另三年，日俄宣告戰爭，以我遼東之地爲戰場，翌年俄敗於遼東，千九百另五年六月九日，美總統羅斯福，始以「謀人類幸福，終止戰爭，由兩國直接講和」之議，向二國提出勸告，二國皆許之，和議告成。其條約規定：「俄國以中國政府之承認，將旅順大連及其附近領地領水之租借權，與關聯租借權及組成一部之一切權，特權及讓與，又租借權效力所及地域之一切公共房屋財產，均讓與日本」等語。後又要求中國承認。日本既得遼東半島，乃設軍政署以治之。其後軍政署裁撤，將我遼東半島改爲「關東州」、署民政署治之；後改關東總督府，繼又改關東都督府，千九百十九年四月，日政府裁撤關東都督府，而設置關東廳，迄今無變，這是「關東州」與「關東廳」的來歷了。

我們知道，遼東半島爲我領土，且爲我國北方門戶。日俄戰爭，俄國轉租於日，日本應遵守中俄租約期滿交還中國，日帝國主義者非但不如此，且乘歐洲大戰，與我國國賊袁世凱訂約轉租九十九年，實在可恨可恥，所幸者未經我國會的承認，且我全體國民累次宣言無效，日帝國主義居然尾大不掉，希望我同胞急起努力，以求遂到收回的目的；而日帝國主義者，將我遼東半島任意妄呼名

稱，以抹煞中國領土的固有性，其陰謀詭計一至如此，更希望我同胞與今日國內各著述家有一共通的認識，庶可保中華民國領土的安全。

## （二）「關東州」現狀概觀

第一、「關東州」的地位　所謂「關東州，」即日人對我遼東半島（南半部）的妄稱，其地爲我遼寧省的一部，介於黃海與渤海之間。舉世著名軍港的旅順，即在其最南端，大連海港處於該地海岸的中央，爲東亞著名的商港，故該地在軍事上、經濟上，皆爲我國北部最扼要的重鎮。前中日及日俄兩次戰役，均爲軍事上衝突最烈之地；我國北洋海軍的訓練，曾以此爲根地。帝俄時代的東清支線（現即南滿路），亦以此爲尾閭，藉爲侵取我東三省的根據，日俄戰後，轉入日人之手，此地遂更爲日人所注重，設最高行政關機的「關東廳」於此，乃一變而爲日帝國主義侵略我東北的大本營了。

第二、「關東州」的面積　「關東州」的面積，約爲二百十九日本方里（每一日本里合中國六里餘）即近於三千四百八十六方粁，適當台灣島十分之一；其中陸地約爲二百零二日本方里餘，沿海島嶼屬於租借區域者，爲數約四十，其面積約占十八日本方里，奇與全東三省相較（全東省爲六萬四千四百八十二日本方里，）約合二百九十四分之一。

第三、「關東州」沿海重要港灣與島嶼　「關東州」沿海的重港灣，屬黃海者有旅順口、鹽大澳、克爾灣、大連灣、貔子窩、深灣等；屬渤海者有葫蘆山灣、會灣、雙島灣等；其重要島在黃海方面者有南三山島、中三山島、北三山島、海洋島、光綠島、裏長山列島、外長山列島，五馬路島等；在渤海方面者有西中（花紋島）島、交流島，鳳鳴島（南關島）等。

第四、「關東州」的人口　「關東州」內的人口，千九百一十八年夏的調查，有八十二萬四千八百八十一人；分別起來，日本約九萬三千一百八十七人。中國約七十二萬二千八百八十二人朝鮮約千二百二十五人，其他各國約八百二十八人。以居住地方分別，旅順口約十二萬三千七百十三人，大連約十七萬四千四百七十五人，小岡子五萬四千七百八十八人，沙河口八萬六千五百二十五人，金州十萬六千九百十一人，普蘭店十三萬九千四百一十二人，貔子窩十三萬八千一百八十七人。若分其性別，則男爲四十六萬六千七百六十三人，女三十五萬五千一百十八人。日本近來積極殖民政策，該地日人逐年有急烈的增加，而中國在該地的人，因不堪日人的壓迫，日益減少。

## （三）關東廳是什麼東西

第一、「關東廳」的歷史沿革　我旅大今日的危機，實遠伏於中日甲午戰役。當中日和戰馬關條約成立，有割遼東半島與日本一節。時正值俄國東攻政策最熱烈之際，國以此有防其政策的發展，乃聯合德法逼日本退還遼東於中國。考俄之所以出此者，蓋俄大使喀希尼與清臣李鴻章事先有私約。迨一八九六年（光緒二十二年）夏俄皇尼古拉斯二世行加冕禮，清廷命派李鴻章使俄，復與俄訂立密約。翌年，迫清德宗批准；該約內容共計十二條，以豎立帝俄在我東北一切利權，其關於旅順大連者有二條：

（一）遼東之旅順口以及大連灣等地方，原係險要之處，中國亟應速爲整頓各事，以及修理各砲台等諸要務，以備不虞。既立此約，則俄國允准將此二處相爲保護，不准他國侵犯，中國允准將來不能讓與他國占據。惟日後如俄國忽有軍務，中國允將旅順口及大連灣等處地方暫時讓與俄國水陸軍營泊屯于此，以期俄軍攻守之便。（原約第十條）

（二）旅順口大連灣等處地方，若俄國無軍務之危，則中國自行管理，與俄國無涉……（原約第十一條）

觀上密約，實開後來列強在我國之所謂「勢力範圍」之端（Sphere of Influence），然帝俄須急訂此密約之最大目的，乃在租借我山東之膠州灣，故該約第九條規定：

俄國向來在亞細亞洲無周年不凍之海口，一時該洲若有軍務，俄國東海以及太平洋水師諸多不便，不得隨時駛行。今中國因響於此，是以情願將山東省之膠州地方暫行租與俄國，以十五年爲限。其俄國所造之營房棧房機器廠船塢等類，准中國于期滿後估價備資買入。但如無軍務之危，俄國不得即時屯兵據要，以免他國嫌疑。其賃租之款應得如何辦理，日後另有附條酌議。

此項規定，開了外人租借中國沿港灣的端，而俄國於我膠州灣早視爲囊中物，一可奪領中國的重要港灣，且藉以掣日人之行動也。不意事出人料，膠州灣忽以曹州殺害德教士案而爲德占領。俄知膠州灣已不能到手，乃命駐西伯利亞艦隊駛入旅順口，以防禦他國侵犯爲辭，援例要求租借旅大和建築自哈爾濱至旅大的鐵路權；清廷不敢拒，乃於光緒二十四年（一八九八年）三月初三日，命派李鴻章張蔭桓與駐北京俄公使巴布羅福訂立旅大租借條約，條約內容共分九款：

第一款　因俄國願在中國北海濱境有方便地方，以資俄國水師得天然形勝之勢，特允得將旅順口、大連灣兩處及臨近相連之海面租與俄國，惟中國帝權不得稍有損礙。

第二款　租地界線隨後測量至於大連灣往北之界及他方面之界，一切細情，俱應前後由兩國政府派員勘定，惟租界境內俄羅斯應享租主權利。

第三款　租期應自畫押之日始扣算二十五年；既已滿期之後，應准由兩國會商，斟酌續租。

第四款　按照第一款所開，俄羅斯即可派遣官員在兩處經營水陸武備，惟一切俄人應歸俄國官員一人管轄，不得用總督巡撫等名目。中國軍隊不准在租界內屯紮；中國人民准其居住，惟不得犯租界內一切條規；如遇人民犯法，應交中國國家最近之地方官審判。

第五款　租界以外應留一甌脫，即兩國不准居民之隙地。甌脫界限，應隨後由駐紮俄國之中國使臣與俄國政府商妥甌脫境內應准中國管理；惟除先行與俄國商妥外，中國兵隊不准私入甌脫。

第六款　旅順口既允准作水師屯集之處，祇准中俄兩國之船停泊，他國不論兵船商船，一律不准駛入；至大連灣亦須擇一方儘地方爲中俄兩國屯泊兵船；其餘各地准作通商口岸，所有各國船隻准其出入無禁。

第七款　旅順口大連灣兩處因地勢險要，故俄國情願自備款項建造砲台營壘及一切保衛地方應行舉辦之事；隨時由俄國酌行。

第八款　中國前於一千八百九十六年准設鐵路一條，經亞細亞鐵道接軌至大連灣，現准舉行開辦；所有築造詳細情形，遵照中國滿洲鐵路章程，并准添造支路；從營口鴨綠江中間接至濱海方便之處；其如何築造及勘定地址，悉由中國使臣在俄國聖彼得堡與東方鐵路公司會辦商妥；惟俄國築造鐵路，不准將外侵略中國地方。（此條爲俄國建築自哈爾濱至旅大鐵路之根據，條文中稱一八九六年已允許築造一節，則指喀希尼密約第四條而言也。）

第九款　此項條約自畫字之日爲始，兩國即行遵照辦理，其換約之處須在俄京聖彼得堡。

同年閏三月十七日，中俄在俄京聖彼得堡締結旅大租借續約六款：

第一款　按照原約第二款租與俄國之旅順口及大連灣遼東半島陸地，其北界應從遼東西岸亞當灣之北起，穿過亞當山脊至遼東東岸皮子窩灣北處止，租界附近水面及陸地周圍各島均准俄國享用，兩國各派專員，就地詳確勘定，所租之地段之界線。

第二款　從第一款所定地段北界起，應照北京條約第五款所定隙地，其北界線應從遼東西岸蓋州河口起，經岫巖城北至大洋河，沿河左岸至河口，此河亦在隙地內。

第三款　俄國國家允西比利鐵路通接遼東半島之支路，末處在旅順口及大連灣海口，不在該半島沿海別處；又公司商定此支路經過地方，不將鐵路利益讓與別國人。至中國以後自造路，從山海關接長至此支路最近之地，俄國允不干預。

第四款　俄國國家允中國國家所請，允讓金州城自行治理，并城內設立巡捕人等；中國兵應退出金州，用俄兵替代，此城居民有權往來金州至租地北界各道路，并日常需用；

第五款　中國國家允認，非俄國應允，不將隙地地段讓與別國人享用；不將隙地東西沿海口岸與別國通商；非俄國應允不將隙地地段內造路開礦及工商各利益讓給。

第六款（從略）

自上約成後翌年（光緒二十五年）三月二十八日，又訂立勘分旅大租界專約八款，約文即由上文脫體，故略不贅。自此我東三省遂完全入於俄人的勢力範圍；同年八月俄將我遼東半島租借地改建「關東省」，以旅順爲首府，置總督以治之，儼然視爲其所有領土了。然日俄戰爭不幸於一九〇三年爆發，我東北南部爲日俄，兩國的戰塲。翌年俄敗於遼東，日本佔據旅大，又翌年（一九〇五年）以美總統羅斯福之勸告，兩國和議於朴次茅斯島，於是朴次茅斯條約（Treaty of Portsmouth）宣告成立。該約共十五款，其中第五款規定將旅順大連租借權讓與日本，原文大意爲：

俄國以中國政府之承認將旅順口大連灣及附近領水之租借權與關連租借權及組成一部之一切權利特權及讓又租借權效力所及地之一切公共房屋財產，均讓與日本。……

日本既得旅順大連租借權，更於一九〇五年與中國結中日滿洲善後協約三款，其中涉及旅大者有：

中國政府將俄國按照日俄和約第五款及第六款允讓日本之一切，概行允諾。（原約第一條）

日本政府亦允按照中俄兩國所訂借地及造路原約實行遵行，嗣後遇事隨時與中國政府妥商釐定。（原約第二條）

從上條約的規定，我旅順大連便由帝俄轉到日本手中。然而俄租旅大約定是爲二十五年，至千九百二十三年滿期，按條約日本政府既承允按照中俄兩國所訂借地及造路條約實行遵行，是旅大租借地期滿應即歸還中國，可無疑義；乃日本不守條約，竟乘歐洲大戰，脅迫中國承認二十一條，將旅大租期延長九十九年。此二十一條中國并未承認，但是日本到現在依然強佔旅大，至旅大收回之期，遙遙不定，此惟待今日中國全體國民之努力，以達收回之目的。

至日本實行統治旅大，則在日俄戰爭以後，其統治機關初以遼東守備軍担任，設司令部于金州，逾二月移往大連，改設軍政署，任滿洲軍總司令部參謀長神尾光臣爲軍政長官，以統治旅順、大連、及金州一帶。此日本在東三省施行政治統治之始。千九百另五年五月，廢守備軍與軍政署，而將我旅大所租借之地，改爲「關東州」，置民政署以治之，受滿州軍兵站總監陸軍大將兒玉源太郎之指揮；同時在旅順和金州設立支署。首任民政長官石塚英藏，是年十月日俄和議既成，日滿洲軍總司令部即裁撤，改置關東總督府，以陸軍大將大島義昌爲總督，執行州內軍民兩政。迄千九百另六年八月，總督府又裁撤，改置關東都督府，府內設民政軍政兩部，及都督辦公室，首任都督亦即大島義昌。此後至千九百十九年四月，才將都督府改爲「關東廳」今名，且另設關東軍司令部，以事軍民的分治。其第一任廳長，即爲日外交家林權助氏，其辦事有能謀，故爲侵略我東北一大野心家。

第二、「關東廳」的行政組織　「關東州」自軍民分治改置「關東廳」以後，除軍政之外，州內一切概歸該廳管理。廳內長官由日本天皇親任，其職權極大，可以管理、保護、監督、和取締滿鐵會社。其內部組織，主要爲民政署，其次爲內務局、警務局、及財政局，警察署等；其餘司法、交通、以及教育等，組織甚爲完備，茲以表示其組織如次：

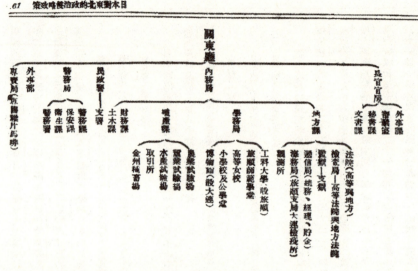

- 關東廳
  - 長官官房
    - 外事課
    - 審議室
    - 秘書課
    - 文書課
  - 內務局
    - 地方課
      - 法院（高等與地方）
      - 檢查局—高等法院與地方法院
      - 監獄—支獄
      - 遞信局（總務、經理、貯金）
      - 海務局（旅順支局大連檢疫所）
      - 觀測所
    - 學務局
      - 工科大學（設旅順）
      - 旅順師範學堂
      - 高等女校
      - 小學校及公學堂
      - 博物館（設大連）
    - 殖產課
      - 農業試驗場
      - 蠶業試驗場
      - 水產試驗場
      - 取引所
      - 金州種畜場
    - 財務課
    - 土木課
  - 民政署—支署
  - 警務局
    - 警務課
    - 保安課
    - 衛生課
    - 警務署
  - 外事部
  - 專賣局（販賣雅片馬啡）

第三、行政區域之劃分　關於地方之行政，於大連旅順設民政署，於金州署支署，普蘭店貔子窩設出張所，其管轄之區域略如下表：

| 民政署 | | | 管轄區域 | 面積 |
|---|---|---|---|---|
| 旅順民政署 | | | 旅順市街、水師營、王家店、三澗堡、營城子、山頭、方家屯、 | 三九、八六三 |
| 大連民政署 | 直轄 | | 大連市街、老虎灘、小平島、沙河口、臭水屯、 | 二七、一四三 |
| | 金州民政支署 | 直轄 | 金州城內、馬家屯、閻家屯、大連灣、革鎮堡、老虎山、劉家店、董家溝、大孤山、 | 四六、四〇〇 |
| | | 普蘭店出張所 | 普蘭店、三家子、唐家、長甸堡、長山寺、朝陽寺、閻龍山、花兔山、騰華寺、粉皮墻、望海寺、牌坊、三官廟、老嶺、長嶺寺、太平嶺、黃咀子廟、正明、玉皇頂、大石棚、鳳鳴島、老嶺廟、張家屯、三十里堡、岔山、大王溝、 | 七一、八一八 |
| | | 貔子窩出張所 | 貔子窩街、貔子窩北、貲子河西岸、沙色子、唐家房、楊樹底、鄭家窑、鑿洋台廟、湖溝崖、夾心子、碧流河、東老灘、溝水河西、長山列島全部、 | 三九、二六八 |

## 三　東北已領爲政治侵略的主犯

中日戰役以前，日本雖然在中國有領事裁判權，然而那是相互的；自中日戰役以後，日本遂在中國取得片面的領事裁判權，其規定在千八百九十六年（光緒二十二年）中日通商行船條約第三款：

日本視利益相關情形，可設立總領事、領事、副領事及代理領事駐中國已開及日後約開通商各口岸城鎮，各領事等官應得分位職權裁判管轄權及優例豁免利益均照現時或日後相待最優之國相等，清國亦可設立總領事、領事、副領事及代理領事駐劄日本現准及日後准別國領事駐劄之處，除管轄在日本之中國人民及財產歸日本衙署審判外，各領事官應得權利及優例悉照通例給予。

自此以後，中國受了日本片面的領事裁判權的束縛，而日本壓迫中國，由此開了一新生面；且形成日後列強瓜分中國的局面（勢力範圍）日本藉領事裁判權施行其侵略政策，固不待言，而於領判權之外，亦輒危害我主權，此如今日我東北各地之日領是了。

東北各地的日本領事，奸巧狡詐，侵略我國主權，無微不至；日本政府每定妥對我東北的侵略方針，須先徵求各領事的意見，或由各領事自行貢獻意見以定之。至其勾引我東北各地土匪，（見十九、九、二十三日新京日報）接濟兵械，以擾亂治安；則又藉口增兵置警，奪我主權。朝鮮游民，留居我東北各地者，為數甚衆，日領又利用組織民會，掠奪權利，設犯重罪，即避入日領，中國官廳逮捕不得，此事如：

十七日（四月）下午九時，發吉林專電：吉林軍署翻譯官歸化朝鮮人吳仁華昨晚九時被朝鮮民會長金正元槍殺，兇犯避入日領館。（見二〇、四、十八日天津大公報）

在我領土，為我官吏，日領既敢嗾使朝鮮無賴，任意槍殺，蔑視我主權，侮辱我國體，其兇暴強橫的野獸行為，可以知了。

基於上述，我東北各地日領為政府侵略的主犯，昭昭在人耳目，實無法掩飾其事實，茲為更明瞭起見，特將日本在我東北所設的領事館開列如次：

| 館名 | 館長格 | 館長（代理長）氏名 |
|---|---|---|
| 瀋陽總領事館 | 總領事 | 林久治郎 |
| 吉林總領事館 | 總領事 | 川越茂 |
| 哈爾濱總領事館 | 總領事 | 八木元八 |
| 間島總領事館 | 總領事 | 鈴木要太郎 |
| 滿洲領事館 | 領事 | 田中文一郎 |
| 齊齊哈爾領事館 | 領事 | 清水八百一 |
| 長春領事館 | 領事 | 永井清 |
| 安東領事館 | 領事 | 岡田兼一 |
| 鐵嶺領事館 | 領事 | 近藤信一 |
| 營口領事館 | 領事 | 岸田英治 |
| 琿春分館 | 主任書記生 | 望月純一郎 |
| 百草溝分館 | 主任書記生 | 田中繁三 |
| 局子街分館 | 主任代理 | 關部政助 |
| 頭道溝分館 | 主任書記生 | 毛利島吉 |

| | | |
|---|---|---|
| 遼寧通化分館 | 主任書記生 | 河部又重郎 |
| 遼寧新民分館 | 副領事 | 瀧山靖次郎 |
| 農安分館 | 事務取報務部 | 高野豐 |
| 掏鹿分館 | 主任書記生 | 與津頁郎 |
| 海龍分館 | 主任書記生 | 坂内彌代記 |
| 鄭家屯領事館 | 領事代理副領事 | 中野高一 |
| 遼陽領事館 | 事務代理書記生 | 吉井秀男 |
| 赤峰領事館 | 事務代理書記生 | 中根直介 |

以上記載乃民國十七年七月調查，去年（一九年）日本又擬在我東北兆南帽兒山兩處增設領事，曾由我外部電詢遼省府意見（見一九、三、二十六日中央日報），果爾則我東北又多兩侵略機關了。

## 四 南滿鐵路附屬地行政權的侵害

在我國領土上，有所謂「鐵路附屬地」（Railway Zone）這是值得吾人十分留意的。回憶民國十四年郭松齡倒弋攻奉，張作霖將危亡的時候，日本出兵干涉，說禁止在鐵路區域二十里以內作軍事行動，郭松齡遇此阻難，而驟失敗，由此可知所謂鐵路附屬地問題關係如何重要了。茲將此事的歷史及條約根據，述之如次，以促國人之注意。

**第一、歷史上的經過** 自千九百另五年日俄和戰告成，日本獲得東清鐵路長春至旅大之支綫後，於翌年八月一日，日外交、財政、交通三部，以秘密鐵道令第十四號，創立南滿鐵道公司，其秘令第五第六條兩條大意謂：

該公司受政府（日政府）的認可，在鐵道及附帶事業的用地內，可行關於土木、教育、衛生等的必要設施，其經費該公司受政府的認可，對於鐵路及附帶事業用地內的居住人民，得徵收上項開支及其他必要的費用。

這便是南滿鐵道公司強奪中國在該鐵路用地內行政權的根據。然此種侵奪中國行政權的徵稅行為，一面違反條約，且無法律上的根據，若以明令公布，必遭中國政府及駐奉各國領事的反對，故不得不以秘密命令行之，其所以有秘密命令之必要者，即日本政府自知其條約上在用地內無行政權的明證也。此種秘密命令，既有不能公布的苦衷，其後我未以何等形式向外間公布，故無從執行此不當的權利。南滿鐵道公司苦心一年餘，仍未得公布此秘令之善法，於是迂道而行，欲假私的契約關係，暗中徵收日人以外之居住者的不當租稅，故於一九〇七年九月，發布用地居留者規約，以「凡來居用地者，須遵一切法律」的含糊規定，巧開強制外人遵守公司規則及負擔公費之道，但猶未敢明載徵收公費的規定。其後一月，始公然公布徵收公費及一切費用的規則，幾經輾轉曲折，始達其徵稅的目的。當時中國政府未及注意，故未提何項抗議，日本狡謀乃完全成功；其後因徵收居住用地的美人租稅，惹起抗議及徵收通過遼寧用地內之中國馬車稅惹起同盟罷工，然日本徵收稅用，仍繼續及於今日，个特此也，且於千九百另七年九月，社則第十五號「公費及手數料規則」的第八、第十三條規定：

關於公費之賦課有必要時事務員得臨檢家宅、或營業所、或檢查賬簿物件。對於公費及手數料的滯納者，得行公司所定之滯納處分。

於是南滿鐵公司又行臨檢家宅，及處分滯納租稅的不當權利。中國的主權至此被其蹂躪殆盡了。（參見襲德柏著之揭破日本的陰謀）

第二、條約上的根據　今日南滿鐵道，既屬前東清鐵道之支線，故吾人欲考查鐵路附屬地在條約上的根據，不得不溯及中俄中東鐵道條約。查千八百九十六年中俄東清鐵道合同第六條的規定，其大意有謂：

該取有建造、經理及附該鐵道所必需之地，及於鐵道附近開採砂土石塊石灰等項所需之地，一概不納稅，由該公司一手經理。

該規定，是中國政府與公司方便，以特典免收公司的地稅，其對於鐵路用地有完全主權及行政權，自無疑義，而對於公司以外的居民用地人民，中國有徵稅之權。（此事遼寧官紳屢與南滿鐵道公司及駐日總領事交涉至今尙爲懸案）　然考東清鐵路條約之法文譯文則爲：

La Societe aura la droit Absolut et exclusif de l'Administration de ses terrains.

該條文，因爲 Administration 可有兩個不同的意義，一爲行政管理，一爲事務經理；而就條約的精神上說，此處當然是「經理」的意思。就退一步說，該條約幷未規定發生疑問時，以何國文爲根據，故應以中國文爲根據，此國際法之精神也。千九百另九年中俄東省鐵道界內，設立公議會大綱條可以證明，即鐵路界內中國主權，不爲稍有損失的規定，有此條約的訂結，故日俄兩國所曲解法文的根據，完全推翻。然俄日事同一律，俄國在中東鐵路界內，承認中國有完全主權，今南滿鐵路爲中東鐵道之支線，於其鐵道界內中國有完全主權可無疑了。由此看來，今日本對南滿鐵道界權，沒有行政條約的根據，完全是一種侵略的強佔的行爲。

第三、創立所謂「滿洲日本青年議會」　今日日本帝國主義在我東北一舉一動，都値得吾人十二分的留意。因爲日帝國主義侵略我東北行動，詭秘特甚，非靜心觀察，不易使人發覺。以前我東北有些主權的喪失，大部是日人詭秘的行爲，因吾人沒有精心的觀察，以致主權喪失於無形。譬如南滿界內的行政權，沒有條約的根據，而日人行之已久了。雖吾人據理力爭，但日人亦不能無藉口。而可爲國際宣傳之飾詞，近日人組織所謂「滿洲日本青年議會」，雖名爲一種侵略的工具，而日人用心之細微，正如出一轍。「滿洲日本青年議會」其組織情形，吾人不得而知。維據遼寧特訊（見一八、十二、六日湖南國民日報），其創立的經過，及第一次會議的情形，有

如下的記述：

日本青年欲使侵略東北政策積極進行，特組織「滿洲日本青年議會」，該會已組織就緒，總會於遼甯，其辦事處在日本東站轉盤地方委員會內，并在東三省重要城市設立支部，總部方面於二十六日（十一月）上午十時，假春日小學校開成立大會，計出席議員六十三名，均爲僑東北的日本青年，開會時首由籌備委員長金井博士報告籌備經過，及該會今後的使命與進行的方略；并有日政府及關東廳滿鐵會社等機關之祝辭，來賓中由守田（瀋陽居留民會會長）演說，畢，即推舉議長，結果小川氏當選新議長，當時全場掌聲如雷，旋報告各地支部提案，計二十三件，將自二十七日始開始討論，議場仍假春日小學校，并規定在討論會內嚴禁中日記者旁聽，各項議案表決後當公布之。茲將各支部之提案錄如下：（一）請願帝國議會對滿蒙既得利權擁護，并促進案「高木朔之助提」（二）滿鐵會社對於滿蒙線上航空運輸事業要求決議案。「高木朔之助提」、（三）滿蒙諸問題議決之促進，及滿蒙機關速組織案。「松下直義提」（四）滿蒙製鋼所促其實現案。「鞍山支部提」（五）滿鐵消費組合案。「鞍山支部提」（六）反對撤廢領判權，并喚起輿論案。「撫順支部提」（七）籌備滿博覽會案。「沙河口支部提」（八）在滿鮮人援機關之設置案。「瀋陽支部提」（九）在滿警察官吏殉難者慰藉機關設置案。「瀋陽支部提」（十）滿蒙警察官後援護置案。「長春支部提」（十一）組滿洲青年大聯盟，并對滿蒙政策發表宣言案。「大連支部提」（十二）滿鐵會社，對地方之經營，并會社政策之施設兼病實現，以使在滿國人的生活安全案。「瀋陽支部提」（十三）日支國際博覽會籌備案「瀋陽支部提」（十四）滿洲會館之開設案；「大連支部提」（十五）滿蒙自治案。「瀋陽支部提」（十六）店員保護案。「營口支部提」（十七）滿洲貯金會社預備金之救濟案。「沙河口支部提」（十八）關於華語獎勵案。「撫順支部提」（十九）日華青年協會聯盟組織案。「安東支部提」（二十）僑胞墓地之修築向當局請願案，「安東支部提」（二十一）家庭副業獎勵機關之設置案，「長春支部提」（二十二）商租權之確定，并關於此事之喚起輿論案。「撫順支部提」（二十三）關於滿洲會議提案方法案。「大連支部提」

上列所謂二十三提案，最值得吾人注意而刻下日帝國主義正在積極進行的約有數案：（一）「滿蒙自治案。」日帝國主義何以主張我東北自治，固然這是幻想，而其沿用併吞朝鮮的方法，來奪取我東北，實無疑義。（二）「在華鮮人援助機關之設置案。」所謂在華鮮人援助機關，即年來我東北各地日領館所設立的朝鮮民會；蓋日人利用朝鮮無賴，組織民會，以窺探我國之虛實，與朝鮮良民的動靜，或藉勢任意擾亂，如上節所述朝鮮民會長殺斃我官吏之事。（三）「滿蒙製鋼所促其實現案。」所謂「滿蒙製鋼所」，即「昭和製鋼所」，據最近消息（見二〇、四、七日中央日報），該所決設於新義州，其由德國所購的機械一部已運至大連，是成立之期必不遠了。希望國人注意注意！（四）「商租權之確立。」商租權之未確立，日人每認其爲侵略政策的障碍，故日人每次對華交涉，少

68

不得將這件事提出望我外交當局與全國國民注意(五)「關於華語獎勵案」日人侵略的野心實甚毒辣其獎勵日本人民習華語蓋欲明瞭中國之風俗人情而施其侵略政策也(六)「反對撤廢領事裁判權」領事裁判權實帝國主義侵略我國的護符,現我國正積極進行廢除日帝國主義知道動搖所以起了一陣所謂反對廢除的運用。總之所謂二十三提案無非以侵略我東北爲目的,上所說明者,不過最要者而已其他當待讀者的領略了。

第四尤堪注意的所謂「滿鐵地方會議」日本滿鐵會社地方部,爲貫徹其侵略我東北之使命增派員赴我東北腹部及中東路沿線調查我經濟界之狀況,與日僑的現狀等事。調查結果之後爲研究侵略的步驟,特招集滿鐵沿線各地方事務所長來大連,協開所謂「地方會議」該會議唯一的目的在討論精密的侵略計劃。(見二〇、四、二〇日中央日報)故値得吾人十二分的留意。該會議在滿鐵本社會議廳開會出席者滿鐵地方部長大森及該部次長武部與應招之滿鐵沿線地方事務所長十三人等,滿鐵其他各部課亦派專員蒞會關東廳方面出席者爲地方課長水谷。其主要的議案,即爲將地方委員會由諮議機關改爲決議機關使沿南滿線之日僑得實行自治制度解決多年認爲不易解決的商租權等問題,以扶助日僑的發展此外交涉部殖產部等,亦提出多數的議案,其重要者,如交涉部提出貫徹對華之滿鐵路交涉案,殖產部提出調查日商不振的原因并扶植其發展案等俱爲對我東北侵略問題,殊堪令人注目。至於教育衛生建設等問題,雖表面上與我似無不利者,然究其實際,與我國之主權息息相關,決立對敵的形勢。我國國民當不宜等閒視之。其他尤値得吾人之注意的,當爲該會議開幕時大森的訓詞(見二〇、四、二十七日濟南國民日報)茲不辭煩勞,將其大意摘錄於次,以爲吾國民的醒鐘:

(第一)關於會社內的事業,最近爲會社的切實問題者,乃立於會社正面經濟上的難局,想此不待我的陳述,即可知爲舉社內當努力的正面問題,考此問題,乃受世界不景氣及銀賤等等經濟事情的影響,致會社於創立以來未有之苦境,幸諸君誓以必死之努力,得使不景氣的影響僅及於最小的限度,且能精進不輟,力求其恢復,此實爲余所佩敬不已的了。察今此不景氣非能於短期內恢復舊觀,可以深信;惟求此對策余曾與各會社各部若處集慮,詳加酌籌,期使人和地利,於此再同諸君一致協力,加十分之奮鬥,欲以善處此難局。然尙須特爲注意者,不可徒偏於消極的節約,必須謹愼於不景氣減收之前,嚴爲戒備於後,而尤不可失積極的進取之氣象,務須努力善處,而不有誤此百年大計,并希望將此事常置心頭,而率先遂行此合理的節約之旨趣。況今日會社,倘無初創時艱念之既躍,却有驚異順利的進展,致有今日的隆盛,蓋此隆盛,皆諸君過去努力的結果,故余深信諸君定能拔脫會社此次財政上的難局,徵本社之基礎於泰山之安,而樹立將來向上發展的途徑,此不勝期待了。

(第二)關社外的事情,最近喚起吾人的注意者,即爲中國情勢的變化,中華民國最近南北已形成統一，漸入於整頓內部的時代，故使命最為艱鉅者彼憲業我國在地理上、歷史上以及經濟上、與我國利害有深切關係的滿蒙所得之權利於不顧，已有應援的表示。據此事情的急變，與中國態度之推移，加以思想的轉變，在滿蒙近時的經濟上，將有顯著的變動，在現在及過去的數年間，中國鐵道網的進行，乘銀賤的事實及人為的政策，使諸君管轄區域的背後地，有異常的變化。例如數年前，誇為特產市場殷盛的開原，今曾的狀況怎樣？這樣一來，而中國今後更側重鐵道網的發達，及葫蘆島築港的完成，將更有顯明的變化。此後諸君宜有徹底的覺悟，刻刻注意調查其不斷變化的形勢，而力講究其適切之對策，更須於根本上詳察其思想上的變化。勿忘研究其對策，此為深望者了。

（第三）最近特著的現象，為吾國輿論對於滿蒙問題，未見有切適真摯的關心，且內地（日本）所發言論，往往有抵觸真相的議論，故今後吾等對於滿蒙問題，必須努力予國民以正當之理解。如此隨母國輿論之傾向，持此以活躍於滿蒙舞台，則成為有力的背景，且須思吾等立於第一線的重大責任，尤須痛加自勵。

（第四）再顧諸君任務區域的情勢，國人（日人）委靡不振的情況，益陷於深刻，在滿國人漸次入於委靡困，不自今日始，究其原由雖多，而最近當以銀賤及其他特殊事情為最顯著，吾人對此，未及改善於母國輿論，實有慚愧。其原因由一面看，以因國家權利時代的變移，然其根本原因則在居留民之覺悟如何，趁此覺悟活躍之傾，施行誘導，此為附屬地行政上根本目的之一。諸君須負此重大責任，且必須對於在滿國人中的副手旁觀者，務以附屬地為自己的附屬地，將來的繁榮，即在自己的努力，為此而培植其自立進取的觀念。關於此問題，諸君宜常熟作考慮，若有具體方策，甚希隨時提出，而今後關於此問題務施以真摯的努力，以嚴父的態度，穎策住滿國人的發展，以慈母的居心安慰在滿國人的痛苦，此亦為切望者了。

（第五）要之諸君當開發滿蒙之要衝，負有重要的職責，不宜單執行諸君職責之職制上的事務，而僅及於附屬地之範圍，必須放大眼光，高大識見，挺身先進，作全局之先鋒，為至盼的了。

總觀大森訓詞，在其語裏行間，無不暴露侵略我東北的野心，且竟以不正當的侵犯，以武力所造成的條約，為正當的權利；目視我國的和平而驚懼，以我革命的外交為可慮，背棄公理，置世界和平於不顧，對於我國有利於世界經濟的建設，盡情妒忌，而面授各地方事務所長，刻刻調查變化，隨時研究對策。其所研究之對策，即其破壞的計劃。此等目光如豆的囈語，固不足道，而帝國主義侵略的聲勢，實咄咄逼人，而該會議最堪吾人注目者，將地方委員會由諮議機關改為決議機關是也。蓋僑居我東省的日人，其對於我東北的侵略，素抱最大的野心，故時假領事裁判權為護符，任意狂妄，無所不至，今將沿線附屬地，改為地方自治，則彼等貪婪的劣性與侵略我的步驟，又別開生面了。嗚呼我東北之隱憂，日甚一日，國人倘不速起自拔嗎？

## 五　急進的郵電網政策

日人之侵略我東北，無微不至，故凡各種事業，彼莫不投資經營，以奪取我利權；即以郵電而論，我東省郵電事業，差不多爲其壟斷。其所設郵政總局分局及代辦所，已有數百處，近來航空郵政，亦具相當成績，全年收入達六七百萬；至電報電話之鐵線，無線電之波浪，有似天羅地網，縈繞籠罩於我東北南部。現我政府進行交涉收回，而日本竟不顧國際公理，希望我國政府當道，據理嚴重抗議，非達到目的不止。

### （一）郵政的侵略

第一　歷史及沿革　日人在我東北之郵政權，既無條約的根據，又未經我承認，完全由於掠奪而得；其初乘日俄交戰之際，設置軍事郵局九十四處，以爲軍事通信機關，戰後乘勢擴充，并於千九百零六年（遜清光緒三十二年），將所有軍事郵政局改隸關東都督府，設郵政總局於大連，以管理其事，由此遂完全爲郵政組織。經該次的改組與整理，計共有郵三十六處，分局八處；以後遂逐年擴充，迄大正九年（一九二〇年），郵局分局及代辦所，則達數百處；又於是年將郵局制大加改革，郵便電信改爲遞信管理局，凡電報電話及無綫電航空郵政，均歸其管理，自此迄今，遂形成今日之郵電網政策。

第二　歷年之擴充　日人自憑空奪我郵政後，經幾度積極的擴充，著著的進展，不遺餘力，華府會議後，各國均撤消設於我國的郵局，獨日本對我東三省郵政，仍復悍然把持，不肯交還，蓋已大得滋味，自不肯中途放棄，茲將其歷年郵政進展狀況，列表於次：

（1）平常郵件的增加數

| 年別 | 發送 | 收到 |
| --- | --- | --- |
| 一九〇五年 | 一二、八二一、二四二 | 一三、〇一四、六一三 |
| 一九一二年 | 一三、一八二、八一四 | 一六、六三六、四九三 |
| 一九一七年 | 一八、六一〇、〇一八 | 二二、一九一、一〇八 |
| 一九二二年 | 四五、二六一、九九〇 | 五〇、四七〇、〇〇四 |
| 一九二六年 | 四一、六五六、一三四 | 四一、四一〇、五七三 |
| 一九二七年 | 四九、九四九、一二三 | 五四、〇四三、八五〇 |
| 一九二八年 | 五七、五五九、四〇一 | 六一、四九一、一三六 |

（2）包裹寄遞數的增加

| 年別 | 發送 | 收到 |
| --- | --- | --- |
| 一九〇五年 | 五二、九一四 | 一四六、〇七二 |
| 一九一二年 | 一六七、八八二 | 三四六、八〇四 |
| 一九一七年 | 二三三、五七四 | 四八四、五八〇 |
| 一九二二年 | 三九六、九九三 | 八二七、一一八 |
| 一九二六年 | 三三四、六八一 | 七三九、九四一 |

| | | |
|---|---|---|
| 一九二七年 | 三四六、九三一 | 七九九、六一二 |
| 一九二八年 | 三九〇、三〇六 | 九三三、九八八 |

（3）郵政通行路線里數

| 年別 | 路別 | 實有里數 | 延長里數 |
|---|---|---|---|
| 一九〇六年 | 鐵路 | 七〇五 | 二〇、一六七 |
| | 水路 | | |
| 一九一二年 | 鐵路 | 六九一 | 一、〇六七、八二〇 |
| | 水路 | 五八〇 | 七二一、七三二 |
| 一九一七年 | 鐵路 | 六九一 | 一、二一〇、六一二 |
| | 水路 | 五八〇 | 一〇一、五二〇 |
| 一九二三年 | 鐵路 | 一、〇三八 | 一、四〇一、〇〇六 |
| | 水路 | 一、一二三 | 二一一、〇八〇 |
| 一九二六年 | 鐵路 | 一、六九五 | 六、三七四 |
| | 水路 | 一、九四五 | 二、八七三 |
| 一九二七年 | 鐵路 | 一、三六三 | 五、八六七 |
| | 水路 | 一、八七五 | 二、八九九 |
| 一九二八年 | 鐵路 | 一、三六五 | 五、八六七 |
| | 水路 | 一、八七五 | 二、八九九 |

右表所列之郵寄數量，除一九二六年度，平常郵件與包裹郵件均突形減少外，其餘年度，無不增加，而增加數量之巨，尤令人可驚；反視我國自辦郵政，到處均呈萎靡不振之狀；瀋陽郵務工會曾宣稱：「年來各國郵政，不但毫無進展，且有退縮之勢，如郵政通行路線，現已縮一萬三千餘里。」似此與日本在我東省所辦之郵政，兩政相形，其何以堪！

第三、現況一斑　日人在我東省所設立之郵政，自千九百二十一年一度改革後，乃日益發達，逐年增加設置，迄今日本在我東三省所設之郵局，計有四十二所，分局九所，郵便所十八處，郵便代辦所一百五十處。茲將其頻年增加及現在之數目列表於次：

| 年別 | 郵便局 | 郵便分局 | 郵便所 | 郵便代辦處 |
|---|---|---|---|---|
| 一九〇六年 | 三六 | 八 | — | — |
| 一九一一年 | 三〇 | 一四 | 一〇 | 七〇 |
| 一九一六年 | 三〇 | 一六 | 一〇 | 七四 |
| 一九二一年 | 四二 | 一三 | 一六 | 七五 |
| 一九二六年 | 四〇 | 八 | 一六 | 一四六 |
| 一九二七年 | 四一 | 八 | 一七 | 一五九 |
| 一九二八年 | 四二 | 九 | 一八 | 一五〇 |

上表所列，係截至一九二八年（民國十七年）止，已有郵局分局及代辦所等二百十五處，而前年（一九二九年）去年兩年中，所增設者尚不在此數。其郵局所在地，多為較大城市，分局及代辦所次之，至代辦所則多設於南滿沿線各小站，及日本租借區域（指旅大租借區域）各村屯內，為明瞭起見，特將其所在地列表如次：

| 所在地 | 郵局分局及郵便所等 | 備考 |
|---|---|---|
| 大連 | 四 | 交換局與我國郵局互相交換郵件 |
| 沙河口 | 六 | |
| 大石橋 | 四 | |
| 营山 | ？ | |
| 营口 | 一 | 交換局 |

| | | |
|---|---|---|
| 海城 | 二 | |
| 立山 | ？ | |
| 千山 | 一 | |
| 鞍山 | 四 | |
| 遼陽 | 三 | 交換局 |
| 烟台 | 三 | |
| 蘇家屯 | 五 | |
| 撫順 | 四 | |
| 瀋陽 | 九 | 交換局 |
| 新民 | ？ | |
| 新台子 | 一 | |
| 鐵嶺 | 五 | 交換局 |
| 開原 | 三 | |
| 昌圖 | 四 | |
| 雙廟子 | 二 | |
| 四平街 | 三 | 交換局 |
| 郭家店 | 三 | |
| 草河口 | ？ | |
| 公主嶺 | 三 | |
| 延吉 | [illegible] | |
| 龍井村 | ？ | |
| 范家屯 | 三 | |
| 長春 | 四 | 交換局 |
| 本溪 | 四 | |
| 大東溝 | ？ | |
| 橋頭 | 二 | |
| 連山關 | 五 | |
| 鷄冠山 | 三 | |
| 鳳凰城 | 四 | |
| 安東 | 五 | 交換局 |
| 小岡子 | ？ | |
| 總計 | 一九三 | |

右表所列郵局，以安東、瀋陽、長春、遼陽、營口、鐵嶺、大連、四平街、撫順、安山、開原、本溪縣各局事務最繁，每日平均收到及發出郵件之數，各在十一萬至十四萬件，包裹各在五百件至千二百件左右。至郵政儲金數，一九二八年度各東省日人的儲金共爲千八百九十餘萬元，一九二九年聞已突破二千萬元，其數可謂巨矣。至上列郵政機關，總計爲百九十三處，因小岡子、大東溝、龍井村、延吉、草河口、新民、首山、立山八處日本所設郵局均沒有調查。總之日本在我東北所設郵政機關有二百數十處，這是無可疑的。

第四、航空郵政　一九二七年六月，日本頒布航空法，同年八月，復有「關東州」租借地準用該法的敕令；於是年前日本航空公司一度試驗飛行，此時復舊事重提，而有大連日本間的航空輸送計劃。一九二九年，日本航空輸送公司經政府的補助，規定大連東京線的飛行，實施大連、平壤、漢城、蔚山、岡山、大阪、東京間的郵件貨物旅客輸送，惟貨中的酒烟草織物腐蝕物易引火物，均拒絕運送；貨物容積以長不過日尺二尺三寸，寬厚不過一尺三寸爲限。其飛行次數及郵費列下：

飛行次數

| | |
|---|---|
| 東京大阪間 | 每週往復十二次 |
| 大阪廣岡間 | 每週往復六次 |
| 廣岡漢城間 | 每週往復［ ］ |
| 漢城大連間 | 每週往復六次 |

郵費

| 信物類別 | 大連朝鮮間 | 大連朝鮮日本間 |
|---|---|---|
| 有封平信（重限四兩） | 一角八分 | 三角三分 |
| 無封平信（重限十兩） | 一角七分 | 三角三分 |
| 明信片 | 八分五厘 | 一角六分五厘 |
| 包裹（重限二百兩） | 一元一角二分 | 二元四角五分 |
| 鋼鐵包裹（同上） | 一元三角 | 二元五角三分 |

（備考）東京、橫濱、大阪、京都、神戶、漢城等處，如須快遞郵件時，外加郵費八分。

航空郵政開辦迄今（民國十九年三月），不及一年，其運送量雖無確實統計的發表，惟自上表觀察，其貨物信件的運送甚爲踴躍，聞自大阪寄至哈爾濱之報紙，三日可達，信件亦復如是，我國之平津報紙，反落其後了。而日人計畫尚擬擴充大連至上海間，及上海朝鮮各地，若一旦成功，則我東北航空權又爲日人侵佔了。（見一九、三、二三日湖南國民日報）

## （二）電政的侵略

第一、電話的經營　日人在我東省電話設備，原爲野戰鐵道時代之創設，當時僅單式標準局人交換機一台，線路十六公里許，其線以南滿路爲主，自滿鐵會社承繼後，因煤礦發展甚速，年年增設，故改採電池式，現在總線路直長七萬一千四百八十七公尺，延長達百四十九萬八千三百八十六公尺，交換機十三台（見吳英華著之二十年來的南滿鐵道株式會社。）近又投資九十餘萬，將瀋陽改爲自動電話，長春亦相繼改革，并計畫與長春我國電話相互聯絡通話。邇來南滿沿線我國商人多裝設日本電話，拍發日本電報，其原因即以日電話接線迅速，日電報中途無檢查之患，因此我國經營之電政業日益不振。

第二、有線電與無線電　日本在我東北設立的電報局，計有線電九十餘所，一九二八年（民國十七年）收到電報四百三十萬件，無線電機關一所另有大連佐世保間，大連東京間，大連長崎間的海底電線，及瀋陽大阪下關間之直通海陸聯絡電線．茲將其無線電局所、有線電局所、電話局所之所在地及數目列表於次（見一八、四、一六日上海新聞報）以明其分布之真相

| 所在地 | 無線電局所 | 有線電局所 | 電話局所 |
|---|---|---|---|
| 大連 | 一九 | 四 | 五五 |
| 沙河口 | 一 | 一 | 八 |
| 周水子 | — | 一 | 一 |
| 旅順 | — | 二 | 八 |
| 郭樹屯 | 一 | 一 | 一 |
| 金金 | — | 三 | 一 |
| 普蘭店 | — | 五 | 一 |
| 皮子窩 | — | 二 | 一 |
| 城子疃 | 三 | 一 | — |
| 瓦房店 | — | 二 | 一 |
| 松樹 | — | 一 | — |
| 熊岳城 | — | 四 | 二 |
| 蓋平 | — | 二 | — |
| 大石橋 | — | 三 | 二 |
| 營口 | — | 二 | — |
| 海城 | — | 二 | — |
| 千山 | — | 一 | 三 |
| 鞍山 | — | 四 | 四 |
| 遼陽 | — | 二 | 二 |
| 烟台 | — | 二 | — |
| 蘇家屯 | — | 三 | — |
| 瀋陽 | — | 二 | 一三 |
| 新民 | — | — | — |
| 新台子 | — | 一 | 一 |
| 鐵嶺 | — | 三 | 一 |
| 開原 | — | 三 | 二 |
| 昌圖 | — | 三 | 二 |
| 雙廟子 | — | 一 | — |
| 四平街 | — | 一 | 二 |
| 郭家店 | — | 二 | — |
| 公主嶺 | — | 二 | 一 |
| 范家店 | — | 二 | — |
| 長春 | — | 三 | 五 |
| 本溪 | — | 四 | 二 |

| | | | |
|---|---|---|---|
| 橋頭 | — | 三 | — |
| 連山關 | — | 二三 | — |
| 雞冠山 | — | 一三 | — |
| 鳳凰城 | — | 三 | — |
| 安東 | — | 四 | 八 |
| 總計 | 二四 | 九九 | 一二八 |

綜觀上述，日本在我東三省所經營的郵電事業至爲驚人，故此二十年來，此項利益被日人奪去者，不下五百萬萬金元（見二〇、五、一四日天津民國日報），而其經營之始，既未經我國的許可，華盛頓會議後，合國在我國所設郵政完全交還於我，而日帝國主義不顧公理，竟敢拒絕交還，並從事努力擴充，始有今日之勢，現我政府及東北全體郵電業當局計議對付與交涉收回方案（見二〇、五、一四日天津民國日報），但日政府又若原態，希望我外交當道，據理力爭，以求達我主權之完整。

## 六　日韓民會的剖解

據最近東北外交處調查，東北日僑激增，總數已達三十七萬四千六百七十三人，（見時事月報第四卷第五期）惟據中央社瀋陽無線電訊，則謂東北日僑統計爲二十二萬九千二百六十八人，（見二〇、三、一九日湖南中山日報）此兩統計，相差達十四萬五千四百餘人。然則究竟孰爲正確呢？據我的觀察，二十二萬餘人的統計，在早數年就已有了這個數目，近年來日本積極殖民我東北，如吉邊日人勢力的澎脹，兩滿路附屬地日僑的增加，「關東州」內我國農戶土地被日人壓迫收買移殖日農（見一九、三、一日湖南中山日報），凡此種種，無不表示東北日僑的增加，由此在我東北的日僑當在二十二萬以上，無可置疑。東北的日僑如此，東北的韓僑又怎樣？據韓報紀載有兩百萬（遼寧五十萬，吉林七十萬，黑龍江十萬，其他中俄及中日國境七十萬。）（見二〇、二、一三日湖南中山日報）是在我東北之日韓僑民，合計在二百三十萬以上。此巨大的外僑額，實我東北之隱憂，而況日帝國主義利用此等僑民，隨處組織民會，以供其侵略擾亂的工具。近年來東北日人韓僑逞兇行惡，侵地奪權的事層出不窮，考其原因，皆由該等民會所主使，事後中國官廳提出抗議，日本領事又藉領事裁判權，橫加庇護（因民會設於日領館受日領的指導），致中國司法權行政權，受莫大的損害。其最可恥者，每以民會不法主持民會者，輒引大批日警，伸入我東北內地鄉村，實行威嚇手段。總之，日韓民會，是日帝國主義侵略我東北的耳目與爪牙，興言及此，與佩服帝國主義侵略手段的周密，然我國人民對此尚漠然淡視，至可嘆也！

## 七　東北日本僑商抗稅之內幕

經過千辛萬苦的奮鬥，我國的關稅，才由帝國主義手中奪回自主，乃日帝國主義依舊私懷鬼胎，從中搗亂，（一九一九年巴黎和會，我國代表以協約國參戰的資格提出關稅自主重訂稅則的要求，日帝國主義運動英國，操縱會議以「不能認爲在和平會議權限以內」一語抹殺我國的意見。一九二一年華府會議，我國被邀入會，亦提要求關稅自主，日帝國主義，然首先反對，英美帝國主義既貪於私利且恐得罪日本，致我要求又告失敗。一九二五年北京政府邀請各帝國主義開所謂「關稅會議」，日本從中作梗，亦無結果。觀此，日本帝國主義對我關稅政策，始終抱了搗亂的態度。）表面承認我關稅政策，贊成我關稅自主，事實上却教東北日商抗納附稅，且要求恢復免稅待遇，並賠償損失的狂妄行動（見一八、三、一一日上海新聞報。）此種消息傳出後，美使英使因日本僑不應有此種例外待遇，向我方提出抗議（見一九、二、二三日中央日報），想重新破壞我國關稅，這種毒辣的用心和放肆的原因，吾人不能不有個深刻的認識，做上下一致奮鬥的根據！

日帝國主義破壞我國關稅自主的用心，無非是要置我國於其永久宰制之下，因爲關稅自主了，可充裕自國的財政，與國民經濟的發展，質言之，帝國主義的經濟侵略政策，便根本動搖。所以日本帝國主義，不惜利用卑鄙的手段，來實行破壞；破壞不成，詭計又生。今年我政府宣佈廢止厘金，實行統稅，竟又引起日商的反抗，且東北日商全體協議，實行阻撓，并要求日政府予以實力之援助，而其議決案，更屬令人髮指！（一）華方官銀號特產事務所，暗中抵制日商，妨害營業貿易，應設法制止之；（二）絕對反對廢止領事裁判權；東三省應作爲特別區域；（三）擴充日本運貨，掌握滿蒙金融權；（四）援助政府，實行大規範的殖民；（五）對於中國當局之不法政策，採取斷然手段。（見二〇、三、九日湖南中山日報）最近哈爾濱、瀋陽、漢口、大連等地日商，又在東京集會，且有日政府要人參與會議，會議目的在討論對華問題，及使南滿鐵路超越政黨政派案，認爲我國撤廢領事裁判權時期尚早，并希望國家（日本）實行武力阻止。其決議案重要者有四項，由新設對華問題委員會遵照實行。（一）對於中國關於法權撤廢之希望，於主義雖表同情，但鑒於中國司法及警察制度等之現狀，徵諸現在無法權的外國人的待遇，認爲即時撤廢時期尚早；惟鑒於各國之關係，於實行上有安全的保障時，即以部分的地域的等方法，採漸進的方針亦可。（二）因滿蒙與日本於歷史政治及經濟上爲有最緊密重要的關係的特殊地域。日本於條約及協定上所有的權利，認爲須絕對保有之。（三）關於中國各種新課稅，及對於外貨的鐵道運費的差別待遇，爲條約所定之有效方法，須向中國當局嚴重抗議。（四）關於近時中國的反日態度，及因此所生之中日關係之將來，認爲一般國民須更加留意，慎重考慮應付方法。（見二〇、六、四日長沙大公報）此種決議案，與使人不寒而慄，日人對於中國領事裁判的撤廢是不贊成，即各

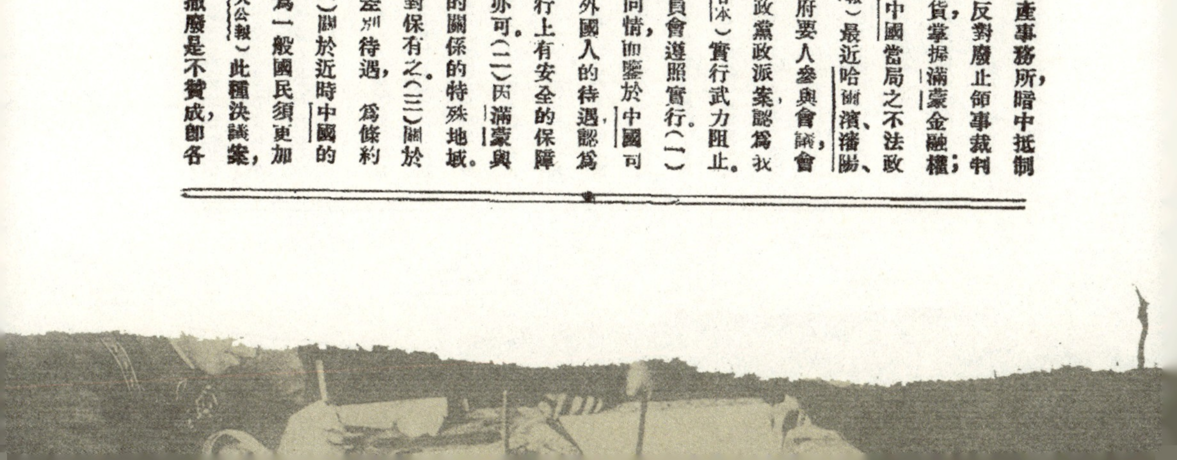

國在華領事裁判權，承認撤廢，而日本須要有條件的撤廢，此條件就是限於「部分的，地域的；」析言之日本即或承認撤廢在華領判權，東三省是不在撤廢之列。再明白點說，日本是要藉領判權的護符，奪取我東三省利權。日本侵略我東三省在國際上的飾詞，每謂僅限於經濟的（日人 Jyengan 氏近在紐約日本協會演說，對美人宣傳日本的滿蒙政策謂僅在經濟上的發展——見一九、六、三〇日長沙全民日報）今竟謂於歷史政治及經濟上為有最緊密重要的關係的特殊地域了；可見日人現在居然不顧國際一切，而大言不慚的要將我東三省奪取了。在我東北的日僑抗稅與阻止我國新稅的實施，「日帝國主義利用此點以為奪取我東北的政策，國人可不留意嗎？

## 八　東北日僑狂妄的一斑

僑居我東北的日人，背負有侵略我東北的使命；而統率其進行者，則為關東廳滿鐵會社及各地的日本領事，惟最近經其官署的內命其人民自己組有地方委員會的組織。該會的目的在統一東北日僑的意志與行動，以使進行其侵略計畫；並負有督促滿鐵會社，及外交當局，對華施行強硬政策，而引起日本全體國民對華侵略的雄心；其所向日本政府及各大政客所發陳情書，首先敘述我東北與日本的重大關係，次言東北的現勢，再次言日本人民遲進的原因，末則建議今後應持的方策，長約數千言，其建議之最重要者，為停止打通路的運輸，遮斷瀋海北寧路的交點，要求商租權，及對華協定關稅等，由此可見日人蓄意破壞我國新經濟的開展，及主權的損害。茲為國人明白日人侵略的野心計，特將陳情書全文錄之如次：

「滿蒙在帝國（日本）生存上之重要，已人人知之；即如人口糧食問題，防止失業游民及國民思想惡化問題，以至於供給產業之原料問題等，求此等問題之解決，及國家整個之發展上，除開發滿蒙而進行民族之大陸發展外，別無他法。然自日俄戰役以後，帝國着手滿蒙之開發，迄今已歷二十六載，其蒙我文化設施之恩惠，於中國人之發展，實有驚人之價值，由最少之人口，增至三千萬；惟國人則失其期待，所謂開發滿蒙，為國家之百年大計，不特成為不可能之預想，且滿鐵社與在滿之二十萬同胞，已陷於夢想不到之苦境，氣息奄奄，僅橫其殘骸於狹隘之附屬地（南滿附屬地）內，現狀殊堪憐。按排日之經途，係自張作霖命王永江為省長之時，驚異韓人從事開拓水田之澎脹，因防此而產生壓迫排斥之手段。張作霖死後，張學良受任東北總司令後，排日益行露骨，設有主張排日而勵行者之官吏，則拔擢登用，並得其人民之佩讚，因此皆以排日為立身出世之捷徑，此風恰如燎原之火，瞬間彌漫於全滿洲矣；且認國人依個人之契約而投資所經營之森林、水田、礦山等，為不法之投資，除懲辦對手之中國人外，並予以沒收之處分，倘不肯應命，則以兵力奪取，此為其常用手段也。然日本領事所謂之嚴重抗議，而不用其適切有效之手段，致中國官廳，目抗議為外交數衍之手段。因襲日彌久，則可自動殊殺，至以不啻為常例矣。致使國人經互久

76

之歲月，徒爲忍泣，而二十年來爲汗血結晶所成之附屬地外所投資經營之諸
、山亦田森林之利權悉數喪失矣，此誠遺憾者也，嘗對於以中日親善爲自任，而
與國人提攜經營事業之中國人施以詈罵，認爲使用日本語者爲可恥，排日之
急先鋒尤爲活躍，竟謂中日衝突定所難免，而相戰時必操勝權，大作不惜鎧袖
一觸之豪語，而對倡中日親善共存共榮之日本人大爲嘲笑也。

「(一)緣何招此外侮之來？此宜歸諸母國思想之混沌，將建國以來傳統之國
民精神——忠君愛國一貫無曲之觀念全迫於廢弛，而所謂自由無紀律之經
之思想風靡全國；加以生活困苦而思想趨於深刻之惡化之不景氣，政黨相爭
政權，無日或息，爲達其目的，竟不擇手段，此必招來外侮之主要原因也。關於此
點，竭望母國同胞之猛省。

「(二)緣何陷於軟弱之外交？此以朝野之主張互異，國論常無定軌，在議會暴
露戰術爲得意事，無主義，以地位安全爲第一之秘訣，致外交陷於軟弱也。而任
中國之橫暴殘虐，與我百害無一利，故希各政黨限於滿蒙之事件，各存超越，宜
一致對策，政府以便努力遂行國策，而對國民代表之代議士等，尤有深盼也。

「(三)在滿蒙之同胞，緣何不得發展？日俄戰役後之二十六年間，中國方面年
有百萬之移民，故現已有二千萬民衆之成功，而國人則萎靡不振，因而不能在
附屬地外，求一基礎，此爲其主因，所謂土地商租權問題，尤亟待於解決也。

「(四)在滿同胞緣何陷於悲慘之狀態？外受中國官憲壓迫之痛苦，內以在
滿之同胞半數爲滿鐵社員，社員所有之社員消費組合散在沿線各地，以作購
買之營業，致將地方特有商人之勤勞奪之以去，而所存留者，僅不過其餘粕耳；
加以南滿未曾有之大減收，而趨緊縮政策，故使沿線之市民全無生色；尤殊甚
者，以關稅自主問題解決後，對滿蒙輸出之國貨課以重稅，因而日滿貿易缺於
圓滑，而國人之生計，益陷於困難矣。

「(五)滿鐵緣何陷於悲觀？掌握滿蒙交通之南滿鐵道，其繁榮全盛之期，已成
過去之春夢，現減收竟突破三千萬元，此實受中國鐵道方面之運貨政策之所
致也。固然以銀價暴落爲其原因之一，然其最大原因則爲中國不守中日條約，
而斷行敷設打通鐵道，我則僅出以抗議，遂默認其進行工事之所致。時在滿之
同胞雖以輿論之實力阻止其進行，惟滿鐵當時之幹部認爲無影響，且對於瀋
海路之交接點有堪作滿鐵培養線之見解，故皆以等閒視之，今日已成爲競爭
線，滿鐵則大受脅威矣。此實由滿鐵前任幹部之錯誤也。向來日本之抗議，不期
於徹底，致招中國輕視日本之抗議，此乃釀成軟弱外交之大因。倘長此以往，則
滿鐵必至於空車運轉之時日，此實不能不憂慮者矣。滿鐵之盛衰消長，即爲在
滿同胞之盛衰消長，而亦有關國家盛衰之消長也。吾等過去之二十六年間，以
此地爲墓地奮鬥，而繼吾人之子弟，亦以此爲鄉土，承繼吾輩之意志，以續行奮
鬥，今則受內外壓迫，滿身瘡痍，人心已極度悲傷；現仙石總裁舉外交之逸
才木村氏對中國開始鐵道之交涉，而彼方仍不可期其有誠意，爰憂國家之盛
衰，於二月二十三日開全滿地方委員聯合大會，當經滿場一致通過對滿之積
極政策，特書陳於母國名士之前，而爲吾等之竭望：

「一、打通鐵道之違反中日條約，應即終止其運輸；

「一、遮斷瀋海北甯兩路之交接點；

「一、協定運貨以免競爭；

「一、從速解決土地商租權；

「一、認可日人對礦山森林等業之投資；

「一、輸入滿洲之國貨，特訂協定關稅，以圖滑日滿之貿易。

「以上照滿洲之現狀，爲絕對之必要條件，仰西園寺老公及樞密貴族院等自任爲國家柱石之諸公及憂國之志士等，從速蹶起，一致協助，野黨同起援助政府，所謂舉國之力以解決滿洲多年之懸案，則深盼矣。」（見二〇、三、二十日中央日報）

觀上日人之所謂「陳情書」言論荒謬，捏造事實，以勾引日民對華侵略的野心，而混淆國際之聽聞，使中國有利於國際之經濟建設不能成功，用心之毒辣，至於如此！

## 九 日本侵略東北在國際上的飾詞

日本侵略東三省，在國際上的宣傳力量極大，對於這點，中國人完全沒有留意。其實這點較武力文化還要可怕；中國人不注意及此者，蓋不若武力文化之直接關係也。吾人試察帝國主義的侵略政策，雖持有強大的武力，充裕的經濟，然對於弱小民族之侵壓迫，尚不能自由行動（大體言），任意奪取者，以國際間之利害關係，有他國側目監視，故有所不敢也。

基於上述，所以日帝國主義對於我東北雖用盡其侵略政策，而在國際上的宣傳，仍言祇限於經濟的及其人口之消納，原料之取給爲辭，餘如武力及政治皆抹殺不提；但今日日本因在我東北已有強固的勢力，故其在國際上的飾詞，漸趨露骨，茲先例引其說，而後駁正之：

「滿洲問題，係一三角式的問題，須從三方面觀察之，然中國之見地，以日本佔有地盤於其本國境內，開通鐵道，從事各種企業，從容安穩，儼然與其本國無異，自屬痛心蹙額；在旅大租借區內，直如國中有國，雖地域有限，而地勢重要；故中國人之恢復國權運動，其受最強固之激刺，無有逾於滿洲之回權者，況南滿鐵路產業豐富，獲利甚厚，尤足動中國領袖人物之覬覦。

「不幸中國不乏政客，往往利用民意，引起風潮，乘機漁利，彼等保持其國家於漩渦之中已歷二十年，苟有機會，隨其國家於一種國際旋渦，亦決無所惜。中國政治家果能賢明的引導其國民運動，施行一種清醒的政策，既順民意，又不以暴力加於既往，其職責顯然甚爲重大，挾世界之前進，以種種可能的調整，融合潮流，倘屬必要，而操切過甚，竟願打消歷史之所成就者，則非正當。

「滿洲目下的地位，係歷史上許多層級之發展所造成，此等發展，有許多國際條約決定而約束之，若欲卒然以暴力加以變更，是乃招致禍亂，去年（一八年）北滿之事，即爲明證，俄國之不願輕易放棄中東鐵路，及彼在北滿的地位；就近事觀之，其情若揭，俄造該路及開發北滿，曾耗巨款（指出於俄），無論中東路曾有若何變化，至今仍爲俄人公衆所第一注意之物，蓋此爲歐俄與遠東俄屬間交通線中之樞紐一環，爲彼通太平洋之最直接鐵路，蘇俄近來對於北滿顯已摧毀其藉武力政策，而以純粹的商業政策代之，果彼常持此項政策，吾信他國無與俄爭議之理由。至於日本滿洲問題頗常重要，上次西(?)太平洋會議中，滿鐵副總裁松岡氏有坦白意見之陳述。其言謂「日本若早知當一八九六年朴資茅斯條約議訂時有李鴻章巴布羅夫同盟密約之存在，則今日可無南滿問題的討(?)論。日本當時必合併該地作為向中國索取引起戰事賠償的一部，日本對俄作戰，死士卒十萬人，耗戰費三千萬元，至今債務尚未付清。滿洲今日之酬報，僅一鐵路權之移轉及遼東半島短期租借，日本借資於他國開發此等權利，繼使今日滿鐵成為世界最(?)興盛鐵路之一；華人謂中國所付日本在滿洲之代價太鉅；中國果願償付吾日本於一九〇五年所犧牲者乎？若中國不願償付時，則彼二十萬元取回(?)滿洲之代價，無乃太鉅乎？」

『華方謂日本在滿洲取得太多，松岡此說，適關其口矣。日本以天命而在滿洲，彼今之對滿洲視為第一道防線，并為解決其國內若干急迫問題之根據。日本之兩大問題為人口過賸與食物原料缺乏；人口平均每年增九十萬，其始冀以滿洲為一理想的移民地，但旋即覺其不能並華人勤儉耐勞，日本小商人非其敵，偉規模之日本企業者得在滿立足，日人移滿之路既絕，同時又不克移入坎拿大澳洲及美國，已不得不變其方針，就工業主義及海運與商業以求解決其人口問題，然又情缺乏原料，而滿洲天產豐富，正足供日本原料及食品之需要，此種取來於各方咸無犧牲，而於各方咸有利益，由是可知日本之滿洲政策以平凡之語說之，為從滿洲取得食物與原料，而以國內製成品與之交換，此乃公平公開的政策，保持門戶的開放，歡迎外資及合作；依日本政府的屢次宣言，足見日人絕無領土獲得的野心。

『日本秉此政策，故盡力使南滿路為界開發滿洲，依於運輸之便利，農業之進步，滿洲荒地大闢，農產大增，又於大連從事科學的研究，由其贊助揭發滿洲之寶藏，發明其物產之新用途，如大豆一物，廣銷世界，三十年來日增月盛，今日其對外貿易已達六萬五千萬兩一年，各商業國咸蒙其利。又日本在滿投資洋二十萬萬元，滿洲乃成中國最富省分，而維持地方和平秩序，使人民安居樂業，中國本部戰亂省分之人民，紛紛移居關外，多至數百萬焉。

『凡此日人努力，最受其惠者為中國人，日人樹此模範，俾華人知中國其他各省若同樣努力，必得同樣成績，此實日本對中國之最大貢獻，日本依於此等努力有權存在於滿洲，而彼依於條約之範圍，亦必在彼繼續工作而不去。總之，滿洲問題之解決，依於中俄日三方之有理態度，語全世界尤其美國人民之穩健論評。』（見一九、六、三〇日湖南全民日報）

上段議論是日人 Jrengna 氏在紐約日本協會的演說，對美國人民宣傳日本對我東三省的政策，同時將蘇俄對我東北的政策加以辯護。其重要者有數點：（一）不承認中國為東三省的主體，反過來說，東三省的主權中、日、俄三國相等，所以 Jyengaa 謂「滿洲問題係一三角式的問題，」其用意在破壞東三省中國整個的主權，他唯一的理由，就是日本經營（侵略）東三省已有二十餘年，成績極偉大。究竟變侵略的事實作主權取得的根據，是否切當，那當然是絕對相左。日人知中國東三省整個的主權不易破壞，

故他說：「日人絕無領土獲得的野心，」可見其言論矛盾的一斑。

（二）日本爲人口過膽與工業原料的缺乏，不得不向東三省發展，故其謂「日本以天命在滿洲，彼今日之對滿洲爲第一道防線。」此言適與日人 A. Kinnouske 同一論調。

「日本之和平與戰爭問題不在日本本身解決，亦不在太平洋上解決，……只在滿洲解決。……日本正着手在滿洲求「生命之源泉（Source of life）與民族之安全。因日本所有各種困難中，有兩種是非常嚴重，缺乏食料與缺少根本的原料。……而滿洲則似爲求解決此問題最適宜之地。」（見朱偰日本侵略滿蒙之研究）

如 A. Kinnouske 氏的論調，在今日的日本，已經普遍化了。即如最近東亞調查局齋藤氏發表一論文，文中除痛斥中國當局擁護主權態度外，而關於東三省則謂中國的意願與要求，日本斷不能允許，其態度更可逼人：

「中日現時關係不克滿意，自無待言，南京政府負責官員關於中日關係之發言，類示彼等對日敵對，團體及蔣主席對於永井外務次官在當時一句辱罵評論，竟大加指摘，此種挑釁態度，實爲遺憾，而外長王正廷氏近謂中國不惜訴諸武力以收回日本在滿洲的利權，是使吾人驚異，又向視爲對日友睦之蔣氏兩於國府機關報中揭一論文，主張中國應於三四年內將在滿種種權益，一律收回，其他中國政治家及官員之反日論調，尤不遑枚舉。

「反日運動原係專以煽惑爲事之徒所爲，今則成爲系統化，其用意更爲深刻，此乃大堪注意者，此種變更係隨國民黨勢力之升進而俱來。……

「試一考察，知此種反日意見，實以滿洲問題爲其背景，彼等主要之目的在奪去日本在滿洲現所享之特別權利及利益，故於此等滿洲問題，似無調解餘地，吾人可言，雖以我日本奇良外交家之努力，而滿洲問題一日不解決，中日友誼即一日不能實現。

「今試問日本將允許考慮中國之意願而接受其要求乎？曰斷不可能。……帝俄之侵略滿洲，日本戰而敗之，一方爲己，一方爲中國，當日本爲中國之自由而戰時，中國袖手旁觀，日本於精神物質兩方犧牲甚巨，若中國謂去一帝國主義的俄羅斯，來一帝國主義的日本，則爲不知感恩。……

「今日本之注意滿洲問題，乃爲其經濟利益，滿洲開發至今日地步，係日本二十年努力經營之結果，中國政治家近年大肆宣傳，指日本在滿洲具有野心，然日本之願望，不過致力滿洲之經濟文化之建設耳。……且滿洲因開發而產出之利益，其半數乃歸中國公民之手，因日軍駐屯而致成之地方安定，其種種福利亦華人所得。……

「查滿洲經濟情形，投資之最大部份爲日人之金錢，其農產礦產之最大消費者日人也，華人日用必需品之供給者亦日人也。……

「……日本既發展滿洲至今日之地步，對於滿洲問題當然有就其自己觀點予以考慮之權。

「……滿洲問題在日本原爲經濟問題，然若日本竟被迫而採取一種政治的解決法，則此乃由於中國負責當局輕舉妄動……」（見二〇、五、五日長沙大公報）

綜括上述日本侵略我東北的理由，無不曰日本土地有限，人口稠密，且增加無窮，由此食物原料缺乏，故東北爲日本「生命的源泉」(Source of life)，日本和平與戰爭問題所繫的了。固然人生而有生存權(Right to Subsistence)此過剩的人口，既不能置之死地；東三省毗連日本，且地廣人稀；故殖民於東北，爲自然的趨勢，亦民族生存的權利。日本土地既狹小，原料自然不豐，原料缺乏，工商業即無由生存，東三省寶藏極富，利源未開，日人經營之，開發之，匪獨日本的幸，亦中國的福，其詞驟視頗對，實則虛言浮淺，完全是一種掩飾侵略的假面具，吾人細究之，則眞理不難畢露。

人口問題與原料問題，全係日本本身問題，其不能在我國領土內求解決，理極明瞭。譬有甲乙二姓相鄰，甲姓托言住房不足，人口衆多，因而侵佔乙姓住的房屋，寧有是理？即就生存權(Right to Subsistence)而言：人類固生而有生存權，但奪取他人的生存權，而言主張自己的生存權，此所謂生存權的謬誤了。就退一步講，中國人口，據最近統計，實有四萬萬七千四百四十八萬七千（見二〇、二、十六日湖南中山日報）而大多數集中於中國中部沿海各省，故中國中部沿海各省人口，實過於日本本部人口的稠密與過剩。爲解決此過剩的人口，生死關頭，繫於東三省，此不待智者可知，豈中國人的生存權，可憑藉暴力而奪取的嗎？謬哉日本人士之所謂生存權了！

更推開來說，地球的面積有限，人口的增加無窮，若世界各國，都以地狹人稠爲理由，則過剩的人口，將徙於何處呢？是一國人口果眞過剩，只有限制生育，爲其根本辦法。故就生存權之理論推之，人類皆有生存權，非獨日本如是。此日本人所謂生存權，又大謬了。（參閱朱偰日本侵略滿蒙之研究。）

再就世界人口的密度言，若美國、澳洲、南美、非洲等，皆爲地廣人稀，物產豐富的地方；日本既覺人口過剩，何不移往該等地方呢？而日本不出此途，獨主張殖民於我東北，居心何在？

若更就原料方面講，日人開發（其實侵略）東北，動輒謂爲中國人的利益，中國人非但不要反對日人，且須感謝日人，實則所謂原料問題者，日本國內缺乏之原料，而求於我東北就是了，日人取我原料以去，盜取我東三省的寶藏，而狂言爲中國人之利益，是將誰欺？由此可見日人虛言狂妄的一斑！

前年（民十八年）太平洋國交會議，日本代表亦提出實行管理東三省種種理由和辦法（此適與上述日人 Jyengaa 謂日本對東三省絕無領土獲得的野心相矛盾），茲將其所提各條列后：

（一）中日兩國政府那個能維持東三省治安的，那一個政府就應該管理東三省。

（二）日本在東三省所有種種特權，並不是侵略中國的，而是從俄國手中奪來，在奪取時候，已經犧牲了很高的代價。

（三）東三省有今日的發達，完全是我們的功勞，假如日本人一退出，恐怕一二年內，恐怕東三省仍要變成荒瘠之地。由此看來，我們日本在東三省的勢力非但不應減少，實則還宜增加。

（四）世界上最可怕的是赤化，最無力的是中國政府，中國政府既無力抵抗蘇俄南下的赤化勢力，赤化勢力不是要從東三省蔓延到朝鮮和日本嗎？日本為保全中國生命起見，便應該維持日本在東三省的勢力。

（五）中國的領土應以本部十八省為限，其滿洲、蒙古、西藏、新疆當開除於中國領土之外

（六）日本為保障本國的國防計，不能不佔領滿蒙。

（七）日本人多，生產少，不佔領滿蒙不能確保日本之生存。

（八）滿洲在中國管理之下，不但不能開發，且限制他人開發，等於實際之封鎖，

（九）日本與滿洲有土地接壤的特殊關係，且有特別利益，早經各國的承認。

（十）日本佔領滿蒙不過暫時的，至相當時期即與居民以自治權，且不毀人種限制，闢為世界樂園，如上海公共租界制度（見中東路第五期）。

日本代表松岡洋右提出這使人魂魄驚離的所謂「管理滿蒙的理由」（春併）於太平洋國交會議中，當討論這案件時，我國代表徐淑希氏，據理駁答，且得到各國代表的贊許（見一八、十二、二日湖南國民日報徐淑希氏出席會議的經過報告），在此地無再駁的必要，且大部分已在上駁過；不過其中還新添了兩點，似乎值得說明的：（一）防止赤化侵入日本境內；（二）保障日本的國防。日本代表提出此種理由，無疑是侵犯國際公理，蔑視我國主權，匪獨不承認東三省為我的領土、（中國開國已六七千年的歷史，東三省為中國領土即為同樣久遠的歷史，豈容日人一言而否認為中國領土嗎？）即蒙古、新疆、西藏亦狂言不認為中國領土，可恥孰甚！試細察日人此種狂妄，原係賣好各帝國主義，聯合同時向中國進攻的一種詭計。總之，日本侵略我東三省，掩盡國防的耳目，而現今漸漸露出其暴力的真面目；吾人為求國家的安寧，民族的生存，世界的和平計，對於這種暴力的壓迫，也不能不準備相當的實力來制止！

## 十　結論

從上研究的結果，日本侵略我東北的陰謀與事實，真相不難畢露；吾人於此，不得不惕然驚，憮然懼，以急求救濟之方策了；然日人最近侵略計畫漸趨於暴力化（即日人所謂「新滿蒙政策」，或「積極政策」Positive Policy，）其原因由於中國革命勢好的澎脹，與東北中國有利於國際的經濟建設的發展。若稍一不慎，我東北便為暴力奪取以去，其危險真不堪設想了。戴季陶先生說：「我們一定要認識清楚，日俄在東方爭鬥的目的，就是東三省；所以東三省也就是我們中國存亡的門戶，」（見本刊戴先生的建設東北是中國強盛的起點一文）徐淑希氏在其所著 China and her Political Entity 一書中，亦謂東北之於中國，如咽喉之於人身，有生死存亡的關係；中國將來國運的盛衰，國力的消長，與東北問題的解決有直接的

影響。(見朱偰的日本侵略滿蒙之研究)這是今日中國全國國民應該確切了解的。

基於上述，東北時處千鈞一髮，關係中國存亡；事既如此，吾人施救之策，固首在繼續謀東北經濟建設的發展，所以戴季陶先生說：「我們先不把東三省建設起來，整個的中國都無從建設的；更不要說保守本部了。所以我希望在唇亡齒寒的關係上認識建設東三省是刻不容緩的事，大家要起來擔當自己應該擔負的責任！」(見建設東北是中國强盛的基點)但我以爲國家不安寧，當道意見不一致，對於建設是無出着手的，所以我最後的希望，是在全國黨政領袖一致的覺悟，與全國國民一致的努力！

附言：

(一)本文重要參致，係作者最近三年來在報紙上所搜得及靜心觀察的結果；故論列事實較新。此外關於歷史方面，以商務印書館出版之國際條約大全參改爲最多，其他斷片甚繁，不克every舉。

(二)本文重要目的，在揭露日帝國主義侵畧的陰謀與侵畧的事實；以引起國人對此的注意，故引證日帝國主義侵畧東北的事實頗詳，希閱者留意。

(三)本文脫稿後，得陳燕丞先生的校正，特此致謝。

二〇年六月十日脫稿

# 世界与中国

《世界与中国》创刊于中华民国20年（1931）3月，由世界与中国社编辑发行，月刊。社址位于上海江西路62号。

该刊以大众的立场，争取得到大众的拥护，使其成为大众的读物和大众的议场，并从一切实际与理论的叙述，分析、讨论、解剖，来形成对于理论的一定的概念，以及对于实际的一定的主张，担负起文化的使命。

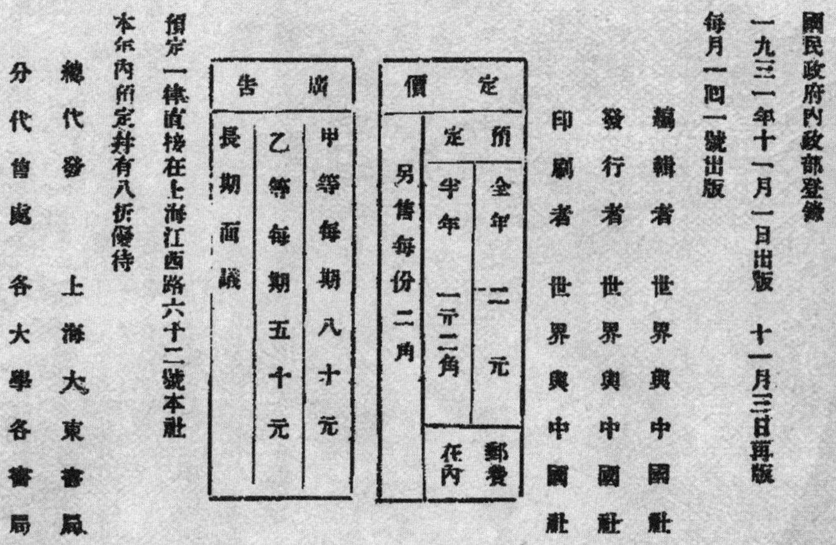
國民政府內政部登錄
一九三一年十一月一日出版　十一月三日再版
每月一回一號出版
編輯者　世界與中國社
發行者　世界與中國社
印刷者　世界與中國社

| 定價 | | |
|---|---|---|
| 預定 | 全年 | 二元 |
| | 半年 | 一元二角 |
| | 郵費在內 | |
| 另售每份二角 | | |

| 廣告 | |
|---|---|
| 甲等每期八十元 | |
| 乙等每期五十元 | |
| 長期面議 | |

[illegible]一律直接在上海江西路六十二號本社
本社內所定幷有八折優待
總代發　上海大東書局
分代售處　各大學各書局

《世界与中国》杂志版权页

LE MONDE ET LA CHINE
世界與中國
第二卷第一號
東三省事變
特號
Vol.II No.1
世界與中國社
上海江西路六十二號

《世界与中国》杂志封面

# 在東三省的日本文化侵略

日本圖書館之設於我國滿蒙地方，始自清朝宣統元年後來沿滿鐵路綫，年有增晉，到現在差不多有二十二年，先後成立者計有二十五館，關於公立約有二個，關於滿鐵公司者有二十三個。南起大連北至哈爾濱，其勢力所達之區，都有圖書館的設立，而且都具有系統的組織，與一貫的精神，現在把滿鐵沿綫，日人他們所設立的圖書館的數目，以及圖書館的經費，藏書和閱覽人數（全年）寫在下面；

| 館名 | 經費（全年） | 藏書 | 閱覽人數 |
|---|---|---|---|
| 大連圖書館 | 二〇〇〇〇元 | 一五五四一八冊 | 六七二六〇人 |
| 日本橋圖書館 | 一五〇〇〇元 | 九四〇七冊 | 四五二七〇人 |
| 伏見台圖書館 | 一〇〇〇〇元 | 六九五三冊 | 三四八三一人 |
| 近江町圖書館 | 三六〇〇元 | 五三九〇冊 | 二七五一人 |
| 埠頭圖書館 | 八〇〇〇元 | 一一五三九冊 | 七六〇七人 |
| 沙河口圖書館 | 九八四〇元 | 一一八四〇冊 | 五五九二四人 |
| 南沙河口圖書館 | 五〇〇〇元 | 五〇〇〇冊 | 一八九三三人 |
| 瓦房店圖書館 | 六〇〇〇元 | 八〇四〇冊 | 三三九九九人 |
| 大石橋圖書館 | 七九〇〇元 | 七二八七冊 | 二七三九九人 |
| 營口圖書館 | 一二〇〇〇元 | 六九八三冊 | 二九三三三人 |
| 鞍山圖書館 | 一三〇〇〇元 | 一一六二四冊 | 四八八一五人 |
| 遼陽圖書館 | 九〇〇〇元 | 七九三一冊 | 三一三六六人 |
| 奉天圖書館 | 五四〇〇〇元 | 四四六八七冊 | 四二三三二人 |
| 八番町圖書館 | 七〇〇〇元 | 五四〇五冊 | 一八七二八人 |
| 鐵嶺圖書館 | 七六二二元 | 七六二二冊 | 二〇七七三人 |
| 開原圖書館 | 七〇〇〇元 | 六八二六冊 | 三三〇六八人 |
| 四平街圖書館 | 六三〇〇元 | 六六四六冊 | 二二四九三人 |
| 公主嶺圖書館 | 七〇〇〇 | 六五九一冊 | 一五六五五人 |
| 長春圖書館 | 一六三〇〇 | 一二四八八冊 | 三六〇六八人 |

| | | | |
|---|---|---|---|
| 本溪湖圖書館 | 七〇〇〇 | 六〇二六冊 | 二三八〇〇人 |
| 安東圖書館 | 一三五〇〇 | 二一一五四冊 | 七一五六一人 |
| 撫順圖書館 | 一九五〇〇 | 一九三〇八冊 | 八九六五五人 |
| 哈爾濱圖書館 | 一四〇〇〇 | 二〇〇八五冊 | 一六一六六人 |
| 旅順圖書館 | 未詳 | 未詳 | 未詳 |
| 金州圖書館 | 未詳 | 未詳 | 未詳 |

此外還有巡迴文庫，流通各地，其設施可分六種：一，巡迴文庫，係巡迴於各圖書館的，每兩月交換一次，二，巡迴書庫貸付所，係巡迴於路綫各較小車站的地方，每月交換一次，三，巡迴，小函迴付所，係巡迴於以上各地以外之各車站的地方，以上三種巡迴文庫，凡是南滿安奉兩鐵路之本支各站，都有圖書之巡迴，沒有一處遺漏的。四，特別迴付所，係巡迴於距鐵路沿綫較遠地方，而爲日僑居處所在的地方，每三月交換一次。五，學校書庫，巡迴於各車站無圖書館之小學的地方，每兩月交換一次。六，列車書庫，係巡迴於直通之火中，以車供旅客之閱覽的。

總計這六種巡迴文庫，共有一百數十處之多，足使南滿鐵路勢力所到之區，及日僑足跡所至之地，都有圖書的供給，俾其僑民隨處隨時…都有讀書的機會。其設備組織的完善周密。和供出閱讀的到處普徧，可謂無微不至。這簡直是使一般僑民，非獨人人有進圖書館的機會，而且使圖書館裏的書籍，有到人人家中的可能，其當局提倡的熱烈，和人民閱覽之踴躍，可見一班。其圖書館內部，有不缺一册的數十年之雜誌，收藏至今的五十年之報紙，他們保存文化之精神，更爲何如！各個圖書館對於中國書籍，蒐集極夥，且中多珍本，爲我國現已失傳或絕版者不少。至於他的分類。則別滿洲蒙古爲一分目。單就大連圖書館一館論，而藏關於滿蒙的書籍，竟逾萬册，

現在我們看看遼甯全省的圖書館，以資比較，遼甯全省的圖書館共有四十二個。計省立者一館，縣立者四十一個。各圖書館的藏書，共計不足二一〇〇〇〇册。全年經費，不足現洋七〇〇〇〇元，統計日本滿鐵各圖書館藏書，共達三九〇〇〇〇餘册，全年經費日金四五一〇〇〇餘元，兩相比較，藏書少一八〇〇〇〇餘册，全年經費少三八〇〇〇〇元，卽就大連圖書館一館論，其全年經費爲日金二〇〇〇〇〇餘元，已及我全省各圖書館經費之三倍。卽按之我國各大圖書館。恐亦無此充足的經費。統計日人

之僑我東省者。約有二〇〇〇〇〇人，而圖書館之設立，竟有二十五處之多。加以百數十處之巡迴文庫。其接觸之閱其更難以數計，平均日僑每八四〇〇人中，即有一圖書館。（統計日之僑我東省者，約有二〇〇〇〇〇人）

毫稱我國有四萬萬的同胞，而全國圖書館祇有一千四百二十八館據中華圖書館。（協會的最近調查）考日全國四〇〇〇餘圖書館中，在前數年，其藏書統計，不過六三〇〇〇〇〇冊圖全年經費，不過一六五〇〇〇〇餘元，可見滿鐵圖書館的書藏與經費，就在其全國圖書館中，亦佔特優之位置。用心所在不難窺測願我國文化界同志羣起注意。

# 民鸣杂志

《民鸣周刊》于中华民国18年（1929）5月在上海创刊，自第2卷起迁往南京出版，民国26年（1937）7月4卷3期停刊。刘希哲任总编，学术研究会编辑。周刊，综合性刊物。

该刊栏目有一周大事述评、长篇小说等；内容有工业建设、国防、文学和各国概况等。

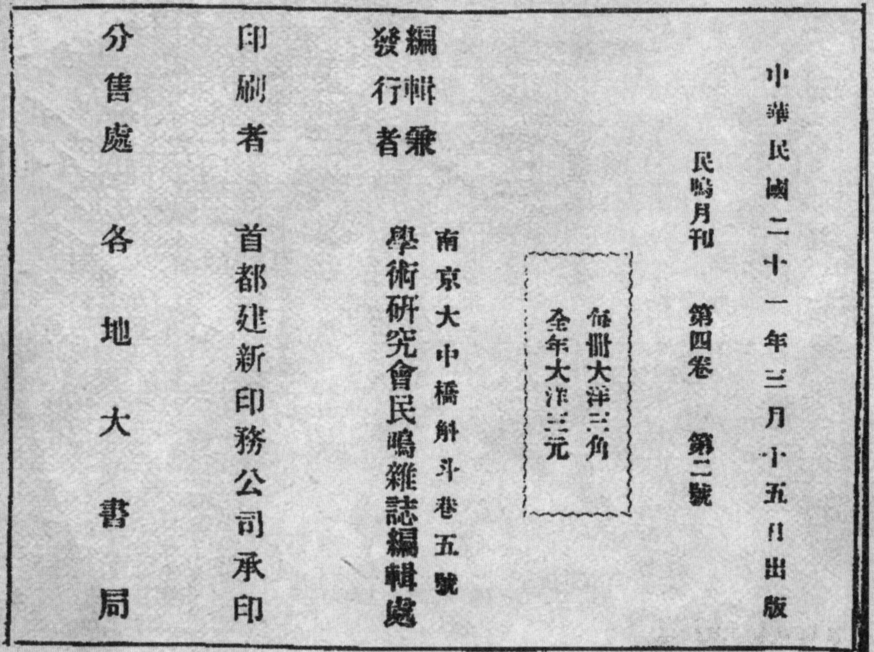
中華民國二十一年三月十五日出版

民鳴月刊 第四卷 第二號

每冊大洋三角
全年大洋三元

編輯兼發行者 南京大中橋斛斗巷五號 學術研究會民鳴雜誌編輯處

印刷者 首都建新印務公司承印

分售處 各地大書局

《民鸣杂志》版权页

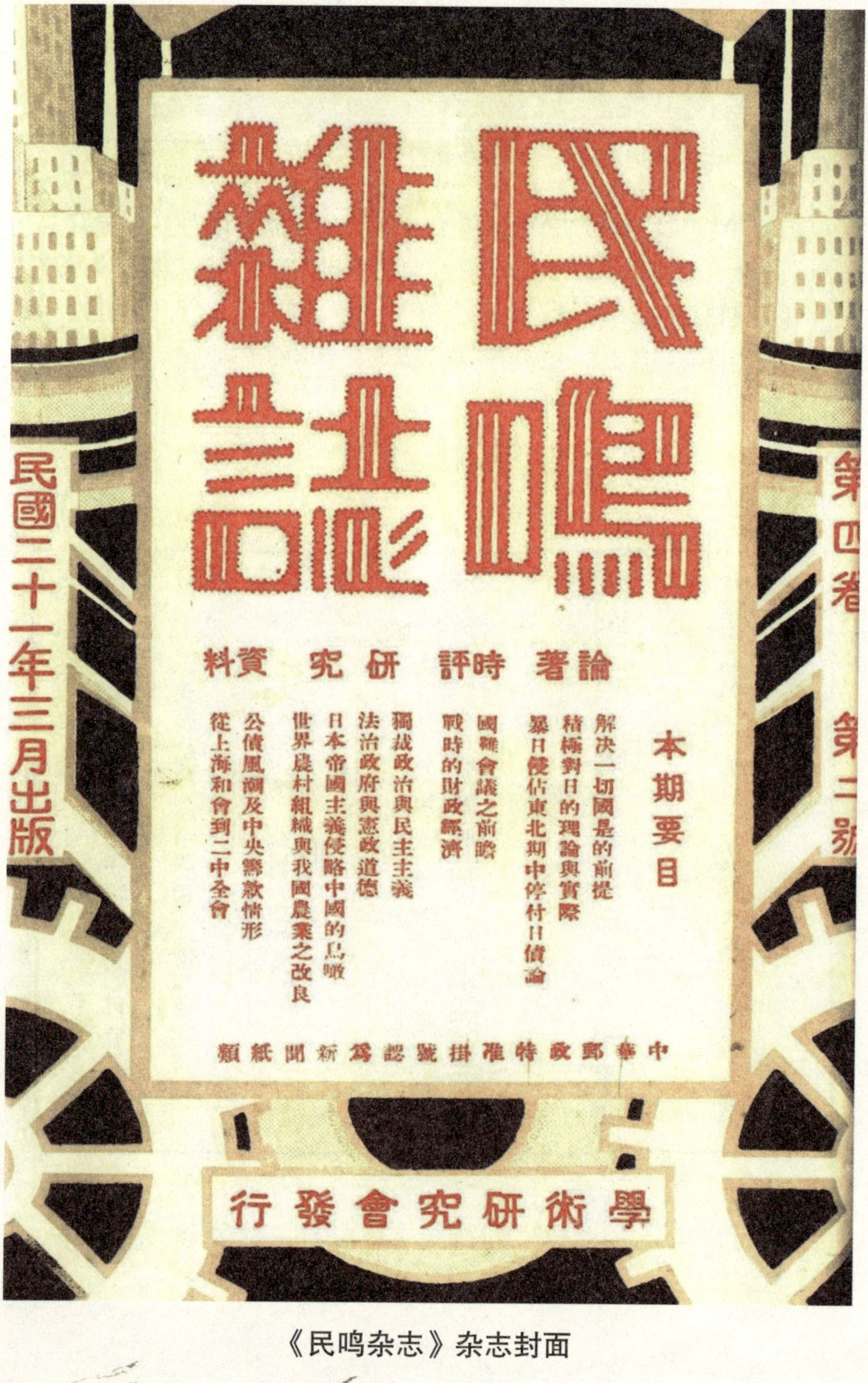
民鳴雜誌
論著 時評 研究 資料
本期要目
解決一切國是的前提
積極對日的理論與實際
暴日侵佔東北期中停付日債論
國難會議之前瞻
戰時的財政經濟
獨裁政治與民主主義
法治政府與憲政道德
日本帝國主義侵略中國的鳥瞰
世界農村組織與我國農業之改良
公債風潮及中央懸款情形
從上海和會到二中全會
中華郵政特准掛號認為新聞紙類
學術研究會發行
民國二十一年三月出版
第四卷 第二號

《民鸣杂志》杂志封面

# 日本對華的政治侵略

## 1，武力對華時期

日本乃一蕞爾小國，過去時遭外侮，迨明治維新以後，國勢大振，當時因勢力弱小，在明治四年（即一八七一年），中日完成修好條約，不過在中國沿海，指示幾處地方，貿易通商而已，其時中國剛經過鴉片戰時，英法聯軍之役，以及俄德交涉的種種失敗以後，一介老紙虎，暴露然還，明治天皇，便乘機要求通商，隨後用武力併吞琉球朝鮮，攫取滿蒙權利，破壞中國門戶。自一八一七年中日國交開始以後，直至一九一〇年滅亡朝鮮爲止，完全是武力對華時期。概括言之：

(A)攫取琉球：　在一八七一年中日開始議定通商條約的時候，日本以琉球六十餘人之被台灣生番殺害，提出質問，藉口征番，兩國幾乎兵戎相見。後經英公使之調停，締結條約，賠償日本銀五十萬兩。在明治十二年，（即一八七九年），日本正式吞併琉球，而改琉球爲沖繩縣了。

(B)吞併朝鮮：　日本自攫取琉球後，便想吞併朝鮮，以作侵略中國的根據地。明治六年，日人鼓吹征韓論，明治八年，藉韓人江華灣砲擊日艦的事件，逼訂日韓條約，並規定「朝鮮爲自主之邦，與日本有平等之權。」更煽動朝鮮東學黨作亂，於是在一八九四年叛變的時候，出兵干涉，向華挑釁。乘我不備，突攻清軍於牙山，擊援兵於豐島，連破九連鳳凰，旋度摩天嶺而下金州等城，乘勝奪黃海，進旅順威海衞澎湖牛莊等處，中國海軍或沉或降。連戰皆北。所以在光緒二十一年，由英美的調停，就有馬關條約的訂立：

一、認朝鮮爲獨立國。

二、割遼東半島及台灣澎湖與日本。

三、賠日本軍費二萬萬兩。

四、開沙市重慶杭州蘇州爲商埠；並許航行內河，自由貿易。

這條約簽定以後，俄國以爲日本之取得遼東半島，實無異宣告自己死刑，便聯合德法二國，出而干涉；日本無法，乃將遼東退還中國，當索贖回銀三千萬兩。自此俄租

旅大，德租膠州灣，法租廣州灣，英租威海衛，喪權之事，相逼而來。在宣統二年，日本仗戰勝俄國之威風，而派伊籐博文爲韓國總督，訂立日韓條約，解散韓國軍隊，於是鴨綠江南之地，非吾所有了。

(c)日俄之戰與奪取南滿：　日本自中日之戰後，爲欲吞併朝鮮，洗雪俄國脅迫退還遼東的恥辱，恢復南滿已失的權利，於是與英聯盟，藉此排俄。一九〇四年日俄戰開，消滅波羅的海艦隊，並將俄國在東三省所佔之權利，攘爲己有。復在東三省開闢商埠十六處，且得長春旅順間鐵路及一切支線，並附屬該鐵路一切財產鑛坑等權利。一九〇六年，設立滿洲半洲鐵路會社；又在大連設立關東都督府，管理民政財政，且訂立鐵道森林及間島與滿洲五案等協約，遼東半島，亦永無收回之望了。

2　政治侵略時期

中國迭受外侮，割地賠款，喪權辱國，朝野人士，盛言改革，民心因之大變。而一般人民對於日本之兇暴，漸漸認識，於是日本改其武力壓迫，而爲政治侵略，以發展其在華利益。自民國成立至國軍北伐以前，這就是日本政治侵略的時期。在此時期中，以二十一條之無理要求爲政治侵略的中心；而二十一條的中間，又是以保障並發展滿蒙利益，及山東各種特權爲中心。因爲侵入滿蒙，我國的屏障全失；侵入山東，更可深入內地這就是日本帝國主義政治侵略最大的野心。其著者：

(d)滿蒙鐵道權之要求：　日俄間的感情，因日俄戰爭而破裂；日本爲維持滿蒙利益，避免第二次衝突起見，曾派桂太郎赴俄諦結日俄密約，謀滿蒙鐵道的發展，以防俄國之掣肘，而爲侵略的利器。未幾，中國發生革命，日本乘我國選舉大總統的時候，毅然提出所設滿蒙五鐵道權之要求，即(一)開原至海龍城，(二)四平街至洮南府，(三)洮南府至熱河，(四)長春至洮南，(五)海龍城至吉林，隱示爲承認民國的條件。中國因國基未定，加以張勳誤殺日人七名案未了，爲顧全邦交起見，竟忍辱承認了。

(B)咄咄逼人之二十一條：　當歐洲大戰，列強無暇東顧的時候，日本乘機佔領德人在華所有的利益，並提出二十一條，以達其吞併中國之素願。而袁賊世凱，帝制心切，不惜賣國獻媚，竟不得國會批准，違反民意，公然簽字承認。茲將其要點述之如下；

一、德國在山東利益，讓與日本；山東及其沿海土地，及各島嶼不得租借讓與他國；允許日本建築由烟台到龍口接連膠濟的鐵道。

二、旅順大連灣南滿安奉兩鐵道的租借期限，均展至九十九年；日本在東蒙南滿有土地所有權及租借權。東省鐵路建築，日有借款優先權。

三、漢冶萍公司經營事業，須先得日政府同意。

四、中國沿岸港灣及島嶼，概不租借或割讓與他國。

五、必要地方的警察，作爲中日合辦。福建興辦事業，須先與日本協議。

歐戰告終，和會開始，日本先與英俄法意四國，成立祕密協定，使四國不得將二十一條提出和會。至一九二一年華盛頓會議，又以日本外交之毒辣，此二十一條卒未得到根本解決。因爲二十一條，是日本南滿北滿權利的基礎



。日本若能得到滿蒙之權利，可以滿蒙爲司令塔，而攫取中國全部的利源。再進一步，以中國之富源，而作征服印度及南洋各島，以及中小亞細亞及歐洲之用。是以日本對於二十一條決不放手，並添加左之附帶利權，作其利權之保障。

一、三十年商租權期限滿了後，更可自由更新其期限，並確認商工農等業之土地商租權。

二、日本人欲入東部內外蒙古居住往來，及各種商工業等，皆可自由行動。及於出入南北滿時，支那法律須許其自由，不能不法科稅或檢查。

三、在奉天吉林等十九個所之鐵礦及石炭礦，以及森林採取權獲得之件。

四、南滿及東部蒙古之鐵道布設，幷鐵道借款之優先權。

五、政治財政軍事顧問及教官傭聘等增聘，以及聘傭優先權。

六、朝鮮民取締之我警察駐在權。

七、吉長鐵道之管理經營九十九年延長。

八、特產物專賣權，及輸送歐美貿易之優先權。
九、黑龍江礦產全權。
十、吉會長大鐵路敷設權。
十一、東清鐵路欲向俄收回時之借款提供特權。
十二、安東營口之港權及運輸聯絡權。
十三、東三省中央銀行設立合辦權。

朋友！這二十一條實在是中國的賣身契！中國不把這二十一條迅速取消，中國的國家便永難獨立，民族也永難自由！同時，中國的工商業，國家的財政，也永遠沒有發展的希望！中國的內政，以及一切主權領土，也都沒有行使管理之可能！中國全境門戶洞開，經濟上的侵略，國防上的危機，更將永無了結之日！至於將來中國人民的幸福利益，更其談不到了。

(c)助長中國的內亂：　日本帝國主義，爲貫徹大陸政策，急於吞併中國起見，更用釜底抽薪之法，貸借鉅款於中國軍閥，延長中國內亂。而軍閥亦甘受其愚弄，喪心賣國。如段祺瑞藉參戰爲名，向日本借入大宗債款，購械練兵，想消滅南方革命的勢力；旣又釀成民九直皖戰爭，弄得中國民不聊生。茲略述日本自歐戰期間，借與中國軍閥政府，所用以屠殺中國民衆的款項，列爲簡表如下：

一、善後借款墊款日金一千萬元。
二、交通銀行借款日金二千萬元。
三、吉長鐵路借款日金六百五十萬元。
四、第一次軍械借款日金一千六百萬元。
五、又善後借款墊款日金二千萬元。
六、無線電借款英金五十三萬六千二百六十七磅。
七、有線電借款日金二千萬元。
八、吉會路墊款日金一千萬元。
九、第二次軍械借款日金二千三百六十四萬二千七百六十二元。
十、吉黑兩省金礦森林借款日金三千萬元。
十一、滿蒙四路墊款日金二千萬元。
十二、濟順高徐兩路墊款日金二千萬元。
十三、參戰借款日金二千萬元。

以上借款竟達二萬萬三千萬元之鉅，中國權利的損失，也可想而知了！此後的借款供械，還不在內，這不過借款中之一部份而已！

3. 積極對華時期

日本帝國主義，在遠東發展之歷史，第一期中，日本的目的，在奪取朝鮮，所以口口聲聲要爭朝鮮獨立。這個時期可說是用武力壓迫腐敗不堪的滿清政府。至中日戰爭以後，日本既吞併了朝鮮，而完成其在遠東侵略第二步。到第二時期，日本的視線，已轉向滿洲；但其最大的障礙，並不是中國，而是俄國政府。所以戰勝俄國以後，便可橫行無忌，並用政治的手段，愚弄中國的軍閥。可是近年以來，中國國民革命的勢力，突然猛進，在極短的時期統一中國。日本帝國主義爲保持固有權利起見，改變其政治侵略的手段，而厲行其對華積極政策。出兵中國，施行屠殺，援助軍閥，摧殘革命，兇惡狂暴，直欲置中國於滅亡而後已。所以日本自田中內閣至若槻內閣，其對華方針，都在下面三個方針之下：（一）取列國協調政策，（二）改變前內閣不干涉政策，（三）以勢力爲國家對手，不以國家爲交涉對手。我們再看下面的事實，便可知日本積極對華之一般矣。

（A）日本兩度的出兵山東：田中義一上台以後，他見到中國革命勢力之突然猛進，一反從前內閣之愚弄中國軍閥政策，變而爲武力干涉政策，以貫澈其積極侵華的主張。一面派其走狗山梨來華，和張作霖段祺瑞等接洽；一面又電召芳澤和華北各領事回國，開東方會議。同時爲應付將近濟南的革命軍前進起見，即由大連抽調大軍南下，兩個月中，竟出兵至二萬九千之多，爲軍閥直接的援助，此爲民十六年之事也。

民十七年，本黨自寧漢合作以後，決再會合閻馮，繼續北伐；殘餘軍閥，望風奔潰，田中義一不得不大舉出兵山東了。可是其走狗張宗昌，連戰皆北，已乘海竄逃，這時日本，雖然立刻由青島與天津兩方面調大軍來援，而膠濟津浦兩路，均已被國軍破壞，不能前進。天津日軍，只得退回；而青島日軍到濟南時，而濟南早已被我軍佔領！

於是日軍暴露其獸性，於五月三日，用大砲機關槍，向我軍掃射，殘殺軍民數千人，此即「五三」慘案是也。

(B)東方會議的召集：　民十六年，田中義一在出兵山東的時候，召集東方會議，討論侵略中國的具體方法，其要點(一)希望中國內政之安定和秩序之恢復，嚴戒各派間的離合集散；(二)中國中央政府，目下似不易實現，是以先與各地下穩健的政權者，為適當的接衝；(三)保持在華之利益，在必要時，出斷然自衛之處置；(四)日本急宜取必要方法，維持滿蒙和平。總而言之，若革命勢力不斷地澎漲，則不惜與革命勢力衝突，以運用吞併朝鮮的故技，吞併中國；就是日本希望中國長時期內的內爭或南北的分裂，以便維持其在華的利益。

第二次東方會議，是以經濟中心的滿蒙政策，而連帶政治問題。他的內容，就是討論實行敷設滿蒙六大鐵道(吉會，洮索，洮齊，新黑，大賚，賓黑)的方針；又決定朝鮮銀行的召集，控制東三省的金融。

(C)最近之出兵東三省：　日本此次藉口莫須有之中村事件，出兵東三省，佔我遼吉，燬我武庫，殺我人民，繳我槍械，侵我主權，沿海內河，日艦出入，直欲置中國於死地而後已！蓋日本久已視東三省為囊中之物，趁着中國水災兵匪，饑饉交迫的時候，大舉出兵，以實現其傳統的大陸政策，誠喪心病狂之極！吾人苟不鬩牆禦侮，同赴國難，大好山河必非吾有矣。同胞乎！猛醒！猛醒！

# 東北事變以來日本之對華外交

## ——大陸政策的解剖——

高宗武

### (一)日本外交政策之系統

日本自從明治維新，國權恢復以後，外交史上一貫的傳統政策，要算是聯英政策了。一九二一年英日的同盟，雖告作廢，但日本以爲英國很可利用，所以除日俄戰爭後桂太郎首相的聯德倒英之外，至今還沒有拋棄其同盟的好夢。前幾年內田康哉之使英，英國皇太子孤洛斯坦蒞東京時，日本舉國上下熱烈歡迎的情況，中間一舉一動，處處足以明白地表現日本的隱衷，一方面英國竟拋棄其三百年間以孤立爲光榮的傳統政策，與東亞一個人種各異的國家相握手。在這等地方，我們實在不能不佩服日本外交家的謀國精忠，手段高妙。

中日戰爭之後，日本因爲與俄帝國利害到處衝突，曾取極端的仇俄政策。當時日本的政界，分作「親俄論者」與「親英論者」两派，親俄論者的主張，以爲俄國在東方勢力，根深蒂固，若以俄爲敵，驅逐其固有的勢力，在事實上是不可能的，

最好與之妥協，擁護朝鮮的獨立。親英論者的主張，以爲俄國併合滿洲朝鮮的野心，昭然若揭，在這個時候，若與俄國親善，乃一時苟安之計，非所以維持東亞和平之道，且英國那時候正與南非構釁，無暇東顧，日本若與之締結同盟，以抗俄之遠東侵略，實爲萬全之策。政治家中如伊藤博文，井上馨等是屬於前者，桂太郎，山縣有朋等是屬於後者，後來伊藤內閣，以財政問題，遂至瓦解，第一次桂內閣於明治三十四年（一九〇一年）六月成立，因桂太郎，小村壽太郎等之努力，及伊藤博文等之帮忙，日本方面多年期望的英日同盟，遂於明治三十五年（一九〇二年）一月三十日在英京倫敦正式調印，於是日本仇俄的政策，從此便變本加厲了。

英日同盟的動機，在日本方面，可以說是完全對付俄國，我們看英日同盟締結了不到兩年，日俄戰爭，馬上便爆發了。日俄戰爭，在日本方面說起來，可以說是進一步吞併朝鮮的戰爭。大陸政策的初步工作，因爲中日戰爭，日本的計劃，僅做到朝鮮獨立的一步。對於其他大陸政策的基礎，仍舊還沒有築成功，日俄戰爭的最大原因就在此。日俄戰後，日本得到意外的勝利，以爲俄不足畏，乃由仇俄政策，一變而爲防俄政策，最近爲欲佔滿蒙而爲已有起見，更由防俄而改爲友俄或攻俄之勢。此外對法對德，因利害較淺，所謂一貫方針，還沒有發現，唯依國際形勢，隨時變化，以達其出奇勝利的目的，如從前之聯德，今日之拉法，都是他們外交上的老套手段。美國呢？原來是一個自由主義的國家，他的建國基礎，完全築在「自由」「平等」兩大原則之上，他在日本維新的初期，對日本曾表示過相當的同情，對日本的取消不平等條約，首先表示贊同的就是美國。所以日美兩國關係，在過去並沒有十分衝突的地方，自從美國移民律頒佈，華盛頓會議以後，日本就取了仇美的政策。隨後來美國對日緩和，同時日本亦自顧力薄，乃致力於取悅於美國的政策，至於美國之是否與之相睦，當然是另一問題。

以上所述的是日本對列國外交政策的系統，但我敢說無論他們所用的「防俄」與「友俄」「仇美」以及取悅於美國的政策，與一貫的聯英政策，和後來倒英的陰謀，總而言之，其目的總不外乎侵華，換言之，日本外交的中心政策，無非是「對華吞食主義」。什麼叫做「對華吞食主義」呢？就是積極的擴張日本在華政治的和經濟的權益，消極的維護既得的權益，以蝸形的軍事形勢刼取滿蒙，進窺中原，以實現昔日大隈重信所懷抱的統監中國的野心。簡單的說一句，「對華吞食主義」既

是日本外交的根本的目的，而其他對列國之聯仇迎拒，則都不過是實現這目的的政策。目的是固定的，而政策則隨時變遷，可是無論政策變到如何程度，其根本的目的，却始終如一。換句話說，無論是伊藤外交，陸奧外交，大隈外交，加藤外交，幣原外交，田中外交，以及今日的內田外交，日本對中國始終是抱着吞食主義的野心，從來沒有一絲一毫一分一釐的變過，這是有過去的歷史，可以證明的。

## （二）大陸政策之解剖

（一）歷史的觀察，日本外交政策的重心在中國，這曾在第一章裏面介紹過，現在我想拿過去的歷史來作證明。中國和日本的正式交通，考史傳的記載，起於西曆四一三年，到六〇六年，日本復派人持書來華，中有日出皇帝，致書與日入皇帝的話，從此中國把文化輸送到日本去，中日兩國間的往來，因時代的進步，才逐漸的複雜，所謂「對華吞食主義」的政策，也就隨之而來。日本的對外侵略，是從文祿九年，（一五九二年）豐臣秀吉的朝鮮討伐起，換言之，我們從豐臣秀吉的朝鮮討伐及西鄉隆盛的征韓論，明治二十七八年（一八九四—五年）的中日戰爭，明治三十七八年（一九〇四—五年）的日俄戰爭，歐戰中的青島出兵，以及西伯利亞出兵，這許許多多歷史的事蹟，以及今日的九一八事件和上海事件各方面看來，就很可以明瞭日本人的侵略野心，與時俱進。日本近代的政治過程是由民族主義一變而爲國家主義，再變而爲帝國主義，這是很顯明的過去的事實。

在日本明治維新之前，俄國的勢力從北方壓迫到日本來，這個時候，日本志士當中，已經有了一種防北的主張，所謂開發北海道的政策，就是由此而起。這防北的政策，就是北進大陸政策的基礎，北進的道路，不用說是跟着神功皇后，豐臣秀吉而來的傳統政策，他們唯一的目的，就是征服高麗與侵略滿洲。在明治元二年，已經有幾個狂妄的武士，主張日俄聯盟，瓜分中國，自尾崎行雄的支那分割論出世後，日本對華侵略的野心：正如春筍的怒放，而中國滿清政府的無能，和朝鮮李朝末年的腐敗，適予日本以極好的侵略機會。上述的中日戰爭，日俄戰爭，西伯利亞出兵，以及今日的非法占領東北，其出發點，都是基於這個北進的大陸政策。

（二）進行的計劃，日本歷次的戰爭，和出兵，其目的既在推行其大陸政策，那末這大陸政策的目的和內容，當然是我們所應該知道的，論日本大陸政策唯一的目的，在田中義一的奏摺中說：「將來欲制中國，必以打倒美國勢力爲先決問題。這

是與日俄戰爭的意義，大同小異，然欲征服中國，必先征服滿蒙，如欲征服世界，必先征服中國，倘支那完全可以被我征服，其他如中小亞細亞及印度南洋等處，必畏我敬我而至於降我，使世界知東亞爲我國之東亞，永無向我侵犯的大胆，此乃明治大帝之遺策，亦卽我日本帝國之生存。上所必要做的事。」這幾句話很明白的告訴我們，原來日本人的大陸政策，是稱霸世界。他們豫定的計劃，大約如左：

（A）實行遷都—日本的野心政治家爲貫徹其大陸政策起見，豫定了遷都的計劃，以變換其島國民的氣魄，所遷的地點，據他們所說，分作三步，第一步遷到朝鮮的釜山或鎭海的附近，因爲釜山之在東亞，猶之倫敦在歐洲，可以把持東亞之商權。第二步是想遷到朝鮮大同江流域的平壤附近，因平壤這個地方，對於利用滿蒙及朝鮮的煤炭和鐵鑛，非常便利，若欲以一個大工業的都市爲國都，自當首推平壤。第三步想遷都到西伯利亞，以遂其攫取大陸的野心。

（B）厲行鐵道政策—鐵道政策，在近代的殖民政策中所占的地位，非常重要。這是世界學者所公認的，日本早已看到這點，所以以南滿鐵道爲中心，計劃厲行其鐵道政策。田中義一的奏摺裏面說：「交通是國防之咽喉，戰勝之保險公司，經濟之堡壘，按中國全國鐵道，僅七千二百哩，在滿蒙則有三千多哩，居全國鐵道十分之四，以滿蒙土地之廣，物產之豐，雖有鐵道五六千里，亦不足用。而我國（指日本）所扶植之鐵道，皆在南滿，而於富源所在之北滿，尚多未及，殊爲遺憾。南滿各地，中國民族頗多，其國防上經濟上頗不利於我，然我國如欲開拓其富源及堅固其國防，必須激力建築北滿鐵道。鐵道能開發，才能移多數國民於北滿，才能使南滿之政治及經濟情形，逐漸鞏固，東亞之大局，始有奠定之日。南滿鐵道，既成之路綫，多以經濟爲目的，致缺循環路線，頗不利於戰時之動員及軍需之搬運，此後必須以軍事爲目的，建設滿蒙大循環線，可以包括滿蒙中心地，以制中國之軍事政治經濟等等之發達，亦可防杜俄勢之侵入，此乃我國新大陸政策上，最必要之關鍵。」日本對於滿蒙鐵道政策之重視，可想而知。過去我國東北鐵道，逐年增設，日本百方阻止，頻予抗議，也無非是本此鐵道政策的精神，如吉會鐵道，遼通至熱河鐵道，洮南至索倫鐵道，長洮鐵道之一部，都是日本方面所急須成功的，尤其是對吉會鐵路，湮涎已久，此外還想把南滿鐵路和朝鮮鐵道的軌道，改建與西伯利亞鐵道一樣，以便西伯利亞的國際列車，將來直達朝鮮的南境，縮短日本與世界之交通線，以達其把持世界交通之目的。爲侵略蒙古之便利起見，聞日本也已有了建設橫斷鐵道的計劃。

（C）經營蒙古—日本當局一方竭其全力，經營滿洲，對於蒙古，也不肯放過。他們時常叫國民注意，勿把蒙古看做不毛之地。他們說蒙古之價值，在北部阿爾泰山高原。十數年來，日本派退伍軍人往外蒙古探險者，每年不下三四百人，所耗經費，當以數百萬計。日本人在侵略蒙古之前，想建設庫倫奉天間的橫斷鐵路，這庫奉鐵道，是取道通遼，百遼河，越小興安嶺而入外蒙古，於是再過沙漠，經車臣汗旗，以達庫倫，再由庫倫經賣買城，與西伯利亞鐵路相連接。這鐵道政策一旦成功，內蒙古之熱河省，察哈爾省之錐山地帶，日本可以自由開拓，同時庫倫以西之阿爾泰高原地也入於日本之手，那末外蒙古自然會入於日本人的勢力範圍之內。而西伯利亞也未必能平安無事。

（D）建設大工業—日本經營滿蒙的計劃，第一步想從獎勵農業作起，採開伐森林，新闢耕地，敷設鐵道，以利交通。但其最後的目的，仍舊是想實行其大工業的計劃，因爲大工業的原料，在滿蒙是應有盡有的，尤其是礦產之多，爲最合大工業的條件，所以日本經營滿蒙的計劃，仍舊着重於工業方面，以期應付世界的經濟戰爭。

（E）操縱貿易—日本之大陸政策的最後目的，無非以我爲刀俎，人爲魚肉。換言之，就是想實行其搾取政策，以達食人自肥之目的。所以對於商權的操縱，十分關切。他想把西伯利亞鐵道，延長到朝鮮南境，實行釜山貿易中心主義，這就是想操縱東亞貿易的計劃。

（三）執行政策的機關—無論什麼政策，要實行的時候，總要有一個固定的機關去執行，因爲日本大陸政策的歷史很早，所以那執行大陸政策的機關，也已幾經更變了。自田中內閣成立之後，（民國十六年）日本開了一個很可以使人注意的東方會議，那東方會議的議決案，就是所謂大陸積極政策的方案，拓務省的增設，也是由此會議所產生的。日本拓務省的組織，除滿蒙部還未實行之外，（我料其最近之將來，必定實踐。）現在有朝鮮部，管理局，殖產局，拓務局，表面上看來，好像是總攬日本殖民政策的組織，但實際上是專門爲侵略中國而設的。田中的奏摺裏面說：『我國對於南滿之經營，往往因主管官廳的意見不能一致，異論百出，明知爲國家有益有利之事，無奈不能迅速的推進。初則破壞我對滿蒙之祕密計劃，繼則奉天政府用爲國際宣傳之材料，而大不利於我帝國。凡在滿蒙欲進行一事，必須在大連經過數十次之調查及會議，得了滿蒙四頭政府之同意，方得見諸實行，且須得內閣之議決，方可發生効力。因有如此種種之難關，往往欲執行一事，須經年累月，方可稍得其眉目。……此後必須變更其主義，以期勇往直進，所以其施行之中心點，必須集中於東京，第一可以保守祕密。第二可以杜絕中國政府窺探我國之進行。第三可避事前遭各國之懷疑與猜忌。第四可以統籌滿蒙四頭政治。第五可保內閣與滿蒙關係之接近並可熔爲一爐，以便全力對待中國。因有如此之種種利害起見，仍依伊藤博文及桂太郎合併朝鮮之主旨，設立拓殖省以專管滿蒙進取之事務。在表面上則爲管理台灣及朝鮮樺太等殖民地，而在實際上則仍以滿蒙之侵佔爲目的。這樣既可掩飾世界耳目，亦可防遏國內不統一的現象。」

日本侵略滿蒙及執行北進大陸政策的直接機關，除了在東京的拓務省之外，在滿洲有南滿鐵路公司，關東司令長官，關東廳長官，領事館，近來所謂四頭政治，就是指這四種機關而言的，南滿鐵道公司創辦於一九〇五年日俄戰爭之後，是官民合辦的公司，資本四億四千萬圓，總長一一一八公里，職員四萬多人，每年總收入兩億圓，純利有三千萬圓以上，可以說是東洋的第一個鐵道公司。其組織的大概完全仿東印度公司，內分十一部，每部以下分四五課至七八課，每課又分許多系，作者親睹其組織之嚴密，工作之緊張，不禁心中顫顫欲動，此外附屬於滿鐵的公司，有五十七個之多，總共職員不下八萬人，其人數幾與中日戰爭時日本所出的軍隊相等。就政治及經濟兩方面來說，南滿鐵道公司，可以說是日本北進大陸政策的大營。關東司令官直隸於日本天皇，掌理兵符，是日本駐滿的軍事機關，是北進大陸政策的推進機關。關東廳長官，本稱關東都督，由日本陸軍大將或中將担任，自大正八年（民國八年）四月，才改爲現行制度。廳內的組織，除長官官房之外，有內務局，警務局，遞信局，財務部，民政署規模非常之大，是北進大陸政策純粹的行政機關。領事館，本來是很普通的東西，但是日本的駐華領事館和普通領事館不同的地方，就是超出其領事的職權，外國領事無非是根據法律，保護僑民，日本領事館則不然……駐東北的日本領事館，一共有二十四個，浪人警察，應有盡有，與其說他是辦理日本外交，不如說他是干涉中國內政的機關。最近日本方面，以四頭政治，欠缺統一，乃派遣武藤信義大將爲大使，兼管關東廳長官關東司令官，而現在所有執行大陸政策的機關，此刻已達極完備的時期了。這咄咄逼人的大陸政策，你道可怕不可怕？

### (三)事件發生之原因

日本的大陸政策，並不始自今日，在上面已經說過，九一八事件，是大陸政策必經的過程，所以牠的爆發，也並不是偶然的，換一句話來說，九一八事件，乃日本大陸政策的必然性，是無可避免的。所以日本的大陸政策，若不打消，像九一八一類的事，始終總不免有爆發的一日。不過何以在去年爆發的原因，是我們應該注意的一點。以作者的觀察，總合起來，可以分作對內和對外。兩方面來說。

濱口內閣成立之後，因鑒過去田中內閣之失敗，馬上停止對外强硬政策，採取幣原外交，盡其全力，完成其對內的合理化和實業統制政策。結果失業增加，官吏減俸，日本國民生活的窮迫，於是不景氣的悲歌，震動了全國，同時民政黨的唯一特色，是主張金解禁政策，可是自民政黨的金解禁政策施行以來，所得的結果，與金解禁以前所期望的完全相反。在民政黨方面，固以『目下之恐慌，爲整理過程中所不可避免的現象」自圓其說，但是事實方面，我們處處可以看得出金解禁政策的失敗，就是民政黨內部，也有一部份人自認從前對於金解禁的認識，是錯誤的。金解禁政策既告失敗，民政黨內閣的存在價值，自形消失。於是民政黨所支持的幣原外交，也因之一落千丈。幣原外交的基礎，是築在用和平的手段，以謀其國家對外的經濟發展之上，就是「協調外交」派的代表者，日本國民，既不滿於民政黨的對內政策，所以攻擊幣原外交，幾無完膚。最後更加以軍部及在野軍人的反宣傳，幣原外交遂成爲日本國民的衆矢之的。後來幣原見勢不對，乃變更方針，極力遷就，以謀補救。無奈大勢已去，於事無補了。一九三一年一月下旬所謂滿蒙鐵道交涉的開始，可以說是幣原外交一種遷就的表示。到了同年三月，因爲張學良與高紀毅到南京參與國民會議，把外交權移到中央來以後，滿鐵理事木村氏的交涉，因爲失了對方，乃無從進行。急於侵佔滿蒙的日本軍部，在這個時候，遂高唱對滿交涉之無効，皆由於幣原外交之柔弱。那末武力佔領的步武，因以決定了。中村事件，不過是日本人所製造的一種口實罷了。

內部的原因，既如上述，我們現在再來討論外部的原因。大戰後的十年歷史，

前半期是「德膜克拉西」極盛時期，後半期是衰落時期。議會政治，已不能及時解決戰後的各種經濟問題，所謂「萬能的議會」，無論在那一個國家，都變作「無能的討論會場」，世界上的政治，已走到極左和極右兩派的獨裁政治來了。日本受了右傾運動的影響，因之對外的積極政策，更勇往直前。其關於經濟方面，如美國受了第三期經濟恐慌的壓迫，對於歐洲及南美的發展，完全失望。在日本看來，還怕他對東亞另具野心。英國自金本位制放棄後，對外貿易，重整旗鼓，以期必勝，處處足以使日本心驚胆怯。蘇俄則五年計劃，着着成功，在蘇俄是經濟的發展，在日本是經濟的壓迫。至於中國，自國民革命以來，民族主義非常發達，可是中國的民族主義，和日本的帝國主義，是勢不兩立的，正面的衝突，隨時隨地，可以發生。日本在這種國際情形之下，時時刻刻感到本身的不利，所以一鼓作氣而佔領了我東北的幅圖，以完成先發制人之計。我們看日本人的宣傳是佔領了東北，才可以解決日本國內的一切問題，就可以知道日本對於經濟問題的重視了。

(四)事件發生後日本對華外交的態度

九一八事件的發生，就是幣原外交的破綻。幣原外交之特色，在我們說起來是

「對華貿易中心主義」。因爲民政黨的政策，是竭力想發展日本資本主義的勢力，但一般人，則稱之曰：「對華寬容主義」。我國年來所提議的取消領事裁判權，收回租界，侵略成性的日本野心政治家，都說是幣原外交「對華寬容主義」的結果，軍部及一部右傾分子的「對支膺懲論」就應時而出，在野黨的反對幣原外交，乃當然之事，而本黨之中，也有表示反對幣原外交的。因之從來欠缺圓滑的外務省與軍部所生的隔膜，日甚一日。換言之，幣原外交在九一八事件發生以前，已陷於孤立無援的地位。喪失其統制的力量了。所以滿蒙積極論者，離開外務省所籌的種種計劃和陰謀；外務省方面，差不多完全不曉得。現在且把滿洲事件發生後日本所取的外交手段，分述如左：

(1)幣原外交時代的「事態不擴大主義」　九一八事件之發生，或者可以說他是破壞幣原外交的舉動，但是幣原外相，並不以一走了之，乃在「事態不擴大」方針之下，於九月二十二日之閣議席上，決定處置事態的方法和手段，在「中日直接交涉」，「排除第三國干涉」兩大原則之下，於九月二十四日發出聲明書，其重要之點如左：

（一）帝國政府於九月十九日開緊急閣議，決定極力努力於事態不擴大之方針，由陸軍大臣，訓令駐在滿洲軍司令官。至於九月二十一日由長春出發到吉林之部隊，無非想排除對滿鐵側面的威脅，並不是地方軍事的佔領，一到目的完全達到之後，這出動的部隊，當即退回長春。

（二）九月二十一日鑒於滿鐵沿線的不安，乃由朝鮮再調混成旅兵員四千人，劃歸關東軍司令官指揮，然駐在滿洲之總兵數，尚在條約所定限制之內，不能謂其為事態之擴大。

（三）帝國政府在滿洲無任何領土的慾望，這是沒有反覆說明的必要。我們所期望的地方，是帝國臣民得以平安從事於各種之事業，以其資本及勞力參加開發地方之機會，擁護本國及本國臣民之正當利益，及政府當然之職責。所以排除滿洲之危險，亦不外此意。

（四）帝國政府本其從來之中日親善之既定方針，所以希望此次之不祥事件，勿至於破壞國交，同時進一步為斷絕將來的禍根，講究建設的方策起見，有誠意的與中國政府妥協，若能因此而打開目前兩國間之難局，轉禍為福，則帝國政府，無任欣幸。

在幣原的意思，以爲這個聲明書一方可以與軍部妥協，一方可以緩和國際聯盟的空氣。及當時日本輿論的趨向，缺乏明確的觀察，並誤信他平日所主張的自由主義。結果則產生十月八日第一次錦州轟擊事件，與當初「事態不擴大」的聲明，完全相反，日本政府的信用，大有一落千丈，無可收拾之概。十月二十一日日本政府於第二次聲明書中，提出的所謂基礎的五大綱，是：

A 相互的否認侵略政策及行動。

B 相互的徹底取締妨害通商之自由，及煽動國際間感情之組織的運動。

C 尊重中國領土之保全。

D 對在滿洲各地之帝國（日本）臣民的一切業務，予以有效的保護。

E 尊重帝國在滿洲條約上之利益。

我們從上列基礎的五大綱中，可以看出幣原外交已趨向到積極政策方面，然而內遭軍部的反對，外不容於國聯，遂致不得要領，後來十一月四日的嫩江事件，十一月八日第一次天津事件，十一月二十四日的第二次錦州事件，十一月二十六日的第二次天津事件，舉凡日本軍部的對華暴力行動，與幣原所聲明的「事態不擴大」的原則，愈趨愈遠。簡言之，這牢不可拔的幣原外交，經過南陸相，金谷參謀總長，武藤教育總監，三巨頭的軍人外交過程之後，再也不能延長其生命。日本對華外交之一天一天向凶暴路上去走，這是有種種事實可以證明的。

（2）犬養芳澤父子外交時代　第二次若槻內閣因美金買賣及協立內閣問題，遂於去年十二月十二日瓦解，主張「事態不擴大」的幣原外交，也就因此壽終正寢。繼任內閣是政友會的單獨內閣，政友會的犬養內閣成立之初，外務大臣是由犬養自己兼任。不必說，犬養外交，是代表政友會的外交政策。他的對華政策的特色，就是主張積極的武力侵略，換言之，就是田中外交的繼承者。他之不利於中國，乃意想中事。一到今年一月，日本出席於國際聯盟的全權代表芳澤回國，犬養遂任彼爲外相。犬養之任芳澤爲外相的原因，一方面固然因爲芳澤是他的女婿，他方面因芳澤從前作過中國公使，是一位有名的「中國通」。在此中國問題困難的時候，以芳澤爲外相，可以說是再好沒有。而且芳澤是駐法公使，用芳澤爲外相，至少也可以得到不少法國的好感，藉以促進法日兩國的協調的結合。

犬養外交的第一件成績，就是佔領錦州，去年十二月二十三日英美法三國關於錦州的攻擊，曾向日本政府提出抗議。但是日本外交當局，絲毫不去理他。二十七日發出第一次之聲明書，不啻證明其外交完全是抄襲東方會議以來之田中外交。國聯對日本軍隊之佔據錦州，連臨時理事會也未召集，對日本外務省之行動，差不多默認。美國政府雖於一月七日，對日本提出通牒，但是英法兩國，皆取沈默的態度，未與美國取一致行動。這是我們不能不說是犬養外交的成功。

芳澤外相到任沒有幾天，一二八上海事件突然爆發。一二八事件爆發的第二天，日本政府提出很長的聲明書。聲明書的內容，無非說中國排日運動之非法，及事件爆發之始末，聲明書的重要點，就是「此次上海方面之日本海軍行動，是與主要各國既往的實力行動，完全一樣，除保護僑民之外，並無他種目的。」自上海事件爆發起，到停戰協定簽字止，日本對華的强硬行爲，不可勝舉。所謂退出國聯之說，在這時期之中，已甚囂塵上，傀儡組織，也是這時候製造出來的。一言以蔽之，芳澤外交對華的態度，較之幣原，益趨强硬，這是很明顯的事實。以積極主義爲標榜的政友會，其根本政策，當然可以和軍部合作，比較的民政黨圓滑許多。雖有二



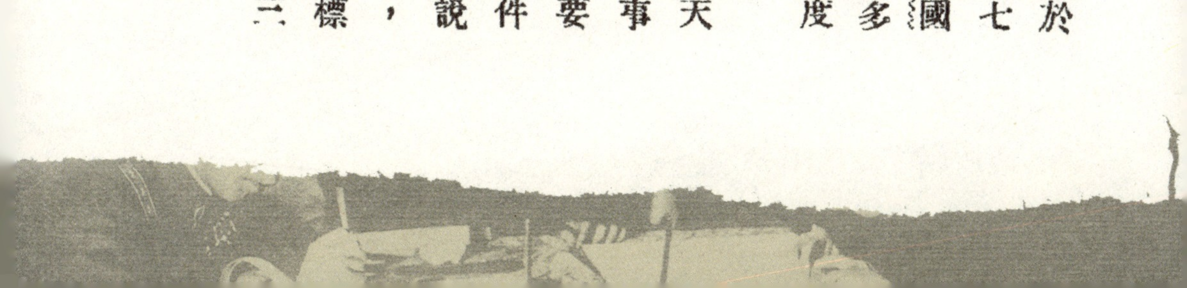

百三十位議員，佔絕對多數，但是政友會的對華外交，處處仍舊要仰軍部的鼻息。因爲非如此不能夠維持牠的政權。所以犬養芳澤的外交，是完全代表軍人行事的。

(3)內田外交　上海停戰協定簽字了沒有幾天，日本國內發生法西斯蒂運動，首相犬養毅被刺，政友會內閣，因之瓦解。繼之而起的，就是齋藤的超然內閣。齋藤內閣成立之後，經過了許多的交涉，才將原來南滿鐵道的總裁，內田康哉拉來作外務大臣。內田以垂暮之年，當多難之局，其登台的動機，無非想在日本外交史上獨樹一幟，以實現其生平最後的大願。所以他在未作外務大臣之前，即公然宣言要求政府承認僞國，就任後他的種種行動，也處處以滿蒙問題爲中心，最近派遣陸軍大將武藤信義爲駐滿全權大使，把他對華外交的整個計劃，完全拿出來。今後的積極侵華，更可不言而喻。

不論「幣原外交」「芳澤外交」「內田外交」其對中國的不利，相差不過程度而已。幣原外交的特色，是對美國的認識，所以幣原當政的時代，日美關係，比較來得圓滿。芳澤外交之長處，就是能拉到法國來幫忙，我們看芳澤長外交以來，日本的對華積極政策，更其肆無忌憚，此中關鍵，很可明白。內田繼長外交的時候，正值法國之社會急進黨內閣成立。法國之對日態度，殆非前內閣所可比擬。法國總理哀禮歐對於遠東的觀察如何，雖然不敢斷定，但是今後內田外交對華政策之能否進行無阻，不能不看法國的態度如何而决定。假使法國果能與英美協力應付遠東之事變，日本顯然處於孤立地位。要是法日關係，依然密切，日人之胆大妄爲，决不會輕易變更。照此點說來，我們中國，除了自身振足，盡力抵抗之外，對於國際形勢之如何改變，亦不能不加以深刻的注意。

九月十日南京

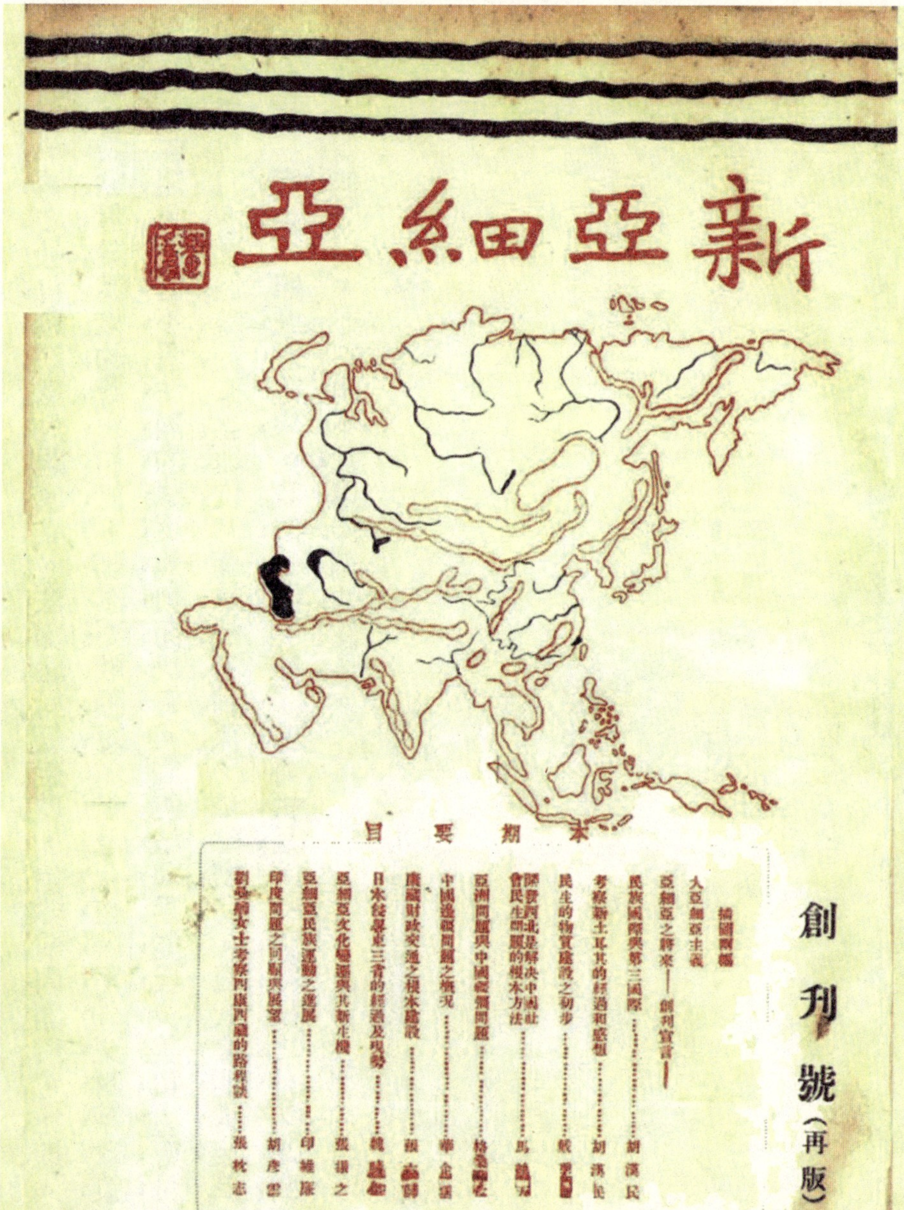
新亞細亞
本期要目
插圖兩幅
大亞細亞主義
亞細亞之將來——創刊宣言——
民族國際與第三國際……胡漢民
考察新土耳其的經過和感想……胡漢民
民生的物質建設之初步
開發西北是解決中國社會民生問題的根本方法……馬鶴天
亞洲問題與中國邊疆問題……格桑澤仁
中國邊疆問題之概況……華企雲
康藏財政交通之根本建設
日本侵略東三省的經過及現勢
亞細亞文化變遷與其新生機……張振之
亞細亞民族運動之進展……印維廉
印度問題之回顧與展望……胡彥雲
劉曼卿女士考察西康西藏的路程談
創刊號(再版)
NEW ASIA Vol. 1 No. 1

# 附錄

## 關日本報紙之誣衊記載

方益之
方治

今天益之同方治同志在此地招待諸位，蒙諸位惠然肯臨，我覺得非常榮幸。但是我今天招待諸位的目的，就是因爲我這次在南京中央廣播電台作日語報告，引起了日本報紙對我作誣衊的攻擊，并將我的照片刊載於日本報紙上面的緣故。日本的朋友，中國的朋友，甚至有不認識的日本人中國人寫信給我同方治同志，或詢問事實經過，或表示慰問，差不多天天都有，我除感激之外，並覺得十二萬分的慚愧。因想利用這個機會，將我作日語報告的動機，以及經過，誠懇的坦白的陳述於諸位之前，藉以公之社會，使中國同胞，日本同胞，甚至於全世界人士明瞭原籍日本現爲中國國民一個女性的我，關于這次作日語報告的事實眞象，同時我也可以藉以總答覆寫信給我們的各位友朋。

我誠然是出生於日本，換句話說，日本就是我的故鄉，然而我來到中國已近十年，除獲得中國國籍外，并得着了中國國民黨的黨籍，中國自然是我第二鄉邦，在這些年當中，關於中日的問題，是非常引起了我深刻的注意。因爲中日的問題特別的多，而且也來得緊張。我在日本學生時代，我也覺得中國人多事，不然爲什麼老要同日本人發生糾紛。可是耳聞不如目見，自到了中國之後，每次遇到中日問題發生時，我都特別的將問題的本質，和發生的經過，加以分析研究。如南京事件，濟南事件，萬寶山事件，以迄於最近問題等等，方知道中日的糾紛，並非中國國民與日本國民的衝突，乃是日本少數軍人的黷武窮兵所引起來的，是日本少數軍人自己多事的。於是我就下了一種決心，雖然知自己的力量有限，但也想一盡個人的天職，努力於兩國民意之疏通，以確保中日和平，並增進兩國的福祉。中華與日本都與我有了特殊的關係，在我這樣的立場上，無疑的我是希望兩國共存共榮的了。

到了這次九一八事變發生以來，兩國民情都緊張到了極度，而所受的痛苦，也都差不多。日本經濟的恐慌，民生的凋敝，種種情形，不是一言能盡，總之是民不堪命的了。然而這次事件的發動，都是日本少數軍人應負的責任，不是日本國民的主動。所以我很想使日本的民衆，知道中華眞正的國情，並且也讓他們認識自己，好大家起來，羣策羣力，喚醒這些所謂日本少數軍人放棄侵略的手段，來改進日本國是。這樣自然是本了一腔的熱誠，一片良心，來做這日語報告工作，那能說得上什麼叛逆不叛逆呢？可是以渺小的我，又何所憑藉，才能

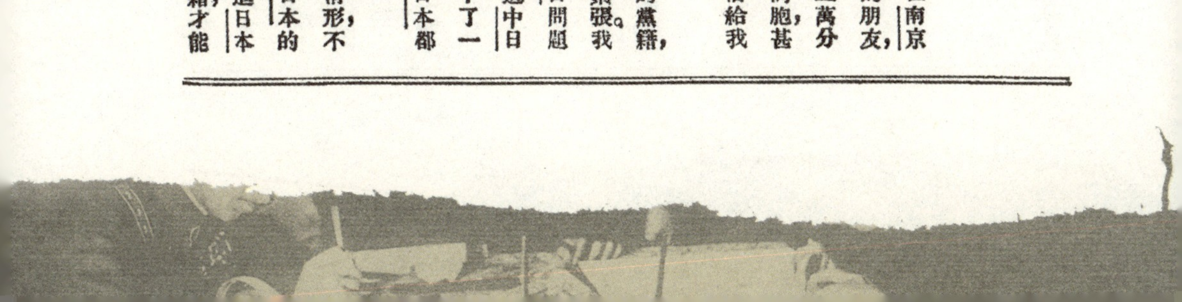

達到溝通兩國民情的奢望呢？萬幸科學的力量，能使我得到開始我工作的初步，就是這次在南京中央廣播電台落成開始播音的時候，經商得台長的同意，自動的來作日語報告，我也自幸與日本同胞有談話的機會了！我既抱着上項的目的，其報告材料的選擇，當然一本此旨，其間多就中國內外各大通訊社所發確實的通訊，以及內外各大報的言論，審慎去取，曾經聽過我報告的人，當都能記憶着，那裏有什麼中傷皇室，挑撥情感的事實呢？誰料我在此苦心孤詣，盡瘁工作的時候，而日本駐京領事館，竟有出乎吾人意外的感想，派員至中國外交部，作了什麼中國用日本人作日語宣傳，會引起兩國誤會一段的申述，這豈非笑話？我想國際間對於語言之採用，本毫無限制，國際間對電台播音之語言，當亦無若何之規定，中國電台之願採用各國語言，亦為本國報告真實國情，以期世界人士共同明瞭，絕非有一種狹隘詭僻的心理作用，存乎其中，證之於國聯電台報告，有時利用英語，有時利用華語，亦有時利用日語，豈能說用某國語言來報告，即對某國家有作不利宣傳之嫌乎？反過來就照日本領事館的見解來說罷，則在所謂滿洲國未成立以前，日本會在瀋陽電台，利用華語報告，然則又將何詞以自解呢？至於說我的日語報告，「作」與「不作」的問題，那完全出於我個人的自動，現在我認為可以暫且不做，那末我也稍事休息了。將來有我作日語報告之必要時，我還是自動懇求電台予我以報告的機會。好笑的日本報，竟宣傳說中國外交部已准將日語報告取消了，事實又何嘗是這樣？聽說現在電台對此工作還是在進行着，現在作日語報告的同志，日語也很流暢，而其內容聽說也還是本着我從來的宗旨，日報上所謂中止報告的紀載，眞不知何所據而云然？

我的日語報告內容，因為聽過的人所共曉，而我的日語報告原稿，也都按天的登記保留着，將來還想譯成中西的文字，一一發表，以待一般人士的批評和指正。不過依我個人反覆推敲，終未發現有所謂侮辱的事實，且恐我所報告者，多係在日本國內同胞所欲言而不敢言的，所想聽而不便易聽得到的。即再退一步講，對我作日語報告，縱有所責難，也僅能責難於我個人，何以日本報紙竟那樣誣衊侵及我的親屬？這種淺薄無聊的紀載，殊不值吾人一辯。我也很希望我的親屬，不要計較這一層，一切自有事實證明，因事實勝於雄辯故也。

此外我的照片，也蒙大阪每日新聞東京日日新聞賜予刊載了，這一層我也很感激。因為我沒曾在日本報紙上和大家見過面，這次居然會引起大衆對我這樣的注意，實在榮幸得很。不過這張照片的來源，我已調查明白，姑保存忠厚，不必說破，也可以使這位曾經欣悅的接受我親自簽名的紀念照片的女友，自己思索，自己懺悔罷！

又如某報所說，此次我作日語報告，曾接受九百元之報酬，此種記載，尤屬荒唐無稽，余之動機，既如上述，當然不是為金錢的驅使。且中央廣播電台者有支出，一切均有簿册可稽，亦决非信口雌黄所可中傷。况余之從事日語報告，亦非僅自最近開始，即如一二八事件之發生，我爲了義憤所激，亦曾自動在昔日之廣播電台大聲疾呼，以促日人之反省，當時亦未聞任何人以誣衊之詞相加，此次乃以莫須有之事，藉圖中傷，亦見其氣量之狹。况中華電台之從事報告者，多屬社會知名之士，義務的自動的不定期的來台工作，從未聞有若何報酬，何獨爲余一人而優遇此，亦不待辯而自明也。

以上所述各點，請大家檢閱日本報紙，可以明瞭，日報紙的紀載，係根據南京特電，可惜這位發電的先生，住在南京，近在咫尺，一切事沒有眞切的明瞭，也未曾向我問過明白，竟貿然發稿，弄成這樣的錯誤；我實在爲之不值，我也很希望他今後能把消息訪得眞確些，把頭腦冷靜些，免得生出今後其他的問題，我現也不欲多說了。

總之中日問題的解决，决非詭辯所能尋得途徑，我還是希望兩國靜待國聯公理之判斷，大家拿出眞誠的態度，在共存共榮的目的下奮勇前進，否則不講公理，專睒暴力，不但爲破壞東亞和平的罪人，抑且爲破壞世界和平的罪人，這是我誠懇的希望於日本國民的，同時也是希望于日本的軍人的。

中華民國二十一年十二月十一日

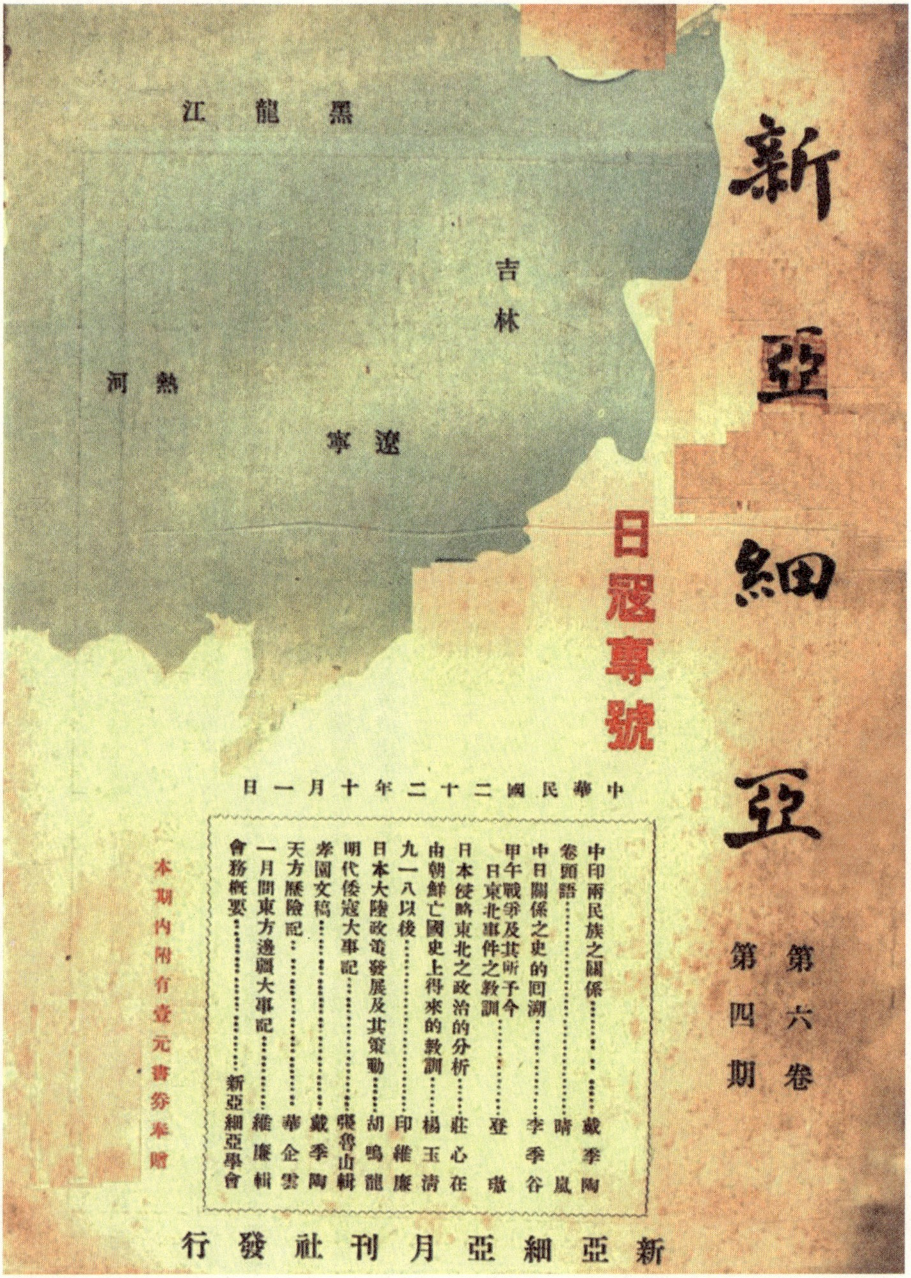




新亞細亞月刊社發行

# 日本侵略東北之政治的分析

莊心在



## 一 傳統政策的展開

日本的傳統政策一句話說穿便是向大陸求發展的政策。當明治維新以前，什麼「南進」「北進」都談不到，因爲那時，他和中國一樣，忍着歐美列強的壓迫。然自明治維新即自嘉慶三年（一八六七）十月以後，德川慶喜「大政奉還」，同年十二月發布所謂「王政復古大號令」，次年明治元年更宣布「五條御誓文」，於是收回全國封地，廢除諸侯稱號，這樣，一方面完成了資產階級革命的使命，在他方面又努力於不平等條約的廢除及關稅的自主。一直到明治廿八年中日戰爭得着勝利，不但表現了日本民族的實力，而且把新興的島國，引入東亞大陸勢力競爭的漩渦中，同時更積極的努力開始與各國締結相互平等的條約。由此，日本纔成爲一獨立自主的國家，而日本的外交也開始有新的氣運。

洎後，馬關條約成立，（一九〇五年）日本開始在中國和列強同享有不平等條約的特權利益。接着臺灣的割讓，高麗獨立的承認，她的領土和政治權力突形發展；遼東半島的割讓問題，更表現着日本對東亞大陸野心的暴露。到日俄樸茲茅斯和約成立以後。她在我東北的地位已鞏固地樹立。一九一四年歐洲大戰爆發，列強無暇東顧，更給予以難得的機會。日本一方面鞏固她在東亞大陸新取得的權利利益；一方面利用既得的地位，進而謀勢力的發展。日本帝國主義者所謂大陸政策也就在這時期中成熟起來。自後、大陸政策，便成爲日本對外活動的主眼，也可說是日本對外發展的「國是」。

日本既開始了資本主義的發展，就必然要向外侵略，以求原料的供給和市場的尾閭。在向外發展的政策上，日本原有兩派主張：一派主張向海洋發展，他一派主張向東亞大陸發展。前者稱爲南進主義，海軍軍人及一部分政客唱之；（例如竹越與三郎氏著南國記，便是代表南進主義派的思想。）後者稱爲北進主義，陸軍軍人及多數政界有力者主張之。但是論形勢，「南進」實比較「北進」爲難，因爲日本海上沒有根據地，而且有英美海上勢力的壓迫，要想「南進」發展，自然不是易事。北進雖然有我國和俄國，但眼見着中國沒有抵抗日本的能力，俄國又是新敗之餘，也沒有多大的實力敢於與日本阻難，所以北進主義在日本國內佔到了優勢，而爲日本政府所採擇。其結果，遂爲日本竭其全力以向東亞大陸積極發展的方針。當前清末葉，日美爲移民問題爭執時，日本政府的外交當局小村壽太郎即決然宣布「移民集中滿韓」之大政方針。充其大陸政策的精神，日本要以朝鮮半島及滿洲爲根據地，積極向前發展，建設大陸帝國。日本這種傳統的，向大陸北進發展政策，正如俄國之一心想求海口，英國之一心想保其與殖民地之聯絡，同樣地認作國家生存死滅的關鍵。這個，田中義一曾明白的說過：「歷代內閣之施政於滿蒙者，無不依明治大帝之遺訓（按：明治大帝之遺策，第一期征服臺灣，第二期征服朝鮮等，皆既實現；惟第三期之滅亡滿蒙以作征服支那全土之準備，則異族之南洋及亞細亞全體，無不畏而仰我之鼻息云云之大業至今尙未實現。）擴展其規模，完成新大陸政策，以保皇祚無窮，國家昌盛。」（見對滿蒙積極政策之奏章）因此，雖或因爲國際的情勢以及國內的政局的時會關係，在表面上，其政策雖有時柔和有時強硬，但異途同歸，骨子裏總是鍥而不舍地奉行着這傳統的侵略政策。（參看拙著對日問題總論首段，見南京書店出版對日問題研究）

## 二　殊途同歸的各派政策

這裏不妨把歷來日本政界的各種對華政策加以分析，以證前文所述的不謬。

### 1 政友會的對華強硬論

政友會對華的外交政策其根本意識是以明治以來傳統的帝國主義觀念爲基礎，謂日本與中俄二國相鄰接，二國新在革命之後，所以日本不能不首當二國的革命外交，二國的外交固其各有特殊的國情，所以有時是積極的，澈底的，有時又不免是大膽的，露骨的。因之日本的外交應基於國策確定方針。日本的軍備外交當以對華維持密切的經濟關係，確保在滿蒙的地位，而圖經濟的發展。因日本在滿蒙的地位，爲日本生命之所繫，設起動搖不安，東亞和平亦必隨之動搖，爲維持東亞和平起見，非先掃除日本在滿蒙經濟上的不安不可。這是政友會政策中的總括的對華強硬論。

至於對滿蒙問題，其根本意識，便是主張所謂「日本的生存權」謂滿蒙就是日本國民的生活線，關係着日本的存亡。故謂日本在滿蒙的特殊利益係根據條約及其他協約而來，根底至爲堅固，擧國擁護不容或懈。爲顧慮日本的權利的現在及將來，不可不採取堅決的態度，否則滿蒙開展的大使命，必將根本破滅，於國策進行，必遇重大挫折。

由此，政友會政策的蠻強無理，可以窺見一斑了。

### 2 民政黨的對華自由主義論

那末，民政黨怎樣？

民政黨的對華外交，依其自身所提倡，其特質爲：

一、排斥武斷外交，而以相互協助爲基礎；

二、確保日本國民的生存權，同時尊重中國國民黨的要望，竭力援助其新國家的建設，

等等，故主張爲確立經濟國策起見，對華問題必須重視；因中國隣接日本，即爲一大市場，所以更有重視的必要。爲確立經濟國策，其手段必須是平和的，經濟的，方可圖日本經濟市場的確立。如一意威嚇中國，激起朝野上下的反感，對華關係將至無路可通，徒靡國費而已。其對滿蒙，認爲只是中日問題之一端，亦當以平和的經濟的主義爲外交的骨幹。

在表面上，民政黨自由主義論，像是較爲進步，可是其於滿蒙既得權利的擁護，以及終極目的的圖謀對華發展，和政友會的強硬論，初無二致。觀於素以自由主義相號召的永井柳太郎輩也高喊着「建設大陸日本」可以瞭然灼見。

### 3 貴族院派的對華積極主義論

日本貴族院及軍閥一派所主張的對華積極主義論，較之政友會的強硬論更爲強硬，謂滿蒙爲日本之生命線，謂大和民族的

要求爲最少限度的生存權；如由滿蒙退却，即大和民族生存權被否認之時。過去日俄戰爭曾犧牲十萬生命，二十億國帑，賭國家的存亡。以取得滿蒙的權利，故應死守勿失。田中內閣時，舉行東方會議，即決定滿蒙政策，其綱領：一使滿蒙土地國內外人民均得安居；二爲達此目的，應斷然擁護日本所有權益；三絕對維持滿蒙之治安。依此方針曾爲積極的努力，即積極的擁護特殊利益須擴充之，以絕對堅持特殊權益的意義爲本義，在滿洲站在以主制客以逸待勞的地步，來展開雄大的鵬翼。金丸精哉曾有最露骨而兇險的話；可以說明積極主義論的神髓：「勿論如何的難問題，立在儼然的實力的前面，自可冰解，斷然行之，鬼神也要避免的。」

4 滿鮮一元論及其推衍

這裏再分析日本方面更邁進的侵略政策，以「滿鮮一元論」爲基礎，從而推衍，在經濟上，便有所謂日滿經濟的統制論；在軍事上，便有所爲國防延長於滿蒙的新計劃。

滿鮮一元論，肇倡於朝鮮總督宇垣，當其任職之初，即欣然向新聞記者宣布其夙昔的抱負，明言朝鮮與滿洲，在政治經濟上，不應採取各別的態度。這就是說帝國的大陸政策，應含有「有機的，「一元的」經綸。他說：一度由釜山登陸，而乘坐直駛奉天之特別快車的旅客們，決不會去考察那條鴨綠江的滾滾江流，會把朝鮮與滿洲，劃成「二元的」。因如那條分界的江流事實上已爲釜山直搗奉天的鐵路聯接起來了。加以自從內田滿鐵總裁的「兩港兩大幹線主義，完成吉會線的敷設（詳後節），更將使北滿與東京的距離，益形接近。朝鮮與吉林既打成一片，而滿鮮一元論」由此便添上了具體的意義。佐藤淸勝中將之毅然主張遷都朝鮮，（見所著滿蒙問題與日本之大陸政策）也本於這滿鮮一元論而作更銳化的推進。照其計劃不但可促朝鮮資源的開發，而且可促進滿蒙西伯利亞的侵略。所以他說：「以中華本部，滿蒙及西伯利亞爲背景，左右擁日本海與中華海，把握東亞商權，可與英京倫敦相比擬。」最近代表日本「軍部外交」的外交時報所主張的「日滿合邦論」（見直海善三氏國際日本之動向一文），便透露了此中的機微。

以滿鮮一元論爲基調而演爲經濟上的主張，便是所謂日滿經濟統制論。謂滿蒙既與朝鮮爲「一元」，於日本又屬生命之所繫，那末在經濟上自應有無可分離的統制，方可使滿蒙的資源，得爲最有效且合理的利用。這種主義又稱爲日滿工業的分業主義。即由滿洲爲原料之供給，而日本拿工業品來相合作；日本與滿洲必須有無相通，有將兩個經濟完全合而爲一的必要。

於軍事方面，日本新陸軍之建設，亦已以滿蒙作目標。軍事參議院，曾特設國防延長調查會，對滿蒙國防之擴充，及駐軍之配置，均有詳盡之籌議。參謀總長金谷範三更明白宣示曰：「我國如欲仰滿蒙之食料及原料，以解決我國之人口食料及工業原料問題，非擴張延長國防於滿蒙不可。」「然帝國國防延長於滿蒙，欲使其有根據，且有機會，必須極力確保南滿鐵道權利及事業之擴充，方可使國防及經濟發展，有所依賴。故我國防苟欲擴延於滿蒙，則立於第一綫之南滿鐵道權利，不可不保障及認識之也。而欲保其權利，不致動搖，則不得不藉軍隊及警察之力。」（見所提滿蒙國防計劃意見書）

於此可見不論何黨何派的策略，硬的軟的，急的緩的，圖窮匕首現，總不外乎以我國爲魚肉，只有跟着時間的進展，而益發揮其貪婪強暴。

## 三　從抽象的計劃到實際的行動

遵循着這些侵略的主張，表現爲具體的事實，讓我們再擇要分別來檢視：

### 1　移殖政策

從前後藤新平伯爵在第一任滿鐵總裁就職宣言書裏，曾這樣說明他的計劃：「第一爲經營鐵道，第二爲開採煤礦，第三爲移民，第四爲施設牧畜諸業，就中決以移民爲要務。」可見移民滿蒙在日本國防及經濟發展上，具着怎樣重大的意義。依後藤氏當初的估計「按不出十年，確可移送五十萬國民於滿蒙曠野……夫如是，和戰緩急之柄，全然落我手中。」當時西園寺內閣，山縣元帥，林外相等，都竭力贊助，自後內閣秉政者，亦必奉爲圭臬，竟號爲「後藤主義」。到了田中內閣，更規定在三十年內投資二十七億元之鉅金，作爲移民及殖民政策之獎勵。歷年以來，日本在滿蒙的移民，雖年有增加（平均每年增加七千餘人），速度頗爲可驚，（自民國元年以迄民國十五年，十五年中居住東三省的日本人口自然增加，由一〇六三進爲三四九六）但因種種原因，總數終未能超出二十萬以上，距原擬數相差甚遠，殊未足以饜日人急切之慾，因此政府當局，於移殖政策又有新的發展，即所謂「大拓殖政策」是也。政府之下設有拓務省（昭和五年六月添設）置拓務大臣以全權統理拓殖事業，決定政府的與民間的拓殖計劃。政府方面以一百萬元作拓務省經費，以三萬元建移民收容所，以七十萬元爲土地購買費，以五十萬元爲生產資本費，以三百萬元作運輸募集費，以八萬元作各高等商業學校設置拓殖科經費，以五十萬元作移民子弟教育費，以三十萬元作移民保護費，以二百二十萬元爲拓殖事業補助費。民間的拓殖計劃，則派青年商人移住滿洲，南洋各地，擴張商權。設法遣送內地移民往滿洲，朝鮮，樺太方面，特別注重中國滿洲方面，爲促進移民運動起見，在日本全國各府縣，設立移民支部。

又因日人移滿，往往不能與中國人之移住者相競而歸失敗。因此又想出兩種計劃來應付；消極方面，利用警察力以及工廠工

價的低降來防禦並驅除中國移民的侵入；積極方面，保護並獎勵朝鮮的移民，藉為階梯，以間接侵入東北，且可利用已歸化中國籍的鮮民。盛為收買滿蒙水田，而另由各地之信用合作或銀行，或東拓會社或滿鐵公司，通融有中國籍的鮮民，作為日本經濟侵入的過手。他日歸化中國的鮮民，依然反過來復為日本的國民，日本認定朝鮮民的侵入滿蒙，為帝國國防上，經濟上最有密切的關係，故不惜由東拓及滿鐵等機關，與以充分經濟上的援助；由各地警察署的警察，與以武力上的後盾。九一八事變以後，移民滿洲之聲浪，尤屬高唱入雲，不可嚮邇，先之以昭和七年度的武裝移民，繼之以本年度的大規模普通移民，於移民區域，及組織，業務等計劃，更臻精密週至了。（請參看拙作日本移民東北之現勢，載大陸雜誌第二卷第一期。）

2 鐵道侵略的政治作用

鐵路的敷設在外表上看來是單純的，自然的，文化的企業；但是實際上鐵路事業已成為帝國主義侵略他國的工具，已成為帝國主義抑壓他國的武器。所以，在殖民地的鐵道，是帝國主義者把它的支配權伸張到窮鄉僻野去的「蜘蛛網」。在滿洲，以南滿鐵道公司為中心的鐵道侵略，更有濃厚的政治意義。南滿鐵道公司在附屬地有種種特權，如抽稅權，管理日本警察制度權，及指導外交事宜權。擁着雄厚的資本，經營種種的事業，正如曩時英國的東印度公司之於印度一樣，負有使我滿蒙「完全殖民地化」的使命，故有「滿鐵王國」之稱，絕不可僅僅看作普通的商業公司，牠是具有國策公司的特質。

日本在滿蒙的鐵道，是以南滿鐵路為幹線，吉長及吉敦，四洮及洮昂，安奉五鐵路為入吉黑及與朝鮮聯絡的主要支線，幾握住全滿蒙的交通。全長一千五百餘英里，約合中國四千五百餘里。茲分別表列于後：

| 路名 | 權利關係 | 長度（英里） |
|---|---|---|
| 南滿及安奉鐵路 | 借地自營 | 六九八•七 |
| 吉長鐵路 | 借款關係 | 七七•九 |
| 四洮鐵路 | 同上 | 二五九•五 |
| 洮昂鐵路 | 墊款承築 | 一四二•九 |
| 吉敦鐵路 | 同上 | 一二五•〇 |
| 溪城鐵路 | 合辦 | 七七•〇（未完成） |
| 天圖鐵路 | 同上 | 七七•〇（同上） |
| 金福鐵路 | 同上 | 六三•〇 |
| 總計 | | 一五一八•七 |

其中天圖與吉敦兩鐵路，為吉會線之兩端，最有政治上的意義，原來吉會路為日本經營北滿所渴望建築的鐵路，用心積慮，已非一朝，終因為中國人士的反對，計未能遂。然仍運其奸謀，威嚇利

誘，採分段築成的政策，先以開採天寶山銅礦爲名，修成天圖鐵路。（圖們江到天寶山）這便是吉會路的中段。吉會鐵路的下段，由朝鮮境內會甯到上三峯間，長二十五英里的一段，早在民國八年修成了。其上段由吉林省城到敦化間也於民國十七年通車。故事實上吉會線所未修成的，僅僅是敦化到老頭溝間，長約二百三十一里一段而已，而這一段在東北事變之初，在軍事擁護之下，強行修築，已於二十年十月六日實現了日人多年的宿望。

日人亟欲完成吉會路的用心。觀於田中義一奏章中：「且日本欲實行新大陸，不得不打破滿洲之中立地，合成戰場，故不得不盤備吉會長大兩略，以作武裝的充實，增大國防的威力」可以明瞭。因爲日本之在東北，南部已有旅順大連兩港及南滿安奉兩線，足敷軍用，惟欲進兵北部，仍取道於兩港兩線，則紆迴費時。就南北部交通樞紐之長春而言，由大坂而門司，而大連，循南滿路以達長春，海陸路程，長一千四百另七英里，需七十七小時。而且南滿鐵路的旅順大連港，畢竟是和日本本土分離，一旦有事，難免 被他國的海軍隔絕。若吉會路完成以後，由大坂而敦賀而清津，遵吉會以達長春，海陸距離，僅一千零十英里，需時五十六小時，較前可省二十一小時。將來一旦有警，日軍二晝夜間，直達吉林腹地，北上可橫斷中東路。南下可與南滿安奉會合，包圍遼吉兩省。他日日本若與蘇俄戰爭，必先佔領東北以補充戰時之食糧及原料，故吉會路對於日本的軍事上實有嚴重的意義。除了軍事方面，就是以殖民論，吉會路也有很大的價值。不僅此也，日本政府建築吉會路，還有重要目的，就想把吉林和朝鮮打成一片，就可利用朝鮮和吉林間的交通，以便朝鮮人的移入滿洲。所以田中奏章上說：「且可依吉會路交通之便利，於最短期間，移民千萬人開拓水田，日本人口及食糧問題，可以解決，且可防禦中國移民之侵入。故吉會路者，與日本致富之路線，亦日本之武裝路線也。」

### 3 條約的掩護

日本對華外交向有兩句絕妙好辭：一個叫做「擁護既得權益」，一個叫做「保持既成事實」。後者每由於蠻強的武力，或狡黠的陰謀來造成，前者則威脅着中國的當局訂爲不平等條約，把非法攫得的利益，加上一層合法的保障。

甲午中日之戰，締結馬關條約，日本一面迫我承認朝鮮自主，以作他西部的屏障；一面又迫我割讓遼東半島，以作他侵略滿蒙的根據。這個條約，是日本蓄意侵略滿蒙的起點。由此以後，日本又不斷地逼迫中國訂立了許多關於滿蒙的條約，就是以後日人口口聲聲所謂滿蒙特殊權利的條約上根據。茲參照楊格 C. Walter Youngs的「標準著作」Japanese Special Position in Manchuria 日本朝仰子著滿蒙特權一文，擇要列表如下：

| 條約名稱 | 締約年度 | 內容大要 |
| --- | --- | --- |
| 中日滿洲善後協約 | 一九〇五年十二月二十二日（光緒三十一年） | 日本迫我承認其繼承俄國在東三省的一切權利。其主要者如關東州租借地中立地帶南滿鐵道沿線附屬地權，南滿鐵道權，一平方粁十五名之駐兵權，撫順煙台二炭鑛之採掘權，及南滿安奉沿線鑛山之合辦權等。 |
| 中日新奉吉長鐵道協約 | 一九〇七年四月十五日（光緒三十三年） | 承認借款建築新奉吉長兩線路及其他滿洲問題。 |
| 東京條約 | 一九〇八年（光緒三十四年） | 前後凡三次，關于鴨綠江森林及南滿鐵道電話問題。 |
| 間島協約 | 一九〇九年九月四日（宣統元年） | 吉會鐵道借款敷設權，間島域內之鮮人雜居及保護權。 |
| 奉天條約 | 一九〇九年 | 改築安奉路軌歸日管理 |
| 北京條約 | 一九〇九年 | 鐵路礦產問題 |
| 中日協定 | 一九一三年（民國二年） | 承認日本有滿蒙五鐵道之借款及投資優先權 |
| 中日協約 | 一九一五年（民國四年） | 二十一條至今中國人民未予承認 |

以上諸約，要以一九一五年提出的中日協約二十一條最為無理。牠不僅侵略滿蒙，且遍及於山東福建諸省，該約中第二項關於滿蒙特殊利權之重要者，如次：

一、旅大租借期限及南滿鐵道與安奉鐵道期限，均延長至九十九年；

二、在南滿洲，建築各種工業用之工廠及經營農業必要用之土地商租權；

三、日本人民南滿洲有居住，往來及各種營業之自由；

四、日本人民在滿蒙間經營農業，附屬工業，得與中國人民合辦；

五、關于吉會鐵道之諸協約及協定，中國政府應以從來與各國所締結之鐵路借款契約內的規定為標準，根本改正；

六、鑛山開採之權利。

此外還有各種優先權，如：（一）關于鐵道借款之優先權；（二）關于招聘政治，財政，軍事及警察等顧問之優先權，均甚重要。

以上諸約，大都為片面的，強迫的，尤以二十一條為特甚。日本人侵略滿蒙，如上所述，早具決心，訂立條約，不過是更圖有所藉口以遮掩外人耳目耳。即使中國過去軍閥不和牠訂立條約，牠遲早也必要取斷然的取置。不過倘使可能，自然牠更想利用「條約政策」來確定他的姦贓利權，這便是日本隨時要脅迫中國訂立許多條約的用心。

4.武力的鎮壓

到了條約政策不能稱手的時候，日本的所謂斷然處置，便即發動為「武力政策」。細野繁勝在滿蒙與實力裏露骨地講「對支那問題的解決須用實力威力膺懲支那，和他算賬，不可躊躇，要下最後的決心。」這可算是日本蠻橫的代表言論，而「九一八」事變的發生，便是日本武力政策的事實表演。

日本現駐東北的軍隊，改稱為「駐屯軍」，有第二師團，第四師團，第六師團，第八師團，第九師團，第十師團，第十四師團等。總數有十萬以上。新近又由內地增派第十六師團來長城線上參加作戰。這些軍隊以空軍為佐，大砲炸彈為利器，不斷的前進騷擾。除海陸空軍外，尚有日本警察，因其在華日久，情形熟悉，壓迫我同胞，更為兇辣。在東北日警不下二萬餘人，多兇殘暴戾，人民畏之如蛇蝎，呼為「黑帽子」，實在是日本殺戮吾國同胞的劊子手。

日本在東三省軍事上的最高統率機關，為關東軍司令部。其司令官，以陸軍大將或中將任之，直隸于天皇。關于軍政受日本陸軍大臣的命令；關于作戰及動員計劃承受日本參謀總長的命令；關于教育承受教育總監的命令。關東司令部內又分設參謀部，副官部，兵器部，經理部，軍醫部，獸醫部，法務部等。此關東司令部，即好像朝鮮或台灣的總督府。

由此可以推想日本認侵略中國之有永久性，而于東北之占領，更無容說，把有悠久深遠的野心。

## 四 侵略東北的政治組織

### 1.殖民地的統治與溫室資本主義

資本帝國主義的征服他國，誠然有異于古代封建國家的征服他國。前者的目的並不着重于政治而在于經濟的榨取。但是為達到逐漸消除殖民地的民族性與生存力的企圖，以及鞏固市場的獨佔起見，政治勢力依然是不容輕棄。尤其是日本自從明治維新，產業革命開始，一踏上資本主義途徑的時候，便帶有帝國主義的意味，入于好戰的政治期。由于歷次戰爭之後獲得了的市場和原料場，因為經濟技術上的後進，更不能不用政治的力量來看守。這就是日本資本主義所稱的「溫室資本主義」，即由戰爭得來的勢力，需要着政治上的壁壘來保障其不致外散。

宗主國統治殖民地的政治組織和形式，依各地社會構成的不同而互殊，不過分別起來大概不出三種：第一是在宗主國的殖民地統治機關；第二是在殖民地的統治機關；第三是殖民公司。現在可以分別來說。

### 2.拓務省與關東廳

殖民地的最高統治權，概屬于宗主國，在日本則有拓務省以專其事。拓務省設于昭和五年六月十日，其職權如下：

(一)拓務省管轄現在之朝鮮，台灣，關東廳，樺太，南洋，並監督南滿鐵路，東方拓殖會社；

(二)拓務大臣與殖民地總督及長官之關係，與從前總理大臣與殖民地總督及長官之關係相同；

(三)拓務大臣關于殖民事務，對于領事得指揮命令之。

在拓務省設立之前，田中義一曾作如下之說明：——

「我國之對滿蒙，此後必須變更其主義，以期勇往邁進。是故施政中心，必須集中于東京。第一可以保守其秘密；第二可杜絕中國政府探探我國之進行；第三可避事前被各國疑視；第四可以使滿蒙四頭政治統一；第五可保內閣與滿蒙關係官廳之接近，及可鎔治為一爐，以便全力對付中國。因為如此種種之利害起見，宜仍照伊藤及桂太郎合併朝鮮之主旨，設立拓殖省，以專管滿蒙進取之事務，特以臺灣及朝鮮樺太等殖民地歸其掌管為名，其實務以滿蒙進取為目的。」（見田中奏章）

可見日政府欲在統一指揮之下，以合併朝鮮之手段，謀合併滿蒙的野心，而其設立拓務省之意義的重大，更為顯然。

次述在殖民地的統治機關，按日本在東三省的政治勢力，就推關東廳為大本營。關東廳管轄所謂「關東洲」地方，包括旅順大連及金州一帶。關東廳官制，由於一九一九年四月廢止原有關東都督府後另行公布，離陸軍部而獨立專掌民政。關東廳長官由日本天皇親任，職權頗重大，內部組織以民政署，內務局，財務局，警務署等為較重要，茲將其組織內容列表如左；

關東廳行政組織表

- 關東廳
  - 長官房
    - 秘書課
    - 文書課
    - 外事課
    - 審議室
  - 內務局
    - 地方課
      - 法院（高等法院地方法院）
      - 檢察局（高等法院檢察局地方法院檢察局）
      - 刑務所—刑務支所
      - 遞信局
        - 郵便局
        - 電信局
        - 電話局
      - 海務局
        - 旅順支局
        - 大連檢疫所
      - 旅順醫院，療病院，婦人醫院，救療所
      - 臨時土地調查部
      - 觀測所—支所
    - 學務課
      - 工科大學（設旅順）
      - 小學校公學校及中學校
      - 高等女學校
      - 師範學堂（旅順）
      - 商業學堂（大連）
      - 農業學堂（金州）
      - 博物館（大連）
      - 體育研究所
    - 殖產課
      - 農業試驗場
      - 蠶業試驗場
      - 水產試驗場
      - 取引所
      - 金州種畜場
    - 土木課
  - 民政署（設大連及旅順）—支署（設金州）—出張所（設於金州之普蘭店及貔子窩）
  - 警務局
    - 警察署
    - 警務課
    - 保安課
    - 衛生課
    - 警察官練習所
  - 財政局
    - 經理課
    - 財務課
  - 專賣局（專賣鴉片嗎啡）

3. 南滿鐵道會社

輔佐着在國內的拓殖省和在東三省的關東廳，日本更抄襲了過去葡萄牙和英國的故技，利用着殖民公司，以營業爲名混淆世界之耳目，而作實際的經濟政治侵略。日本經營滿蒙三十年，負着拓殖使命者便是東方拓殖會社和南滿鐵道會社。前者因全力開拓朝鮮之故，對滿蒙不能全力積極對付；後者在上節已略示其意義，茲再從其組織上加以考察。

南滿鐵道會社的業務組織分爲總務部，計劃部，交涉部，經理部，鐵道部，炭礦部，製鐵部，販賣部，殖產部，地方部，工事部，及用度部等十二部，就中以地方部握有政治的大權，管理着鐵道附屬地的土木，教育，衛生，及其他公共設施，幷得課任留民賦稅。明治年間，制定了附屬地居住者規約，表明經營地方事業的旨趣，使在附屬地居民都承認服從所頒布的法則。廢除居留民會，而在瓦房店，大石橋，遼甯，瀋陽，鐵嶺，公主嶺，及長春等處，設立公司的分店，處理各該地方所經營的事務。到了大正四年十二月，改稱爲地方事務所以後，又增設十餘處之多，勢力深入各地。

公司所經營的地方事業，如土地及建築物之經營，市街之經營；衛生事業，教育機關，如學校，圖書館等；警備方面如消防所等；農工商各項產業之保護與助長；殖產工業及衛生方面的試驗機關；地質調查所，滿蒙資源館等等，其他受其支配指揮的公司有五十多個。（其中如東亞勸業公司，於此次大規模移民擔任着主要的任務。）可見其規模的宏大和使命的重要。

4. 四頭政治之統一

日本在滿洲的統治，向有四頭政治之稱。四頭政治者，即南滿鐵路會社，關東廳長官，總領事及關東軍司令官是也。前二者已見上述。總領事係受外務大臣指揮，保護僑民，指導獎勵滿鐵移民事務，並有領事裁判權，與關東廳外事課同爲外交行政機關。關東軍司令官，則是此次九一八事變禍首，權力最高，直屬於日皇，爲日本在滿軍事最高機關。以上四種機關的相互關係，領事兼關東廳事務官，關東長官有滿蒙業務監督權。關東長官受外務拓殖兩大臣之監督，作間接之連絡。凡屬對外事務，關東廳外事課可以出頭。領事可以露面，滿鐵會社也可以出來說話，軍部更設有特務機關，專辦各種軍事上的交涉。所以日人每譏誚爲多元機關之二重三重外交，即田中義一亦深病其運用之不能敏捷，他說：

「更就自國之內情而論，我南滿鐵道之事業進行，在滿蒙有關東軍司令官，大連長官（按即指關東廳長官）總領事等，爲四頭政治。必須在大連事先互相交換意見，往往事竟不能機密，而被東三省爲政者（按指中國當局）所知，從而極力防遏我南滿鐵道公司之進步。」

「凡在滿蒙欲進行事，必須於大連經過數十次之調查及會議，得滿蒙四頭政府之同意，方可見諸實行，且須得內閣之議決，方可生其效力。……故往往事尚未實行之前，已被中國所知，騰入世界之耳。以各國輿論制我，我國對滿蒙之施設上受知

此之苦者，一而再再而三矣。」（均見奏章）

由此可見日人之想統一這四頭政治，已非一日。東北暴行擴大以後，四頭政治之統一，更為急要。關於此案，外務省，陸軍省，拓務省均有意見提出，茲擇要介紹於次：

（一）外務省案　（1）為欲統一滿洲四頭政治，新設滿洲都督施行滿洲都督制度。（2）滿洲都督直接隸屬於內閣總理大臣之下。（3）關東軍司令官仍存置之。（4）滿洲都督暫時由關東軍司令官兼任。（5）置親任文官之政務總監，輔助都督執行政務（6）滿洲都督府內分置政務，財政，交通，土木，教育等現時所需之部份，分掌滿鐵附屬地及租借地之領事事務，財政事務，土木事務，教育事務等。（7）廢除關東廳士官，新設與縣知事同級之關東州長官，受都督管轄，掌管關東州之行政。（8）奉天總領事由政務總監，或政務局長兼任之。（9）由滿鐵公司抽出附屬地之行政權，南滿洲鐵道公司即改為官民合辦之商務公司。

（二）陸軍省案　（1）新設統一在滿洲之日本的一切行政機關，其長官因為有對滿洲國及其他之對外關係，由陸軍大將從關東軍司令官兼任關東廳長官，從來歸南滿鐵道總裁管轄之附屬地行政權，改交關東廳統轄，軍司令官同時又是關東廳長官，掌有軍政全權。（2）推廣關東軍特務部為政務部，辦理關東廳及滿鐵附屬地之行政，統轄在滿領事，及滿蒙與關東州之一切行政施設。（3）軍司令由大將任之，政務部長須任有聲望之政治家，佐以陸軍中將之參謀長。（4）滿鐵為將其附屬地內之土木教育行政諸權，移交司令官所兼之關東廳長官辦理，而純為營利公司，所以從來均任大臣等級之大人物任總裁，將來為隸屬在軍司令官之下，以事務官級人物任總裁已足。

（三）拓務省案　（1）為欲統一在滿日本各機關之權限，及與滿洲國之交涉上之需要，新設一機關。（2）新機關之任用資格不加限制，但任武官時，可兼任關東軍司令官。（3）長官須受拓務大臣監督，滿外事項須受外務大臣監督。（4）新機關內置親任文官輔助政務。（5）裁廢東關廳。（6）滿鐵附屬地行政權歸屬於新機關，（7）現在之關東廳民政署警務署及滿鐵地方辦事處或廢止或合併，改為新機關之民政署及警察署。（8）駐滿蒙各地之領事官改為新機關之職員，受長官指揮及監督。

以上三案，外務省與陸軍省兩案相接近，拓務省相差較遠，但經種種討論之結果，意見已趨一致。新設行政機關名稱原定為駐滿總監府，其權限為關東州滿鐵附屬地之行政權，在滿日本權益之行使，滿鐵之監督等。其組織設武官之總監，與親任文官之副總監，下設警務，內務，外務，殖產，交通各部局，總監一職暫由關東軍司令官兼任。此為四省次官（外務，大藏，拓務，陸軍）會議之成案，提交齋藤首相審核者。但因「滿洲國」對此計劃，極表不滿；本莊繁亦以如此辦法，足令偽國失其獨立之外貌，慮有反響，故力主避名取實之法，經再四考慮，由閣議決定暫用現行政治，惟依左記之綱要，以謀其事務之統一。

（一）關東軍司令官，關東長官，及派遣滿州之特派全權大使事實上以一人充任之。

（二）關東廳長官制無特加變更，仍照現行。

（三）特派全權大使，受外務大臣之指揮監督，掌管外交事項，並與駐滿帝國領事以指揮監督。

(四)派全權大使附有隨員,現任官吏而任大使之隨員者,得以其爲額外隨員,其薪俸及額外事項另以勅令規定。

(五)關東軍特務部仍舊存在,部員綜由特派全權大使之隨員兼任。

(六)在滿領事本歸駐華公使館管轄,今後改屬特派大使。

(七)滿鐵之教育衞生土木等事項,仍照舊由滿鐵施行。滿鐵總裁須受特派大使指揮,滿鐵附屬地之行政權歸關東廳。

初次駐滿特命全權大使一職,即由武藤信義充任,同時兼關東軍司令官關東廳長官三要職,這樣避免了干預滿洲政府的痕跡,而實際統一了在東北之行政機關,以經營東三省,貫徹侵略政策的實質上的宏效。其辦法與併合朝鮮前的設置朝鮮總監,正是如出一軌,有後先輝映之妙。

## 5. 顯微鏡下的滿洲國

### 1. 產生的因緣

帝國主義之獲得殖民地照例有兩個簡單方式;第一個是先割裂了一塊土地製造起一個名義上的獨立國家,然後再徐圖其變爲自己的殖民地;第二個是先割裂了一塊土地爲自己的殖民地,然後再度時察勢,允許牠在未來獨立,以緩和殖民地人民的反抗。前期的帝國主義往往採取第二個方式。日本是後進的資本帝國主義,世界上的殖民地早已分割殆盡,所以牠只有採取第一個方式,從老大的中國邊疆上打算,處心積慮,化蠶爲蛹,化蛹爲蛾地層層進展。過去之於朝鮮是這樣,現在之於東三省還是這樣。

所以「滿洲國」之成立,決不是突然的事情,而是日本錦囊妙計中早已蓄有的陰謀。舉一個例作證:一九二六年的時候,受日本津貼,盡力爲日本人促進強硬滿蒙政策的喬治白朗生李(George B. Ree)氏在久被公認日本宣傳機關遠東時報上發表長論,詳述日本以後對滿洲的計劃,其目的在使東三省脫離中國而宣布歸日本保護,他主張;

『倘中國人堅欲提出日本在滿洲權利之爭論,日本應當贊助滿洲人在滿洲建立一政府,宣告脫離北京,然後日本與新國締結一種聯盟,於聯盟之下,日本成爲滿洲之「保護者」』

像這樣的議論,在日本各種報紙刊物上,更屢見不鮮,可見其蓄意已非一朝一夕,目前「滿洲國」的成立,只不過表示着東北已墮入了帝國主義的掌握,爲日本侵略東北的一次劃期的清算而已。

「滿洲國」的成立在日帝國主義侵略政策上,還有進一步的意義,這便是使僞國能取得了締結條約的地位與權力,把種種權益在條約的締結上,全部奉送於日本,把暴力刼掠所得的贓物上,添上了合法的保障。而且還可以如老外交家顧口九萬氏所主張的日僞締結安全保障條約,作爲對付中國及國際的根據,而使東三省在日本武力控制之下，安穩完成其侵略。卽日滿議定書第二條所謂「日本國及滿洲國確認對於締約國之一方之領土及治安之一切威脅，同時亦爲對於締約國他方之安寧及存立之威脅，相約兩國共同當防衛國家之責任。爲此所需之日本國軍駐紮於滿洲國內。」到相當的時會，還當輭騙硬脅，使以「滿洲國」的名義，效李完用之長跪二重橋畔，俯請「日滿合併」。因此種種，日本帝國主義不惜破壞了國際條約，違反了國際信義，以暴力的夜襲，以詐取的手段，在舉世齒冷，萬民痛恨，被動的不自然的狀態之下，硬亟製造出來，幷毅然悍然地予以承認。

2. 如是云云的政府組織

於此我們無妨來看一看所謂「滿洲國」，究竟是一個什麼東西。

「滿洲國」的統治，係依照其組織法及公民權利保障法。組織法規定政府機關之基本組織。該法於所謂「大同」元年（一九三二）三月九日以第一號命令公佈之。（時事月報七卷二期曾附載全文可參看）共分臨時執政參議院，立法院國務院及監察院等五章三十四條，以執政爲國家之元首，有一切行政之權及否決立法院決議之權。執政由參議府輔佐之，以備關於重要事件之諮詢。組織法之特點爲劃分統治權爲四部分，卽行政，立法，司法，監察是也。玆分別述之：

**行政之部**　行政部份之職務，由國務總理及各部總長，組織國務院於執政指揮之下執行之。國務總理監督各部事務，並以有權力之總務廳直接管轄各部機要事項，職員之任用，會計及供給事項。行政權大部集中於國務總理與執政。

**立法之部**　立法權屬於立法院，一切法律及預算案須得其核准。但立法院否決任何法案時，執政得令其再議。如仍否決，執政得於諮詢參議府後，裁決可否。

**司法之部**　司法機關包括許多法院。法院分三級：卽最高法院，高等法院及地方法院是也。

**監察之部**　監察院監察公務員之行爲，並審核政府機關之收支簿記。監察官及審計官，除受刑事或懲戒處分外，不得撤職，亦不得違反其意志停任調任或減俸。

玆再將「滿洲國」的政府組織列表如下，以明系統。

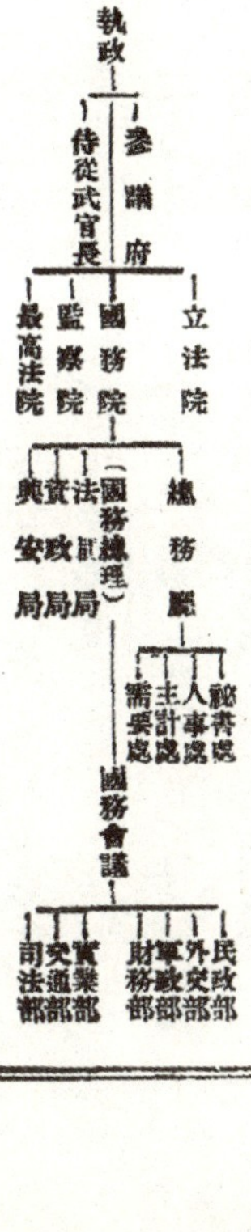


至於地方政治則以省爲行政區域，而以縣與市爲財政單位，

「滿洲國」現劃分爲五省，（卽奉天，吉林，黑龍江，熱河，興安）二特區（卽哈爾濱區及間島區）各省之行政長官爲省長，省下復分爲縣，在瀋陽，哈爾濱及長春，還有市政府。

3. 傀儡戲的前臺與後臺

所謂「滿洲國」，不消說，只供日本人作傀儡，其構成也，由於日本軍隊及文武官吏之活動，其運用也，由於日本在滿官吏及顧問的發縱指使。誠如國聯調查團報告書所謂：「該政府及行政機關，其各部名義上之長官，雖係居住滿洲之中國人，但其重要的政治行政權仍操於日本官吏及日本人顧問之手，該政府之政治的及行政的組織，不僅予此項官吏及顧問以供獻專家意見之權，抑且予以實行管理及指揮行政之機會。」（第六章第二節）事實上傀儡國家組成後，「滿洲國」的樞要地位，全是由日本官吏充任，起初名爲顧問，後卽實授爲政府官員，一如華人，雖沒有正確的統計，但其總數大概在二百左右。卽就中央機關任職者而論，實際上握有最大權力等於國務總理衙門之總務廳，卽爲日人駒井德三（因與關東軍部分贓不均被迫辭職）所控制。法制局的松木俠，資政局的笠木良明，均爲日人，所以國務院名義上雖是鄭孝胥當總理，實在的權力，卻在駒井，松木，笠木三人手中，無論大小事務，非經過駒井的簽字，是不生效力的。總務廳下，祕書處之上野巍，人事處之吉野忠雄，亦爲日人。其餘各部總務司長全是日人。民政部總務司之中野琥逸，外交部總務司之田代重德，財務部稅務司之源田松三，實業部總務司之藤山一雄，交通部總務司之藤原得治。司法部總務司之阿比留乾二，均擁有支配各部事務的實力。各司裏面重要的科股，也是由日本人當科長股長。監察院方面，總務局主任，監督局主任，審計局主任之職位，均爲日人所據。立法院祕書長亦爲日人，執政府中重要官員如內務處長，及禁衛軍司令等無不以日人充當。地方政府之各省總務廳，各縣區之自治指導委員會，亦由日人充任，其在警察廳，中央銀行者，爲數更衆。

由是可見日本人的勢力不但在背後作間接的指使并且明目張膽的進而爲直接的行動，以攫奪東北的大權，若干傀儡式的中國官吏，除了奉令簽字，斷送利權外，其他一概不得聞問。顯然地東北人民已與祖國在經濟上政治上全部分離而日本事實上已經吞併了我國的東北，就是這甘作工具傀儡的「滿洲國」，在不久的將來，也要鑽進墳墓了。

一九三三，四，十四—十八寫於南京。

# 黑白 半月刊

吳鐵城

第一卷 第二期



上海東北協會刊行

民國二十二年十一月三十日出版

# 文化侵略之日滿文化協會

日本為實行文化侵略東北，前由日政府派大批侵略博士赴東北壓迫傀儡共同組織侵略機關。當自上月十七日起連續開會三日，決將日滿文化委員會改稱日滿文化協會。已將協會草案交許偽文教部長榮偽中央銀行行長日本方面之池田金田二博士等協議決定。將來協會會長，已擬定鄭逆孝胥及服部博士二人担任。協會目前工作，為刪改清朝實錄。並由日本精神物質兩方面援助，在瀋陽建築圖書館及博物館。將來且擬整理四庫全書。據服部博士稱，日滿文化協會之工作要分三項：(一)研究所有古時之文化物並保存之，並舉辦關於可資研究東洋古時精神之各種出版事業；(二)圖書館；(三)博物館。

## 所謂日「滿」文化協會章程

一、名稱　第一條　本會定名為日「滿」文化協會。

二、目的　第二條　本會以日「滿」學界之協力保存並振興「滿洲國」之文化為目的。

三、組織　第三條　本會會員之資格規定如左：

一、「滿洲國」對于文化有研究之學者。

一、贊助本會事業之各界名士。

第四條　志願入本會者須經會員三人以上之介紹經評議會之承認。

四、職員　第五條　本會設職員如左：

總裁一人　會長一人　副會長二人　評議員若干人　理事若干人　主事二人

第六條　總裁公推「滿洲國」執政任之。

第七條　會長由日「滿」兩國評議員公推評議員中之「滿」人任之。

第八條　副會長日「滿」兩國各一人由兩國評議員分別推任之。

第九條　評議員由本會發起人就日「滿」兩國之碩學耆宿推薦經總裁之委任。

第十條　理事由評議員中兩國分別互選各以一人為常任理事。

第十一條　主事日「滿」人各一人由會長委任之。

第十二條　會長總理會務副會長補佐之。

第十三條　評議員對于本會重要事業會議決定。

第十四條　理事專任本會事業之實施。

第十五條　主事處理本會事務。

第十六條　理事之任期二年但得連任。

五、會議　第十七條　總會每年舉行一次。

第十八條　評議會及理事會由會長隨時招集之。

第十九條　本會經費由日「滿」兩國籌集之。

六、附則　第二十條　本會之事務規則另定之。

專論

# 日軍鐵蹄下之東北民生疾苦

石竹

## 一 引言

東北四省，地域遼闊，物產豐富，益以近年開發建設之一日千里，社會頗呈家給人足之象，以視內地各省之連年兵燹，水旱洊至，相去不可以道里計。故論者多謂東北．實乃天府之國，使繼長增高，假以歲月，足奠復興中國之基。乃自九一八事變發生，日軍之鐵蹄到處蹂躪，人權既橫被摧殘，生計亦慘遭壓迫，素稱繁榮之東北，頓成人間地獄。兩年來，東北民衆處于水深火熱之中，搶地捶胸，呼籲無門，所受痛苦，罄竹難書，特就其大端，略加追述，以告痌瘝在抱之內地同胞及東北同鄉，用堅同仇敵愾之心焉。

## 二 人權之橫被摧殘

日人之製造偽國也，對于一般民衆，每以剷除軍閥虐政，實行王道主義相號召。實則，日人之殘暴，爲曠古之所未有。例如：我東北民衆居處之受騷擾，言語行動之受干涉，身體生命之被殘害，財產之被侵奪，無一非地獄生活之寫照。乃日人方以此自詡，欺人乎!?欺天乎!?

（一）自由之被摧毀

（1）居處之受騷擾：　日軍每假檢視污穢爲名，黃夜赴各地商號旅館或民宅，大事搜查。遇有匪警，更不時前往農村騷擾，以致婦孺飲泣，鷄犬不寧。

（2）思想之受限制：　日軍爲防止所謂反動，竟至箝制民衆之思想，微特反日之宣傳品及三民主義等類書籍，經查獲後，必興文字之獄，卽平日懷念故國一事，苟被日軍得知，亦必不輕宥。例如：熱河省城某商號學徒年十四，頗具愛國思想，憤日寇之侵陵，居恆鬱鬱不樂。一日在櫃台抽紙大書「中華民國」四字，其下並綴以「甯爲喪家犬，不作亡國奴」二語，被日本稽查瞥見，當卽縛至日軍司令部，施以吊打，鮮血淋漓，厥狀至慘！後經各商舖長環跪乞情，始免槍斃。

（3）行動之受干涉：　日軍對於東北各地居民之出入境界，限制極嚴。凡居民之欲出境者，須先詳呈理由，並向當地官廳繳納本人全身小照兩張，附具當地店舖之連環保證，方准給予護照，限期歸境繳還。至入境時，更須驗明照片是否相符，並一再詰問出境理由，如與在出境時所塡寫者符合，方許入境，稍一錯誤，卽被指爲義勇軍偵探或華軍之便衣隊，予以格殺。倘逾期尙未返境，卽向担保店舖索人，再予以旬日或半月之期限，如逾期仍不返，除店主須受一年以上五年以下之徒刑外，同時卽將其店舖封閉，貨物充公，亦有被誣爲坐地偵探，而處以極刑者。此外對于一般路過行人，亦往往嚴加盤詰，應對少有不合，卽以反日反「滿」之罪加之。

（二）身體生命之被殘害

（1）密佈偵探無辜遭累：　日軍爲摧殘民衆起見，在東北各縣，遍設密探處，雇用漢奸充任偵探，專事刺探民衆態度。此項漢奸，均係流氓，平日率皆嗜吸鴉片白面，而苦無資，遇此意外機緣，深感洪施，故一切舉動，悉唯日人之命是聽。或化裝爲乞丐，或易服爲工人，（亦有補是警政各界者）終日巡行各地，其因咒詛日軍，反對僞國，而招殺身之禍者，不一而足。再彼等每因已往有求不應及其他舊怨，揑詞告密，亦或肆行敲詐不遂，控之日軍指爲通匪，因此而全家罹禍者，觸目皆是。

(2)實行連坐殃及池魚：日軍為防制義勇軍，又實施十戶連環保甲制度，一家人口有缺，九家收押入獄，一家全逃，槍決其餘九家家長，株開連帶受害者，不知凡幾。

(3)嚴刑拷訊犯則難免：日軍對於被控之人，不問情節，輒用嚴刑拷訊。或灌煤油，或灌涼水，或以冷水澆頭，或以滾水洗臉，亦有倒懸兩足，以辣椒灌入鼻內，甚則以豬鬃刺通陽物孔眼，逼令招認。犯者受刑不過，祇得含冤屈服。

(4)毒刑殺害慘不忍聞：日軍用刑，手段殘酷，例如：每獲義勇軍，或以五馬分屍，或吊樹梢，使心血下流而死。他如：預畜惡犬，使狂噬犯人及深夜送至偏靜之處活埋，均為數見不鮮之事。其最慘毒者為砍去犯人兩手兩足，或割去其耳鼻唇舌，或全身澆以煤油，用火焚之，犯者滾地慘呼，血肉狼藉，見者無不哀痛。

(5)藉故殘殺善良同胞：日軍對我東北民衆，疾視如仇，故藉剿匪為名，轟炸焚燬屠戮全村之事，不時發生。日軍所謂匪人停留之處，村民全被屆為土匪，往往一律擊斃，無一幸免，並喜將全村付之一炬，以滅其跡。亦或於義勇軍停留之地，調動飛機，大肆轟炸，一般鄉民、每多殃及，婦孺老幼，骨肉橫飛，號哭連天，慘不忍言！

(6)大批屠戮罪及孩童：日軍為示威計，對於所謂犯人，不問皂白，往往大批殺害。例如：哈爾濱某次曾殺三百五十餘人。此項屠戮，雖黃口稚子，亦屬不免，例如：去年八月三十日曼徹斯特導報載七月二十九日日軍屠殺華人八十餘名，內有四十三人年齡均在二十以下，由十八歲至一歲不等。

(7)虐待囚犯入獄必死：日軍對於所謂犯人，亦有不即置之死地，但一經入獄，即無生望。蓋在入獄之前，先由日軍嚴密審訊，如經認為情節重大，則打入天字監牢，其較輕者，打入地字以下如元黃宇宙洪荒各牢。監牢構造，每間闊約八尺，高僅五尺，每間容留囚徒二人，隔以木板，概無桌凳，犯人祇能朝夕直立。飲食則由小洞送入，每日兩餐，僅有黑粥兩碗，且多終日不得一粥之人。便溺亦均在此。看守日軍有時獸性大發，即以皮鞭毒打犯人，犯人躲避無方，祇得忍受，即至頭破血流，亦不得哭喊，否則，立即拖出槍斃。因此，身強力壯者，亦每瘦死，弱者更無論矣。

(三)財產之被侵奪

白僞國成立後，鮮農之移往東北者，日漸加多，倚勢橫行，到處侵奪耕地及農具，日軍復加以庇護，初尚每畝發給不足十數元之價款，後竟驅逐住戶，强行霸佔，稍有反抗，即遭毆殺，因此飲泣吞聲，敢怒而不敢言。此外日軍及浪人漢奸輩，意圖敲詐，往往指良爲匪，或竟目爲舊日軍閥官僚，緊獄槍斃，沒收其財產，因此傾家敗產者，不一而足。

## 三　生計之慘遭壓迫

日人爲掩飾其侵略之罪惡，曾一再揚言於世，謂『僞滿洲』已形成樂土，在新國家之治下，人民皆得安居樂業。其實大謬大然。謂予不信，請讀下文。

### （一）農村破產及農民之苦痛

東北農村因受治安破壞土匪騷擾之故，早已疲敝萬端，乃日軍爲防範義勇軍，又規定在鐵路或汽車路綫五百米以內，不許種植高粱，違則以貽誤戎機論罪。東北地畝就土壤之性質言，本有祇能蕃殖高粱者，有此限制，不啻逼令耕地荒蕪。尤有甚者，每值秋收，日人故意壓低糧行，以便收買，即對於主要農產，如大豆高粱小麥等，實行統制貿易，於農村收成，需款孔急之際，禁止出口，于是糧行逐漸低落，乃以紙幣大批收買，輸出以博鉅利。農民辛苦一年，滿望糧行可觀，庶于納租完稅以外，得維溫飽，受此打擊，無不賠累，殷實之戶，亦告破產。例如：大豆高粱，爲東北之特產，去年市價，異常低賤，大豆不及生產成本，高粱僅爲往年市價四分之一，農民胼手裂足，結果如此，無不叫苦連天，種地既已無利可圖，于是有地者，自種無力，出租乏主；無地者，欲租無款，糊口乏術；地畝遂多荒廢，農民愈感痛苦。間有欲將地產售出，地價低落三分之一，猶無買主。而生活所需，毫未減低，故農民不得不在飲泣之中度日，亦可憐矣！

### （二）市場凋弊及工商之賠累

農村衰頹，當然影響市場，使與農村同歸於盡。東北商業，據傳，除烟娼外，無不賠累。例如：經營出口之商號，因日人壟斷對外貿易，早已無法維持，販賣國貨之補店，以內地貨物，輸入東北，關稅已加三分之一之故，亦多相繼倒閉。其他各項商號，則因民衆購買力減低，大形蝕本，以瀋陽論，據僞市府統計，全市華商，自事變後，停業者，計一千七百二十餘家。其餘亦多門可羅雀，由三五店夥支撐門面；蓋因日軍每天派員游行市街，强迫商店關門，違則處以嚴刑，不得不忍痛受賠也。至于工業，日人摧殘，尤爲加勁；稅捐提高以外，又實行土產專賣制度，凡國人自資製造之棉紗布疋火柴，須以低價售與日人，然後重價售出。加以日貨輸入，減輕關稅，故價格奇廉。東北工業，本極幼稚，經此摧殘，倒閉賠累，自所難免。例如：瀋陽全市，華商工廠七十餘家，除五家尚能維持原狀外，其餘均已破產，或讓與日人。

(三)勞工所受之限制

二十年來，日人移民東北成績惡劣，實緣我國民衆勤苦耐勞，遠非日人所及，故日本勞工，在東北不能立足。九一八事變後，爲圖移民成功，乃有禁止我國內地勞工前往東北之舉。厥後，工人缺乏，工資高漲，各種企業，大受影響，不得已廢止禁例。乃去歲，日人異想天開，希圖以最低之工資，得最大勞動力之供給，由滿鐵會社經濟調査會，關東廳及僞國會議擬定勞動統制方案，設一獨占式之苦力公司，定名「滿洲勞工局」，管理一切勞動之供給。其統制辦法：(一)調査全「滿」苦力人數，實行登記；(二)對於苦力，由勞工局發給證書，證書中記明苦力之能力及履歷；(三)雇用苦力，須得勞工局之許可；(四)由勞工局制定苦力工資，分三級，第一級上等苦力，每小時二角，二級一角半，三級一角；(五)勞工局視全滿勞動需要，在外招收苦力供給之，如有過剩，則禁止輸入。東北勞工工資，本極低劣，又受此項剝削限制，勞苦大衆，無噍類矣！

(四)其他之榨取及剝削

日人對於我東北農工商業，肆意摧殘，以爲未足，更實行其他剝削策略，大別可分兩種：一爲直接剝削，卽加增稅捐，已實行者，爲住房捐牲畜捐，住屋每間每月六元，牲畜每月一元，兩計月可收入三百萬元，至變相稅額，如自衞團電話修路負担，及徵發民夫車馬花銷，每田地每年亦須耗費十數元；在計劃中者，花樣繁多，人頭捐及婚姻捐，不日卽將實行。二爲間接剝削，卽假仁政王道之名，於鄉村實行春耕貸款，在城市廣設質商當舖。前者，發照貸款，每田(十畝)地照，准借僞幣十元，月息八厘，以六個月爲限，必須本利交齊，否則，按照沒收，條件之苛，莫與倫比，一般鄉民，迫于飢寒，借貸無門，相率人彀，言之痛心；後者，日人乘我工商凋弊，經濟恐慌，在各縣市廣設當舖，利息奇高，期限絕短，敲骨吸髓，莫此爲甚，不禁爲我東北同胞痛哭也。

## 三 結語

日人之侵我東北，所覬覦者，我之土地，所羨慕者，我之物產，至于民衆，直惟恐其不速行絕滅。是以，對於農村，則設法使之破產；對於工商，則用計賜之倒閉，俾移民順利日貨暢銷；對於民衆之自由身體生命財產，則摧殘壓迫無所不至！惟以音聞隔絕，致日人之暴行，東北民生之疾苦、內地無從得知。內地之同胞乎！君等固享優裕生活，其知東北同胞之困苦艱苦乎!?流亡內地之東北同鄉乎！君等固免日人欺凌，其知君等之父母兄弟親戚故舊，在日軍鐵蹄之下利刃之前，度其非人生活，終年以淚洗面乎!?

# 黑白 半月刊

吳鐵城

第一卷 第六期

東北協會成立週年紀念號




上海東北協會刊行

民國二十三年一月三十日出版

傀儡在汽車中由日軍監護赴天壇郊祭時在僞府門前所攝↓

上圖爲羣奸擁傀儡赴天壇郊祭之狀皂隸補褂劊御號呼並者叩頭如搗蒜舉世觀爲奇聞↑

日人一手導演之傀儡僭位劇業於本月一日在僞都長春正式登台除主角傀儡溥儀按幕表演外華奸復附和於左右奇形怪狀極人間之醜態

傀儡溥儀之佯裝↑

傀儡之僞大統帥裝爲日人所製↑

# 叛逆組織及傀儡要角趣劇

## ◎日寇玩弄溥儀稱帝之序幕

**設籌委會** 溥儀稱帝之說，已誌本報。現聞叛徒等對於帝制之籌備，甚形忙碌。所謂「國策委員會」已組織就緒。鄭孝胥任委員長，僞民政部長臧式毅，僞外交部長謝介石，僞軍政部長張景惠，僞財政部長熙洽，僞實業部長張燕卿，僞交通部長丁鑑修，僞司法部長馮涵清等為委員。該會內部設有典禮，法令，庶務，人事等四部。刻正積極準備，各部工作人員甚為緊張。

**三項決議** 僞籌委會，對於帝制方針，已有如下之決議：「「滿洲國」建國之理想與事實，當使之儼然永存，關於重大國策之實施，亦當體其所理想順天安民之旨而行之；從而第一宜始終尊重「滿洲國」建國宣言，而作為遂行政治經濟國策之基調。第二宜不變更現時之國旗國都及軍號；第三關於隨實施重大國策而生之政府組織，與其他關係省法令之修改，宜止於最少限度。」

**國策內容** 籌委會組成伊始，即進行所謂重大「國策」之議定。茲聞該項「國策」，已於一月十六日決定，其內容如下：（一）三月一日在執政府行莊嚴之儀式，並設天壇，舉行祭典，更由溥儀親受傳國之典禮。（二）宣布重大國事文件。（三）發表振作軍事精神之文件。（四）發表大赦令。（五）發表地方賑恤令。（六）頒賜傷病兵慰問品。（七）全國舉行慶祝大會。（八）三月一日行朝見及賜餐之儀式。（九）三月五六日行郊祭（在順天廣場，行祭天神地祇之儀式）。（十）宣布其他重要政策。並頒佈憲法，改變中央政府組織及地方制度，且實施國籍法等。

**擬發宣言** 據某方消息，謂傀儡溥儀將定於二月十五日，發表基礎宣言，其狂妄措辭，約如下列：（一）辛亥遜位後，中華民國已成立二十三年，渠對此二十三年中之政績，表示不滿；（二）因對政績之不滿，故表示願代民國執政；（三）為於施政後，得徵求全國人民，公判其得失云。

**未決問題**　竊是叛徒稱帝之舉，實出於日方之唆使，以故叛徒等之擬議，往往為日人所繩制。關於帝號一項，鄭逆孝胥等主張仍恢復大清帝國，故有如上述宣言之口吻，但日方則急力主張稱用「滿蒙帝國」。兩方爭執甚烈，將來如何解決，尚不可知。於國都一項，偽方主張仍在長春，故有如上述偽籌委會之決議，但日方計使遷往熱河之承德，亦有極積的擬議。關於年號一項，聞已擬定廢除原有「大同」年號，而另以新年號代之，但其新年號為何（傳有謂宣和者亦有謂後大同者），則尚未得確實消息。至關於國旗一項，原有之五色國旗，因使五族（白滿蒙漢）協和之表徵(?)，決仍保留云。

**行政區劃**　據東北通訊：偽儡溥儀恢復帝制後，決聽從日人計劃，廢除行省制，以縣為單位，直隸於偽廷。縣長則一律改稱知縣。但於省制廢除後之過渡期間，將暫恢復道制，每道設道伊或知道。現又欲確定行政單位：擬將營口、安東、瀋陽、錦州、承德、赤峯、延吉、山城鎮、長春、吉林、哈爾濱、齊齊哈爾、波格拉尼茶、北安鎮、大黑河、佳木斯定為十六行政單位，此外再加「興安省」之四單位，共為二十二行政單位。至其名稱或稱府或稱道，仍未決定。

**上書勸進**　鄭逆等一方行進籌事宜，一方又偽造民意，謂「滿洲」人民對稱帝之舉，咸加擁戴。一月十三日早九時，鄭逆親赴執政府，謁見溥儀，並呈遞奉、吉、黑、熱及興安各省省長並特別市長所傳達之國民請願書及建議書兩種。十五日鄭逆又率領全體偽閣員，上勸進表。

**採用蘭章**　叛徒因覩帝制之夢，即將成為事實，於是為日人所慫恿，又指定蘭花為所用之紋章。日人治四關於蘭章之解釋，有如下列之談話：『新制定執政所用之紋章，誠屬可賀之事。按在亞洲大陸，昔時殊無所謂宇紋之紋章，中國亦然。不過據三禮圖說所載，在周之時代，其政府官吏，多於盛裝之際，應其格式而用種種紋章及襟章。蘭花為中國所尊重之清香高雅之花，如蘭譜之言，即含有作協親密的交際之意。故其用蘭花章，常用意在使日「滿」兩國結永久的和平也(?)。』

**詔選宮侍**　叛逆溥儀登基在即，目覩一般舊太監年紀過高，對於宮內侍務雖甚明瞭，但作事未免遲頓；內詔告溥偉，速於最期間內，挑選具有中等學識，眉清目秀白面書生二十人，施以宮刑(一)，交舊日前清宮奏事處總管徐太監負責訓練，聽候調用；並限於旗族中選擇家道清白，俊俏閨秀若干人，由內廷大臣威式教派人檢查是否處女，年歲是否相當，其檢查合格者卽充宮女及使女之用云；

## ◎叛逆組織追加預算

### —為實行所謂緊急政策—

東北叛逆組織為實行維持治安開發產業及撤廢治外法權等所謂緊急政策，已於本月十二日發表。追加次列預算；

| | 單位元 |
|---|---|
| 維持治安經費 | 八、六七七、一九一 |
| 開發產業經費 | 三、〇九一、四七〇 |
| 撤廢治外法權準備經費 | 一、五七四、一一五 |
| 償債基金 | 一、四四三、六〇〇 |
| 其他緊急支出 | 三、六八八、〇六五 |
| 合計 | 一八、四七四、四四一 |

## ◎鄭逆將娶日婦

最近關東軍最高當局以為偽組織叛徒鄭有監視之必要，於是有所謂「胭脂計」之行使。凡在偽國供職之漢滿人，須娶日本女，違者以反日論。老而不死之鄭逆孝胥，近在長春附近與日女國子者，大戀其愛。該女年僅二九，貌頗可人。鄭逆對於娟娟此豸，視為尤物。且每與友人言：『日本女子之肥肉，並不細膩，實不能稱為玉骨冰肌，惟對於夫婿無論何事，均能體貼入微，雖吸烟小事，亦必隨時躬為引火，經過許久之枯寂生活，得此安慰，有如沙漠中遇甘泉云。』從可知鄭逆胸中，誠有樂不思蜀之概；誰謂日人之「胭脂計」不能大告厥功耶？

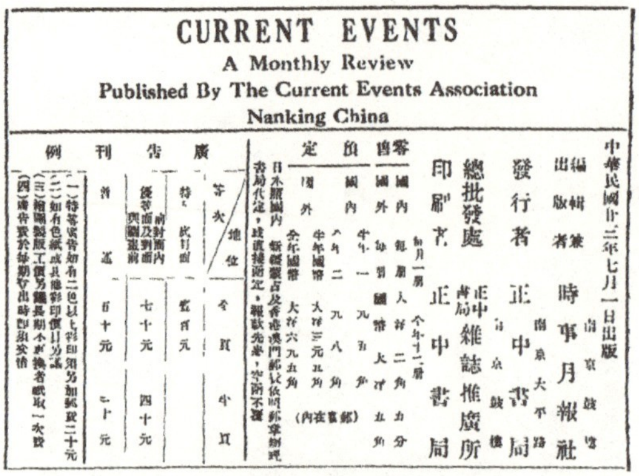

CURRENT EVENTS
A Monthly Review
Published By The Current Events Association
Nanking China

中華民國廿三年七月一日出版

編輯兼出版者 時事月報社 南京鼓樓

發行者 正中書局 南京太平路

總批發處 正中書局雜誌推廣所 南京鼓樓

印刷者 正中書局

| 零售 | | 每月一冊 全年十二冊 |
|---|---|---|
| | 國內 | 每冊大洋二角五分 |
| | 國外 | 加郵國幣大洋五角 |
| 定價 | 國內 | 半年一元五角 |
| | | 全年二元八角 |
| | 國外 | 半年國幣大洋三元五角 |
| | | 全年國幣大洋六元九五角 |

(內含郵費)

日本照國內 新疆蒙古及香港澳門郵資依照郵章辦理 書局代定,或直接函定,報款先寄,空函不覆

廣告刊例

| 地位 等次 | 全頁 | 半頁 |
|---|---|---|
| 特等 底封面 | 貳百元 | |
| 優等 前封面內面及對面與圖畫前 | 七十元 | 四十元 |
| 普通 | 五十元 | 三十元 |

(一)特等廣告如有二色以上彩印須另加紙費二十元
(二)如有色紙或具他彩印價目另議
(三)槓刷製版工價另議長期不更換者祗取一次費
(四)廣告費於每期售出時即須交清

《时事月报》杂志版权页

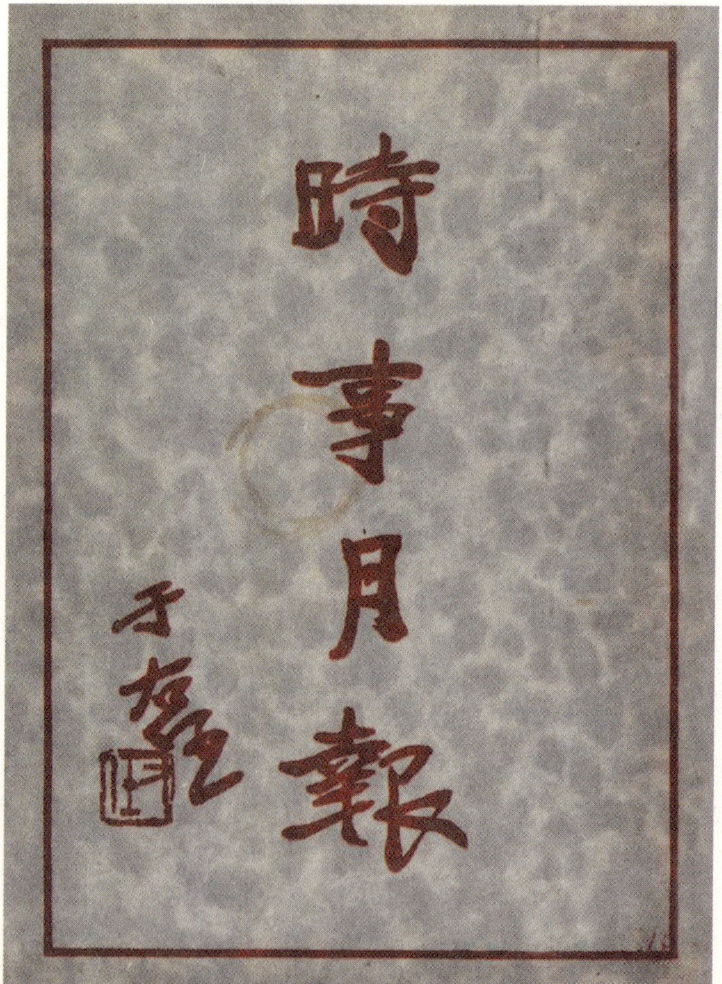


《时事月报》杂志封面

# 日本對華政策聲明之檢討

四月十七日，日本外務省突發聲明，反對列強援助中國，主張日本，因特殊地位，有單獨維持東亞和平及秩序之使命。此種狂妄主張，其侵犯我國主權，蔑棄國際信義，較之以武力佔據我東四省實有過之，而無不及。譬東省之攫取，我國僅損失一部領土，而此次之非法聲明則欲將我全部主權攫之以去；領土的部份喪失尚無損於一國之獨立性，而主權之被人操縱，則直寘我國於被保護國之林矣。日人之蓄意侵略固不自今日始，其所謂在東亞有特別之地位與使命者，在國際上固已屢發狂論。惟此次之聲明適當偽組織改制之後，及國聯正進行對華技術合作之際，實足爲日人將進一步的侵略我國之表徵。本報爲使國人明瞭此舉之重大影響起見，茲特就該聲明之各方面澈底加以檢討。其詳細標題爲：

(一)日本對華政策聲明之由來；　(二)日本對華外交之演化與「四一七」聲明之背景；

(三)日本對華政策聲明之內容；　(四)日本聲明書的法律觀；

(五)日本對華政策聲明之國際反響；　(六)政府當局應付日方聲明之經過。

執筆之人，除本報編輯外，均係對於日本國情素有研究，及在外交界有重要職任者。以學術上之專長，及職務上之經驗，其所論述自有權威，用贅數語，以介紹於讀者。（編者）

## 日本對華政策聲明之由來

龔德柏

四月十七日日本外務省發言人非正式聲明，日本反對各國對中國之任何援助。儼然視中國爲其保護國，因此惹起世界絕大之反響，雖此種聲明係根據其併吞中國政策而來，然何以不先不後於此時發出，則殊值得吾人之研究也，茲述其各種原因

於左：

日本根本政策在收中國入其版圖，此爲世人所共知，然爲達到此種目的，必須選擇時機，逐漸進行各種步驟。如歐戰起後，列強忙於戰事，不暇東顧，日本則乘機提出二十一條要求，除將東三省與山東囊括而去外，對於中國全部則欲獲得獨佔權，如第五項要求中：

一、中國須聘用有力之日本人充政治財政軍事等顧問；

二、中日合辦警察，或在必要，地方之警察官署，聘用多數日本人；

三、中國須由日本採辦半數以上之軍械，或在中國設立中日合辦之軍械廠，聘用日本技師，並採買日本材料。

以上諸條，將中國政治財政軍事警察諸種主權剝奪而去，此等主權如被人剝奪，則中國已爲日本之保護國矣。惟此項要求，中國抗爭既烈，而日本國內亦不少反對者，故於五月七日發最後通牒時，將該項暫行保留，然絕非根本放棄，自不待言。其後雖未公開提出，然至民國七年，美國亦參加戰爭，日本對中國施行壓迫愈無顧忌，故段祺瑞政府，向日本借款，組織參戰軍，聘請多數日本軍官爲教練官，而其軍械亦全數購自日本，是二十一條中之第五項已實行一部分矣。其後歐戰結束，吳佩孚起兵討段，參戰軍全部瓦解，而日本之權利亦根本消滅。當時各國已棄戰言和，日本在東亞不敢一味橫行，而獨霸中國之野心，遂不能不稍戢也。

自民國二十年經濟風潮起後，歐美列強皆被捲入，日本知各國無暇東顧，故強奪我東北四省，然尚畏各國之出而干涉，故不敢爲一氣之併吞。然日本進一步，各國則退一步，日本知各國無能爲役，故敢大胆爲反對各國對華援助之聲明。其根本原因雖爲各國不暇東顧，而詳細分析之，則有左列數種：

一、日本國內野心家之鼓吹

併吞中國雖爲日本之根本政策，然每當行一步驟之前，必有一部分野心家拚命鼓吹，然後方從事實行，如二十一條及九一八之前無不如此，此次亦不能例外。當去年塘沽協定簽字後，其一班野心家，見各國毫無動作，於是食指大動，至去年秋間，即公開主張日本宜乘此機會將全中國併吞。尤以『大亞細亞協會』主張最力。該會係在軍閥指導下所組織，而參加者則有浪人資本家政客，凡抱野心者無不應有盡有，可謂集日本野心家之大成，故其主張可以代表侵略派。然彼輩雖如此主張，而政府尚多所顧慮，直至四月，因下述各種原因之齊滙，始有十七日之發明。

二、美國對日感情良化及大艦隊之東航

美國自九一八後，對日感情日趨惡化，其所以不開戰者，係因經濟危機未緩和，及其他各種原因所致。自羅斯福就任後，以全力從事經濟之恢復，對日本之橫行愈持觀望政策，適會日本『焦土外相』內田康哉去職，廣田弘毅繼之，對美實行懷柔政策，力避挑撥美國感情之行動，故美國對日輿論亦漸趨冷靜。至本年二月，廣田復致美國國務總理赫爾一私函，表示日本並無侵略任何國家之意，而赫爾亦於三月二日覆函應酬，兩國同時並將該來往函發表，於是日美間之空氣大爲和緩。同時美國大艦隊，根據其去年之聲明，於四月一日由太平洋根據地，向大西洋航行，至少足以證明美國在目前無與日本開戰之意。日本以爲機不可失，遂於四月十七日發表其獨霸中國之聲明矣。

三、歐洲裁軍會議之危機

歐洲各國自經濟風潮發生以來，以全力從事救濟，尚感不足，何來餘力以對付日本。現在經濟狀況雖未更見惡化，然亦未見改善。加以歐洲安危所關之裁軍會議，在四月上旬已極絕境，全歐政治家正爲此事憂慮，恐因裁軍會議之破裂而惹起戰爭，則歐洲大陸將紛亂如麻，與東亞有重大利害關係之英國，還無即時捲入漩渦之危險，然影響所及，亦不能謂爲絕對不致捲入，其對日本自不願以實力干涉，致陷於進退維谷之地位。美國旣不願實力干涉，其他若意若法，皆以歐洲利害爲重，自亦不願干涉。在日本可稱絕好機會，故有四月十七日獨霸中國之聲明。

四、俄國對日態度亦趨緩和

俄國自九一八後，備受日本之凌辱，惟因防禦工作尚未成功，故不惜委曲求全，以開中東路買賣會議，對日虛與委蛇，然至去年十月俄國防禦工程大致就緒，軍隊亦較前增加，而日本強奪中東路之陰謀，適爲俄國發現，於是俄國一改從來之態度，對日表示決不退讓。日本見俄國之前恭後踞，亦知其有恃無恐，故強奪中東路之陰謀因之無形打銷。其後幾經廣田外相之疏解，俄國對日態度亦漸趨緩和。蓋俄國方從事於內部之建設，只須日本不積極進攻，固不願與日本兵戎相見。直至本年四月，復承認再開中東路買賣會議，於此可證俄國在目前實無積極向日本進攻之意。日本認爲絕好機會，而有四月十七日之聲明。

五、中國本身亦忙於剿匪

與東亞有密切利害關係之英美俄諸國旣有種種原因不能干涉日本，而中國本身亦無暇反抗，卽中國所有國防軍隊，現正從事於剿匪，而贛閩之剿匪軍事，又正在合圍，着着進展，在最近將來，頗有全部肅清之可能，其實中國非肅清土匪，對於外來之侵略，實不能舉全力抵抗，當此剿匪將收全功之重要關頭，固不能抽出重兵與日本兵戎相見。卽令分兵與日本相遇旋，不特不能制日本之死命，而剿匪之功將虧於一簣，此日本所馨香禱祝者也。故爲使中國剿匪失敗起見，實有激怒中國使之與日本兵戎相見之必要，而四月十七日之聲明，實爲其適當之手段也。

以上所舉五種爲日本此次聲明獨霸中國之主要原因，而促成之者，則又有左之三種：

一、國聯顧問拉西曼之返歐；

二、美國羅傑士教授之來華調查銀價；

三、宋子文孔祥熙之組織銀公司。

自拉西曼來華以後，日本疑心暗鬼，總疑中國與國際間有一種建設中國之重要方案。若中國建設成功，將予日本侵略政策以致命的打擊，故日本極力表示反對。四月上旬拉西曼返歐，報告其在華數月間之成績，日本恐其乘此機會與各國政府接洽援助中國之實際方案，倘一成功，實於日本侵略大有妨礙，故須先發制人，此日本所以急不暇擇而有此次之聲明也。

美國與中國有重大利害關係，去年有所謂棉麥借款，使日本感受重大恐慌，適會本年四月間美國羅傑士教授來華調查銀價問題，日本恐中國與羅氏又有經濟上之接洽，勢必影響日本之侵略，故須急行發表不許各國與中國合作之聲明以阻撓之。

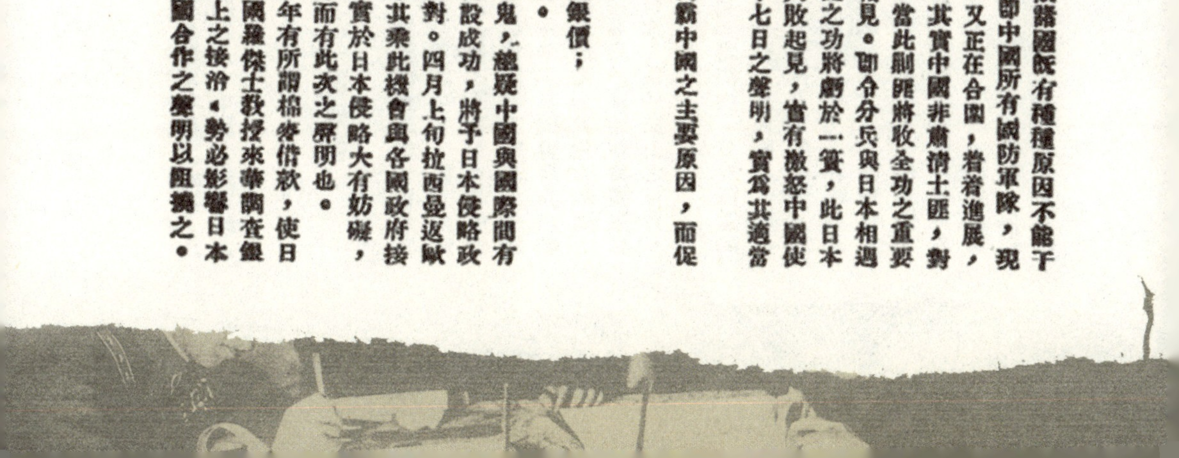

中國建設需要巨款，適會宋子文孔祥熙籌有組織銀公司之意，日本恐外人向該公司投資，以援助中國建設，則於日本侵略大有妨礙，故急發表該項聲明以阻撓之。

因有以上種種原因，在日本實有發表該項聲明之必要，故雖以廣田外相不顧挑撥感情，而仍不暇顧及。至於各國輿論之沸騰，則又出乎日本意料之外也。

# 日本對華外交之演化與「四一七」聲明之背景

高宗武

## 一

九一八事變後，「幣原外交」一蹶不振，繼「幣原外交」而起的有所謂「犬養外交」，「芳澤外交」，「內田外交」，以及今日的，「廣田外交」，尤其自內田的，「焦土外交」，一變而爲廣田的「協調外交」，在外交界中似乎好像吃了一服清涼劑一樣。換言之，高喊焦土外交的內田康哉落台之後，繼之以唱導「協調外交」的廣田弘毅，世界各國對日本的目光，於不知不覺中大爲轉移，一般人以爲日本自廣田登台後，外交方向，必將轉移，誰料廣田的烟幕作用，被日本外務省四月十七，八兩日的非正式聲明，一筆打銷了。

四月十七日日本外務省非正式聲明出現後，世界各國，紛起責難，日本外交當局雖曾強辭奪理的加以種種解釋，但終未取消，日本外務當局維持十七日聲明的內容，可想而知，而日本對華政策的本旨，亦可謂在這簡單聲明之中，暴露而無遺。本題就是檢討這聲明書出世的原由。

## 二

我們若研究日本對華政策，尤其是欲檢討四一七的日本聲明，不能不從日本對世界的政策着手。明治維新以前，日本的外交，也是頭痛醫頭，脚痛醫脚，幾無政策之可言，因爲那時候的日本在外交上處被動的地位，簡直是談不到政策。及明治維新，國權逐漸恢復以後，日本的外交政策纔確立起來。若論日本外交上一貫的傳統政策，在一九二一年英日同盟廢止以前，要算是聯英政策了。我們看大英帝國竟能拋棄其三百年間以孤立爲光榮的傳統政策，而與一人種各異的東亞新興國家相握手，日本外交政策之高人一等，與日本人在外交上之努力，不言而喻。

中日戰爭後，日本因與帝俄的利害到處衝突，曾取極端的仇俄政策，當時日本的政治家和外交家分作「親俄論者」與「親英論者」兩派，親俄論者的主張，以爲俄國在東方勢力，根深蒂固，若以強俄爲敵，驅逐其在東方固有之勢力，在事實是不可能的，所以最好與之妥協，先擁護朝鮮獨立，以待來日。親英論者的主張，以爲俄國併吞滿洲朝鮮的野心，昭然若揭，在這個時候，若與俄國親善，乃一時苟安之計，非所以維持東亞和平之道。當時日本的政治家中如伊藤博文，井上馨等是屬於前者，桂太郎，山縣有朋是屬於後者。後來伊藤內閣，以財政問題，遂至瓦解，第一次桂內閣於一九〇一年六月成立，因

桂太郎，小村壽太郎等之努力，及伊藤博文之犧牲成見，從旁救忙，日本方面多年期望的英日同盟，遂於一九〇二年一月三十日在倫敦調印，於是日本因聯英政策既告成功，仇俄政策便更變本加厲了。

一八九四年的中日戰爭，無論日本的政治家，外交家，學者，都異口同聲地說是朝鮮爭奪戰，中日戰爭後，中國在朝鮮的勢力，被日本驅逐殆盡，在當時阻礙日本併吞朝鮮者，唯有俄國，日本之仇視俄國，可想而知。英日同盟的動機，在日本方面可以說是完全對付俄國的。日本早想一鼓作氣，完成其大陸政策，當時阻礙日本推進大陸政策的，首在俄國，故日俄間之勢不兩立的情況，極爲明顯，我們看英日同盟，締結了不到兩年，日俄戰爭馬上爆發，就夠明白了。日俄戰爭在日本外交政策的意義，可以說是第二次朝鮮爭奪戰，所謂大陸政策之基礎，即建築於此。

日俄戰後，日本得到意外的勝利，遂以爲俄不足畏，乃由仇俄政策，一變而爲防俄政策。此外對法對德對意因利害較淺，所謂一貫的方針，在局外者殊難揣測，其中可以看出來的，是唯依國際形勢。因時制宜，以達其外交上出奇制勝的目的，如從前桂太郎之聯德，前年芳澤謙吉之拉法，都是日本外交上之素套手段。美國呢？原來是一個自由主義的國家，他的建國基礎，完全築在「自由」「平等」兩大原則上，在日本明治維新的初期，他對日本曾表示過相當的同情，對日本取消不平等條約，首先表示贊同的就是美國，所以日美關係在初期的時候，並沒有十分衝突的地方，後來因爲海約翰的「門戶開放」「機會均等」兩大原則和日本的大陸政策相衝突，仇美政策纔逐漸的表示出來，這是日本的外交上過去的花樣，但不論其今日「仇美」「親英」，明日「防俄」「拉法」，其政策的重心是對中國。

## 一

過去日本的外交政策既如上述，現在我們再來討究今日日本外交的方向。若論現在日本外交政策僅有兩個方向，一個是幣原外交以來傳統的「國際協調政策」，一個是「東洋獨霸政策」。我們要知道日本雖則退出國際聯盟，但對各國仍想進行其所謂「協調外交」，換言之，日本對國聯雖斷絕關係，但對各國仍想保持其協調政策，關其外交上之新路徑，這是日本退出國聯時所宣佈之所謂「個別外交政策」。

英日提攜，雖屬過去的論調，但一部份評論家中，尚有做此迷夢者。日本的親美派本來是不大聽見的，但是日本的資本家大概都希望日美關係的好轉。日法同盟論，是我們時常聽到的，因爲日法兩國在遠東沒有多大的利害衝突，日俄不侵犯條約除社會大衆黨主張之外，前僞國要人駒井德三也是竭力鼓吹的。

第二是東洋獨霸政策，日本人最近所唱帝國應生外交之基調，不外下列三種主義：（一）日本主義（二）東亞門羅主義（三）大亞細亞主義，換言之，所謂東洋政策推進的理論，不外上列幾種，我們或者可以說東洋獨霸政策是內包，列強協調政策是外延。其進行的方式，可分爲二，一則利用中日間各方關係，進行中日交涉，想在談笑之中解決中日問題，重建中日間的和平關係，第二是用武力手段出兵華北，再佔領我國領土，為其東亞門羅主義之勢力範圍，列強如出干涉，不辭一戰。

對華政策是日本外交政策的核心，這是盡人皆知的事實。就是日本人本身，也說對華政策，是日本外交政策之樞軸，換言之，對華政策是日本外交政策的根幹，對其他各國的政策是枝葉，日本外交政策之因對華政策而轉移，猶枝葉之隨根幹而轉移一樣。日本議會中最重要的問題，除了豫算案之外，要算外交問題了。我們檢閱數十年來日本外交部長在議會中的外交政策演說，可以說是百分之九十九是關對華政策的。那末對華政策在日本外交政策中所占的地位，不難想像得之。

## 四

對華外交在日本外交政策中所占的重要性，既如上述，那末我們現在先觀察九一八後日本的對華外交，然後再論十七，八兩日聲明的來由。九一八事變的發生，就是幣原外交的破綻。幣原外交之特色，在我們說起來是「對華貿易中心主義」，因為民政黨的政策，是竭力想發展日本資本主義的勢力，但日本人則稱之曰：「對華寬容主義」，在野黨的反對幣原，乃當然之事，而民政黨本黨之中，也有表示反對幣原外交的。因之從來欠缺圓滑的外務省與軍部所生的隔膜，日甚一日，換言之，幣原外交在九一八事件發生以前，已陷於孤立無援的地位。現在且把九一八後日本所取的外交手段，分述如左：

(1)幣原外交時代的「事態不擴大主義」九一八事變，或者可以說是破壞幣原外交的舉動，但當日的幣原，並不以一走了之，乃在「事態不擴大方針下，於九月二十二日閣議席上決定處置事態的方法和手段；在「中日直接交涉」「排除第三國干涉」兩大原則下，於九月二十四日發出聲明。在幣原的意思，以為這個聲明書一方可以與軍部妥協，一方可以緩和國聯的空氣，但結果適得其反，於是十月二十一日日本政府的第二次聲明書應時而出，所謂解決中日問題的基礎五大綱，也在這聲明書中提出的。但內遭軍部的反對，外不容於國聯，這牢不可拔的幣原外交，經過南陸相，金谷參謀總長，武藤教育總監三巨頭的軍人外交過程之後，再也不能延長其生命。

(2)犬養芳澤父子外交時代　若槻內閣崩壞後，犬養內閣繼之而起，犬養請他的女壻駐法大使芳澤謙吉為外務大臣，佔領錦州，轟擊上海，都是犬養芳澤父子外交時代的著名事件，東北的傀儡組織，也是這個時候製造出來的。一言以蔽之，芳澤外交對華的態度，較之幣原益趨強硬，以積極主義為標榜的政友會，其根本政策，當然比較的可以和軍部合作。

(3)內田的軍服外交　上海停戰協定簽字了沒有幾天，日本國內發生法西斯蒂運動，首相犬養被刺，政友會內閣，因之瓦解，繼之而起的就是齋藤的超然內閣。齋藤以九牛二虎之力，把南滿鐵道的總裁內田康哉拉來作外相，退出國聯，承認偽國為內田外交中數一數二的成績，其在任中，態度之強硬，似在軍部之上。

(4)廣田的協調外交　內田因態度過於強硬，內受資本家之非難，外遭列強之厭惡，結果不能不走，廣田弘毅繼之而起。廣田外交之將來，還是一個未知之數，四月十七十八兩日的宣言，就是廣田外交的產物。

## 五

原來日本外交政策的名詞，有所謂「幣原外交」，「協調外交」，「定石外交」，又有所謂「田中外交」，「自主外交」，「軍服外交」，前三者表示柔弱的外交政策，後三者表示強硬的外交政策，從來三宅坂（日本參謀本部陸軍省所在地址）的軍部是代表強硬外交，霞個關（日本外務省所在地址）的外交部是代表軟弱外交。政黨方面呢？現在如拿政友會民政黨兩大政黨來比較，原敬作首相，內田康哉作外相時的政友會是軟弱外交，當時在野的憲政會（現在的民政黨）是強硬外交，後來到憲政會上臺的時候，政友會便已猛烈的攻擊他軟弱外交，反之政友會變成強硬外交論者。總之，政府黨總是代表軟弱外交，在野黨總是代表強硬外交，這差不多是一種慣例。

九一八後的日本外交，從幣原落臺之後，經過犬養芳澤外交，日本的外交一步一步向強硬外交這條路上走，一切外交上的施政唯仰軍部的鼻息，一到內田作外相，他的強硬論調和態度，幾獨軍部而上之，勇往直前進行其東洋政策，但其結果是不滿於政黨，不滿於財閥，卒至非走不可，於是萬方多難，廣田登臺。

軍部之權，在今日的日本，是高於一切的，這是盡人皆知的事實，日本政治的中心和外交的中心，都移到三宅坂這一帶來，這也是九一八後日本人所公認的，但是日本是資本主義的國家，現軍部的意思當然高於一切，但資本家在政治上的地位，也不能一切抹殺，原來資本主義的國家，支配政治的動力是經濟，政治的機構是築在經濟的機構之上的，支配經濟者，可以說是支配政治者，這是現代資本主義國的一種特色。今日日本的軍部，是高唱打倒財閥的，軍部的理論，說現在日本一切政黨政治的罪惡，都由資本家所造成的，最後欲肅清日本政界，非打倒資本家不可。於是在日本國內起了一種財閥和軍部的鬪爭，團琢磨，井上準之助都是這鬥爭中之犧牲者。

軍部內閣一旦成立，日本資本家非至全團崩潰不可，資本家方面之所以竭其死力以謀抵抗者，乃當然之理。日本議會中的議員都是資本家的爪牙，五一五事件後兩院的議員雖則慣言慣行，不敢和軍部正面衝突，但都磨拳擦掌，恢待機而動的決心，所以兩年來的明爭暗鬪，沒有一天停止，荒木內田兩人的落臺，也可說是這鬪爭中之犧牲者。

廣田外相，林陸相，是這財閥和軍閥鬪爭過程中的出產物，日本的政局，現在正是「武力」和「金力」兩者的鬪爭中，將來日本政治的動向，必視兩者的勝負而決定，現在究竟孰勝孰敗，尚未十二分決定，但以作者在日本觀察所得，至少可說軍部的威風，比二三年前，已減却幾分了。我們看廣田外相，想以外交手段打破一九三六年的難關，就夠明白。一方調和財政，整頓國防，一方依據和平觀念，努力外交工作，這是現在日本政治過程中所產生的外交政策，也可以說是廣田外交的特色，這廣田式的和平外交，其不滿於軍部者，乃意想中事。四月十七日的聲明，也就因此而出。

## 六

廣田式的和平外交，在日本的資本家方面看來，固然相當的滿意，但在軍部看來，當然非常反對，四月十七日的聲明，大部份的意思在軍部，不待言喻。據東京傳來的消息，四月十七日的聲明，廣田自推不知，據云是外務省情報部長天羽等所爲，日本報紙，多稱之爲「天羽聲明」，我們看其以後的種種解釋，也不難推測其個中黑幕。所以這個聲明可以說是軍部外交反對財閥外交的一種具體表示，同時也可以說這就是四一七日本宣言的日本內部原因。

亞細亞是亞細亞人的亞細亞，關於亞洲的問題，除亞洲人外，任何人不得干涉，這是日本人常唱的口調，也就是大亞細亞主義，東亞門羅主義的基調，他們的東洋獨霸政策也由這種論調而來的。九一八後國聯干涉中日問題，日本因卽退出國聯，以作實行東亞獨霸政策的準備，國聯對華技術合作，與日聲之東亞獨霸政策正面衝突，故乘拉西曼報告書發表以前出此本明，一方正式表示其獨霸東亞政策之決心，一方正所以試探各國之態度，尤其在此華北外交緊張中，日本表示其強硬態度，可以藉此以迫中日外交之進行，以鞏固其東洋政策之基礎。

總而言之，四一七的聲明，日本國內的原因是軍部外交的東洋獨霸政策對財閥外交的國際協調政策的反動，國際的原因就是明白反對國聯對華技術合作，暗中希望列強默認其東洋獨霸政策。日本的東洋獨霸政策我們當然非極力反對不可，而國聯的技術合作也還是未知之數，所以我國今日外交上的出路，應根據「自力更生」原則，殺出血路，纔是對的。

二十三年五月二十二日脫稿。

# 日本對華政策聲明之內容

堅白述

四月十七日日外務省發言人所作之對華政策聲明，直視我國如其保護國，侵犯我國主權，違反條約義務，莫此爲甚。其提出此聲明之原因及其所引起之反響，與我國應付之方策，在本報中已各有專文論述，茲不復贅。惟日人提出聲明之動因，原亦欲以此試探國際之意向。故其措詞極含混，而日當局繼此所作之解釋與修正亦多前後矛盾之處。茲爲澈底明了該聲明之內容起見，特就所得消息撮要敍述，以供國人之參考。

## 日外務省第一次聲明全文

日外務省之聲明，最初係由路透社傳出概要，茲根據日報將全文譯出，如下：

『關於中國問題，日本之立場與主張，容有與列國不一致者。而日本爲達成其在東亞之使命與責任，實處於不能不盡其全力之立場。日本前此迫不得已退出國聯，卽因對於日本在東亞地位，與國聯見解不同所致。而日本對中國之態度，亦有不必與各國一致者，此由於日本在東亞之地位與使命而不得不然。日本對於各國，無時不努力於維持增進友好關係，固不待言，而日本爲維持東亞和平及秩序，以單獨責任進行之事實，日本亦認爲保當然之歸結。又單獨進行維持東亞之和平與秩序，乃日本之使命，日本對此使命，有決行之決心。然而實行此項使命，日本又不得不與中國共同分担維持東亞和平之責。中國以外更無分担責任之人。是以中國之保全統一乃至國內秩序之恢復，卽自東亞和平見地上觀之，亦日本所最切望者也。惟中國之保全，統一，及秩序之恢復，必有待於中國自身之自覺與努力，此爲已往歷史所明示，現在及將來亦復如是。從此種見地觀之，中國如果利用他國，排斥日本，或覺用違反東亞和平之手段，或用以夷制夷之對外方策，則日本不得已，惟有加以排擊；再如各國方面，苟因顧慮滿洲事變上海事變所造成之局面，而對中國欲採共同動作，則縱令其名目爲財政的援助，或技術的援助，終局在中國必然的帶政治意味。此種形勢必將進而啓劃定勢力範圍，並國際管理或瓜分之端緒。此不僅造成中國之大不幸，亦且於東亞之保全，推而至於日本本身，亦有發生重大結果之虞。是以日本在主義上，不能不對此表示反對。惟各國各別與中國在經濟上貿易上進行交涉，事實上雖爲對華援助，但在不妨礙東亞和平維持範圍以內，日本亦無對此實行干涉之必要。倘至擾亂東亞和平則不得不加反對。例如最近外國對華售賣軍用飛機，教授飛行術，派遣軍事教育顧問，軍事顧問等，或借政治借款，結局明白離間中國與日本及其他各國間之關係，並造成違反東亞和不維持之結果，日本就其立場言，不得不反對。此種方針雖爲日本向來方針之當然的演繹，然因最近外國在中國國內，共同動作，以援助一類之種種名月，積極的策動，故此時明我立場，決非徒偶也。』

### 外務省四月二十日之解釋

自日外務省發出上述聲明後，十八日晚該省發言人復對新聞記者作強硬表示，謂國際合作襄助中國，如援及和平與治安，則日本將取積極行動，如各國訴諸武力，則日本亦將以武力相周旋云云。（十九日路透電）似此無理強橫自必引起國際上之反感。我國外交當局即於十九日發表聲明（參閱本期中滄新君論文），而國際輿論亦一致抨擊日本。日外務省爲緩和國際反日空氣計，遂於二十日對十七日之宣言作如下之解釋：

『此宣言不過補充外相廣田於一月二十三日在議會所發之演說。日本不惜干涉中國獨立之意志，吾人所欲者，爲中國之統一與繁榮，蓋知日本毗連中國，設中國統一而繁榮，則日本可獲貿易增加之利益也。惟中國之統一與繁榮，必須由中國之醒悟與中國自己努力以得之，非自私之列強所可越俎代謀。要知列強或國聯運用其勢力略取中國以自利之時代，今已過去矣。日本不欲干涉列強經營貿易裨補中國應享之利益，日本且無意背離其開放門戶與均等機會政策，或侵犯現有諸條約。』（二十日路透電）

### 日駐外使領之狂囈

前項解釋純係欺人之談。同時日本駐外使領更大肆狂囈。華盛頓二十一日合衆社電，駐美日大使齋藤，於接見合衆社記者時宣稱：日本重新發表其對華政策之聲明，係由於美國對華貸與棉麥借款，及以飛機售予中國事。又稱日本之所以重新宣布對華政策者，蓋因有一種表示，棉麥借款將作政治用途，而威脅亞洲之和平也。日本爲中國之鄰國，對此特別躊躕不安。日本期望列強，審愼考慮其給予中國協助之類別。又稱日本無意關閉中國「開放的門戶」，惟一般須明瞭日本不欲中國仰賴相距遙遠的國家與以軍事協助。又日使於舉出日本所認爲遺憾之外國軍事協助的種類時，涉及中國最近航空事業之擴充，及中國購買大宗美機。日使稱『日方頗恐此項飛機，將用以反攻日本』云云。此較之日外務省發言人之所言，尤爲具體。又華盛頓二十二日電，日駐美大使齋藤，於接見「華盛頓明星報」訪員時宣稱：在華有商務利益之國家，如蔑視日本請求，於接洽各種事項獲得成議前，不先與日本磋商，則日本將視爲一種不友誼行動。並稱各國對於如何應付中國之道，並未有絲毫觀念。齋藤提及某法國銀行團，在歐洲發行中國公債事，謂「此舉予日政府以莫大煩惱」。如外國商業代表抹殺日本之請求，則其責任將由中國政府負之云云。訪員詰問齋藤，日本關於管理中國事，有否與他國合作之或能性？齋藤答稱：「在若干時以前或有可能，但自滿變後則否」。據此則不惟列強對中國之軍事協助(？)爲日人所反對，卽通常商業與金融上之合作，如不先與日方磋商亦在所不許。其所謂「外國商業代表如抹殺日本之請求，則其責任將由中國政府負之」者，顯示將對華施行直接壓迫之意，其蔑視我國之主權及國格爲何如！又據哈瓦斯社日內瓦二十二日電日本駐日內瓦總領事橫山亦對報界宣言，謂中國去完成統一之期尙遠。內亂繼續不已，而對抗之各派往往向國外借款，或要求其他經濟技術上之援助。誠恐反日份子對於日本之誠意繼續懷疑者，以種種形式，取得第三國之援助，以爲反對其政敵或鄰國之用。此於中國以及東亞之和平實爲一種潛伏之危險。因此日本外務省聲明日本有與中國同意維持東亞和平之決心，並警告中國及外國當局，使知醞釀混亂之行爲，實爲危險。日本對於開放政策，及承認中國主權之原則，絕無任何變更，有關係各國人民儘可在中國和平經商，日本所反對者僅爲外國有害之援助耳。日本無意擅將一獨立國家，置諸日本監護之下，蓋日本與此國家正欲以友誼態度分担責任，以維持世界和平云云。此與齋藤大使之言亦互相發明，而均爲四一七聲明之又一解釋。

日外務省於發出荒謬聲明之後，繼之以二十日之解釋，同時復令其駐外使領作狂妄之宣言，此顯係故佈疑陣，以覘國際之意向，爲增強此種煙幕作用計，廣田外

### 廣田外相四月二十三日之談話

相乃更於二十三日發表談話：首謂前次聲明，係以反覆闡明下列二點爲主：一、闡明日本在東亞特殊位置責任及利益，促列國再確認，二、對蔑視此種事實，離間中日，毀損東亞大局和平，如列國之對華援助，卽其結果藉對華援助之名，阻害日本政治上經濟上之利益，或威脅日本國防之安全，故帝國根據維持遠東和平之信念，不得不排擊之。乃列國及中國反誤解帝國之趣旨，甚至曲解此爲閉鎖對華門戶之聲明，舉世騷然，出於反日言動，殊不可解。外相繼又謂日本在東亞之特殊利益及對華門戶開放主義，係兩立並存，此於當時海約翰國務長官提議開放門戶，日本欣然承諾之事實，足以證明。渠確信美國及其他列國正當之輿論，必能了解此次聲明之根本趣旨云。（二十三日電通電）

此所謂日人在東亞有特殊之位置責任及利益者，在法律上毫無根據，列強何由確認？至謂列國之對華援助，其結果將藉對華援助之名，阻害日本政治上經濟上之利益，或威脅日本國防之安全，故日本不得不排擊之云云，尤爲無的放矢。中國與國聯及其他各國合作，純以技術爲限，對於日本之政治經濟利益有何威脅？且卽令中國與他國或有政治上之諒解與提携，亦爲行使我國主權之當然結果，日人固無權干涉也。日人所唱之東亞特殊利益說，原係強詞奪理不值識者一笑，故絕難與門戶開

放主義兩立並存。蓋日人在華雖有商業投資之利益，其地位亦與其他列強無殊，不能以此為干涉中國內政外交之借口，至東四省目前之反常狀態，原係日本破壞條約，侵犯我國主權之結果，其地位始終未得國際上之承認，故更不能以此為主張權利之根據也。

## 日總領事須磨對我外交部之解釋

自日方發表聲明後，我國輿論沸騰，一致反對。四月二十四日，日本駐京總領事須磨，奉日外務省訓令，謁見汪外長，向我解釋四月十七日之聲明書。略稱，（一）日本誠懇希望中國之保全統一及繁榮，對於中國之獨立或利益，絕對不予阻礙，且無加害之意，（二）外國因經濟或通商上之關係與中國交易，日本表示歡迎，日本且進而遵守關係中國之各種協定，同時希望中國誠實實行機會均等，門戶開放之主義，（三）日本對外國在華之利益，固毫無加害之意，但外國如以共同之力臨諸東亞，且取有違背東亞之秩序及和平之行動時，日本惟有極端反對。以上係負有與中國及東亞諸國共同維持東亞之和平及秩序責任之日本應取之當然態度。換言之，如列國及國聯以共管中國之態度臨於中國，惟有排除之耳云云。

## 我國外交部之第二次聲明

此為日方第一次向我國外交當局所作之解釋。二十五日外交當局與政府要人磋商結果，認為對日方之解釋有再與駁斥之必要，遂由外部發表如下之聲明：

「日方申述之各端，與日外務省十七日原聲明內容不盡相符，而日本負責當局對於原聲明雖在國內外迭為種種解釋，或與原文顯然矛盾，或較原文更為詭幻，但始終對原聲明未加以否認，是日本政府對於原聲明自應負其責任。至中國之立場，已於十九日經我發言人發表聲明，該聲明書就維持和平之責任，中國與他國之合作，以及中日間關係各點，闡明中國之嚴正態度。茲再應加以說明者，則中國之主權與其獨立之國家，斷不容任何國家以任何藉口稍予損害；中國與他國或與國聯之一切關係，無不合於法律，無不以中國自身之發展與安全為基礎，斷不容任何國家以任何藉口稍加干預。日本過慮列國及國聯以共管態度臨於中國，無論現在國聯方面或列國間絕無如日本所慮之意思，即中國以獨立之尊嚴，豈能須臾忍受束縛中國之共管勢力。中國不能容受列國間之共同束縛勢力，猶如不能容忍任何國家之單獨束縛勢力，其理至明，其義至正。日中國與國聯開始合作之時，日本尚未宣告退出國聯，是日本對於中國與國際合作之政策，早經稔識在前，矧現在法律上，日本仍係國聯之會員國乎。日本希望中國改行機會均等門戶開放之主義，關於中國與他國之經濟關係，中國本無排除任何國家之意。惟查此項主義發起之動機，亦為防止任何一國藉其特殊勢力，在任何地域內有壟斷其經濟及其他關係，而排除他國之情事。今依照日方聲明，日本顯欲排除他國與中國合法之關係，然則開放門戶主義之動搖，其責任固不在中國，而在日本也。總之，中國此時對內正努力於肅清匪患及生產建設工作，對外則致力於國際安全之保障及國際條約如國聯盟約及九國公約之維護。對內工作之進行，不容他國之干預。對外政策之實施，

繼續有關係國之協作，而國際公法之不可侵犯與條約之神聖尊嚴，尤盼有以共同維護之焉。』

**廣田對蔣作賓之答覆**

上述聲明詞嚴義正，頗足闡明我國之立場。二十六日我國復令駐日公使蔣作賓訪晤廣田外相，解釋二十五日南京所發非公式聲明之內容，並請廣田說明日外務省四月十七日聲明之意旨，廣田答稱：

『日本因近來屢聞各國出售軍火並供給軍事顧問與中國之消息，頗爲不安，因此種行動，與增進遠東和平之合作精神，不相符合也。外務省發言人有鑒於此，以爲宜及時闡明前已發表而經衆承認之日本態度。此項聲明，乃對報界而發，而竟引起海外許多誤會，實堪駭異。中國現呈現一種輿情，而爲日人所甚不愉快。中國且發一種警告，令全國準備一九三六年之事變。日本聲明中之一部分措詞似覺強硬，惟日政府擬贊助其實質與精神，故日本希望中國朝野之態度，與合作之精神相稱云。

日政府對各國在華之利益，將予以適當之尊重，並贊成發展中國天然利源之任何企圖。日政府對於尊重中華民國之主權，自將審慎，勿使有關。日本無在任何情勢下侵犯中國主權之意志。觀察時局者，或有疑及日本違反開放門戶政策，其實日本極欲遵守此「國際原則」，蓋日本曾受抵制之害甚巨，而此抵制，實爲違反開放門戶與均等機會原則也。如國際對華之襄助，造成未能預料之不良局勢，則日本所感受之後果，最爲痛切。如果有此，則中國必不免對日作有害與不公正之詐謀，而損及遠東之和平前途。日本處此情勢，將反對不出於好意之對華任何襄助。對華有害的襄助之失敗，日本自不能負其咎，故願中國鑒於負有與日本聯肩維持遠東和平責任之重要，而於事前商諸日本。』（路透東京廿六日電）

中國如須事事請命於日本，則將置中國之主權於何地？日本既以重兵侵佔鄰邦領土，樹立違法組織，而竟謂國際之對華協助將危及遠東和平，天下寧有此理？在馬克愛維利 Machiavelli 式之外交家觀之，原無所謂國際正義與良心。然使中日移地而處，則廣田之感想爲何如？

**日對美之書面解釋**

日外務省四月十七日之聲明，不曾在東亞均勢局面上投一巨彈。在華有利害關係之各國政府亦均紛起質詢。（請參閱本期中李迪俊君專文）

美國駐日大使格留氏曾於四月二十六日訪問廣田外相。請要日外務省對華政策聲明書之英譯文。日外相與首腦部協議之結果，將該聲明內容以英文說明頗詳，作成文書，即於下午六時，派事務官赴美使館手交與美大使，其內容主要部分如次：

（一）日本爲東亞和平之安定，力負擔維持東亞和平之全責任，今次非公式聲明不外於將日政府政策，向全世界宣明者；

（二）中國如達成其統一與繁榮之目的，則日本因地理的關係，亦受其利益，故日政府毫無干涉中國獨立權之意圖；然中國之統一，須要中國本身之覺醒與努力，決不能以他國利己的搾取達成之；

（三）日本政府並無意圖干涉第三國在中國之權益，

如第三國以中國人利益爲主，與中國從事通商貿易，則日政府亦頗歡迎如此第三國之活動；

（四）日本政府並無背馳中國門戶開放，機會均等主義及現行條約之意圖；

（五）然日政府如見第三國實行擾亂東亞和平及秩序之行動，則不問其形式或理由如何，斷然反對之；

（六）日政府希望列國承認「滿洲國」之公正自由行動，但日本對於「滿洲國」並無領土的野心；

（七）總之，日本與其他亞洲諸國尤其中國分擔維持東亞和平之責任。（日聯二十八日東京電）

**英駐日大使與廣田問答之內容**

又英國亦曾令駐日大使林德萊訪問廣田外相，質詢：（一）日本於對華適用九國公約問題，見解如何。（二）日本是否維持中國之門戶開放與機會均等主義。（三）日本有無阻礙他國與中國通商之意。（四）日本稱各國供給中國武器，係攪亂東亞之和平，究認定何國係攪亂中國秩序者。

廣田外相答稱，外務省當局之談話係非正式者，未料及竟喚起英國之注意，茲特答復質問：（一）日本維持對華九國公約，過去與現在，毫未變更，更無抵觸該公約之意。（二）至於門戶開放亦同，日本且希望中國之門戶開放。（三）毫無阻礙他國公正對華通商之意。（四）認定何國係擾亂中國之秩序事，至難答復，祇有問諸供給中國武器者之良心，日本對於點火於鄰屋，終不能袖手旁觀云。（二十八日電通電）

**日方送達法政府之非正式文件**

法國在此次事件中，並未直接向東京質問。五月三日駐法日大使左藤往訪法外長巴爾都，自動聲明四一七聲明之意旨，並面交非正式說明文件一紙。茲錄其內容如後，以資參考：

『日本對於中國之獨立及利益，未嘗加以妨害，且絕無妨害之意。反之，日本以至誠意思，希望維持中國領土之完整，並盼中國臻於和平及繁榮。但此種目的，在原則上應由中國自身覺悟，並恃本身努力以達到之。日本無意違反各國在華之權利，凡以好意進行之財政上及商務上活動，於中國只能有良好影響，此爲日本所視爲滿意者。日本對於中國門戶開放及機會均等原則，自然贊成，對於現存各種條約及協定，亦嚴格遵守。但日本僅以所處之地理上地位而論，在若干區域之中，有生存所關之利益，如第三國某種干涉，足在此種區域之中危害遠東秩序及正義，則無論以何爲口實，日本不能置諸不問。因此如有第三國不顧前述情形，欲利用中國問題，實行有利於該國之政策，則日本不能承認。』（哈瓦斯巴黎三日電）

**廣田最後之聲明與通告**

日方自發出四一七聲明後，對於各國之質問雖一味詭辯，終無以掩其侵略之野心。最後亦知衆怒難犯，乃復取銷對華宣言意旨。據路透社四月二十八日東京電，日本現取銷四月十七日對華政策聲明中所處之立場。日本之出此，是否因此驚人之聲明引起全世界之反動之故，今猶未悉。外相廣田現以爲四月十七日之聲明，並未『正式存在』。

此項聲明，乃由外務省發表，而具非正式性質。廣田已以此節通告外交界，並聲明日本關於遠東之政策可以四月二十日外務省發言人所發之第二次聲明中「吾人願中國之統一與繁榮，蓋知日本在與地上所處地位。設中國統一而繁榮，則日本可獲貿易增加之利益也，惟中國之統一與繁榮必由中國之覺悟與中國自己之努力得之」數言概括之。聞日政府已依此意旨以會而答覆駐日英美大使矣。

據此消息則似此事已告一段落。實則所謂日外務省四月二十日之第二次聲明乃係對於第一次聲明所作之解釋，二者並無衝突。故第一次聲明至今可謂依然存在。且日人於此事發生後，對華則一味蠻橫諸展，對英美則以尊重其在華利益，換得其承認日本之主張。今英美對日方之聲明與解釋似均已有相當之諒解，故此後日方對我之威脅將益加甚。恐國人萬無以其有取消之聲明，而忽之也。

# 日本聲明書的法律觀

梁鋆立

四月十七日，日本的非正式聲明，驟觀好像半空霹靂，突如其來，在國際政治上，引起了極度的危疑震撼的局面。可是精細的觀察者，對於日本此種控制整個中國野心的暴露，却早已料到其必至。原來日本自從九一八以來，無時不在處心積慮設法在取得滿洲之後，更進一步，使中國全部，在其軍力的威脅之下，逐漸淪爲日本的被保護國。但爲掩飾其層層進逼的行爲起見，日本每次必有一個隨機應變的遁詞。例如當其佔領瀋陽的時候，它的口實，是「自衛」，等到它侵略滿洲全部的企圖逐漸具體化的時候，它的口實，是「接壤地」和「生命線」。等到它要想法阻止國聯對華技術合作的時候，它的口實，是「東亞門羅主義」。但是等到國聯對華技術合作達到了第一階段的時候，同時也是日本對於華北種種無厭的要求想逼迫中國政府全部接受的時候，它就不顧一切，悍然發表四月十七日的聲明書，這次連遁詞或口實也不用了。

今試將日本聲明書先加以分析，此項聲明書內容可分爲兩點，它們多少有連帶的關係：(一)日本「在東亞有特殊的責任」而在「對華關係」中有「特殊地位」。(二)因爲日本切望「中國之統一，中國土地完整之保持及中國境內秩序之恢復」故日本認爲「除中國覺悟及其自己努力之外」，不能達此目的，是以日本「反對中國方面利用任何他國努力以圖抗拒日本之任何舉動」亦「反對中國所採取利用一國以制他國之任何行爲」。隨後聲明書卽舉外國以技術或金融援助中國之例，認爲含有政治意味，後特別指出「以軍用飛機供給中國，在中國建造飛行場及遣派軍事訓練官或軍事顧問，前往中國，或承募借款，借給政治用途之經費」爲「顯然可離間中日與他國之友好關係而擾亂東亞之和平與秩序」。日本將加以反對。

此項聲明書，初未說出日本的法律立場。僅於其開端反覆申說日本「對華關係中之特殊地位」，至於此種特殊地位的法律根據，無論是淵源於一般的國際法，或是淵源於條約關係，此項聲明書中均未指出。因爲聲明書中的積極主張，都是以此

「特殊地位」四字作出發點，我們有將其細加研究之必要。從中國的整個對外關係看來，有許多國家，在中國可算佔有特殊地位。這是根據於所謂「不平等條約」整個的體系。我們在此要認清楚的，是這種特殊地位是「不平等條約」的果，而不是「不平等條約」的因。它的存在，是「不平等條約」所授與，初非先有了這種特殊地位之後，便根據着它而創設「不平等條約」的體系。我們更不能說因爲有了這種特殊地位，任何國家得緣而主張或要求在條約外的權利。日本對於在華特殊地位的主張，在法律上與其他國家賦有程度上的區別——就是說，它從不平等條約所得的利益，也許比他國多一點——但是沒有性質上的區別。換句話說，離了不平等條約所授與的權利，日本在華的地位與他國絕無二致。

日本在條約上既不能證明在華享有特殊的地位，在一般國際法上，日本的地位，是否優於他國呢？這個問題，亦不難於解答。假使現行的國際法，有承認某一強國對於與其接壤的國家，有支配或控制的權利，這種權利，可不經條約而成立的，則日本不難主張它對於中國享有特殊的地位。但現行國際法，幸而仍是建設於國家主權的學說的基礎之上，除非一個國家，將他的主權的一部份讓給他國，後之國家，絕無對於前者可施以任何的支配的權利。誠然，在國際政治上，大國壓迫小國，並屢見迭出的事情，可是要使此種壓迫事實，成爲一個法律的局面，尚須有待乎對手方的承認。「保護國」(Protectorates)是國際法上所公認的一種制度，但是此一制度的形成，却是須根據於條約。我們一看美國和古巴，美國和海地（Haiti）所訂的條約，就可知道美國對此等國家所以取得保護國的地位，是由於條約的關係，雖然此種條約的締結，不一定出於古巴和海地的自願。我們此處不難結論，現行的國際法是不容許任何國家對另一國家，在條約之外，主張何種特殊的地位。

可是日本口口聲聲屢以東亞門羅主義爲其在東亞特殊地位的主張的護符。并援引美國的先例，以爲其壟斷東亞的企圖的託辭。此次日本聲明書，雖未明白說出其素所揭櫫的東亞門羅主義，但此項聲明書的理論根據與日本所主張的東亞門羅主義相同，則不容疑義。日本國際法學者橫田喜三郎嘗分析「亞細亞門羅主義」的意義，特指出下列三端：

（一）日本主張在亞細亞有特殊權益，尤其在鄰邦中國，日本較歐美諸國有特殊權益，此種特殊權益，本係優先的特別權利利益之義，但其附帶的保障——未經公認之特別干涉權，亦包含在內，大正六年石井，藍辛協定交涉之際，石井大使欲使美國承認日本在華之特殊利益，即若是，後日本在大正十四年與昭和三年（民國十七年）兩次用武力干涉滿洲，亦無非爲保護此特殊權益而主張特別干涉權耳。

（二）關於亞細亞問題，尤其關於亞細亞爭議，排斥歐美之干涉，關於滿洲事件呼號國聯及美國之認識不足，反對國聯之審查，非難美國之抗議以及主張與中國直接交涉，明明爲此項思想之表現。

（三）解放歐美人所支配之亞細亞領土而使其民族獨立。（見橫田喜三郎著「亞細亞門羅主義」，東方文庫續編「國際法上的新問題」第十二頁）

以上第一第二兩點所主張，與日本聲明書所反覆申言的若合符節。假使日本揭櫫的亞細亞門羅主義，在國際法上有堅強

的根據，則其聲明書自可免法律上的指摘。但亞細亞門羅主義，和美國的門羅主義一樣，將永爲一種政治上主張，必難得法律的效力。抑且日本提倡的亞細亞門羅主義與美國相傳的門羅主義，又顯有不同之處。橫田喜三郎對此有透切的見解，我們不妨援引其語：

「美國能主張門羅主義而要求他國尊重之者，非特以其內容合理已也，實由於此主義經國際承認而得準國際法的地位也……自此主義聲明以來，已逾百年，其間有效適用於種種機會，故可視爲得到國際非正式承認，尤其最近已在條約上承認之矣，即第一，國聯盟約第二十一條規定盟約毫不影響於門羅主義之效力者，門羅主義依然有效力之意，實則間接承認此主義矣。國聯殆包含全世界國家，故經國聯盟約間接承認即經全世界國家間接承認也。第二，美國最近與多數國家訂立仲裁裁判條約，亦承認門羅主義。……日本政府迄今未嘗公然主張亞細亞門羅主義，況乎此主義未有適用之實際機會，又未嘗間接經條約承認，所以全然缺乏國際承認，毫無國際法地位，此即日本無由向他國主張亞細亞門羅主義而要求尊重之也，亞細亞門羅主義既與美國之門羅主義不同，則不得謂美國主張門羅主義，日本當然亦得主張亞細亞門羅主義明甚」。

（橫田喜三郎，同文）

日本聲明書既不能以本身無國際法地位的亞細亞門羅主義，爲其法律上的理由，我們現在要看它所主張的特殊地位，是否與目前應支配遠東國際關係的條約體系相合。誰也知道現在的遠東國際關係，是以九國協約爲其骨幹。九國協約的目的，是在釐定列強對遠東尤其是對中國的方針，以爲保持和平裁減軍備的路徑。因爲假使中國問題，無完滿的解決，在太平洋上各國必定要短兵相接，發生戰爭。以故在華府會議席上，列強約定尊重中國之主權獨立，並其領土及行政之完整。復規定各國對於中國應負供給中國確立安固而有力之政府之機會及各國應盡力維持中國領土內工商業機會均等主義。日本主張的「特殊地位」，自然與此三項原則不相合，并且其所列舉而反對的各國對華的援助，尤與第二條規定的義務相抵觸。

至於國聯援助會員國去充實其國力，不但爲盟約所許可，抑且是國聯最大目的之一。國聯援助與國整理金融，便是很顯著的例子。退一步說，就是中國同國聯的合作，是政治的而非技術的，日本亦不能加以反對。因爲日本自從九一八以後，將國聯盟約非戰公約及九國協約，撕毀無餘，假使國際社會具有制裁侵略國的實在力量，日本早已當受最嚴厲的制裁。但目前的國際社會，因制裁力的薄弱，對於破壞條約，祇能予以道德上的責難。國聯亦覺得自己工作有失之東隅，收之桑榆的必要，所以同我國進行合作。日本對其侵略行爲，不知悛改，而對國聯盟約所許可所獎勵的對華合作，表示反對，似乎是對於國聯盟約前文「各締約國爲增進國際間的協作」的目的，加以顯然的蔑視。

國際法上誠然許可一個國家對正在集中軍備預備從事襲擊行爲的另一國家，採取干涉（Intervention）手段，藉以自衛，但卻禁止任何國家去干涉他國國防的計畫。因爲任何國家在現代國際政治不安定的時候，不能不未雨綢繆，作自衛的打算，祇消它對別國沒有襲擊的意思，別國不能借此爲因，貿然起釁，以遂其侵略的野心。中國目前自然無對日作戰的當前計患，但從事國防的預備，而延致外籍顧問，爲其內政上尋常之事，日本何能加以干涉？

由上以觀，我們可以結論，日本聲明書在法律上毫無根據，其重大意義，祇在其政治方面。我們同時要知道與包藏野心的國家談法律，必無絲毫的效果，但爲使其他國家政府及人民明瞭日本一再蔑視國際條約的情形，似乎我國外交當局應將日本聲明書與現行國際法牴牾之處，擬成說帖，送致各國政府，尤其是九國協約的簽字國。　二十三年五月二十七日，南京。

# 日本對華政策聲明之國際反響

李迪俊

## 一

日本四月十七日之狂妄聲明，名爲對華，實則含有嚴重之國際性。良以該項聲明之主旨，在宣告整個中國爲日本之勢力範圍，任其宰割，所有列強在中國之合法權利義務，一筆勾銷。易言之，卽鏟除各國在華之勢力，打破門戶開放機會均等之局面，而由日本一手獨辦。此政策而見諸實行，中國固首蒙其禍，列強在遠東數十年來取得之地位（合法或非法的），亦將排斥無餘。由此點觀察，四月十七日之聲明，一方面爲侵害中國主權，他方面爲侵害列強權利，破壞國際條約。此種強暴不法行爲，自難容於文明世界。吾人於研究日本對華聲明之由來與內容及我政府應付方策之餘，不可不一述該項聲明所引起之國際反響。

## 二

在交通便利傳信敏捷之今日，對國際政治反應最速者厥爲民喉舌之報紙。四月十七日日本外務省發表其所謂非正式聲明，次日歐美報紙卽以大字登載，且無論黨派，均一致著論攻擊。一時輿論譁然，舉世震驚。其情緒之緊張，論調之激昂，遠過九一八事件時期。蓋日本武力侵佔東省，其直接受害者僅中國，對華政策之聲明，則列強之利益，亦受干涉。且昔之以爲日本野心僅在華北者，今則證實日本非併吞全中國以至征服全世界不止。不早制裁，禍將及己。所謂國際輿論，固無時不以自身利害爲出發點也。玆選錄歐美大報社論數節如次，以見一斑。

四月十八日紐約論壇報New York Tribune社論評日本對華新政策，謂『日本牽制中國與外國發生關係，將使中國僅有空名之獨立與主權，而成爲日本之保護國。日本之野心，並不自今日始，二十一條與石井所倡之日本門羅主義，固早已昭示於前矣。』該報又謂日本貪求控制中國之權力，尚不足爲奇，可堪驚異者，乃在日本希圖世界確認其爲中國對外事務之自任的監護人耳。然若使西方各國允許日本或任何一國有此權力，必須主要各國對於毀棄九國公約一節，彼此同意，而如此的對某一國之表示專特的信任，在國際間，恐亦尚無先例。該報末謂，日本此際如以遠東和平維持者自命，且冀國際間予以承認，是表示(一)認其所已經破壞之九國公約爲僵死之物，(二)對於西方對日本所抱之信心亦不復重視。該報結論謂，日本果如此措置，則是證明國聯所加於該國之精神上孤立之判決爲更正確合理云。紐約泰晤士報New York Times社論之結語，謂日

本應毋再發狂言。

同日英國保守黨每日電聞報 Daily Telegraph 社論稱『日本欲以武裝干涉，爲威脅之具，俾外國人不敢向中國投資，因武裝干涉，將引起混亂，而使外人投資者喪失其資本也』。自由黨紀事報 News Chronicle 則謂爲西方各國決不能承認日本之亞洲門羅主義。其言曰『日本所持之門羅主義，終結言之，則此後列強在世界此一部份範圍內之利益，將惟日本之馬首是從，而完全受其控制。此種主義，是否合理，世人自能辨別，無待贅詞。玆日本明白予以宣布，已足招致不可避免之紛擾，遑論其他』云云。

四月廿日英國工黨機關報每日通報Daily Herald，對日本作嚴厲之批評，謂『直至目前爲止，日本從未公開宣布其志願，欲置中華民國於日本保護國之地位，有如此次之甚者。中國政治上之獨立權，固爲華盛頓九國公約簽字國所保障，又由國聯會各會員國所宣誓加以尊重者，乃由日本公開加以侵犯，是日內丸之大法，又一度成爲具文矣』。每日快報Daily Express社論謂『日本爲一舊國，而掛新帝國之招牌，則在東方昂首闊步，目空一切，其狀恍若戰前內部失修之奧匈帝國，日本今公然聲稱，西方列強，連美國在內，不得再以政治或軍事之援助加諸中國；除日人外，他人不得在中國造飛機場，或以飛機供給中國。日本將維持中國之和平，並決定何者爲擾亂中國和平之舉動，須知攀高者其跌必重云。』晨報 Morning Post 社論稱『一年前世人或以滿洲之事變，當可使日本暫時不暇他顧，但以近事察之，滿洲尚不爲日本之最後目的物，但爲陸續侵略他處之階石耳』。

同日意大利使者報 Messaggero 斥日本聲明爲荒謬滑稽，毫無價值。蘇俄眞理報 Pravda 則於第一頁報紙刊載驚心標題，謂『日本撕破九國條約——日本帝國侵略程序盡行暴露——中國全部將爲日本殖民地』云云，實足代表蘇俄一般之輿論。美國鮑城太陽報 Baltimore Sun 社評稱『近來華盛頓方面主張美國可取消史汀生主義者，對東京之聲明，應詳加研究。如日本堅持不顧他國之公道主張與物質利益，則門戶開放政策，已非道德力量所能維持，美國如不繼續遵守史汀生主義，即無法使日本遵守門戶開放政策，及其他國際義務也』。德意志日報Deutsche Tageszeitung社論稱『日本竟明白排斥列強，而以亞洲主人自居，廿一條勢將實現』云云。

四月二十三日巴黎時報Le Temps社論略稱『東京宣言，欲中國爲日本之保護國，在東亞維持一種門羅主義，嗣後中國或他國在遠東任何措施，須由日本判斷其是否有裨東亞和平，換言之，即欲完全約束中國之外交，至此項主義，係根據日本地位，并非基於條約一節，尤屬啟居』。四月二十四日德國國社黨機關報攻擊報Der Angriff爲文評論遠東問題，希望英美共同行動，對付日本。二十五日紐約通報New York Herald以『枉道而行之日本』爲題，痛詆日本對華政策，謂『日本關於其所擬行之政策，發言愈多，則其言愈形卑儒奸詐，日本刻在太平洋中造成之不愉快的時局，其重要點爲日本既已弁髦其所簽定之極重要國際公約，致喪失世界信用後，今復採行純粹東方式之狡計，遣派黨眛以極不誠實之態度向全世界提出驕傲無禮之挑戰書云』。

四月二十六日倫敦泰晤士報 London Times 社論謂『日本在關於中國事件之任何會議中，固居重要位置，但無因此要求獨佔勢力之理由，世界今爲之愴然不寧者，卽因日本悍然有此要求，而傲慢之態，尤使人迴想其閉關自守之時代也』。同日紐約泰晤士報稱『英美及其他有關係國政府應互相商榷如何應付日本破壞九國公約第九提之舉動，如他國不商榷此事，則彼等自己難逃破壞此約之責』云。

除報紙而外，歐美朝野名流，如美之波拉 SenatorBorah，英之薛西爾爵士 Lord Cecil ，亦均持正論，主張對日制裁。此種全世界一致之抨擊，確足使日人膽寒。果也四月二十七日，廣田外相正式聲明四月十七日之非正式聲明並未正式存在 Officially non-existent 。然此種反復無常之行爲，適足證其毫無信義。各國對日之疑竇，並不以此稍釋。法國社會黨機關報人民報 Peukle 五月五日之社論，能證歐美一般心理。其言曰：『日本帝國主義之野心，務求實現，惟每遇時機未熟之時，輒以巧言掩人耳目，此次日本當局之種種解釋，不過使其慣技，吾人未可欺也。本年四月十七日日本外務省突然發出驚人之宣言，以後鑒於世界反響之甚，乃暫告休止，然其休止之時期，決不長久，蓋日本包藏野心，決無放棄之理，暫時緘默者，乃待時而動耳，然則日來日本外交方面之溫言，特暴風未至以前之沉默空氣耳』云云。

## 三

歐美外交當局對日本之聲明，其注意之深切，自更甚於民衆言論機關。惟以政府之言動，足以牽動世界大局，不得不審愼考慮，故其反響之表現於外者，不若報紙之速且明。蓋以日本聲明發表之方式，既極不正式，聲明之內容，各報記載又彼此大有出入。日本之眞意何在，各國政府頗不易明瞭；故一時亦未便有所表示。

約而言之，遠東重要國家，除中日兩當事國外，當以英美法蘇聯四國爲最關心中國事件。然蘇聯自本年三月日美外交當局互換翰簡後，對遠東事件，極端沉默，不願多惹是非。日本四月十七日之聲明，蘇聯當局視爲對美而發，與己無關。故自始至終，不贊一詞。英美法三國之中，法對中國之關係又不若英美之親切重要，故不欲首先發難，而唯英美馬首是瞻。英美之間，初亦互相觀望，終於英不能耐，首先表示，美國次之法國又次之。

英美對日表示之方式，均係由其駐日大使向日外相提出詢問，乘便說明本國對此事之立場，然後予以公布。

英國駐日大使之訪問日外相廣田，在四月廿五日。其談話內容，據英外相西門 Sir John Simon 四月三十日在英下院之說明，爲英大使告廣田以『在華均等權利及原則，九國公約已以極明白詞句担保之，而日本亦爲簽字此約者之一，英政府必須繼續享受各簽字國所共有之在華權利，不過協定所限制之權利，如銀行團所協定者，或日本所有之特殊權利，爲他國所承認但不爲他國所共有者均除外。日方聲明中所表示之對華疑慮，不能適用於英國。英國政策既以避免礙及中國和平與完整之危險爲目的，故英政府不能承認日本有權單獨決定任何「特殊舉動」，如技術與金融上協助，可釀成此種危險』。又謂『按照九國公約第一條與第七條，日本有權請其他簽字國注意中國境內危及日本安全之任何行動，此種權利，已以保障給予日本，故英政府以爲日本之宣言，非志在侵犯他國在華之共同權利』。

上項聲明，對於日本之蔑視中國主權違反九國公約，一字未提，僅斤斤於英國在華之權利，殊難愜人意。其中『日本所有之特殊權利爲他國所承認而不爲他國所共有者』一語，尤屬合混。經我駐英公使之質問，英外相答以係指漢口日本租界等而言，殊屬牽強。

美國駐日大使往訪日外相廣田，則在四月廿九日，並提出一文，內容如次：

『日政府近曾表示其對於日本與他國在華權利之態度。此種表示，出自負責方面，故不能忽略視之，而使美政府遵守美日兩國政府關係中之坦率習慣，有重行說明美國對於所涉及權益問題的地位之必要。美國對華關係，亦猶美國對日及對他國關係，受一般公認的國際公法原則及美國所簽條約規定之支配。美國對華有若干權益與義務，且與中國或日本或中日兩國及其他國家，締結關於遠東權益與義務之多邊條約，美國又參加世界各國幾皆加入之一個大的多邊條約，凡此種種條約，唯用規定的與承認的或簽約國所議定的手續，始可合法修正之或廢止之。美政府在其國際交際與關係中，欲適當顧慮他國之權利與義務及合法利益，而亦期望他國政府對於美國之權利與義務及合法利益，亦予以適當之顧慮。美國人民與美國政府之意，以爲任何一國與其他主權國正當權利義務及利益有牽涉之時，決不能不經各國之同意，一意獨斷。美政府已置美國於善鄰政策及此政策之實施中，將繼續自己並會同他國政府致力於此政策』云。

美政府之聲明，包含三點(一)美國對華關係有諸項條約規定，非經合法手續，不得修正或廢止；(二)美國尊重他國合法權利義務，亦望他國同樣尊重美國合法權利義務；(三)任何一國，未經關係國之同意，不得一意獨斷而涉及他國之正當權利義務。義正詞嚴，毫不假借。

至於法國方面，日政府不待駐日法使之質問，自動由日法大使佐藤於五月三日拜訪法外長巴爾都 Barthou，解釋一切，謂四月十七日外務省之聲明與一九二二年華府九國條約之規定不抵觸。佐藤於口頭聲明之後，並以一種未簽字之文件交與法外長。內容略稱：『日本對於中國之獨立及利益，未嘗加以妨害，且絕無妨害之意，反之日本以至誠意思，希望維持中國領土之完整，並盼中國臻於和平及繁榮。但此種目的在原則上應由中國自身覺悟，並恃本身努力以達到之。日本無意違反各國在華之權利，凡以好意進行之財政上及商務上活動，於中國只能有良好影響，此爲日本所視爲滿意者。日本對於中國門戶開放及機會均等原則，自然贊成；對於現存各種條約及協定，亦嚴格遵守。但日本僅以所處之地理上地位而論，在若干區域之中，有甚生存所關之利益。如第三國某種干涉足在此種區域之中危害遠東秩序及正義，則無論以何爲口實，日本不能置諸不問。因此如有第三國不顧前述情形，欲利用中國問題實行有利於該國之政策，則日本不能承認云。』

法外部於接受上述文件後，當亦以未簽字之文件，送交日本大使，說明法國之意見。其內容首稱：『日本政府頃表示日本不獨忠守國際法一般原則，即對於目下規定列強對華關係之各種條約，亦願忠守，此法國政府所認爲滿意者。』復文結論言及日本所稱有害於遠東秩序及正義之干涉，謂『法國政府相信如有此種情事在中國發生時，日本政府儘可與其他各國根據華盛頓九國公約所載之原則，共商法律上解決之法，而九國公約第七條所定程序，尤應作爲根據。依法國政府所見，關於中國問題，必在如此範圍之中，按照如此形式，始能得到公平及滿意之解決」云。

細繹法國之意，係確認九國公約爲列強對華政策之根據。雖此種外交文件措詞至爲委婉，然其根據法理反對日人之狂妄主張，則固與英美一致也。

四

總觀世界輿論對日人非法聲明之斥責，均覺義正詞嚴，此固由於自身利害關係，要亦可見公理自在天壤，日人雖狡，亦難以隻手掩盡天下目。惟英美法當局之態度，則以地位關係，實較一般輿論爲緩和。且在對日聲明中多側重於在華有共同利益，未容日人一手包辦，故日人亦即以仍遵守九國公約原則之語相敷衍，同時聲明其所謂亞洲門羅主義，實與門戶開放機會均等之原則兩立並存。此種欺人之談，列強雖尙未堅決與以否認，惟仍在沉機觀變中，此後之發展如何將一視我國之態度爲轉移。蓋我國如先爲日方所屈服，則列強至多亦只能維持其自身在華之利益而止。否則如我國能保持自國主權之尊嚴，則列強之主持正義亦自當振振有詞也。

# 政府當局應付日方聲明之經過

淪新

四月十七日日本外務省發言人忽擲一巨彈，舉世爲之駭愕，以爲日本發表其遠東新政策，深受刺激。尤以我國人士感受此劇烈衝動，氣憤塡膺，若大禍之迫於眉睫者，此實未明日本國情國策所致；若以透澈之眼光，冷靜之頭腦，加以觀察判斷，則可恍然於此種荒謬聲明，實無所謂新政策，不過爲暴日傳統政策之一種露骨表示而已。試一究其內容，即知此聲明原爲日本軍閥及其走狗夙所妄想狂囈，亦即日閥自東省事變以來所蠻行者，原不必待至今日始焦思氣憤也。迨日外交當局修正聲明，國人且多額手相慶曰：暴日已撤消其荒謬之聲明矣。吁，是何言耶！試問日外務省曾正式更正其十七日之非正式聲明乎？抑曾懲戒發言人之天羽乎？細閱日外交當局四月二十日之正式聲明及其答復英美法各國之言詞，在國際外交記錄上，雖留有矛盾醜態之一頁，而十七日之所謂非正式聲明，與其後之正式言詞，在實質上，並無若何差異之處。天羽對報界談話，暴露日閥獰猙之真面目，乃因其不合時宜，措詞粗魯，盛氣凌人，致使世界各國向未明瞭日本軍國主義者，神經深受刺激，其實廣田外相之修正聲明，不曾戳一假面具，而以煙幕彈籠罩其四周而已。彼歐美列強所以憤日方此項聲明，紛起向日詰問者，並非恐中國之遭受蹂躪，乃因受暴日之排擠，欲爲自身維持其地位及立場耳。既不願再暴露其不能對日制裁，復爲日外交當局之煙幕彈所朦蔽，故一經日外相之解釋，英則不僅認此段波瀾業告平息，且西門外相於答復下院質問時，覺有「日本在華特殊權益」之失言，近復曲解九國公約。美致日本照會，措詞嚴正，較英之宣言，固勝一籌；但亦已無繼續動作之意。法之態度，平平無甚可紀。俄則隔岸觀火。故日本宣傳謂經日方解釋，各國（連中國在內）已了解日本之真意，此事已告一段落云云

。惟被目為保護國，將成為犧牲之中國，豈亦能認此事為已告結束乎？日方聲明，與日閥傳統政策，本有連環性，中國之憂，並不始於天羽發表談話之日，亦並不以廣田外相之修正聲明，而暫可幸保無事；嗟我國人其速有以自振乎！

此次政府當局應付日方聲明，堪稱鎮靜沉着。茲就見聞所及，摘錄其經過情形，略抒管見，以備讀者之參考焉。

閱日方荒謬聲明於十八日傳到首都，外交當局異常注意，當即密商應付步驟；一面急電駐日蔣使向日外交當局詰詢真意所在，另電各主要國駐使，有所訓令；並於是晚發表非正式聲明如左：

中國深信國際和平之維持，端賴世界各國之羣策羣力。國際間苟欲維持長期之和平，尤須促進互相諒解之誠摯精神與鏟除可成爭端之根本原因。世界無一國家得在任何地方。主張有獨負維持國際和平之責任。

中國既係國聯會員國之一，對於提倡國際合作，促成國際和平與安全，認為共應有之義務。中國於努力達到此項目的之際，從無欲中傷任何他國之意，更無擾亂東亞和平之念。中國因實行上項目的而與他國發生之關係，一如任何獨立主權之國家間應有之關係。

中國尤須說明者，中國與他國之合作，不論其為借款或技術協助，常限於不屬政治之事項。至購買軍用品，如軍用飛機等。及雇用軍事教練官或專家，亦係為國防上之必要，大都為維持本國之秩序與安寧。他國對中國苟無野心，則對於中國力謀建設及安全之政策，殊不必有所過慮也。至中日間現有之情勢，有不能不鄭重申告者；則兩國間，猶如任何國家間，真正與永久之和平，總須建設在善意與互相諒解之基礎之上。倘現有不平之事態可予糾正，中日間之關係可令其改善而顧及兩國間之共同願望，則上述和平基礎之設立，事半而功倍矣。

此項聲明，我國人士雖有譏為軟弱者，但記者曾聞日本及歐美各報界批評，多謂：華方聲明措詞得體，較之日方十七日聲明用語之粗笨幼稚，大有徑庭。

駐外各使接日方發表聲明之消息，並奉到外部訓令，亦分頭活動，與外部往來電報極繁。

二十四日日本駐京總領事委　日外務省訓令，向我外交當局面陳日方修正聲明，是晚並將該聲明文件，送部轉呈當局，翌日外交當局與政府要人磋商結果，認為對日方之解釋，有再予駁斥之必要；遂由外部起草第二次聲明書，是晚發表如下：

關於四月十七日日本外務省發言人所發表之聲明，日方於二十四日將該發言人所說明之點，向我外交當局摘要解釋。略稱：(一)日木誠懇希望中國之保全統一及繁榮，對於中國之獨立或利益，絕對不予阻礙，且無加害之意。(二)外國因經濟或通商上之關係，與中國交易，日本表示歡迎。日本且進而遵守關係中國之各種協定。同時希望中國誠實實行機會均等門戶開放之主義。(三)日本對外國在華之利益，固毫無加害之意，但外國如以共同之力臨諸東亞，採取有違背東亞之秩序及和平之行動時，日本惟有絕端反對。以上係負有與中國及東亞諸國共同維持東亞之和平及秩序責任之日本應取之當然態度。換言之，如列國及國聯以共管中國之態度臨於中國，惟有排除之耳云云。

外交部發言人稱：日方申述之上開各節與日外務省十七日原聲明內容不盡相符，而日本負責當局對於原聲明，雖在國內外迭爲種種解釋，或與原文顯然矛盾，或較原文更爲深刻，但始終未對原聲明加以否認。是日本政府對於原聲明，自應負其責任。至中國之立場，已於十九日經我發言人發表聲明。該聲明書就維持和平之責任，中國與他國之合作，以及中日間關係各點，闡明中國之嚴正態度。茲再應加以說明者：則中國之主權與其獨立之國格，斷不容任何國家以任何藉口，稍予損害。中國與他國或與國聯之一切關係，無不合於法律，無不以中國自身之發展與安全爲基礎，斷不容任何國家以任何藉口稍加干預。日本過慮列國及國聯以共管態度臨於中國，無論現在國聯方面或列國間絕無如日本所慮之意思，即中國以獨立之尊嚴，豈能須臾忍受束縛中國之共管勢力。中國不能容受列國間之共同束縛勢力，猶如不能容受任何國家之單獨束縛勢力，其理至明，其義至正。且中國與國聯開始合作之時日本尚未宣告退出國聯，是日本對於中國與國際合作之政策，早經擁護在前，矧現在法律上日本仍係國聯之會員國乎。

日本希望中國實行機會均等門戶開放之主義。關於中國與他國之經濟關係，中國本無排除任何國家之意。惟查此項主義發起之動機，原爲防止任何一國稱其特殊勢力，在任何地域內。有壟斷其經濟及其他關係而排除他國之情事。今依照日方聲明，日本顯欲排除他國與中國合法之關係。然則開放門戶主義之動搖，其責任固不在中國而在日本也。

總之，中國此時對內正努力於肅清匪患及生產建設工作；對外則致力於國際安全之保障及國際條約如國聯盟約及九國公約之維護。對內工作之進行，不容他國之干預。對外政策之實施，端賴有關係國之協作；而國際公法之不可侵犯與條約之神聖尊嚴，尤盼有以共同維護之焉。

第二次聲明，措詞含義，較第一次聲明有更進一步之具體的表示；中國對外方針與中國之立場，於兩次聲明中闡述無遺。目前外部對於此事似無繼續聲明之意。鄙見亦以爲不妨暫守沉默，宜視日方今後之行動及國際情勢，再籌應付之策。蓋徒事發表聲明或向日方抗議，如無實力，則皆成虛語；且日閥蠻橫，倘遇事抨擊，不獨於事無補，適足激起其兇燄；而國際間本無正義，皆以利己爲本位，中國欲從國際制裁暴日，亦非單方意志所能實現也。

或謂應主張召集九國公約簽字國會議，藉以制止日閥之野心。殊不知日軍佔據東省以來，九國公約早被撕毀，奚必待至今日始行提出此議。聞一二八滬案以前，外部曾力促美政府召集此項會議，毫無效果。又當僞組織宣布成立時，外部亦曾電駐使警告九國公約簽約國，促其嚴重注意。嗣於日本單獨承認僞國時，復依據九國公約第七條，傳牒各簽約國，促其共同採取有效方法；但當時各國政府對此終無切實表示；如是則九國公約簽約國，未能以有效辦法防止該約之遭受蹂躪，業經體驗矣。蓋國聯盟約明文有制裁之規定，對日猶成具文，則九國公約僅約定簽約國間之義務，適用於中日事件者，效力能有幾何，更可想見；誠如某公法學者所論：如認引用九國公約爲目前中國外交上應採取之唯一途徑，則頗有考慮之餘地也。

# 中国革命

《中国革命》创刊于中华民国22年（1933）1月，由中国革命周刊社编辑，上海现代书局、中国文化书局联合发行，均益利国联合印刷公司印刷。社址位于上海淇龙路50号。该刊出版至民国23年（1934）10月终刊。

本刊定價（郵費在内）：

每期　大洋四分

半年（二十六期）國内一元　國外一元八角

全年（五十二期）國内二元　國外三元六角

中國革命

第三卷第十九期

二十三年五月十九日

本刊投稿簡章

1. 本刊以復興中國革命，發揚民族精神為宗旨。凡關於政治，經濟，社會等問題之論著，均所歡迎。
2. 來稿以語體為主，字數最好在五千字以內。
3. 來稿務希繕寫清楚，並加新式標點。
4. 來稿如係翻譯，請附寄原文，否則請將原文題目，原著者姓名，出版日期及地址詳細開列。
5. 稿末請註明姓名住址以便通訊。
6. 來稿無論登載與否，概不預覆，亦不退還。
7. 本刊對於來稿有取捨及酌量刪改之權，不願者請於投稿時聲明。
8. 來稿如被採用，每千字酌酬現金二元至五元，特別稿件，不在此例。
9. 來稿如已在他處發表，本刊恕不致酬。
10. 來稿請寄南昌中山路一四九號中國文化學會中國革命社收。

本刊歡迎投稿

本刊歡迎預定

是復興革命的喉舌

是指導理論的權威

編輯者：中國革命週

出版者：中國文化學

發行所：上海現代書

印刷所：上海現代印刷

《中国革命》杂志版权页

《中国革命》杂志封面

# 日本在「滿洲國」的地位及建設

虹譯自Foreign Affairs.
H. J. Timperley. 原著

## 一　日人在「滿洲國」行政上的地位

「滿洲國」之被誇張為獨立國，僅僅存在於日本人宣傳的寓想中。就以「滿洲國」最近的組織說，即小如禮儀的製訂，亦必須沿着日本人為共帝國主義所設置的溝路走，愚昧的「滿洲國」就依循條路而創識新國家的禮節。若派觀「滿洲國」的行政，日本藉官吏——在關東軍指揮之下，實居行政上一切施設的指導地位，而關東軍又直屬於日本東京軍部，故東京軍部便是「滿洲國」的太上皇。溥儀和鴻儀的親屬及中國籍的「滿洲國」大臣（滿洲人普通認為「幻想的內閣」），完全居於實際操縱行政大權的日本籍顧問官支配之下。

我們再來觀察，在「門戶開放機會均等的原則」下，以鼓勵外國人的投資及利用外國技術經驗以開發國內富藏的事實，日本人操縱下的「滿洲國政府」對於國家的經濟組織，實業的發展及公共福利的構成，依照國家管理的原則，已經設下了限制的方策。但是對於鐵路的發展，他們更具有極高的興趣，因為將近三十年來的日本不斷努力謀求滿洲鐵路的建設，總期適應其經濟上軍事上的需要。她這種努力，不但曾經引起中國當局的抵抗，同時和俄國也發生了極嚴重的衝突。前張作霖計劃在和南滿鐵路競爭上建築一條平行線，和他的拒絕日人建築其他滿洲鐵路的連結線，是促進近來中日戰爭的主要原因。自「滿洲國」在其庇蔭下建立之後，日本利用其在「滿洲國」的特殊地位，遂積極的進行滿洲地帶的鐵路建設，甚至在一切建設中，連中國的阻力也可以免去，由於其在「滿洲國」的特殊地位，并且對於蘇俄在滿洲的權力，也顯示出輕視的態度。

## 二　四千啓羅米突的新鐵路建設計劃

「滿洲國政府」公開宣布其築路計劃，準備於十年內完成四千啓羅米突的新鐵路，其中第一條計劃建築者，為由敦化至高麗會寧間未完成之一段，長二百啓羅米突，於一九三一年九一八事變日人取到滿洲統治權後即已築成，第二年八月即開始通車。該鐵路將與新羅津港連結（正在建築中位於高麗東北海岸）並且在和高麗鐵路結合之後，更縮短日本與滿洲的直接交通，前中國當局拒絕此路的完成，實促進日人侵吞滿洲的野心。第二條新鐵路——拉法線，己完成於一九三三年末，此路之成功，實對中東路北部的豐富地區與以開發的通路。該由拉法（東距敦化約五十啓羅米突）到哈爾濱的新建鐵路，於哈爾濱尚可期與呼海鐵路（呼蘭至海倫）及齊克路相連結，當此鐵路和新鋼鐵橋（如中東路大鐵橋同樣橫跨松花江上）完成後，列車已能托載北滿內地的原料品直接運送到高麗各口岸。第三條（正在建築中的）新鐵路，便是由延吉（西距敦化約六十啓羅米突）經海林而至松花江流域的重要壓油豆料出產中心地——三姓，該延三鐵路（須待數年始能完成）完成後，將可期望吸收其沿路附近地區的出產以運輸到高麗各口岸。爲以上三條鐵路的建築，日本交通當局曾表示：「北滿方面種種的鐵路建設計劃完成後，將使中東鐵路陷於不重要的地位」。自長春至高麗境的鐵路完成後，那是如何重大的一件事情，使大阪與哈爾濱間的路程二千八百啓羅米突（舊經大連而至哈爾濱路程），減到二千零六十啓羅米突而節省出七百四十啓羅米突的路程。現在日本又計劃建設一條由新瀉港到高麗海岸羅津或雄基港的航線，可以使東京到哈爾濱的路程減省兩天的時間。

「滿洲國政府」於一九三三年六月宣布的十年中完成四千啓羅米突的築路計劃依現在所得到的成績看來顯然的稍遲一點；但是公路的修築，實得到意外的成功。如遼寧與福山，熱河與北票，新陂與吉林，洮南與索倫等業已通車。定期的航空運輸業已在「滿洲國」的重要都市間實行，並且對此種空中交通，尚正在計劃發展中。

## 三 聯合管理的交通制度

「滿洲國」交通組織的制度，已然採取了日滿聯合管理的步調。對此，東京官方曾經很詳細的報告：「關於吸收「滿洲國」電報電話無線電報的計劃——一個半官式的聯合管理交通公司（現正在組織中），便是作爲代替今日滿州國政府和關東駐屯軍軍事長官分管制度的準備；新公司的資本總數爲五十萬元，其大部股本係操之於日人和「滿洲國」政府手中，其餘股本亦爲與他們有關係的公民所供給，至政府的監督及管理，不過僅及於該公司的業務，并且政府的股份也要受相當的限制。「東京快報」在這種吸收計劃的報告中很明顯的指示出：「牠是爲國家資本主義的方法，或國家社會主義的方策，其目的統通是想在「滿洲國」發展中，期望公共利益和私人利益調和。」

至於「滿洲國」所標榜的歡迎外人投資，除見有日人在「滿洲國」的種種投資外，對於允許其國家資本的輸入很少有正式的表示。說到「滿洲國」宣布的關於「在門戶開放和機會均等的原則下，開發富藏及振興實業的工作」，讓我們來作一種分析：「提到門戶開放一節，顯然的有許多國家（日本除外）在滿洲的團體暗藏着有如下的感觸：滿洲國的門戶雖然已云開放，但是有過多的日本人正蜂集在門口而把門塞住，使其他任何國的人無法進入，甚至對滿洲國的訪問也不可得」。當「滿洲國」官吏宣布門戶開放時（受日本人之強迫指示而出此），并不能謂爲美國資本家開放一個適於投資百萬的地方。因此，被人諷刺：「滿洲國」的任何實業上的事情，必須與南滿鐵路株式會社合作才有辦法，可是「滿洲國」的那個新公司組織（管理交通及實業），對這個機會分潤來，并未見有過憂慮的表示。」

在日本人獨佔了滿洲實業的時代，其他國家只有期望在經濟發展中器具的需要上，獲得爲築路用的車輪，汽車輪，壓路機等入口貨的增加；但是與日本商訂的普通貿易條約，除經日人特許在滿洲有效時，不能認爲在滿洲亦享有種種權利。所以「滿洲國政府」的用品在可能的情形之下，完全購之於日人，即鐵路材料，大部分也是由南滿鐵路株式會社的裝配工廠訂購來的。說到商業方面，滿洲棉貨的交易市場中，日人已經漸漸的於暗中將英國人驅出而把全部棉貨的交易移放到自己的掌握，現在「滿洲國」各重要都市的店舖，都充滿了價値低廉的日貨，貨價的低賤，甚至犧牲到英美兩國的商品不能希望與之競爭。日本人對在滿洲與他國競爭的問題，曾經過深切的研究，其結論：「以爲負責提高日貨的好況，經濟上的成分比政治的成分重要的多」。如日商在價值低廉中，顯然的享有許多天然的利益，可是遼寧牛莊及其他重要都市地方居住的外國商人，都對不公平的商業政策，懷有無限的怨恨，如，大部的日貨，都是經由大連自由港經租借地（遼寧半島仍屬日本管轄地）以輸運到「滿洲國」來的，除此以外，日商爲避免海關的檢稅，尚有一種巧妙的辦法，即將重要的零星貨打包由郵局寄遞。

## 四　各國在滿洲之大企業的恐慌

現在有許多在「滿洲國」的外國大公司（日本除外），如標準煤油公司（Standard Oil Company），英美煙草公司（B　American Tabacco Company）等，都表示營業情況尚佳。可是這種好況已陷在風雨飄搖中，何時瀕於破產，尚不能定：同時煤油公司對日本在大連設置的煤油精鍊器具——以限制粗精外國煤油入口，亦感覺到極度的不安，復據南滿鐵路方面傳說：「此種精煉煤油器具的能力，將使滿洲需要油量總數的五分之一受其限制，日人爲此，現正在繼續設置許多的大量儲油室，希望將來對於外國煤油的總輸入量遇到全數限制的目的。」該種設備之所以被人恐懼者，就是怕日人藉此以達其「不公平商業政策」的目的，同樣英美煙草公司，亦在感覺「滿洲國」政府（勿寧是日本）有設立一獨佔煙草公司的可能性，而發生不安。

「滿洲國」建築鐵路的急速執行，雖說爲計劃開發滿洲一帶的肥沃荒地，但是勿寧說是日人期望於將來同蘇俄作戰時能得到許多便利，才是「滿洲國」築路的無上真意。當一九三三年末拉濱鐵路完成時日人曾表示：「一切運輸可以不借中東路而直接由高麗口岸起經此路以達齊齊哈爾，並且在進兵北滿時，由此路比由安東舊路，可以節省出很多的時間。其他計劃建築中的洮索路（洮南至索倫），很顯然的是擬以此兩處的連結，作爲侵略蒙古的基礎；其他北滿呼蘭克山鐵路的延長線至黑河的計劃，也是具有便於日軍在攻勢上迅速進入俄滿接界的目的。

這些鐵路的建築，在軍事的觀點上看，無論是取守勢或採攻勢，都是經過深精籌考而後設計建築的。這種築路計劃無疑意的在莫斯哥觀察起來，是暗藏着侵佔海參威和沿海濱省的陰謀，或者就是真的也未可定。蘇俄官方爲此也曾發表談話：「兩年甚或一年以前，此等地帶尚可有被日人奪取的可能，不過自從蘇俄在遠東的機械化的軍備強大，和令人可畏的航空軍（倘有戰事發生日本本部各大城市都有被蘇俄飛機烘炸的可能）建立以來，此種可能性遂爲之一變。」現在蘇俄當局對其在遠東的實力，顯示出極度的滿意，特別是在防守性質的力量上，更表示一種確信不疑的樣子，至於沿滿洲邊境俄國已集結的兵力，蘇俄報紙上曾有如此的贊許：「蘇俄在遠東的防守設備，已給敵人以有力的威脅。」關於各種戰鬥力的實況，該報曾引用官方的談話：「我們在遠東軍備的配置，給取攻勢的敵人以嚴重的驚訝！特別是在陸軍空軍的嚴密結合，更與敵人以有力的證明；同業我們在海參威地帶的陸軍和海軍的防禦設備上，亦與敵人以無限的驚訝！」

## 五　難判斷的日本軍部態度

在以上的情況下，最難猜量的便是日本軍事當局的態度！他們的計議：是永遠佔據東四省呢，還是謀另向外侵略的途徑？這是誰也不易下判斷的；但是從各方面事實的表現上看，日本極端帝國主義的發展，和其龐大軍隊的設置，很明顯的，是含有吞併蘇俄東海濱省及海參威的意思。此種意思若能實現，日本可得到日本海的完全領有權；此後蘇俄海軍的行動，亦不致影響到日本本部，並且距離邊境很遠的海岸線，也容易減少敵人空軍的威脅。甚至有些主張此種論調的日本人，想吞併該如鄂霍次克海和堪察特加半島沿岸地方，以擯出蘇俄於大平洋之外，將鄂霍次克海變爲日本一內湖海，因此曾引出與蘇俄在北海一帶爲魚權常時爭論的事實；但是這委向外侵略的先鋒隊，令人十分懷疑，究竟在日本發生了什麼樣的影響？甚至在軍事方面也沒有引起怎樣的侵略熱潮？直至現在，日本當局（全國）也沒有被迫而從事這種刼奪蘇俄領土的運動。可是如此企業團體，若沒有愛國熱情作背景，決難得到日本軍隊的公開幫助。其他尚有爲我們所不能忘記的，日本人是最易受其國家宣傳感動的，這種宣傳狠易想到的，就是日本想以正義（假借正義實並非正義）的運動，普遍的刺激起其人民的愛國熱狂，吞併西伯利亞東部而把其日出的國旗帶到貝加爾湖沿岸。

東方未來的日俄戰爭，將要從日人北滿領土慾中演變出來，日本在內蒙方面的對蘇壓迫成熟時，便是日俄大戰的爆發時期。這種對蘇俄的壓迫，日本現正在積極進行中。日本人的心目中，對內外蒙的商業經營，同軍事一樣亦有極濃厚的興趣，因此日本調查團——包含金礦煤油礦及技術家等，現正在熱河西部及黑龍江西部一帶地方從事探索工作中；同時日本的政治官吏，也正在忙於宣傳工作，以期使蒙民明瞭其友鄰爲「滿洲國」而非莫斯科。蘇俄堅閉外蒙與他國來往的政策，被日人所嫉恨，並且不久或將來兩國間的種種爭持原因結合起來遇到成熟時，日俄兩國於蒙古一帶總不免一戰，那時蘇俄或被迫降服或與之開戰，必狠明顯的被我們觀察到。

## 六　結論

日本軍部比任何人觀察的都清楚，兩國間的大戰既是不可免，欲其待蘇俄第二五年計劃成功後——實業發展軍備充實，再與之決戰，尚不如乘其第二五年計劃未到期前與之決戰較爲有利；但是尚有其他原因的牽掣，使其計劃不能迅速執行，故日本軍部不得不預謀籌劃，日本軍部的意思，是待將滿洲沿鐵路的義勇軍肅清後，即必須以血勇的軍氣，開始激烈的戰爭；不然，供軍用的主要交通線時有被截斷的危險，另外日本狠聰明的，還設計改善牠軍隊的一切，以對抗蘇俄的機械化的軍備。現正從事軍隊改善的計劃有二：第一計劃，便是使其軍隊近代化及完成軍隊的新編制，並且機械化其軍隊的設備，以期完成一百萬幾本軍隊的實力，准於數星期之內佔領其所希望的土地。這種計劃將完成於一九三六年。第二計劃，便是如前所述的鐵路建設計劃，爲求進兵北滿在交通上的便利，並須於最短期間完成之。

由此評度之下，我們不能說這種種計劃足以免除引起增加兩國戰爭緊張的可能性，但是因此兩國間的大戰似乎將要向後遷延兩年或三年。

一九三四，四，廿日。

# 青年界

《青年界》创刊于中华民国20年（1931）3月10日，编辑署名石民、赵景深、袁嘉华、李小峰。起初为32开本，从第5卷第1期起改为16开本。民国26年（1937）5月后曾休刊，民国35年（1946）1月又复刊，复刊后仍回到32开本，卷期另起。后于民国37年（1948）12月停刊。该杂志每五期为一卷。

该刊是一本适合青年阅读的综合性刊物（部分篇章为英语内容）。该刊创刊之初就承诺“给一般青年供给一些精神的食料”。该刊内容十分丰富，而且刊载名家名作也相当有代表性和影响力，其内容采选不仅有文学及文学史评论、原创小说、诗歌、小品、随笔、书评、文坛消息等，而且还在创刊初期重磅推出了有名的“作家介绍”“近代绘画代表作”、科学和医学“杂谭”及“英美言语辩异”和海外通信等，后来又辟有青年文艺、短章、人物素描特辑等这些适合年轻人参与和阅读的栏目。

该刊出版一直受到众多名家关注和供稿，随手打开一册就能看到胡适、鲁迅、郁达夫、周作人、周建人、老舍、沈从文、朱湘、臧克家、废名等这些文坛大家的言论和著述。

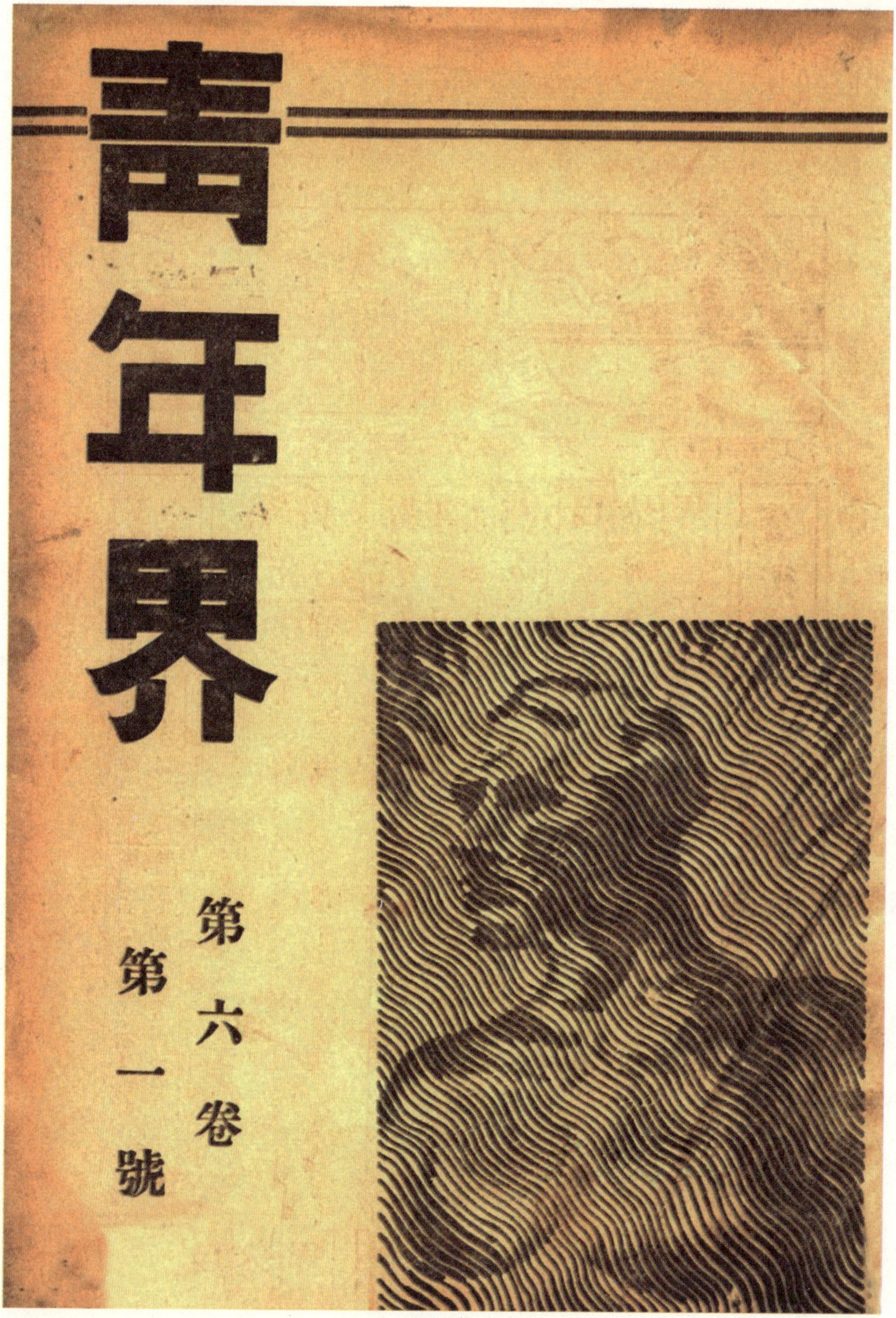


《青年界》杂志封面

# 日本侵略中國將更加緊迫

陳清晨

## 一

四月十七日，日本政府欲獨吞中國的聲明，驚動了中國，驚動了全世界，各國報紙都以特大注意批評記載這個聲明，國際政治事變都被這個兇狂的聲明所掩蔽。自日本帝國主義出現於世界政治舞台以來，其對世界或對中國之公開威脅，從未有狂妄、露骨、狡猾、像這次聲明這樣厲害的了。

這次聲明，表示了什麼呢？——表示了第二次世界大戰的將要來到，表示了日本之侵略中國將要更加緊迫！

自從九一八事變發生於遠東，希特勒勢力騰阜於德國，世界大戰便有不久要來到之勢。於是各帝國主義便一齊努力於軍備之擴張，以圖在大戰來到時佔得必勝的地位。在這種情形之下，日本帝國主義怎樣呢？牠自然要着着爭先地與英美競爭軍備。但牠的國土狹小，物源貧乏，不若美國之地大而物博；牠的殖民地少，不若英國之有印度作倉庫。因此牠不得不向近在咫尺的老弱中國作侵略，以便一旦有事時不虞物料供給的斷絕。因此，牠於得到滿洲以後，又侵及熱河，侵及華北，迫中國訂立塘沽協定，把平津放置在牠的衣袋之中，又把整個華北放到牠的勢力之下。於是牠又東侵內蒙，飛機不斷往來於察哈爾境內，要西侵青陝，北制蘇聯。又竭力發展東北的交通，謀日本滿洲間聯絡的嚴密，以預備日蘇戰爭。到現在爲止，日本在東北及華北的活動，可謂意到心隨，無往不利。如果牠

以得到東北及控制內蒙華北為滿足，那現在日本帝國主義者真可以高唱凱旋之歌了。但無奈牠的慾望並不止此，並且事實也使牠　能止於此。二次世界大戰　，是一個持久的，拚國運的大戰，而戰場　，如果戰事中心點在遠東的話，是在太平洋上。日本帝國主義，要得到勝利，不但須充足牠的物料的供給，並且還須預籌牠的後方的鞏固。可是處在日本後方的中國，是最不容易鞏固的：日本既以武力侵略養成了中國民衆的仇恨，又以獨佔滿洲招致了英美各國的嫉忌，而中國的一部分又處在英美支配之下，一旦太平洋大戰發生，對於戰事中間的日本，中國民衆既有乘機報怨的必然，英美勢力也有從後而攻的可能。那麼，日本怎樣辦呢？牠的惟一方法，只有攫取中國，把中國緊握在自己的手裏，排斥出英美在華的勢力，消滅中國的反抗力量。只有這樣，牠才可以得到後方的鞏固。日本受使滿儀稱帝，便是朝着這個方向走的。四月十七日的聲明，也是朝着這個方向走的。

所以四月十七日的威嚇的聲明，是日本公開地表示不needs容忍英美在中國擴張勢力，要把中國放在牠的衣袋裏，獨吞獨享；是表示日本已不滿足於過去已得到的東北四省和華北一部分了，要更進一步擴大侵略的範圍。這聲明，表面上好像來得很突然，但其實，則是九一八事變，侵略熱河平津，控制華北的政策之一貫的發展。牠只表示日本侵略之將更積極，將由華北而南下擴張到黃河流域和長江流域，將設法排斥英美在華的勢力。這種傾向的結果，是加速二次世界大戰的來到。

二次世界大戰的前夜之現在，各帝國主義，尤其是手執刺手四面尋釁的日本，都以最大力量來作戰爭的預備。從這個觀點來看日本以塘沽協定統治華北的意義，四月十七日聲明的作用，以及今後將冒一切危險向華中進攻的事實，我們便可以不至於茫無頭緒了。

## 二

四月十七日的聲明，是日本外務省的一個非正式的聲明。其內容略為：

『日本對於中國之態度，或有與外國未能一致者，亦未可知；唯此種情形，乃專顧於日本在東亞之地位與使命而不得不爾……單獨進行維持東亞之和平與秩序，乃日本之使命，日本對此使命，有決行之決心。職是之故，中國之保全、統一，乃至國內秩序之恢復，自東亞和平見地觀察，同日本所切望者。唯中國之保全、統一，及秩序恢復，必有待於中國自身自覺與努力……

「帝國自此種見地出發，認中國方面苟有利用他國，排斥日本，出之以違反東亞和平一類手段，或出之以夷制夷之對外方策，日本不得已，決不能不與以排擊。又列強方面，苟因顧慮滿洲事變上海事變形成之情勢而對中國欲採共同動作，則縱令其名目爲財政的援助或技術的援助，終局在中國，必然的帶政治意味。此種形勢助長之時，遂開設定勢力範圍，國際共管或瓜分之端，此不僅對中國爲大不幸，即東亞之保全，乃至爲日本計，亦有影響重大之權。日本在主義上，不能不對此表示反對。

「唯各國各別與中國自經濟上貿易上進行交涉，事實上雖爲對華援助，但在不妨礙東亞和平維持範圍以內，日本亦無對此實行干涉之必要。如右述措置，誠使東亞和平維持陷於紛亂，則日本不得不反對。例如最近外國對華售賣軍用飛機，教授飛行術，派遣軍事教育顧問、軍事顧問等，或借政治借款，結局明白離間中國與日本及與其他各國間之關係，發生違反東亞和平維持之結果，日本就其立場言，不得不反對。」

日本的這個聲明發表以後，全世界爲這種蠻橫無理所震動。到四月十九日，世界方在驚異注目之際，日本外務省又作出一個更露骨的表示，說：如果因爲國際合作協助中國而遠東的和平與秩序遭受擾亂，日本將要作積極行動；如果別國用武力，那麼日本也要用武力云。

宣言發表以後，日本政府便命駐在各國的日本公使，一齊活動，並一齊發表談話，但談話內容甚不相同，與聲明本身更多不同，而態度最蠻橫的，則是駐美日大使齋藤博的談話。他說 日本的聲明，係因於美國對華貸給棉麥借款，而此款據說將作政治用途，威脅亞洲的和平。齋藤又聲明日本不欲中國仰賴相距遙遠的國家予以軍事協助。在華有商務利益的國家如蔑視日本前來，於接洽各種事項獲得成議前，不先與日本磋商，則日本將視爲一種不友誼的行動云。

中國駐日公使蔣作賓於要求日本廣田外相解釋十七日聲明意義時，廣田的話，則是直接要中國遇國際合作事應先與日本協議爲當。這更是要把中國當作日本的保護國，事事須請命於牠了。

列強中對於日本這個非正式聲明最關心的，當然是在中國有重大利益的英美兩國。英國政府首先發出照會給日本，聲明英國對於九國公約及一九二〇年的四國銀團協定始終尊重，即表示不承認日本在華有特殊權利。其他如法意蘇聯等，或因遠東形勢的轉變與牠們無甚大利害關係，或因遠東形勢複雜自己不欲多發言，故而對於日本的這個聲明，都保持沉默。至於最重視這個問題並欲有嚴重表示的，則是美國。日本的聲明，對於美國當然是有意挑釁，但因聲明是非正式的，何人負此種聲明的責任，日本則故弄狡猾，因此美國雖暗中預備活動，但表面則甚爲沉默。美國政府邀集九國公約簽字國駐美公使會商，並且特別與英國大使林德色會談，欲商得一致行動的辦法對付日本。但因英國不欲把問題擴大，或因牠與日本已有什麼密約，不贊成美國一致行動的辦法，故協商無結果。於是英國政府便明白地表示不能承認日本有權干涉別國在遠東的行動，但同時則承認在中國『日本有爲他國所公認而爲他國所未享之特殊權利』（西門外相四月三十日在英下院宣稱）。而美國則於四月二十九日單獨對日本提出正式照會。照會內容，言婉而態度甚嚴重，說：關於財政方面或其他方面援助中國，苟不違犯現行條約，美國實無意於事前商諸日本，美國人民及美國政府的意見，決無一國不得其他關係國的允許，而能以一己之意見，判斷其他獨立自主國家的權利義務及合法利益者云云。

日本十七日的聲明，既經惹起英美的嚴重注意，日本廣田外相便於二十八日（美國照會未發出之前）正式撤銷該聲明，說該聲明並未『正式存在』、並表出日本在遠東的政策，可以數語概括之，即：『吾人願中國之統一與繁榮；蓋知日本在地域上所處地位，設中國統一與繁榮，日本可獲貿易增加之利益。惟中國之統一與繁榮必由中國之覺悟與中國自己之努力得之。』此數語，表面雖緩和，但其內容如加以推演，則與十七日聲明的內容無甚出入。無怪美國得到此種表示後，仍以爲事情並未完結，而必須照嘗提出辭婉而莊嚴的照會了。

中國政府於日本聲明發出後，十九日向各國公布了一個聲明書，內容只說明：『國際和平的維持，端賴世界各國之羣策羣力……中國為國聯會員國之一，對於提倡國際合作，認為其應有之義務，中國與他國的合作，不論其為借款或技術協助，常限於不屬政治事項……』，措詞的委婉，未嘗多見。二十五日中國政府再度聲明云：『中國之主權與其獨立之國格，斷不容任何國家以任何藉口，稍予損害……中國不能容忍列國間之共同束縛勢力，猶如不能容忍任何國家之單獨束縛勢力……。』這種聲明，內容雖然軟弱，但除了作這樣的聲明以外，還有什麼辦法呢？

至於各國報紙對日本聲明的態度，則大都表示嫉惧，而尤以美國報紙為甚。據統計，美國全國報紙之表示反日者，佔總數百分之七五。英國保守黨（現政府的台柱）報紙曾主張英國聯合美國，制裁日本。

距日本聲明已發出三星期的現在，因英美的不能一致，及日本之正式取消其聲明，這個震動全世界半月有餘的東京炸彈，已煙消雲散，表面上似已成為過去的事了。

# 三

一般推測，日本這次投這個炸彈的用意，是如聲明由所指出的，反對宋子文等最近所組織的建設銀公司，反對國聯技術合作委員會的幫助中國，反對美國對華的棉麥借款，反對中國向美國購買飛機。這是對的：日本這次聲明的一部分意義是威脅美國等，不許牠們在中國擴張勢力。但這只是聲明意義的一部分，其他還有一個重要部分，且日本將更加緊迫地使中國向美國講……牠已不能再像過去那樣，必忍美國在中國擴張勢力了，以東北華北所已得的地盤為造足了。這個聲明，不過是一個先聲，不過是更加緊使略的一個預告。

雖然日本這次聲明的總方向是預告着將加緊侵略中國，但牠為什麼不像過去九一八及一二八事變發生時情形一樣，直接地暗地地向中國進攻，而必須用威嚇世界的聲明手段呢？這是因為日本帝國主義想不費力而大有所得，要排斥美國在華的勢力，如直接地或單方面地對美國逼迫，那是不易有結果的，但如轉而對這個東亞大陸作成嚇，同時又威嚇中國一部分人所依賴的美帝國主義，以表示日本帝國的無憚無忌，那可以很容易使這個老弱的中國就範。所以日本這次聲明，是一箭雙鵰的辦法，牠明知道美國目前軍事準備不完全，不敢與牠一戰，而這一聲明可以使中國無可奈何。看目前的形勢，日本的這次的舉動，好像已達到所希望的目的了。

# 四個月來日本在東北之文化侵略

## 日寇奴化東北教育之一斑

▲改纂教材造成親日傀儡
▲提高學費抵制青年就學

（東北社長春訊）日本在東北對僞滿洲國之經濟政治、軍事、均一手操縱、而對僞國之教育更着着實行其侵略文化之毒計。因一國之强弱。根本全基於教育。故日寇以亡韓故技。奴化東北青年。以達其永遠統制之目的。玆彙集各情於次，

**改纂教材** 日本對僞滿洲國中等教育異常注重，關於教授問題。以前曾選舉委員專從事蒐集材料。最近在奉天中學校舉行委員會。依據該會某委員所修之草案。更由其他委員編纂。而加入整理。至今年三月完成。自四月新學期起即用該項教材。由該委員蒐集之諸項資料。實在一千三百點之上。與在大連委員所選擇約成五百頁左右。在最近之審議會上有中等學校校長三十八名。充爲委員。更有日關東廳學務課栗林事務官參加該會。曾予以嚴密檢閱，奴化東北教育之教材。始脫出矣。按暴日佔領東北後，即極力檢拾不當解說。以東北與中國本非一體之謬論。覺有喪心病狂之漢奸，甘於爲敵人役使。揑造黑白。附會暴日之怪論調。

**變更學制** 僞國文教部已通令各教務局。自本年春季始。鄉村各學校。除讀經學外。應特別注重研究日「滿」共存共榮之王道政治。而於校園或隙地。並自行耕耘播種各種穀物。至於城市學生。應於課外實習工業。其作品則由學校或託商家代賣。因此鄉村學生則注意學國學農。城市學生則務於工業化。而學問則均無暇研究，此爲日人所施之愚民教育政策。

**日語滿語** 僞文教部所創辦之職員語學講習所，其目的在教授日語、滿語、以造就忠實馴順傀儡人材。現在該所又開始招募第四次學員。仍照舊授以日語滿語兩科。日語科設於長春公學校內。滿語科設於室町小學校內。兩科共分四部。每部修業六個月。日語科共招四百八十名。滿語科共招二百名。已於三月二十日開學。

**提高學費** 僞國受日方主使。擬定於本年下學期開始。初級中學全年學費四十五元（原二十一元）雜費十二元（原三元）制服費二十元。入校時一次繳清。共七十七元。小學全年學費三十元。雜費七元。制服費二十元，亦一次繳清，共五十七元。（事變前小學全年各費不過三十元）按目前東北大豆值一元二角。高粱值六角計。

東北消息彙刊　創刊號　四個月來日本在東北之文化侵略

東北消息彙刊　創刊號　四個月來日本在東北之文化侵略

農戶每種地十畝。須負債二三元。小農完全破產。中農尚可支持。大農則喪額更甚。暴日即根據此種現狀。提高學費。意在使無力担負者。根本不能就學。并對有力就學者。授以日製之教科書。使之奴化。今年以後。七歲以下之學童。將絕跡於小學之門矣。

**設博物館**

僞政府擬在瀋陽創設國立博物館。醞釀已久。迄未具體決定。經僞文敎部之助力。決定在三經路湯玉麟之舊邸爲館址。於四月內即可成立。該館長已委定袁金凱充任。現正在籌備一切。

**留學額數**

僞國規定留學制度。所派往國外留學者。均爲培養外交漢奸人材。現已決定留學額數。計英、法、德、美各三名。日本一百二十名。而日本留學額數獨多於他國者。以期多造就親日份子云。(四月三日)

# 中南情报

《中南情报》的前身是《南洋情报》，创刊于中华民国21年（1932）11月，上海国立暨南大学南洋美洲文化事业部编辑。半月刊。1933年10月停刊。

民国23年（1934）4月，《南洋情报》复刊，改名为《中南情报》，由国立暨南大学海外文化事业部、中南情报编辑室编辑，国立暨南大学海外文化事业部出版发行，国立暨南大学印务组印刷。社址位于上海真如。每月1日、15日出版。沈鹏飞题写刊名。该刊出版至民国24年（1935）6月终刊。

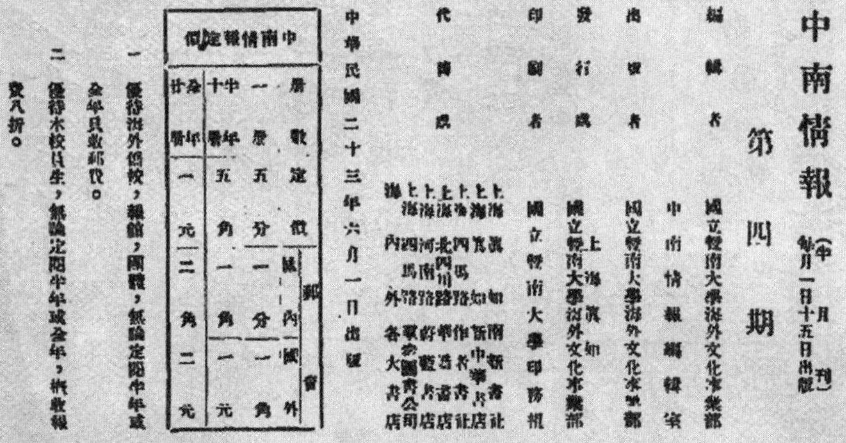

中南情報（半月刊）每月一日十五日出版

第四期

編輯者 國立暨南大學海外文化事業部 中南情報編輯室

出版者 國立暨南大學海外文化事業部

發行處 國立暨南大學海外文化事業部 上海真如

印刷者 國立暨南大學印務組

代售處 上海真如南新書社 …… 海內外各大書店

中華民國二十三年六月一日出版

中南情報定價

| 册數 | 定價 | 郵費 國內 | 郵費 國外 |
| --- | --- | --- | --- |
| 一册 | 五分 | 一分 | 一角 |
| 半年十二册 | 五角 | 一角 | 一元 |
| 全年廿四册 | 一元 | 二角 | 二元 |

一 優待海外僑校，報館，團體，無論定閱半年或全年，只收郵費。

二 優待本校員生，無論定閱半年或全年，概收報費八折。

《中南情报》杂志版权页

沈鵬飛題

中南情報

內政部登記證警字第一六八八號

第五六期

排華專號

第五六期合刊目錄



半月刊

(民國二十三年八月一日出版)

國立暨南大學海外文化事業部刊行

《中南情报》杂志封面

# 日本排華之動機與實況

石楚耀

## 一　前言

普通之所謂排外運動者，考其動機，大都含有一種民族的情感；或挾窄的國家主義思想，或錯誤的愛國心於其中。然在經濟體系之已由國家經濟而進至世界經濟之近代資本主義社會，一般之排外運動，與未開化之原始社會或閉關自守之封建社會稍異其趣。在資本主義社會裏的排外運動，苟若沒有「經濟的動機」——詳言之，即經濟的利害關係之衝突——爲其基礎，則排外運動勢必難持久而有力。

因此之故，日本之排華，當然亦不能例外。惟古來我國與日本之關係，至爲深切而複雜；故其排華之原因與動機，亦不如美國之排日，墨西哥之排華，德國之排斥猶太人那樣的簡單。所以我們對日本之排華，如欲究其根源與尋其原因，必須要由多方面來觀察才可。

## 二　排華之動機

在日本排華之諸原因中，其最主要者，厥爲經濟方面。在資本主義發達到很高度的現代獨占資本主義時代，因生產與資本之甚形集中（Tentralisation）與集積（Nongentration），致以資本主義的特質遂轉化爲適與在來「自由競爭」相反的「獨占」

。因此，不但國內一切企業都被操於本國大資本家之掌中，而且須積極向海外發展，於是乎在其本國當然不容他國資本之侵入。日本資本主義既然已發展到獨占金融資本主義的階段，當然亦不能例外。惟我國乃僅爲一帝國主義侵略下的半殖民地，以抗諸帝國主義之侵略猶恐不及，何有餘力以侵進日本而與其雄厚的獨占資本拮抗呢？故此點固不足視爲日人排華之經濟的原因。然而我人須知僑居日本之我國同胞，多半係營商與從事勞動工作者；商業，本爲國人之所長，華人勞動者之耐勞與工資之低廉，又爲日本勞動者之所望塵莫及。故由日本中小商人及勞動者觀之，華僑實爲彼輩之一勁敵也。中國勞動者之爲日本勞動者所妬惡，固爲意中事，然爲何日本資本家及爲政者，亦反要排斥工資低廉忍苦耐勞而最足任他們日本資本家所剝削之中國勞動者呢？其主要原因，即自經濟恐慌風靡了世界各地以來，後進的日本資本主義，尤其感到極端不安與痛苦，如生產率之降低，勞動者過剩，失業者滿處皆是，國內革命情勢亦已騰到極高度。他們資本家，如再祗貪中國勞動者工資之低廉而盡量採用，則徒使日本勞動者之益陷於困苦，而愈激起其革命潮而已。此於日本治安不惟有礙，對於資產階級本身亦實爲一絕大的威脅，進而且足以危及資產階級之存在。故日本資本家及爲政者，爲着自己之存在計，亦不得不極力壓迫與排斥旅日華人勞動者，此實爲日人排華最根本的原因。

其次，日本爲一後進之資本主義國，其飛躍的發展，乃起於歐洲大戰之時，惟日本本國本極狹小，加之比及其發達到相當程度時，世界各地市場早已爲諸先進帝國主義所分割完妥，殊無其發展之餘地。於是乎日本乃不得不傾其全力向中國侵略。然而其對中國之侵略，又較之他帝國主義爲甚；不惟不擇手段，且最爲露骨而辛辣，故中國人之恨日帝國主義亦最深且切。因之中國民衆之排日運動——反帝國主義——亦以對日最爲尖銳。但日人不但不認自己之錯誤，而反怒中國民衆之排日運動爲不正當行爲，於是乃取報復的手段，盡其壓迫華僑與排華之能事。

況現在之世界，強權勝於公理，一切所謂外交，須具有強有力之兵力與雄厚之經濟爲其後盾，始克有効；我國外交既無後盾之可言，則雖受人欺辱，亦無法交涉。加之，日人之外交，本以野蠻橫暴著名於世界，其視條約與公理，宛如廢紙，於是乃一味蠻行，而使日人之壓迫華僑與排華運動益趨激烈，而違反人道。

且日本之教育，本以排他的國家主義爲本，其對一般國民，則極力注以排外之精神與狹窄之愛國思想，加之，近年來日本右傾思想之風行激烈，乃使日本民衆益爲狹窄淺薄的國家主義之所驅使，而益加極力排斥華僑。

然而日本之排華，不惟如上所述之經濟的政治的原因，即在其民族性心理上，亦有很深之根據。

我們知道居住於島國之人，性極狹窄、排外之心甚重；故他們日人亦自稱爲「島國根情」。蓋謂其度量之小，正如島國之狹窄。是故古來日人排外之心，即已極濃厚，如德川幕府時代——即明治維新以前之武人政府——攘夷論之激烈，即其一例。故日人之排華，其在來之「島國根情」此種劣根性，亦其原因之一。

不惟如此，日本之民族性，最富於摸倣而缺乏創作，其自古代迄今之文化，無一不倣自外國。昔日我國之文化，冠於亞洲，隋唐之際，正如歐洲古代之羅馬希臘，文化制度，燦然一世。故古時日本，最崇拜我國，其所謂文化者，無一不倣自我國。當時在日本上流社會，開口閉口，總離不了「唐」——Kara，蓋卽中國之意——字一辭；再如在德川時代之漢學者中，甚至有嘆其不得生於中國，而引爲一生憾事者！迨至西方文物東漸，我國文化因徒注重精神而忽視物質，故在某方面，遜於歐美文明者甚多。至是，日本乃又現出其摸倣之本性，極力摸倣輸入歐美文明。終遂數典忘祖，反蔑視我國爲野蠻無組織之國家，而不記其所以有今日之文化者，實爲我國之恩也。加之，年來日本資本主義之高度發達，與夫我國之呻吟輾轉於帝國主義鐵蹄底下，乃益增長日人對中國所抱之優越觀念，而越發鄙視中國與中國人以及中國文化。此亦爲日人排華之一心理的根據。

## 三 排華之實況

我國旅居日本各地及日屬朝鮮台灣之華僑，其人數在民國二十年前，約有二萬左右（此外台灣復有四百萬人，惟在我國割讓於日本時，均被日政府強迫入日籍矣）；然自二十年夏萬寶山慘案及朝鮮排華慘案相繼發生後，日人每遇華僑，卽任意侮虐，或加毆打，華僑之生命財產，無時無地不在危險之中。迨至九一八事變及淞滬戰役以還，旅日各地華僑因不堪日人之凌虐與壓迫，大多損家棄業相繼回國，故現時除了留學生之赴日者稍見增加而外，各地華僑人數則大有與日俱減之勢，故現時其人數僅爲二千人左右而已。至於華僑現光之分佈，在日本國內則集中於東京，橫濱，大阪，神戶，長崎等處，朝鮮則集中於漢城，仁川，平壤等處，台灣則僑民與居民不分。他們之主要職業，在日本國內多爲從事西衣匠，理髮匠，菜館，小販等；在朝鮮則從事於礦木等工作，商則綢緞夏布莊及餐館等。台灣華僑因遍布各地，故其職業不勝舉枚。雖謂其後兩國間之邦交，逐漸趨於和暖，但日本各地之排華運動仍未曾或止。既如上述，僑居日本之華人，以小商人，勞動者及學生占其大部分，故茲就日人歷來對他們之壓迫或排斥實況敍述於下：

僑居日本之華人小商人，多居住於橫濱，神戶，東京，大阪，長崎等處；而他們之職業亦多屬於小資本之營業，如開服裝舖，理髮居，餐館等。然而自九一八事變發生後，常受日人之侮虐與毆打，其生命財產更是時時刻刻受着威脅，故乃相繼回國。嗣後，他們因鑒於中日邦交之日趨和緩，乃擬相繼欲再往，但屢次均遭日當局之拒絕上岸。

如在民國二十一年七月，有因滬戰時歸國而再赴日之兩批華人，均被日水警逐回，繼有第三批赴日之華商九人，到橫濱神戶等處經商者，亦被禁止上岸，押乘日本郵船公司輪船回滬。又同年十一月底，有經營洋服商之華人魏某等及經營菜館之黃某等回日，亦被日警署禁止上岸，當由日警將各華僑押上日船笠置丸號驅逐回國。而在民國二十二年二月，日本青森縣警察，忽傳令停止當地華商林德昌林洪發等二十一人營業，並限

即自備川資，一律回國。嗣後經我駐橫濱總領事館，派員向該縣知事據理交涉，據稱此事係受該國內務大臣（即內政部長）之命，不許華僑在此營業；其理由爲恐華僑失業後，如不能生活，必會流竄他縣，致發生事端。嗣經我使館再向日外務省（外交部）交涉，日外務省僅准將擬送之二十一名中擇留三名，餘者仍照原來傳令送回國。同時，在東京與大阪方面亦有同樣之事發生，即有在該地經營雜貨物及餐館者，共有七八十人，亦爲該地警署當局禁止留日，押令上船，驅逐回國，其情形至爲狼狽。按日政府對我僑民此種排濟辦法，確已有全盤計劃，近年以來，取締之法規，逐次增嚴，待遇之途，亦復加苛苛。不特來者不能輕許入國，即留者亦每被遣逐。及九一八事變發生，日人更乘勢壓迫，華僑失業者愈衆，生活極感困難，紛紛請駐日公使館，設法遣送回國，當由我政府先後派艦運載回國者，計達二千餘人之多。我人由此亦可窺知日人排華之一斑。

此外尚有不少之華僑，在九一八事變發生後，雖深憤日寇之殘暴而欲回國，但終因種種關係，未能遂即擺脫回國。迨至日軍攻我熱河，中日邦交更形險惡，以故留日華僑歸國之心益切，然仍因當時日政府對於居日境內之華僑，作嚴密之監視，如暗中派密探跟隨華人，以監視其行動，或借戶口調查之名，每日遣警察往華僑之住所；並且對回國華僑又不准其攜帶現款出口，且返國手續亦甚困難，故在日之華僑中，大有欲歸不得者亦頗不乏其人！

總之，日本政府之排斥華僑，實已無微不至。在日之華商回國欲再赴日者，須於回國之前，先向日警署領取憑證，否則不准再往。蓋如此則可禁止華人之赴日，且使在日之華人有減無增也。

至於居日之華工，近年來日政府因鑒於其國內失業者日衆，爲安置其失業者之就職計，遂毅然變更其過去之利用忍勞耐苦而工資又低廉之華工。於是乎我居留日本之華工，便不得不一批一批的被驅逐回國了。至於我居留日本之華工，以居住於大阪，長崎爲多；而其職務除了分散於各工廠作工而外，在日輪上服務者亦頗多。並且其驅逐華工，亦以九一八事變爲最激烈。如民國二十一年二月，有服務於大阪某大油廠之華工數十名，爲當地日警務當局禁止留日押令上船，驅逐回國。再如朝鮮釜山府下某大礦山之華礦工百餘人亦遭同樣運命。又二十二年春，長崎之排斥華工更爲激烈：該地華工數百人全部被解雇。至於日輪上之華人船員，自民國二十二年四月七日，日本海員會大阪支會通過一議決案，促請日本航業界排斥中國船員，並要求中國船員立即離開日船。於是其他各地之日本海員公會支會，亦先後通過同樣決議案。然後由公會總會呈請遞信省與拓務省，採納其建議並要求立即採取有効之實際行動。故自此而後，日輪上之華船員幾乎已告絕跡矣。

我國每年赴日留學者，爲數頗多。但自九一八事變發生後，大都歸國，然其中亦有逗留未歸者。至於留學生之受壓迫或排斥，約可分兩種而論。一則肄業於大學之學生，常爲當地警視廳或警察署派密探暗中監視其行動，如稍有愛國思想或行動者，必立即被驅逐出境。如在九一八事變後，有戶山學校中國學生田湘藩者，曾得上校階級，竟被警視廳外事課加以指導抗日運動之罪名，由內務大臣下令驅逐出境。又在二十二年三月間，無端逮捕華生五十餘人，亦加諸參加抗日運動之罪名，非刑拷訊論監禁之後，均被驅逐回國。二則肄業於中學之華生，雖不甚爲日警署所注意，但代以常受腦中充滿一知半解之愛國思想的日中學生之侮辱。如常因在校成績之優良等原因，致惹起彼輩之嫉妬，由嫉妬而生恨心，再由恨心而發生毆打或侮辱華學生之事常有之。如今年五月二十三日，有寄住於長崎之華花木（年齡十九歲）之被該地日本中學生所殺。事後雖經該地華僑團體及領事館據理交涉，然所謂交涉結果之成績者，殺人兇手日人渡邊龍雄則僅被處輕罪了事。

## 四　結論

綜以上觀，歷年來日本各地之排華運動，僑居日本之華人所受的痛苦，已可窺見其一斑。其急需設法加以救濟自不待言。際此國內正陷於貧困狀態，失業者正在日增之時，而海外華僑又復不幸源源被逐回國，是不特華僑歷年來在彼地艱苦所植之勢力，將爲傾滅，即國內社會亦必將蒙鉅大之影響，而益陷於失業凋敝之境地。故設法以消弭各地之排華運動，謀救濟國外僑胞之失業，實爲政府當局對僑胞之當前要舉。政府對於日本排華運動，雖曾迭次訓飭駐日使館，向日政府嚴行交涉，徒以國力微薄，加以日本外交本以野蠻橫暴著名，故雖幾經交涉，迄亦無若何之効果。並且近來日人雖口唱「中日親善」，然實際上在其國內之排華空氣之濃厚仍未遜於昔日。故我旅日僑胞之生命財產乃無時無地不在危險之中。因此，我們對此嚴重問題，決不能等諸閒視！至於謀解決此嚴重問題，則可促兩方面進行。即在政治方面，須力謀外交之保障；在經濟方面，則安置被迫回國之失業僑胞。

本來，僑胞之被排斥，實爲國家之大恥：若果國而有力，當採斷然之對抗手段。然以我國今日之國勢，既無強大之武力以代鳴不平，則唯有依賴外交上之折衝周旋，以謀保障而維國權。故爲敦促各國之反省，保全華僑之陣容計，亟應以健全各地使領爲起點，而精選使領人員，寬籌使領經費，務使各地使領館均能切實爲僑胞服務。如遇有壓迫或排斥華僑者，務依據國際公約，悉力交涉，嚴行抗議，力謀制止其排華之無理行動；庶僑胞之生命財產及職業活動，得能得法律上之確實保障。

話雖如此說，惟外交既須以武力爲後盾，今之我國既無充分的外交能力之可言，我們認爲解決旅居日本而被逼回國之失業僑胞，最切實之辦法不外爲從經濟方面着想。因此之故，安置失業僑胞，首先亟應先行創辦各種工廠，專門收容華僑。因爲失業僑胞之回國，大都難謀相當之工作。閒散艱困，勢所不免，流離轉徙，易入岐途，是不特徒增國內失業人數，且易引起社會種種糾紛。故維持救濟當爲急務。因之，除擇其有家有業可操者，遣送回籍，俾得樂業；餘則設法分別派入現有國營之工廠礦區，盡量安插。此外再於各口岸僑胞集中之區，酌予設立失業華僑收容所及華僑職業介紹所，以資安插。尚能籌集資本，設立各種工廠，專門收容華僑，則更佳矣。

總之，工廠之收容，乃爲謀失業華僑之安插。然而旅居日本之華僑，常因某種關係致未能回國者，既不在少數；我們認爲他們除了恃賴祖國政府之注意庇護而外，一方仍須依賴自身之努力，發揮華僑之團體力量，以對抗日人無理之壓迫

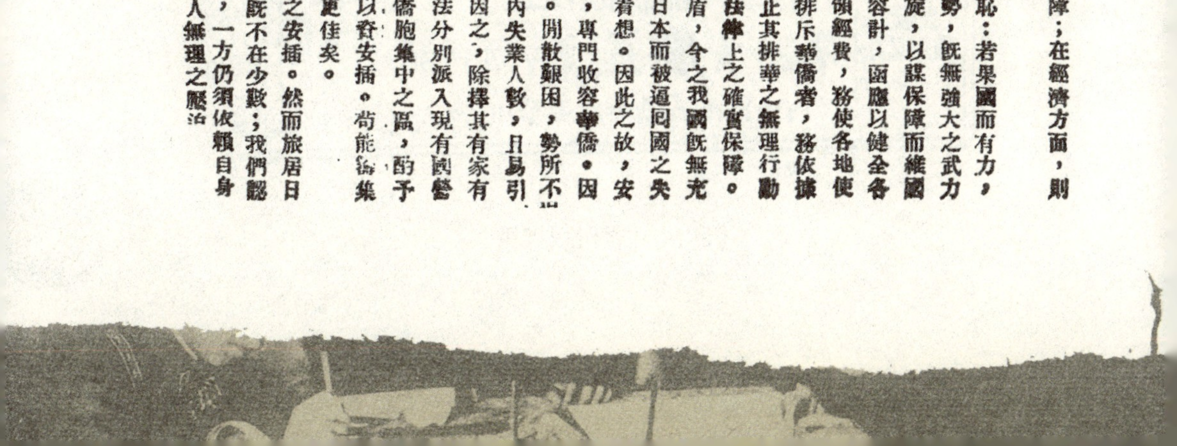

# 新　　生

《新生》周刊，上海新生周刊社出版。主编：杜重远。中华民国23年（1934）2月创刊，民国24年（1935）6月停刊，共出版72期。该刊的办刊宗旨是抗日救国，为祖国人民生存而奋斗。

新生周刊

第一卷　第四期

中華民國二十三年三月三日出版　（每逢星期六發行）

本期要目

兩個笑話　杜重遠
美國的金銀政策　先闘
意大利與日內瓦　晋盧
蘇聯真的要趕
上美國嗎？（下）　鶴如
南洋的不景氣　吳小之
銀行界　谷木田
工作的報酬　作孚
健康與生命　董倘齋
我的志願　寶和
除夕之夜　寶和
廢曆的新年　寶和
犧牲　劍萍
道路二（四）　萬曼
空屋九千餘戶（小說）
新術語（四則）
小新聞（八則）
插圖三幅

零售每册六分　全年五十期　國內一圓八角　國外四圓五角

編輯兼發行人　杜重遠

上海圓明園路一號二樓

發行所　新生周刊社

中華國貨產銷合作協會內

中華郵政特准掛號認為新聞紙類

國民政府內政部登記證中宣會

《新生》周刊版权页

《新生》周刊封面

# 日本主辦的中文報

素之

碰來碰去我都看到日本帝國主義主辦的中文報，卽使用盡了一切自制力，也壓不下內心的憤怒，對這件事保持沉默眞是千難萬難。

記得周作人先生早年在語絲上常講到這種『奇事』——外人在中國辦中文報。這些文章都收在談虎集裏。我認爲對事的主張既有前人發表過不妨引用，相同的意見不去引用而一定要自己選辭造句實在是多勞的事，因此我借了一本談虎集下卷，抄出周先生在十四年時的意見。

『我決不怪日本報紙發表什麼暴論，我們卽使不以爲應當，至少是可以原諒的，只要牠是用日本文寫的：他們寫給自己的同胞去看，雖然是說着我們，我們也可以大度地不管。但是如用了漢文在中國內地發行，那可是不同了，牠明明是寫給我們看的了，報上又聲聲口口很親熱地叫『吾國』，而其觀點則完全是日本人的。憑了利害截不相同或者竟是相反的外國人的標準，來批評指導中國的事情，自政治外交以至社會家庭，思想道德的問題，無不論列，卽使眞是出於好意，我們已經感到十分「可感謝的爲難」，何況順天時報之流都是日本軍閥政府之機關，他無一不用了帝國的眼光，故意來教化我們，使潛移默化以進行一德同風之域歟。』

這是民國十四年十月二十日周先生於『北京』發表的『日本浪人與順天時報』一文中的話，事實告訴我們，潛移默化的確有很可觀的成績！在日本進攻平津的時候，竟有人放下抵抗不談，主張劃北平爲『文化城』。

再回想到『九一八』前的東三省，至少在南滿主要的報紙都是日本的機關報，盛京時報成爲東北唯一的權威，而很少有人知道牠是日本的機關報，牠收到了多少效果，我想明眼人都看得見。

現在上海，日本帝國主義者也辦有中文報：江南正報。在虹口區域各處貼着，有些日報販也代賣，並且已經是八百多號，也有了幾年的歷史了，這一個散佈毒菌的瘟神，我們就看着他自由的種下滅亡中華民族的毒菌嗎！

這個報當然具有周先生所論的一切日本帝國辦的中文報的特點，在這之外，牠更猾黠異常。牠公然在分析中國政府的外交政策是『親日』。同時牠也改變了過去常刋登中國各日報所不見的消息的態度，牠故意的部分的表示，使能看穿牠是帝國主義機關報的人，不敢攻擊牠，反對牠。這種惡毒的技倆更令人可恨！

第二特點，牠公然有一專版宣傳『滿洲國』的『王道政治』，當然我們看得出『王道』的眞相，但是牠帶了假面具，以『同胞』的名義在宣傳『王道』，這是我們所能忍受的嗎？退一萬步說，就是以日本帝國主義的名義公然用中文在中國宣傳牠的『滿洲國』的王道政治，我們應當默默的不言嗎？

周先生在他發表了上項的言論二年後，十六年八月十五日，在他的一篇『再是順天時報』文中也就更加憤慨了。

『日本漢文報是日本侵略擾亂中國之最惡辣的一種手段。……牠除了作本國軍閥政府的機關之外，又兼代中國的各反動勢力鼓吹宣傳，……只要不是媚外的政府就應該依法取締的，不必等我們引經據典地揭發牠的惡跡。』

當然在上海所見的日本漢文報，還沒有盛京時報，順天時報那樣發達，但我們今日政府的對日外交是：『一面交涉，一面抵抗』，那麼像我們所見的，不應有的日本中文報，卽當交涉和抵抗的了。

最後，我們應當一致拒絕，閱讀，封鎖這種最惡毒的東西。民衆喉舌，和輿論指導者，應當一致進攻。在另一方面，我們要揭穿牠的作用。如『東北情報』的記載東北今日的實情，告知國人。

# 机联会刊

《机联会刊》创刊于中华民国19年（1930），由上海机制国货工厂联合会（简称机联会）编辑和出版。其创办的目的以特有的爱国热情和提倡国货、振兴民族工业的精神，以其独到的办刊方式，展现了民国时期特有的经济和文化氛围。

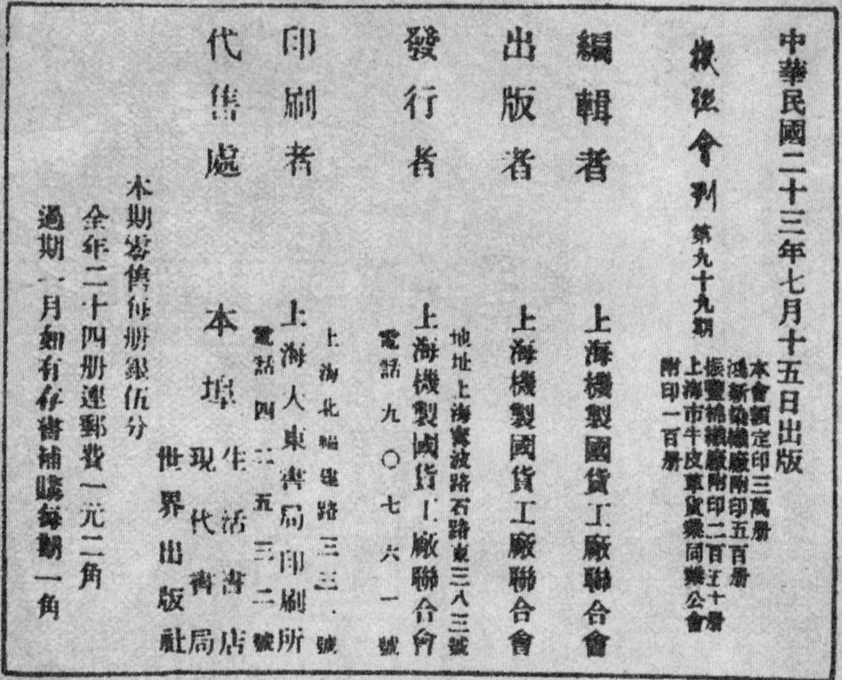
中華民國二十三年七月十五日出版
機聯會刊 第九十九期
本會額定印三萬册
鴻新染織廠附印五百册
振豐棉織廠附印二百五十册
上海市牛皮革貨業同業公會附印一百册
編輯者 上海機製國貨工廠聯合會
出版者 上海機製國貨工廠聯合會 地址上海寧波路石路東三八三號
發行者 上海機製國貨工廠聯合會 電話九〇七六一號
印刷者 上海大東書局印刷所 上海北福建路三三一號 電話四二五三二號
代售處 本埠 生活書店 現代書局 世界出版社
本期零售每册銀伍分
全年二十四册連郵費一元二角
過期一月如有存書補購每册一角

《机联会刊》杂志版权页

《机联会刊》杂志封面

日本對華外交之現勢

# 日本對華外交之現勢

章乃器先生講　張去病速記

今天是青年會中日問題的第一講，兄弟所担任的題目是日本對華外交之現勢，不過我覺得很慚愧的是沒有充分的準備，恐怕沒有甚麼可以來同諸位一談。

說到中日問題，諒諸位已經聽得厭了。就是我個人文字亦已做了幾十篇，演講亦有幾十次；但是形勢是在不斷地開展，一次有一次的情況，決不能以為聽見得多了，就忽略了這個問題。

欲講現在，必須先把過去的情形拿來講一講：譬如從九一八事變發生以後，一般人對於中日問題的認識。

在九一八事變時候，有許多人以為是偶然的誤會，或是局部的衝突，不是日帝國主義的一貫政策，雖然田中的奏章是這樣的說法，決不至於對中國抱有領土慾的野心。因此在那時，勸告大家不要亂動，大概馬上就可以緩和，用不着大驚小怪，這時我們可以將它為第一期。政府對於中日問題的觀察，亦是不澈底的。起初讓形勢去開展着，亦料想事態不會擴大的，這瘋狂的高潮，慢慢的終會風平浪靜；後來形勢愈展愈擴大，亦就覺得日本人並不是真的沒有領土的野心，然而他們還以為野心到長城為止，決不會擴大到關內，接着便是使全球震動的上海戰爭，山海關失陷，不過這時政府是在進行着所謂一面抵抗一面交涉的二面政策，就是打進關內的時候，要共全抵抗，關外祇要同他交涉一下子就算了，這時可稱第二期。後來熱河又失了，華北平津都給他擾及，一般人以為快要沒有事了，因為張學良軍隊同日本感情不好，他們不過要趕出關外的壓迫就算了事，所以他們要打進長城以內，這時可稱第三期。到了今年四月十七日，日本聲明書裏面、公然以亞洲的主人公自居，中國變成他的保護國，這個聲明書的發表，我們可以認他為第四期。

所以我們應須認定這是日帝國主義的一貫政策，決計不是偶然的，誤會的，亦不是張學良的軍隊同他感情不好，實在是要鯨吞全中國為止。然而在這第四期中我們的外交

是怎麼樣呢？有一點就很覺得悲觀的！在四月廿日，我國外交部答覆日本的聲明書中，有一句話說：「中國的軍事力量大多以維持國內的」那麼這一句話，的確可以代表政府的態度；但是政府在目前，已經是不安內亦不攘外了！

現在我們進一步說明日本的對華政策到底怎麼樣。他有一個名詞說得很好，就是大陸政策，我們應該認定所謂「大陸政策」，就是併吞全中國的政策，雖然他最近亦很緊張的準備對俄戰爭，然而他的目的，並不是在真的對俄，暗裏還是對準着中國，在日本很精明的外交之下，進可以攻蘇聯，退可以攻中國，決不會盧發的，政策的用意既是這樣子，那末他怎樣來運用呢？簡單的說起來，就是局部的併吞和局部的擊破。往常我們常說，中國有四萬萬三千萬的人口，他要想馬上佔據全中國是不可能，在局部之下來攻擊是可能的。我們現在祇要看滿洲僞國的軍隊，已給他訓練好了，其中並不是完全是日本的軍隊，大多數還是滿洲僞國的軍隊，他可以佔領中國的土地，訓練中國人來打中國人，訓練中國人來佔領中國的土地。大陸政策的運用既然是這樣，他最重要的目標又到底是甚麼的東西！關於這一點，我們更應該認定日帝國主義，不僅是要整個的中國，一定還要人民，他不是要抵抗他的人民，反抗他的人民，是要能夠服從他的中國的人民，能夠聽他驅使的人民。然而這許多目標還在其次，他的問題的主要關鍵，還不是土地，而是他的商品問題。許多人以爲日本的人口太多了，這完全是錯誤的，我們要曉得，經濟的動機，全靠商品在操縱，日本國內的糧食和商品亦很多，不過商品過剩是他不需要的，他之所以要佔領中國，是要買他的商品的一種人，因此我們要認清日帝國主義，不是土地不足的問題，不是人口過剩的問題，實實在在是商品過剩的問題。

在這樣的情形之下，難道我們去做投向他的人民嗎！我想假如中國人都起來反抗他，他亦會感覺到沒有辦法的。老實的說一句，他把中國看做一塊新鮮的肉，不是爛的臭的肉，中國人要是向他反抗，他不過是用飛機大砲威脅能了，決不會任情的把中國來轟炸掉；

## 日本對華外交之現勢

如果轟炸掉了，中國已變成爛的臭的肉啊，他那裏還想要？不過隨便他當我們新鮮的肉，或是爛臭的肉，我們總須想出一個辦法來對付他。說到想辦法，我又想到了一個笑話，「就是有一個生了病的人，請了一個醫生來看病，診脈後人家問他有沒有把握，他說一定有把握，於是開了一張藥方就走，第二天病人家裏的人來找醫生說，你說很有把握，爲什麽病人服了你開的藥後死了呢？他說病人死了病就好了，還有什麽說法」。現在我們所要的是民族生存的辦法，並不是要民族滅亡的辦法，假如要把中國人送給日本人，無論怎麽人都可以做，用不着想辦法的。那末到底怎樣救困難中的中國呢？在這二年八個月中間，救國的方針，大概已有一百種以外，我們拿最大的來說一說：第一種就是妥協主義。主張這種主義者，他說要想同日本動手，是無論如何打不過他的，還是同他講商量，慢慢的再想法兒去對付他，妥協主義要是能夠挽回亡國的危機，使他放棄併吞全中國的野心，侵略到東北四省爲止，這種辦法倒亦好算一種辦法，可是事實上是怎麽樣呢？比方塘沽協定，就是妥協主義的結晶品；在協定上，雖然灤東還是中國的土地，但日本的領事館時常在召集警察及軍長等開會，就可以看出東邊的內容來，換句話說是中國在替日本保護的一個市場。目前我們須曉得，連帶華北都將不保，日帝國主義向中國提出了許多的要求，就可看出日本已經準備好併吞華北的事實，進行着局部的侵略中國，不單是察哈爾和華北成爲他的限中物，全中國都已在他策略中盤算着。所以我想在局部併吞之下，妥協主義除非是把全中國送給日本是不能叨得便宜的。照此看來，妥協者的所謂妥協主義，無異那個病人吃一服藥，吃死了的辦法，並不是救他活的辦法。與妥協主義相互倚假的是待機主義。有人說胡適之先生亦是主張這種說法的，待等日本有革命運動的時候，中國再抬起頭來同他算賬。我想這個主義亦很不妥當，殊不知妥協主義者給日本有緩和革命的機會，東北四省失後，已經解決了日本許多的問題，一部份的商品有了市場，一部份的人都到東北去做事，他們有了這樣好的機會，於是國內經濟危機減少了許多，間接的革命的危機也就沒有了。如

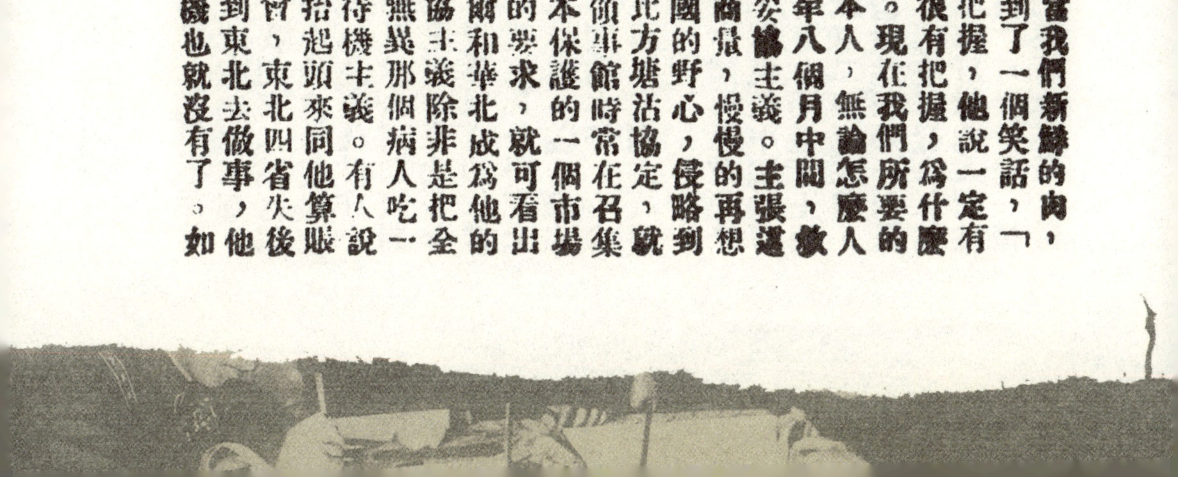

## 日本對華外交之現勢

果要引起他革命的動機，是先要中國對日本奮鬥，才能促進日人的革命運動，我們不能等着，是要努力去做的。又有人說：我們等到世界第二次大戰時，那時間日本算賬亦不遲。話雖然不錯，但第二次世界大戰時我們果能找得出路嗎？關於這個說法，我們有二點應該想到。〔一〕就是日本的陰謀，決不是待機主義所能想像得到的，整個的中國沒有屈服之前，決不會去向任何一國開戰，我們的政府當喚着先安內而攘外的口號，他是要先併吞中國而後攘外 所以這是不可能的。〔二〕第二次世界大戰時，不是中國的軍隊去同別國開戰，最大的目標，就是中國所要解決的，就是遠東問題，在大戰中，我們祇有拿東北及華北和另一部份供給他們作戰場，至於出路的話，是很難找，倘使有之，亦須費很貴的代價，犧牲無數的土地做人家的戰場，請教諸位打打算盤，試問值得不值得？我想凡是研究太平洋的人，都應該看這一點的形勢，就可知道，我們是吃別國的虧的。與妥協主義待機主義互為表裏的，就是偷安主義，所為偷安主義，是過一天算一天的生活，國亡亦好，不亡也好，苟延殘生就算了。關於這幾種主義我們已經說明白了，轉過話來，再談我們到底要怎樣生存。

在這二年八個月的中間，日本對中國的軍事侵略，商品傾銷，使得全中國的產業與經濟，到了總破產的時候；尤其日本的紗廠壓迫得中國的紗廠喘不過氣來，不僅是中國的華衆受他壓迫，有錢的人亦同樣的受到他的壓迫，所謂智識份子，都將沒有好日子過。上面的三種主義又走不通，另外還有甚麼救國的方策，說來說去，我想還是祇有二個老主義，或是反抗，或是抵抗，除了這樣去做外，沒有旁的路線。凡是中國人不論他站在那一個階級，那一種立場，都應該起來競爭，民族滅亡了，什麼主張都不能實行。那麼怎樣去反抗呢？我們可以提出一句話，在弱小民族外交之下，祇有賣國的外交，單憑政府幾個人同他交涉是不行的，我們要預防政府屈服，就須有民族運動，民族鬥爭，然後才可以找到一條出路。若問怎樣的民族運動，才能救我民族，我想這句話已經說了又說，是新的亦好，舊的亦好，祇須全中國能站在一條戰線上，就可以使他沒有辦法。上面也已經說過，他決不肯用猛烈的轟炸政策，他所要的是新鮮的肉，不是爛臭的肉，我們看清這點，就該激烈的去同他反抗。我們還記得在民國十七年，在漢口九江同英法帝國主義奮鬭的時候罷!?那時就給我們一種偉大的認識，而且此時的廣東政府，還祇有廣東一省，然而英法帝國主義，因爲我們是民衆運動，竟使他沒有辦法對付我們，如果現在有一種有組織的抗日運動，亦會使日本沒辦法的，我們祇有全中國起來反抗才有出路。還有一點亦須我們想到的，本年四月十七日的日本聲明書，凡是有熱血的，無論那一個看了會得跳起來，假如沒有承認自己是亡國的話，就該有一種強烈的運動，但是沒有看見什麼運動做出來！無怪美國用着奇異的調子批評着說：「中國的態度太中立了」嚴厲的說一句，我們再不應該站在那裏不響，儘讓一二個人去對日本妥協，雖說中國的外交部一再聲明說不做丟臉的事，我們可不能站在旁觀的地位。倘然我們還認中國是一個民族，就得跟着嚴重的國難前途中，都有相當的努力，相當的奮鬭，然後才能對得起自己！對得起民族！

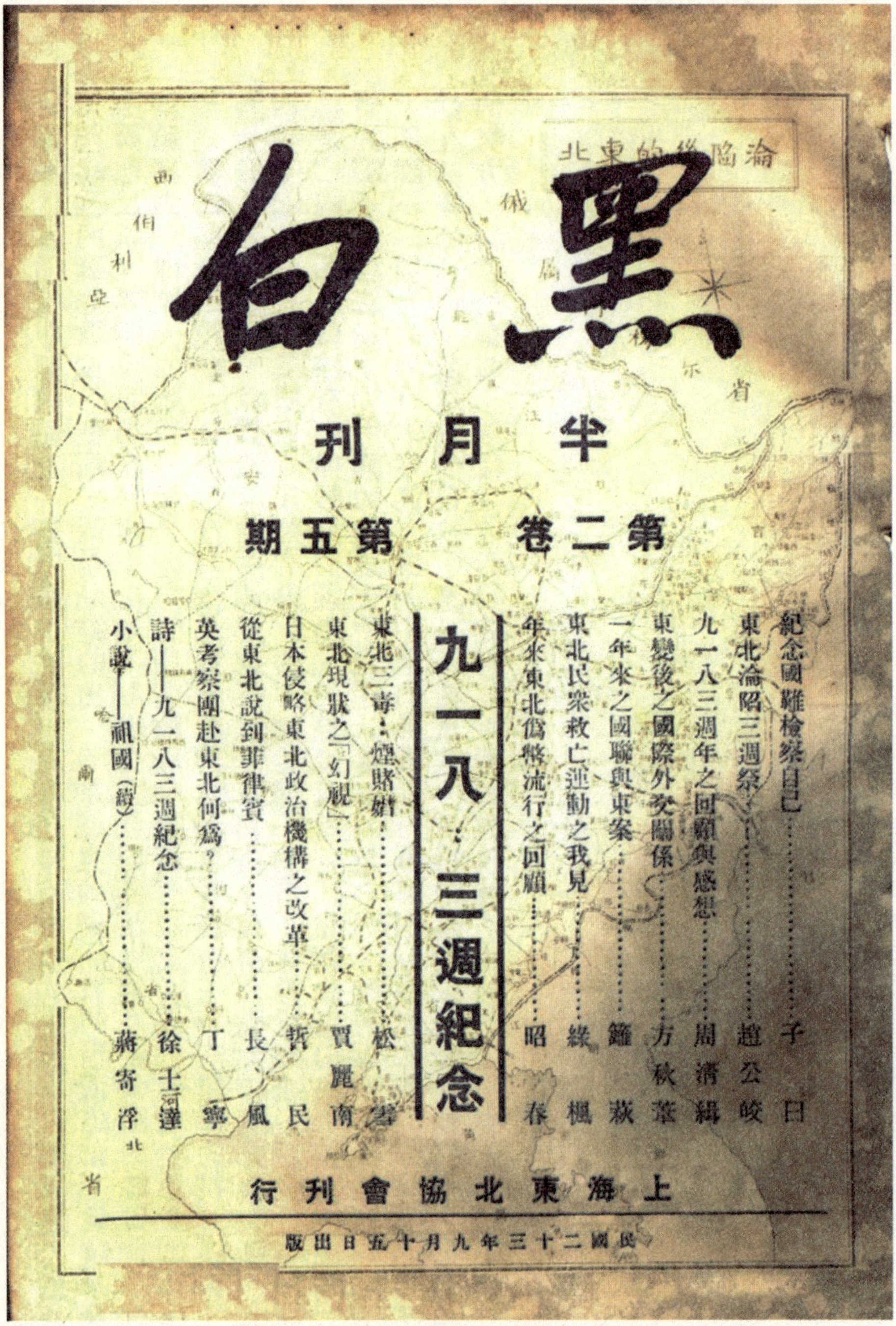
淪陷後的東北
黑白
半月刊
第二卷第五期
紀念國難檢察自己……子曰
東北淪陷三週祭……趙公畯
九一八三週年之回顧與感想……周清緝
東變後之國際外交關係……方秋葦
一年來之國聯與東案……籬菽
東北民衆救亡運動之我見……綠楓
年來東北偽幣流行之回顧……昭春
九一八三週紀念
東北三毒：煙賭娼……松青
東北現狀之「幻視」……賈麗南
日本侵略東北政治機構之改革……哲民
從東北說到菲律賓……長風
英考察團赴東北何爲？……丁寧
詩——九一八三週紀念……徐士達
小說——祖國（續）……蔣寄浮
上海東北協會刊行
民國二十三年九月十五日出版

《黑白》杂志封面

# 日本侵略東北政治機構之改革？

樊哲民

## 一 日本侵略東北機關之演變

東變以前，日本在我東北之侵略機關有四：即在旅順則有關東廳及關東軍，在大連則有滿鐵株式會社，在瀋陽則有總領事館。關東廳係隸屬於日本國內之內務省，關東軍隸屬於陸軍省，滿鐵會社隸屬於拓務省，總領事館則係隸屬於日本國內之外務省，乃演成所謂「四頭政治」之局面，此四種機關莫不各就其政策之所在，以實行其分頭之吞噬工作。即所謂以經濟的侵略爲主，而以政治的軍事的侵略爲其輔佐，故對於一切企業之經營，富源之開發，以及鐵路之投資，無不委之於滿鐵會社。關東軍司令官則在執掌軍事，關東廳長則僅在主持旅大行政，至滿鐵之管理及監督權，莫不按其職之所近而分別依屬於其國內之外務，拓務，大藏三省。及至東變爆發，軍閥氣焰萬丈，恃功凌人，外交財閥無不爲之屏息，武藤信義乃以關東軍司令官一人之身兼關東廳行政長官及全權大使三位之職。於是「四頭政治」遂一變而爲軍部獨裁矣，所謂三位一體制者遂以始焉。軍部雖實現三位一體制，但軍事外交行政主權仍往往互起爭議，未能收統一侵略之實效。此外又以未能奪取滿鐵之監督權於拓務省之手爲憾，故去冬關東軍特務部遂有改組滿鐵「現地案」之提出，凡此無不在想擺脫拓務省之對滿鐵監督權，而摧毀財閥之背後壁壘。但就日本之法制上言，拓務省乃爲監督滿鐵之直接官廳，如不經拓務省之手即不能提出任何滿鐵改組案於議會，故當時陸軍方面雖極力壓迫拓務，而卒以拓務省之死力對抗，滿鐵社員之大部反對，東京輿論之不表贊同，終於雲散煙消。自岡田組閣以來，改革在滿政治機關問題呼聲益熾。遂引起軍外拓三省之對立與衝突，議論紛紜危機孕伏，逞己之長攻人之短，無不以死力堅持其自己之主張，而阻止對方計畫之進展。再如與此在滿機關改革問題相關者，又引起所謂綱紀問題之糾紛，形勢益趨嚴重。陸軍方面則堅持其一位一體之獨裁制

，拓務省爲使政治經濟脫離軍部遂與外務聯合提出所謂二位二體制。外務則亦欲使外交行政脫離軍部而與拓務省結合，同時外務又期樹立外交及行政機關之正常化，又與軍部聯合採取二位一體制，但依然尊重其外交權而反對陸軍省案。近又風聞軍部主張撤銷拓務省而由首相自兼，果爾，則日本海外之居留民對此行將被撤銷之海外經營總機關，必羣起而反對，事態之擴大，更不知至如何程度也。

## 二　所謂陸軍省案之根本原則

在日本軍部所訂定之改革案，自然主張最爲強硬，茲摘錄其內容如左：

一　改現存在滿機關根源之全權大使，軍司令官及關東廳長官三位一體制，而爲全權大使及軍司令官之二位一體制，廢止關東長官。

二　新設勅任關東州知事，管理關東州內行政。

三　因鑒於「滿洲國」之特殊性，認駐「滿」全權大使之性質異於普通外交官，故監督大使之權，應歸於內閣總理，外務大臣僅監督指揮外交事項。

四　全權大使統理外交行政（警察，課稅其他）經濟（如監督日人法人之特殊公司事業），並監督關東州知事，大使館內設事務總長，再分設警務部，監督部（監督滿鐵）外事部（掌管外交行政事宜）

五　訂定條約，新設日「滿」經濟會議，由日「滿」派代表組織之，日本內閣總理負監督之責，特務部則歸於該會議及「滿洲國」企畫局。

六　全權大使下之警務部與軍司令官下憲兵司令官，將於取消治外法權時一併取消。

附陸軍案中之政治機構體系圖：

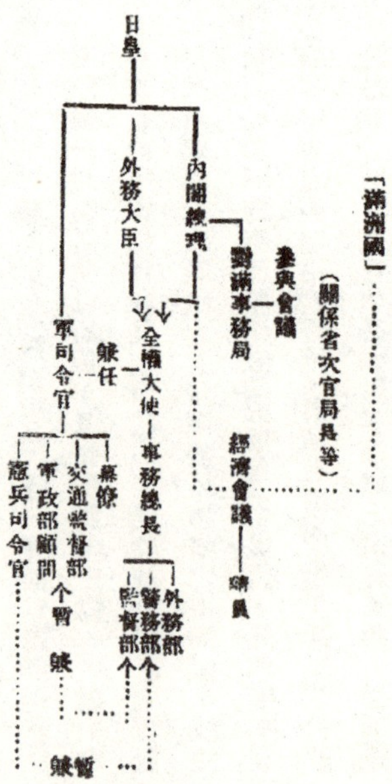


觀日軍部改革案中荒謬之根本精神，不外以下三點：

（一）面目上尊重僞「滿」之獨立，並助成爲一獨立國家。

（二）具體化日「滿」之特殊關係，其實現方法爲：（甲）確立共同防禦（乙）制定負擔及特殊任務之外交關係（丙）創立日「滿」經濟會議。

（三）日本對滿政策之實行，排斥一部一省之干與，始終立於國家政策之見地，努力進行。

由此三點，可知軍部雖未明言積極主張裁撤拓務省，但在實質上，則顯見其欲排拓務省勢力於東北以外。

## 三 外務省案之三大原則

廣田外相曾發狂言，謂强化實施對「滿」工作，必須從速解決在滿機關之整理問題。故日外務省方面對在「滿」機構之改革主張，亦自有其立場，撮舉於次：

一，日本對「滿」之根幹工作，在促進或助長「滿洲國」之獨立發展，在「滿」機關施行對「滿」工作時，宜採取適當之整理辦法。

一，現存之三位制，乃為過渡制度，「滿洲國」之獨立與發展已上軌道，對「滿」工作自久遠之見地觀之，已入於實施時期。

一，整理在「滿」機關問題，並非軍，外，拓等幾省之問題，乃為整個內閣之共同問題，故應自國家之立場上考究之。茲再將外務省之具體案的內容分列於次：

一，最近暫將全權大使及關東軍司令官聯合成為二位一體制，並廢除關東廳長官，置關東州知事。（至關東軍司令官兼任大使一節，將來即可取消各別分任）

二，全權大使乃為純粹之外交官，由外務大臣指揮監督之。

三，全權大使雖有司法，行政，經濟諸權，但司法行政兩權將漸次返還僞滿。

四，關東州知事之監督權，屬於拓務大臣。

五，新設日「滿」共同經濟委員會，以促日「滿」統制經濟之實現。

附外務省案之政治機構體系圖表示如左：

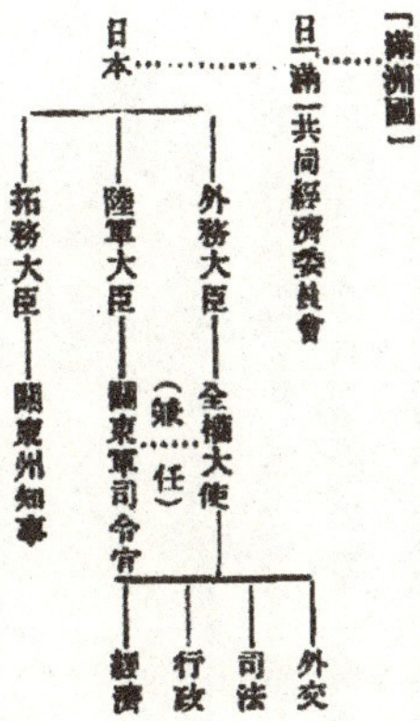


## 四 拓務省案之內容

當陸軍與外務相繼發表改革在東北之侵略機構時，因拓務省尚無專任大臣，而次臣坪上又係楚材晉用，故未能立起異追，發表自省之主張，但為反對廢止拓務省計，亦不得不編

制成案以與陸外兩部對抗，茲將其提案主眼分述於次：

一，廢止現行之三位一體制而為二位一體制，即廢止關東廳及行政長官設州知事(勅任)，更廢止現存之駐滿全權大使制，新設駐滿全權，使之與關東軍司令官相對立，但此過渡時期之暫定制度，關東軍司令官得兼任駐滿全權。

二，駐滿全權掌理外交，交通，通信，產業經濟，教育及警察等一般行政事宜。

三，關東軍司令官則在維持滿洲治安鞏固國防，執掌一切軍事宜，須受陸軍大臣之監督及指導。

四，駐滿全權之下設事務總長(親任)，使之處理外交及一般行政事宜。

五，事務總長之資格等於外交上之大使階級，尤以通曉產業經濟及其他一般行政人材為原則。

六，事務總長以下，設關於外交，交通，通信，產業經濟，財政金融，教育，衛生，土木，警察及一般行政各部。

七，關東州知事關於對滿關係事項，須受駐滿全權及事務總長之監督及指導，但關其他事項則受拓務大臣之直接監督及指導。

八，設置由日「滿」兩國條約所規定之日滿經濟會議於「滿洲國」內之長春，並置於駐「滿」全權監督之下。

要之，對所謂駐「滿」全權之監督權如直屬於內閣之總理大臣，事實上，必發生承認軍部決行獨裁政治之結果，如此拓務省存在之根本意義亦必消失，故拓務省對此極力反對。茲為便於明瞭起見，再將該省改革案之組織，詳細分述如下：

(A) 組織

(一) 長官　駐「滿」全權大使。(關東軍司令官得兼任全權大使)

(二) 權限　(甲)大使在偽滿內，代表日本政府，其職務在統轄日本在「滿」之領事館。(乙)大使執掌指導偽滿職務及管理偽滿所委任之鐵路，港灣及河川。(丙)大使管轄關東州及滿鐵附屬地內行政，監督滿鐵及電信電話有限公司(丁)大使統理各種政務，須經由日本內閣總理上奏日皇，以待日皇批准。但關於外務大臣之主管事宜，須之外務大臣之指揮與監督；關於拓務大臣之主管事項，則由拓務大臣監督指導之。

(三) 輔佐機關　全權府內置政務總長(親任)，輔佐大使，統理府務，監督各部局事務。

(四) 組織　組織分官房(秘書)，外事部，地方部，警務部，財務部及產業部。

(五) 下級官廳　(甲)設關東州廳於關東州，州廳長官為勅任之州知事。(乙)法院，監獄，專賣局，遞信局，觀測局，大學，專門學校及交易所，均隸屬於全權府。

（B）對「滿」事務聯絡委員會

日本內閣及拓務，外務，陸軍各省，對於日本中央之對「滿」事務，關係頗多。茲爲聯絡上述各官廳間之事務起見，遂設置對「滿」事務聯絡委員會於日本內閣。

（C）日「滿」經濟會議

（一）爲謀日僞兩國經濟合理的融合與發展，乃訂定條約，依約設日「滿」經濟會議於長春。

（二）日「滿」經濟會議，審議關於聯繫兩「國」經濟之重要事項。

（三）日「滿」經濟會議，由兩「國」所任命之同數委員組織之。

附拓務省案之圖解略如下示：

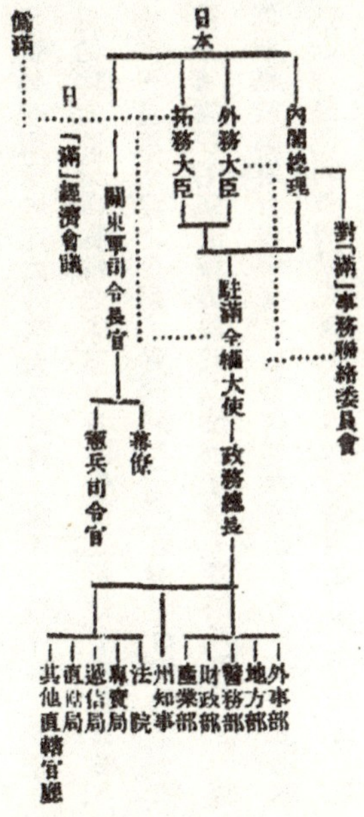


## 五　三省意見之一致與衝突

歸納日本陸軍，外交，拓務三省改革案一致之點約有數端，其最重要者，第一即在廢除關東長官，新設關東州知事，並將現行之三位一體制，改爲全權大使兼任關東軍司令官之二位一體制。按以一人兼行關東州內外行政之矛盾，早爲大藏公望所非難，彼謂三位一體制實行之結果，徒使關東廳之大官久居長春則難於照料關東廳之職務，故往往有治此失彼之弊。今關東廳一改爲州知事，則在此行政區域內已有專員負責，關東軍司令官及全權大使不過立於指導或監督之地位而已，此二位一體制之所以代三位一體制驟然而興者也。

其第二相同之點，即爲統制日僞經濟之日僞經濟會議之設立。其目的即在使日僞經濟融合成爲一體。殊知日人雖極盡苦思，事事無不與其野心理想相反，故自撫順煤礦限制輸入成爲問題後，最近又發生所謂禁止滿洲蘋果輸入日本問題，種種矛盾困難之點，在在皆是。

日本此三案意見衝突之點，第一即爲二位一體之監督權，究歸於日本中央何省？抑或歸由內閣總理統轄？第二即爲二位一體之全權大使與關東州知事之關係。因此軍，外，拓三省各持異議。陸軍省則主張關於全權大使之監督權宜直轄於總理大臣，以期推行國策之統一與强化，僅關於外交問題由外務大臣監督指導之，至關東州知事之監督權亦須歸於二位一體之全權大使，可見陸軍省案已明白排斥拓務省勢力於「滿洲」之外。外務省案則藉口尊重僞滿獨立，按國際法之慣

例，除軍令軍政當然歸於軍部之指揮及監督外，其他如外交，司法，行政，經濟等則皆宜歸屬外務大臣管轄；關東州知事宜受拓務省之監督及指導。至拓務省案則極力主張三權分立精神，故認二位一體制內屬於軍事者即由陸軍大臣監督；屬於外交關係者即由外務大臣監督：此外一切行政，經濟均爲拓務大臣指揮監督之事項，並兼任關東州知事之監督權。

由此可見陸軍案之企圖，實欲將在「滿」各機關合而爲一，故陸軍省案在名義上雖仍屬於二位一體制，實則乃係一位一體即無異於朝鮮台灣總督之統治朝鮮台灣耳。至外務省案則處處設法避免刺激國際視聽，佯言保持僞滿之「國家」體面，並極力反對在外大使兼管租借地之關東州，謂爲有毀於法，而陸軍省又以日「滿」關係本屬特殊，其關係異於其他任何獨立國家，且關東州與僞滿之經濟關係又有不可分之勢，以駐外大使統轄關東州又誰曰不宜。至拓務省所佔之地位，在法制上雖有充分之發言權，奈無實力何。故陸軍省非旦漠視其地位，且從而主張裁撤。但拓務省之勢力亦實未可輕視，因海外財閥及東北日僑均能爲之死力擁護也。如最近大連日本市民大會，曾公然反對陸軍省案而擁護拓務省案之在滿機關平常化，即對外務省案亦反對其撤廢治外法權，返還附屬地行政，斥爲事變前之「軟弱外交」再現於今日。故迄至日昨爲止，在「滿」政治機構問題，仍屬議論紛紜難謀妥協。

## 六　結論

邇來在日本改革侵略東北機構聲中，並曾揚言所謂尊重「滿洲國」之獨立性，同時又主張根據日「滿」議定書，認其與日本爲不可分的，一體關係的獨立國家，此其辭意之矛盾與卑鄙，誠使人齒冷。試觀僞組織所有一切大權，究操諸何人之手？所謂獨立性云者究在何處？人民疾苦達於極點，所謂王道樂土，究作如何解釋？故無論其爲陸軍省案，外務省案，拓務省案，或係急進的，或係漸進的，方案雖異，居心之爲加緊侵我與對俄備戰則一也。吾人當此九一八三週紀念，遙聞國土爲寇仇爭攘之具，坐視彼之謀我愈演愈亟，凡我國人，應作如何感慨耶？

# 拓　　荒

《拓荒》创刊于中华民国22年（1933）9月，拓荒杂志社编辑部编辑、发行，社址位于南京大辉复巷21号。南京东南印刷所印刷。各地大书局代售。月刊。零售每册一角五分。该刊出版至民国24年（1935）1月终刊。

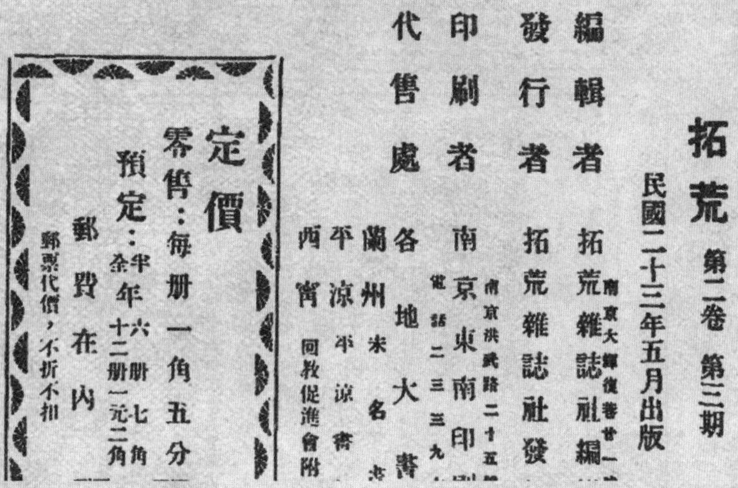

拓荒　第二卷　第三期

民國二十三年五月出版

編輯者　拓荒雜誌社編 南京大輝復巷廿一

發行者　拓荒雜誌社發

印刷者　南京東南印刷 南京洪武路二十五 電話二三三九

代售處　各地大書 蘭州米名 平涼平涼書 西甯回教促進會附

定價

零售：每册一角五分

預定：半年六册七角 全年十二册一元二角

郵費在內

郵票代價，不折不扣

《拓荒》杂志版权页

本刊登記文字第一八五號警字第三〇三八號
中華郵政特准掛號認爲新聞紙類

# 拓荒

第二卷 第三期

目錄



民國二十三年五月

《拓荒》杂志封面

# 日本對我要求之研究

（步焦）

近傳日本東京大阪方面之各報訪電內稱其駐京須磨總領事，已奉彼國外務省之訓令，訪晤外交當局，正式向我提議，有中日之各種懸案，應急速直接交涉解決，不許第三者干涉等等，現日領署發言人，雖加以否認，但日人此種主張言之已屢，東京大阪各報之電，未必全出無因，就電文研究，則吾人認為至少可作下列數種之揣測。

（一）自日本外務省，發狂易之宣言以後，舉世震驚，不得不勉鼓勇氣，作質問口吻，但日經過一番改頭換面之辯解，亦不得不聊以解嘲，適可而止，自經此役，各國色厲內荏之真相畢露無遺，而中國內亂既禍，亦將相告段落，日人鑒此情形，益覺對華急須有整個鯨吞計畫，以免事機坐失，故日本此次之舉動，已到圖窮而匕首現之地步，似非姑為嘗試性質。

（二）日本所謂各種懸案，類多於各國無關，何須干涉，就此點而論，彼之所謂各種懸案，至少必含有要求承認偽滿之企圖在內。

（三）日本提此案之用意，在暴露國聯決議案之不足以拘束中國，若謂汝曹舉世所不承認者，我是有術以使中國宛轉就範，使中國對於國聯，有背信之嫌，國聯對於中國，益露無能之態，不曾巧用其離間之術，隔斷兩方提攜合作之路。

（四）除東四省問題以外。其他所謂懸案之解決者，雖不知有無具體條件提出，但日使有吉，建議於彼國，曾以分別向國民政府及各省當局，交涉中日經濟合作及技術合作為言，是徵日人一方排斥歐美，一方急謀捷足先得，以中國主人有命，其所謂經濟合作，技術合作，即深植其勢力於全中國之代名詞，換言之，即放大之日偽經濟統制耳。

就日人此次之企圖而論，吾人認為較之民四廿一條之要求，其性質重嚴數倍。

（一）民四日人要求之條件，除第五號為關於整個國家之主權者，當時自行聲明緩議外，其餘多係關於一地方之租借權，一地方之路礦權，一地方之借款優先權，而最要之一點，即為該約並無要求中國割讓土地之文，即日人以兵力攻取之青島，尚有交還之換文，謂日人當於青島全部開放為商港，及設置日本專管租界條件之下，將租借地

交還中國，此次交涉如照上述之推測，則一方東北失地，旣不如膠澳租借地之承諾交還，而所謂經濟合作，技術合作者，亦不啻舉我全部之利權國權爲殉，以酬其宰割東北之勞，此較之民四要求尤形重嚴者一。

（二）民四日人要求之際，日人以調動軍隊，提出最後通牒相威脅，故我國於屈服以後，即向世界聲明，謂當時已失其考慮之自由，及至歐戰平息，吾國尙得得據此於凡爾賽和會自辯，爲後來改約之張本，今則日人一方滿佈緩和親善空氣，其用意即在諉我國人自由入阱，並非日本威迫，以爲杜絕將來翻案地步，就另一方面而論，日人最大之威脅，莫大於踞三省，攻熱河，彼時中國尙未接受其任何條件，則此時日人更可以和平談判，並非威脅自辯，故此項陰謀，較之民四當時情形，尤屬可慮者又其一。

根據以上論斷，則吾國祇應對於日本，爲如下之聲明

（一）中日最大懸案，即爲東三省與熱河之被佔，除開此案，另提別事，爲中國政府所不能接受，但該案日本爲加害者，中國爲被害者，日本如願開談判，依例應由中國以被害人之地位，向日本提出交涉。

（三）中日間其他之懸案，類多發生於東三省，本問題根本解決，則附屬於該問題而生之各種懸案，自然連帶解決。

（三）中日商約之改訂，雖亦爲中日間懸案之一，但此係中國向日本要求改正，故催促其進行與否，權在中國，不在日本，中國現在並無急其所緩，辦理此事之意，即根據於改訂商約而發生之各種問題，此時自尙未及談判之機

（四）所謂經濟合作技術合作，本非條約上規定應有之義務，純爲出於中國希望鄰邦之援助，在中國自有其請求或選擇自由，如中國不希望日本援助，日本絕無理由，可以強中國接受其援助，若謂中國謝絕日本援助即爲對日不友睦，無論彼如何措詞，如何取巧，在我惟有抱定此點，反復詰責，絕不能任其狡展，放鬆一步也。

國人所最應認淸者，日本今日國勢，較之民四歐戰之時，雖亦橫厲無前，但決不致再演以兵逼首都，威脅屈伏簽約之歷史，何也，因彼尙思得寸則寸，以冀機會到來，瓜熟蒂落，果其有此決心，則熱河及長城各口之役亦儘可痛快淋漓，發揮其破壞技倆，但彼不爲者，意固另有所在，故吾國朝野，不必爲其先聲所奪而自懾也。（五月九日上海新聞報）

《新人》周刊封面

# 新人周刊

第一卷第七期目錄




社長　雷行白
編輯　趙允安
發行　雷嘉葛
總發行所　新人週刊社　上海拉都路鎮德鄉六號
特約經售及代定處　生活書店　上海福州路三八四號
印刷　上海印刷所　上海西門方斜路三德里
中華民國二十三年十月廿九日出版（每逢星期一發行）
價目　全年五十期國內一元八角國外四元五角（郵費在內）零售每册四分
國民政府內政部中宣會登記
中華郵政特准掛號立券報紙
本刊影寫版係圖畫晨報移贈


評議

## 日本奴化東北

允安

東北數省的淪陷，已二年有餘。日本雖曾說過侵佔東三省，好比吞吃一顆炸彈；不過事實告訴我們，這炸彈沒有從他肚子裏炸起來，併有設法使這炸彈失去爆裂性的可能。不知這一顆炸彈，會不會在一旦變成爲富於滋養料的食物，使她的胃納，更趨良好。

國難是與日俱深。國人的偸活苟安猶昔，酣歌恆舞猶昔，奴顏婢膝猶昔；所謂國魂，已無處可招，所謂民氣，已奄奄一息。回想五四五卅時，國人在帝國主義的高壓下，學子和青年們可歌可泣的光榮奮鬥，到今日曾幾何時，竟成爲白頭宮女的閒話開元，何等痛心！清季義和團之亂，在行爲上是鹵莽滅裂，而在意義上自有他的價値。外人也說義和團是中國近代第一次的民族運動，並不爲過。

我不是在這地想再有一個義和團去盲目地殺洋人。然而至少對於正在宰割華人的洋人，去做些雪恥工作。我們目前雖尙無收復失地之力，却不能不存收復失地之心。因爲東北的淪陷，是在我們親眼所見的，外幾過三年，銳氣已減，更五七年後，情形尤是不同。梁士詒先生大概這樣說過：『三十餘年前台灣的被佔，當時國人的呼號也跟現在失去東北數省相同，但現在如提起台灣，國人心理中好像已默認台灣不是我國的土地了。』可見後之視今，亦猶今之視昔；以我國人的健忘，瞻念前途，眞是不寒而慄。

日本對我東北已過了飛機大砲時期，漸積極的用文化政策使我奴化。不信，請看日本人已明目張膽地在我東北下毒手酖人！

東北社長春通訊：「暴日爲澈底實施奴化東北青年計，宣傳創設已久之吉林高等師範，竟於上月中旬，正式開學。……此次錄取之學生，及該校任用之教授，專以思想陳腐，頭腦冬烘之輩，爲最合格。……原有各省及特別區所立之師範學校二十餘處，統由僞文教部直轄，以便積極培養奴化教材，普及其麻醉敎育，其目的在使東北青年之國家民族思想，蕩滌無存，將陷我同胞於萬刦不復之地。」

現在東北的中小學校，已以日文爲必修科，日本婦女衣中國衣在小學當教師，其奴化教育設施的努力，可想見一斑。高麗、台灣人已日本化，據江亢虎先生在台灣考察後所講，台灣人不能有獨立思想、民族文化、參政的言論。文字還是中國文，但是不讀中國音而讀日本音，現在從幼稚園起多用日本話了。以後的東北四省，日本當然也是如法泡製。

記者從前也因到雲南經過安南，順便訪問過安南的遺民。他們也慨嘆漢文的漸滅，與一般安南子弟的都讀法國文。安南子弟的都讀法國文，一面是受着法國人教育制度的限止，一面是爲適應他們自身的生活環境；因爲不讀法文，就不能接近法國人，去到機關中賺高薪。簡言之，他們已深中了法國人奴化教育的毒，無法超升了。現在中國人趕緊讀日本文，習日本語而想接近日本人的，不知是不是也有這種意思？

東北已漸漸在日本的奴化教育下移步換形了。若再假以時日，怕不就是法國的安南，日本的高麗、台灣呢？最可憐而可愧的，是東北徒負了一顆炸彈的虛名！



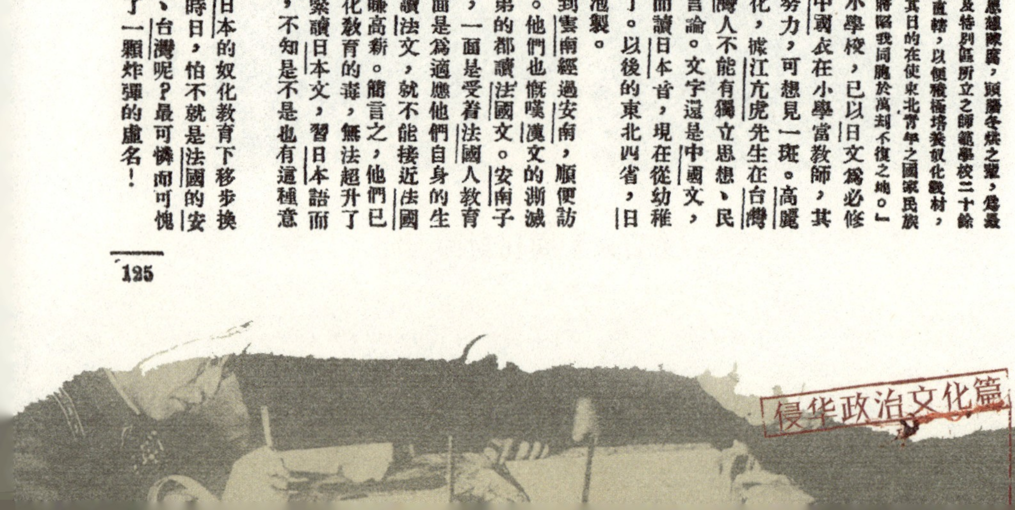

中華郵政特准掛號認為新聞紙類
東北消息彙刊
第一卷
第二期
海東北通訊社刊行

# 「刊前總論」

# 一九三四年日偽統治東北之概況

## ——日偽在東北經濟政治軍事設施之回顧——

朔夫



## 一 緒論

日本帝國主義爲解決國內的經濟恐慌，不惜採用軍事的冒險政策，三年前攫取我東北領土以爲窺竊華北與進占西比利亞之軍事根據地。由於這一切行動所產生的必然結果：在國際間打破了太平洋上的均勢局面，完成進攻蘇聯的東方戰場，使第二次世界大戰的危機，迅速地迫近人類的前面。在中國，九一八亡省的恥辱，嫩江橋及各地的死拚，一二八滬戰的慘痛，這一切的一切，不僅是概念上深入人心，而且，淞滬之戰墟廢壘猶存，東北義勇軍之活動未已，華北問題日趨嚴重，日貨傾銷方興未艾。這都足以證明日本帝國主義對華侵略之得寸進尺，有加無已。中華民族危機，日趨嚴重；而所謂民族復興運動，實爲迫切必要之舉。總之，日本帝國主義這一强盜行爲，是促進世界變革的一切準備條件中最重要的因素；尤其是中華民族爭取自由解放，或走進殖民地道路的最重要的階段。這是每個覺悟的同胞所深知，而為我們平日大聲疾呼之標的。

東北淪亡之意義與作用現然如此之重大，那麼到現在為止，關於東北的一切政情，當為國人所深切注意。不過我們平日在報紙上只可以看到零碎的消息，在雜誌上也只可以讀到片斷的論述。關於總括的報告、分析、解釋和論斷、尚付缺如。我們職責所在，現值天寒歲暮，擬將一年來日偽在東北的政治經濟工作，分門別類，概括報告，並且在每個具體事實上面加以論斷，務使國人明瞭日偽在東北的一切設施之意義與作用何在，而知有所警惕與戒備」。

本文將資料分為政治與外交，交通貿易與金融，產業四種，擇其犖犖大者，個別提出，並指示其有機的連系而說明之。但不免疏漏之處，希讀者予以指正。

## 二 政治與外交

本年度日偽在東北所提起的最大的政治問題，要算是三月一日的溥逆稱帝。這一傀儡底重新化裝之政治的意義，在日本政府代言人的解釋是：「脫出建國後過渡的政治形態之執政政治，而成立永久的決定的帝制國體。」然而傀儡政權仍舊是換湯不換藥，參議府三分之二以上是日人，國務院總務廳及各廳長純為日人，傀儡的師傅顧問更非日人莫屬。所以，這一齣沐猴而冠的把戲，實際上並無何等政權的轉移與變化，不過是將日人掌握的統治權，再度加以確定與集中而已。

但是，傀儡稱帝，也有久的政治上的企圖。第一，迎合封建思想，尤其是滿人王公之迷戀骸骨的心理，擁立舊帝、賜福萬民。第二，表示東北成立了一個獨立帝國，並不是第二朝鮮，藉此緩和東北同胞抗日的情緒。關於第一點，不僅在東北發揮其作用，而且在華北戰區也大肆活動，強迫人民懸掛傀儡的相片，得受日軍的保護。第二點，日本為消滅東北義勇軍起見，一方面大加屠殺，驅逐農民入關；他方面向中國政府提出抗議，要求制止反日運動與援助義勇軍活動。

這個負責推行王道主義政治的所謂「康德皇帝」，也裝腔作勢地宣佈了幾種法令：（一）政府之政務與宮內府之事務有別；（二）滿洲帝國由皇帝統治之，皇帝為國家之元首，依組織法之條規而總攬統治權；（三）皇帝依立法院之翼贊而執行立法權；（四）皇帝依法律命法院執行司法權；（五）國務總理輔弼皇帝而任其責；（六）皇帝統率海陸軍。即是模倣三權分立責任政治，分別為政務、宮中事務與軍務。但是有一點值得注意的，就是政務輔弼之責僅為國務總理，各國務大臣不任輔弼之責，將行政權集中在國務總理一人之手，其下各廳長又為日人。如此，則實權完全落在日人手中，用來統制其他各部。又在立法院之外設參議府，一切規定人民權利義務之法律，由皇帝諮詢參議府，得發布與法律有同一效力之勅令，而參議府之參議又三分之二以上為日人，三分之一為漢奸；則將來假借法令，魚肉人

民，概可想見了。

以上述原則為基礎，所謂滿洲帝國憲法草案已經脫稿了，預定明年三月所謂建國紀念日公布。

可憐的皇帝夢，在國家組織上僅實表現其俯首聽命的形態，我們不必過事研究，但是藉傀儡之名，制定了若干關於經濟的法令，是值得特別注意的。那就是為實現所謂統制經濟政策的在國家監督統制之下，關於重要產業諸特殊會社的組織法。如滿洲石油株式會社、滿洲炭礦株式會社、同和自動車工業株式會社、滿洲棉花股份有限公司、滿洲採金株式會社等等。最近尚有統制全滿電氣事業之滿洲電氣事業株式會社，亦公布其組織法，着手成立。此種特殊會社之資本與經理人多半是日人，尤其是滿鐵勢力的侵入最為顯著。所以，實際上是日人的資本統制東北的經濟權，而所謂法令復予以最大之便利。

六月三十日，傀儡政權復公布改正官制及高等官，以及委任官之等級俸給令，以及官吏恤金法，官吏退職死亡賜金法。這無非藉此使附逆漢奸安心為奴，作始皇萬世之夢而已。

日偽為了便利統制東北，打破從來之地方分權主義，而實行中央集權主義，既吸各省之財政權於傀儡政府之手，而確立財政部，稅務監督署，稅捐局等組織，更設立滿洲中央銀行，以為國庫金之處理機關。復集中兵權於偽軍政部之手，削弱地方武裝力量，杜絕他日起釁之機會。此之不足，更進而計劃縮小地方之行政權，公布新省公署官制，於十二月一日施行。即依新法將原來之遼寧、吉林、黑龍江、熱河四省改置奉天、吉林、龍江、熱河、濱江、錦州、安東、間島、三江、黑河十省，並且在東蒙邊境設置興安省，分東西南北四分省統治之。又特設蒙政部管轄蒙人，計劃準備侵略蒙古。

傀儡政權在政治形態上頗具一國家形式。然而，其內容又怎樣呢？在所謂「王道樂土」之區，是否施行過善政，或有施行善政之可能呢？這裏我們不能隱蔽真實，從財政上加以觀察和分析，而論斷其前途。

偽滿國富算定約十五萬萬五千萬元，今年總預算為一萬萬八千八百萬元。東北向為經濟疲敝之區，今則預算總額占國富一成以上，是否有過大之嫌呢？不僅如此，預算所計算的歲入，由於關稅鹽稅與吉黑兩省食鹽專賣之利益金及鴉片專賣利益金所構成，而其他租稅全部殆為消費稅。這樣結局是在人民的生活資料上課稅，與從前之東北有何差別？廢止二三小稅收入，增收其他苛雜，這難道可以誇示王道樂土嗎？關稅為最重要的財源，佔租稅收入之半數。然而輸入品多來自日本，在所謂日滿經濟布洛克強化的主張之下，稅率應該降低。所以十一月十四日公布之關稅改正細則，實際上克服不下財政上的困難。再則歲出預算上最顯著的是軍事預算五千八百萬元，足見所謂維持治安，還要傀儡政權負相當的責任。其餘則為官廳經費和官吏俸給。此種龐大的行政費，將來只有在三千萬貧困的農民身上去搾取。所謂王道樂土者，如此而已，有誰能夠保證其皐祚萬世呢？

東北農民占全人口將近九成，農產品價格之昇降，對於農民生計關係極大。去年冬季至今年春季，傀儡政府引起最大之內政問題的，就是東北特產品大豆之價格空前暴落，農村經濟破產，義勇軍各處勃起。農村疲敝破產，固然由於天災以及日僞之横暴搾取，而世界農業恐慌之波瀾，亦波及到東北，使困苦喘息的東北農村，每況愈下了。同時世界農村救濟之聲，甚囂塵上，而傀儡政府也煞有介事的發放春耕貸款，并組織特產品共同販賣會，設立金融合作社，講救濟之策。但，是這些方策眞能救濟農村的大衆嗎？不會的。因爲東北各地日本浪人充斥，一般無智者多甘作漢奸，對於農民加以種種摧殘和剝削，無論僞政府無誠意救濟，即使打算救濟，而一般農民要受到實際的救濟，實在是很困難的。所以「滿洲國」，實際上只有都市與道路的建設和發展，由此也可以看到日人統治東北之一面，而又暗示其前途之危機；就是廣汎的農村破產，救濟無方，實爲他日揭竿起義之客觀條件。

在政治上還有一件值得注意的事，就是消滅民間武裝，收繳民槍。本年內計收繳（一）步槍二一九七七支，（二）手槍六一一一支，（三）炸砲八八四一支；（四）步槍彈七〇一五九發；（五）手槍彈七八五六發；（六）其他子彈一八七六一發。

談到日僞在東北所引起的外交問題，我們首先要有一個概念，就是傀儡政權無所謂外交，無單獨進行外交的資格，一切聽命於日本或由日本代辦而已。國防聯盟再度申明不承認僞滿，中國政府更無修善鄰之誼的必要。但是，有一件值得提出的事，就是由於日本的斡旋，中美小國薩爾瓦多（Salvador）公開承認僞滿了。其次在國際間是日本引誘法國投資東北，乃有組織所謂法「滿」財團之提議。英國實業調查團之赴滿，亦由日本作介紹人。然而，最惹人注意的是石油專賣問題引起了國際間極大的反響。由於石油專賣問題的提出，日本向來在國際間所申明的滿洲門戶開放政策，已經證明了是一種欺騙，而東北也變爲獨占的殖民地了。

對於中國的外交關係，在中國政府不承認僞組織的原則不變以前，當無直接發生關係之必要與可能。但，是由於日本之無理壓迫，事實上外交交涉也等於開始。如通車、通郵、設關等問題先後得到解決。此等事實，在傀儡方面，正在誇示外交之勝利，而我國唯有忍耐而已。但是，縱觀大勢，中日之關係，前途實難樂觀。

東北與蘇聯接境，關係極其密切，故傀儡政府與蘇聯之交涉亦鬭嘵嘵不休，無日或息，這當然由於日本帝國主義之指使或直接挑撥所致，藉此以引起進攻蘇聯的戰爭。本年度與蘇聯之交涉，計有所謂飛機越境事件，中東鐵路事件，國境問題，水路會議等等，蘇聯並未正式承認僞組織，故一切交涉多由日人作居間人或當事人。然而，最大問題，要算是中東鐵路讓渡交涉了。中東鐵路讓渡問題，由於日本屢次非法逮捕中東路職員，強佔該路，進行軍事設施，作進攻蘇聯之一切準備，岌岌不可終日。蘇聯爲遲緩世界戰爭，事事可讓步，出賣中東路。經過種種周折，以及國際間之微妙關係，現在已經決定了解決的大綱，目下進行細目交涉。但是，日本早想不費一文搶奪中東路，故將來是否有圓滿之結果，頗爲可慮。

說到日「滿」的外交關係，眞是叫人哭笑不得。原來是日本一手造成的傀儡政權，那有對等的外交可言？然而，爲了欺騙天下人，日本也煞費苦心，極盡虛僞之能事的，在表面上表示親善關係的。從承認僞國以到日「滿」議定書，都是一貫的把戲。本年三月一日所謂溥逆卽位詔書更申明：「所有治國之遠路，與經邦之長策，當與日本帝國之協力同心，以期永固。」隨後鄭逆孝胥渡日締結密約，以及日本皇弟秩父宮之赴滿巡視，日本艦隊赴滿示威，無日不表示主國與屬國之關係。此外則爲建立日「滿」經濟布洛克的日「滿」經濟會議之提議，以及最近日「滿」經濟委員會的成立，今後在統制上更爲嚴密，將由日「滿」善鄰關係，變爲日「滿」合併了。最後就是日本方面的政治問題，如所謂在「滿」行政機構改革問題，經過種種紛擾，卒歸軍部勝利，結果關滿、日本對「滿」政策，從此更其積極而具體化了。所謂滿鐵改組問題，尙未解決，而廢除海外法權問題，日人課稅問題亦保留未決。總之，凡屬有利於日本而復爲統制上有必要之問題，一概藉親善之名，從速解決。關於眞正足以解救東北同胞於萬一者，則掩耳盜鈴，遲遲不決。此卽所謂殖民地政治生活之特殊情形，數人撫今思者，不禁痛哭流涕長太息者。東北既失，長城不保，華北前途，又將如何？

## 三　交通

交通爲統制的工具，也是經濟的命脈。日本爲固守滿鐵生命線而奪取東北，現在更要建立許多生命線以統制東北了。而且實際上所謂建設景氣，比較呈現活潑狀況的，也只有交通事業。現在分別略述如下。

### （1）　顯著發展的鐵道網

從去年起修築的自拉哈至哈爾濱的拉濱線，長約二六四粁，自大阪（舊在口北營子站附近，最近改稱金嶺寺）至承德的阪承線（最近以錦縣爲起點，改稱錦承線），自北安至大黑河的北黑線，長約三〇五粁，自圖們至寧北（牡丹）的圖寧線，長約二五二粁；以及本年四月起工的錦承線之葉柏壽至赤峯線，長約一六六粁，洮索線中之懷遠鎭索倫間約一二一粁，長春至洮安之「京」洮線約三三四粁等各線，都是本年完成工事的新線。工程之進步狀態，非常迅速。如拉濱線於本年九月一日開始營業，錦承線于十二月一日開始營業，北黑線於十二月半敷軌終了。圖寧線全部敷軌終了，明春卽可開始營業。洮索線敷軌亦于十二月半終了，「京」洮線土方工事終了，葉峯線全部七工區僅餘一工區未成，全線開通概在明年八月。

（2）既成鐵道之營業狀況

拉濱線開始營業以來，北滿最大都市哈爾濱得以最短距離，與北朝鮮之海港羅津相銜接，在滿洲鐵道網系統上起一大變革，而結果最受打擊的是中東路。一月至七月，中東路之總收入約一・八二二萬盧布，較之去年同期減收一二七萬盧布。

中東路陷於減收之悲境，而委任滿鐵經營之所謂滿洲國有鐵道則生意興隆。四月起，將原來九個鐵路局併爲四個，改善營業。結果，四月至十月之營業成績，收入額約三・四五五萬圓。這裏面當然包括新線的收入，與去年同期比較，增加收入一・二二〇萬圓。

再來一瞥滿鐵之營業狀況，四月至十月鐵道收入總額約七・二五一萬圓，與去年同期比較增收約一・三六〇萬圓。滿鐵爲準備軍事運輸上之安全，迅速，特別開辦超速度的火車亞細亞號，自長春至大連七〇四粁只費八小時又三十分鐘。此外，更換枕木，加填鋪石，修理橋梁，設備車輛等，曾投資一千萬圓。

（8）預定計劃的道路網之進展

傀儡政府曾設「國道局」，計劃在五年中建設國道三萬二千粁，着手建築，已經三年。該局在瀋陽，長春，齊齊哈爾三處設建設處，計劃建築工程之進展。結果，去年底止，竣工者九八四粁六，建築中者三・七七七粁，測量完了者六九八粁，本年在哈爾濱加建設處，建設工程比從前更進步。到九月爲止，竣工者五九二粁八，建築中者五〇六七粁八，測量完了者二四五粁。這樣的加緊築路，目的當然在作戰時軍事運輸之準備，同時也是消滅義勇軍之必要手段。但是想在五年中建設三萬二千粁國道，看來頗不可能。

國道之外，各縣更徵發工役，廣築縣道。關於縣道，因無完全的報告，無由知其成績，但是確有相當之進步。

由於道路網之發展，故對於公共汽車之統制，尤爲必要。僞交通部擬基於營業主義而加以一元的統制，特在長春開辦資本百萬元之日滿汽車股份有限公司。

（4）躍進的電報電話事業

僞滿之電報電話事業，爲日「滿」合辦之滿洲電信電話會社所經營。該社投入多額之資本，進行不遺餘力。計一年內可列舉之主要工程如左。

A對歐、美、及日本之無線電話：此兩大設施須工程費二二六萬圓，對歐美無線電報于三月一日開始，電台新設於長春。該電台專供對歐（柏林）對美（舊金山）對日及內地之用，爲無時限之連續通信。無線電話由長春電台與日本國際電話會社之小室受信所及名崎發信所相呼應，日本都市電波長一六一，內地都市電波長一七得直接通話，于八月一日開始。

B播音台之設施及中繼線之完成： 在大連、瀋陽、長春、哈爾濱播音台投資約十八萬圓，大加改善，特別在哈爾濱播音台將原來之一基羅瓦特電力增加到三基羅瓦特電力。又在大連長春間，瀋陽長春間，長春哈爾濱間投資八萬圓，於本年六月完成BC型移動式播音用之中繼電話線。

C百粁播音： 投資約百萬圓，在長春寬城子無線電信所內建設起來，使用日本丹羽博士作成之空中線百基羅瓦特電力，於十一月一日開始播音。

D電報電話設施之擴張： 電報線路與電話線路，在本年內前者增加延長六・三一九粁，費用約三三萬圓；後者增加延長一三・八九二粁，費用約一一六萬圓。電報局增加一三九所，電話局增加二二所，電話用戶增加五・九四一戶。

積極發展之航空事業：「日人在東北經營之航空事業，有滿洲航空會社之營業路線十條，總長四千五百公里，較之創辦之始，已有驚人之發展。近來更有航空網之計劃，由長春至某處之傳說。

## 四 貿易與金融

東北自九一八以來，從傳統的貿易出超區域轉移到入超區域，由這也可以看出獨占殖民地的特殊性，本年度此種傾向尤爲顯著，實質的入超額約達三千萬元，入超之主因以輸入建設材料，有莫大的增加，如本年度比較去年輸入增加五千五百萬元。

輸出不振，依然在世界經濟恐慌的影響之下日益深刻化，占輸出之半數的大豆，豆油，豆餅之總輸出額，比較九一八以前，降低到四成。即是大豆降低到一成五分七厘，豆油二分八厘，豆餅一成一分五厘。此種特產品輸出減少之總額約二千六百七十五萬元。

這種事實，根本動搖了東北農民大衆之購買力，輸出減少，加之價格暴落，必然的減殺農民之需要，故表現在生活資料輸入之激減。即是去年爲止，占第一位之綿織物類，亦爲鑛物金屬品所奪去，且較之去年輸入減少六百六十萬元，這是值得注意的事。其他如綿絲，綿花類，雜穀及麵粉，亞蔴及其製品，藥材，砂糖，烟草等等生活必需品之輸入，亦減少了二千萬元，反之，建設材料，毛皮及毛製品，絹織物等等與大衆之需要毫無關係的物品，輸入增加了。由此可以看出表面上東北貿易之不健全與不均等性，實質上一方面更可以明瞭東北同胞之生活日益惡化，水深火熱，不知伊於胡底；他方面日本帝國主義在東北建築軍事堡壘，完成世界大戰之遠東戰場，却是日益積極了。

其次，貿易上表現最顯著的現象，是貿易系統之變革。這一系統的變革，就是對華貿易與對日貿易兩者之間的隆替關係。其他對外國貿易並無變動。

本年度對華貿易額占總額一〇・八%，對日貿易額則占總額六三%，比較九一八以前，即一九三一年對華貿易額三〇・六%，對

日貿易三九·五%，即對華貿易減少一九·八%，對日貿易增加二三·五%，這就是日本攫取東北的目的，也是獨占東北市場的表現，

由於貿易系統之轉換，對於所謂日滿經濟布洛克有重大的幫助，即日本逐漸獨占了東北市場。然而這種貿易帶有單方貿易的性質，對於東北的輸出，毫無補救，貿易前途之黑暗，仍未消失。

日本占領了東北，爲要在東北傾銷其過剩生產品，對於原來的東北關稅制度，當然認爲不合理，再則東北同胞生活日益貧困化，購買力銳減，影響到商品傾銷。這一切，便是僞滿改正關稅制度的出發點。改正的目標是：凡屬（一）有排日色彩的物品；（二）特別高率的物品；（三）開發滿洲必要的物品；（四）建築材料；（五）生活必需品等等都要求減低稅率。而輸出關稅則主張一概撤廢。此種主張，固然是獨占市場必要的條件；但是僞滿財政，全賴關稅收入，如果容納這種主張，財政危機便無法解決，所以經過了幾次折衝，終於制定有利於日本大資本家，排斥小資本家，消滅土著資本家的新稅則。就是這樣，也很難使貿易有好的轉機。

日本統治東北，既在政治上手造傀儡政權，在交通上統制全滿之交通機關，在貿易上實行獨占的進出；然而在金融上假如沒有一個強有力的統制，仍然不能担保其獨占的利益，可以支持下去。而且，金融統制不集中，每每爲喪失領土之因素。如明亡後洪門志士設錢莊，票號，典當以便利民生，實際上則爲軍費機關，率借重之以傾覆滿清。我國不能統一的原因，也就是由於金融權之不集中，使軍閥得以割據地方，擁兵坐大、日本帝國主義早已顧慮及此，所以當九一八以後，次年七月一日即設立所謂滿洲中央銀行，由日本投資，並沒收原來各金融機關之一切財產，充其資本，而從事金融統制與集中之工作。茲將年來統制情形，列舉如左。

「滿洲中央銀行」第一步工作便是收回東三省官銀號及邊業銀行的舊紙幣。這一工作，在本年五月半已經整理了一大半，四月中，復發表廢止安東之鎮平銀。鎮平銀也和營口之過爐銀一樣，當作民間通貨，多年有獨特的通用力與潛勢力。過爐銀去年已着手整理。但是此等通貨有悠長之歷史，在短期間不易消滅，故特設公估局與通用猶豫期間。現在，公估局已取銷，通用猶豫期間亦於九月三十日截止，限十二月底以僞幣百元買鎮平銀七〇·二兩。這樣一來，凡屬通都大邑，交通方便之處，地主資本家當然易於持廢貨交換新貨；而僻遠農村，多不明眞象，望着貨幣叫窮，尤不知其故。所謂整理幣制，其作用與結果，固如此而已。更有一件值得注意的事，就是因爲金融集中，義勇軍活動的軍費，從此更成困難了。

「滿洲中央銀行」爲收回舊紙幣，決定發行一萬萬四千二百二十三萬元紙幣。今年六月爲止，法定有效期間，已收回一萬萬三千二百三十五萬元。餘數延期至明年六月收回。輔幣至六月末日止發行額爲一千零七十三萬元。輔幣約需數百萬元，不足額用日本輔幣補

充之，這樣東北大衆的經濟生活，是呻吟於日本金融系統之下了。

「滿洲中央銀行」除整理通貨略有成就而外，因爲農村破產，特產品市塲不景氣，故無放款之成績可言。紙幣發行額異常收縮，因此通貨膨脹之聲浪頗高，致四五月間現洋百元値紙幣百零四元五角，幸由日本政府從中活動，僅免再落。現在通貨發行額較之常年約較縮二千萬至四千萬左右。

通貨收縮與特產品價格暴落及財界不旺，均有密切之關係，固不待言，然而美國白銀國有政策也波及於滿洲財界以不良的影響。卽是由於白銀價格高漲，引起現洋與紙幣換算差額六・七元，資金多逃避外埠。十月中大連對上海之金錢交易計達申洋一千三百萬元，而紙幣對日幣交易額達三萬萬六千萬元。大連上海間有大規模之隨兌交易，現在由於國民政府提高現銀輸出稅，致現洋價格大連較上海高漲，可以消滅現洋之流出。然而現銀收藏與經日本流出外國的趨勢仍然繼續，這就是未來的金融危機之出發點了。總之，今年是僞滿金融界多事多難的一年。還有僞幣之關東州內通用力問題，金票廢止問題，日僞通貨統制問題，均留待解決。豫想來年度之金融界，更爲波瀾重疊了。

## 五　產業

十一月九日英文北平時報的社論，批評僞滿石油專賣會說：「……日本軍閥的計劃，在於統制僞滿全國的經濟生活，使其在戰時可成爲日本之倉庫兵工廠和貯糧所。」這自然是很切當的話。日本在僞滿的一切建設，在軍事上的意義有兩方面：第一，它可以供給日本以戰時所需的重要物資；第二，又可以作爲日本軍事的根據地，以掩護日本及進攻蘇聯外蒙內蒙和華北。爲達到這兩個目的，日本所採用的辦法約有三種：

(一)在滿積極開發，戰時所需要的資源，

(二)以獨占的方法統制全滿重要企業；

(三)完成具有軍事作用的交通敷設。

這三種辦法是同時幷進，一樣積極的。本文已將交通、金融等重要之經濟設施，概略的報告於前；現在把僞滿的產業再來加以檢討。

在檢討僞滿的產業設施中，第一件應該記着的，那是在日本統制之下，按着軍事的需要而進行建設的，幷不是爲了改善同胞的經濟生活而進行的生產建設。這裏我們把它分六部份來敍述。

### （1）　農業

說到本年度的東北農業，當不能忽視今年的農業恐慌情形。收穫比豫想額減少二成，農產品價格又有空前的暴落。九一八以來的農村疲敝，更日益深刻化，而不知何日可以稍得轉機。僞滿之一切救濟政策，實際上未見寸效，已於第二節說明過了。日本爲在東北獲得戰時的必要資料，強迫北滿種植小麥、南滿種植棉花，故本年度棉花之種植面積，有顯著之增加。此爲本年度農業上之重要事件，卽農民不能自由種植大豆以獲利，僅能種棉麥而受日偽之農業統制。從此東北農民生殺予奪之權，完全操諸敵手。

爲之發展農業，日偽在克山開設所謂「國立農事試驗場」研究北滿產穀地帶之農業開發事項。十月中旬復開設所謂「農業技術員養成所」，訓練農業技術人材，此外開設了興城園藝試驗場，在遼陽之滿鐵棉花試驗場亦大加擴充了。總之，在農業方面值得注意的是：從前僅在南滿方面發展，現在則擴充到北滿。由此可窺見日本對蘇聯備戰計劃之一斑了。

（2）林業

開發林業，在日偽統制下之東北，也有兩種軍事上的意義：第一，供給日本的工業原料，免得向美國購買木材，第二，採伐森林，消滅義勇軍的藏身之所。所以在林業方面，日偽特別努力。如三月十五日在偽實業部下設置林務司，更在安東、通化、撫松、朝陽鎮、安圖、寧安、琿春、八面通、依蘭、通河、湯原、綏化、嫩江、大黑河十四處設森林事務所，從事採伐。

偽組織更於六月九日發布林場權整理法，九月一日發布木稅法等等，便利日本人採伐森林。又允許日本人捐造紙業資本家王子系，大川系，寺田系川西系四會社調查全滿森林，約明年二月調查完了。復由日本軍部舉行飛機調查，群情尚未發表。但是，用談話方式。發表滿洲森林積蓄約五十萬萬石內外，木材輸出日本，在關稅改正中實行減低稅率。從此日本將不需美國木材，在東北已取用不盡了。

（3）畜產

畜產開發事業，今年開始着手。就各種事業之狀況看來：（A）緬羊改良事業，已有具體之計劃，在偽實業部及偽興安總署管下設置種羊場三所，在滿鐵方面經營種羊所三所，鐵路局設置種羊所一所。還有，爲促進緬羊事業之發展，以供將來軍服材料，由日本政府提倡，設立（日滿緬羊協會）。

B馬匹改良事業，由偽軍政部設置馬政局，爲着手此種事業，特開設競馬場，來開闢財源。本年度設置種馬所、舉行馬匹總調查。滿鐵更設置產馬試驗場，從事改良馬匹之試驗工作。

C牛豚改良事業，亦由滿鐵與偽鐵路總局先後設置種豚場與畜牛試驗場，開始試驗工作。

D關於家畜傳染病豫防工作，本年度也有相當的活動。如開辦獸醫養成所，在各地設置防疫所，以及滿鐵擴大獸疫研究所等。

畜產事業，主要的是軍馬與緬羊。緬羊爲毛織物之原料，日本每年在澳洲輸入羊毛約占皮毛輸入總額百分之七十，此種漏卮，今後將在東北取償。故對於統制種羊事業，積極進行。軍馬之需要，亦與緬羊相同；而其他牲畜，皆爲戰時之肉類食料的資源。

（4）鹽業

本年度東北產鹽銳減，關東州比豫想數減少二萬萬斤，其他各處亦減收一萬萬餘斤，合計產鹽三萬萬五千萬斤。輸出日本約一萬萬五千萬斤。

鹽爲化學工業上不可缺乏之原料，且爲軍需工業之窒素原料，故近年來日本需鹽激增。預料明年度日本需工業鹽十五萬萬斤。所以爲了達到用鹽之自給自足，特設「滿洲鹽業會社」，並且由旭硝子株式會社，日本曹達工業株式會社，東洋拓殖株式會社，大日本鹽業株式會社，曹達晒粉同業會，滿洲化學工業株式會社，南滿鐵道株式會社等日滿化學工業界及製鹽業界之權威，組織滿洲鹽田適地調查團，自四月起，踏查復縣，營口，蓋平各適宜地點。

加入調查團之各會社，獨自製作鹽田計劃案，九月在東京提出審查。結局滿鐵，東拓，日鹽三案提出議事日程，將綜合三案而製定滿洲鹽業會社之計劃。從此東北鹽業，將在日本統制之下開發之，以供軍事工業之用，並且統制民間之食鹽，可隨時加以限制。

（5） 工業

日本在東北除了趕快開發他所需要的資源以外，還要「把基本產業和與國防有關的工業，置于國家統制之下，」（日本參謀本部第二局主任磯貝語。）所以，當我們回顧本年度東北工業界之動向的時候，不免有一切新企業計劃都在日本軍部指揮刀之下逐漸展開的印象。

九一八以來，僞滿經濟，表面上是建設景氣，而實際上祗是各種新規計劃之企業到處物興而已。此種新規事業中，亦成爲工業企業所占據。本年度僞滿工業界之最大特徵，正是新興企業在競爭中產生，而逐漸走向實現的過程。

僞滿斯與企業中，大概可以分爲有國防及公共事業性質的所謂統制工業，與自由投資計劃的自由工業二大範疇。本年度新興工業之進展，亦與去年大致相同。卽統制工業陣容完備，日益進展，而自由工業則微乎其微，不足計較。此種狀况，亦可見僞滿工業概歸特務部或軍部關係所統制，而自由工業則受工業諸條件及日滿經濟統制諸條件之限制，毫無進展之餘地。

屬於統制的特殊企業，本年度有滿洲計器，同和自動車，滿洲石油，滿洲電業，南滿酒精，滿洲曹達等會社之成立。屬於自由企業的，本年度主要的則有以亞麻人絹爲中心的纖維工業，以皮革，製藥，大豆爲中心的化學工業，以水泥爲中心的窯業，以製粉，製糖，麥酒乃至烟草爲中心的食料品工業等會社之成立。此等新興企業，雖然如雨後春筍，逐漸成立。但是，資本家與軍部之衝突未已，危機四伏，前途殊難樂觀。

（6） 鑛業

因爲日僞當局之鑛業法遲遲不見公佈，故從事斯業者多袖手旁觀。現在日本大資本家多在祕密裏派遣調查人員，從事探鑛工作，此外因爲軍需工業之勃興，既存諸鑛業頗有顯著之活動。如撫順炭鑛發揮最大之能力尤感不足。鞍山昭和製鐵所一帆風順，且有開採弓張嶺鐵鑛之勢。本溪湖煤鐵公司也是生意興隆。菱苦土工業之盛大，除了南滿鑛業會社及其他四社而外，還要開辦數社與工業。其中南滿鑛業會社增設焙燒爐，菱苦土產地主工廠間架設空中鐵索輸送線。既存諸鑛業之盛況，該業首屈一指、

本年度值得大筆特書的是，特務部與僞組織協力研究，如何實施鑛業統制的方法，並且使之具體化。二月份成立滿洲石油株式會社，四月份成立滿洲滑石股份有限公司，五月份成立滿洲採金株式會社與滿洲炭礦株式會社。此等會社，皆爲踏上各種統制事業的第一步之表現。

還有北滿金鑛與新邱炭礦先後開採，頗著成績。此外，日僞當局復設置大規模的調查機關，從事發現其他鑛苗並計劃開採。滿鐵方面，也把幾處鑛業關係的部分統一起來，積極活動。

滿鐵在楊家杖子發現鉛鑛，已經着手開採。又在撫順設立鋁鑛試驗工場，頗著成績。此業將來與去年成立的日滿鎂鑛會社同爲最新之鑛業會社，而爲日本軍需工業之最大的原動力。

六　結論

日本帝國主義攫取東北已經三年，爲要使東北成爲獨占的殖民地與軍事根據地，從事各種建設，不遺餘力。而今年則一切都粗具規模，且進到統制的階段。此爲本年度日僞統治東北之特點，在前述各節事實中可得其梗概。

日本在東北玩弄傀儡，以武力支配一切。此之不足，還要積極計劃武裝移民，一如滿清入關，建立旗民之特殊地位。且爲屯兵之計以防蘇聯。此計劃本年逐步實現，且投資三千萬元成立移民會社，計劃在十本內移入日本人二十五萬至北滿依蘭一帶沃壤。

日本平時或戰時都要依賴滿蒙的資源，所以將一切主要項目之企業均加以嚴格的國家統制。所謂「國家」，換言之，就是完全受日本的支配。在各種企業統制之上，更組織日滿經濟委員會，加以最高級的統制，計劃與調劑。而經委會之委員長又是日人。這是本年度日本加於東北人民的最後的經濟上的鐐銬！

日本駐滿之行政機關，九一八後屢經改革，多因運用不靈，發揮統制力量還嫌不夠。今年爲改革此等行政機關，經過許多周折，始製出成案，現由新任駐僞滿大使南次郎負責執行。從此統制嚴密，連絡靈敏，計劃周到，東北同胞之光復運動，將遭遇最大的困難。

滿鐵之在東北，早已執行着昔年東印度公司的任務，而爲日本帝國主義經濟侵略之支柱。九一八以後，屢次增加資本，事業興旺。倘於往日，致舊日之機關，對於執行新任務諸多障隘，故改造滿鐵之聲浪頗高，說者且謂欲藉改組滿鐵來實現修正資本主義之理想。主義

之當否姑置不論，如果滿鐵改組，對於東北之經濟統制將發揮最大最高的權力，概可想見。

日本在東北的交通統制，在軍略上的作用有三方面：第一，使東北與日本朝鮮的交通得到捷徑，俾從日鮮往滿的軍事運輸神速。第二，建設交通網到蘇聯及外蒙的邊界，以便將來對蘇聯作戰。第三，延長滿洲的交通網到西蒙的邊界，以控制察綏。現在日本在東北的鐵路汽車路及其他的交通設施，都是直接或間接向着這幾方面進行的。我們不否認這些設施的大部分同時有經濟的意義，但是在現在，軍事的重性是要占先的，這是最值得注意的事。

本年度日本在東北之經濟政治工作大致已進建設統制的階段。此種雙管齊下的統治力量，實爲最可怕的事實。在意識形態方面，文化統制，新聞統制，讀經復古，强制讀日語等等，亦雷厲風行。而且奴化學校，亦到處設立，民族意識之保存，將更困難。

雖然東北在日僞暴力統制之下，求生不得，民心思漢，義勇軍之活動，絲毫不會減退，且日甚一日，而形成民族革命戰爭之主力，這是我們引以爲慰的事。

東北喪失，日本帝國主義已在那兒建設一堅固之軍事根據地。今後侵略的觸角，北及蘇聯，南涉華北，都是意中事。不過蘇聯有强大之遠東駐軍，或不致失一寸土地給日本，然而華北則長城不可守，駐軍也違反條約，大好河山，日本隨時可垂手攫去。說到這裏，我們既然分析了今年的東北，當不忘目前華北的危機，而思有所戒備了。

（一九三四年十二月廿八日作於上海）

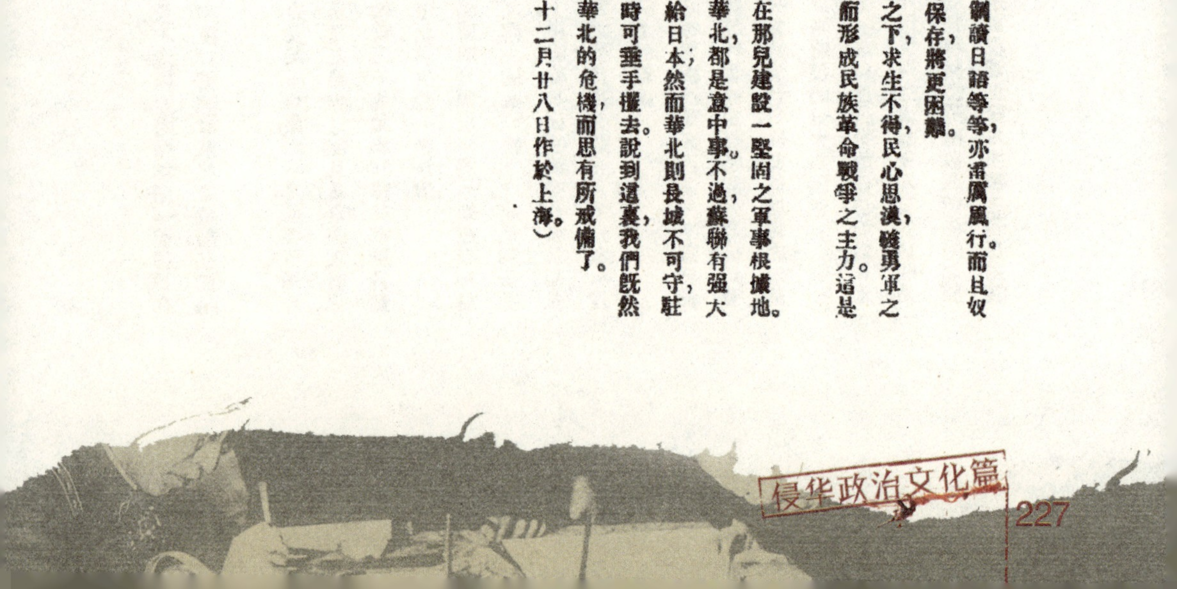

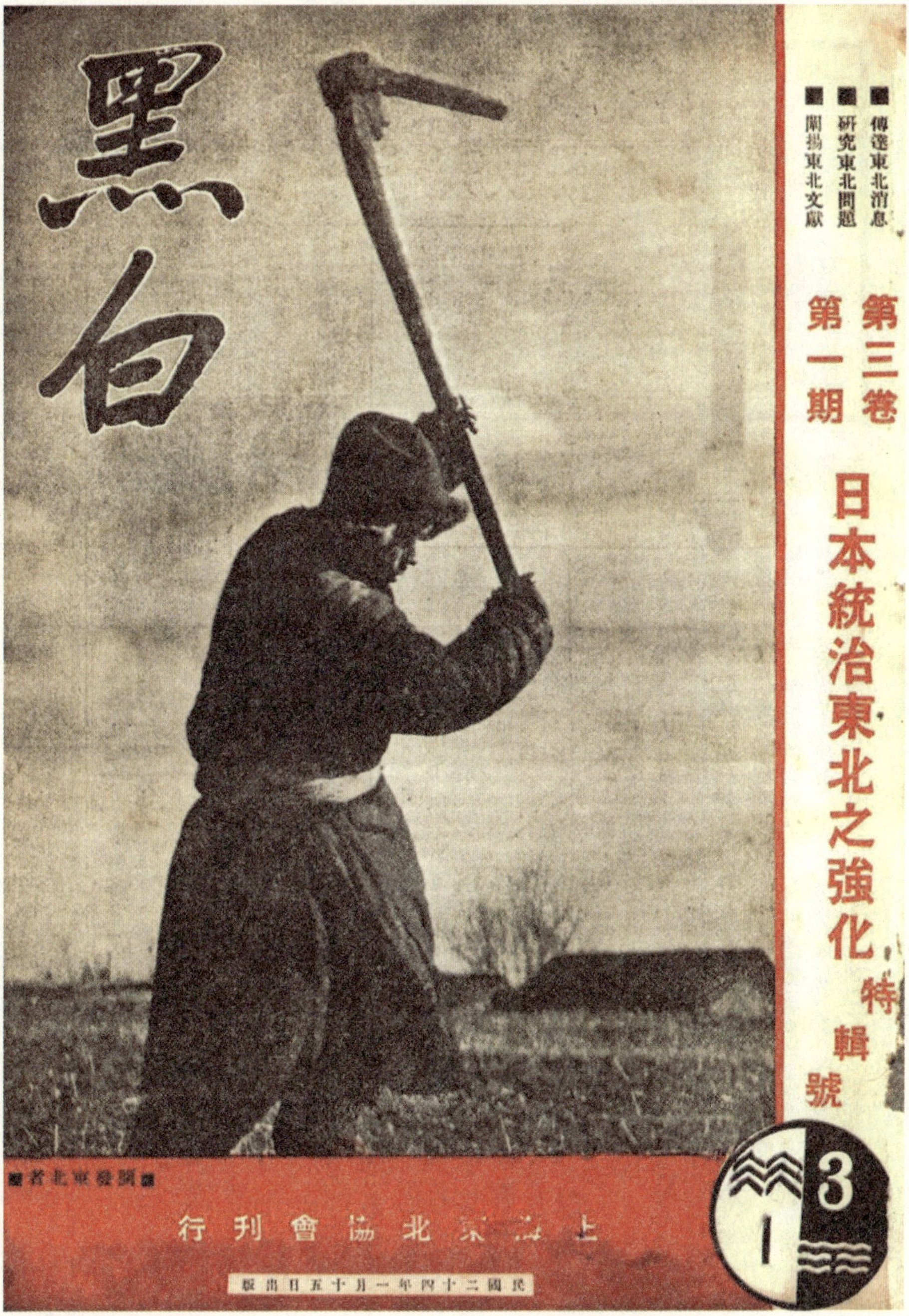
黑白
傳達東北消息
研究東北問題
闡揚東北文獻
第三卷
第一期
日本統治東北之強化特輯號
開發東北者
上海東北協會刊行
民國二十四年一月十五日出版
3
1

# 日本改革在東北侵略機關之因果

—（二）—

宗孟

## ◘三十年來一大變局◘

「三頭政治」—「四頭政治」—「三位一體」

關東軍司令部
駐「滿」大使館

與昔日朝鮮統監府有同樣懸意的建築

日本刼擄東北已三年餘，製造僞組織以爲推行其傀儡政治的機關，亦有兩年多的歷史。到了這種程度的今日，日本還有什麽顧忌，什麽需要，仍要轉到「後台」方面大費氣力的來改革他們的侵略機關呢？

自然在今日志得意滿的日閥眼中，一切的一切滿沒有一顧的必要了。然而，在最近的一年來，日閥已竟認清了足以障碍他們「獨佔東北」的政治力量，不在國外而在國內，因而他們也認清了目前在東北最緊要政治工作的對象，不在運用東北新的傀儡機關，而在獨握本國舊的政治實權。因爲三年來新的傀儡機關，已竟是可以任意擺佈了，獨有三十年來彼所謂「政治機構」的勢力，確有從根本上「肅淸」—美其名曰「改革」—而且有拿出整個力量來實行的必要。所以日閥終於在最近的一年間，費盡了詭蜮技倆，逞足了兇燄狂態，在日本空前的一齣武人干政醜劇竟從東北直演到東京。直到去歲十二月二十六日正式公佈了什麽「三位一體制」的新方案，目的纔算圓滿達到。

日人所謂「在滿機構」的形成，是在日俄戰後，到了最近新「改革」的實現，恰是三十年了。在這三十年間的演變情形（參閱另表所列），要是拿軍權做主眼，顯然是可分爲三大階段：

「關東都督府」時期——自旅大租借地被日本當作殖民地實行「軍政」後，是有十三年的歷史—從淸光緒三十一年到民國七年。在這時期中，旅大租借地是被日人改稱「關東州」，在「關東都督府」的統治機關下，曾經換了四個「都督」來統治。此外，滿鐵公司和外交領事兩種機關也在這時期充實起來，卒形成了軍事，外交，經濟三種機關—自然也可以稱做「三頭政治」。不過這時期的「軍權」是限於「關東州」內的。

二，「關東軍司令部」時期——民國八年以後，旅大租借地是被日人認爲可以實行「軍」「民」分治了。所以就在這年的四月添設了「關東廳」，算做一种民政機關。「關東都督府」也改組爲「關東軍司令部」。「關東軍」這個不祥的名詞，也就從這產生。在東變以前十數年間，旅大租借地雖然是被那「關東軍司令官」和「關東廳長官」平分天下的統治了，可是「關東軍」的勢力是終越出他們所謂「關東州」的範圍，沿着南滿鐵路向內地伸展，九一八事變就是這種伸展的結果。在這時期是有四種機關對立的，所以日人也自稱爲「四頭政治」時期。

三，「三位一體」時期——九一八事變後，「關東軍」是日本在東北的「天之驕子」了。所以除了「滿鐵」因爲有三十年來始終一貫所造成的勢力，暫時還可以代表一部分勢力外，其他所謂「關東廳長官」，「駐滿全權大使」等，是必須由「關東軍司令官」兼任的，遂構成了「三位一體」的局面，充分表現出來日本「軍權萬能」的狀態。然而，這種狀態經過兩年之久，野心暴欲的日閥仍然認爲不滿足，纔又有新的改革運動的實現。

從過去三十年來的演變，可以看出日閥進攻東北的勢力，是從「關東州」而滿鐵沿線，而東北四省，既然是逐步的擴大，那末，到了今日亦無怪其要「獨步自雄」，絲毫不容國內各種機關各派勢力來染指。然而，這種看法也祇有日閥抱着蠻橫無視的態度一種看法而已。實則日閥所以能得到今日獨佔東北的新地位，已是歷時年餘，經過多方面對立和鬥爭的結果。日閥從拓務，內務，外務各省以及各政黨財閥手中，奪取三十年來的既成權力，打破了舊有的分野這是和經過三年餘的刼據我東北國土人民主權同樣的不自然，前途是同樣難抱樂觀。所以在那過去三十年的既成局面，雖然沒有使我們詳細回顧的必要，可是在最近年餘的日閥對其國內大演其狂暴的

—（四）—

**日關東軍十六階段十四首領**

（自下頁左下角起上右順序）：大島義昌大將（第一屆）福島安正大將（第二屆）中村覺大將（第三屆）中材雄次郎中將（第四屆）立花小一郎大將（第五屆）河合操大將（第六屆）尾野實信大將（第七屆）白川義則大將（第八屆）村岡長太郎中將（第十屆）畑英太郎大將（第十一屆）本莊繁中將（第十三屆）武藤信義大將（第九及第十四屆）菱刈隆大將（第十二及第十五屆）南次郎（第十六屆）

# 三十年來日本在東北侵略機關之演變

子曰

| 年次 | 日本在東北之侵略機關：關東軍機關、關東廳機關——關東都督府都督 | 外交機關——駐東北各地領事館 | 滿鐵機關 | 中國最高長官 |
|---|---|---|---|---|
| 光緒三十一年（明治三十八年） | | | | 趙爾巽 |
| 光緒三十二年（明治三十九年） | 大島義昌（十月） | | 後藤新平（十一月） | |
| 光緒三十三年（明治四十年） | | | | 徐世昌 |
| 光緒三十四年（明治四十一年） | | | 中村是公（十二月） | |
| 宣統元年（明治四十二年） | | | | 錫良 |
| 宣統二年（明治四十三年） | | | | |
| 宣統三年（明治四十四年） | | | | 趙爾巽 |
| 民國元年（大正元年） | 福島安正（四月） | | | |
| 民國二年（大正二年） | | | 野村龍太郎（十二月） | 張錫鑾 |
| 民國三年（大正三年） | 中村覺（三月） | | 中村雄次郎（七月） | |
| 民國四年（大正四年） | | | | 段芝貴 |
| 民國五年（大正五年） | 中村雄次郎（七月） | | | |
| 民國六年（大正六年） | | | 國澤新兵衛（七月） | 張作霖 |
| 民國七年（大正七年） | | | | |

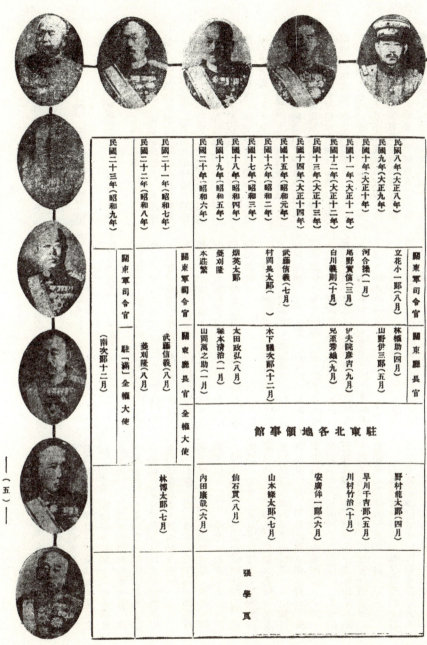

| 年份 | 關東軍司令官 | 關東廳長官 | 駐東北各地領事館 |
|---|---|---|---|
| 民國八年（大正八年） | 立花小一郎（八月） | 林權助（四月） | 野村龍太郎（四月） |
| 民國九年（大正九年） | | 山野伊三郎（五月） | |
| 民國十年（大正十年） | 河合操（一月） | | 早川千吉郎（五月） |
| 民國十一年（大正十一年） | 尾野實信（三月） | 伊夫院彦吉（九月） | 川村竹治（十月） |
| 民國十二年（大正十二年） | 白川義則（十月） | 兒玉秀雄（九月） | |
| 民國十三年（大正十三年） | | | 安廣伴一郎（六月） |
| 民國十四年（大正十四年） | | | |
| 民國十五年（昭和元年） | 武藤信義（七月） | | |
| 民國十六年（昭和二年） | 村岡長太郎（ ） | 木下謙次郎（十二月） | 山本條太郎（七月） |
| 民國十七年（昭和三年） | | | |
| 民國十八年（昭和四年） | 畑英太郎 | 太田政弘（八月） | 仙石貢（八月） |
| 民國十九年（昭和五年） | 菱刈隆 | 塚本清治（一月） | |
| 民國二十年（昭和六年） | 本莊繁 | 山岡萬之助（一月） | 內田康哉（六月） |
| | 關東軍司令官·關東廳長官·全權大使 | | |
| 民國二十一年（昭和七年） | 武藤信義（八月） | | 林博太郎（七月） |
| 民國二十二年（昭和八年） | 菱刈隆（八月） | | |
| | 關東軍司令官·駐「滿」全權大使 | | |
| 民國二十三年（昭和九年） | （南次郎十二月） | | |
| | | | 張學良 |

武力干政行爲是值得我們注意的。尤其由於這種狂暴行爲演變的結果，我東北將更受怎樣的禍害，不更是值得我們深切注意的嗎？

## 三省爭權軍閥橫暴

### 「滿鐵改組案」—「外務省案」—「拓外務省案」—「陸軍省案」

日閥在東北不滿於所謂「四頭政治」，已匪伊朝夕，直到造出來九一八事變後，總公然的拿出來在東北勝利的餘威，向內閣提出：「爲應付新情勢，避免從來複雜，改行設置單純化之强力機構」，脅迫實現。在民國二十一年七月二十六日的閣議，遂決定：「現行官制將關東軍司令官，關東長官及特命駐滿全權大使同屬一人，以謀在「滿」機構之統一。其「附屬地」之行政仍舊統屬於滿鐵總裁，但滿鐵總裁須受特命全權大使指揮」。至是遂從所謂「四頭政治」變爲「三位一體」。這是東變後日閥武力干政劫奪「在滿機構」政權的開幕。

後來，日閥仍感覺到「三位一體」僅是形式。實際上是不能達到眞實獨佔的地步。就像關東長官及特派全權雖爲關東軍司令官一人兼充，但關東長官和特命大使既必須分別受拓務大臣和外務大臣的指揮，同時滿鐵總裁且仍可擁有滿鐵的經濟實權來和「關東軍」「分庭抗禮」。這在日閥自然認爲不能滿意。所以在民二十二年九月下旬，卒由關東軍特務部治田中佐出頭，提出所謂「滿鐵改組案」，打算把滿鐵的經濟實權，奪歸日閥手中。關東軍與滿鐵鬥爭的醜劇，遂開始表演。

後來這幕醜劇—所謂滿鐵改組問題，由東北演到東京。因爲滿鐵後台。永井拓相的「頑强」反對，和國內資本家也同來應援，日閥的獨角劇，似乎失掉國人的同情，所以終因荒木陸相的下台，暫時擱置。但是在日閥中急進的少壯軍人，對此決不甘心，仍然積極從事準備工作，以便待時而動。

齋藤內閣倒了，岡田是被軍人擁進內閣做傀儡了，於是陸相林銑十郎以去職相要脅，謀貫澈日閥在「滿」統制化的主張。在「三位一體」下的三位，又發生了關東軍大使館和關東廳雙方根本意見的對立。就是，關東軍和大使館是代表日閥的意見，藉口「健全僞國，實現王道」，主張「撤廢治外法權」，「交還滿鐵附屬地」，以謀減削關東廳的權力，俾可取而代之。這種陰謀自然引起關東廳强烈的反對。於是關東軍大使館與關東廳鬥爭的醜劇，又開始表演。

結果，是在去年七月下旬，由所謂關東軍及大使館一致的意見，又產生出來所謂「二位一體案」向東京方面提出。這案的主張，是要把僞組織的「國」防問題一切皆在關東軍指揮下，關東廳及滿鐵的監督權則屬於駐滿大使館。可是這種足以代表關東軍的意見，不但拓務省極端反對，即外陸兩省亦不贊同。醜劇的演化，遂由對立的而變成鼎立的，同時並牽涉到所謂「紀綱問題」，劇情是越發複雜了。後來經過多方斡旋的結果，終不免由外，陸，拓三省分別提案，公開的出於政治解決之一途。

三省提案的內容，雖互有異同，但要各有其立論的骨子，即各本其自身立塲互爭取在東北的權力是。約舉於次：

## 外務省案大綱

一，廢止全權大使，軍司令官及關東長官之三位一體制，新設置關東州知事，置於拓務大臣管轄下。此外其他之在滿機關，亦全部使全權大使及軍司令官分掌，以確立二位一體制。

一，自來外交及領事事務經全權大使受外務大臣之指導監督，仍舊存在。

一，自來經關東長官隸屬拓務大臣指導監督下之滿鐵附屬地司法行政事務，新歸全權大使所管，置諸外務大臣指導監督下。

一，自來經由關東長官受拓務大臣監督之滿鐵業務(國有鐵道除外)及電々會社業務之監督，新歸全權大使所管，置於總理大臣直屬監督下。

## 拓務省提案大綱

一，關於自來經由關東長在拓務大臣指導監督之關東州司法行政及滿鐵附屬地司法行政並滿鐵與電々會社業務監督，因關東長官之廢止，則移轉於全權大使。至於在中央之監督機，則依然隸屬於拓務大臣。

一，自來軍司令官所指導監督由「滿洲國」委任之鐵道及航空事項亦移轉於全權大使管轄，置於拓務大臣監督之下。

一，關於關東州司法行政，應新任命勅任知事，經由全權大使，置於拓務大臣監督之下。

## 陸軍省提案大綱

一，將全權大使之權限擴大強化，置於總理大臣監督之下。

一，廢止關東長官，設置州知事，置於全權大使監督之下。

一，外務大臣關於純粹之外交事項，僅止於指揮監督，關於領事警察及附屬地之行政，則經由全權大使，置於總理大臣監督之下。

就以上所舉各省提案大綱觀之，可以見出陸外兩省意見，頗多接近之點，惟拓務省則顯與外陸意見衝突。而根本不易妥協之癥結所在，固在日閥謀將在東北的日本軍事外交行政大權，完全獨自掌握。在日閥的惟一主張，不但拓務省的關東廳歸於消滅，即外務省的領事警察亦須拋棄。歸結是日本在東北的統治權，除了留一部分的外交事項，名義上是可以由外務省監督外，倘有一部分表面上似不便由陸軍省直轄的，則便假手總理大臣的直轄，仍然可以獨握在日閥手中。在這樣微妙的醞釀中，經過三省案的鬥爭階段後，遂蛻變出來一個所謂「內閣案」，作為貫徹陸軍省案的掩飾工具。

在這裏應當補敘的，就是日本所謂內閣總理大臣岡田的態度。岡田是因為得到日閥的「諒解」而登台的，所以他在新內閣成立之初，就不能不迎合軍部的意旨以行。陸相的留任，是必須以岡田兼任拓相為條件，這是日閥對抗拓務省的「釜底抽薪」辦法。拓相既去，莫余毒已，日閥遂得脅制政府，貫徹主張，藉着所謂「內閣案」的高壓，使新改革案有具體的實現。

## 威脅政府壓倒拓省

### 「內閣案」——關東軍警鬥爭事件——改革案大綱

所謂「內閣案」，表面上說是根據三省提案的一種「折衷案」，實則完全是遵照「陸軍省案」改頭換面。尤其對於「拓務省案」可以說是一筆抅消，所以拓務省一時也曾有過一番猛烈的反對。但是到了去年九月十三日由岡田悍然不顧的取得陸外兩相的同意後，翌日即提出所謂「在滿機構改革案」經閣議通過。岡田並將下列的改革案大綱上奏日天皇。

### 改革案大綱

一，在內閣新設置有特別組織之「對滿事務局」，移轉拓務省所管對滿關係事項之大部，以謀對滿國策之統一。同時期與中央機關執行密接之聯繫。

一，「對滿事務局」特設置總裁。

一，「對滿事務局」除總裁外置次長以下之職員。並鑒於總裁地位之重要，特注意於有權威者。

（特置親任官）

一，「對滿事務局」除專任文官外，並命令關係各官廳高等官之參與，及補任事務官等，於事務聯絡上執行必要之措置。

一，「駐滿全權大使」執行滿鐵及滿電會社之業務監督，及關東州知事與其他之監督，並具有鐵道附屬地行政之權限。（單行勅令）

一，「駐滿全權大使」及其下之外交官，根據現行制仍存在。

一，關於以上所列之權限行使大使屬於內閣總理大臣之監督。

一，「駐滿全權大使」由關東軍司令官兼任之。

一，「駐滿全權大使」因擔任行政事項之掌理，故於「駐滿大使館」設置行政事務局，置事務局長，及此所屬之職員。（局名決定爲「關東局」）

一，此事務局長及附屬職員之身分，屬於內閣總理大臣之系統，其所執行之事務，（涉外事項除外）受內閣總理大臣之監督，於資格上，受大使之指揮監督。

一，爲使行政事務局與外交官間之事務聯絡圓滑諧行起見，除專任大使館參事官外，得以大使館參事官兼任事務局長，以勅令定之。

一，事務局長設置官房，總務部，警務部，監理部等。（總務部決定爲司政部）

一，關東州設置關東州知事受「駐滿大使」之監督，法院遞信局，旅順工科大學等，亦受大使之監督。（關東州廳長官）

一，行政事務局之警務部長以關東軍憲兵司令官任之。監理部長，以關東軍交通監督部長任之。

當此案由內閣送交法制局立案的期間，隸屬於拓務省的關東廳五千警察官，對此案仍作最後的決鬥。這雖然是這幕醜劇的尾聲，然而竟致演到雙方武裝對立的局面，幾乎鬧出全武行決鬥的大笑話出來，這也够日本丟醜的了。

在此以前，日本在東北的武裝實力，除了關東軍外，還有關東廳隸屬的警察的武力，分佈在旅大租借地，滿鐵沿線所謂「附屬地」及有日本領事駐在的所在，實力原亦未可輕視。在新改案中，拓務省的主張雖被日軍部打得落花流水，但在表面上，舊「關東州」及「附屬地」行政權，仍隸屬於「關東局」，而未被關東軍直接奪取，尚可勉强忍受。然而在新改革案中竟將「關東局」握有警察實權的警務部長歸由關東軍憲兵司令官兼任。這在關東廳實力派方面所萬難容忍，所以始而有五千警察官吏的反抗運動，繼而關東廳局長等亦發爲同一行動。中間曾經拓務省的派員調查，關東廳的命令安撫，但是反抗運動仍益熾烈。此時在東京內閣方面，有陸軍省的代表聲明，有關東廳警官或民衆間的代表具呈意見，甚至有勢將演至武力解決的險惡程度。以致日政府無法應付，終乃不能不求援於關東軍長官菱刈的鎮撫之策。果爾，去年十月十四日關東軍竟對關東廳發表「哀的美敦書」式的聲明，將一幕日人所謂「文治武治」的決鬥醜劇表演出來。

在東北的武裝對壘形勢，到了這種形勢嚴重的局面，東京的岡田內閣自然也大有被搖動的可能。所以從內閣裏表現出來的恐怖狀態，是已在大連設置特務機關，以備萬一了。十月十七日，內閣爲謀緩和反對的空氣計，乃發表所謂對改革案的「再確認」聲明，總算是勉強將此要演未演的武劇輕輕下幕。日內閣的聲明，大旨是這樣：

『關於對「滿」關係機關之調整，根據九月十四日閣議決定案，業在準備進行中。昨今閣議更對於現地之情勢及其他諸般之關係，考究種種善處之方法。政府以前所決定之方針，終始一貫，毫不變更，現已急於今後必要法令之立案，以確立對「滿」關係機之統制。

據此案之實施，雖有憂慮警察憲兵化之傾向，但爲謀命令系統之統一，警察機關決不使之憲兵化，此點若有誤解或不安時，則殊無所用。各關係方面應分別徹底諒解本案根本的趣旨。又政府極願一掃對此之誤解期對「滿」國策圓滑次第實施。』

所謂「政府決定方針，始終一貫」，是安慰關東軍的話，「警察機關決不使之憲兵化」，是安慰關東廳的話，日政府苦心孤詣的應付，眞算大可憐了。然而，最終的勝利，仍屬日閥。憤激的關東廳高級官吏，雖出於最後之辭職又有何用？

## ◻「二位一體」軍權萬能◻

「對滿事務局」—「關東局」—「一位一體」

在日閥高壓的政策下，所謂「在滿機構改造案」，雖然仍本「內閣案」進行。但仍須歷時兩個月後，始於去歲十二月二十二日的日皇親臨的樞密院會議通過，二十六日方將正式「官制」公布。在這新官制裏應有的主要脚色也同日任命。這歷時年餘的日閥威脅政府獨霸「滿洲」的醜劇，總算是如願以償了。但岡田於此時猶發出如左之解說式的聲明，顯然是向其國人更求諒解。

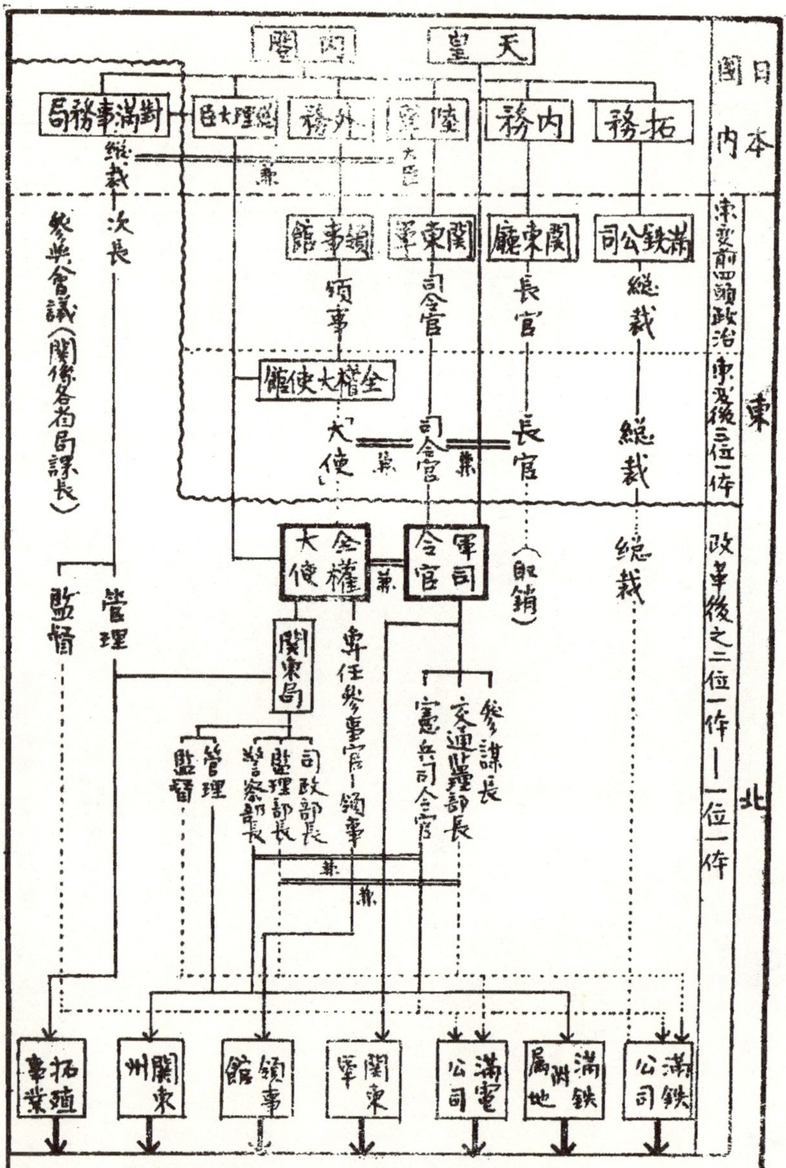

天皇
内閣
日本内閣
對滿事務局
總理大臣
外務
陸軍
内務
拓務
總裁
次長
參與會議（關係各省局課長）
領事館
關東軍
關東廳
滿鐵公司
領事
司令官
長官
總裁
全權大使館
大使
司令官
長官
總裁
全權大使
軍司令官
（取銷）
總裁
監督
管理
關東局
專任參事官—領事
參謀長
交通監理部長
憲兵司令官
管理
監督
司政部長
監理部長
警察部長
東北事變前四頭政治
東北事變後三位一體
政革後之二位一體——一位一體
東北
拓殖事業
關東州
領事館
關東軍
滿電公司
滿鐵附屬地
滿鐵公司
東北


—（二）—

『對滿機關調整之懸案，既告解決，茲適合「滿洲」現下事態之新機關，於中央於現地既見樹立，於我國對「滿」國策之運用，實劃一時機，不勝欣快。日「滿」兩國，具有不可分的密切關係，以併力舉共存共榮之實爲根本方針而至今。而我關東州及南滿鐵道附屬地域與「滿洲國」於政治經濟文化各方面，保持密切關係。不寧惟是，於歷史上更深之因緣，故該地之施政與「滿洲國」有最密切關係，是故在該地方施政諸機關與「滿洲國」駐在日本諸機關，彼此若互相聯繫，作有機的活動，於我對「滿」國策之推行上，實有重大意義。前者關東軍司令官，駐「滿」全權大使及關東長官，採同一人當事之制度，乃爲應當時之必要。迄今「滿洲國」之進步顯著，因諸制度整頓，與產業經濟之發展，此制度更進一步，就各機關之組織，綜合的加以調整，一面增大其有機的連環之機能，同時政府亦設可爲施行對「滿」國策出發點之機關，謀各聽對「滿」行政事務統一之保持，深感有充分使國策得以綜合統一的實施之必要。此時綜各方面關係者，集思凝議，加以考究後，遂有新機關之創設。其過程中雖有許多波折，今喜見新機關之發生。所冀關係當局，悉以新鮮開豁之心力，和衷共濟，對滿事務局及關東局之新機關，十分發揮其機能，俾將來我對「滿」國策施行有一段効果，以貢獻於日「滿」兩國之幸福與繁榮，藉以有資於東洋平和之確立，此實衷心所翹望者。』

同時陸相林銑十郎在那志得意滿的談話中，也不能不有『對此次改制，希望朝野鮮充分理解，予以援助』的語調。均足證明此事結局的不自然。

在軍權一系下的新組織既經確定，舊有外，陸，拓，內等省分權的一切法規，自須分別改廢。(今昔組織的不同，另見比較表)所以這日公布的所謂「勅令」，竟有四十八件之多。在這四十八件「勅令」中，最主要的即所謂「對滿事務局」和「關東局」的官制。(兩「局」官制條文另詳「參考資料」)從這裏我們顯然可以看出這兩「局」的中心系統是完全在日閥的掌握中。即從在日本國內的「對滿事務局」「總裁」起，以至在東北「全權大使館」的「全權大使」，「關東局」握有實權的所謂「監理部長」和「警務部長」，莫不由日軍部重要份子兼任是。日本對東北發縱指使的「對滿事務局」，其總裁既然由林銑十郎兼任，已無形中變成陸軍省的附屬機關。况復以日軍部惟一中心人物的南次郎，以關東軍司令官而兼「全



權大使」則向之隸屬於拓務省的「關東州」職權，隸屬於外務省的領事職權，皆可變爲在關東軍一個系統之下來管理。至若以關東軍憲兵司令官而兼「關東局」的警務部長，則警察憲兵化了。以關東軍交通監督長而兼「關東局」的監理部長，則滿鐵亦受關東軍的監督了。

官樣文章是說「全權大使」與關東軍司令官分別掌理日本在東北的侵略機關，因爲由南次郎一人兼任，所以稱做「二位一體」。實則日閥首領林銑十郎擁權於國內，南次郎獨覇於東北，已是十足的軍權一系「一位一體」。今後的東北，不已完全成爲日閥獨有的天下，與日本國內的軍人政治不已遭遇到同樣的運命了嗎？日本的軍權萬能，到了今日眞可算是達到最高潮了！

## ◘日偽兼施統治强化◘

「排除政黨」—「改組滿鐵」—「統制經濟」

在軍權萬能的高壓下，日本與東北既遭遇到同樣的運命，所以這新改革案實施後，在日本與東北亦必受到同樣的惡影響。就是：今後東北須完全在日閥的掌握中，絕不容日本政黨或資本勢力侵入，今後偽組織的假面具，亦必須打破傀儡的局面，從經濟統制上，實現所謂「日偽不可分性」。茲約舉數事，以爲證明。

「對滿事務局」總裁林銑十郎（右上）次長川越丈雄（左上）

一，排除政黨及資本勢力——日本軍部與政黨的不並立，固由來已久。惟自軍部御用的岡田內閣成立，政黨勢力已不復能振。到了這次拓務省在東北的大權，竟被日本假藉移歸總理大臣的名義完全奪取，則日本政黨政治已將有被日閥根本消滅的傾向。據聞日軍部所持排斥拓務省的惟一理由，竟直接了當的說拓相向由政黨把持，因黨弊的影響大足以貽誤對「滿」國策之故。然則在日閥之意，拓相之權既可移於總理大臣，則今後總理大臣必不容由政黨產生，換言之，即必不容由政黨再出組閣，蓋可推知。所以日閥這次打倒拓相，實即排除政黨的表示，亦即壓制政黨初步的成功。至於與政黨有聯繫關係的資本勢力，自然也同樣的受威脅，今後也不能不拋棄向來「到滿蒙去」的迷夢。

二，消滅滿鐵及「附屬地」特權——回想以前關東軍「滿鐵改組案」的提出，是日閥謀奪東北日本實權之第一聲，後來總算是被拓務省戰勝以致停頓。這次的改革在表面上，僅是關東廳被關東軍併吞，滿鐵或「附屬地」則在「對滿事務局」或「關東局」監督下，仍然存在。以偌大所謂「滿鐵王國」的特權，日閥詎能容其存在？所以南次郎抵東未久，而滿鐵改組的聲浪，已高唱入雲，不久自當實現。至與此聯帶有領事關係的裁判權及滿鐵附屬地的撤廢問題，也必因日閥不欲在「大一統」之下，更有特殊情形的存在，日僑縱然反對也必歸無效。

以上是日閥由其本國攫取政治的或經濟的實權，以為施展其軍權萬能統治東北的基礎。由前言之，是日閥要把日政府，政黨，資本家等等擁有的東北實權，盡行割斷，收為私有物而獨占。由後言之，是日閥要打破了舊有關東州，滿鐵，附屬地，領事裁判權等等小的範圍，盡開放起來，合我東北四省為一體而歸於統一。到了這種地步，獨握統治東北大權的日閥，遂就要大刀闊斧的行使他的直接統治政策了。這種直接統治政策的初步表現，就是締結與所謂日「滿」議定書有連續性的日「滿」經濟協定，及打倒浪人系或傀儡合組的僞組織。

正在建築中的關東局　　關東局總長長岡隆一郎（左下）

三，利用「日僞經濟協定」實現經濟統制——過去二三年來所謂日僞經濟統制的呼聲，久成日人向東北進攻的惟一方針。惟終因日本國內外及東北相互間，各種勢力的糾紛和矛盾，迄難有實現的可能。日閥今後既然獨任鉅肩，勢須對此大顯身手，冀達「以經濟政策消化東北」的最終目的。所以南次郎抵東未久就發表「須速設立「滿」日經濟會議」的談話。同時所謂臨時產業調查局既已成立，所謂日「滿」經濟協定的要旨亦由東電公布。（均見本期艮報）則實現之期，必不在遠，當可想見。

四，整飭日系官吏擯斥華人傀儡——三年來的僞組織，是在一種分贓式產出的日系官吏掌握中，而浪人系實爲其中主要分子。這些日系官吏的出身，多是與滿鐵，關東州或領事館等日本官吏有相當的淵源，由軍部出身的，自然較



少。這一班浪人居多的日系官吏，年來貪贓枉法之事層出不窮，尤招日閥嫉視。武藤菱刈雖先後均抱有裁汰決心，但形格勢禁，未能奏效。今則關陟大權既握於日軍人之手，所以南次郎離日時即已有整飭日系官吏之倡言。（參閱本期艮報「另外一頁」）今後醜態暴露的不良日系官吏，必將與靦顏無恥的華人傀儡同遭擯斥，已可斷言。至由日閥新造成的統治階級，今後統治實力，必益强化，我東北同胞所受的壓迫，益將深陷九淵不克自拔。

△　△　△

結語——本文檢討至此，已可結束。本來這一事件，不但對日本本身有重大關係，即未來的東北命運，未來的國際風雲，皆可由此推測，最值世人重視。未知與此一問題有直接利害關係的國人，對此有何感想？

# 政治期刊

《政治期刊》的前身是中华民国22年（1933）6月创刊的《政治季刊》，由复旦大学政治系学会出版部编辑、发行，不定期出版。民国23年（1934）7月，《政治季刊》复刊，改为《政治期刊》，仍由复旦大学政治系学会出版部编辑、发行，社址位于上海小西门中华路1027号。文化印刷社印刷。翰林书局、江湾书局代销。每册定价大洋四角。于右任题写刊名。该刊出版至民国24年（1935）1月终刊。

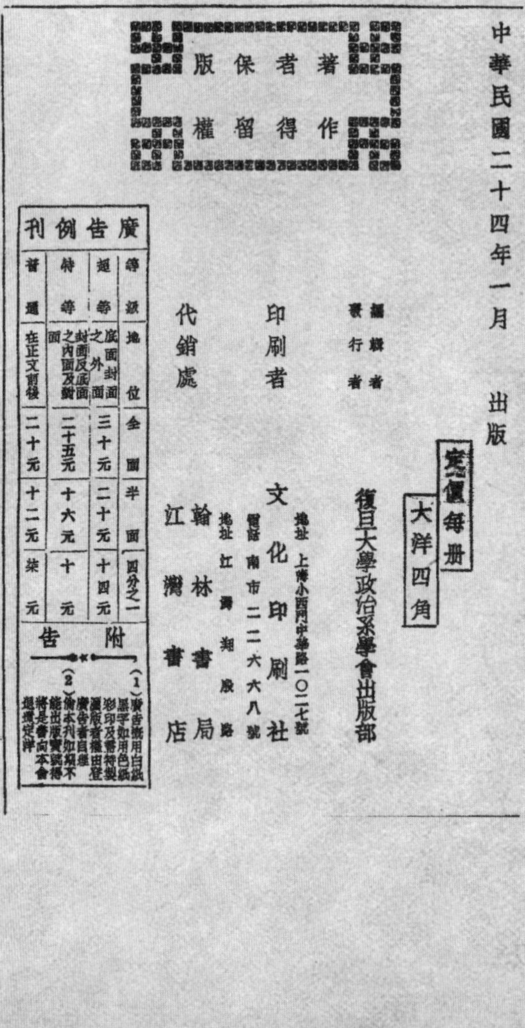
中華民國二十四年一月出版

著作者得保留版權

定價每册大洋四角

編輯者 發行者 復旦大學政治系學會出版部 地址 上海小西門中華路一〇二七號

印刷者 文化印刷社 電話 南市二二六六八號

代銷處 翰林書局 地址 江灣翔殷路 江灣書店

廣告例刊

| 等級 | 地位 | 全面 | 半面 | 四分之一 |
| --- | --- | --- | --- | --- |
| 超等 | 底面封面之外面 | 三十元 | 二十元 | 十四元 |
| 特等 | 封面及底面之內面及對面 | 二十五元 | 十六元 | 十元 |
| 普通 | 在正文前後 | 二十元 | 十二元 | 柒元 |

附告

(1)廣告概用白紙墨字如用色紙彩印及需特製還版者概由登廣告者自備

(2)倘本刊如期不能出版實誤得將是書向本會退環定洋

《政治期刊》志杂版权页

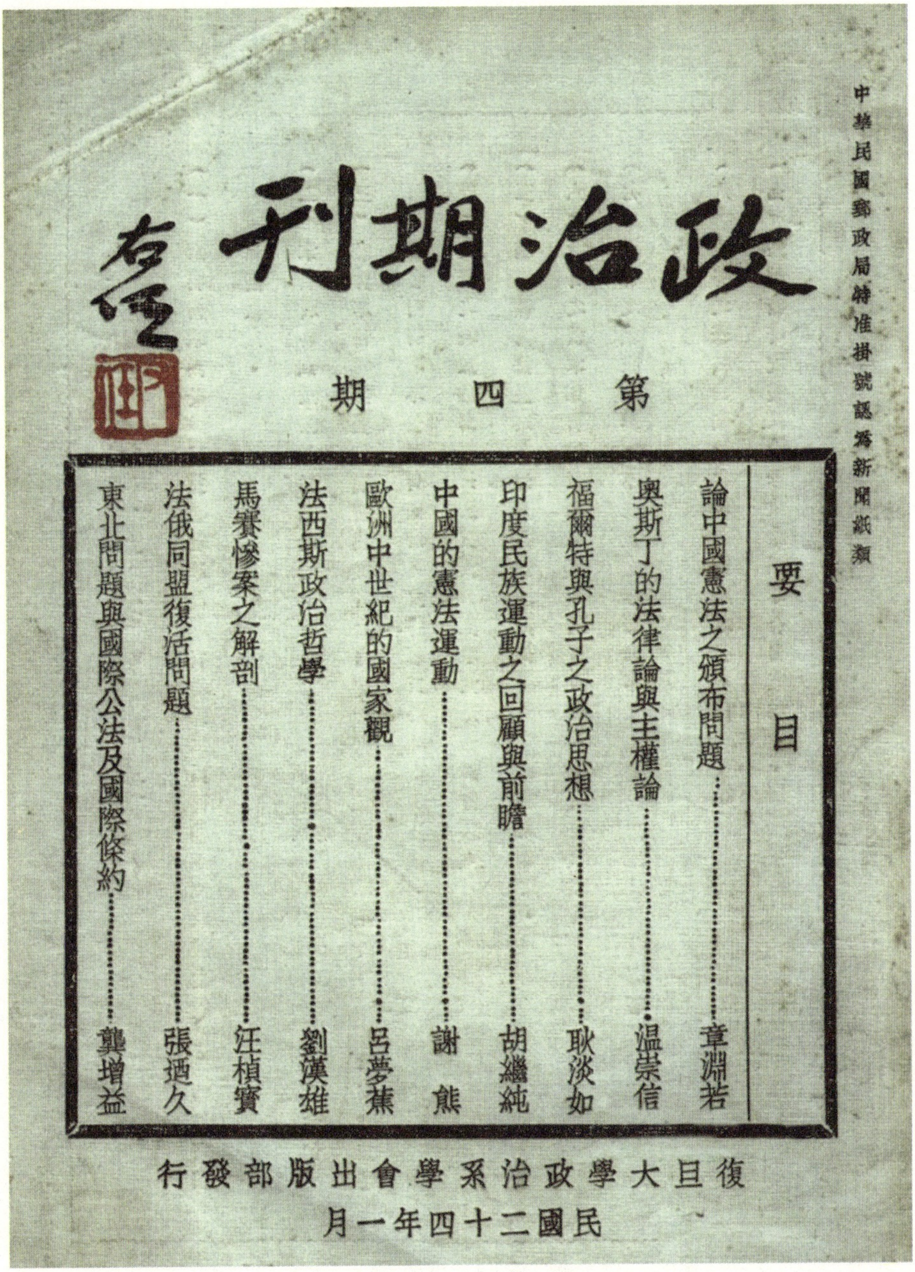

中華民國郵政局特准掛號認為新聞紙類

# 政治期刊

第四期

要目



復旦大學政治學系學會出版部發行

民國二十四年一月

《政治期刊》杂志封面

# 日本侵略中國的檢討

余從真

## 一 導言

現在的世界是帝國主義橫行的世界，現在的弱小民族是帝國主義鐵蹄下的被蹂躪者犧牲者。

中國自鴉片戰爭以來，各帝國主義者挾着黃金黑鐵的暴力，以作侵略的工具，迄於現在，巳近百年之久了！全國民衆是她們的俎上肉，大好的疆土，是她們的角逐場。然而久屈必伸，壓迫力愈大反抗力愈强，中國民族實久巳不甘此非理之箝制而力謀解放；加上歐戰以後，美總統威爾遜氏力倡「民族自決」之說，東方各弱小民族，乃均起而做獨立運動；而中國的國民革命，也就醞釀而實際表現了。

中國國民黨的政綱，對外打倒帝國主義，及廢除一切不平等條約，使中國永久適存於世界。現在壓迫中國民族最殘酷的，要算是蕞爾小邦的日帝國主義！她因着人口及生產的過剩，原料的缺乏，便不得不在太平洋沿岸設法，尋求滿足她的慾望的侵略對象，於是地大物博而一切落後的老大中國，便受了她的選擇了。

日本的侵略中國，識者沒有不知道她所懷的大陸政策；她的大陸政策的最先目標，即在中國的與之接近的滿蒙，如一旦强佔滿蒙，便想進一步征服整個的中國，再進而圖謀小中亞細亞及印度南洋等地，造成空前未有的大陸國家。故在「九一八」以前，日本處心竭慮的經營滿蒙，尤以盡量移殖被她亡了國的鮮民至滿蒙爲急務，以伸張她的勢力。至於瀋陽事變的强奪我東四省，「一二八」的大炮飛機轟炸我京滬，日本帝國主義侵略中國的眞面目，更暴露無遺。但是中國因受 先總理的領導，與國際潮流的震盪，民族革命運動，早蓬蓬勃勃地普遍於全國；我們看從民八「五四運動」以還，洶湧澎湃的反帝運動直深入民間，尤其顯著的如十四年的「五三運動」；十五年的「三一八慘案」；十七年的「五三濟南慘案」；二十一年的「淞滬抗日血戰」等等，雖然在中國方面，不無蒙受很大的犧牲，但一種不可侮的反抗威力與熱潮，則是以使帝國主義者心驚胆裂！故作者寫述本文之動機，意在激發國人抗日之情緒，堅固國人抗日

之意志，持久的厲行反日運動，實行與暴日經濟絕交，及廢除一切不平等條約的束縛，以求得中華民族之自由獨立！

## 二 日本侵畧中國的背景

我們首先要問的，就是日本帝國主義者爲什麼不敢侵略別國，却單單的來侵略中國？這因爲日本的東面是金元帝國主義的美國，不容她侵略；北走呢是新興國家的蘇俄，也無侵略的可能；南去是南洋羣島，從前是荷，西，葡三國的領土，比較的是些較小的國家，當然可以去染指。所以日本曾屢次派員到南洋實地調查，將南洋羣島的地勢，物產，都調查得清清楚楚，以備作侵略的張本。但好事多磨，不意正當日俄戰爭的時候，美國總統羅斯福於一八九八年戰敗西班牙，將菲律賓佔領，給日本的南進政策一個當頭棒喝！如此，東不敢，南不行，北不敵，只有向西發展，是一條最適當的出路。況且老大的中國，物產豐富，恰巧是侵略的最好對象，所以日本自明治維新以來，即決定了向中國侵略的政策。

我們知道，現在日本以工商立國，工業原料，大部取給於中國，其商品的銷售，十之八九是以中國爲市場；至於她的過剩人口，亦盡量向中國移殖。大和民族的繁榮發達，非在我國得一立足之地，則一切計劃勢將成爲泡影而無從實現，日本之所以要維持她在中國的特殊權利，其主旨即在於此。

其次，再從政治方面來看：日本現在雖是立憲國家，實際上政治還是受少數財閥和軍閥的支配。所以無論是代表官僚資產階級的政友會當權，或者是代表金融資本主義的民政黨秉政，其對華的傳統政策是不會放鬆的！如昭和二年，狼心狗肺的軍閥而兼政官的田中義一內閣，兩次出兵山東，造成歷史上空前的「五三慘案」！迨至翌年因賄案發生，攻擊他的人太多，而被推倒，田中就因憤而死。繼起組閣的是民政黨總裁濱口幸雄，據一般人推測，以爲濱口的侵華政策，或不致若田中的橫暴？而實際上他比田中的手段更厲害更陰險哩！這只要把他過去對於政治上，經濟上，外交上一切的設施表現檢查一下，就不難瞭然了。日本因政潮發生，若槻禮次郎被推戴爲民政黨的繼任總裁，而濱口內閣便不得不由若槻新內閣起而代之，他施政方針，「原則上踏襲前內閣的主義政策」。若槻內閣倒台後，繼任者爲犬養，他對中國政策，主張積極的武力侵略，「一二八」之飛機大炮向中國轟炸，便是強有力的明證。上海停戰協定後，日本國內發生法西斯運動，犬養毅被刺，政友會瓦解，於是齋藤的超然內閣遂代之而起。他的新政策是在維持「滿州

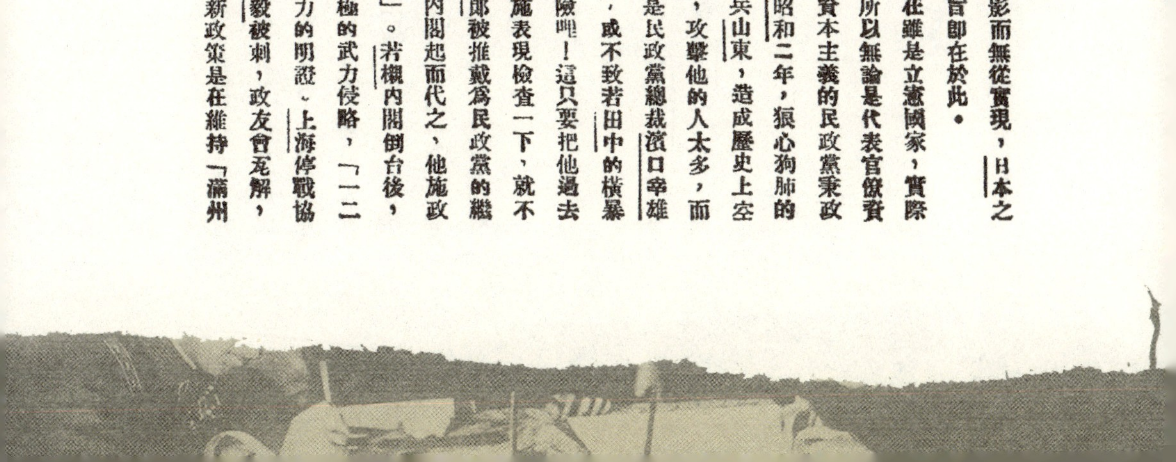

國」的存在，以備作吞併中國的基礎。這里，我們可以得着一個結論：日帝國主義無論在何黨的攬政之下，其侵略中國的手段雖有不同，而侵略中國的原則始終是一轍的了。

再就人口方面來說：日本是島國，土地有限，人口增加甚快，每年約增加七八萬之多，大有人滿之患！日本人口膨脹，雖足以充實國力，然亦飽受了物質生活的壓迫。在此種壓迫之下，遂產生了侵略的野心，非向國外移民不可！向東則有美國的「新移民律」之限制，向南則有「白色澳洲」的標榜，向北則為嚴寒不毛的北冰洋，只有向西移民，才足以醫治她人口過剩的心病。

據日本內閣統計局的調查資料中的「明治五年以降日本的人口」一節，謂日本明治五年，內地人口僅三千四百萬，大正十四年，增至五千九百餘萬。昭和五年，日本國勢調查的結果，已有六千四百餘萬。依此，日本內地人口，六十年之間增加了三千多萬，其增加之數，幾倍於原數！（見日本論評第五卷第三期）

再徵一九二七年第 次太平洋會議開會於霍羅爾的時候，對於日本人口問題，已經是具體的加以討論，其大意如次：

「日本的人口，六十年來，增加了一倍，生活程度，亦漸次向上。可是，日本的天然富源，頗形缺乏，至今可以說是達到限制。耕地上面，不能再有耕地，故農業已無再行發展之餘地。工業雖有進步，但國民所得，不能維持今後增加人口之生活。……此種人口之激增，雖還沒有表現對外的實際影響，但確是一個重大的問題。……各國的關稅限制，與移民限制，使日本感覺不斷的焦燥，恐日本人口壓迫的問題，不終是日本的問題，必定要影響於世界各國；尤其是太平洋沿岸的各國」。

果然 日本因着人口增加的結果，竟於一九三一年九月十八日夜晚，不經國際所公認的宣戰手續，突然向我瀋陽進攻！現在我東北四省已成為日本移民的好地方，我中華民族若不奮起力爭，恐不久「跳梁小醜」的倭奴，將變成中國之主人翁，而我「文明華胄」的華族，將無立足餘地了！

總之，日本帝國主義者為維持她垂死的生命計，無論在經濟方面，政治方面，人口方面，都非侵略中國不可；這是我們每個中國人所應當深切認識的！

## 三 日本侵畧中國的略史

日本帝國主義侵略中國的略史，可以分縱橫兩方面來敘述

日本侵略中國的檢討



。縱的方面，是要將日本侵略的經過，作一個有系統的說明；橫的方面，是要將日本侵略中國的方式，作一個個別的描寫。如此方能對於日本侵略中國的略史得到一個正確的觀念，現在就開始吧。

## （1）縱的方面

日本帝國主義的發展，頗得力於對華的侵略；沒有對華的侵略，——更具體的說，沒有甲午中日戰爭所得二萬萬兩的賠款，沒有中日戰爭所得的國際地位的突增，沒有廉價的中國的原料，漢冶萍的煤鐵，滿洲的農產物，江浙的棉花；沒有廣大的中國市場，沒有東四省的特殊權利，日本一定沒有現在這樣的地位。

茲為敘述便利起見，將她六十年來侵略的經過情形，分為下列三個時期來說明：

第一個時期——從一八七一年到一八九五年。當中國太平天國革命運動失敗的時候，正是日本明治維新的初年。那時日本雖有向外侵略的野心，但因實力尚未充足 故祇和中國訂立修好條約，在中國沿海指定幾個地方，貿易通商就夠了，並不敢有多大的苛求。訂約那一年（一八七一）的十月，適逢其會的發生了台灣生番殺琉球難民的問題，日本就認爲是侵略中國的唯一機會，便藉口征番，於一八七四年吞併琉球，改爲冲繩縣；同時又竭力慫恿朝鮮，使其脫離中國而獨立，更煽惑朝鮮的東學黨，使其作亂，好藉口出兵，干涉朝鮮的內亂，結果陰謀實現，佔據朝鮮，不顧中國抗議，延不撤兵，因此有中日之戰，不幸中國竟歸失敗，遂行訂立了馬關條約（一八九五年）十一款，此次中國所受損失之重大，約如下列各點：

（一）朝鮮脫離中國，歸爲日本所有。

（二）奉天省南邊地方，從鴨綠江口，溯該江以抵安平河口；又從該河口劃至鳳凰城，海城及營口止，劃成折線，以南地方，所有前開各城市皆包括在內，該線抵營口之遼河後，即順流至海口止，彼此以河中爲界，遼東灣東岸及黃河北岸，在奉天省所屬諸島嶼，一併割歸日本。

（三）開重慶，沙市，荊州，蘇州，杭州，等處爲中日通商口岸。

（四）賠償軍費二萬萬兩。

我國經此浩劫後，弱點暴露，致啓各帝國主義者瓜分之野心。

第二個時期——從一八九五年到一九一五年。馬關條約日

本既得到那麼多的利益，當然是得意揚揚，不可一世！但是其他的帝國主義者爲維持均勢起見 ，遂有俄，德，法三國的出頭，立逼日本將遼東半島歸還中國。日本爲時勢所迫，只得將剛吞併進口的一塊肥肉——遼東半島——允許中國以三千萬兩代價贖回，這也未免太煞新興的日本帝國主義的威風。迨至一九〇〇年，義和團事起，日本參加八國聯軍，攻陷北京，結果締結辛丑條約 中國方面所受損失更大，而日本在中國的勢力，也從此益爲擴張。

當時日俄因互爭滿洲的利益，發生戰爭，結果俄國失敗，日本在滿洲的勢力更爲鞏固；並乘戰勝之餘威，强迫中國與她訂立「中日滿洲親善條約三款」附約十一款，除將俄國的旅大租借地和東清鐵路的權利完全占有外，又得着安東鉄路的建築權及其他許多的權利。一九〇九年，日本與滿洲政府有所謂「間島協約」，「滿洲五案協約」，於是日本在滿洲的勢力便根深蒂固，牢不可破了。一九一三年，日本向袁世凱提出滿蒙五鐵路建築權的要求，結果袁賊完全承認，於是日本的勢力遂又由滿洲而侵入蒙古了！一九一四年，歐戰發生，日本政府乘此機會，對德宣戰，奪取我國青島，中國政府向日本索還，而日本政府非但不允，反於一九一五年向中國政府提出「二十一條」之要求，結果袁賊爲要過皇帝的癮，請求日本政府協助，遂不惜承認這亡國的條約；但中國的國民是始終反對，堅不承認，非取消不可，所以它永不發生若何效力。

第三個時期——從一九一五年到現在。自北京政府決定了對德宣戰加入協約國後，日本恐怕她在山東所攫得的特殊利益發生動搖 ，因此就和英，美，法，意等國訂立密約，要求列强承認她將來在山東繼承德國的一切權利。迨至巴黎和會時，各協約國因受了日本的運動，竟悍然將德國在山東的利權讓給日本承受；並且允許日本加入五國銀行團，投資於北京政府，助長中國之內亂。一九二一年的華盛頓會議，因各國共逼日本退出已經吞下去的權利，中國才能在交還膠濟鐵路及青島租借地的條約上和手續上，約略收回些已失的利益。

日本帝國主義者見受阻於華府，心實不甘，乃仗着巴黎和約——中國並未簽字——和二十一條，袁氏私人只一部份承認——更進一步的來壓迫中國，明目張胆的對北京政府不斷的供給借款及軍械；並協力從事於阻壓中國革命勢力，和摧殘中國民衆愛國運動。如一九二五年之「五卅」，一九二六年之「三一八」，一九二八年之「五三」，一九三一年之「七二」「七四」，及歷史上空前未有的「九一八」事件，與一九三二年之「一二八」等慘案，都是日本帝國主義者直接或間接所造成的！

以上三個時期，不過只是將日本帝國主義者侵略中國的侵略史，提綱挈絜的敘述一下。至於橫的方面如下：

## （2）橫的方面

六十年來日本帝國主義侵略中國的方式，歸納起來，約有下列四種：

A 軍事的——日本對中國的軍事侵略，第一次是中日之戰，第二次是在四鄭鐵路通車的時候，第三次是在十四年冬郭松齡反奉的時候，第四次是十六年夏國民革命軍進抵山東邊境時第一次出兵山東，第五次是十七年四月之第二次出兵山東，第六次是十八年中俄戰爭時之南滿增兵，第七次是二十年的九月十八日夜十時，日本突向我瀋陽開始攻擊；結果將我奉天，吉林，黑龍江，熱河四省用武力佔據，第八次是二十一年一月二十八日，日本以海陸空軍之力轟擊我淞滬及首都等地，中國在各方面皆受重大的損失！以上所舉，不過是犖犖大者而已。

B 政治的——自日本戰勝俄國後，挾其餘威在大連設立關東廳，在中國領土內實行管理民政財政，其後所提出的二十一條，屬於政治侵略者尤多，如：第一號之第一款，中國政府，允諾日本政府，向德國政府協定之所有德國關於山東省，依據條約或其他關係，對中國享有一切權利利益讓與等項之處分，一律承認。第四款，中國政府，允諾為外國人居住貿易起見，從速開山東省內合宜地方為商埠，其應開之地方，須與日本協定於另件中。第二號之第二款，日本臣民，在南滿蓋造商工業應用之房廠，或為經營事業，得租買其需用地畝；第三款，日本國臣民，得在南滿洲及東部內蒙古，任便居住往來，並經營商工業等一切生意。第五號之第一款，中國中央政府，須聘日人為政治，財政，及軍事顧問；第二款，中國允准日人在中國內地置地，設立病院，教堂及學校；第四款，中國須由日本購買軍需品，以應用之一半為至少數目，或在中國境內設立中日合辦之兵工廠，其技師須聘日人，至材料應由日人購買。此後，如妨礙中國關稅自主，領事裁判權之廢除，租界之收回，以及種種的政治侵略，不勝屈指。

C 經濟的——日本帝國主義者對中國的經濟侵略政策，可以分下列四點來說：

（一）宰制中國工業：日本最怕的是中國工業的興盛，妨礙她的工業發達，所以她時時設法阻撓中國工業的發展；但英國工業製造品在中國亦有莫大的銷路，何以英國對於中國工業的宰制，不如日本之甚呢？這可見日本工業製品，多係粗製品，不能在歐美市場得到銷路，非在中國市場上行銷不可。

日本對華輸出品最重要者爲棉織物，棉紗，紙類，機器，帽子，洋傘，肥皂，火柴，精糖等類，就是這等貨物言之，中國都可製造。假如中國工業興盛起來，將制日本帝國主義的死命！所以她爲最後的掙扎計，遂竭力的宰割工業的發展，始終不贊成中國關稅自主，雙方所訂的條約，雖係互惠，然而實際上，只是日貨可以橫行中國市場！因互惠條約中，日本貨物表列太多，中國沒有那麼多的貨物輸往日本去，故名雖互惠，而實等於日本獨惠！

（二）壟斷中國商業：中國因內亂頻仍，工業不發達，商業停滯，舶來品充斥於全國，各地市場全爲外貨所佔領；現在提倡國貨的聲浪雖很高，但實際上也沒有特殊的效力。因爲我們所最感痛苦的，莫如關稅不能「眞正」的自主，無法保護本國的貿易，所以不得不任外貨在中國的橫行。外貨在中國流行最多，品質最劣，價值低廉的就是日貨，因爲我們的日用品，差不多都是日貨。中國若一旦關稅自主，重課入口稅，日本吃虧亦甚，所以她要拚命的來阻止關稅自主，好遂其壟斷中國商業的野心！

（三）榨取原料：日本雖然是工業發達，但是原料品則頗感不足，非積極的向外尋找原料地，以救其恐慌不可。不過日本的發展，是在歐美各國發展以後，等到她出世的時候，大西洋沿岸的殖民地已盡爲他人捷足先登了，所剩下的祇不過是些太平洋沿岸的殖民地；太平洋沿岸的殖民地最好的便是中國——尤其是滿蒙。日本自發現這原料地後，就恨不得一下將其獨吞！如中國的棉花，皮類，煤炭，油，粕，食鹽，麩，錫，漆，藥材，鐵礦石……等，皆爲日本所榨取的重要原料品。

（四）大量投資：中國不但是日本生產的唯一銷售場，及原料的貯藏所，同時又是過剩資本的發洩口。爲說明日本投資情形起見，不得不找幾個雖不正確而聊勝於無的數字來論證。

日本對華投資額（單位千元）

| 類別 | 投資額 |
|---|---|
| 鐵道運輸業及倉庫業 | 共六五〇・一五二 |
| 銀行信託公司 | 二五六・三三二 |
| 紡織業 | 二五〇・六四五 |
| 農業礦業林業 | 二〇六・六九五 |
| 一般貿易 | 一六二・八六〇 |
| 製造業 | 一四四・九四一 |
| 電氣及煤油業 | 四七・二一一 |
| 工程事業 | 三一・七〇八 |
| 其他 | 五八・六一〇 |
| 合計 | 一・八〇九・一五四 |

（昭和五年一月調查）

此外，日本在鴨綠江設採木公司，以採辦東三省之森林；在膠濟路設鈴大公司，以開採博山煤鐵等礦產；在大連設立滿鐵株式會社，爲侵略滿蒙之中心。此而不足，還屢次借款於中國軍閥，助長內亂，坐收漁人之利；複恃債權者之資格，來任意干涉我國的關稅，鹽務，和財政。甚而至於我國若有什麽建設事業，大批的用款，非俟日本人的許可不得再向他國借款的糊說！

D 文化的——日本自明治維新以來，學術大有進步，看見我國文化落後，科學幼稚，遂用文化侵略的手段，施諸我國。其方法有二：

I 在南滿及山東等處設立學校——小，中，專門，大——圖書館，授我國人以日文日語，培養她們的順民，爲將來吞併中國之基礎。設立醫院，減收半費或竟免費，俾貧審人皆可來醫；以邀買我國人之歡心，好實行她的陰險政策！日人在東三省設立的學校，據十九年中調查所得，有三百七十三所，故東四省之被暴日强佔，文化侵略未始無相當之關係。

II 日本在我國境內通都大邑之區設立報館及通訊社、信口雌黃，捏造事實，淆惑觀聽，搖亂人心，使我國民之民族性消失，漸變奴隸化，其用心之刻毒，其手段之兇辣，可以說是無微不至了！

## 四 結論

日本自明治維新以來，僅有六十餘年之歷史，便由農業國一躍而爲工業國；再由資本主義劇烈的膨脹，而完成兇惡的帝國主義國家，且得爲今日五大强國之一，這完全是剝削我中華民族的血汗而成啊！從日本帝國主義發展的過程看起來，她之所以要用武力手段來瓜分中國或吞併中國的原因，不外乎她要維持她的生命，要保存她既得的特殊利益，不能不壓迫中國；加之她深感國內人口激增，失業恐慌日甚，資源缺乏，且商品及資本的過剩，逼得她不得不向海外尋求工業原料，和食料的供給地，投資場所，銷納市場和殖民地。但是環顧世界無地自容，遂不得不以易於侵略的中國，（尤其是滿蒙）爲發展日本帝國主義前途最好的地方。故日本竟不顧一切的强奪我東北四省，但這並不是她最後的目的，她將要繼續的吞併全中國！

我們知道：日本帝國主義的侵略中國，在過去，一方面借巨款供給軍械予軍閥，助長中國內亂，以阻止革命勢力的發展；另一方面，盡量的侵略，以把持中國的政治經濟的勢力。現在日本已有了對華總侵略的根據地——東四省——和第二次世界大戰的資料供給所，中國存亡，都似乎操在她的手裏了。

日本之所以能夠操縱中國的政治和經濟，是因爲她有不平等條約作護符，和勾結軍閥政客的結果。

在這種場合之下，我們中華民族爲爭自由平等計，爲雪恥救國計，對於日本帝國主義在消極方面，與她經濟絕交；積極方面，全國民衆一致團結起來，「富者盡其財，貧者盡其力，識者盡其智………」，反抗日本侵略，誓死收回失地——取消一切不平等條約——否則中國便只有滅亡，永無獨立自由之一日——全國的同胞們！革命的同志們！努力吧！我們要打倒日本帝國主義者，使中華民族永久生存於世界！

# 新中華

第三卷 第四期

時代鏡……編者
重整中的德國軍備之現狀……徐汝誠
日本在滿機關改組的面面觀……方秋葦
中國農村經濟的特質及其恐慌的根源……史惠康
西康建省問題的商榷……張嗇夫
日本大陸政策之歷史的研究……袁文彰
文化地理與文獻地理……張兩峯
醫生來了（創作）……趙子範
半張紙（A. Strindberg 作）……何穆森
談天……味橄
馬桶失蹤了以後……楊騷
常州小聚……君一
西北歸鴻（游記）……毛漱霞

民國廿四年二月二十五日出版　上海中華書局印行

《新中华》杂志封面

# 日本在滿機關改組的面面觀

方秋葦

## 一 引言

日本帝國主義武力奪取東北，是想將它作爲新的殖民地；並想將東北變成了日本的獨佔地以後，必要使它造成從後侵略東亞大陸，反對蘇聯及侵略中國本部的重點。同時，這個遠東的新殖民地，可作爲將來對美作戰的根據地。所以說東北事件的整個意義，是與二次世界大戰的發展，有重要的關係。

現在，東北被日本用獨佔及戰爭的手段奪取已三年，二次世界大戰——從日本獨佔東北的開端，到列强對遠東的新分割——是在積極地發展中。誰都會相信，這個戰爭的爆發，將是不久的事了。

那麼，東北在這個形勢之下，必是佔着最重要的地位無疑；而且事實上，東北在日本帝國主義獨佔勢力統制之下，在未來世界大戰之地位上，它是必然地含有重大的意義啊！既是這樣，日本帝國主義對於東北的現在和未來，它將作如何的打算？這問題在目前，是非常地惹人注意！

按照日本的「既定計劃」來說：日本帝國主義對東北的將來，是要完成吞併的計劃的；凡現在的一切措施、佈置，歸根到底都不過是促進吞併的計劃實現罷了。如果我們根據這一點，而來研討日本在「滿」機關的改組，及一切的變革，就不難明白日本帝國主義的作用和那深遠的意義了。

本文的動機，不僅在說明日本在「滿」機關改組的眞相、內容，而且要把捉着它底意義：即如何作爲反對蘇聯及侵略中國本部的重點？

## 二 由四頭政治到新機構

在未說到日本最近在「滿」機關的政組之前，對於日本侵略東北機關之演變，似乎有首先說明之必要。

原來，在東北事變未發生之前，日本在東北的侵略機關有四個：在旅順則有關東廳及關東軍；在大連則有滿鐵株式會社；在瀋陽則有總領事館。關東廳係隸屬於日本國內之內務省，關東軍隸屬於陸

軍省，滿鐵株式會社隸屬於拓務省，總領事館則係隸屬於外務省，乃演成所謂「四頭政治」的局面。雖然，「四頭政治」各有系統，但它們對於侵略東北的步調是一致的；因而各就其政策之所在，以實行其分頭的吞噬工作。及至東北事變爆發，日本軍閥氣焰萬丈，特功凌人，武藤信義以關東軍司令官一人之身而兼關東廳行政長官及全權大使三職。於是所謂「四頭政治」，遂一變而為軍部「三位一體」的獨裁局面了。

雖然，軍部實現了「三位一體」的獨裁，但關於軍事、外交、行政主權，仍往往互相爭執，所謂名義上的獨裁，於實質上完全未能收到統一侵略的實效。另外，還沒有從拓務省手中奪取得滿鐵之監督權，難免對於滿洲獨佔統治上，不發生枝枝葉葉？因此於一九三三年末，關東軍特務部有改組滿鐵案的提出，其目的無非想攫奪拓務省對滿鐵的監督權，而摧毀財閥背後的壁壘。不過，依照日本之法制而言：拓務省乃是監督滿鐵的直接官廳，如不經拓務省之手即不能提出任何滿鐵改組案於議會。雖然在當時，陸軍省方面是極力壓迫拓務，但拓務省終於是要死力對抗，更加之滿鐵社員之大部反對，東京輿論之不表贊同，所謂軍部的「橫衝」精神，不得不烟消雲散了。

此案遷延一年之久，都沒有得到解決。但自岡田組閣以來，陸相林銑十郎即以實行改革案為其留任之條件，可知軍部方面的決心了。因此於一九三四年末的六十六次議會中，岡田首相覺不顧及外務、拓務兩省的反對，以及滿鐵大部社員的反抗，財閥的攻擊，政黨的不滿，毅然使軍部的改革案見諸事實，也實無愧為名符其實的軍閥傀儡。

至此，所謂日本在「滿」機關之改組，算是作了正式的決定了。並且任命前陸相南次郎大將為關東軍司令官兼任特命全權大使，一手把握日本在「滿」機關的大權。現在為要使大家明瞭日本在「滿」實際的統制系統與新機構的實際意義，先列其組織簡表如次，然後再加以補充的說明：

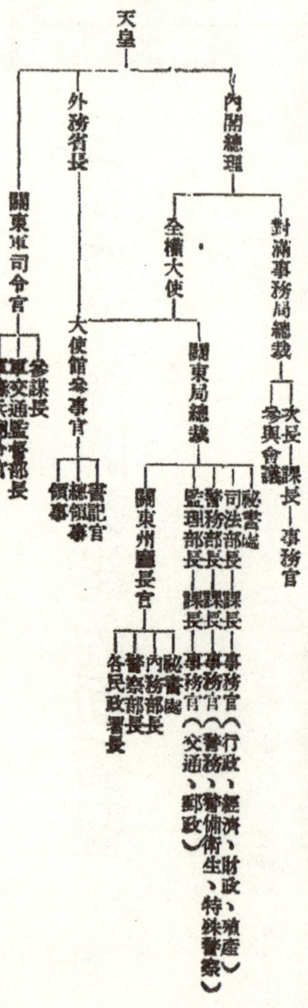

上表卽是日本在「滿」機關改組後的新機構可稱爲一個三角鼎立的局面。第一，所謂「對滿事務局，」是直接隸屬於首相的，其總裁爲親任官，第一屆總裁則由陸軍省長兼任，它的權力很大。次長爲敕任文官（因規定總裁與次長一爲文職一爲武職）下級課長及事務官中須任命若干武人。此外與事務局有關係的各部次長與局長，共同組織參與會議參與局務。至事務局的權力，是掌理一切關於關東州及滿鐵附屬地的事務，在表面上似與「滿洲國」不發生關係，實質上它完全繼承過去拓務省的所管事項。因此，拓務省此後對關東州及滿鐵已無直接發言權；如有何種必要時，則須與其他各部一樣，必須經過事務局，換言之，卽是經過陸軍省。第二，所謂「駐滿全權大使，」雖然在表面上凡關於外交事務，還受外務省的監督；但實質上關於關東州及滿鐵附屬地的事務，除了有接受首相指揮以外，其他各部均毫不能干與，而大使則由關東軍司令官兼任。在全權大使之下設立關東局，總裁由敕任文官充任；關東局之下設有關東州廳，實爲過去關東廳的縮小，長官爲敕任；關東州廳之下設若干部署，但警務部長的指揮命令，則須由全權大使的指令。至於關東局內的事務官，亦須有若干的武官充任，與從前的系統大大不同了。第三，所謂「關東軍司令官，」由全權大使兼任，將過去所設的特務部取銷，因其所設計的一元組織已告實現。另外，在全權大使設大使館參事官、總領事、領事等，輔助辦理外交事務，與過去無異。

## 三　新機構的場面

新機構的全貌既如上述，所謂對滿政策的根本發動所，完全屬於對滿事務局了。所謂關東局則爲在「滿」的執行機關，它將成爲「滿洲國」的太上皇。自此以後，拓務省在「滿」的機構全告消滅；屬於外務省系統之下的，只有一個名義上的全權大使；而實質上却又不受外務省的支配，因爲以後凡關於日本的對「滿」外交，不是由外務省所能發動的了。由此可知：(1)日本在「滿」機關的改組，實現了陸軍省所要求的「一元組織；」(2)拓務省及外務省支配滿洲的勢力，從此宣布退却；(3)從此陸軍省可暢所欲爲了。現在我們更要明瞭，所謂的新機構是什麼樣的一個場面？以下便是他們角色的扮演了。

a. 對滿事務局總裁——林銑十郎（現任陸軍省長）

次長——川越大雄（原任銀行局長）

1. 庶務課長——增田甲子七
2. 殖產課長——武內德治
3. 行政課長——山越道之

b. 駐滿全權大使——南次郎大將

（甲）關東局總裁——長岡隆一郎（上院議員）

1. 司法部長——日下辰太（原任關東廳內務局）
2. 警務部長——岩佐祿郎（關東軍憲兵司令官兼任）
3. 監理部長——大村卓一（原任關東局交通部監督部長）
4. 關東州廳長官——大場鑑次郎（原任關東軍警務局長）

（子）秘書課長——鹽原時三（原任關東局秘書課長）

(丑)警察部長——鄉影池辰雄(原任大連民政署長)

(乙)大使館參事官——谷正之(原任)

c.關東軍司令官——南次郎(兼任)。

1.參謀長——西尾中將(原任)

2.參謀副長——坂垣少將

如果我們對此新機構及所扮演的場面稍加研究，便可知道所謂關東軍司令官兼任駐滿全權大使之權限，與現在朝鮮總督之權限又有什麼兩樣?況且以南次郎(發動東北事變的原任陸相)爲新機構的首腦，也就是實際上之「滿洲」總督了。當南次郎未赴任之前，於去年十二月十四日出席內閣會議，申述其對「滿」政策時，曾發表如下的意見：

(1)日「滿」兩國雖爲友好之獨立國，但有與其他獨立國不同者，係在兩國有不可分離之密切關係。故今後須特別留意友好關係，保持雙方關係之圓滿；

(2)日「滿」在國防上有十分之了解，而關於經濟關係未有明確之成案。今後須特別努力樹立經濟國策，以日「滿」經濟會議或其他方式，格外考慮經濟對策；

(3)擴大強化國防，在目前爲不可稍缺之緊要事，但藉其國防力量，或取好戰態度或挑釁行動，應力避之，以期國防平時化爲急務；

(4)治「滿」須重人和，力避日官與「滿」官或文武官之爭執。(一九三四年十二月二十一日電通社東京電)

由以上的一段話，可知南次郎所謂的「對滿政策」，是(1)視「滿洲國」爲日本的獨占殖民地，因「兩國有不可分離之密切關係，」是極端排斥外力的；(2)視日「滿」爲一個經濟的和政治的單位，名義上所謂「滿洲國」皇帝是獨立的，實質上傀儡的權力必將更縮小，以至於降到今日朝鮮王室的地位了；(3)視「滿洲」爲其獨占的殖民地，從經濟的獨占到政治的獨占，最後完成其吞併計劃罷了。現在，日本的「對滿事務局」的計劃，就是在南次郎赴任之後，與「滿洲國」訂立新條約，組織「日滿經濟委員會」，促進兩國經濟發展之計劃。據聞該項條約之要旨共有七項，茲錄如下：

(1)日本及「滿洲國」政府依照以下所規定事項，同意在長春設立日「滿」經濟委員會；

(2)日「滿」兩國政府定約，將「滿洲國」(滿鐵附屬地在內)及關東州租借地之關於日「滿」經濟事項，交日「滿」經濟委員會討論；

(3)日「滿」經濟委員會以日政府任命之委員若干名，及「滿洲國」政府任命之委員若干名組織之。其委員長以日政府委員主席充任，日「滿」各派同數委員；

(4)日「滿」經濟委員會所議事項，以委員之過半數決定，正反同數則由委員長決定；

(5)日「滿」兩國政府須在早時進行手續，實行日「滿」經濟委員會議事項；

(6)本委員會所在地設立日「滿」經濟委員會事務局，實行關於日「滿」經濟委員會之事務；

(7)日「滿」經濟委員會所要經費，由日「滿」兩國政府分擔，其分配數目由委員會決定之。(一九三四年十二月二十九日大阪朝日新聞)

以上各條要旨，僅是一種表面文章。實際上，日本帝國主義進行攫取東北的最大關鍵，還是要在所謂日「滿」經濟委員會開始活動之際：由「滿洲國」將一切政治的經濟的所有，委任日本統治，再成立一個新條約。這樣的步驟，又與吞併朝鮮的方法何嘗有差別呢？而事實上，也是朝鮮滅亡的歷史，又到現在重演一次能了！不過有一點不同，就是朝鮮在未滅之前，是一個獨立國家，而東北四省是中國的一部份。因為這個原故，日本帝國主義的計劃就略加改變。我們若稍加考察，就可以知道「滿洲國」將來的命運是怎樣的了。

## 四　日本對「滿洲國」的統治

原來，日本帝國主義對於東北的吞併，事情是這樣的：開頭就用武力佔據中國的土地，隨後就製造一個傀儡國家。一九三二年九月十五日，日本與「滿洲國」並簽訂一種議定書（同昔日與朝鮮簽訂的議定書的情形一樣），規定互相擔保尊重領土主權。其第二條規定如下：『日本與「滿洲國」承認，對於訂約之一方的領土，和平與秩序的任何威脅，同時即成為另一方之安全，存在之威脅。因此約定共同合作，以維持兩方國家的安全，根據此義，為達到此項目的所必需的日本軍隊，應駐紮在「滿洲國」。』

由此看來，日本武力佔領東北的軍事統治，在「日滿議定書」的規定之下是穩定了。一九三三年三月二十七日，日皇更發下上諭，他說：『現在「滿洲國」既經存立，帝國認為必需尊重新國家的獨立，鼓勵其健全發展，因此遠東禍亂之源，可以消除，而永遠和平，亦因以確立。』至此以後，日本在鼓勵「滿洲國」健全發展的條件下，無論是從政治方面或經濟方面，都是向着吞併東北具體化之中推進。因而，一九三四年三月一日，「滿洲國」在日本「鼓勵其健全發展」之下，宣布改制了，傀儡溥儀僭稱為「康德皇帝」，這便是促進日本吞併東北之具體化的表現。

現在，日本在「滿」機關改組的成功，接着就是日「滿」經濟委員會的確立，第一個主要的步驟，當然是「滿洲國」與日本的駐「滿」全權大使，依據「滿洲國」的經濟及國防的原則，進行訂立新約（據報紙所載，鄭孝胥已與南次郎在長春進行此項談判。）這是毫無疑義的：從第一「日滿議定書」，改變為第二「日滿議定書」，「滿洲」及其附屬（當然指蒙古及華北一部分）必要交付日本的委任統治的。另外還有第二個步驟，就是在新任駐「滿」全權大使南次郎向「滿洲國」的皇帝溥儀呈遞國書以後，溥儀是要往日本答拜日本天皇的，這是彼此的親善。（據報載溥儀擬今春往東京）要知道：專制君主向視「所屬」土地和人民為私有財產的，只要「親善」的感情一旦發作，即可將自己的土地和人民，拱手贈送於他人。昔日朝鮮王即將朝鮮「贈獻」於日本天皇，誰又能擔保將來的溥儀，不會同樣的將東北拱手「贈獻」於日皇呢？

要知道，溥儀這樣地去作，是非常有可能的。更要知道：日本佔有東北而獲得「滿洲國」及其附屬地（？）的委任統治以後，日本吞

併東北的「既定計劃」之雛形便算完成，只待揭開吞併之面紗的時候，所謂「滿洲」領土及其附屬(？)便算歸入日本的體系了。本來直捷了當的手段是不必要經過這樣的步驟；然而日本畢竟是現代帝國主義最急進的國家，在法律上不得不採取這樣的步驟！因為這個原故，所以我們說：將來東北之被日本吞併而去，也許是現代資本主義時代中最「禮貌」的一種過程嗎？！

## 五　東北問題的將來

那麼，日本帝國主義對於東北之吞併，究竟在什麼時候呢？

關於這一點，我們在前面已經說過「滿洲國」之存在，完全為日本帝國主義對美及蘇聯的一種戰爭準備，此外並沒有其他重大的意義了。同時，東北問題的將來，必是要以戰爭來作結論的。無疑的，這個戰爭之發生是以東北問題為中心了，而日本即為這個中心問題中之主力，更進一步說，除了日本為東北問題戰爭發生中心之主力外，還有蘇聯是立於這個戰爭中心間的重要地位。假如我們不顧抹殺事實，當會知道日本在東北布置反蘇聯戰爭之積極，以及日、蘇間種種衝突事實之表現，已經達到短兵相接的時候了！

假如日、蘇將來開戰了，「滿洲國」的地位是非常重要。在日本的預定計劃，它對於日、蘇戰爭的開端，必要以「滿洲國」為反蘇的前哨，結果必是搆成日「滿」聯合對蘇聯的戰爭。為什麼要這樣呢？因為「滿洲國」同日本對蘇聯宣戰以後，「滿洲國」是取得了宣戰國的資格，假如將來對蘇聯的戰爭勝利了，日本可以將「滿洲國」吞併而不負對蘇宣戰的責任了。

如果真的到了這個時候——即是日本戰勝了蘇聯的時候，日本帝國主義那種飛揚跋扈的態度，恐怕還不須要列強來承認「滿洲國」的獨立存在時，它已很快的採取吞併朝鮮的方法，如法泡製去吞併東北了。這個理由已非常明顯，稍能對東北問題作深遠研究的人，誰也不會否認這個道理吧！

基於這個原故，所以日本帝國主義現在是積極地製造反蘇聯的戰爭，倒轉來說，日本對蘇聯戰爭之準備，即是作為吞併東北的準備！現實地，日、蘇風雲非常緊張，「滿洲國」積極擴張準備，所謂東北問題距離戰爭的解決，實在已不是很遠的歷程了！那麼，將來日、蘇戰爭的發生，究竟是誰能把握着勝利的全環？換言之，將來東北之命運是被日本吞併呢！抑或是走向蘇聯那邊去呢！關於這一點，現在我們不能估量！總之，這一個戰爭的開始，是有着很大的意義，誠如日本自由主義學者的看法，日本對於東北問題所引起的日、蘇戰爭，完全是一種「賭國運」的啊！

日、蘇的情形是如此，中國在這個時候，也應該有自己的打算纔好！

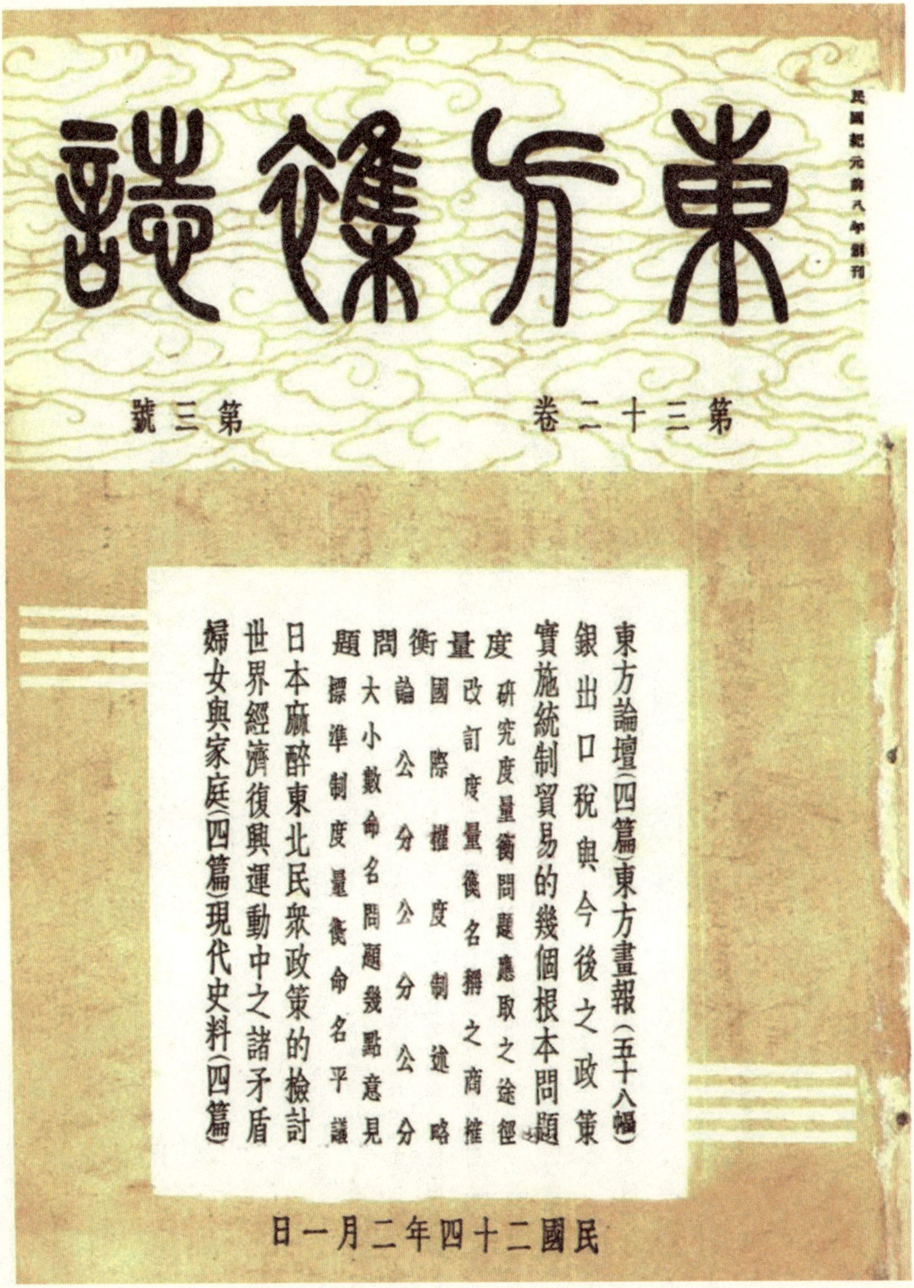
東方雜誌

民國紀元前八年創刊

第三十二卷 第三號

東方論壇（四篇）東方畫報（五十八幅）
銀出口稅與今後之政策
實施統制貿易的幾個根本問題
度量衡問題
研究度量衡問題應取之途徑
改訂度量衡名稱之商榷
國際權度制述略
論公分公分公分
大小數命名問題幾點意見
標準制度量衡命名平議
日本麻醉東北民衆政策的檢討
世界經濟復興運動中之諸矛盾
婦女與家庭（四篇）現代史料（四篇）

民國二十四年二月一日

# 日本麻醉東北民衆政策的檢討

于偉

## 一 前言

日本帝國主義在一九三一年九月十八日晚，掀動起征服亞洲大陸的戰爭後，不久鐵騎踏遍東北全土，將中國領土之一部遼、吉、黑、熱四省整個佔領。當日本帝國主義正在興高彩烈大慶祝其瘋狂的軍事冒險勝利的當兒，卻碰到了一個嚴重的打擊。這個打擊便是東北下層民衆之自覺的武裝抗日部隊義勇軍的出現。

義勇軍英勇的抗爭，堅決不撓的奮鬬精神，以及其應用遊擊戰術的活躍，使日本帝國主義心驚膽寒，疲於奔命，動員成千成萬最精銳的現代化武裝部隊，消耗了許多的物資。雖然所謂「匪賊」——義勇軍——討伐在某個時期獲得相當的勝利，某一部義勇軍消聲匿跡，但不久又有另一部新的義勇軍出現。屢次討伐的結果，已經給日本帝國主義一個嚴重的教訓：武力的不足恃，今後祇有解除東北民衆『意識的武裝』的唯一可走的路了。

所以，最近日本帝國主義在東北除拼命消滅義勇軍的勢力，解除東北民衆武裝——收繳民槍——外，積極着手於欺蒙觀念的製造，汎文化領域內麻醉政策的推進。溥儀的登極、社團的產生、教育的改革等等，都是其一貫政策的露骨而具體的表現。這政策終極的目的，不外消滅東北民衆的抗日思想，歪曲民族意識，造成適應日本帝國主義永久制治東北的一種『意識形態。』這樣一來，東北三千萬的民衆將會馴順得如一羣綿羊似的，甘心忍受日本帝國主義的奴役，剝削，榨取。以至於最後被送到其不久的將來的反蘇聯戰爭的火線上，充日本帝國主義炮火的餘燼。因此，我們不能不承認日本帝國主義的聰明了。

關於現階段日本帝國主義解除東北民衆『意識的武裝』的情形，卽九一八事變日本帝國主義麻醉東北民衆政策推進的狀況，將在下面加以簡單的剖解。本篇主要的企圖也就在這點。

## 二 溥儀登極的麻醉性

首先我們要清算一下傀儡溥儀登極的欺騙和麻醉性。

一九三四年三月一日滿清廢帝豎子溥儀仰承日本帝國主義的意旨，在東北稱帝。日本帝國主義使溥儀在木人戲舞臺上演假皇帝的角色的政治作用固然很大，然而祇把握着政治作用這一點是不會理解日本帝國主義使溥儀登極的眞實的意義的。事實絕不這樣簡單，另有重大的意義在。

那麼溥儀登極的重大意義卽作用是甚麼呢？眞實的事實告訴我們，日本帝國主義使溥儀登極的第一義，是想獲得所謂觀念領域內的欺騙和麻醉作用的效果。那也就是說，欺騙和麻醉作用的意義強於政治的意義。

我們知道東北是一個文化落後的地域，遠處在關外的一隅，封建思想還有着支配着一般民衆心理的勢力。雖然近幾年來國際資本主義的勢力浸透到東北的農村，發生一種洗滌作用，另一方面民族資本主義也在都市中逐漸擡頭，封建的隸屬關係被摧毀，然而封建意識的氣焰還很熾，一部分農民仍保持着頑強的守舊觀念。他們的思想沒有離開封建意識的範疇，受着納稅觀念所支配，所謂『誰當皇帝給誰納稅，』並且幻想着『眞龍天子出現』走入治境。所以滿清廢帝溥儀的登極，自然會盡了一部分維繫人心的作用，掩飾了日本帝國主義侵略的行動。

要而言之，日本帝國主義把溥儀搬到木人戲舞臺上演假皇帝的角色，目的在掩飾其侵略的行動，含有毒辣的欺騙和麻醉性質。藉封建思想維持人心尤其是一部份農民的信仰，鞏固在東北的統治權，樹立所謂絕對的安全的新國家秩序。無疑的，溥儀登極是日本帝國主義欺騙和麻醉東北民衆的有計劃的政策之一。

## 三　御用社團的作用

其次我們要檢討一下日本帝國主義在東北積極獎勵各種社團的意義。

日本帝國主義佔領東北後，極度控制東北民衆的自由，甚至於一舉一動都要加以干涉，結社和集會當然不被允許，但是卻獎勵着許多社團的存在，這不是一個很大的矛盾嗎？

然而這個矛盾正昭示着給我們一個絕對的眞理，他告訴我們說這些社團發生反作用替日本帝國主義盡了欺騙和麻醉的任務，是日本帝國主義御用的。

現在把我們所知道的日本帝國主義所御用的社團舉出，關於其組織、內容、活動的情形也附帶加以簡單的說明。

一、協和會　僞組織之協和會，爲日本維繫東北人心之最有力最普遍者，其宗旨爲所謂促進東北民衆之互相提攜，效忠僞國。會長爲漢奸鄭孝胥氏，其會員多係各省縣市機關之職員，總數在百萬以上，內有日人若干。

二、正義團　僞正義團爲日人酒井榮藏所發起，其目的在期僞國人民爲王道而努力。勢力頗爲強大，普及全僞各地，惟是團員雖達二百萬，但組織不嚴，恆爲民衆所反對。

三、國裏教　國裏教原爲僞家裏教，近來始改今名。家裏教係明末清初之革命組織；後被清廷利用改爲淸幫。日本之侵呑東北亦利用其勢力以爲維繫。現各省縣機關軍警及中下層社會人士多半加入，內且有日人甚多，總計有會員五百萬人，其勢力之大可想而知。前年五月，日本令僞國由長春派家裏教代表十餘人，赴日謁見日皇，以增其親日觀念。

四、東亞民族同盟會　爲日人黃慕（荒木）所主辦，於前年秋季最爲活躍。雖以組織東亞同盟軍爲名，收編隊伍，實際乃日人御用機關，藉以偵知義勇軍之內容形況而施行其毒辣之計劃耳。受其害者爲數頗夥，現勢漸衰。

五、日滿親善會　日人爲促進滿人對日人發生好感，更製造而具成立日滿親善會。其宗旨在使東北人民之心理趨向親日，贊助僞國之設施。總會設於奉天，分會設於日僞各地，會員雖近百萬，但其活動技術較爲幼稚。

六、人類愛善會　發源於日本，事變後傳入中國。其宗旨爲使人類親善扶助，以便完成僞國之設施。加入者多爲中下層民衆，勢力較遜於其它各會。

七、日滿婦人會　日人擬利用東北婦女之潛勢力，遂組織日滿婦人會。日人派其有知識經驗之婦人偕同僞各機關各官僚之夫人組成之。其用意擬使僞國婦女信仰日本之神道，且可傳教於其子女，一方面又可間接柔化各官僚。

八、敬老會　日人令僞國招集各縣鄉之老人，赴僞京謁見僞康德（溥儀）皇帝予以奬勵及宣傳，俾使其回鄉時，假其口以宣傳所謂王道及仁政，藉以增進民衆之信仰。

九、道德會　目的在宣揚舊道德，培養忠孝節義及賢妻良母思想。會員男女兼收，以王善人（眞名不詳）爲首領，分會遍設在各城市。最近日人亦有加入消息。

一〇、勞工協會　日人組織勞工協會之用意，在將多數之勞工組織起來，免被共黨及抗日份子所利用。會長仲田幸夫，會員二萬五千人。總會設在長春，更有分會六，設於哈爾濱、大連、穆陵、牡丹江、敦化、及寧古塔。

以上總計十個社團。我們祗要仔細將其組織的動機、目的、內容加以分析，便會發現其共通點：御用、欺蒙、麻醉、利誘的性質。這些御用團體的勢力滲透到各種社會的階層，其主要的目的在泯滅東北民衆的民族意識及階級觀念，壓迫反日思想。御用社團的奬勵是日本帝國主義老牌的『思想善導政策』在東北的一種應用，其反動性質和日本帝國主義在其國內所奉行的『思想善導政策』並沒有多大的差別，然而畢竟還有一個絕對的不同點，即這裏的『思想善導政策』多了一種消滅民族意識的任務，反動性愈重大是了。

## 四　奴化教育政策的一瞥

最後我們要看一看日本帝國主義怎樣利用教育機構來麻醉東北青年。

日本帝國主義利用教育麻醉東北青年的情形，即實行奴化（即殖民地化）教育的事實，可以分三項來說明。

一、固有教育的摧殘　日本帝國主義佔領東北後，很想把東北造成一個黑暗大陸，使一般民衆無知無識，任其宰割，所以拚命停辦一部分辦理較完善的學校，結果各種學校的數目大大地減少。事變後遼吉黑三省開學的學校數爲較事變前總數的百分之五〇左右，熱河省的學校幾全部停頓，東北的一三、三一〇所學校中竟有五、二五三所被停頓了。

現在再看一看小學校數目的統計：

| 省別 | 事變前的數目 | 現在的數目 |
|---|---|---|
| 遼寧省 | 一一、〇〇〇 | 六、〇〇〇 |
| 吉林省 | 六、〇〇〇 | 四、〇〇〇 |
| 黑龍江省 | 四、〇〇〇 | 三、〇〇〇 |
| 熱河省 | — | — |
| 總計 | 二一、〇〇〇 | 一三、〇〇〇 |

熱河省的小學校的數字不詳，在遼吉黑三省的二一、〇〇〇所小學中，竟有九、〇〇〇所未能開學。

二、新教育路線的開拓　日本帝國主義雖竭力摧殘東北固有的教育，封閉學校，然而另一方面它也很想握着這種『觀念的武器』製造出一批順民來，所以正在着手於新的教育制度的創造。關於這一點，可以從其教育方針和其變更學校教材的情形說明。

甲、教育方針

（1）專門學校的停辦　東北的幾個重要大學都被解散，所殘存的也祇限於外國人和日人自己辦理的學校，而這些學校又全是工科和醫科，如英國小河沿醫科專門，俄國哈爾濱工業大學，日本南滿醫科大學。據最近的可靠的消息傳說，日本在吉林大學的舊址設有高等師範學校。從表面上看來，似乎是提倡高等教育，其實不然。日本帝國主義另有懷抱，企圖造成一羣馴順的奴才，所謂高等師資，到中等學校的講壇去替日本帝國主義宣傳『福音』。

（2）職業學校和師範學校的設立　跟着九一八事變東北的秩序被破壞後，東北的教育陷入異常的混亂狀態中，各級的學校全部停頓。其後首先被恢復的是職業學校，師範學校；文科中學被停辦，最近有改設爲商科和工科職業學校的計劃。職業學校和師範學校的畢業生都想在畢業後立刻到社會去服務，思想較穩健，易於駕馭，無害而有利，日本帝國主義的苦心可以看出來了。

（3）日語學校的獎勵　日語學校在東北目前眞是盛極一時，多半是日人辦理的，自然會受到日本帝國主義的獎勵，在各都市及縣城都有這種學校的設立。語言自然也不外是帝國主義文化侵略的重要手段之一呀！

(4)私塾的提倡　日本帝國主義自事變以來，把東北的社會秩序破壞無遺。一般農民走入破產的路子。在這經濟破產的聲中，農民當然無力供給其子弟到城市的學校去讀書，況且又有羅文字禍的危險，於是私塾漸擡頭。最近偽文教都有提倡私塾的法令的公布。『趙錢孫李』和『子曰』這一套，的確不與日人統治東北的邏輯背謬，得到日本帝國主義的褒獎了。

(5)留日學生的考送　去年上半年偽國會考取大批的留日學生送到日本去。日本帝國主義破格優待，在各方面給予很多的方便。日本的文化侵略政策已經收到相當的效果，趙欣伯謝介石熙恰便是日本文化已往培養出來的。現在正在製造新的文化奴僕中。

乙、教材內容

(1)讀經　經學日前在偽國各級學校的課程中占一極重要的地位，這就是說，封建社會內的絕對附從的道德和忠君思想不但不和日本帝國主義侵略的道義衝突，又替日本帝國主義盡了欺蒙的作用。

(2)以『修身』代『公民』　其意義和讀經同。『公民』講的是近代國家生活中公民必然的常識，含有自由主義或個人主義的意味；『修身』內的思想穩健，自然強於『公民』了。

(3)添日語課程　在各級學校中，日語已經代英語的地位，成爲必修的課程。這種用意明顯極了。

(4)纂改歷史和地理　對中國歷史地理的若干部份加以刪削，有許多新穎的創意的地方。這不消說，在歷史上是一件極平凡的事了。

三、教育團體有計劃的活動　日本帝國主義除使偽國釐訂新教育方針，變更學校的教材，及摧殘固有的教育外，更利用教育團體有計劃的活動，來輔助奴化教育的進行。請看下面三個教育團體的活動：

(1)日滿初等教育聯合會　這個團體係由日本在滿鐵沿線所立的小學校內教職員所組成的初等教育研究會組成的。目的在討論日滿教育問題。實則不外講求怎樣貫澈奴化教育的設施而已。

(2)鐵道愛護村　偽鐵路總局在東北各鐵路沿線組織鐵路愛護村數千餘處。據說其目的在啓發民智。它的活動已經開始，現在正在着手以沿線五十餘萬的青年男女組織成一個鐵路少年團。它將對這些青年灌入一種愛護鐵路的思想及衛生觀念的教育，學習日語及技藝，養成滿洲國第二代的國民。它的欺騙企圖，已經自己表露出來，

(3)日滿國民教育會　這個組織是由『日本帝國國民獎勵會』蛻化而來的。會長掘田正亭子爵。總會設在東京，分會遍設在瀋陽、長春、吉林、黑龍江、安東、遼陽等地。它的活動及於文化領域的全部。除組織宣傳隊和發行許多刊物外，它更設立日語學校，送官費留日學生，以引誘及麻醉東北青年。

日本帝國主義利用教育機構麻醉東北青年的毒辣政策的情狀，大致如上。綜合上述的材料，我們可以獲得一個簡單的概念日本帝國主義正在建設着一種適應自己統治東北的邏輯的教育——奴化教育，要從這種教育制度中造出一批順民即御用的奴才來。

## 五 結論

日本帝國主義麻醉東北民衆政策的眞像，我們已經簡略的敍述過了，並且還附帶加以相當的剖解指出它的作用來。然而日本帝國的周密的麻醉和欺騙的計劃已經及於汎文化領域，當然不是這簡短篇幅所能敍述盡的，其詳細的情形只好留待將來再討論。

在現在，這種麻醉政策只不過是一個簡單的發端，它將隨日本帝國主義制治東北的時間的進展而進展。今後兩層枷鎖——政治經濟的壓迫及文化領域內的欺騙和麻醉政策，將緊緊地壓在東北三千萬大衆身上；祇有粉碎日本帝國主義在東北的反動的統治後，東北三千萬大衆纔能從這種壓迫下得到解放。

# 报学季刊

《报学季刊》是民国时期一份重要的新闻学学术刊物。中华民国23年（1934）10月10日出版，由申时电讯社主编。

《报学季刊》每期一百余页，其中创刊号内容最丰富，达到180页。每期第一页刊载刊名，有的还登载本期重要的文章标题。每年出版四期，每期零售价四角。该刊设有“专著”“文艺”“附录”“讨论”“译述”“调查与统计”“史料（集珍）”等栏目。它对研究民国时期的新闻历史具有不可替代的作用。

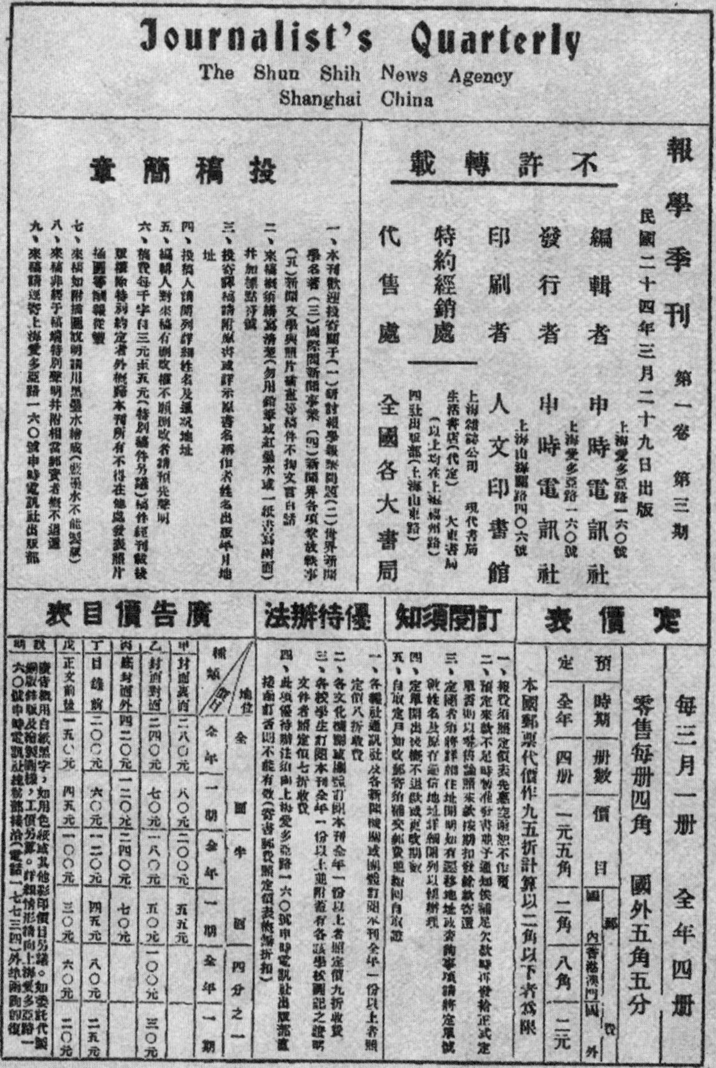

Journalist's Quarterly
The Shun Shih News Agency
Shanghai China

報學季刊 第一卷 第三期

民國二十四年三月二十九日出版

不許轉載

編輯者 申時電訊社 上海愛多亞路一六〇號

發行者 申時電訊社 上海愛多亞路一六〇號

印刷者 人文印書館 上海山海關路四〇六號

特約經銷處 上海雜誌公司 現代書局 生活書店（代定） 大東書局（以上均在上海福州路） 四社出版部（上海山東路）

代售處 全國各大書局

投稿簡章

一、本刊歡迎投寄關于（一）研討報學原理問題（二）世界新聞學名著（三）國際間新聞事業（四）新聞界各項掌故軼事（五）新聞文學與照片漫畫等稿件不拘文言白話

二、來稿務須繕寫清楚（勿用鉛筆或紅藍水或一紙兩面寫）並加標點符號

三、投寄譯稿請附原本或詳示原書名稱作者姓名出版年月地址

四、投稿人請開列詳細姓名及通訊地址

五、編輯人對來稿有刪改權不願刪改者請預先聲明

六、稿費每千字自三元至五元（特別稿件另議）稿件經刊載後版權除特別約定者外概歸本刊所有不得在他處發表照片插圖等酌量從豐

七、來稿如附插圖或說明請用黑墨水繪成（藍墨水不能製版）

八、來稿非經予稿端特別聲明并附相當郵資者概不退還

九、來稿請逕寄上海愛多亞路一六〇號申時電訊社出版部

定價表

每三月一冊 全年四冊

零售每冊四角 國外五角五分

| 預定 時期 | 冊數 | 價目 | 郵費 國內香港澳門 | 國外 |
|---|---|---|---|---|
| 全年 | 四冊 | 一元五角 | 二角 | 八角 |

本國郵票代價作九五折計算以二角以下者為限

訂閱須知

一、報費須照定價表先惠空函恕不作覆

二、預定來款不足時暫准寄書並予通知俟補足欠款時再發給正式定單否則以零售論照來款按期扣發餘款寄還

三、定閱者須將詳細住址開明如有遷移地址或查詢事項請將定單號數姓名並原有通信地址詳細開列以便辦理

四、定單開出後概不退款或更改期數

五、自取定戶如收郵寄須補交郵資並掛號自取證

優待辦法

一、各報社通訊社及各新聞機關或團體訂閱本刊全年一份以上者照定價八折收費

二、各文化機關或團體訂閱本刊全年一份以上者照定價九折收費

三、各校學生訂閱本刊全年一份以上並附有各該學校圖記之證明文件者照定價七折收費

四、此項優待辦法須向上海愛多亞路一六〇號申時電訊社出版部直接函訂否則不能有效（寄書郵費照定價表計算不折扣）

廣告價目表

| 地位 \ 面積 \ 價目 | 全面 全年 | 全面 一期 | 半面 全年 | 半面 一期 | 四分之一 全年 | 四分之一 一期 |
|---|---|---|---|---|---|---|
| 甲 封面裏頁 | 二八〇元 | 八〇元 | 二〇〇元 | 五五元 | | |
| 乙 封面對面 | 二四〇元 | 七〇元 | 一八〇元 | 五〇元 | 一〇〇元 | 三〇元 |
| 丙 底封面外 | 四二〇元 | 一二〇元 | 二四〇元 | 七〇元 | | |
| 丁 目錄前 | 二〇〇元 | 六〇元 | 一二〇元 | 四五元 | 八〇元 | 二五元 |
| 戊 正文前後 | 一五〇元 | 四五元 | 一〇〇元 | 三〇元 | 六〇元 | 二〇元 |

說明：廣告概用白紙黑字，如用色紙或其他彩印價目另議。如委託代製銅版鋅版及繪製圖樣，工價另算。詳細情形請向上海愛多亞路一六〇號申時電訊社總務部接洽（電話一七七三四）外埠函詢即復

《报学季刊》杂志版权页

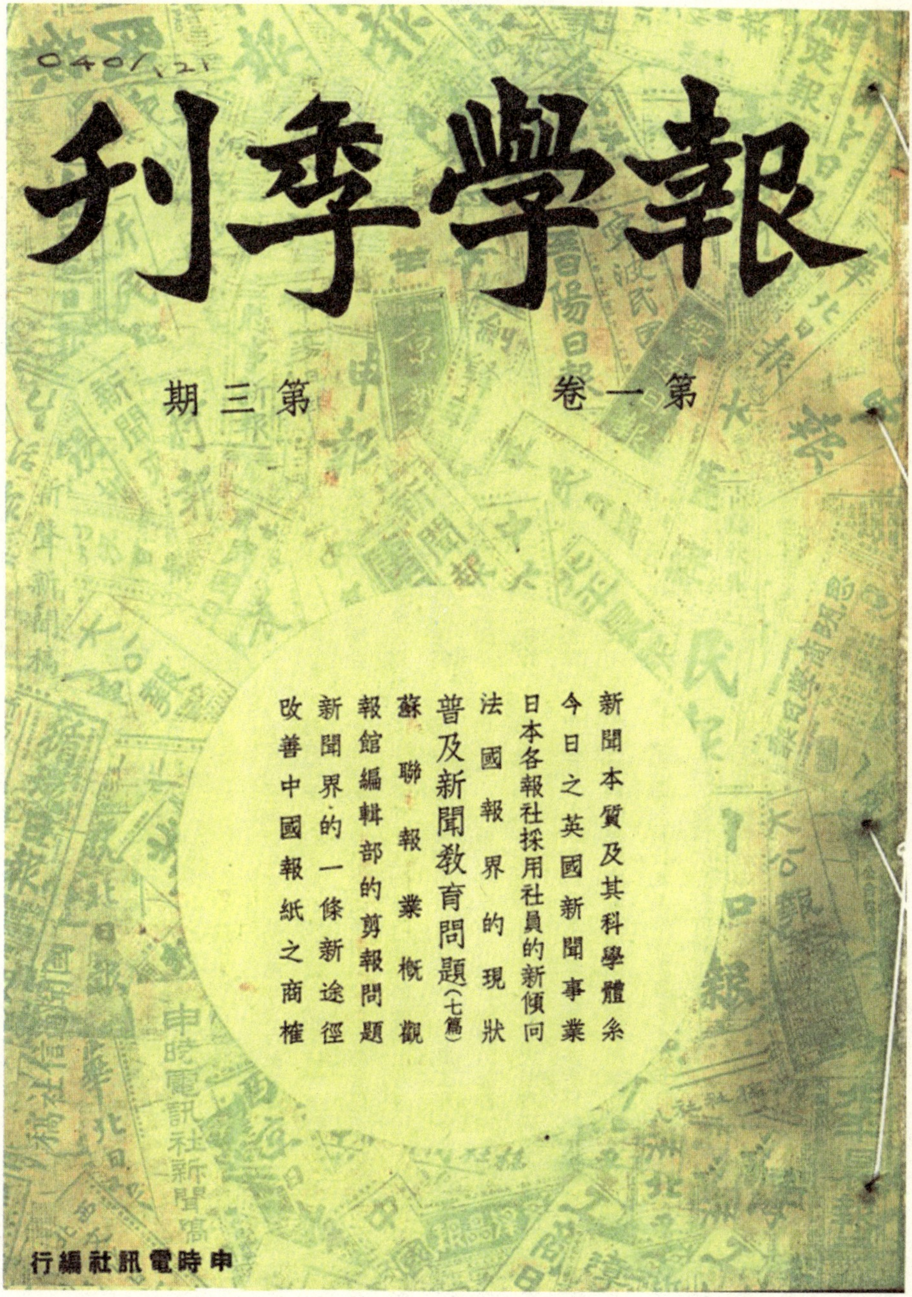
報學季刊
第一卷 第三期
新聞本質及其科學體系
今日之英國新聞事業
日本各報社採用社員的新傾向
法國報界的現狀
普及新聞教育問題（七篇）
蘇聯報業概觀
報館編輯部的剪報問題
新聞界的一條新途徑
改善中國報紙之商榷
申時電訊社編行

《报学季刊》杂志封面

# 日本新聞界的動向

顧高揚

## （一）導言

自從這次世界經濟恐慌發生以來，世界人士都以爲現代經濟生活之生產交易分配及消費之無政府狀態，是招致恐慌之主要原因；要想挽救恐慌局面，恢復世界繁榮，勢須拾棄十八世紀以來之傳統的經濟自由主義，厲行干涉或統制主義。於是統制經濟主義，不久便風靡全世界。然而要想實行這種經濟主張，不能沒有強有力的政府，去負執行的任務；所以跟著統制經濟主義而起的，是統制政治主義的勃興，是法西斯主義的澎湃。可是統制政治或法西斯主義，要想順利的進展，又須使國民的思想，社會的觀感，和這種主義適應；因此所謂文化統制，輿論統制，便應運而生了。

報紙是動的(Dynamic)文化底總匯，是社會輿論底代表，在統制政治抬頭以後，當然馬上就成爲政府統制文化與輿論之最顯著的目標；這是今日新聞業被統制的一面。可是它還有自動統制的一面，我們也不容忽視。近年各國政府着手實行統制經濟以來，對於農工商各種經濟事業或企業，莫不逐漸重新制定種種規程，嚴格限制其經營之方針與動向，藉免其經營不愼，給與社會經濟以不良影響，而使恐慌或不景氣日益深化。從物質的經濟的觀點去看，報館或通信社，雖然也是一種企業，是一種經濟事業，可是和一般農工商各業比較起來，它的資本比較小，而其營業盛衰，對於社會經濟的影響亦微。換句話說，它在文化或輿論方面，對於社會的關係深，影響大，而在經濟方面，則其關係淺，影響微。因此各國政府對於報紙的統制，多半只注重其言論方面，而未暇十分過問其經濟方面的營業。但是新聞業既然也是一種經濟的企業，在營利的性質上，與其他企業原無不同，現在世界經濟既已走上了統制主義的途徑，政府對於新聞事業之經濟方面，卽令未予充分注意，然而主持新聞事業之企業家，却不能不自動實行經營統制，藉以適應時代潮流，而謀新聞業之經濟的繁榮。因此，在統制主義席捲全球的今日，新聞業除了被統制以外，還有自動統制的一面。

一九二九年的世界經濟恐慌展開以後，日本不景氣的程度也特別深刻，日本政府要藉勵行統制政治而統制經濟，於是感到有統制新聞業的必要。一九三二年九一八事變發生以後，日本攫取了我國東北四省，退出國際聯盟，接着又毀棄了「倫敦海約」造成國際間劍拔弩張的局面。日本政府爲着要採用新聞政策以欺世人之耳目，爲着統一民心以適應其所謂非常時，也深感到必需統制新聞業。在這兩種切迫需要之下，日本新聞界之被統制的條件便完全具備，而走上受統制的路了。同時因爲最近一兩年內，日本新聞機關激急增加，報紙供過於求，馴至貶價競爭，造成營業上之重大危機；日本新聞界之企業家，爲着自拔於這種危險的局面，於是自動劃一報紙之販賣價格，同時設法減低新聞成本，勵行經營統制。

日本攫取我們東北數省以後，轉而勵行統制新聞淆惑世界之視聽，以掩飾其侵佔行爲；這件事是如何值得我們注意，想是不待作者贅述的。以下謹將年來日本新聞界之被動的統制（輿論統制）以及自動的統制（經營統制）之動向，分別陳述，俾供我關心國是及新聞學者之參考。

## （二） 輿論統制

歐洲大戰以前，日本向不知對外宣傳之重要，日本各種報紙，一任歐美各國宣傳消息之播弄。自後日本新聞聯合社成立，對於外電遂能加以批判，自由取捨，漸次擊退他國之宣傳的新聞。自日本進佔我東北四省，退出國聯之後，舉世目光，咸集注於遠東之島國，世界各大新聞機關，莫不伸展其情報網於遠東，以求明瞭日本的實況。日本認爲這是很緊急的關頭，爲着掩飾侵略行爲，淆混世界視聽，積極走向了新聞統制的途徑。這種傾向，到了昭和九年（一九三四年）更爲強烈，日本人自稱這年爲國際宣傳的前期。在這個期間，日本進行新聞統制之建設的方面，有幾點是值得我們注意的，現在分別摘錄於后。

第一，是所謂新聞走進無線電時代。各國利用無線電報參加國際宣傳戰，這事件因爲最近國際關係的緊張，競爭的程度也就更加白熱化了。野心勃勃，敢爲始作俑者的日本，在這一方面，當然也不肯後人。一九三四年春，法國哈瓦斯通信社，收買「法蘭西無線電社」完成五十瓩的情報宣傳專門無線電台，向遠東之上海及東京，舉行受信試驗；日本乃乘機以新聞聯合社出面，與「哈瓦斯無線電社」締結契約；哈瓦斯對於聯合社之受信，不取代價，而聯合社則以其國際宣傳放送爲交換條件。這件契約的締成，可說是日本對外宣傳的一大成功。日本在過去尚無新聞專用無線電台，因此收發電報，在金錢與時間上，都感到不經濟，一九三四年冬季，乃發起設立新聞專用無線電社；此舉頗得美國聯合社(Asociated Press)及合同社(United Press)之贊助，聯合社

之皮亞孫君，並願親往日本爲之設計。現在該社正在積極進行，一旦開始發電，在日本之對外宣傳上，在日本之輿論統制上，皆不能不算是一件極可注意的武器。

日本進行新聞統制之建設的方面，第二點更值得我們注意的，便是日本政府想合併「新聞聯合」及「日本電通」兩個通信社，而創成一個新通信社。日本政府在昭和八年（一九三三年）就有了這種企圖，而且預料在昭和九年春季即可實現。可是因爲該兩通信社的意趣根本大相逕庭，加以政變及其他關係，遂延擱下去。到了一九三四年冬季，這個問題却又緊張了起來，不過這個問題，最初原由外務省負責處理的，後來因爲外務省的特別外交工作費，在次年度的豫算案第一次檢查時遭了削減，無力辦理；而日本放送協會，却願意出資四百二十萬圓去進行，於是通信社的合併工作，便轉以日本遞信省爲中心了。一九三四年十一月十四日，新聞研究所報發表日本遞信省企圖合併電通及聯合實行統制言論之具體方案，大致爲左列各點。

一，合併後之新通信社，以五百萬元作資本金。

二，此項資本金之來源，其中八十萬元由外務省之機密費中撥充，其他四百二十萬元，則由日本放送協會負擔。

三，新通信社以「聯合」爲主體，得無償的承繼「聯合」現有之一切機構。

四，交付電通社二百三十萬元，作爲收買該社一切機構及解散之費用。

五，剩餘之二百七十萬元，作爲新通信社成立後之運轉資金。

六，由外務省遞信省及放送協會三方面推出代表，爲新通信社之幹部。

七，新通信社之主要目的有二：其一爲統制外電及國內的消息，其二爲放送局編輯新聞之擴充。

右列各種計劃，電通表示反對，聯合內部則贊否不一，所以一時仍難從速實現。不過日本政府合併電通聯合，以求創立新通信社而統制言論的意向，既然非常堅決，所以我們可以斷定，這件事的實現，總不過是時間問題罷了。

日本在過去一年，進行輿論統制，除了上述兩種積極的建設的事實以外，在消極方面也有兩點值得我們注意的。其一，是取締境內外人之反宣傳，其二是限制國內報紙之揭載機要消息。

關於取締境內外人之反宣傳，這件事是從檢查塔斯通信支局而雷厲風行的。日本大都映畫社製作的「大號令」之演出，駐日塔斯通信員那其君打電回國，謂此項影片，是以蘇聯爲假想敵之軍國主義的作品，引起蘇聯報紙的攻擊。日本遂藉口實行檢查塔斯通信，並於十月中旬，由遞信省命令中央電信局發佈下列通告：「一，今後一切俄文的新聞電報，凡未添附英法日文之譯文者，概不准予發出。二，右述添附之譯文，倘有誤譯之處，無論是否故意。亦不准予拍發，」蘇俄駐日大使，為此雖幾度與日本廣田外相交涉，終未達撤消之目的。並且不久以後，日本並推廣這種統制的原則，使其適用於由日本發出的一切新聞電報。

至於日本政府之限制國內報紙登載機要消息，實行其祕密主義，是以軍縮紀事問題為中心而展開的。一九三四年三月廿七日，日本海陸軍及內外務四省，在外務省舉行第一次情報機關聯絡委員會，協議關於對軍縮會議之新聞政策，繼即於四月梢，由四省情報委員，與「二十一日會」（東京新聞幹部團）會見協議。旋以政變發生，致會商中斷。六月及八月間，日本政府兩度發出禁止刊載之命令，形成情報上之重大的障礙，「二十一日會」乃起而進行緩和運動。然而外務省與海軍省互相推諉，對於軍縮會議之真象，密不宣布。新聞界既深感取材之痛苦，遂以坐失國際宣傳戰之良機為藉口，著論攻擊其政府之措置失宜。而日本當局則不惜採用恐怖政策，以為應付手段，馴致熱心新聞事業的先進，常有血濺黃塵之危險。此不獨日本新聞界倍覺憤慨，即他國之新聞界人士，也沒有不引為遺憾的。

## （三） 經營統制

日本政府的新聞輿論統制，既已如前所述，雷厲風行了。然則日本新聞事業的企業家，在經營方面，是否也走上了統制的途徑了呢？對於這個問題，我們只能說日本新聞事業的經營方面，剛剛踏上了統制主義的初階，還不會升堂入室。除了東京一地，已經發生了定價賣運動以外，其他尚鮮可以大筆特書的事實。日本的經營者會或主持人會，至今仍祇有部分的地方性質的，還沒有全國性質的。用紙發生了漲價問題，日本新聞協會才臨時招集會議，討論應付辦法，這也可以證明其平時之缺乏統制與準備，而對於廣告主或代理業，也不聞有任何統制。所以日本人自己也承認今日之日本新聞經營界，還未脫離個人主義自由競爭的階段。不過日本新聞界既已認識了經營統制的重要，而且已經踏上經營統制的初階，則其奔騰猛進，或不是意料以外的事吧？現在請將過去一年間日本新聞界經營上可注意之各點，擇要分錄於左，同時對於其販賣統制運動，略作特筆的描寫。

從經營總體的動態上去看，一九三四年日本新聞經營，可以說有下列幾種特點。

第一，為全國新聞紙數之增加。近年日本新聞界，雖呻吟於新聞經營不景氣的牀褥之上，然而其全國新聞紙之種類，則有增加的趨勢。據日本警保局之調查，昭和九年六月底，日本全國新聞紙共達一萬一千七百二十七紙，較前年同期增加三百餘紙。同時一年間增刊之數，較前年度增加，而停刊者則激減。余意新聞紙類愈增加，則競賣也愈激烈，這

不能不說是日本新聞界走向經營統制（販賣統制）之一種主要的原因。

第二，爲資本雄厚之大新聞社，組織上日趨堅穩；而同時中央都市之所謂大報，等第上發生顯著的變化；其中讀賣新聞，尤嶄然露頭角。因爲它材料上的充實，編輯上的精審，印刷上的巧妙，販賣政策之積極，銷數突飛猛晉。在昭和八年，銷數爲七十二萬六千餘份，而在九年度，則有打破一百萬份紀錄的傾向。全日本新聞界，俱被這種驚人的發展所震動。

第三，爲報紙之鐵道運輸改進，而中央報激急向各地方發展，昭和九年底，日本鐵道當局，應新聞界之請求，允許指定專車運輸報紙，並且增加開車班次，及車行速度。中央報紙，得到這種機會，莫不竭力向各地方推廣銷路，向各種地方報紙採取攻勢。然而中央報紙利之所在，便是地方報紙害之所在。要想彌補這種不平的缺陷，限制定價實在是良好的手段，所以這種新形勢的展開，頗足以促進「定價賣」運動，推進新聞的經營統制。

第四，爲廣告政策，由量而轉向質；聯合廣告日趨流行。四五年前，日本之代表的有力的大報，廣告欄對記事欄面積之比，僅占其五〇%，近年則已打破六〇%的紀錄；此蓋多由於廣告集中於大報所使然。但向來伸張多行數本位之大報，近亦感到以低價收登大量廣告，未免徒費篇幅，乃有整理低率廣告的傾向；迨昭和九年，更明顯採取提高廣告費的方針。另一方面，各地方之二三流報紙，因廣告被大報奪去，廣告收入銳減，深引爲苦；廣告主方面，近乃採取組合廣告，以代行數主義。且一向反對組合廣告之「彌生會，」最近亦一變素來主張，出於聯合廣告一途了，這不能不說是一種巨變。日本廣告界雖然有日本廣告聯盟的組織，不過在廣告的統制方面，似乎還少成績可言。

最後，我們不能不提到其販賣統制的發軔了。日本之東京新聞界，過去早已結成「東京各社販賣部長團昭和會，」而帶着大東京市內販賣協定的意味。迨至一九三四年四月，更正式實行地方協定，設法限制不取代價以推廣報紙的行爲。自八月起，東朝東日及讀賣三大報紙，價格各提高一角，改定價爲一圓；大朝及大每亦如之；而名古屋，新愛知，福日等，亦漸次將定價提高一角。同時「昭和會」並議決在大東京市勵行定價販賣，而自八月份起，開實施之端緒。其間以各社及組合員中，違犯協定之舉層出不窮；益以主張停刊日曜晚報之糾紛，致昭和會一再遭遇危機。然該會卒能戰勝一切障礙，逐步擴張其機構，而先後組成實行委員會（幹部，）常任委員會，地方協定委員會，即賣統制委員會，大東京販賣組合，以及各地方販賣組合等。無論是立體的或平面的，販賣統制所必要的機關，皆已相當具備了。現在是一九三五年，日本人相信日本新聞界的經營統制，自本年向後去可以發生實效，作者對於這種

見解是相當加以贊成的



## (四) 結論

如本文第一節所述，世界經濟恐慌之深刻化，造成了經濟統制之必要，而為實行經濟統制，又產生了政治統制之必要；政治統制之實施便必然的要實行文化統制，輿論統制。從這個觀點出發，我們可以說當代新聞之被統制，是不可或免的宿命。日本的新聞界是被統制着了，而且此外如我們大家所週知的事實，德意志的新聞界，意大利的新聞界，是早就受着更嚴格底統制的。中國怎麼樣？想來大家都很明瞭本國的事，恕不贅述。

再則，我前面提到，報紙在文化或輿論的領域，給與社會生活的影響大，而在經濟的領域，則與社會生活的直接關係，比較輕微；所以各國之統制報紙，只注重其言論，而未逸及其經濟經營方面。惟新聞業者本身，欲謀新聞業之經濟的繁榮，則不能不適應時代潮流，實行經營統制。即令說經營統制不是今日新聞業的宿命，但至少我們可以說新聞界在今日，是有走上經營統制的途徑之必要的。日本的新聞界，現在已經走上經營統制的路了，換句話說，除了被統制之外，已經進行着自動的統制了。我希望我國新聞界，現在也該振作起來，聯絡起來，開始踏上經營統制的大路。

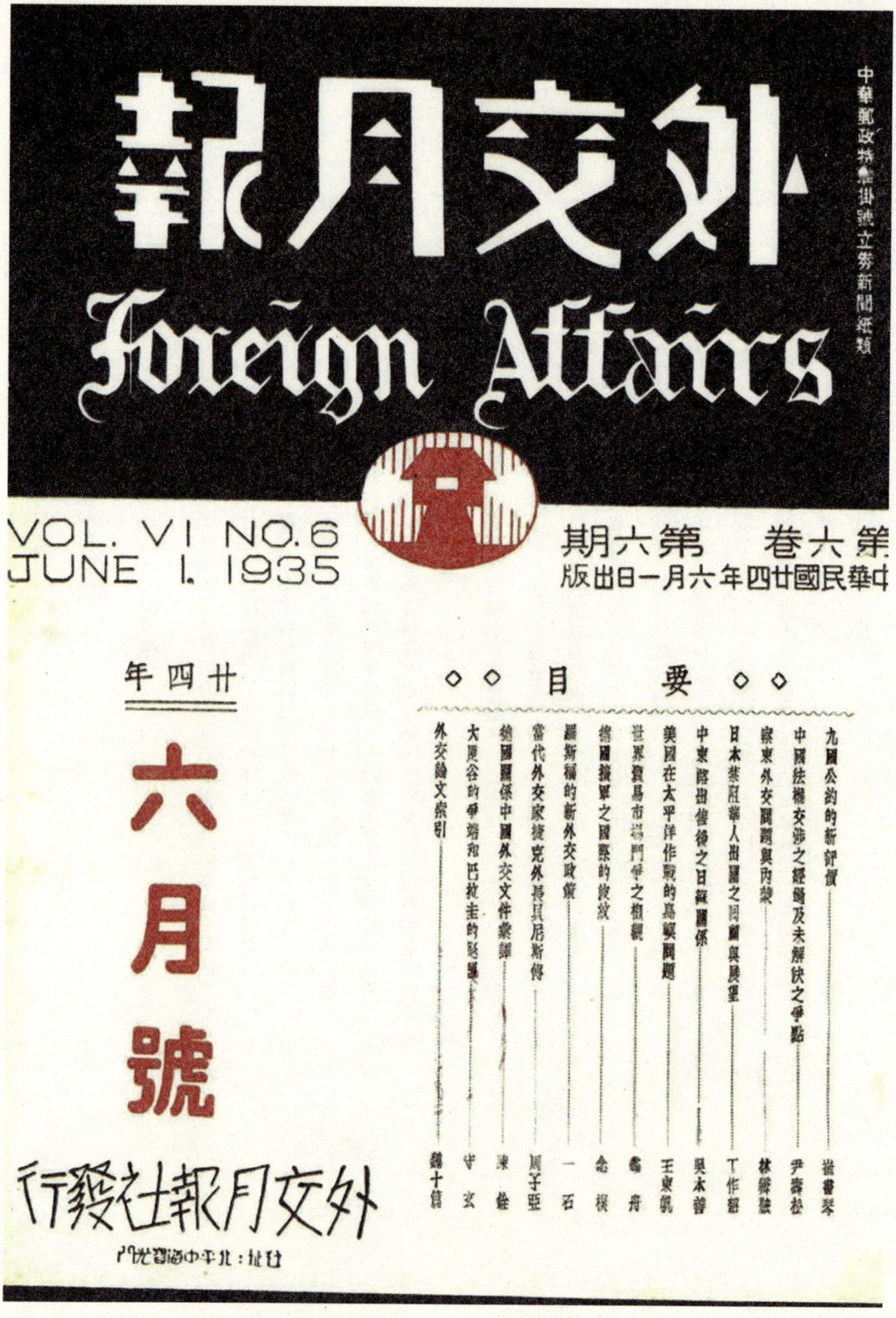
外交月報

Foreign Affairs

中華郵政特准掛號立券新聞紙類

VOL. VI NO. 6
JUNE 1. 1935

第六卷 第六期
中華民國廿四年六月一日出版

廿四年

六月號

外交月報社發行

社址：北平中海寶光門

要目



《外交月报》杂志封面

# 九一八後日本在滿權利及人口問題

瓦德

## 一 引言

「滿蒙特殊地位」和「黃人的亞洲」等口號，是日本帝國主義者，近數十年來朝野上下一致的主張。但這種主張是對待美國的，『門戶開放』與『機會均等』的政策。可見日美的衝突點，益形尖銳化了。日本帝國主義者，素視『滿洲非支那領土』，她以為是：『大和民族自由發展之地帶』，吾人觀上述的二段話可以看出來，日本在九一八前所謂『二十一條』及『五十三懸案』，在九一八後所謂：『滿洲偽國』及『日偽議定書』承認日本在東北一切權利擴大，這都是貫澈她的主張，因為她在我東北自認為她有特殊的地位，而構成了她有特殊於權利及利益，她為要取得上述的權利及利益，即不惜要用她的人力物力……等來變本加厲的侵略東北，這即是所謂事變後日人高唱：『武裝移民』……等的口號。所以吾人茲就她的近年來在東北的移民狀況和根據，來加以敘述，考日本帝國主義者，在九一八後的移民，是根據於她認為她自己有在滿的特殊權利，這種特殊權利，是由於她的特殊地位而來的，她的特殊地位，是由於袁氏當政時代的，二十一條而來的。故不啻說，國難的種因，是由於袁



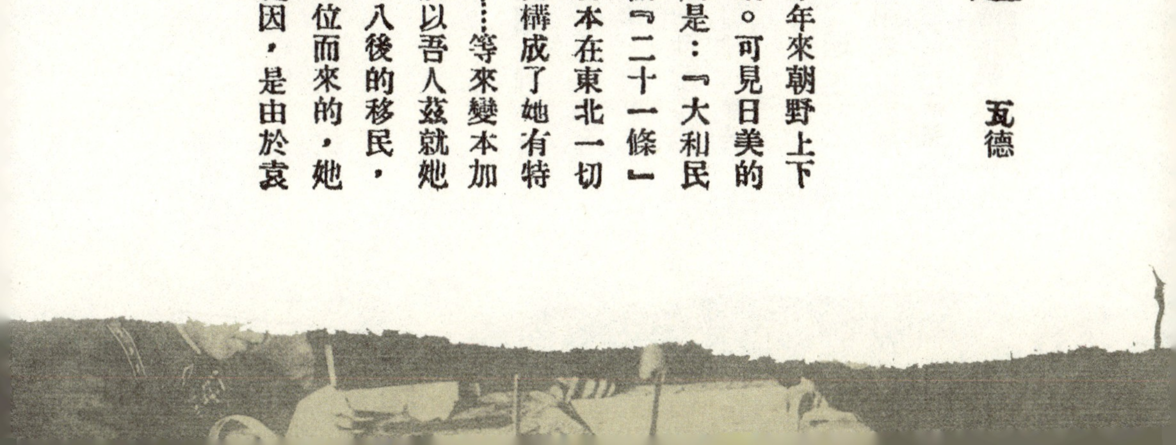

氏的帝制；時值歐戰方殷，歐美無暇東顧，日本乘機打劫，利用這種機會，來威俎中國，又不曾說：國難的種因，是由於歐戰而來的。總之，無論如何都是由於她所謂的：「特殊地位」及「特殊權利」而實行她的人力統制！

## 二　日本在滿權利的確立

自日俄戰爭後，數十年間，日本帝國主義對於滿清帝室，及北洋政府，常採用一種威脅和利誘的手段，來與我訂立種種的不平等的條約，此其關於我東北者尤夥，譬如一九一五年之所謂二十一條，即一明顯之例證。故在九一八前日本在我東北獲得各種權利繁多，與其支配勢之雄厚，早為世人所共知之事實也。但是日本人之野心，仍不以此自滿，更常曲解條約，偽造事實，以作攫得新利權之張本，九一八前後，日本向世界大事宣傳之所謂種種「懸案」，即由此野心而形成者。

關於此種毫無根據的所謂「懸案」中的權利，我國政府於九一八後，國聯調查團東來之際，曾依據事實與法理，提出種種之說帖，指摘日本要求之狂妄，如關于日人所謂之一般懸案，我曾於一九三五年六月十四日在北平提出對於日本所謂五十三懸案之駁証（註一），並說明之，此外關于日本之最注意者，所謂平行線問題，吉會路問題，及商租權問題等。我國亦

（註一）見外交部白皮書第二十六號一七五頁。

提出關於平行線問題，及所謂一九〇五年議定書之說帖（一九三二年四月二十一日於南京）（註二），關於吉會路之說帖（一九三二年六月十日於北平）（註四）等，亦均駁斥無遺。但是在日本方面則毫無顧忌，竟於九一八後嗾使偽「滿洲國」政府答以訂條約，准其所謂懸案中之一切權利，一一如其所欲而承認之，其實不僅承認，更准其將內容，大加擴充，至此日本帝國主義在東北之大慾，竟得如願以償矣！

自九一八後，東北四省，已整個在日本武力統治之下，政治經濟大權，完全操於其手，自可如意劫奪，爲所欲爲。根本亦無所謂權利更無所謂條約，但是日本帝國主義者又故作假態，製造偽國，使其簽定條約者，無非欲借此形式上之承認，以作向外宣傳之工具而已。豈知世界上人士，非眞如日本人所謂：「認識不足」，事實俱在，日人果能以一手掩盡天下人之耳目耶？故日本人之各種，徒暴露其陰險詭詐而已。

在過去數年間，日本帝國主義在我東北，始而軍事佔領，繼而製造偽國，其最後的目的地，是在利用偽國，但究竟日人在我東北近幾年來取得若干權利和利益，在局外之人更鮮能知之。但是吾人根據日本陸軍部于前年九一八二週年紀念時，發表之報告，將使過去之日人所謂懸案中之特殊權力，概由偽國承認而擴充之，其中關於經濟者尤多，此爲侵略東北之首

（註二）見前書四四頁。
（註三）見前書一一二頁。
（註四）見前書八七頁。

腦者之自白。以吾人猜測其理，則必能有當然的確實性，茲將其原表照譯於次，以供研究東北問題者之參考。所謂：

「日本在滿洲之紛爭事件清掃狀况表」——一九三三年八月調査

| 區分 | 日人所謂之既得特殊權利 | 偽政府態度 | 滿洲治安開發兩國協定 |
|---|---|---|---|
| 政治及軍事 | 一，鐵道守備兵駐屯權<br>二，安奉線守備兵駐屯權<br>三，關於滿洲治安保障要求權 | 確認（依日偽議定書） | 一，日偽兩國共同防衛之約定<br>二，偽國內一般駐兵權之獲得（日偽議定書） |
| 鐵道 | 四，南滿洲鐵道經營權<br>五，吉會路鐵道之委任經營權<br>六，滿鐵平行綫不敷設<br>七，吉會線敷設之約定 | 確認（依日偽議定書） | 三，偽滿洲國政府所有鐵道概況使滿鐵經營一切懸案皆已解決。 |
| 鑛業 | 八，撫順煙台煤礦採掘權<br>九，鞍山及本溪湖鐵礦採掘合辦權<br>十，所謂二十一條條約承認採掘權 | 確認（仝上） | 四，各種礦業之日滿合辦公司之設立在計劃進行中。 |
| 礦業以外的 | 十一，鴨綠江森林採發權<br>十二，吉黑二省林礦借欵先讓權<br>十三，東部內蒙之農業，及附屬工業合辦經營修 | 確認（仝上） | 五，在偽國領域內，日本人土地商租制度確立，（一九三三年六月十四日暫行商 |

產業
十四，滿洲內地之居住，往來及經營權
十五，南滿洲之土地商租權

行政及司法
十六，關東州租界地行政權
十七，滿鐵幹線附屬地行政權
十八，安奉附屬地之維持及其行政與警察權
十九，滿蒙之裁判上的司法權，及共同審判權
二十，滿蒙之領事館警察權，

航空及通訊
二十一，特定官吏之傭聘
廿二，中日協定中之電信聯絡
廿三，無線電信之設施
廿四，滿鐵附屬地通信行政權

廿五，港灣及港嶼不割讓之約定
廿六，關于關東州以北之中立地帶的

論著 九一八後日本在滿權利及人口問題

確認（仝上）
由偽滿洲國政府自動的錄用日本官吏
確認（仝上）

租權登記法公布）
六，多數日本人由私的契約就任為滿洲官吏，扶佐該國之各種施政
七，依條約計劃設立滿洲電信電話公司，目下正在進行中
八，設立日滿合辦之滿洲航空

一〇九

規約　確認（仝上）　公司（一九三二年十一月設）

其他｛廿七、東部內蒙古諸都市開放之約定
　　｛廿八、在滿（間島在內）朝鮮人之不動產，及其他保護

（註）　見支那時報——一九三三年十月號，日本陸軍部發表，事變渤發二週年紀念文

在上表中，吾人可以看出來，除了軍事，政治，及行政，司法等項權利外，概皆為經濟上之特殊權利，此「滿洲國」者，為日本人之「滿洲國」也。但是吾人所可注意者，此後無論如何，掠奪東北之各種特權，善於造謠之日本人，混淆聽聞之日本人，更可振振有詞矣。即上列之諸權獲得，完全為日本軍閥公開的報告，此外日本與偽國所秘密締結之條約，在過去數年中，更恐不知凡幾矣！

## 三　日本在滿之人口增加

九一八事變後，日本在我東北，除御用偽國獲得種種特殊權利之外，其他效果之最明顯者，當為日人在滿之增加，近年以來，日本對於東北，直如過去歐洲人之對於新大陸認為其致富之唯一捷徑，上至軍閥，政客，學者，教授，下至走卒販夫，無賴浪人，皆受其政府之麻醉，如潮湧入東北三省，為數確已不少，但考其分子，大率為高低階級之失意浪人，與夫

大小資本家與商人。然此等人之所以來滿，概以搶官斂財爲目的，而眞正來此墾殖之農民，確爲數寥寥。即如日本政客努力宣傳，獎勵所謂武裝移民，直至現在止，亦不過數千餘人，爲數極微，據此以觀，則日人過去之宣傳，日本人口過剩，土地不足，必須移民東北，開墾救濟之妄說，亦不攻而自破矣！

最近日人在滿之激增，除政府之特殊鼓勵者外，尚有因九一八事變而發生的自然的原因，茲分述如次：

甲，東北日本兵力之增大——九一八事變以後，日本軍隊，佈滿東北，更由日滿議定書，日本在滿各地之駐軍，又得非法條約之承認，結果日人因其軍事之發展，備戰之積極，防俄之嚴密，人口日益增加，發財者，掠官者，皆可自由往來，無慮義勇軍之襲擊矣。此乃最近的自然原因之一。

乙，滿鐵活動區域之擴大——僞國之有鐵路之新設線與舊有線，皆由滿鐵統一經營，結果滿鐵公司權利擴充，其業務人員亦突飛猛進，且與過去滿鐵附屬地相同之日本人活動區域，亦已擴充至全東北各鐵路之沿線，茲將九一八後滿鐵業務員之增加以爲例。

滿鐵專門學校之卒業者定期錄用（由日本內地）額：

一九三一年有六十七名，一九三二年有八十八名，一九三三年有一八三名，其人口之遞次增加則可見一般矣。再看滿鐵業務員之由日本鐵道部調用者額數：在一九三一年計有一〇

四名，在一九三二年則即驟增至四百四十四名，其人數之突進，不言自喻矣！（見支那時報一九三三年九月號）

丙，日系官吏之進出——滿洲僞國成立之後，在各機關之主要官吏，多半爲日本人，此亦爲日本之軍人政客，闢一大銷廠，形成日本人口在滿發展原因之一，截至去年一月十一日爲止，僞國公報所發表之日籍官吏之數目如次（僞軍政部，僞國軍隊關係者及特殊警等除外）（註）：

| 等級　官等 | 特任 | 簡任 | 荐任 | 委任 | 僱員 | 傭員 | 其他 | 計 |
|---|---|---|---|---|---|---|---|---|
| 一等 | 二 | 三 | 一 | 六八 | — | — | — | 七四 |
| 二等 | — | 二五 | 一 | 一九六 | — | — | — | 二二二 |
| 三等 | — | — | 八 | 四二 | — | — | — | 五〇 |
| 四等 | — | — | 一三 | 五 | — | — | — | 一八 |
| 五等 | — | — | 三〇 | — | — | — | — | 三〇 |
| 六等 | — | — | 三四 | — | — | — | — | 三四 |
| 七等 | — | — | 八五 | — | — | — | — | 八五 |
| 八等 | — | — | — | 一〇四 | — | — | — | 一〇四 |
| 待遇 | — | — | — | — | 七 | — | — | 七 |
| 囑託 | — | — | — | — | — | — | 一一 | 一一 |

| | | | | | | | | |
|---|---|---|---|---|---|---|---|---|
| 其他 | — | — | 一二 | 五 | 二一〇 | 三 | 二〇 | 二五〇 |
| 計 | 二 | 二八 | 二八八 | 三三三 | 二一〇 | 三 | 三一 | 八八五 |

次之過去侵略滿洲之有功勛的在鄉軍人，現在僞國各官廳服務者，人數有如次表。在一九三二年十一月二十三日時，總數共達九百二十名，其他在僞國軍中服務者，尚有三百餘人，各日本領事館中之警察要員，一九三二年二月及八月，二次錄用，曾有七百六十名之多，其中有十分之九多爲在鄉軍人有侵略功績者。

| | 陸軍 將校准士官 兵科 | 陸軍 將校准士官 部 | 陸軍 下官官 兵科 | 陸軍 下官官 部 | 陸軍 兵 兵科 | 陸軍 兵 部 | 海軍 | 補充兵 | 計 |
|---|---|---|---|---|---|---|---|---|---|
| 僞皇帝府 | 七 | — | — | — | — | — | — | — | 七 |
| 參議院 | — | — | — | — | 一 | | — | 一 | 二 |
| 立法院 | — | — | 一 | — | — | — | — | — | 一一 |
| 監察院 | 六 | — | — | 二 | 四 | — | — | 七 | 一九 |
| 總務廳 | 一一 | 二 | 三 | — | 四 | 一 | — | 一八 | 三九 |
| 法制局 | 一 | — | — | — | — | — | — | 四 | 五 |
| 統計局 | — | — | — | — | 一 | — | — | 四 | 五 |
| 興安總署 | 三 | — | 一 | — | 二 | — | — | 五 | 一一 |

（註）見外交時報一九三三年三月一號柳川平著滿洲國國建國一週年

| | | | | | | | | | |
|---|---|---|---|---|---|---|---|---|---|
| 國都建設局 | 一 | 一 | — | — | — | 一 | — | 四 | 七 |
| 大同學院 | 一 | — | — | — | — | — | — | 一 | 二 |
| 民政部 | 一一 | 五 | 三 | — | 七 | — | — | 三〇 | 五六 |
| 土地局 | 一 | — | — | — | — | — | — | 二 | 三 |
| 首都警察廳 | 五 | — | 五 | — | 五 | — | 一 | 二 | 一八 |
| 外交部 | 一 | — | — | — | — | — | — | 一 | 二 |
| 財政部 | 四 | 一 | 二 | — | 二 | 一 | — | 六 | 一六 |
| 實業部 | 四 | 一 | 一 | — | 一 | — | — | 一二 | 一九 |
| 交通部 | 五 | — | — | — | 五 | — | — | 八 | 一八 |
| 司法部 | — | — | 一 | — | 三 | 一 | — | 四 | 九 |
| 文教部 | 一 | — | — | — | 一 | — | — | 四 | 六 |
| 山海關國境警察隊 | 三 | — | 五 | 一 | 一〇八 | 一 | — | 一 | 一一九 |
| 綏芬河國境警察隊 | 一 | — | 一〇 | 一 | 四七 | 二 | 五 | — | 六六 |
| 滿洲里國境警察隊 | 二 | 一 | 一三 | — | 八三 | 二 | — | — | 一〇一 |
| 海拉爾警察隊 | 一 | — | 七 | — | 四八 | — | — | — | 五六 |
| 第一（在寬城子）游動隊 | 二 | 一 | 八 | — | 六五 | 一 | — | — | 七七 |
| 第二（在安東）游動隊 | 三 | — | 九 | 一 | 六五 | — | — | 一 | 七九 |
| 第三（在寬城子）游動隊 | 二 | 一 | 五 | — | 六五 | 一 | — | 二 | 七六 |
| 安東海邊警察隊 | — | — | — | — | — | — | 六 | — | 六 |

| | | | | | | | | | |
|---|---|---|---|---|---|---|---|---|---|
| 營口海邊警察隊 | — | — | — | — | — | — | 二三 | — | 二三 |
| 奉天省公署 | 一〇 | 一 | 七 | — | 八 | — | — | 一五 | 四一 |
| 吉林省公署 | 一 | — | 一 | — | 二 | — | — | 四 | 八 |
| 黑龍要省公署 | 二 | — | 一 | — | 一 | — | — | 八 | 一二 |
| 日本代表公署 | 一 | — | — | — | — | — | — | — | 一 |
| 逆產處理委會 | 一 | — | — | — | — | — | — | — | 一 |
| 積欸委員會 | — | — | — | — | — | — | — | 一 | 一 |
| 合計 | 九一 | 一四 | 八四 | 五 | 五六 | 一一 | 三五 | 一四五 | 九三 |

丁，其他經濟事業開展之進展

九一八以後，日本努力於東北產業之開發，現在僅只日僞合辦之大同公司，已達三十餘家以上，其他正在計劃者，尙有若干，此各種產業之開發，亦爲銷售日本人口之市場。關於此中情形，容後再述，僅只就端倪加以敘述而已。由此種種原因，故九一八事變後，數年間，日本人口在東北增加之速，甚爲驚人，其確實之數可由上表內見之。

日本在東北內地人口增加表（關東州除外）（註一）

| 區分 | 一九三一年末 | 一九三三年三月末 | 增加數 |
|---|---|---|---|
| 商埠地 | 一二，六三六 | 三三，三九二 | 一〇，七五六 |
| 滿鐵附屬地 | 九七，五五六 | 一一五，五三一 | 一七，七九五 |

（註）同上。



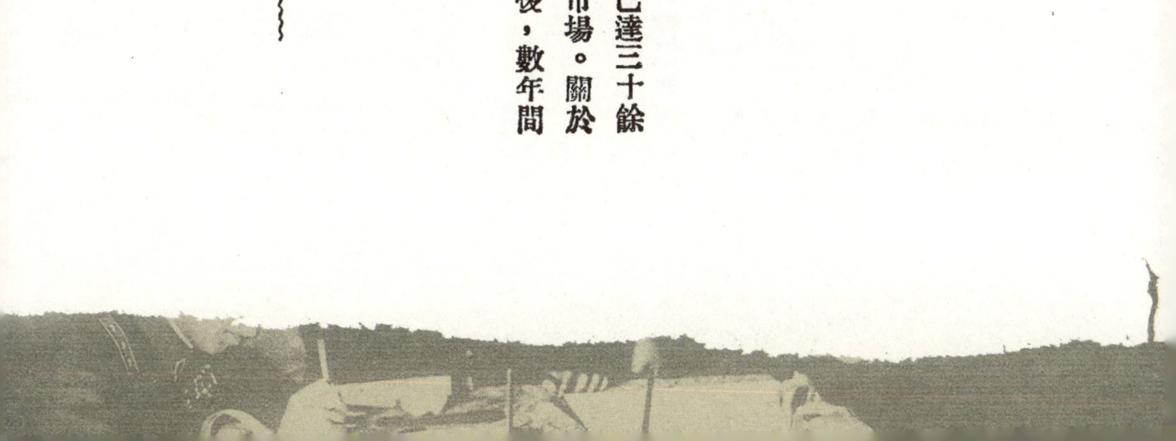

| | | | |
|---|---|---|---|
| 北滿鐵道附屬地 | 四二八 | 一，八七八 | 一，四九〇 |
| 其他之地域 | 二，九三〇 | 九，三六一 | 六，四三〇 |
| 計 | 一一三，五五〇 | 一五〇，一六二 | 三六，六一二 |

（備考）本表爲日本領事館所調查，在東北之日軍人口尚不在內。

上表所示之增加數字，並非關東州內原有日人之移動，而在關東州內原有如次之增加。

關東州日本人口增加數。（註）

| 一九三一年末 | 一九三二年末 | 增加數 |
|---|---|---|
| 一一九，七七〇人 | 一二五，九三五人 | 六，一六五人 |

「註」見支那時報一九三三年九月號「滿洲國」政治經濟建設與日本該社調查部發表「註二」仝上。

關於關東州以外各地日本人口之增加狀態，日本外務省根據東北各領事館管轄區域內之情形，製成表格如後，此可証明日本人口在東北增加之一良好材料。

東北日本人口增加數（一九三一年與一九三三年三月末之比較）。

| 管轄領事館 | 一九三一年末 | 一九三三年三月末 | 增加數 |
|---|---|---|---|
| 奉天總領事館 | 四七，五六七 | 六一，二三五 | 一三，五七八 |
| 新京總領事館 | 一七，四六四 | 二五，〇四〇 | 七，五七六 |
| 哈爾濱總領館 | 四，一五一 | 七，七一八 | 三，五六七 |
| 齊齊哈爾總領事館 | 三六八 | 二，九七五 | 二，六〇七 |
| 間島總領事館 | 二，四三六 | 四，四一八 | 一，九八二 |
| 錦州領事館 | | 一，四六五 | 一，四六五 |

| | | | |
|---|---|---|---|
| 吉林總領事館 | 九四六 | 二，六二六 | 一，六七八 |
| 安東領事館 | 一二，五七〇 | 一三，七七六 | 一，二〇六 |
| 赤峯領事館 | | 九一八 | 九一〇 |
| 鐵嶺領事館 | 五，八八四 | 六，七四〇 | 八五六 |
| 牛莊領事館 | 一〇，五一四 | 一一，二一五 | 七〇一 |
| 鄭家屯領事館 | 二六二 | 七五〇 | 四八八 |
| 滿洲里領事 | 一七四 | 四八四 | 三一〇 |
| 遼陽領事館 | 一一，二一二 | 一〇，八一〇 | 減 四〇二 |
| 各　計 | 一一三，五五〇 | 一五〇，一六二 | 三六，六一二 |

再者九一八事變後之第二年，即一九三二年度，一年間日本人口在東北總增加數，如次表之所示，共爲四二，七七七人（一九三三年度數減一九三一年度數之結果）。較九一八事變前八年間之增加數四一九一五人（一九三一年度數減一九二四年度數）尚多。日本侵略東北之效果，不可謂不大。茲將最近二十年來，日本人口在東北各地之增減數，抄錄於次，以作比較：

東北日本人口住居地別增減表：「註」

| 年次 | 未開放地及雜居地 | 商埠地 | 滿鐵附屬地 | 關東州 | 合計 |
|---|---|---|---|---|---|
| 一九一四年 | 三，三六九 | 一五，〇二八 | 三三，四五〇 | 四八，九九〇 | 一〇〇，八三五 |

| | | | | | |
|---|---|---|---|---|---|
| 一九一五年 | 三，五一八 | 一三，二八三 | 三四，五八四 | 五〇，一九七 | 一〇一，五八二 |
| 一九一六年 | 四，一九四 | 一五，五三〇 | 三八，〇六八 | 五二，五五九 | 一一〇，三五一 |
| 一九一七年 | 五，六三三 | 一六，一二九 | 四二，八八二 | 五五，五一六 | 一二〇，一六〇 |
| 一九一八年 | 六，六〇一 | 一七，一〇一 | 四六，八三八 | 六〇，〇一八 | 一三〇，五五八 |
| 一九一九年 | 五，三九六 | 一八，二六九 | 五八，四九六 | 六五，四〇〇 | 一四七，五六一 |
| 一九二〇年 | 四，三一四 | 一九，七〇一 | 六二，一五二 | 七三，八九六 | 一六〇，〇六二 |
| 一九二一年 | 三，七七八 | 一九，六四二 | 六五，四八四 | 七七，〇三八 | 一六五，九四二 |
| 一九二二年 | 三，四二四 | 一九，六六六 | 六六，一七八 | 七七，〇三八 | 一七一，三九八 |
| 一九二三年 | 三，三六四 | 一二，八五七 | 七二，八二七 | 八二，三〇〇 | 一七一，二四八 |
| 一九二四年 | 三，三七一 | 一二，六一九 | 七九，六六七 | 八六，四九六 | 一八一，七〇四 |
| 一九二五年 | 三，一五五 | 一一，九六〇 | 八二，三三一 | 九〇，五四二 | 一八七，九八八 |
| 一九二六年 | 三，〇二七 | 一二，〇九五 | 八四，八六九 | 九三，一八七 | 一九三，一七八 |
| 一九二七年 | 三，〇八七 | 一二，三〇五 | 八六，七一四 | 九七，〇〇二 | 一九九，一〇八 |
| 一九二八年 | 三，一三四 | 一二，〇一八 | 八九，三〇二 | 一〇一，七四三 | 二〇六，一九七 |
| 一九二九年 | 三，一一一 | 一一，九一五 | 九三，七七七 | 一〇七，三六七 | 二一六，一六七 |
| 一九三〇年 | 三，〇四四 | 一二，二一五 | 九七，四七三 | 一一六，〇五二 | 二二八，七八 |
| 一九三一年 | 三，三五八 | 一二，六三六 | 九七，五五六 | 一一九，七七〇 | 二三三，三二〇 |
| 一九三二年至一九三三年三月末 | 一一，二三九 | 二三，三九二 | 一一五，五三一 | 一二五，九三五 | 二七六，〇九七 |

（註）仝上

以上統計，不僅表示九一八後日本在滿人口之增加之迅速，而更使吾人值得注意者，即過去日人之在東北者，多在通都大邑之商埠地帶，或日本勢力範圍之滿鐵附屬地及關東州。但至九一八事變以後日人侵入東北腹地之人數，亦驟形增加，如表中所示之所謂未開放地及雜居地，皆為東北堂奧之區。該地之日本人數，一九三一年祇有三三五八人，至一九三三年三月，一年餘進為一一二三九人，幾增四倍。至去年度即偽「康德二年」（西歷一九三四年則在滿之日本人驟增至五九〇，七六〇人，較偽大同元年末之五六六，四七一人則增加到二四，二八九人，考滿洲總人口數為三〇，一九〇，五二六人。則日人佔五九〇，七六〇人，則日人佔滿洲人之比率為百分之十九（見滿日年鑑昭和十年度出版），由此可見日人之在東北，無隙不入矣。

## 四 尾語

總觀上述，日本帝國義者，是因特殊地位，特殊權利及利益，為要貫澈這種主張，即是要擴充牠的在我東北的統制力。然而統制力量的主體，即是吾人所謂的：『人力與物力』這種『人力和物力』在吾人的解釋：『人力』即是移民於東北『物力』，即是經濟侵略我東北，甚而擴充至我國內地！

在九一八事變後日本朝野上下，如瘋如狂的，傾其全國的人力與財力，推進他的侵略之發展！所以吾人說，九一八後日本的武裝移民的來源，是由於她的特殊地位，和特殊權利及利益而獲得的，這兩件事是有因果的關係，此吾人毫無足奇異者也。

# 三民主义月刊

《三民主义月刊》创刊于中华民国22年（1933）1月15日，主编胡汉民。三民主义月刊社发行，社址位于广州东山保安前街9号。

创办这个刊物的目的是确信三民主义是该刊的一切中心，是时人信仰的一个归宿，是中国革命道路的探照灯，确认三民主义必定实现，中国革命必定成功。

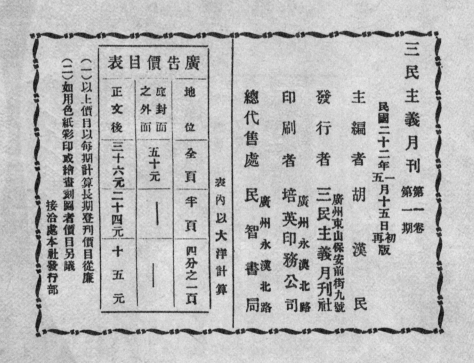

三民主義月刊 第一卷第一期

民國二十二年一月十五日初版 五月十五日再版

主編者 胡漢民

發行者 三民主義月刊社 廣州東山保安前街九號

印刷者 培英印務公司 廣州永漢北路

總代售處 民智書局 廣州永漢北路

表內以大洋計算

廣告價目表

| 地位 | 全頁 | 半頁 | 四分之一頁 |
| --- | --- | --- | --- |
| 底封面之外面 | 五十元 | — | — |
| 正文後 | 三十六元 | 二十四元 | 十五元 |

(一)以上價目以每期計算長期登刊價目從廉

(二)如用色紙彩印或繪畫刻圖者價目另議

接洽處本社發行部

《三民主义月刊》杂志版权页

# 三民主義月刊

漢民

第五卷 第六期



中華民國二十四年六月十五日出版

# 日本掠奪滿洲的總清算

于卓譯

[illegible]、一般替日本帝國主義辯護的人們，總是極力地表示滿洲的佔領，對於日本是沒有利益的舉動。堅持着滿洲的佔領，是得不償失；滿洲不能視爲日本要求的原料產地，以及其他這一類的無聊的鬼話。

但是，我們却要指出，「日本的對華戰爭，既不是沒有利益的舉動，也不是不負責任的軍閥造成的結果。」

日本的武力佔領臺灣，朝鮮，滿洲，熱河以及現在的察哈爾與內蒙古；一九一七年至一九二一年攫奪蘇聯遠東區域的頑强的企圖；殘酷的進攻上海——這一切都是日本帝國主義在不到五十年的期間內，造成的血腥的紀錄。

武力征服是日本帝國主義慣用的手段。它在經濟上與政治上獨霸遠東的目的，是要用武力來求其實現。爲什麼呢？因爲日本帝國主義明白它自身經濟基礎的脆弱，在奪取中國市場這一個豐富的獎品的鬥爭中，它不能用和平的經濟競爭手段戰勝其他帝國主義的列强。於是便用種種機會，用武力來鞏固它的地位。

日本資本主義生產飛快的，但在時間上略遲一些的發展，是建築在兩個脆弱的基礎上。第一，是鐵，石炭與棉花這一類基本原料比較的缺乏；第二，是國內市場之不斷的縮減，縮減的原因，是由於封建制度榨取下農民貧困的加劇，都市勞動者的工資不足以維持生活的結果。這種情形，激動日本帝國主義者從事國外市場與原料產地的掠奪，并且連帶着世界經濟恐慌的壓迫，驅使它更進一步的冒險。因了滿洲及熱河的攫得，他們覺得他們既經有了同其他帝國主義衝突的原料根據地，以及進攻蘇俄遠東區域的軍事根據地。

一九〇四年至一九〇五年日俄戰爭以後，南滿就變成了「日人的特殊的勢力範圍。」一九一七年俄國革命以後，北滿也大部分在日人勢力支配之下。這樣看來，在一九三一年日本

掀動的這一次戰爭之前，滿洲早已經成了在日本帝國主義剝削之下一個重要的區域。我們可以看到，在日本對華直接投資的總額，一、八〇〇、〇〇〇、〇〇〇圓日金中，對滿投資占一、四〇〇、〇〇〇、〇〇〇日金，也可以說占百分之七十七。這全是從前劫掠來的結果。這些贓物的「保護」，竟用作了一九三一年九月十八日，隨着中國領土瀋陽的佔領而爆發的掠奪戰爭的藉詞。

這一次的侵略，打開了無限制掠奪的道路。什麼都不曾放鬆過，甚至中國私人所有的汽車也被奪去。一般日本商人與各種投機者，像一羣踐踏田禾的蝗虫似的紛紛的跑到滿洲來。但是主要的隨着虛有其表的「獨立的」滿洲國政府的樹立與熱河的吞併，這種掠奪是用兩種方法來進行：(甲)沒收－換言之，即是盜竊－屬於中國政府與中國人民的一切財產；(乙)設立幾個互有關係的機關，以便完成其對這一塊地方全部的獨占的剝削。那一個地方比日本本國還要大，有三五、〇〇〇、〇〇〇左右人口（廉價勞動者）。

如果盜竊一個擁有五〇、〇〇〇、〇〇〇居民的真正的國家不算「盜竊」，那末我們一定要給這兩個字尋求一個新的定義。開始我們要說的，中國人所有的土地已經被日人盜竊去了，這比較外人的投資，連日人的投資在內，要超過萬萬。這種中國人所有的土地，私人的財產，估計值銀一五、〇〇〇、〇〇〇圓－為了任何的盜竊而言，這絕不是一種沒有利益的掠奪品。

除了土地之外，還有值幾十億圓的各種掠奪品，例如鐵路，煤礦，木材，銀行，公益事業，許多大工場，包括著名的「瀋陽兵工廠」，鋼鐵製造廠等等在內。日本帝國主義強盜第一步動作的一項，就是沒收所有中國國有的財產。同時，因為中國大規模企業的大部分以及甚至小規模企業的一部分都直接的或部分的由政府來管理，結果整個的經濟組織，完全落到日本強盜的掌握之中。

鐵路的掠奪——中國國有鐵路和中國有一部分主權的鐵路，差不多佔滿洲鐵路哩數的百分之八十。下面的鐵路，完全是用中國資本建築的現在已經給日本強盜竊去了：

瀋海鐵路，長三三六基羅米突；克山鐵路，長二五六基羅米突；呼海鐵路，長二二一基羅米突。

日本公然假手所謂「滿洲國」當局要求繼承中國在中東路（長一七九〇基羅米突）所享有的經營的權利。最近竟要求完全據爲己有。當然，對於用日資建築的中國主有的鐵路，日本沒有一時撤過手。例如吉長路（長二一〇基羅米突；四洮路與通遼支線（四二六基羅米突）；洮昂路與洮索支線（三〇九基羅米突）。此外，日人更盜竊所有中國鐵路的全部資金，要他們在「滿洲銀行」記帳。

銀行的掠奪——日本帝國主義，把滿洲的中國銀行（資本計日金五〇、〇〇〇、〇〇〇圓（全部據爲己有。但對於一般民衆損失更大，比這還要殘酷的手段，就是利用宣佈「所有現行貨幣一律無效」這一個簡單的奇計，暗中的剝奪了全部居民所有的金錢。就多數數行的紙幣而言，完全失效了；以前國有銀行（遼東三省官銀號與交通銀行）的紙幣，同日金比較起來，價值跌落下去了。這些銀行的紙幣的發行已經停止，被日人創辦的「滿洲國中央銀行」發行的新幣所代替。

其他各種掠奪品——在滿洲中國所有的煤礦，擁有資本一五、〇〇〇、〇〇〇圓，年產額在一〇、〇〇〇、〇〇〇以上，已經被日本強盜盜竊去了。

再有，三六〇、〇〇〇方哩的中國木材，也落到日本這侵略者的手中。

不知有若干次，中國農民的土地僅僅以現行價格的百分之三，强迫「賣」於日人。

當然，年達一一〇、〇〇〇、〇〇〇圓的關稅以及內地稅，也被日人以「滿洲國」當局的資格攫爲己有。

天然資源——這些豐富與種類繁多的掠奪品，全落到日本帝國主義强盜的手中，滿洲單獨生產的農產物，約計二三、〇〇〇、〇〇〇噸，已經耕種的土地僅佔可耕地的一半。大豆，高粱，黍，小麥，小麥和米佔農產物輸出的大宗。日本需要大批的建築用的木材，滿洲有三〇、〇〇〇、〇〇〇英畝的木材產

地，可以供日本社團盜取以及以獨占價格到市場上出賣。滿洲與內蒙的牲畜數目計牛一六、〇〇〇、〇〇〇頭，羊二六、〇〇〇、〇〇〇隻，馬四、〇〇〇、〇〇〇匹，駱駝九〇〇、〇〇〇頭，豬七、〇〇〇、〇〇〇口。日本一般投機家，想盡了種種方法謀算所有獸肉，獸皮，與羊毛這種種利益。可是日本的窮苦的勞動者或是農民却一點利益都得不到——祗有更多的戰爭費用的負担。

滿洲鐵鑛貯藏量估計有四〇〇、〇〇〇、〇〇〇噸。石炭貯藏量估計（據奧查特Orchaid的估計）有五、〇〇〇、〇〇〇、〇〇〇噸。在這一次戰爭之前，這些寶藏已被日本吞去了一、五〇〇、〇〇〇、〇〇〇噸。現在他們可以放開手，把那些剩餘的也盜取去。滿洲的煤礦大部分可以用「露天掘」的方法，廉價的採掘出來，運到東京去賣的價格比較在日本國內開採的煤還要便宜。

門戶開放政策的斷然取消——日本雖然大唱其在滿「維持門戶開放政策」，事實上它的行動恰恰相反。滿洲的整個



經濟生命已經無代價的轉讓給新成立十一個大社團。這十一個大社團，預定是要受「政府」的監督，也就等於說要受同時又「監督者」政府的那一般獨占機關的監督。下面是這些強盜獨占機關的名單：

（一）滿洲石油公司，有購買與提煉原油的獨占權。

（二）滿洲石炭開採公司，統制並合併各處礦產的開採，但目前由日本大倉洋行出資經營的——本溪湖煤鐵公司，不在此限。

（三）日滿鎂礦公司，管理並從事菱苦土礦的生產。

（四）日美製鋁公司，管理鋁的生產。

（五）滿洲化學工業，享有製造阿摩尼亞硫酸鹽的獨占權。

（六）滿洲電氣公司，管理全滿的電氣事業。

（七）滿洲採金公司，經營黑龍江與安嶺吉林等地的金的生產。

（八）滿洲火酒公司，壟斷火酒的生產。

（九）日本交通公司，管理所有的電報電話與無線電。

（十）滿洲航空公司，現在已開始經營，預備完成商業航空的獨占。

（十一）昭和鋼鐵場，日本最大的製鋼場，已經獲得滿洲所有鋼鐵業的獨占權，與大倉有關係除外。

此外，以領導者的資格與這些獨占機關有聯絡的南滿鐵路公司，將要管理滿洲境內所有的鐵路。

因此我們可以說，運輸，交通，石炭，石油，航空，化學用具——總而言之，「滿洲國」（假定它是一個「獨立」「自主」的國家）的整個經濟生命，已經完完全全的支配在日本資本家的一個小小的團體之下，這個小小的團體，正是目前操縱日本本國經濟生命的團體。

日本一般小資產階級分子，曾經抱着在進行對華掠奪戰爭中，從國內獨佔的榨壓下解放出來這種幻想的，立刻會看到，在嚮聚於「滿洲國」周圍的這一群獨占的貪婪的豺狼之中，他們是沒有份兒的。至於日本一般工農大衆，他們已經清醒轉來，明白並且痛恨這種以增多掠奪品爲唯一目的，由在國內剝削他們，又驅使他們到國外送死的那個階級發動的戰爭，將來總有那一天，並且不會很遠，日本的勞苦大衆，將以一種這些强盜最痛心的方法，結果了這一個掠奪的戰爭。

——本文原題爲「A Detailed List of Loot Grabbed by Japanese Imperialism」。見倫敦國際通信週報第十三卷第十五期，一九三三年十一月出版。這篇現在雖然不免是明日黃花，不過近來那些「認賊作父」的人，大唱特唱「中日親善」的腔調，我實在不知道他們究竟是何心肝，故特侈譯之，願國人永不忘茲恥，有以和這不共戴天的日本帝國主義者作一次的總清算，收復我們的東北四省！

譯者附言

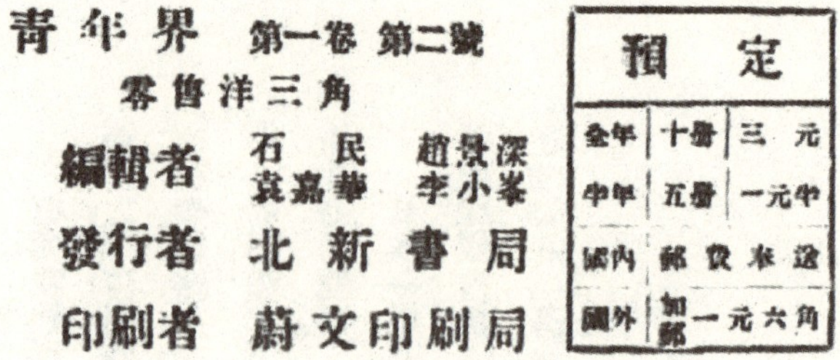

青年界　第一卷 第二號

零售洋三角

編輯者　石民　趙景深　袁嘉華　李小峯

發行者　北新書局

印刷者　蔚文印刷局

| 預定 | | |
|---|---|---|
| 全年 | 十冊 | 三元 |
| 半年 | 五冊 | 一元半 |
| 國內 | 郵費 | 奉送 |
| 國外 | 加郵 | 一元六角 |

《青年界》杂志版权页

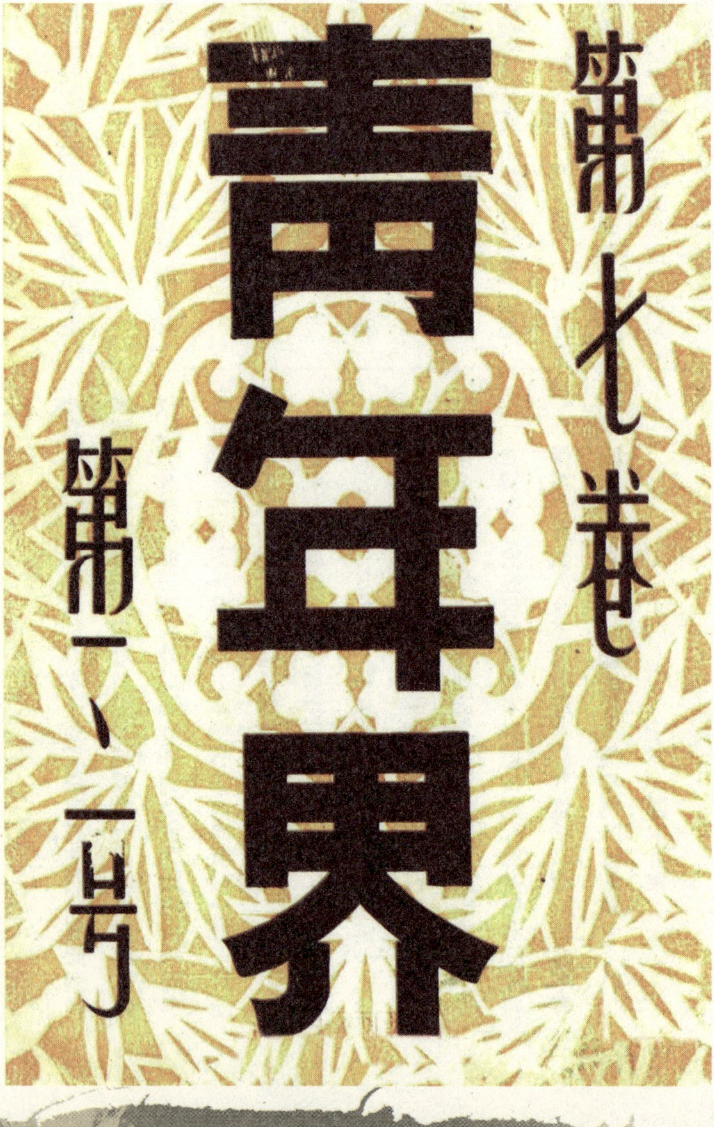


《青年界》杂志封面

# 日本侵華轉趨積極

陳清晨

九一八和一二八事變後日，本帝國主義之對中國，是肆無忌憚，爲所欲爲。牠武力侵佔中國土地，獨霸東北與華北中國市場，公開排斥英美在華勢力，壓迫中國政府使屈服在牠的暴力之下。英美雖然嫉憤，但因兩國利害衝突不能合作制日，而美國在目前又不願並且也不能單獨制日，所以近兩年來，日本在東北得以安然進行軍事預備，去年四月十七敢公然發布獨佔中國的聲明。雖然如此，就大體上說來，塘沽協定成立之後日本侵略中國的方式，是偏於外交的；經濟的，卽是說，因要發展東北，牠對於中國別處未再作積極的武力的進攻。但是入一九三五年以來，形勢便顯然不同了，在各方面的言論和行動上，都表示日本軍閥最近將轉向積極的武力侵略的道路。

且看近一月內日本帝國主義者對中國的言論和行動：

新任日本駐滿大使兼關東軍總司令南次郎大將，於去年年底赴任抵長春。到任後，他根據日政府決定的日本駐滿機關改革辦法，把滿洲的政治經濟與軍權集中總攬於一手，並且更調了日本在滿的大批文官，而關東軍的各級主要幹部盡更調爲少壯軍人中的激烈派。九一八事變最高禍首的南次郎之這樣的積極布置，早使人料到他必想又有所舉動了。

一月四日，關東軍要人舉行大連會議。參加者除關東軍參謀副長坂垣（他對於日本在東北的侵略有攸久的成績），特務機關長土肥原（九一八事變以來侵略東北最活躍的日本浪人），偽國軍政部最高顧問佐佐木（民國十七年

濟南事變的要角），山海關日本軍長官儀我，和關東軍各科科長等人以外，有日本駐濟南武官花谷中佐，駐上海武官影佐中佐以及平津駐在武官等。由參加的人看來，大連會議並不眞是關東軍要人的會議，而是日本駐在滿洲與華北華中軍事領袖的會議。討論內容不詳，惟關係對華問題，交換確立對華政策的意見。這會議，日本駐北平武官柴山未參加，當時頗使人不解，但後數日柴山卽因態度軟化之故被撤職，而由高橋繼任，大連會議後二日，曾被日本外務省召歸詢問的日本駐南京總領事須磨，卽返華行抵大連，傳達日本外務省意旨，後經平津上海而返南京。

一月初，上海日人報紙每日新聞刊登日本駐上海武官影佐中佐中國對日態度之再檢討一文，說現在表面上中國排日行動雖已壓服，但實際上大規模之抗日行動，方在準備中。中國政府現在任命與日本有密切關係的人物充當政府要職實是一種手段，許多政府要人都對日無誠意云云。一月中旬，大阪每日新聞刊載一南京長文電報，說中國政府正主持一種全國性的抗日排日工作云云。按自一二八事變後中國政府對於民衆抗日反日早已制止淨盡，何來主持抗日工作？日本帝國主義者的這樣宣傳，是製造仇華空氣以便實行侵略的手段！

近來屢有廣田外相將改行積極對華政策的傳說。一月四日日本電通社東京電云：『廣田擬於本年特別致力於對華外交的革新，特命駐南京總領事須磨，回國報告該方面各種情勢，一面並命亞細亞局長桑島在一月假期中，起草關於對華政策的重要方案，以便召開該省首腦部會議加以討論。故本年度的中日關係頗足令人注意。』一月二十二日廣田在日本議會上演說外交政策，對中國說道：『帝國政府對於中國共產軍的活動與共產軍的跳梁，實不得不繼續予以關切。又現尙有各地方排日的風潮，至今未能充分達到鎭靜的地步，帝國政府甚引爲遺憾。帝國政府極重東亞諸國之和親，故期望兩國共同負擔東亞和平與秩序維持的重責……現中國國民也漸能諒解帝國的眞意，我方今後除更加促進此種傾向以期圓滿外，並希望中國方面對此予以格外的協力。』廣田這些話表面圓滑好聽，裏面則是極兇狠的侵略政策。廣田新積極政策內容如何，雖不可知，但其大要據說是要和中國政府訂立政治協定，此協定須有偽國參加，以『共同維持東亞和平與秩序』。他所『希望中國予以格外協力』的便在此點。如中國政府接受，日本願助之消滅共產軍，否則將借口排日在中國有所行動云。前不久廣田外相有爲此親自來華交涉的空氣；一月末，日本駐華公使有吉明赴南京會晤政府要人時，日本報紙既稱此行甚當注意，又稱係與中國政府商議討伐共產軍。而有吉晤行政院長時，報稱他要求中國政府取締排日。由這可想見有吉此行的意義。有吉明過去主張的『水鳥外交』，有將被新的『啄木鳥外交』代替之說。日帝國主義這種險惡政策，眞使人思之不寒而慄！

除上述的準備積極侵略的事實以及其他甚多的類似事實不勝枚舉外，一月內日本最惹人注意的侵略行動是侵佔察哈爾和外蒙古的軍事行動。一月中旬，熱河日軍鬭集軍隊飛機向察東沽源進發，聲稱沽源某區係熱河省豐寧縣轄境，要求該處華軍撤退。但該地本無華軍，而歷史上從來是察省轄境。二十三日，日砲空各軍在沽源獨石口一帶實行轟炸，地方人民死傷甚多，損失慘重。日方要求察省當局派代表在熱西大灘地方會商解決辦法。二月二日，雙方舉行大灘會議，問題『和平解決』，但解決辦法不詳。又，一月三十日日軍攻擊外蒙古東境哈爾哈廟，佔據之，並即發出聲明稱該地爲滿洲偽國境，要求外蒙政府交出。但該地實爲外蒙境。日本又要求外蒙政府限期撤該地駐軍並派代表開談判。此事，最近或能和平解決。日軍之所以要佔據沽源和哈爾哈廟者，都是著眼於日蘇開戰時的戰事便利。因由哈爾哈廟一帶便於進攻西伯利亞鐵路，並保護北滿鐵路，而沽源一帶爲中國統治內蒙的要區，與去年被佔的察屬多倫，同爲察東的重鎮。日本的橫行早已使世界注目，所以侵略察東外蒙之舉，很惹起各國報紙的指斥。

二

總觀近一月來日本帝國主義對華的言論與行動，我們可以確知日本現在已放棄過去的一方經營東北，一方經濟侵略的對華侵略方式，而已採取了積極的所謂『中日間暗雲一掃方針』的侵略方式。這暗雲一掃方針到底怎樣，現在雖不能確知，或者日本軍部現在還在醞釀製造中，但由上述廣田外相有吉日使之如響斯應的外交談話及日本軍閥的宣傳與行動看來，這種積極侵略的方針：第一，當不似過去兩年中日交涉那樣零碎的局地方性的，而是大規模的全國性的；第二，侵略的具體條件當不像過去的關內外通車通郵的條件，甚而像塘沽協定那樣之容易被中國政府接受，而當是像歐戰時日本對華所提的二十一條那樣極不容易接受的。正因爲這種侵略條件是大規模的極難被接受的，所以過去數日有廣田親自來華交涉的傳說，所以有『中日間暗雲一掃方針』的宣傳，所以日本外部與軍部對這回侵略似乎都很用力預備——即一方面暗示日本可以援助中國消滅共產軍，希望因此這種侵略條件可被接受，一方面則又捏造中國政府主持排日，以便於侵略條件不被接受時作武力行動的藉口。這可說是利誘威脅，雙管齊下！如果我們不妨推測得更切實一點：這種侵略條件會不會是如上所說的中日僞三國的政治合作的協定呢？這是可能的。會不會是要獨佔中國市場操縱中國政權軍權的條約呢？這是可能的。由此我們可以知道對於近來已兆端倪的日本侵華積極政策是應當予以怎樣的注意了！

日本軍閥爲什麼在一九三五年初這樣要轉變到對華積極侵略呢？各人的觀察不同。有人認爲日本軍閥之所以如此，是因爲倫敦海軍預備談話會已無結果而散，而日本又已宣告廢止華盛頓海軍條約，這都迫使日本軍閥必須立即鞏固牠在遠東的軍事地位，因而想把握住中國。有人認爲日本退出國聯在今年三月發生效力，那時恐國聯因強索日本代管下的委任統治地而受軍事的經濟的打擊，故先在中國樹立軍事的經濟的根基。有人認爲法意協定成立後，歐洲和平暫時無虞，列強恐將專力於東方而以強硬手段抑制日本，因而日本先發制人企圖先在中國造成便利的形勢。這種種看法中，有共同的而又是正確的一點，這就是都認日本現在之積極侵略是要預備國際戰爭，即二次世界大戰。這一點實是日本軍閥近三年來在遠東作政治活動的基本原因。塘沽協定後他們之所以不立即續作積極侵略者，是因爲東北雖得，尚未整理，如再續作積極侵略，則東北尙荊棘滿地，恐南侵無利，而東北不守。現在則時間已過去二年了，二年間日本軍閥之積極工作，使東北軍事布置已粗具規模，故轉來作『中日間暗雲一掃』的工作。如果政治上軍事上日本支配了中國，則將來日美開戰或日蘇開戰時，日本可一往直前無後顧之憂。這便是日本軍閥此時積極侵華的原因。

在日本帝國主義這次轉變到積極侵華的朕兆中，表現出一個特點，與九一八和一二八侵略時不同，這就是軍部與外務省在侵略政策與行動上之呼應一致。我們知道九一八事變的爆發，並非執行日本政府預定政策的結果，而是軍閥方面所突然舉行者。所以事變發生後，日本外務省常追隨在軍部意見的後面想保持政治表面的統一，但軍閥的行動經常與外交官的言辭相牴觸。侵奪東北成功後，軍部的氣燄陡增，橫行無阻，於是政府成了軍部的附庸，政府無一定國策，一切被軍部拖曳而行。歷犬養內閣，齋藤內閣而岡田內閣，軍部變成了政府的眞正主宰者，行政在軍部的指揮下而趨於現在的統一。所以現在在對華進行積極侵略上，廣田的揑造中國排日的言辭與軍閥揑造中國排日的言辭相適應，而有吉明的活動也與關東軍人的活動相適應。可是在這軍人外交官的相輔而行的壓迫下，中國所受的侵略却更難忍受並更難應付了。

三

察東事件因中國屈服而解決，表面上好像這事性質並不嚴重。然而這只是表面的。解決的辦法如果是僅限於沽源一處的性質，則今後的察東將續受日軍的侵略，直到牠南足以控制山陝，北足以統治內蒙，迫脅外蒙爲止。因爲此次日軍侵察的目的，在統治內蒙以便將來日蘇戰起時好挾制外蒙而北出西伯利亞。不但察東事件具這樣的性質，日本積極侵華的整個政策都具備這樣的性質。現在，假如牠積極侵華的目的眞如上述是爲了第二次世界大戰掃除後顧之憂，則侵略開始時無論形勢怎樣緩和，但必在或長或短的時期裏達到控制中國政治軍事力量的目的後，侵略才會停止——如果沒有別種勢力的干涉。這樣看來，近一月的日本侵華方式怕還只是一種預備式，今後定將步步加緊加狠，至中國不能忍受的程度。雖然是悲慘的，但這大概是最近將來一種必然的前途！

一年餘來，日本不斷的宣傳牠的「東亞門羅主義」，要在這種說法下排斥英美在華的經濟和政治勢力，使中國

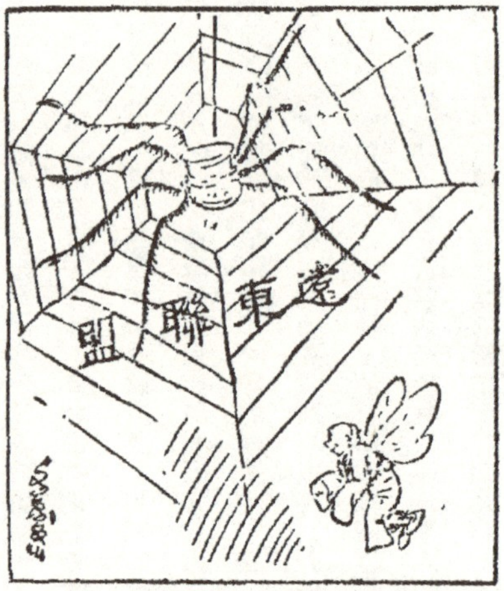


蜘蛛對蒼蠅說：『你要走進我的客廳裏來麼？』 —— SaPajou作

成爲牠的實有的事實附庸；這種野心，牠今後必將逐漸實現，對於這種無理壓迫，中國怎辦呢？假如牠要求替中國訓練空軍的權利，要求有優先供給中國飛機、工程師、軍事顧問的權利，要求開發並管理中國經濟資源的權利，對於這種無理壓迫，中國怎辦呢？假如牠要求世界大戰發生時日本有以同盟者資格武力保護中國並佔領中國沿海各地的權利，中國應當承認滿洲僞國，中國怎辦呢？對於這種絕不能忍受的壓迫，在英美各帝國主義都不願戰或者戰事還未預備好的時候，中國是否只有俯首忍受呢？

九一八事變所造成的遠東形勢，是必然要一步步走向世界大戰的形勢。在大戰未爆發前，日本因爲預備大戰，因其天然資源的貧乏，因懼怕中國人民的恨毒，牠將要以可能的力量控制中國，這便是目前中日關係的形勢。這種形勢將繼續到世界大戰爆發時，這就是說這種形勢怕只有戰爭能夠改變。而在未改變以前，中國將要受日本軍閥蹂躪的痛苦。不過，中國人是遠東事變中的一個重要因子，如果在大戰以前他能夠自強起來，驅逐帝國主義勢力而獨立起來，則不但被蹂躪的痛苦可以免除，而且還可以制止世界大戰的發生。這在於國人的自勉！

但今後中日之間的關係是否會因日本軍閥的壓迫而破裂呢？這不一定。解決問題的方式是很多的，以後許多問題或都可以以這次察東事件的解決方式而告『和平解決』！

一九三五，二，五。

# 日本準備對華努力文化工作

徐蘇尊

報載：日外務陸軍海軍當局，現正考究對華政策。外務省首腦部爲促進中日兩國國民切實合作起見，現正準備計劃努力文化工作，與中國之新生活運動相呼應，考慮直接對中國國民之工作。最重要者，爲養成人物與交換文化二大部門。因此，對於最近大形增加之中國留學生，將予以種種便利，且對於受日本教育歸國之中國青年，將在可能範圍內與之接近。同時，爲互相交換文化起見，擬派遣教授教官學生之往來云云。在中日兩國當局高唱親善之後，有此消息，原無足異。惟觀日人六十餘年來之對華外交，與九一八以後之蠻橫舉動，其口蜜腹劍之伎倆，已自暴露無餘。故無論其幣如何重，言如何甘，在未能以具體事實證明其無惡意以前，皆難令人置信，且因之而引起異感。況日人之所謂對華政策，從來即未嘗有善意也哉？

此種政策之目的，爲促進中日兩國國民之切實合作。其內容爲養成人物與交換文化二者。養成人物之方法，爲予中國留日學生以種種之便利，並接近曾受日本教育歸國之青年。交換文化之方法，爲派遣教授教官學生之往來。姑即依此分析而略論之。

促進中日兩國國民切實合作——中日兩國，同居東亞，本屬天然唇齒之邦。同種同文，供求相劑。故自秦漢以降，代有往還，各載簡册。惟自明治維新後，彼國政府，醉心功利，忘親仁善鄰之訓，惟鯨吞蠶食是圖。於是彼所標榜之中日兩國共存共榮主義，事實上遂適得其反，而不啻爲日本一國之獨存獨榮主義，於是侵台灣，取琉球，滅朝鮮，據遼南，而終於席捲遼吉黑熱四省以去。於此情况之下，而欲中國國民，認敵爲友，與之合作，寧非夢囈？明知爲夢囈而猶倡爲口說，以儌倖其或成事實，則彼之用心良苦，而一國人民心理之不可卒侮，其義亦愈益顯明矣。蓋彼之侵華陰謀，早有定策，每遇有隙可乘，即爲一度之進展，又每能以種種方法，使中國政府隱忍屈服。惟於歷次勝利之餘，究不能不令其徬徨卻顧踧踖不安者，則中國人民之仇視心理日深一日是已。此種心理，非武力所能轉移，非政令所可變易，且或因武力之壓迫，政令之限制，而愈增其潛伏之力量。自彼視之，實爲無窮之隱患，而必思所以消弭之。復以具此心理者，多屬智識分子，更以青年爲尤甚，故消弭之術，又必自青年學生爲先。但求此輩受其麻醉，斯無異於殺人者先臨其腦，於是四肢百骸，自可任受宰割，無復抗拒之餘地，而彼所企望之兩國國民、切實合作，即可圓滿成功矣。不知中國人民，非盡至愚。在四省未復僞國尚存之日，斷無與之合作之餘地。夢囈終爲夢囈，豈能成爲事實？此日人所宜猛省者也。

　　養成人物——彼之所謂人物，意義殊爲囫圇。謂養成中國所需之人物耶？謂養成日本所需之人物耶？觀其所擬養成人物之方法，爲「予中國留日學生以種種之便利」，及「接近曾受日本教育歸國之青年」，則彼之所欲養成者，殆爲日本所需之人物無疑。以養成如此人物爲促進中日兩國國民切實合作之方法，則所謂合作之實際意義可知。企圖養成中國爲日本所需之人物，則所謂便利接近之方法又可知。日本所需於中國者，爲土地，爲金錢，尤爲獻土地輸金錢之漢奸。故彼之「養成人物」一語，即不啻爲「製造漢奸」之代名詞。顧美其名曰努力文化工作，此非厚顏無恥者，不能亦不忍道其隻字也。雖然，中國青年，豈盡如彼之厚顏無恥，而甘爲所愚弄，甘受其養成耶？應知傀儡衣冠，雖趨蹌於僞國，究爲中國人中之絕對少數，而未可以概其餘。中國固未嘗有「爲主家」之武士道，然而愛國家惜名譽輕生死之氣節，與夫富貴不淫貧賤不移威武不屈之精神，則淵源於歷史之因襲者已數千年，決不能因東鄰處子之流目送盼而遽失其操守。即退一萬步言之，縱令少數青年，意志不定，致爲「便利」及「接近」所餂，而甘於靦顏事仇，然此類害羣之馬，亦將爲千夫所指不能自存，於日本方面，未必即有利益可言。然則養成人物云云，亦徒見其心勞日拙耳。

　　交換文化——日本典章文物，政治學術，初取法於中國，繼取法於德國，至其佛教思想，則導源於中國及印度。故戴季陶氏嘗謂：「如果從日本史籍裏面，把中國的印度的歐美的文化，通同取了出來，亦裸裸的留下一個日本固有的本質，我想會和南洋土番差不多。」日本之所謂文化者，如是而已。「孰謂微生高直，或乞醯焉，乞諸其鄰而與之。」日本而欲與人交換文化，言之實覺太夸。卽令各種文化，於輸入日本後，已經「日本化」，而視其本來面目漸有不同，但究其終極，「日本化」之文化，實無時不以擴張帝國主義爲其發展之趨向。此與中國「車同軌，書同文，行同倫。」之世界主義文化，非特根本不同，抑且極相刺謬。兩者相衡，則後者爲文化之最高峯，而前者不過「小兒玩具」而已。此種理論，極爲淺顯。惟對今日之日本言之，尚嫌陳義過高。但彼所應知者，卽急功利，輕道德，尚夸詐，滅信義，絕非中國人之所謂文化。中國人縱至不肖，終不致降格以求，取法乎下。中國爲切實研究日本計，固無妨「大形增加留日學生」，日本如以爲受諸朱舜水先生之學，尚爲未足，亦儘可派遣其優秀純潔之子弟，來華留學。惟派遣教授教官往來，以從事於交換文化，則甚非吾人所敢望也。

抑有進者，日本計劃努力文化工作，係與中國新生活運動相呼應。彼亦知中國新生活運動之意義爲何如乎？新生活運動，在「養成隨時可以與敵人拚命爲國犧牲的國民」。中國之敵人爲誰？中國人應與誰拚命？是殆非日本所願聞者。今旣欲爲中國製造漢奸，俾養成其所需人物，而又欲與中國新生活運動相呼應，事之不倫，無逾於此，日本人果重加「考究」，亦將啞然失笑，更自悔其擇語之不慎矣。

帝國主義所資以亡人國家之工具，爲政治，經濟，文化三種力量。日本對於中國，以政治力量及經濟力量爲侵略之工具者，已非一日。今於奏凱之餘，又復求以文化力量，麻醉中國人民之心理。猙獰面目，狠毒心腸，人非至愚，誰不洞見。惟彼旣處心積慮，作此計劃，必將於種種煙幕掩護中，施行其攻取襲擊之慣技。是宜嚴密防閑，俾勿中其詭計。國人其留意焉！

# 国　　论

《国论》最初于中华民国24年（1935）7月20日创刊于上海，民国26年（1937）6月停刊；后于民国27年（1938）2月迁成都出版，民国27年（1938）10月迁重庆出版，出版至民国28年（1939）4月第19期；民国29年（1940）1月迁回成都复刊，民国34年（1945）7月第4卷第10期停刊。国论月刊社发行，该刊由常燕生编辑，2卷7期起由陈启天编辑。月刊，后改为周刊、半月刊，属于综合性刊物。

该刊主要发表政治、思想、经济、教育、国防等方面的论著和评论，探讨中国的国防和经济建设问题，研究国际政治和国际关系，介绍国外的国防建设及科学理论，并刊有文艺作品。

该刊发行时间跨度长，生命力旺盛，所刊内容也是包罗万象，保留了许多有价值的史料和评论，丰富之极，为当时大多数小报所不及。

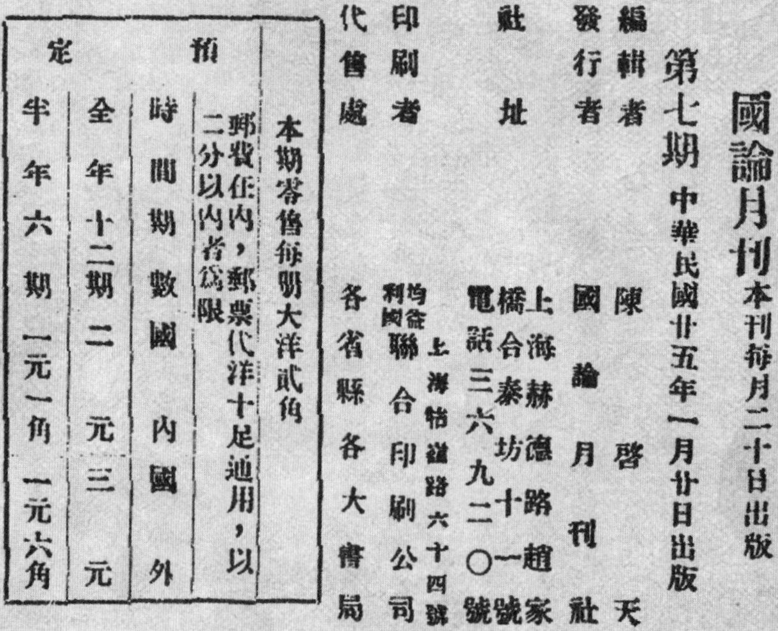
國論月刊 本刊每月二十日出版

第七期 中華民國廿五年一月廿日出版

編輯者 陳啓天

發行者 國論月刊社

社址 上海赫德路趙家橋合泰坊十一號 電話三六九二〇號

印刷者 均益利國聯合印刷公司 上海牯嶺路六十四號

代售處 各省縣各大書局

本期零售每册大洋貳角

郵費在內，郵票代洋十足通用，以二分以內者爲限

| 預定 | | | |
|---|---|---|---|
| 時間 | 期數 | 國內 | 國外 |
| 全年 | 十二期 | 二元 | 三元 |
| 半年 | 六期 | 一元一角 | 一元六角 |

《国论》杂志版权页

本刊已呈請[illegible]
中華郵政特准掛號認為新聞紙類

# 國論

一月號

要目



中華民國二十五年一月二十日出版

# 四年來日人統制東北的政治方策

張葆恩

在東北淪陷過去的四年間，日人無時不深思熟慮千方百計的籌謀統制方策；交通的壟斷，金融的操縱，經濟的統制，教育的麻醉，其目的無非在求整個東北之易於吞噬。日人更知徒以積極的武力壓迫，反足激起東北民衆的抗爭，乃採取消極的政治的統制，以消磨東北民衆民族的意志。四年間日人所運用的政治方策，實足以亡我東北，使永遠陷於萬劫不復的地位。

茲據數年來所得各方面的材料，將日人亡我東北的各種政治方策，做分析的敍述，以告國人：

日人在東北實施的政治方策，可分積極的消極的兩種，前者爲統制與壓迫的政策，後者爲毒化與懷柔的政策，茲分述之：

1.統制政策　僞組織既爲日人一手包辦而成，其政治權自亦盡在日人支配之下，僞帝及各級官吏，只是傀儡而已。在中央政治方面，日人充任國務院的總務廳長各部院的總務司長，可以總攬國政。在地方政治方面，各省的總務廳長，各縣的總務科長，參事官，指導官，也均爲日人，更可支配地方政治，這樣一來，已完成其一貫的統制政策了。更因日軍閥與滿鐵爭權，軍閥爲進一步作露骨的統制東北的規劃，復有「企畫局」設立，其要義大約如下：

(1)「滿洲國」之國策，其中在實現主要經濟產業政策之大綱。

(2)確立總務廳長實質上之責任政治，及澈底總務廳之積極的中心主義。

(3)與日本側最高統制機關取得圓滑而統一之聯絡。

(4)調整事業與財政之關係。

(5)顧及諸政策實行之成績，以資計劃將來。

(6)各種統計及經濟調查須與科學研究院之研究相輔而行，以資樹立主要政策。

按以上六大目的，可分爲以下諸政策：

(1)財政政策。

(2)租稅政策。

(3)關稅政策。

(4)公債政策。

(5)金融（通貨）政策。

(6)產業（移民勞動）政策。

(7)農民政策。

於是財政經濟政策及行政整理改革案，遂成爲研究之課題，其組織機構如左：

(1)局長須由國務院總務廳長或各部次長兼任之。

(2)內部須分爲二部及一科，置部長，參事官，事務官及屬官等。

甲，第一部在立案國策及主要經濟政策大綱之計劃。

乙，第二部整理各種統計及經濟調查並考察諸重要政策實行之成績。

(3)第一部須由總務廳法制局財政部實業部民政部等官吏中，選擇兼任之。

(4)企畫局內須設置顧問及參與官：

甲，參與官由法制局長，主計處長 各部次長及總務司長擔任之。組織參議會，以局長爲會長，參事官爲幹事，商議重要事項 以期計劃與實施融和。

乙，顧問須聘請特任官吏及富有學識經驗者，向其請求意見。

(5)規定使政府綜合研究所得與企畫局須保持緊密之關係，茲再將其內部分科如左：

甲，第一部並不分科，部長下置專任參事官五名及兼任者若干名，使其具有機動的及機能的性質。

乙，第二部分統計、資料，經濟，調查等科。

丙，以上二部外置總務科，歸局長直轄，專司文書及其他庶務等事宜。

丁，設置海外駐在參事官，專任及兼務參事官，使其作財政經濟產業貿易等調查報告。

四企畫局之設置，現有機關亦略行改組如下：

(1)統計處之廢止。

(2)各部調查科得與企畫局保持緊密之聯絡。

(3)情報處存在，使參事官兼任該處長，蒐集樹立主要政策之基礎的情報及要項，並期實施主要政策之事前工作的萬全方法。

綜上所述，日人統制東北的方策，已更趨於澈底的一貫化了。

2.壓迫政策——四年以來，日人對於東北民衆，極力壓迫，以遏抑其反抗，而希冀其擺奪領土的鞏固，除以總務廳長，總務科長，參事官，指導官，操掌省縣地方政治，實施暴力壓迫外，更於民國二十二年頒布新區村制，廢去舊日集鎮，另設新行政區，區村長權限，較舊日甚大，自二十三年七月起多用日人充任，或聘日人爲指導官。地方警務亦完全操在日人手中，成爲日人直接統治東北的下層力量。各縣警務局中有日人指導官二人以上。自民國二十三年起保安警察隊及保甲隊中，亦陸續添置日人做指導官。

對於民間則實行十家連坐法，純按朝鮮戶籍法辦理：十家爲閭，十閭爲保，十保爲甲，閭保取連坐辦法，一家思想行動有異動時，其餘九家須負調查及報告的責任，隱匿不報，同閭以從犯治罪。

日人更苦於東北義軍的破壞，將鐵路附近的村落，均改爲鐵道愛護村，有義軍發現，即由該村負責，因是捕殺村長洗蕩村落者甚多。於民國二十三年更頒布禁種高禾的命令，以免義軍掩藏：

「爲佈告事：案查鐵道綫沿兩傍，禁種高禾，迭經佈告在案。玆查地方現雖平靜，而跳梁小醜，尚未肅清。轉瞬春耕，倘不預爲籌劃，深恐青紗帳起，匪徒潛藏，實難剿捕，勢不得不再行禁種高禾，以事預防。本年仍應查照前案辦理，凡在鐵道兩傍距離五百米

國論

突以內，汽車道兩傍距離二百米突以內，大車道兩傍距離一百米突以內，一律不准播種高粱玉米等高禾，無得故違，致罹法網。……」

此外又頒布所謂懲治「盜匪」法，以峻法嚴刑，消滅義軍：

第一條　意圖以強暴擾亂而聚衆結夥者爲盜匪。盜匪依左列各項分別處斷：

一，首魁或參與謀議或指揮羣衆者死刑或無期徒刑。

二，其他者無期徒刑或十年以上之有期徒刑。

三，幫助盜匪者以正犯論。祇爲盜匪執役或附和盜匪隨行者，七年以上有期徒刑。

四，凡犯本條之罪者褫奪公權。

第二條　盜匪犯左列各項之罪者，處死刑：

一，公衆危險罪。

二，殺人罪。

三，強盜及海盜罪。

四，恐嚇罪。

五，脫逃罪。

第三條 盜匪除前條各項之罪外，犯刑法及其他刑罰法令所定之罪者，加重各本條本刑三分之一。

第四條 盜匪受緩刑之宣告，於其期間內再爲盜匪者處死刑。

第五條 關於盜匪案件，不准上訴。

第六條 地方法院依本法爲刑之宣告時，應即附其全案卷宗，呈報高等法院長，候得核准執行後，始得執行死刑，並適用刑法第五十三條及刑事訴訟法四百八十一條之規定。

第七條 軍隊當剿討肅清成股盜匪時，除得臨陣格殺外，當由該軍隊司令官，依其裁量，斟酌措置。

第八條 高級警官所指揮之警察隊，當剿討盜匪時，除得臨陣格殺外，當場拿獲盜匪，事態急迫有不能猶豫之情形時，得由該高等警察官，依其裁量，斟酌措置。

下略。

關於政治犯，亦曾頒有「重要犯罪報告規定」：

第一條　檢察官如擬着手作重要案件之檢察時，須直接向司法部大臣請訓　聽其指揮：

一，關於現任簡任官及同等待遇者或勳三位以上者　，犯有期徒刑以上之罪犯及嫌疑案件。

二，對於國交有恐怖影響之犯罪嫌疑案件。

三，對於經濟界有重大影響之犯罪嫌疑案件。

四，對於治安有重大影響之犯罪嫌疑案件。

凡在前項之請訓書內，須詳細塡寫嫌疑者之姓名，住所，職業，嫌疑事實、嫌疑證據，主任檢察之姓名以及其他必要等事項。

第二條　檢察官在檢舉此類嫌疑者以前，須直接向司法部大臣請訓，聽其指揮。

一，簡任官及同等待遇者或勳四位以上者。

二，現任之薦任官及同等待遇者。

三，前二項以外佔有樞要地位之內外國人。

在前項請訓書內須將檢舉之主要理由及前條之各項詳細塡妥，但已經請訓者，得將此重複部分之記載省略之。

**第三條** 檢察官對案件之偵查及起訴或決定不起訴時，須將其意見直接請訓於司法部大臣，聽其指揮：

一，對皇帝之危害案件。

二，第一條第一項所列之件。

三，由第二條第一項所列事實所構成之有期徒刑以上之犯罪嫌疑案件。

四，由內亂罪，外犯罪，以及暫行懲治反徒法等罪所構成嫌疑案件。

五，有思想背景之犯罪嫌疑案件。

六，司法部職員之犯罪嫌疑案件。

七，對外國人之重大犯罪嫌疑案件。

下略。

東北民間爲防匪禦盜計，均置有槍械。日人恐彼等持以反抗，特於民國二十三年頒布「民槍調查辦法」：

一，各區警務分局長爲調查員，督飭各村長按戶實地調查之。

二，製定民槍調查清册及槍主姓名，財產清册。由各分局長督飭村長副同時調查。

三，調查期間，限定於「大同三年」三月一日截止，並行呈報到縣。

四，於調查期間，槍戶如有隱匿不報者，須由鄰右或十家長舉發。

五，調查終了後，村內如有私槍發現時，槍卽沒收。對於槍主及村長副亦處以隱匿不報之苛罪。同時尙依案情之輕重，對於該管分局長，亦由縣署議懲。

六，調查終了後，村長副及分局長均須備具負責切結，呈報縣署。

七，於調查實施之前，由縣擬具布告分貼各村，使全村人民明瞭調查意旨，以免匿而不報之弊。

八，調查終了後，各區分局應製作民有槍彈統計表，呈報縣署。

九，調查終了後，如有隱而不報者，准由他人具名舉發，而予以獎金，其獎金之額數，以彼呈報之武器，彈藥，價值的二分之一為標準。

十，凡良民之確為自衛，無妨治安而欲持有搶械者，則可具可靠之兩家保條及槍主之照片，同時呈報縣署。如居鄉村難得照片時，尙可代以指紋，以便發予搶械，持有許可證。

十一，村會公有槍砲，可由村長及地方有力者數名之連署，造具清冊，呈報縣署。

十二，各村民團供用之槍礮，須由村長造具清册，册內對於公有及民有之槍械，均須分填清楚。凡係民有之槍械，則須注明槍主之姓名及住址，對於公有槍礮，亦須證明民團首領姓名，並由地方有力者多人之連署，一併呈縣註册。

十三，各村自衞團所使之槍砲，亦應由各該團首領造具清册，對於民槍註明槍主之姓名及住址。公槍亦須證明其槍號並加以公字，同時報縣。

調查既畢，不久又頒佈「民槍收買辦法」：

一，於調查時，將不良分子（義勇軍）所持有之槍砲及民槍中有妨害治安之虞者，造具清册，以備呈縣收買。

二，除經縣署發給持有許可證之槍械，依左列標準實行收買之：

甲，不堪使用之槍械，照價收回。

乙，洋砲每枝價洋三元，大砲及機關槍每架一百元，步槍每枝十五元，子彈百粒價洋五元。

三，該項收買槍價，由縣署請領。

四，爲免隱匿或呈報遲延等弊，更可利用地方之有力分子以包辦之方法，代爲收買之。

五，對於有隱匿嫌疑者，一經分局長或村長察知時，則可呈請以強制之手段搜查。實施搜查限於分局長以上之人物，並與日「滿」軍警協同辦理。

上述辦法，雖對於收買民槍，訂有法價，實則登記以後，官廳即予以沒收，以致民衆多紛紛持槍加入義軍裏去。其被沒收的民槍 計遼甯十六萬餘枝，吉林三十萬餘枝，黑龍江十萬餘枝，熱河三萬餘枝。

槍枝沒收後，復繼之以解散各縣的自衞團。在民國二十三年間，遼甯，黑龍江已解散完畢，而代之以十家連坐的保甲法。吉林亦已改編半數。熱河則正在擬議辦法中。

於是東北民衆毫無反抗能力，日人可遂欲屠戮，任意宰割了。

日人不僅對東北民衆施行壓迫，即對於一般俯首帖耳的漢奸，亦無所不用其脅迫排擠的政策。當日人攫得東北之始，對於一般僞官，予以優薪以羈縻之，因之一般爲生活而恬顏事仇的叛逆，能安居樂業以消磨其無聊的歲月，甚至國內無恥學子，失意政客，亦多競赴東北以圖謀一噉飯的地位。其後秩序既定，以節省國庫支出爲名，實行減低華籍僞官俸給，以增加日籍官吏名額，而消容日本過剩的知識分子。民國二十三年六月三十日僞國所頒佈之「官吏薪俸減低公佈」，與舊俸較，相差竟至一倍以上。其減低的比例：月薪百元以上者減百分之十；百五十元以上者減百分之十二；二百元以上者減百分之十四；三百元以上者減百分之十六；五百元以上者減百分之二十；特任官則減百分之二十至三十五。此爲法定比例，實際所減的薪俸，有月薪二百元減至百元以下的。

薪俸雖日益低減，爲噉飯而附逆的華籍官吏，欲脫離亦不可能。蓋日人監視僞官的嚴苛，更有過於一般平民者。僞國各級組織中，均設有人事一科，名爲掌理各級官吏的升遷敍補，實則爲監視華籍官吏之用，各級機關的人事科，對該機關的華籍屬官，均有極詳盡的調查。每人被調查的項目，竟多至五十餘項。最主要者並以人事科所在地爲主點，以被調查者住址地形爲目標，而繪一詳圖。圖中詳述地形位置，距某車站若千米，由何路可達某車站，何路可通行某處，倘有事變發生，由人事科通電話於某警署爲最便，無不備載。圖之外則註明(1)年齡。(2)籍貫。(3)家族情況。(4)出身學校。(5)思想行動。(6)任事履歷。(7)在「新國家」任事時期。(8)對建「國」所抱之情緒。(9)上班後所作事項。(10)私人賓客數目。(11)賓客種類。(12)是否要日本女子爲妻。(13)是否吸鴉片。………於是僞官如待死牢中，莫不慄慄自危了！

3.毒化政策　日人自刦奪我東北後，鑒於我民族性的強悍，不易馴致，乃用黑禍政策，以消沉麻醉我民族，而使達於亡省滅種的地步：一方既遍植罌粟，一方復廣設專賣機關，設專賣總署於偽都，復於瀋陽，永吉，哈爾濱，齊齊哈爾，承德五地設支署。又於遼陽，營口，錦縣，安東，呼倫，黑河，延吉，朝陽，赤峯，凌源，平泉，依蘭等十二處設分署。此類鴉片專賣機關，所營的業務，除稅收外，爲收買，販賣，製造烟土，烟膏，煙具等事。熱河的鴉片，以華北爲銷場，所以收買的任務，則歸之於大滿公司。至若零星小賣所，不僅林立於通都大邑，即偏僻村野，亦無地無之了。

民國二十二年九月五日英文京津泰晤士報載有前國聯調查團美國學者，濱道福滿（Ben Dorfman）博士批評偽國一文其中有：

『…………「滿洲國」對種植鴉片之許可與提倡，及官辦鴉片營業之組織，深足引人注意。「滿洲國」之所受外人之騰笑及嚴格之批評，多因此違法之鴉片政策。………

一九三四年偽國的土地除黑龍江外共種植鴉片十七萬七千七百五十畝。據遠東通信社息，偽國正減稅清鄉，以積極方法引誘熱河農民增加其鴉片之收穫。去歲熱河種烟達十萬畝，「政府」僅此稅收即達三百萬元餘。…………』

此種外人的傳聞批評，實未能道盡偽國黑禍的萬一。由偽政府指定的種烟區域，幾滿佈於東北四省；其指定的烟植區，有如下列：

熱河——朝陽，阜新，綏東，開魯，林東，赤峯，建平，圍場，凌源，凌南，平泉，承德，灤平，豐寧，青龍等十五縣。每縣種植無下萬畝，總數在十七萬畝左右。

遼寧——長白，撫松，安圖，臨江四縣，種烟約三萬餘畝。

吉林——延吉，汪清，和龍，渾春，東甯，甯安，穆稜，勃利，密山，虎林，樺川，富錦，同江，寶清，饒河，撫遠，依蘭等十七縣，種烟不下十五萬畝。

綜上所述，東北種烟已在三十五萬畝以上，而黑龍江尚未計在內呢。

日人深知東北民衆的苦悶心理 對於鴉片公賣所的名稱，大抵皆表現沉醉逸樂的意味，以示麻醉。如：消愁處，臥雲樓，神仙世界，世外桃源…………等名詞，其招徠廣告，觸目皆是。

小賣所中，更廣設女招待，兼可留宿，烟色齊來，更足以殺盡東北青年而有餘。據民國二十三年日人調查東北民衆吸烟的統計：二十歲以下者佔百分之五，二十歲至二十五歲者佔百分之八，二十五歲至三十歲者佔百分之三十五，三十歲至三十五歲者佔百分之三十，三十五歲以上者，佔百分之二十二。烟民已登記者達一千三百餘萬人；平均每人每日吸食二錢，計二百六十萬兩，每兩以三元計，總計東北民衆每日鴉片一項的消耗已達七百八十萬元。

東北吸烟民衆，以青年爲最多，二十歲至三十五歲吸烟者，竟達烟民總數百分之七十三，約九百五十萬人，佔全東北人口三分之一。煙毒遺傳，爲禍至烈，不待日人以利刄殺我東北民衆，亦將均變成骷髏了！

4. 懷柔政策　日人鑒於東北民衆反「滿」抗日情緒的激烈，除實施宰割與壓迫的政策外，又運用其懷柔政策，以根本消滅我東北民衆的民族觀念：

（1）開放國籍　凡東北人民，無論男婦老幼，個人或家族，祇要有十家連坐的保證，均可隨時入日本國籍，享受與朝鮮人同等的待遇。

（2）組織政治工作班　此班在民國廿三年三月由僞各省市總務，民政，警務，三廳派員組成，其目的在宣傳傀儡建「國」精神，以期東北民衆對僞滿有情感的認識。

（3）派員宣撫　吉東，濱東，遼東，熱西，均爲義軍出沒的區域，日僞乃派有宣撫官或宣撫委員，向民衆宣傳僞國無聊的「王道主義」。

（4）買好農民　日人在東北各區村設施療所，貧民賑濟所，以買好無知農民，其最收效果而深入農村者，爲春耕貸款。日人操縱金融，壟斷糧食，農民終年血汗的生產代價，不足抵補農作物的消耗，更無餘力抵償貸款了。因此大好沃土，盡入日人手中！

飽食偷安，忍辱苟活，是我民衆最大的劣根性。日人在東北一面施行積極的統制與壓迫的政策，使民衆不得反抗；一面運利用消極的毒化與懷柔的政策，使民衆不能反抗。於是我整個東北，便納入日人統制之中了。

# 外交部公报

《外交部公报》于中华民国17年（1928）5月在南京创刊，月刊，后改为季刊，外交部总务处文书科发行，民国38年（1949）6月停刊，属于外交刊物。

该刊属于国民党政府的公报性质刊物，载文包括修正国民政府外交部组织法、国民政府外交部办事细则等法规，各驻外领事馆报告，进出口货物统计等。辑有外交部的规章制度，涉外的法律规则，公文呈请及人事任免，中外重大案件交涉的往来照会，中外双边及相关的多边条约，国际会议与国际组织的有关文件，政府的对外宣言、声明，各种形式的统计图表，中国驻外使领馆发回的情报等。该刊内容丰富，资料翔实，不仅是外交部传达命令的重要文件，而且对于民国外交事业的发展具有促进作用。

外交部公報第一卷第二號

中華民國十七年六月出版

編輯者 外交部公報編輯所

發行者 外交部總務處文書科 南京城內獅子橋

印刷者 美豐祥印刷所 南京城內估衣廊

代售處 各省商務印書館 中華書局 世界書局

《外交部公报》杂志版权页

中華郵政局特准掛號認爲新聞紙類

第九卷 第三號

# 外交部公報

中華民國二十五年三月

# 九一八事變以來東北日本人口之膨脹

駐清津領事館

## 一、五年來日人增加之比較觀

自「九一八」事變以來，東北各省，業已完全淪爲日本之殖民地，日本人出入東北之自由，與出入朝鮮半島絕無二致，此爲國人洞悉之事實，無煩多贅。至目下日本人在東北膨脹至如何程度乎，此亦當爲國人所極欲明曉者。

在事變前，據日方一九三〇年十月一日之調查，東北日人總數爲八十四萬八千六百五十三人，其中「關東州」爲十二萬零二百九十九人，「滿鐵附屬地」爲十二萬三千二百六十八人，其他散佈東北各地者爲六十五萬五千零九十四人。惟此項數目中包含朝鮮人在內。單就日本人觀之，總數爲二十四萬八千三百七十三人，其中「關東州」爲十一萬七千九百八十三人，滿鐵附屬地爲十萬七千二百七十四人，散佈東北各地者爲二萬三千一百十六人。

一九三〇年在東北之日本人口：

| | 日本人 | 總數 |
|---|---|---|
| 「關東州」 | 一一七、九八三 | 一二〇、二九九 |
| 「滿鐵附屬地」 | 一〇七、二七四 | 一二三、二六〇 |
| 東北其他各地 | 二三・一一六 | 六〇五、〇九四 |

| | | |
|---|---|---|
| 合計 | 二四八、三七三 | 八四八、六五三 |

但至一九三五年，其總數則增至一百三十三萬五千七百九十人，其中「關東州」爲十六萬八千一百八十五人，「滿鐵附屬地」爲二十二萬四千五百零二人，東北各地爲九十四萬三千一百零三人。如將朝鮮人除外，單就日本人觀之，其總數爲五十萬一千二百五十一人，其中「關東州」爲十六萬三千七百九十六人，「滿鐵附屬地」爲十九萬二千四百二十一人，東北各省爲十四萬五千零三十四人。

一九三五年在東北之日本人口：

| | 日本人 | 總數 |
|---|---|---|
| 「關東州」 | 一六三、七九六 | 一六八、一八五 |
| 「滿鐵附屬地」 | 一九二、四二一 | 二二四、五〇二 |
| 東北其他各地 | 一四五、〇三四 | 九四三、〇一三 |
| 合計 | 五〇一、二五一 | 一、三三五、七五〇 |

更就前二表將日本人之增加狀態，以區域別之百分比觀之，則如下列：

一九三〇年在東北日本人區域別比率表：

| | 實數 | 百分比 |
|---|---|---|
| 「關東州」 | 一一七、九八三 | 四七・五 |
| 「滿鐵附屬地」 | 一九二、四二一 | 三八・三 |
| 東北其他各地 | 二三、一一六 | 九・三 |
| 合計 | 二四八、三七三 | 一〇〇・〇 |

一九三五年在東北日本人區域別比率表：

| | 實數 | 百分比 |
|---|---|---|
| 「關東州」 | 一六三、七九六 | 三二・六 |
| 「滿鐵附屬地」 | 一九二、四二一 | 三八・八 |
| 東北其他各地 | 一四五、〇三四 | 二九・一 |
| 合計 | 五〇一、二五一 | 一〇〇・〇 |

由此二表觀之，可見事變前全東北日本人口就區域比率觀之，「關東州」爲四七・五%，「滿鐵附屬地」爲四三・二%，東北其他各地僅九・三%。日本人口總數九〇・七%集結於「關東州」及「滿鐵附屬地」。事變後五年之一九三五年「關東州」爲三二・六%，「滿鐵附屬地」爲三八・三%，東北其他各地一躍而增至二九・一%，事變前居首位之「關東州」日本人口，一降而至第二位。其增加數目「關東州」僅四萬五千八百十三人，即每一千人中增三百八十八人，「滿鐵附屬地」增加八萬五千一百四十七人，每一千人中增七百九十三人，至東北其他各地實數十二萬一千九百十八人，每一千人中，則激增至五千七百零六人。

一九三五年與一九三〇年增加比較表：

| | 增加數 | 每千人之增比 |
|---|---|---|
| 「關東州」 | 四五、八一三 | 三八八・三 |
| 「滿鐵附屬地」 | 八五、一四六 | 七七三・七 |
| 東北其他各地 | 一二一、九一八 | 五、七〇六・七 |
| 合計 | 二五、八六八 | 一、〇一八・〇 |

由以上可見事變後五年間全東北日本人口，逐日增加，總數現已達二十五萬二千八百六十八人，每一千人中增加一千零八八，突破總數之二倍。尤以「關東州」及「滿鐵附屬地」外東北各地日本人之增加，使人驚異，蓋已達事變前之

六・二七倍也。

就「關東州」「滿鐵附屬地」外東北其他各地日本人之分佈狀態觀之，則如下表：

日本領事館管轄別之日本人數（一九三五年十月一日）

| | 一九三五年 | 與一九三〇年比增 |
|---|---|---|
| 長春日本總領事館 | 二二、七九七 | 二二・四三四 |
| 哈爾濱日本總領事館（包含綏芬河領館轄內） | 四七、二三二 | 四二、九二六 |
| 瀋陽日本總領事館（包含錦州領館轄內） | 二七、五七七 | 一〇、八四二 |
| 吉林日本總領事館 | 一〇、八七三 | 九、九八七 |
| 間島日本總領事館 | 一、五一六 | 九六六 |
| 安東日本領事館 | 一、〇七七 | 八四五 |
| 鄭家屯日本領事館 | 四、四四四 | 四、一九四 |
| 齊齊哈爾日本領事館 | 一三、三三一 | 一三、〇一〇 |
| 滿洲里日本領事館（包含海拉爾領館轄內） | 三、〇三一 | 二、八〇一 |
| 赤峯日本領事館（包含承德領館轄內） | 六、一八六 | 六、一六〇 |
| 合計 | 一四五、〇三四 | 一三一、九一八 |

## 二、東北日人之職業

據一九三三年日本外務省之調查，在東北日本人之職業如下：

| 「關東州」 | 東北各地 | 總計 | 就職者之百分比 |
|---|---|---|---|

| | | | | |
|---|---|---|---|---|
| 農業 | 一、七八一 | 一、八二二人 | 三、六〇三人 | 一・七八 |
| 水產業 | 一、二六一 | 二二 | 一、二八三 | 〇・六四 |
| 礦業 | 三一〇 | 一、四七一 | 一、七八一 | 〇・八八 |
| 工業 | 二九、四三〇 | 一一、三〇〇 | 四〇、七三〇 | 二〇・一五 |
| 商業 | 二五、四八六 | 二五、二三八 | 五〇、七二四 | 二五・〇九 |
| 交通業 | 二五・三二五 | 一一、七八六 | 三七、一一一 | 一八・三六 |
| 公務自由業 | 三四、二二〇 | 一五、四五三 | 四九、六七三 | 二四・五七 |
| 家事使用人 | 二、六二六 | 四、四七七 | 七、一〇三 | 三・五一 |
| 其他 | 七、七九八 | 二、三六〇 | 一〇、一五八 | 五・〇五 |
| 無業 | 八、八七七 | 〇八、六七二 | 一一七、五四九 | |
| 合計 | 一三七、一一四 | 一八二、六〇一 | 三一九、七一五 | |

以上在一般日本人動態之外，最值得注意者，自爲日本人在東北政治上之位置！

九一八事變發生日人將「僞國」製成後，即開始積極參加東北政治，現在東北僞國官吏自特任官至委任官，據稱總數達六千八百餘名，其中日本人特任官五名，簡任至委任官三千餘名，如包括雇員在內爲數可達四千餘名。再如將直接參加警察行政，司法行政者之二千五百名日本人官吏總計之，可達六千五百名之多。將來日本如撤銷在東北之領事裁判權，調整滿鐵附屬地之行政權，則日本人官吏更有倍增之可能。玆將警察司法關係方面之日本人官吏列表如下：

日本人警察職員數（一九三五年末調查包含雇員在內）

| | |
|---|---|
| 僞首都警察廳 | 一九〇 |
| 僞哈爾濱警察廳 | 二五六 |

| | |
|---|---|
| 偽瀋陽警察廳 | 一三一 |
| 其他各偽警察廳 | 三四一 |
| 特殊偽警察隊 | 八九一 |
| 各縣 | 一、五三八 |
| 其他 | 一七 |
| 合計 | 二、四〇五 |

此外偽民政部所屬各偽省警務廳中亦有日本人職員甚多。

司法關係日本人職員數（一九三五年末）

| | |
|---|---|
| 推事 | 一八 |
| 檢察官 | 一二 |
| 書記官 | 八八 |
| 翻譯官 | 三四 |
| 典獄佐 | 一四 |
| 看守長 | 八五 |

## 三、日本人之學校與學生

其次與人日有密切關係之日本人教育狀況亦不可忽視。一九三〇年與一九三五年東北各地之日本小學校如下：

「關東州」及「滿鐵附屬地」學校數（滿鐵經營）：

| 學校數 | 學級數 | 學生數 |
|---|---|---|

| | 學校數 | 學級數 | 學生數 |
|---|---|---|---|
| 一九三〇年 | 九七 | 七六八 | 三二、六〇〇 |
| 一九三五年 | 六七 | 一、〇七六 | 四八、八九〇 |
| 增加數 | 一〇 | 三〇八 | 一六、二九〇 |

東北其他各地日本學校數（外務省經營）

| | 學校數 | 學級數 | 學生數 |
|---|---|---|---|
| 一九三〇年 | 一三 | — | 九七〇 |
| 一九三五年 | 六〇 | 二四六 | 一〇、四四〇 |
| 增加數 | 四七 | — | 九、四七〇 |

觀上二表，可知滿鐵經營之小學校在五年間僅增十校，學生一萬六千二百九十名，其中瀋陽，撫順，遼陽，長春等滿鐵附近不在滿鐵附屬地範圍內之日本小學校，尚在委託之下，由滿鐵經營。至東北其他各地由外務省經營之日本小學校共增加四十七校，學生九千四百七十名。本年度決定增設者有連山，義縣，綏中，溝邦子，通化，朝陽鎮，農安，扶餘，磐石，春陽，林口，勃利，哈爾濱第二，烏吉密河，密山，泰安鎮，齊齊哈爾第二，孫吳，訥河等十九校，故至年末可達七十九校，如將委託於滿鐵之各校加算之，則爲八十八校矣。

全東北日本中等學校之增加，則如下表：（包含「關東州」及「滿鐵附屬地」在內）

㈠中學校

| | 學校數 | 學級數 | 學生數 |
|---|---|---|---|
| 一九三〇年 | 七 | 一〇九 | 四、四四八 |
| 一九三五年 | 九 | [illegible] | 五、五六一 |
| 增加數 | 二 | 六 | 一、一一三 |

2.女學校

| | | | |
|---|---|---|---|
| 一九三〇年 | 八 | 九六 | 四、〇二九 |
| 一九三五年 | 一〇 | 一二五 | 六、一九〇 |
| 增加數 | 二 | 二九 | 二、一六一 |

3.實業學校

| | | | |
|---|---|---|---|
| 一九三〇年 | 五 | 四四 | 一、九八四 |
| 一九三五年 | 六 | — | 二、八六二 |
| 增加數 | 一 | — | 八六七 |

## 四、日本人在東北商業上之地位

東北各省日本人口既走向激增之一途，中國及外國商品亦因政治力而退却；至日本商品自亦因政治力而躍進。在東北事變以前，中外國商品尚擁有極大之勢力，事變後東北人民日常生活用品，已不得不完全依存於日本商品，是以東北日本商人之地位自然應日本商品之發展而逐日提高。茲將全東北主要之日本商業機關列下

1.商工會議所　大連，瀋陽，安東，長春，營口，哈爾濱，鐵嶺，吉林，齊齊哈爾。

2.同業組合　組合數三五三，組合員日本人一三、六五三人，華人九四、一四八人。

3.其他　滿洲輸入組合，滿洲輸入會社，大連駐在員協會，奉天駐在員協會，奉天貿易商組合。

以上僅就東北主要都市方面言，至其他東北各商埠地，各大鎮市，只須有日本商人十戶以上者，無不有團體組織。

再就一九三二年以來根據「偽國」商標法請求商標登記者之數目觀之，尤可證明日本商人在東北之飛躍。

商標登錄申請者數

| | 一九三三 | 一九三四 | 一九三五 | 合計 |
|---|---|---|---|---|
| 一滿洲國一 | 四九 | 一六六 | 一七七 | 三九二 |
| 日本 | 一〇、五四五 | 二、〇二一 | 一、五五九 | 一四、一一五 |
| 英國 | 一九八 | 一、〇〇五 | 七一 | 一、二七四 |
| 美國 | 三二〇 | 七五八 | 一〇三 | 一、〇八一 |
| 德國 | 三四一 | 八一八 | 一五九 | 一、三一八 |
| 其他 | 一一七 | 四八四 | 八四 | 六八五 |
| 合計 | 一一、四七〇 | 五、二四二 | 二、一五三 | 一八、八六五 |

## 五、武裝移民

日本旣攫得廣袤四百餘萬方里之沃壤後，相伴而來者自爲移民問題。且就對蘇俄以及其大陸政策之根本意義上言之，此問題尤不容緩。是以一九三二年卽「九一八」事變之次年，卽在關東軍指導，拓務省監督之下開始所謂第一次武裝移民。此項移民共爲四百九十三名，住於佳木斯附近之永豐鎭。爾後相繼選送此種武裝移民，至一九三六年三月總數達一千二百三十一名。尤不能不注意者，佳木斯附近在地理上爲對俄用兵之重要地帶。

一方面「僞國」政府爲代日本移民，征收土地；並爲謀種種方便起見，已於一九三五年在僞民政部內設有所謂拓政司，爲彈壓土著人民之反抗與代日本移民事先作各種準備計，在密山方面設有拓政辦事處。去年末並以資本一千五百萬日金創設所謂日「滿」合辦之滿洲拓殖會社，以曾任日本外務省對華文化事業部長及拓務省次官之坪上貞二氏爲總裁，此會社業於本年一月一日開始營業。其目的除管理爲日本移民而征收一百餘萬町步土地外，並爲已移及將來準備移入之移民分配土地，調濟金融，及作必要之設施與經營。

在拓務省之武裝移民外，尚有一九三三年移入之「天照園」移民，一九三四年之「大理教村」，「鏡泊學園」及「東京移民村」　茲將此二種移民之數目列下：

（一）拓務省移民（一九三五年十一月調查）

第一次　永豐鎮　六六八名（戶主三三九，家族三二九）

第二次　湖南營　六二九名（戶主三二五，家族三〇四）

第三次　北方溝　三七一名（戶主二五八，家族一一三）

第四次　城子河，哈達河二處共四〇〇名

（二）自由移民

「天照園」　七六名

「天理教村」　三三〇名

「鏡泊學園」　一九四名

「東京移民村」　第一次移民團　四二名

以上爲日本向東北移民之現狀。此外在日本保護下之朝鮮人更到處皆是，其霸佔土地，驅逐土著人民，用種種惡辣之手段使土著人民不得不放棄其土地而另謀生計者尤時有所聞。

猶憶當「九一八」事變發生不久，國內每有樂觀論者，以爲中國人生活程度較日本人低數倍，單就在生活上競爭，日人亦斷難取勝，殊不知在近代化之武力與優越之政治經濟力掩護之下，赤手空拳漫無組織之殖民地人民惟有敗北之一途，觀夫上述日本人口在東北之膨進與夫今日朝鮮半島之實情，則東北三千二百餘萬同胞之運命，不難預斷。

最後所應聲明者　即此項東北各省日本人口之統計中，並不包含屯駐東北各省之日軍。

（三月十日編）

# 基础教育

《基础教育》（国民教育的播音台小学教师的问题箱）创刊于中华民国24年（1935）12月1日，由山东省教育厅月刊编辑处编辑、发行，月刊。第1卷第9期由山东省教育厅秘书处编译股编辑发行。该刊出版至民国26年（1937）7月终刊。

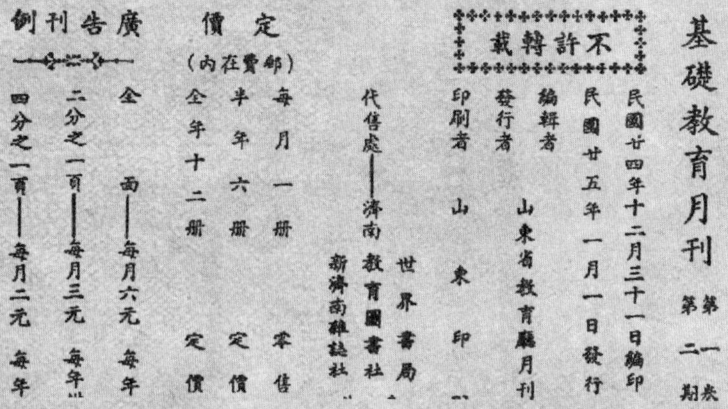


《基础教育》杂志版权页

# 基礎教育

中華郵政特准掛號認為新聞紙類

國民教育的播音台　小學教師的問題箱

第一卷第五期

## 目錄



民國二十五年四月一日　山東省教育廳印行

# 日本「二·二六」政變的始末

夕林

在君權高於一切的日本，在號稱憲政國的日本，在以東亞秩序維護者自命的日本，竟會突發了正式軍隊的自由行動，企圖殺盡元老重臣，這是多駭人的事呀！

是二月二十六的早晨，駐在東京的第一師團第三聯隊的士兵數千，由幾個大尉率領指揮，突然自由行動起來。他們分頭到元老重臣家去，實施狙擊。至尊無上的皇宮附近竟變成了流血之場，內閣首相官邸，竟改成動亂的臨時總部。結果元老重臣集團的巨頭齋藤，藏相高橋和軍部教育總監渡邊都被殺死；侍從長鈴木身受重傷，首相岡田死裏逃命，伯爵牧野虎口餘生，一木樞相險喪性命，西園公爵亦倉皇出奔，僅乃得免。元老集團，經這一擊，簡直手足無措，可憐已極，可嘆已極。叛兵暴動發生三日之久，政府竟無斷然的法子對付。事變第二天，內閣經長時間的討論，才決定戒嚴，延至下午，才得日皇批准。一方面不得不低首向叛兵代表疏通。但叛兵態度極爲倔强，屢次反復，直至二十九日天皇命令討伐叛兵才撤回原駐地點。叛兵退後，政府的處置，除了布告安民外，就只有把此次參加暴動的士官一二十人免職。這就是「二·二六」政變的梗概。

我們要知這件事變的發生，並不是突如其來的，是有牠的特別原因，而且叛亂者早有準備和計劃的。原來日本的政治上有元老重臣，政黨，軍部三大支配力量，而這三大勢力是不斷的發生衝突的。戰線可以分成實力派和溫和派兩條，他們向來是此仆彼起。如在維新初期，因爲國勢增強是全藉武備的雄厚，日清日俄兩次戰役軍人又立了殊勳，軍部在內閣中便成了種超然的勢力，所以軍權特別伸張。但是在大正初年，日本商業乘着歐戰良好機會，一躍而登國際舞台，資本的成長是非常迅速，因此軍部的氣焰頓挫。但自九一八後，軍部大獲成功，軍人的勢力更炙乎可熱，此後，他更想趁機大舉一下，便是對蘇俄對中國的壓迫。但元老重臣，竟究有點眼光，主張慢吞細嚼，用溫和政策，反對軍部的生吞活剝。因此他們明爭暗鬥，勢如水火。勾心鬥角，既得不到徹底解決；最後辦法只有火拚一途。過去的有一九三二年的「五、一五」事變，結果是所謂「護憲神犬」的犬養毅首相以七十八歲的老頭兒，作了軍部屠殺的犧牲者。事後軍人勢力表面上雖然稍煞，但軍人以爲未能殺盡元老重臣爲憾，仍然準備着演出第二個五·一五事件來。

元老重臣們，因爲軍部威脅，人人自危，也用種方法應付。但這無力的反攻，不但沒用、却更引起了軍人的仇視，暴動的野心。這就是促成此次暴動原因：元老想利用「肅軍」打倒軍部勢力，軍人自不能不想法回敬、這是促成暴動的第一因．最近蒙僞邊境衝突，關東軍作戰的氣焰極盛，而元老重臣財閥，却持反對態度，不令軍部如願以償，這是促成暴動第二因。永田軍務局長被刺事件，凶手公然指出元老爲阻止昭和維新的人物。愈審愈嚴重，牽涉亦愈多，少壯軍人以同黨關係，情感激昂，岡田恐激起事變，乃藉口滿蒙情形緊張，令第一師開赴滿洲，調虎離山。但於其尙未開拔時，召少壯軍人領袖眞崎審詢，眞崎與法官衝突，憤而退庭，這是促成暴動的第三因。軍部欲推倒岡田內閣，但結果岡田於選舉時大獲勝利，軍人恐憲政常道有恢復可能，更不得不積極推進暴動了。所以這次暴動是早已計劃好的了，二・二六事變是五・一五事變的繼續與擴大，他的目的並不僅要殺死幾個元老重臣就算達到。

二・二六事變的結果，雖遠不如軍人派所期望，可是元老重臣幾幾乎被一網打盡。將來日本的政權越發落在軍人掌握之中，是絕無疑意的。現在雖是廣田上台組閣，但他是完全遵着軍部的意旨而成立。閣員是再三才得到軍部同意，方針是軍部主張。軍部方面以廣田遵行國防徹底強化爲入閣條件，而海軍方面亦提出大海軍軍事預算，請求贊同。所以岡田內閣的施政方針。是要拋棄從來的協和外交而採取一種與前不同的政策。」其特點是「積極的」，「革新的」，「以實行爲本位的」，「適於躍進的日本的同情的」。這是全以日軍部爲後台的。

廣田就是對中國提出三原則的人。那時他爲外相，現在爲首相。那時他是主張協和外交，現在却主張強化外交。在協和外交下所產生的是冀東僞組織，察北六縣被僞軍佔領，華北自治運動，更有所謂不容變更的三原則。強化的外交又是什麽，我們可不想而知！

所以，日本二・二六政變教訓我們，日本政治是日漸陷入軍人掌握，希望緩和派上台直是作夢。即是緩和派眞上台，也不過手段變更巧妙罷了。我們須知，在取巧之下求生存是沒有這種僥倖事。惟有依靠自身的力量，抱定不屈不撓的精神，努力奮鬥，才能打開條生路。

中華民國二十三年六月一日出版

**創進半月刊 第二三期**

編輯者 第四集團軍總政訓處

發行者 第四集團軍總政訓處

代售處 各大書局

訂閱處 南寧大夏書局

廣告價目

| | |
|---|---|
| 普通 | 半頁每期十元 |
| 特別 | 半頁每期廿元 |

廣告接洽處 南寧民國日報營業部

本刊定價（本期合刊價洋六分）

每期 大洋三分

郵費 外埠加大洋一分 國外加大洋一角

附啓 凡零售訂閱事宜本刊概不直接辦理讀者請向本刊委托之書局接洽

《创进》杂志版权页

創進月刊
第三卷、第七期
政治經濟文化的綜合雜誌
中華民國二十五年四月一日出版


《创进》杂志封面

# 論著

## 日本「二二六」政變之回顧與前瞻

炳琦

### 一

一切走進了衰老時期的資本主義國家，都是充滿了無可調和的矛盾；而很快成長衰老的日本資本主義，它的矛盾尤其深刻得令人懼怕。由於這種資本主義體系內，爆發了破綻的現象，因此最近數年來所表現的特徵，就是經濟走入了特種蕭條的時期，政治踏上了混沌的階段。一切政黨間的鬬爭以及世界戰爭之神的咆嘷，差不多成了今日各國普遍的現象。

在日本，我們尤其多聞熟聽。在一年多以前，記得日本的軍部，用陸軍部新聞班的名義，在「國防的本義及其强化的提倡」的題目之下，發行了一個小冊子，這小冊子開宗明義的第一句，就這末說：「戰爭是創造之父，文化之母」。這句話，很明白的吐露了日本軍部所抱的戰爭哲學。

九一八事變爆發以後，軍部抬頭，法西斯蒂運動勃興，演成了「五•一五」慘劇，政治機構，遂亦以變態的强力內閣，替代了常態的政黨內閣。而這個强力內閣，因爲建築在軍部的基礎之上，所以對外强硬，對內鎭壓。不料自負一時的日本陸軍大臣荒木貞夫，忽爾告退，所謂日本『政局的炸彈』以去，『非常時』爲之瓦解，而以後日本議會內的『軍紀』『軍人干政』問題，遂亦繼足而起，高嚷着恢復常態的政黨政治，究竟還是持續其變態的强力內閣呢？還是恢復其常態的政黨內閣呢？渡去不久的『二•二六』政變，它以事實來答覆了。

### 二

在遠東風雲日形險惡，衆目膠覷華北局面如何轉變的時候，突然在東京爆發了舉世驚犴的大政變，二月廿六日侵晨，日本駐

論著　　日本『二二六』政變之回顧與前瞻　　(2)

東京行將開滿的陸軍第一師團第三聯隊三千餘人突進襲首相官邸，齋藤內大臣私邸，教育總監渡邊錠太郎私邸，牧野伯爵所住旅館，鈴木侍從長官邸，高橋是清私邸，東京朝日新聞社等。計死宮內大臣齋藤，教育總監渡邊錠太郎，藏相高橋是清，伯爵牧野伸顯。不過在這次政變中，少壯派軍人所襲擊的人物，尚不僅以上所述爲限，例如日本碩果僅存的西園寺公和陸軍行政上的統率者川島義之，均在襲擊之列，由此可知襲擊規模之大，誠爲日本史上所僅見，而情形的嚴重，又却非五·一五事變當時所可比擬。

現在我們要明瞭二·二六政變的原因，當先要知道日本法西斯蒂產生的原因以及歷年來在日本史上所遺留的痕跡，因爲這次政變，完全是日本法西斯蒂中的少壯派所幹出來的。

一般來說，法西斯蒂之出現於世界政治舞台，是在整個資本主義走到了死亡時期，資產階級爲維護資本主義體系的生命，對外侵略弱小民族，對內鎮壓革命勢力膨脹的一種政治形態，他所代表的是資產階級，德國的法西斯蒂是如此，意大利的法西斯蒂亦然。可是日本的法西斯蒂則有多少不同。因爲日本資本主義的發展，雖然自明治維新以後，其社會組織卽已由封建階段而轉入了資本主義階段，但是日本資本主義的長成，一方面常賴軍閥官僚勢力之保育，一方面又與封建地主階級合流，所以日本資本主義之發展，及到今日還包含極濃厚的封建成份。因爲日本的社會機構內含着這兩種特殊的成份，所以反映於政治上的組織，則有資產財閥之議會政治與封建軍閥之特權政治并存不悖。

可是日本法西斯蒂突飛猛進的形勢，雖然是在九一八事變以後，實際上他們的發端，都在很久以前。日本法西斯蒂的初期形態，便是明治三十四年內田良平所組的黑龍會，當時新興的日本資本主義，因得日俄戰爭勝利的影響，更顯得欣欣向榮，於是就發生霸制中國的野心，但它們的目標是專事對外的。歐戰以後，它們漸漸地由對外而移轉到對內了。在當時，日本資本主義的發展固很順利，不過爲了勞動運動的生長，和民主主義的勃興、同時社會主義的澎湃，却步步的威脅着資本主義，因此在反對社會主義的進行中，產生了國粹會、建國會等等的反共產主義團體。但這些團體構成的要素，無非是些封建社會的浪人和失業者而已，決不能稱爲法西斯蒂團體。以後使人注目的，便是主張大亞細亞主義及日本國內主張『改造』一派所組織的猶存社，猶存社解散後，繼之而起的是大正十三年四月間大川氏所組織的行地社，在日本簡直成了國家主義的本流，而且在九一八事變以後，也就做了主演的脚色。

以上所說的，不過是日本法西斯蒂運動的前史，現在我們來檢討日本法西斯蒂勢力勃興的原因。

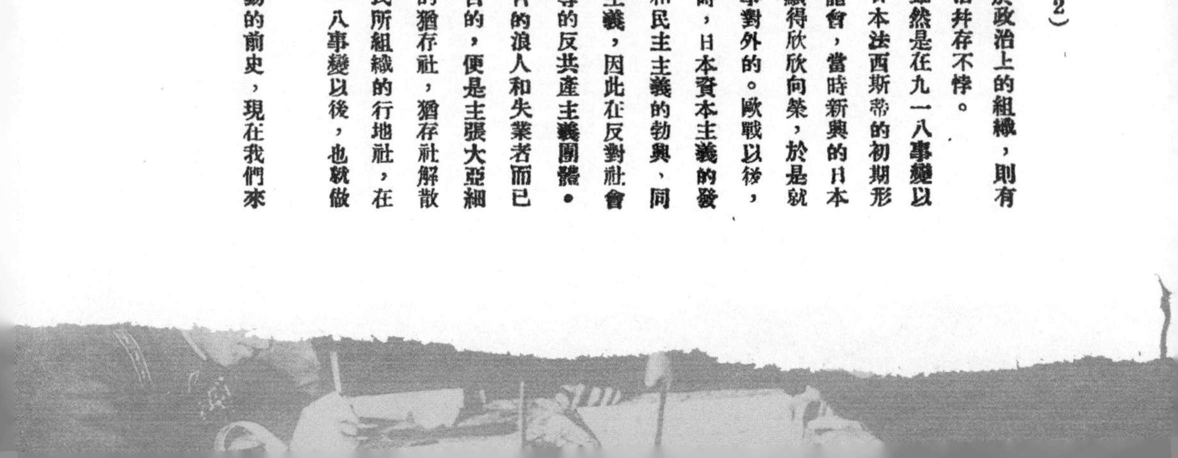

## 三

在九一八事變之前數年，那時日本的資本主義，非常猖獗，一方面集中資本向獨佔的路程邁進，日本金融資本家的罪惡就無以掩蔽，同時勞動者和農民的生活狀態，伴隨着經濟恐慌的益漸深刻而一天惡劣一天，因此改造運動的風聲，便隨之而起，而中產階級的破產，也異常迅速，於是使日本的政治，要發生一次動搖。就連都市中的小企業家，也受到金融資本家極大的打擊，何況日本零星的小企業家，較之他國特別多，他們對於大企業家的競爭和金融資本家的高利息，實在是深入刺骨了。

嗣後隨着經濟恐慌的狂濤繼續不斷的撲來，農村中的中小地主，也感到破產的困苦了。原來，日本資本主義根本的特徵，一方面是金融資本高度的集中；另一方面半封建的地主依然佔着相當勢力；所以日本的農民，一向是處於金融資本與封建地主的雙重壓榨之下。

日本農村經濟，原是以米繭為基礎，年來隨經濟恐慌之深化，米繭價格日趨跌落，一九三三年，原為產米豐年，但因米價狂跌，遂造成農村中豐年饑饉的現象。去年，日本農村，遭受了三十年來未有的災害，使米谷收成減少百分之二十六，於是米價暴漲，又造成農村中凶年的恐慌。據日本官方統計，去年全國農村總收入較前年減少了三分之一，同時，還正在一般資產階級擁護者誇耀日本經濟『繁榮』的時候，在日本農村中竟發生搶吃草根，樹皮，白土等悲慘現象；在日本東北六縣，竟造成出賣六萬婦女的新紀錄，這又是何等悲慘的一幅圖景！

因此，所有日本農村中的貧農，中農，富農，因為遭受了無限的痛苦，他們是完全詛咒着金融資本家的罪惡了。

最後說到那般失業官吏和在職軍人，他們都是出身於農村，當然和中小地主結了不解之緣，當着中產階級沒落的時候，自己也受了極大影響。譬如軍縮會議成立後，職員的淘汰和減俸，使他們的生活，陷入不安的狀態，因此使他們對於資本主義也感到了罪惡。總之，獨佔資本家的爭霸，與政黨的腐敗，替法西斯蒂運動造成了唯一的要素。

九一八事變以後，日本的外交局勢，頓成一孤立狀態，因此國民的愛國心，遂油然而起，國家主義的進展，便遇到了順水行舟的環境，而法西斯蒂便趁着布你喬亞的急進潮流，更如火燎原一般的擴大了。

## 四

日本法西斯蒂雖然如雨後春筍的勃興起來，可是當着他們盛氣充冠的時候，那些誓死維護着行將腐朽的議會政治的官僚財閥

論　著　　日本『二二六』政變之回顧與前瞻　　（4）

，他們是要與法西斯蒂派作生死的鬭爭的，而且事實上，法西斯蒂派也要消除腐朽無能的政黨政治的。

不過軍人少壯派與政黨財閥衝突之尖銳化，係開始於世界經濟恐慌以後，因爲在世界經濟恐慌中的日本資本主義的危機，由農村不景氣所召徠的社會不安與左傾運動之激化，顯非以自由主義爲骨幹之議會政治所能解決，於是爲時代驕子的法西斯蒂運動遂在軍部之領導下開始大顯身手，而日本的內部亦因此形成兩大針鋒相對的壁壘。在維持現狀的元老，重臣，貴族，政黨，財閥，官僚的大集團方面，提出『恢復憲政常軌』的口號，主張取締軍人干政，救濟國內失業，以渡過國家當前之難關；而軍人少壯派，則提出『非常時期』的口號，主張廢除議會政治，在天皇名義之下建立法西斯蒂獨裁政權，以軍閥之獨裁統治替代財閥之統治，并且對外主張撕毀一切國際公法條約，擴大軍備，以貫澈其征服中國征服亞洲乃至征服世界之雄圖。

少壯派與政黨財閥鬭之矛盾，既各自奠定了鬥爭的因素，則其矛盾的加深，更伴隨着日本農村的極度窮乏化而具體表現。因爲日本法西斯蒂是代表着農村中的落後份子及落後軍人的，尤其是日本農村如果愈貧窮化，則出自農村的官兵，更促進其反資本主義的意識及向外軍事侵略的進展。所以自九一八事變以還，軍人的發言地位增高，而資本主義的右傾軍人團體，也如雨後春筍，勃然興起。此後少壯派因對外侵略逐步勝利，氣燄益盛，甚至欲奪取全部政權。五一五事變中犬養毅之被刺，這便是軍人派向政黨財閥政治進攻的第一聲巨砲。五一五事變以後，少壯派因感於資產階級的退讓，於是對推毀資產階級的政府，更積極進行了。在當時軍人那種氣燄更肆跋扈的空氣中，與使政黨內閣無法繼續產生，所以後來不得不以超然派色彩的齋藤出現。而齋藤超然內閣的本質，便在一方面要秉承政黨的意旨而維持憲政常軌，一方面又須接受軍人對外強化政策，要求軍人勿再干政，可是政友會急進的份子，時時掀起政潮，并提出打倒元老重臣的口號，齋藤雖然極受元老重臣的激賞，但是爲環境所壓迫而無法支持下去。於是以齋藤化身的岡田出而組閣。

岡田啓介是齋藤的化身，而陸相川島，又不啻前任陸相林銑的縮影。岡田就任後定計決策，他雖然依樣的是仰承於軍部的鼻息，但他抱定兩種志願，一爲肅清軍紀，一爲檢舉恐動團體。同時他及一部份財閥爲阻止法西斯蒂運動進展計，所以採用剛柔并濟的政策，一方面對軍人派之要求與以大量之讓步：設立內閣審議局，採用明徵國體之思想，擴大軍事預算；一方面則利用軍人中之穩健派，厲行肅軍運動，把少壯派的柱石，逐一調離中央，使之無用武之力，并且罷免少壯派首腦眞崎之職。此外又利用元老重臣及官僚勢力之結合，以鞏固防禦陣綫•可是岡田的這種政

策，不僅不能抑制少壯派勢力的發展，而且因此更引起少壯軍人之忌視，所以在去年有永田被刺的事件，今年則有美濃部博士之被人謀刺。其次，最近國會總選舉之結果，民政黨大獲勝利，而且在選舉中，舊官僚貴族勢力加緊聯合，而在『舉國一致協力』口號之下，壓制少壯軍人；在相反的方面，與軍部結托的政友會竟一敗塗地，與少壯派原望成立一個軍部強力指導的內閣，在事實上竟成泡影。在這種情況之下，於是軍事法西斯蒂勢力只有用非常的手段，來實現國體明徵問題發生以來所樹為共赴的邁進的打倒元老重臣布洛克。

## 五

基於以上所述，由於日本歷史發展中所表現內部純化的演進，就可知道二•二六政變，實為日本法西斯蒂運動邁進中必然產生的結果，而且也表現這次政變實為法西運動與議會政治最後之決戰。

雖則現在事變已告結束，而叛軍及其首領亦已先後降服及破腹自殺。但是我們決不能像上海日僑那樣認為日本法西斯蒂勢力已屆沒落。要知道二•二六政變，并不是單純的出於第一師團第三聯隊三千人的意志，而是出於全軍事法西斯蒂陣營的推動，而且今後日本的政治，必然的以更濃厚的軍事法西斯蒂色彩出現於世界政治舞台。這我們看事變後和國本社有關的後藤內相進而代理首相，近衛文磨之托病再辭奉命組閣，以及真崎甚三郎，平沼騏一郎聯合組閣，荒木近衛聯合組閣，平沼單獨組閣風聲之甚囂塵上，就可知法西斯蒂是如何的跋扈而欲奪取政權了。

雖然現在廣田新閣成立了，但是我們不要看錯了廣田內閣是議會政治的抬頭，相反地，廣田現在和溥儀是同一樣的面目，他是軍部的傀儡，他之所以能成立新閣，是因為接受了軍部的條件而變更了原定閣員三分之一，以替代軍部和接近軍部的份子，他更忍痛地接受了軍部提出的膨脹軍費，擴大軍備，對外強化政策，對內消滅財閥勢力的苛求，他更接受了軍部的要求將政變責任之一部份而歸之於政黨。由此可知廣田內閣的特質，完全是仰承於軍部鼻息的。尤其是在外交方面，更表現得明白。在廣田外交政策中第一條：『認日本為安定東亞時局之國家，故將以前所採用之平穩外交，改為積極外交』，這條文不是廣田的原文，而是軍部的擬稿，所以今後廣田外交之動向，對歐美則採取『多邊政策』，而對中國則非施行『一元政策』不可。因為為國際共棄之日本，感於地位之孤立，乃不能不多邊交好，但為併吞支那計，則又須對中國施其一元政策，秉承軍部意旨，向中國加緊掠奪。

可是廣田的奉命及日本今後的政局猶不僅僅決定於此，而重要的却在於廣田既需仰承軍部意旨而膨脹軍費，擴大軍備。可是

論　著

## 日本『二二六』政變之回顧與前瞻

（6）

在今日日本財政危機向上展開的時候，而『新內閣追加預算之財源』，則『以公債及實行預算之歲入剩餘金充之』。據我們觀察，廣田內閣既要膨脹軍費，擴大軍備，而欲在預算之歲入剩餘金項下補充一途既不可能，那末今後財政的唯一來源，則祇有發行公債了。可是截至去年四月底止，日本已經發行了九十億元的鉅額公債。而且已故高橋藏相在編制一九三五年預算時，他就一再聲明須抑制公債之過分膨脹，并全力維持前任藏相之『公債漸減主義』。高橋為日本有名之理財家，他深悉日本之公債已陷入末途，目前公債之得以維持，全在人心安定，假使再繼續發行下去，不但市場的消納發生問題，即整個公債信用基礎都有顛覆的危險。

現在廣田內閣的財政政策，仍以發行公債為打開財政困難的方法，那末這對於日本金融上，甚致於政治上所演出的危機現象是不堪設想的。據東京三月十一日東京電：日新閣為擴充軍費，決發行七萬萬元鉅額公債，日財界大起恐慌，市場紊亂，股票大跌，而東京交易所亦被迫停業。又東京十七日電：『因深井總裁之不妥協結果，將陷馬場藏相於束手無策，而有被迫辭職之謠言，已傳遍東京政界。現從日財界最有力方面探悉馬場上台，實得接受財閥之極大盾力支撐，乃敢毅然負起日本最艱辛之財界重責，以應付軍部之絕大要求，今深井馬場既成背道而馳，衝突結果已使閣揆廣田首相感到極度狼狽，雖親自奔走調解，結果仍無特殊開展把握，新閣一切進行，將受極度嚴重打擊，日政局的殘局將難望打開』。從這樣去觀察，可知日本政潮現在仍正在醞釀着，說不定由這次漸變而再有第二次二·二六的突變，不知以圓滑著稱的廣田首相，將何以自處？

一九三六，三，十八，于南寧。

# 中日论坛

《中日论坛》创刊于中华民国25年（1936）5月15日，半月刊，系中日论坛社出版的政治刊物。编辑人兼发行人艾森，有社论、短评、专论、苏联介绍、满洲通讯、补白等栏目。社址位于上海海格路。上海杂志公司总代售。创刊号封面为金城所作漫画《铁蹄下之中国》。该刊仅出版3期，民国25年（1936）6月终刊。

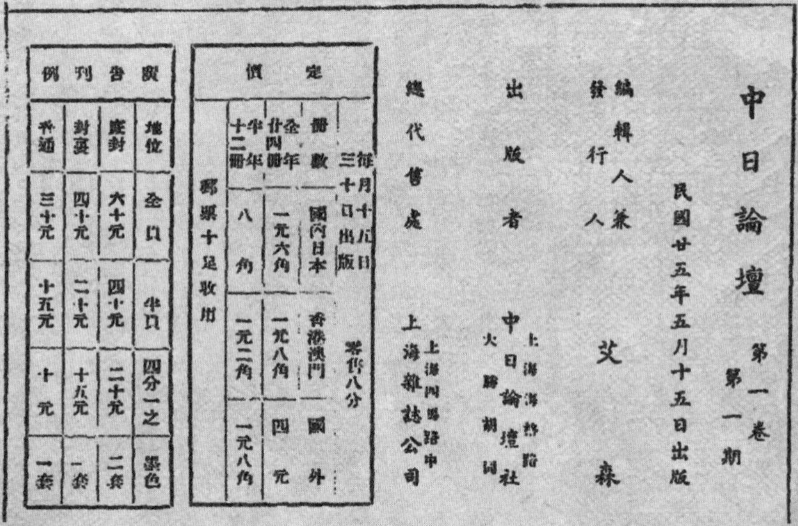
中日論壇 第一卷 第一期

民國廿五年五月十五日出版

編輯人兼發行人 艾森

出版者 中日論壇社 上海海格路大勝胡同

總代售處 上海雜誌公司 上海四馬路中

定價

每月十五日出版 零售八分

| 冊數 | 國內日本 | 香港澳門 | 國外 |
|---|---|---|---|
| 全年廿四冊 | 一元六角 | 一元八角 | 四元 |
| 半年十二冊 | 八角 | 一元二角 | 一元八角 |

郵票十足收用

廣告刊例

| 地位 | 全頁 | 半頁 | 四分一之 | 套色 |
|---|---|---|---|---|
| 底封 | 六十元 | 四十元 | 二十元 | 二套 |
| 封裏 | 四十元 | 二十元 | 十五元 | 一套 |
| 普通 | 三十元 | 十五元 | 十元 | 一套 |

《中日论坛》杂志版权页

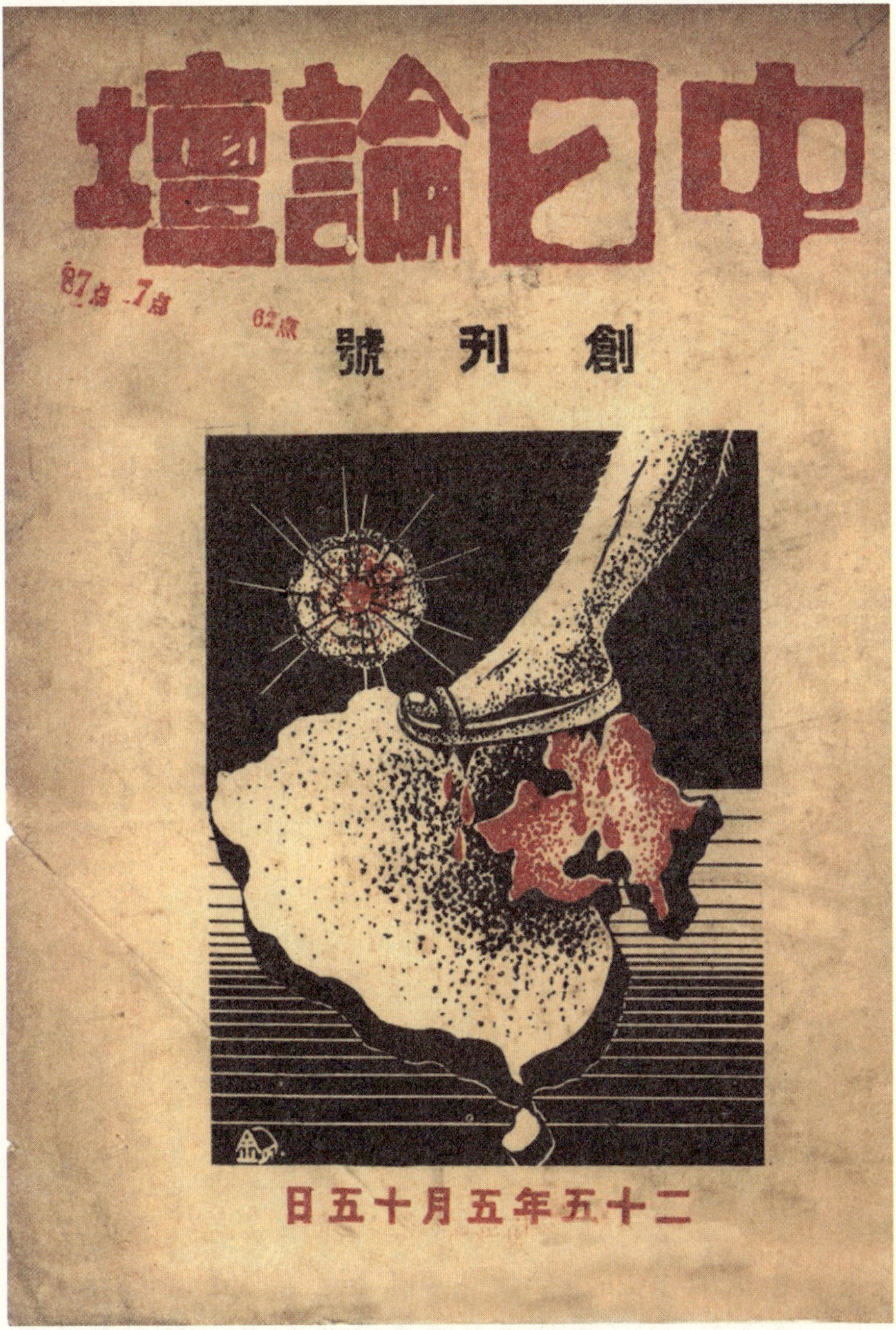


《中日论坛》杂志封面

滿洲通訊

# 日本給了滿洲什麽

益民

「滿洲國」成立四年了。「江山依舊，人事全非」。和滿洲有過長久歷史的人，一定都會有這樣的感覺吧。

日本在幾年中間，給滿洲修了許多鉄路汽車路，航空線，電報和電話線。建築工業在這幾年中也有相當的發達，建築了不少營房樞棧，和飛機場。這些繁榮，全是靠日本的軍事機關在進行的。

「九一八」以前，滿洲有三個鉄路系統：南滿鉄路，中東鉄路，和中國政府所建築的鉄路。現在南滿鉄路把這三條鉄路系統都統一了起來，自已來管理。

南滿鉄路在一九三五年三月成立了一個國有鉄路總管理局，中國的鉄路，就歸了它。中東鉄路出賣以後，改名叫做北滿鉄路，也歸它管理。中東鉄路的南部支線，從大連到哈爾濱，共六百英里，完全和南滿路實行劃一起來。

由南滿鉄路拿出資本，又建築了許多新鉄路。「九一八」以前，滿洲鉄路共六三三四公里，從「九一八」一九三三年六月新建的鉄路等於四二二一，七公里，到一九三四年七月又建了八三三八，四公里，到一九三五年七月又加了七七五，八公里，一九三五年七月以後，將建築的是七一〇，合計新建築的鉄路是二五四六。四公里。

這些新鉄路都有軍事的意義，可以使日本有更近的道路，達到滿洲的中部。

除鉄路以後，汽車路的建築也是很快的。鉄路總管理局管理着四千五百公里汽車路，和六千五百公里的水路。滿洲航空公司管理下的航機，把滿洲國的許多重要都市都連接起來了。電話和電報網也有很大的擴充。

致於新的工業部門，那就要講到南滿路的兩個工廠，鞍山的鉄路工廠和撫順的煤油開採業，都有大大的擴充。鞍山的鉄路工廠，是全滿洲的最大工廠。去年在鞍山又建築了鍊鉄廠，正在蓋萬噸鋼和鉄。

日本的人口，四來在滿洲也大大的增加了。據根據一九三五年十月的統計，日人僑居滿洲的有五〇一二五〇人。比一九三〇年增加二七二四四〇人。相同時期，高麗人口共計八三四五三九人，比一九三〇年增加二二七四二〇人。這些新增加的日本人口，不是兵士和官僚，就是技術專家，再不然，就是商人和工業家。日本當局，曾用過很多力量，想把日本的農緊縛在在滿洲的土地上，但沒有什麽成效。

日本企圖把滿洲變成在亞洲大陸上軍事根據地的政策，雖然使許多城市裏的工業，有些發達，但是內地裏，那些農業區域，却遭受到極嚴重的恐慌。黃豆是滿洲的主要農產品，它的生產減低了不少〇一九三〇年的產量是五三〇〇千噸。到一九三五年只有三三〇〇千噸。減少了百分之三七。黃豆的出品，平常是要佔滿洲出口總額的一半以上。滿洲農產品市場的縮減，黃豆價格的跌落，對於整個滿洲經濟，發生極大的影響。從一九三一年到一九三三年滿洲的出口減少了百分之四十。到一九三四年，出口額，並沒有提高。一九三五年的不完全的統計，說明滿洲的出口，是更降低了。

滿洲出口的減少，主要的有兩個原因：第一，中國的市場，實際上對滿洲是關了門。滿洲商品運入蘇聯和日本的也縮減不少。第二，世界市場對黃豆要求的減少，尤其是德國，自己的經濟困難，沒有能力多買豆子。

另一方，滿洲的進口貨，倒是大大的增加了

。「九一八」以前，滿洲的對外貿易平衡總是出超，在日本侵佔以後，就變爲入超了。一九三〇年，滿洲出超的數量是三九八百萬元，到一九三三年，滿洲就有了之六百萬元的入超。以後，這些入超，還是不斷在增長。

這四年來，滿洲的面目，確實改變了。

日人把滿洲描畫成天國一樣，希望全中國都走滿洲的道路。實際的情形，告訴我們，那裏除了和日本軍部有關係的企業以外，一切都在沒落，崩潰，一切都沉陷在絕望裏。滿洲的人民每天在飢寒的掙扎中過日子，他們的手和足又被層層的鉄璉緊縛着；他們一向是屛着氣息，極力忍耐，但這忍耐已經達到最大限度，再不能繼續了。

他們把全部希望，都放在遍地蜂起的義勇軍上……

四月十六日於哈爾濱

## 报人世界

《报人世界》创刊于中华民国24年（1935）8月，由北平燕京大学新闻学系刊印。不定期出版，旨在介绍与报业报学及报界有关的内容为主。该刊出版至民国26年（1937）4月。

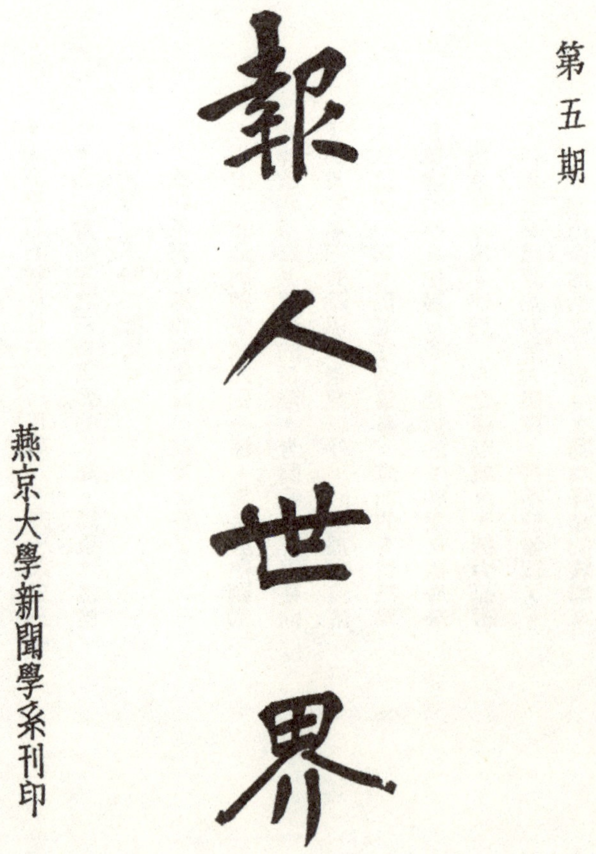


《报人世界》杂志封面

# 日本之新聞檢查制度

H. E. Wildes 著

日本之新聞檢查制度，就官方立場言之，實至嚴密而有效。然對報界從業員言之，則其所受之控制與壓迫，痛苦實深。此所以近年來日本報界之難有公平正確之言論與消息，而不得不俯首聽命于政府軍部也。吾以吾人爲正確明白日本方面之言論消息計，決不能不明白日本之新聞檢查制度，斯文之譯，卽坐是也。

任何國家皆有新聞檢查制度，惟其方法與形式不同而已。但日本新聞紙之受檢查，則比任何檢查制度爲嚴密。日本報界言論之不自由，較任何國家爲甚。凡稍涉公共道德及擾亂治安，或官方認爲帶有危險性之新聞，皆不許登載。

內務省爲統一新聞檢查，特頒佈多項公共治安條款，且不註明某種記載爲違法，某種可作爲新聞材料，編輯有充分選擇權。由政府立場看來，對報紙之限制，似較昔日爲自由。舊有法律已失其効用，逮捕新聞從業人員之事，亦頗少見。官方對報紙之干涉，亦步步放鬆。自外表言之，日本報紙似可隨心所欲而應用其所得之自由。

然實際上究不如此簡單：法律愈放鬆，真正自由愈減少。日本刊物言論，去『自由』尚遠。法令之寬容並不可靠，法令以外之『潛勢力』比法令更有効。編輯者內受良心道德之裁制，外受非法之檢查，對每日新聞之刊登，雖用盡心機，亦難完善。

日本新聞紙之受限制，其程度若何，是爲吾人所願知者，今略舉下列數端，以明其禁令之奇特：

（一）凡有損皇室尊嚴之文字，一概不許登載——刊登天皇照片或將天皇與他國君主並題同論，皆認爲有損尊嚴——；至于批評天皇品行道德及天皇對法庭所下之旨諭，更認爲大逆不道。

(二)無論任何報紙，不許登載與政府政策有礙之新聞。如政府各科部之工作，行政會議，幹部公文，以及政局之推測與批評，皆在禁登之列。

(三)罪犯新聞，限制更嚴：各案之嫌疑犯，嚴禁報紙批露。必待審問完結，罪名科定，警署給報館以詳文，報紙始能發表。此在歐西人士眼中，甚爲奇特，蓋有時被捕者與所述案件無涉，報紙知而莫敢辯，片面傳聞，造成不正確之輿論，往往使其引恨終身。

(四)日本報紙既不滿於現行法律，希望改訂憲章，故有時尚可指責一二。但如有影響外交之法令，報紙只能贊同。例如日本新聞紙絕不能批評外人在日本之遭受法律上的不公平，至於日政府之對華侵略政策，日政府之扶助『滿洲國』獨立運動，及日蘇俄視等，新聞紙尤不能下一公平語。

(五)內務省對新聞之檢查，自是享其極權。報紙登載某銀行破產的消息，可以課以擾亂治安之罪；登載謀殺，自殺或其他不幸之新聞，皆認爲有害公共治安。故編輯者覺某項新聞稍帶危險性，即忍痛自動放棄之。

(六)其他如陸軍，海軍及外務省，皆有檢查新聞之權利。如某報洩露軍事計劃或刊登非政府直接給予之軍事消息，即罹封刊之禍。軍隊調動之消息，即在太平時節，報紙亦宜守秘密。

日俄戰爭後，東京各報供獲得極大教訓。因正在戰爭爆發之前，日本軍部特召集東京二十八位名編輯會商，要求對軍事消息嚴守秘密，並謂如軍部準備動員，必通知各報館。官方報紙迭載「許多神經過敏的報紙，造佈空氣，謂日本出兵抗俄，此與事實異理相反。」四個月後，日本動員令下，而事前報界未有所聞。

歐戰爆發之初，外務省亦下特令：凡報紙登載外交消息，必爲外相所認可者。但外相又無明文規定何項消息可登，何項消息不可登，實際上等于禁止報紙談論外交。

其他如『二十一條』，日本記者雖詳知之，而當時報紙覺一字不提；一九一六年之日俄密約，在俄國革命後世人皆知，而東京報紙仍禁止刊登消息與評論；美總統威爾遜之『民族自決主義』亦在禁刊之列。日本報界言論之不自由，於斯已極。

日本新聞界既受法律及法律以外之重重壓迫，而不起反抗者，其原因安在？服從之習慣實爲其主因。蓋日本人生于國家觀念最強之環境中，自小卽養成愛國精神，服從心最大，常肯犧牲一己之意志而接受他人的意見。主筆者私人之評論雖不能完全革除，然上司之命令，且又以國家幸福爲前提，無有不服從者。此較之酷愛自由之英美人士，殆有天壤之別矣！

今日日本之新聞檢查制度，輿論以爲已達紛亂之極點；甲城能刊登之新聞每在乙城嚴禁之列，甚至同地甲報某項消息被扣留而乙報刊登之。此固政府機關對檢查工作之不統一，無聯絡；實亦報人未能盡其天職，報紙未能完其使命。至於日本新聞界以後之如何奮鬥，則非此文之所能列論矣！

——湯健文譯自H.E. Wildes: Japan in Crisis

# 青年月刊

《青年月刊》创刊于中华民国24年（1935）10月15日，青年月刊社编辑出版。社址位于南京玄武门和平新村6号。零售每册一角二分，正中书局总经售，正中书局杂志推广所总批发。创刊初期在南京出版，第5卷第3期曾迁至武汉出版，第14卷第1期迁至重庆出版。

该刊设特载、论著、知识讲座、青年生活、科学讲话、杂文、长篇史画、文艺、译丛、专载、各地通讯等栏目。该刊出版至民国32年（1943）8月终刊。

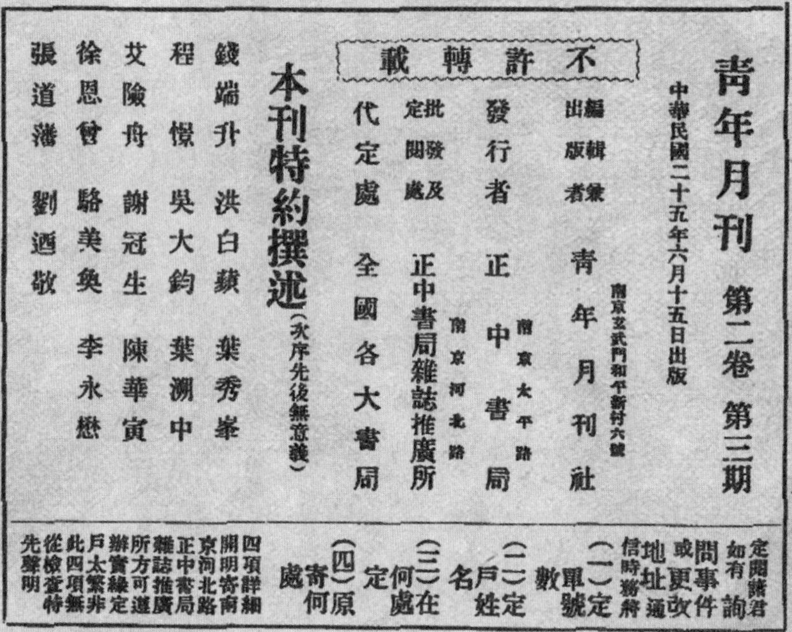
青年月刊 第二卷 第三期

中華民國二十五年六月十五日出版

不許轉載

編輯兼出版者 青年月刊社 南京玄武門和平新村六號

發行者 正中書局 南京太平路

批發及定閱處 正中書局雜誌推廣所 南京河北路

代定處 全國各大書局

本刊特約撰述（次序先後無意義）

錢端升 洪白蘋 葉秀峯 程懔 吳大鈞 葉溯中 艾險舟 謝冠生 陳華寅 徐恩曾 駱美奐 李永懋 張道藩 劉迺敬

定閱諸君如有詢問事件或更改地址通信時務將（一）定單號數（二）定戶姓名（三）在何處定（四）原寄何處四項詳細開明寄南京河北路正中書局雜誌推廣所方可進辦實緣定戶太繁非此四項無從檢查特先聲明

《青年月刊》杂志版权页

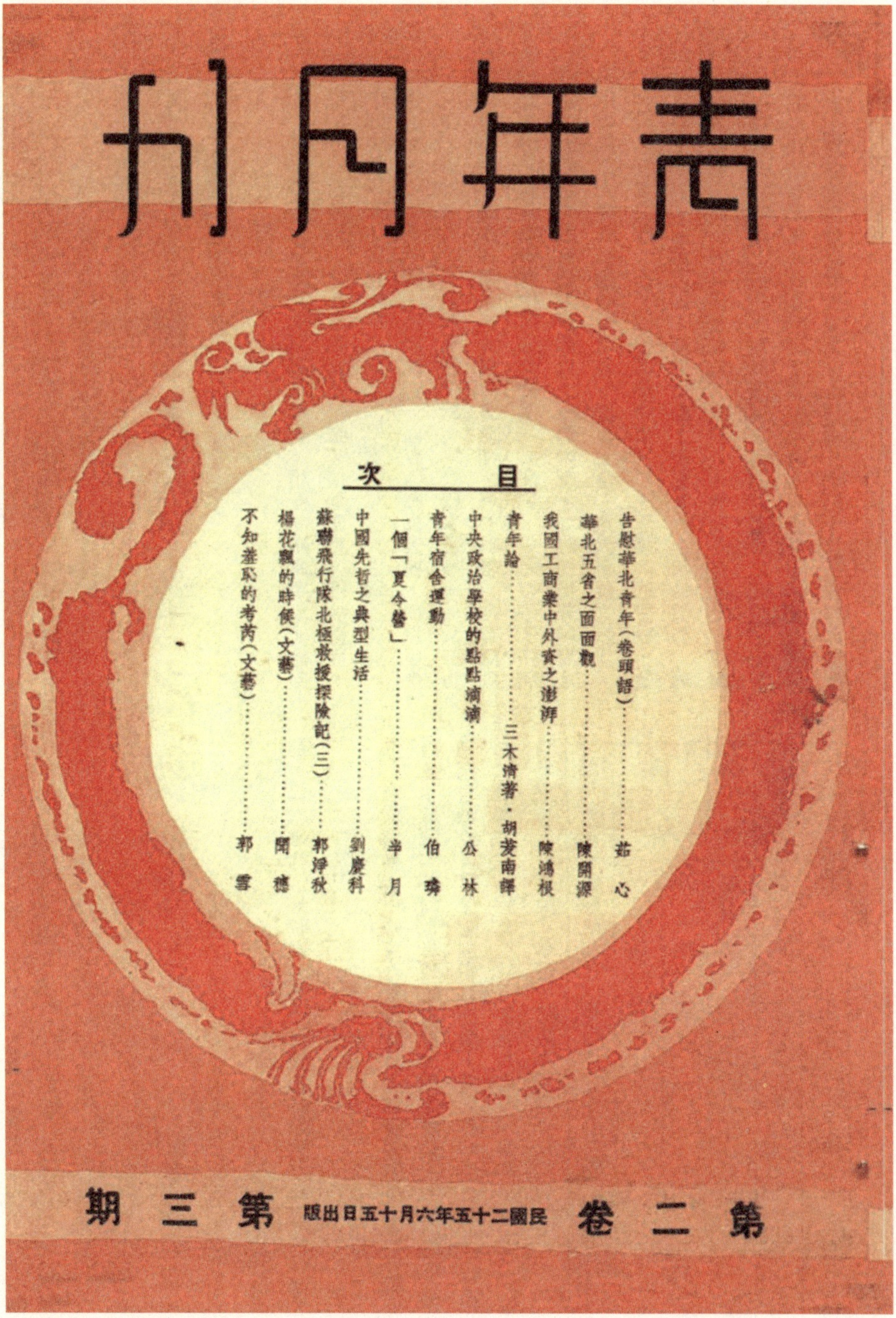
青年月刊
目次
告慰華北青年（卷頭語）……茹心
華北五省之面面觀……陳開源
我國工商業中外資之澎湃……陳鴻根
青年論……三木清著・胡茇南譯
中央政治學校的點點滴滴……公林
青年宿舍運動……伯琦
一個「夏令營」……半月
中國先哲之典型生活……劉慶科
蘇聯飛行隊北極救援探險記（三）……郭淨秋
楊花飄的時候（文藝）……聞德
不知羞恥的考芮（文藝）……郭雪
第二卷 民國二十五年六月十五日出版 第三期

《青年月刊》杂志封面

# 日人侵華之初步

劉伯謙

甲午戰後，日本對華以威迫利誘，積極侵略爲手段，直至現在，不稍變更；今日兩國關係緊張，情勢嚴重，達於極點，中國處境困苦，可謂空前，容人之所不能容，忍人之所不能忍，遭遇壓迫，飽受欺凌；積弱至此，固有種種原因在，而以甲午一役，影響最深，吾人感現狀之惡劣，念國家之前途，於努力自強，救亡圖存之際，對於極具重要性之甲午戰爭，宜有深刻之認識，鴉片戰爭爲中國外交史上一大關鍵，甲午戰爭不僅同爲一大關鍵，且可視爲中國史上一幕慘劇，如何演出此種歷史的慘劇？乃吾人所應研究者也，歷史上每一重大事件之發生，非由於朝夕之故，係長時間演變而成，甲午戰爭如何釀成，普通歷史記載，多重近因；此篇所論，追溯既往，起於清初，就甲午戰前中日兩國關係之眞象，觀察日本對華外交政策之演變，探尋造成戰事之過程，至於秦漢之傳說，隋唐之交誼，皆與近世無密切關係，故不詳述，爲謀推求明確之結論起見，以日本之態度及其動機爲對象，分全部爲三時期：(一)純粹貿易時期，(二)修約示好時期，(三)自謀發展時期，茲請一一述之。

## （一）

明末清初，中國商人東渡赴日貿易者頗不少，約有船隻一百八十餘艘，華商散居長崎街市，和同貿易，不經官司，至德川綱吉始設置官吏管理中日商業，對於每年進口船隻，加以限制，限制之數，時有增減；當德川之世，限制船隻與限制輸出貨物歲值銀數增減之情形，可於左列表中見其大概：

| 德川世系 | 船數限制 | 輸出貨物歲值銀數限制 | 施行期間 |
|---|---|---|---|
| 綱吉 | 七十艘 | | 十一年 |
| | 八十艘 | 八千貫 | 十七年 |
| 家宣 | 五十艘 | 三千貫又銅一百五十萬斤 | 三年 |
| | 四十艘 | 八千貫 | 二年 |
| | 四十艘 | 四千貫 | 十四年 |

| | | | |
|---|---|---|---|
| 吉宗 | 廿九艘 | | 三年 |
| | 廿五艘 | | 四年 |
| | 二十艘 | | 九年 |
| 家重 | 十五艘 | 四千貫 | 十年 |
| | 卅五艘 | | 六年 |
| 家治 | 十三艘 | 三千五百一十貫 | 廿六年 |
| 家齊 | 十艘 | 二千七百四十貫 | |

德川氏之世設長崎奉行三員：二員駐長崎，一員駐江戶；後又增一員駐江戶，爲欲稽查來船，巡禁私商，特建哨台二處：一於長崎小瀨戶浦，一於橫瀨浦，隨後又築華商館於長崎，來去出入，均有法制，家宣時，更正貿易法，船隻憑信牌方可靠岸，是時華商輸入貨物以綿糖，紬緞，書籍，文具較多，德川綱吉時除藥物外禁呢絨布帛玩好珍異，以及動植物之入口，行九年開呢絨布帛動植物之禁，又六年開玩好珍異之禁，廣東人參仍在禁止進口之列，華商違禁運入日本之參，被焚於商館門外者有四百五十斤。

日本方面輸出貨物以銅爲大宗，主要銷路爲中國與荷蘭，共輸入華荷兩國之金銀銅，有數字記載者如左表：

| 時間 | 金 | 銀 | 銅 |
|---|---|---|---|
| 慶安元年至寶永五年（順治五年至康熙四十七年） | 三百三十九萬七千六百兩 | 三十七萬四千二百九貫 | |
| 寬文三年至寶永五年（康熙二年至康熙四十七年） | | | 一億一萬一千四百四十九萬八千七百斤 |
| 明和三年至大保十三年（乾隆卅一年至道光二十三年） | | （輸入——一萬零九百四十七貫） | 一億四千二百八十萬八千一百四十斤 |

華商單獨輸出金銀之數日方無精確統計可查，但知每歲購銅約一百五十萬斤，其他輸出之貨較多者如海帶，腹魚，銅漆雜器等類。

德川氏執政權之初，以鎖港爲自守之策，長崎一處，僅許中國，荷蘭兩國商人於限度內通商，其餘外商，置諸不理，同時，日本商人出外貿易亦受限制，故來中國者極少，但於中國政府方面，則有乾隆四十六年戶部頒布之江海關則例，包括東洋商船進口貨稅與洋商入市之條，至美俄等國兵艦駛日，德川時代之閉關主義不能繼續維持，乃被迫訂條約，通鄰交；以橫濱，箱館，大阪，神戶，新瀉，夷港，長崎，築地爲通商市場，海禁既開，國勢遂爲之一變矣，同治元年長崎奉行遣日吏荷蘭船來上海，有頭目助七郎等八人，帶領商人十三名，携有海菜等物，由荷蘭領事之介紹，謁見上海道吳煦。請曰：「日本向祇與荷蘭通商；自英法諸國挾以兵威，逼令立約，利權盡爲西商佔盡，無如力不能制，未能拒絕，我官民等會商僉謂若自行販貨分赴各國貿易，或可稍分西商之勢，今既至上海，願仿西洋無約各小國之例，不敢請立和約，惟求專來上海一處貿易，並設領事官照料完稅諸事」，當時通商大臣江蘇巡撫薛煥允其暫由荷蘭商人報關驗貨，但尚未許其購貨，商人離滬歸國時又請：倘允通商，乞諭知荷蘭領士轉達，同治三年四月，日本官鍋次郎等復携帶貨物數種至上海，請英國領士尼夏禮（H. S. Parkes）爲之向中國官方介紹，以便通商，是時卽允其以日本商名自行報關，同治七年日本奉行河津又託英領士致書於江海關道應寶時，謂爲照料日本商民，此時日本官民上下所希望於中國者，無非欲取得商業利益而已，因恐利益盡失之於西商，商業受人操縱，遂急起直追，以分其勢，卽如國內商業亦有人出巨資經營者，然不及西人合股結團之規模宏大，財力充足，於是隨之倣效，集髹薄之私財，冀成大舉，但以操術不工，往往銳進輕舉，結果多慘敗；如明治七年小野集團與島田集團之宣告破產是，小野，島田二家皆爲當時豪商，破產後影響甚大，連累甚廣，官庫虧損亦及九十六萬餘圓，此日人初學西法於商業上失敗之例。然而其用心之深，求利之心切，可見矣。

（二）

歐美列強因機械文明之驅使，工業進步之結果，欲求原料與市場之供應，於十九世紀中，爭先恐後，向外發展，西洋勢力侵入遠東，日本、中國同受威脅，自道光二十三年南京條約簽字至咸豐十年英法聯軍焚毀圓明園，淸廷之儒弱無能，暴露無遺；外人對此東方大國已無畏怯之心，但尚未存極端輕視之意；日本目覩中國對外戰爭屢次失敗，同時己身亦被武力壓迫，對於中國頗有同情之感，精神上與中國立於同一地位，且以中國歷史悠久，領土廣大，人口衆多，不難於短期中振作圖強，以抗西人之勢，是故日本一方面念本身之危弱，一方面願中國與其聯盟；認爲兩國合作，各奮其力，謀富強之道，環境不難變換，安危可望轉圜。

日本明治三年（同治九年）七月，日外務權大丞柳原前光齎外務卿書呈總理各國事務衙門，書曰：「謹呈書　大淸國總理外國事務大憲台下，方今文化大開，交際日盛，我邦近歲與泰西諸國訂盟，鄰近如貴國宜最先通情好，結和親，而惟有商船往來，未修鄰交之禮，不亦大闕典乎？我邦維新之始，卽欲遣公使修盟約，內國多故，遷延至今，深以爲憾；玆謹奏准特遣從四位外務權大亟柳原前光，正七位外務權少丞花房義質，從七位文書權正鄂永寧等於貴國預商通信事宜，以爲他日遣使修約之地，伏冀貴憲台下款接各員，取裁其所呈述，謹白。」前光等至天津謁見三口通商大臣成林，直隸總督李鴻章；成林代為上書，報告京師，彼等留津等候消息，總理衙門覆函允許通商；關於立約一點，仍有「大信不約」之語，於是前光謁李鴻章曰：「英法美諸國強迫我國通商，我心懷不甘，而力難獨抗，於可允者允之，不可允者拒之，惟念我國與中國最為鄰近，宜先通好，以冀同心合力」，鴻章為達之總理衙門，前光上成林書曰：「我與泰西十四國皆已換約，各國與我相距十萬里，尚有公使領士來駐我國，保護商民，獨中國雖有商賈來往，曾無官長約束，西人謂附西船至者應以西人視之，竟令華民歸其管轄，久有如束濕薪之勢，我外務卿轉念及此，於戊辰春曾函致上海道應寶時，請將華民暫交地方官約束，得蒙允準，我即以此告各領士，令華民還我管轄，始脫樊籠，現已居以別區，編立戶籍，優加保護，然終不免西人橫議者，以未曾換約故也。前有我商至上海者，以無約故竟依荷蘭領事之介紹，中國亦若以西人視之，中東兩國權利不能自強，乃均為西人佔據，我國廷臣會商此事，謂宜預先遣員通款，為將來派使換約之地，是以特派前光等來；當啟程時或謂不以西人紹介，事恐不諧，我外務卿乃與爭論，謂兩國唇齒相依，何必自棄夙好，轉倚外人，苟以至誠懇請彼國當道，必愈加親厚，今若回報，不必換約，殊非我外務卿一片苦心，前光等亦無以報命云云」。隨後又



謁成林曰：「我等來時，西人謂泰西小國皆邀我大國同往中國始允立約，今日本派員自往，恐未必成，外務卿置之不答，是以僅持英美二國致駐津領事函，託其照拂；今總署覆以不必立約，若牽以回國，如西人恥笑何。」叔以手作勢云彼似太高，我似太低，又自指云太覺無顏，如不邀允，雖死亦不敢東歸，前光爭懇請再三之意，成林均為轉達。總理衙門鑒其意誠，遂允訂約，但需俟派有大臣來時商議，前光等遂歸。當時疆臣有以前明倭寇為辭，奏請拒絕日本通商者，李鴻章，曾國藩皆先後奏駁其議。

同治十年四月日本特命大藏卿伊達宗城為欽差大臣來華締約，外務大臣柳原前光副之，清廷特簡欽差大臣協辦大學士直隸總督李鴻章為全權大臣，辦理日本通商事務，江蘇按察使應寶時署直隸津海關道陳欽隨同幫辦。六月，宗城等至天津，開始討論，交換意見時，宗城前光等堅欲做照中西諸約，我方不許，七月初四日開議，大體均照中國原意，七月杪約成，二十九日兩全權簽字，計修好修規十八條，通商章程三十三款，附以中國、日本海關稅則，茲將約中要點列左：

## 中日修好條規要點

第七條　兩國既經通好，所有沿海各口岸，彼此均應指定處所，准聽商民來往貿易，並為立通商章程，以便兩國商民永

遠遵守。

第八條　兩國指定各口，彼此均可設理事官，約束己國民，凡交涉財產詞訟案件皆歸審理，各按己國律例覈辦，兩國商民彼此互相控訴，俱用禀呈，理事官應先爲勸息，使不成訟，如或不能則照會地方官，會同公平訊斷，其竊盜逋欠等案兩國地方官只能查拿追辦，不能代償。

第九條　兩國指定各口，倘未設理事官，其貿易人民均歸地方官約束照料，如犯罪名，准一面查拿，一面將案情知照附近各口理事官，按律科斷。

第十四條　兩國兵船往來指定各口，係爲保護己國商民起見，凡沿海未經指定口岸，以及內地河湖支港，概不准駛入，違者截留議罰，惟因遭風避險入口，不在此例。

第十六條　兩國理事官均不得兼作貿易，亦不准兼攝無約各國理事，如辦事不合衆心，確有實據，彼此均可行文知照，秉權大臣查明撤回，免因一人僨事，致傷兩國友誼。

## 通商章程要點

第一款　修好條規既經載明兩國沿海各口岸准聽商民來往貿易，茲特將指定各口臚列於左：

中國准通商各口上海、鎮江、寧波、九江、漢口、天津、牛莊、蘭罘、廣州、汕頭、瓊州、福州、廈門、臺灣、淡水。

日本准通商各口：橫濱、箱館、大阪、神戶、新潟、夷港、長崎、築地。

第二款　兩國官民准在議定通商各口，租賃地基，各隨其地，成規照辦，總須由地方官查勘無礙民居墳墓方向，詢明業戶情願出租，方可公平議價立契，由地方官蓋印交執，不得私租強租，其內地及不通商口岸，不得租地蓋屋，至現准通商各口租定地基後，蓋造房屋或作居住或作開行棧，地方官可以隨時往勘。

第十款　兩國商人完稅，以淨貨實數爲準，將包皮除算，至包皮輕重，由關抽稱一二件，餘則類推，如有受潮損壞貨物，不能按則完納者，估價抽收，每值百兩抽稅銀五兩。

第十一款　中國商船貨物進日本通商各口，應照日本海關稅則完納，日本商船貨物進中國通商各口，應照中國海關稅則完納，至兩國各口海關已經較准稱碼丈尺，並完稅銀色，彼此商民，均應隨地遵照舊章辦理，不得稍有異議。

第十二款　兩國貨物如有稅則未經賅載者，由海關按照市價估計，每值價百兩收稅銀五兩，若貨主不肯照海關所估之價售賣，應聽其便，仍令照海關所估之價完稅。

第十四款　中國商貨進日本國通商各口，在海關完淸稅項後，中國人不准運入日本內地，其日本國商貨進中國通商各口，在海關完清稅項後，任憑中國人轉運中國內地各處售賣，逢關納稅，遇卡抽釐，日本人不准運入中國內地，違者貨均入官，並將該商交理事官懲辦。

同治十一年二月，日政府以外務大丞柳原前光使於中國，請議改約，提出三點：

一、欲仿萬國通商例改約，將來改定後條規中所載以己國法訊斷己民等事必須更正。

二、條規第二條遇事彼此相助從中調處之語，兩國既結和誼，雖無此語，亦有權可行，應請裁撤。

三、第十一條帶刀之禁乃我國禮制，若以入國問禁，第交我國理事官檢束可耳，不便明禁，亦宜削去。

既提出後，中國不允所請，日使乃歸，十一月以外務卿副島種臣爲特命全權大使，同治十二年四月日大使抵天津，清廷命北洋大臣李鴻章爲換約大臣，中日遂正式換約，副島種臣覲見同治皇帝並呈遞國書，換約之後，日方以前光爲公使；井田讓爲總理事，管理十五口商務：品川忠道爲理事駐上海，兼管寧波，鎮江，九江，漢口四處；林道三郎爲副領事，管廣東，瓊州，潮州三處而駐於香港。

(三)

英法聯軍之役以後，十餘年來中國政治仍無顯著進步；洪楊作亂，捻匪流竄，國家元氣大傷；清廷吏治腐敗，不圖改革，自高自大，依然如故，日換約大使於同治十二年來華，而法國軍隊於是年十一月陷安南河內，中國官僚，缺乏常識，頑固守舊，不識世界現勢，不明國際情形；辦理外交，張皇失措，損失權利，芒然無知，而日本自明治維新始，國勢日強，見中國老大衰頹，對於從前互助扶持之期望，遂歸幻滅矣。中國既不振作，而歐美列強之勢增長，一日千里；日本深恐遠東全部淪爲白人之殖民地，任其宰割，受其欺凌，故於充實國力之餘，走入自謀發展一途，首先即從中國之藩屬下手，於是台灣之生番事件遂起，日人藉口因台灣生蕃殺害琉球人民，出而主持正義，同治十三年三月日本兵船至廈門，聲稱赴台查辦生番，沈葆楨奏言日違和約：第三條禁商民不准誘惑土人，第十四條沿海未經指定口岸不准駛入，及第二十七條船隻如到不准通商口岸私作買賣准地方官查拿，中國官方斤斤較量於一紙條約而不重視日人之所以違背條約，擅自侵略藩屬之原因，日人既早已識破老大衰頹之清廷無用，乃有西鄉從道之大舉侵台，結果清廷賠款，得以安於暫時而不能不認爲外交失敗也，最荒謬者，莫過於承認日本此次出兵爲護民義舉，因此無形斷送琉球。

日本對華之認識既經與前不同，對華之態度亦已隨之變更，其新政策所發生之影響，在在表現於以後事態中，光緒元年

八月日本署公使又請中國補正前約，李鴻章令津滬兩道詳議，復將各條逐加査核；致總署云：『通商章程第二八款，進出口稅末便一例，及日本進口稅則第八十三條毡布類，又日人至日出不准開封鎖艙應行更正補載等事，可以照准，但換定之約不便改寫，祇可由總署另給照覆，附刊章程之後」，中國因困於應付歐西列强之侵擾與百孔千瘡之內政，日方有所要求，亦不如何固執，且漸有讓步之趨勢矣。喪權辱國之中英煙台條約訂立於光緒二年六月，隨此軟弱外交之後二年，日本正式滅琉球，改爲縣治，光緒九年十一月，法國掠去越南，宣稱爲其保護國；十年九月日本公使榎本武揚卽有欲於登州牛莊二口運豆餅之要求，日方對中國政府之要求雖不甚重大，然吾人不可不注意此卽日本外交特徵之一，中國受西方強國壓迫日則藉此趁火打刼，此點特徵，至今未變，光緒十一年十月英滅緬甸，後二年，日本公使鹽田又請修約，總理衙門仍令李鴻章核覆，鴻章謂：「原約分修好條規通商章程爲二。條規首段聲明彼此信守歷久弗渝，通商章程第三十二款則聲明現定章程十年重修；是章程可會商酌改，條規並無可改之說，至通商章程大致本與西約無甚懸殊；惟第十四五款不准日人運貨入內地與赴內地買土貨爲最要關鍵，當時伊達與柳原前光爲此兩款力爭，鴻章堅持不改，今日稿第一款內，一曰遵守彼國通商章程，再曰遵守淸國與各與國所締通商章程，固寓一體均霑之意，實欲將十四五款刪除，關係甚大，請緩議」，時伊藤博文新秉政，雖中國不同意日方之提議，伊藤仍欲請中國派全權商議，結果拖延，久而未决，日方雖一面作正式外交上之折衝，一面則暗中積極準備侵略，自鹽田請修約後，數年之中，中日外交表面沉寂，而實際日人勢力盡量伸張，深入朝鮮，中國籌劃應付，僅李鴻章等數人而已，其餘大臣疆吏，意見紛岐，見解幼稚，借公事以洩私恨，爲取寵而立主張，負責者爲人嫉視，有爲者遭人誹謗。辦理外交事件之任務，全憑一二人担當；有權勢者，互不相容，貌合神離，各有門戶，上下苟安，行政不重效率，彼此牽掣，力量不求集中，對外者無後盾，治內者不與援，甚至吹毛求疵，每易動輒得咎，是故一旦發生重大事故，強敵西進，坐以待斃之勢已成，遑論抵禦？光緒二十年三月朝鮮東學黨亂作，乞援於中國，中國派兵前往，日本旋亦以兵往，是鬼哭神號之甲午戰爭隨之暴發矣。

綜上所述，吾人可於歷史之事實中得知日本對華外交政策化之基礎，觀察其整個政策變化之各方面，可以標明四點，以作結論：一曰從謀得商業利益變爲開始經濟侵略，二曰從保全領土的自衛政策變爲擴充領土的大陸政策。三曰從聯絡中國變爲控制中國，四曰從東亞安全變爲稱霸遠東。

中華民國二十五年七月出版　第七卷　第一期

| | |
|---|---|
| 編輯 發行者 | 外交評論社　南京五台山村六號（T.22402） |
| 印刷者 | 新新印書館　南京鐵湯橋（T.22188） |
| 全年十期 | 合成兩卷　每卷五期 |
| 零售每冊實價大洋三角 | 本期特大號實價大洋四角 |

| 預定 | | | |
|---|---|---|---|
| 時間 | 期数 | 書價連郵費 國內 | 國外 |
| 半年 | 五期 | 一元四角 | 三元六角半 |
| 全年 | 十期 | 二元七角 | 五元二角 |

本刊各地代售處（全國郵局均可代訂）

南京　中央書局　大中書局　正中書局　力行書局　東鐵書局　鷄鳴書屋　中南書局　文瀛書局
上海　綫代銷　全國代訂　生活書店
鎮江　正中書局
杭州　現代書店
太原　愛民書報社
萬縣　文寶書店
漢口　大衆書局　生活書店
南昌　拔提　邾業山房　南昌

廣州　共和書局　大東書局
寧波　文化商店
武昌　中國書店　新生命書局
成都　開明書局
重慶　北新書局
濟南　東方書社　濟南雜誌社
北平 天津　綫代銷　蠻華公司
長沙　金城圖書公司
濟化　五洲報社
昆明　繁鐵書店
洛陽　拔提書店
西安　大公報分館

《外交评论》杂志版权页

# 外交評論

THE FOREIGN AFFAIRS REVIEW

Vol. VII　No. 1

四週年紀念特大號



第七卷　第一期

《外交评论》杂志封面

# 日本移民東北的政治野心

張啓賢

## 一 日本移民東北之起源

移民東北，是日本的重要國策之一。在三十年前日俄戰爭完結的時候，日本轉租得旅順大連附近一萬三千餘平方英里的關東租借地，及南滿鐵路區一百餘平方英里的土地。當時日本的外務大臣小村壽太郎及後藤新平等，對滿蒙抱有極大的奢望。後藤氏曾主張於十年內向我東北移民百萬，以圖永久佔有該地。然截至「九一八」事變前日人之在東北者，爲數尚不及二十五萬（註一），此輩多屬滿鐵及其附屬各事業之職員，工人及其他商人等，而且百分之九十五係住在關東租借地及滿鐵區內，實際從事於開墾的移民，寥寥無幾。日人三十年來移民東北的結果，不過爾爾，後藤氏之言，不幸落於空想。

眞正的日本農業移民曾於民國四年（一九一五）發現於東北。是年日本由國內招致農民二十戶，至關東租借地內金縣北大魏家屯地方墾殖，命名爲愛川村。經過一年的耕作試驗，結果是乘興而來，敗興而歸，餘留者僅三戶。次年雖經相當之選擇，復招來十三戶，然仍無甚成績可言，

註一 參閱 Japan Year Book, 1935, P. 1158.

不久棄之而去者六戶，所餘者僅牛數而已。這是日本第一次向我東北作集團農業移民的情形。

民國十八年(一九二九)滿鐵出資日金一千萬元，設立大連農事會社，辦理大規模的移民事業。其移居地帶，仍限於關東租借地內。結果至「九一八」事變時，僅招來農民七十四戶，而該會社資金之大部份已被耗去，頗遭日本國內投資者之指責。

## 二 「九一八」前日本移民東北失敗之原因

日本移民不能在東北繁榮的原因，爲一般所常道及者，有下舉五種：(一)日人不習於東北之嚴寒氣候，(二)日人不能拋棄其傳統的家鄉觀念，(三)日人不嫻於東北農事上之技術，(四)日人移殖地帶限於日人政治勢力所及之處，(五)日人無能與中國農民在同一水平線上，作經濟上之競爭。這些理由有否根據，是値得我們討論的。

東省氣候嚴寒，北滿冬季溫度降至華氏零下三十度。日人乃溫熱帶民族，論者(註二)謂彼等缺乏消化脂油之胃，禦寒能力薄弱。然同時亦不無反證之例，如海參威等處亦嘗有多數日人居住。若經濟方面不成問題，在易得燃料的東北，裝置暖房，並非絕對不可能之事。我們因此不可僅就日人的生活狀況，便斷定他們不能適於寒地生活，其根本原因，似乎還是經濟問題(註三)。北海道與樺太不能吸引多數日本移民，非僅因日人不能生存於寒地，較重要的理由還是：投機者的土地壟斷與富豪之土地佔有，而利益不能分給一般日本移民。

日人移殖東北不甚踴躍的第二個理由是：日人不肯拋棄家鄉。自佛教輸入日本，日人便被灌注了一種消極的人生觀，兼之德川政雄，深受了孔孟思想的薰陶，高唱「家」的觀念，以不絕先祖祭祀爲重大道德，一般的日人遂養成

註二 見佐田弘治郎(前滿鐵調查課長)著：吾人終不能發展於滿蒙乎？(民廿二年)，第一一三頁。

註三 參閱 Ben Dorfman, 'Japan's Crowding Population: Is Manchuria an Outlet?' Asia; January, 1934, P. 52.

了嫌惡移動的性格。但近來有些日人以爲日本民族，本由大陸及南洋各處移來，原具有移動本性，至於嫌惡移動，乃基於思想上的影響，此種思想一旦破壞，日人必可恢復其移徙之本性，而伸張其勢力於國外　關於這點，我們暫且拭目以觀吧。

第三點，日人不嫺於種植適於東北氣象及土壤的農產品(註四)，不善豢養適於東北氣候之牲畜，故彼等移殖東北，往往失敗而返。日人在水田種稻技術之精，是一般人所稱道的，但在東北，非有大規模的及很費財力的灌溉工程，不能使日人照樣很舒服地耕種水田。日人在別方面雖稱善於應付環境，但在耕種於東北這件事上，很不幸地，尙未表現出什麼變通的辦法出來。

第四點，日人謂日本移民在東北不甚活躍，是由於彼等之墾殖範圍，限於彼等政治勢力所及之處，如關東租借地及滿鐵區內。彼等甚不滿於我東北當局嚴禁盜賣國土的政策，和我民衆排斥租讓的決心。無怪彼等唆嗾韓人，强行租佔，前後引起了無數不幸的事件。

最後，關於日人不能與我東北農民作經濟上之競爭，這理由實係相當的充分。由日本移往我東北之貧民，一方面旣不能勤苦耐勞如開發東北的魯冀農民，他方面又不肯安於墾殖事業。他們來到東北，並不像我國農民之出於自己之苦心與願望，而實出於人爲的保護。當移來之初，因一時的興奮，或可暫時忍耐操作。然一見其他地位較高的日僑之環境，便生羡慕之心，若稍有財力，便轉圖他業。過去關東租借地內愛川村移民之失敗，其根本原因，即在於此。

東北日僑如收入頗豐，即耽於逸樂奢華，不復懷抱開墾東北之志望。還有許多日僑，在東北積年所得，略有私

註四　Ben Dorfman, op. cit., pp. 52-53.

註五　關日人對我東北言論集，(民廿一年)新中國建設學會出版。

蓄，即返祖國，日人中之抱有野心者(註五)，深惜目前在日本內地所養成的現代學生，毫不適用於開發滿蒙。他們認為一般在東北的日本青年職員，雖在滿蒙負有重大使命，可是心不在焉，只知蓄積金錢，抱歸國主義，他們閨房中的細君，亦常謂：『吾愛，汝應從早設法，積錢歸國，久居此等地方，不將時代落伍乎？』此種以東京市外之小別墅生活為目標的日本青年，即使暫時移遍整個東北，又何濟於開闢「滿蒙新天地」？所以眼光較遠的日人，嘗建議設立日本青年訓練所，使他們食高粱飯，曝露寒風中，從事專門技能，庶能同中國農民，作經濟上的奮鬥。

除却主張鍛鍊日本移民的身心者外，尚有人主張「勞力，資本，技術的合綜移民政策」(註六)。這可算日人侵略中國最後覺悟的一種主張。他們很明瞭：若以資本與技術的單純資本主義來侵略東北，等到東北民衆，依其勤勉努力，而有產業資本之積蓄時　及因科學教育之普及，而獲得同等之生產技能時，必起而與日人競爭，最後必致拔除日人在東北的經濟地位。所以他們深信日人以資本和技術侵略東北的時候　甯肯稍微犧牲資本之利潤，使城市及田間的一切勞動者，都盡量地僱用日本移民充任，以便窮困的日本數十萬失業者都得一噉飯之所，至於向東北謀發展之日本自耕農，他們認為須全村全部移往，作集團體的墾殖生活，經濟自給，不受與中國農民競爭的限制，才能逐漸繁榮。

民國十六年(一九二七)日本首相田中義一奉呈日皇的奏摺中，曾詳陳日本對東北移民的困難。這本奏摺，日人嘗指為贋鼎(註七)，但是事實告訴我們，近年來日本向大陸的進攻，確係根據着這奏摺中的計劃進行的，我們對於此文件，又安能加以忽視？關於移民，田中曾這樣地說：

註六　高木翔元助（日本國民外交協會書記長）著滿蒙獨立建國論（民廿一年），第四二至四五頁。

註七　K. K. Kawakami, Japan Speaks on the Sino-Japanese Crisis, (1932), pp. xi-xii.

『南滿之支那移民日多，支那之財政及國防因之日固，且商租權尚未確實，使我國移民無有插足之地：…甚至不能與山東移民競爭……故我國必須乘此時機而突進，從事獎勵移民，奪取利權，以便制支那移民之先機……

『近來因支那內亂，支那人民，如萬馬奔騰之勢，流入滿蒙，從而危害我移民之進展，爲我滿蒙之進出計，不可不防……如不設法以驅除之，不出十年後，我在滿蒙之警民政策，必被支那化爲烏有。故務於可能範圍內，利用我警察力以挾制之。』(註八)

田中警告日人說：『商租權之取得和魯冀移民之排斥，可使日人移殖之困難，迎刃而解。』民國二十一年三月，「僞滿」政府設立，日人自拉自唱，將多年懸擱的商租權問題解決。日人於是興致勃勃地計劃着如何大規模的移民，以實現其多年的宿願　作者寫此文時，距「九一八」事變，已經四年有奇，在這期間，日本移民東北，究竟表現了什麽成績，是值得簡單地追溯一下的。

## 三　「九一八」後日本移民東北之新政策

日本以暴力侵佔東北後，馬上就與傀儡政府締結了所謂「商租契約」，命傀儡通令各縣政府遵行下列數要點：(一)有欲出租土地者，即可立永租合同，(二)從此人民可勿存盜賣國土之戒心，(三)出租時須通知縣公署，請派員監察，指定劃清範圍，以免糾紛。(註九)

商租權取得後，日人似乎可以暢行其移民政策了。民國二十一年(一九三二)，日拓務省派遣技師中村孝二郎等五人，聯合陸軍部，朝鮮總督府，滿鐵經濟調查會，東亞勸業公司，駐「僞滿」領事館，共同組織「滿蒙移民調查委員會」，撥調查費日金十萬元，赴滿鐵，安奉，吉敦，齊

註八　見田中奏摺。

註九　天津大公報，廿三，四，七日。

克，呼海各路沿線，從事實地調查，製成報告書，作爲移民東北計劃之參考。同時拓務省復特設「滿蒙移民局」，專責辦理移民計劃及實施事宜。並確定移民計劃大綱四項：(一)集團移民，(二)補助移民團體經費，(三)置屯田兵爲移民之先鋒，(四)設立拓殖會社。根據這個大綱，拓務省擬定了一個十年移民五十萬人大計劃(註十)，由拓務省與東亞勸業公司共同負責實行。茲略舉此計劃之要點：

(甲)收買土地，(乙)移殖國內智識份子及技術工人，(丙)移民地點暫定爲五區：鳳凰城附近（安奉線），湯山附近（安奉線），大楡樹附近（南滿路），拉法路附近（吉敦路），依蘭附近（松花江下游），(丁)移民組織：以五戶至十戶爲一組，五組至十組爲區，二區以上爲村。村爲行政單位，設有警察，衛生，教育等機關。每組移民須互相扶助，共同耕作，俾將來成爲自養自給之自耕農。

此種集團移民，第一期定爲一千人，由日政府供給補

註十 閱參 The Trans-Pacific, April 7, 1932, p. 9.



助費。嗣後經拓務省與陸軍及大藏二省會商後，另外擬定一「滿蒙武裝集團移民」計劃，主張移民資格僅限於在鄉軍人。每年移民兩組，每組五百人，合計一千人。每人每年給補助費用由一千至一千五百元。每集團派技師等三人，指導農業。由陸軍省給與武器，並派在鄉將校作軍事指導。至「僞滿」後，改造中國式房屋，建築共同宿舍，抵抗當地義軍，一俟地方平靜，卽將家族移入，組成淸一色的日本農村。

具體辦法擬定後，拓務省遂於民國二十一年（一九三二）十月，實行第一次武裝移民。移往地點指定爲松花江下游吉林省佳木斯地方之永豐鎭。預計將來在該地移殖一千戶，但爲謀他們的保障起見，所以先組織在鄉軍人一組，約計五百人，於是年十月移抵永豐鎭，因無適當居處，遂存附近鳩佔民房，藉以安身。我義軍見此，勢難忍受，乃起襲擊，結果日人傷亡逃散者，幾及半數。

第二次武裝移民約五百名，於二十二年（一九三三）

七月到東北。移住地初定爲永豐鎮西南依蘭縣東的七虎力河附近，因復遭義軍之襲擊，遂移於湖南營附近。第三次武裝移民約三百人，於二十三年（一九三四）十月移往黑龍江省綏棱縣的王榮廟地方，此處東北同胞較少。第四次武裝移民有一百名，於二十四年冬（一九三五）赴哈達河及城子河地方，從事開墾，其餘之四百人，將於二十五年中來「偽滿」。（註十一）此種武裝移民，前後曾由日本接來眷屬三百餘名。

除此之外，日人在「九一八」後之移殖東北者，向有所謂「天理教集團移民」，「天照園移民村」，「鏡泊學園」移民團等等。天理教移民村係由該教在日本集合二百餘日教徒，於二十三年冬在哈爾濱郊外所組成者。他們就東亞勸業公司所代買佔之土地，建設所謂天理村。天照園移民村係數十失業日人於二十一年在遼寧省通遼縣所組織者。鏡泊學園係一實驗的學術團體。二十二年有日本教授及學生二百餘人，在吉林鏡泊湖經營一模範農村，作移民之先導。以上所舉之私人集團移民，爲數共計不過五六百人。

當這幾次武裝移民及私人集團移民正在進行的期間，日本關東軍特務部曾於二十三年十二月底召集關東軍，滿鐵，拓務省，朝鮮總督府，東亞勸業公司，偽組織，及各方有關移民的機關之代表共五六十人，舉行移民會議於長春（註十二）。會中提出的議案，主張根據自給自足之原則，盡量以日本勢力，開拓墾地，不許用工資較低之華人開發，廢止所謂「長袖式」之大地主經營制度，剷除已往移民辦法之缺點，使東北成爲日本內地農村的組織。預定的移民數目，將爲每年一萬人，十年共移十萬人。實行移民的機關，將爲一大規模的滿州移民拓殖會社。此會社的資本，擬定爲日金五千萬元，由日政府出資二千萬，偽方出資一千萬，其餘二千萬則由日本國民或東亞勸業公司投資。

註十一　申報，廿四，九，三日。

註十二　參閱外交部公報，廿三，十二月，第一六四頁。

此移民計劃案，將由拓務省負責施行，由內務省及陸軍省任後援，對移民一家族，初年度由日政府給與補助費一千五百元，至第二年度即由滿洲移民拓殖會社間接援助。二十四年九月，據日方消息，拓務省已決定撥用經費，設立移民拓殖會社，積極施行移民東北（註十三）。

日人儘管很熱烈地計劃着向大陸移民，然而自「九一八」事變至廿五年春天，在這四年半內，移入東北的武裝農民及其眷屬，至多不過二三千人、此輩移民，被義軍襲擊後，成績甚微。日本國內，尤其是納稅的商人及資本家，嘖有煩言。『但軍部壓迫言論，不許報界爲切合實際之報告，是以各報雖間多移民困難之記載，仍綴以將來有望之聲明。』（註十四）假使不如此聲明，軍部必不能允許刊載。蓋緣軍部理想與資本家之利害，完全衝突，日政府所以一時難定國策，不能使移民進行順利，癥結純在於此。日本資本家及政黨派希望在東北作有利之投資，而軍部中人，尤其是少壯派軍人，則主張將東北留給日本移民公用，對於日資本家之壟斷，痛爲詆毀 他們認爲日本在東北移民所以失敗，完全由於資本家的自私自利，不向日本全民族的光榮着想。荒木貞夫「九一八」事變時任陸相，即少壯派軍人之領袖，亦即日本今日幕後之唯一權威，極力主張大規模移民東北政策。前藏相高橋，爲過去岡田內閣中之原動力，深感日政府財政之支絀，極端反對軍人派之移民計劃，斥爲不知死活之奢望（註十五）。荒木在一九三四年脫離內閣，實由於他與高橋政策上之衝突。一九三六年二二六政變，高橋遇害，日本移滿政策，是否能有發展，吾人應勿忽視。

簡單的說，日政府因財政上的困難、及各當局政策之不一致，未能積極辦理移民事宜。同時復因移民自身的種

註十三　申報，廿四，九，三日。

註十四　天津大公報社論，廿四，三，廿三日。

註十五　B. Omura, "What Profit Manchuria?" Asia, October, 1935, pp. 621 ff.

種困難，所以自東變迄今四五年中，到東北的日本正式移民，僅二三千人。但在另一方面，非正式的移民，則暗中增加較速。自日本强佔東北後，日本之失意浪人，與夫大小資本家之來搶官斂財者，爲數確已不少。日本對俄積極備戰，日軍佈滿東北，人數增加。又因滿鐵活動區域之擴大，權利增加，日籍業務人員亦突飛猛進。並且自「僞國」成立後，各機關之主要官吏，多爲日人，去年日人將「滿國」劃分爲十省，復乘此排擠中國系職員，而易以日人，爲日本軍人政客闢一大銷場（註十六）。根據日外務省所發表的東北各日領事館之調查，民國十九年（一九三〇）在東北之日人約爲二十二萬八千，但至一九三三年三月底即驟增至廿七萬六千人。最令人不能忽視者，「九一八」事變前之日僑，多在日本勢力範圍內之關東租借地，滿鐵區內，或通都大邑之商埠地帶。但九一八事變後，日人侵入腹地之人數，亦驟行增加。由民國三年至民國二十年，東北內地之日僑，年年總在三千人附近。但在滿州事變後一年（民國二十二年三月），東北內地日僑即驟增爲一萬一千二百人，幾增四倍之多。近年來因難得可靠數字，更不知幾多日人，已移殖於我們的大好河山了（註十七）。

註十六　North China Daily News, June 15, 1935.

## 四　結論：日本移民東北之前途

日人向東北作大規模的移民，將來能否成功，各方意見，頗不一致。一派以爲從過去經驗看來，日人此舉是不易成功的。以前所述的日本移民之困難，諸如東北氣候之嚴寒，日人家鄉觀念之深遠，日人對東北農事技術之缺乏，日人經濟競爭能力之不若我東北同胞等，縱無一不是阻止日人移殖東北的原動力。雖然有少數日人，如前所提及之天理教移民團，鏡泊學園等等，可以公爾忘私，來東北過刻苦艱辛的生活，但欲一般日人都能含辛茹苦，老

註十七　廿四年三月廿三日大公報社論謂九一八後三年之間日僑增至四十八萬有餘，殆占「九一八」前之一倍，韓人則增至百萬以上。

死異城，在事實上是很難能的。除非是為了生活壓迫，窮無可歸，他們是不願移殖東北。因此，他們的移殖根本就與日政府所定的目標相反。凡事不出於勉强，才能收得最大的效果。至於近年來雖有不少日人暗到東北，但內中有許多是屬於「白領」式的統治階級，可不能算是眞正的農業移民。

另有一派却認為日本已往向東北移民之失敗，不能便證明他們以後不會成功。滿洲事變後的情形已逐漸轉易了。第一，日本强佔東北後，滿州偽國已承認日本的商租權，於是日人移殖東北，可以暢所欲為。其次，日人中平素對於移殖東北作悲觀論者，近已轉變態度。某日文報紙嘗着論忠告其國人曰：『日本對滿移民之目的……是想在滿州樹立一個「第二個日本」。……方今之世，豈吾人計較有利與否之時機，吾人只有犧牲一切，忍耐幹去。』(註十八)復次，日人不易與魯冀農民競爭之難題，很可以用大規模的機械耕拓而解決。至於日人不願遷移的心理，未嘗不能因思想改換而消滅；東北嚴寒之限制，亦可用經濟的力量來克服。唯一能阻擋日本移民的東北中國政府既經消滅，其他問題自可迎刃而解了。

註十八　大連新聞，廿三，十二，一日。

總之，根據日本傳統的大陸政策，我們認為日人向東北移民，決不會顧慮到任何困難而中止的。他們承認移民東北政策，完全是一個政治問題。他們深知如不在東北種下日本種族之基礎，是不能永久佔有東北的，若僅靠少數的統治階級來壓迫東北同胞，遲早必為後者所驅逐，以致前功盡棄。他們現在既佔有東北，勢必運用政治上之種種優勢，來促進移民之便利，同時也必加緊壓迫東北的農工，使他們不能與日人競爭，甚且採取已往對付韓人的辦法，以經濟及政治的力量，迫逐當地居民出境，務期達到「滿州永久為日人的」之程度為止。

然而從我們中國人的立場來看，日人似乎故意地忘記了東北不是一個人煙稀少的半開化區域。這地方有三千萬

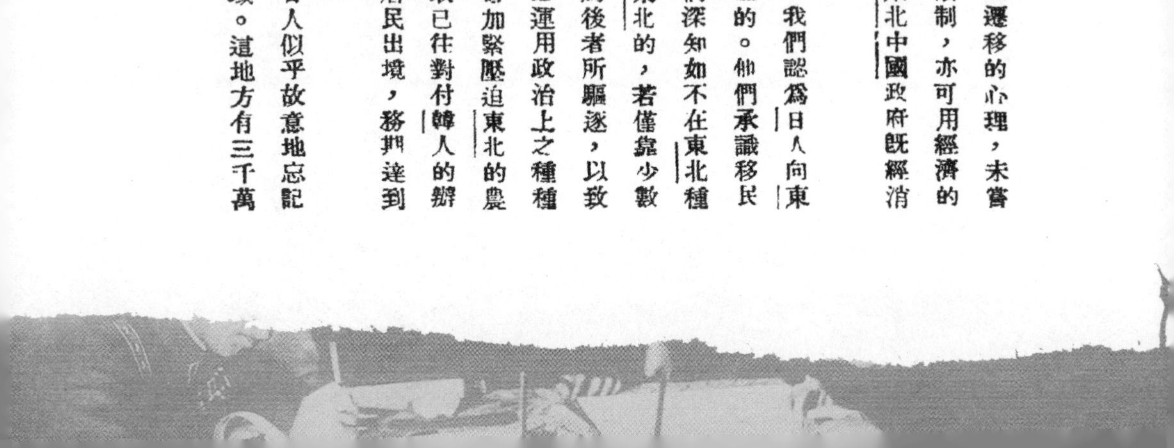

的中國民族，這些人和中國內地民衆有數千年共同的歷史，自來具有很强的生存競爭力。日人以不易，至少在短期間不能消滅或日化這些堅實忠眞的中國人民（註十九）。日人如用歧視政策來危害我東北同胞，他們必不甘屈服，勢必起作困獸之鬪。結果，豈僅社會秩序必日趨紛擾，而日人的願望亦必無法達到。日人移民東北果獲成功——許多人認爲可是能的——則實爲中國的遠憂。此後我國收復失地的工作，定必倍增困難。但波蘭亡國百有餘年，尚能恢復故土，重建國家，則以我國在東北潛勢力之深，豈是日人所能輕易消滅。這是我們不當輕抱悲觀的。唯願全國上下，同心協力，埋頭苦幹，庶幾在異族鐵蹄呻吟下的同胞有解脫外力壓迫之一日。

註十九　有人謂台灣四百餘萬華人已逐漸日化，東北華人恐亦必步後塵。見 Edgar Snow, "Japan Impose Her Culture" Asia, April, 1935, pp. 218 ff.

# 拒　毒

中华国民拒毒会于中华民国13年（1924）8月5日在上海成立，它是由30余个团体联合组成的。这些团体中，以教育、宗教、卫生组织为主。其中骨干人员，主要是当时上海上流社会的人士。这些人或者有留学经历，或者有宗教背景，或者是知名人士。该会其主要形式有:出版刊物、编辑图书;开展活动，组织“拒毒日”“拒毒周”召开大会，组织演讲、举行全国巡回拒毒活动广泛宣传禁毒与戒毒。并且开展对外宣传，开展国际禁毒合作。

拒毒会出版的《拒毒》月刊，共出版了100多期，在当时是中国最有影响力的禁毒刊物。《拒毒》月刊创办于民国15年（1926）5月，影响逐渐扩大，到了民国17年（1928），发行量已达15万份。这在当时是个了不起的成就。

《拒毒》月刊内容丰富，刊载的文章质量高，且图文并茂。内容包括各种法规、新闻通讯、学术文章等，更包括一些与禁毒有关的小说、诗歌、散文等文学作品。尽量做到既有一定权威性，又雅俗共赏。

《拒毒》月刊不仅在国内，在国外也有一定影响，海外华侨们也非常欢迎该杂志。该刊出版至民国26年（1937）7月终刊。

**拒毒月刊第四十七期**

鴉片毒究專號

（中華民國二十年三月一日出版）

編　輯　者　中華國民拒毒會調查科

發　行　者　中華國民拒毒會（上海香港路四號）

寄售處上海及各埠　商務印書館　文明書局　青年協會書
世界書局　現代書局　協和書局局
光華書局　會文堂書局　北新書局
大東書局　大東書局　鑄章書局

《拒毒》杂志版权页

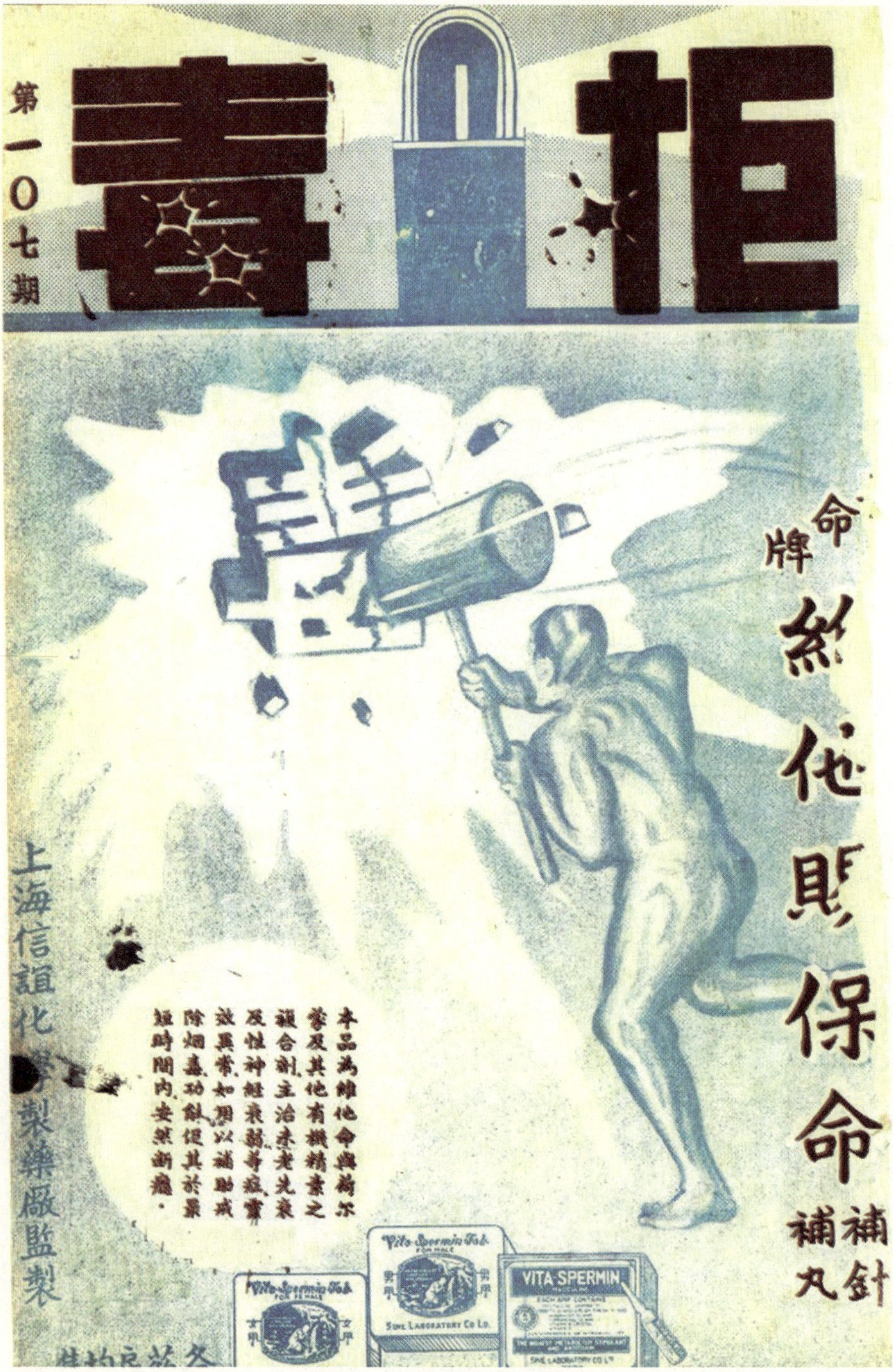

第一〇七期
拒毒
命牌
維他賜保命
補針
補丸
本品為維他命與荷尔蒙及其他有機精素之複合劑，主治未老先衰及性神經衰弱等症，實效異常，如用以補助戒除烟毒，功能促其於最短時間內，安然斷瘾。
上海信誼化學製藥廠監製
VITA-SPERMIN


《拒毒》杂志封面

# 日本毒化政策下之熱河（熱河通訊）

——某方以烟毒娼賭酒陷溺民衆道德
對愚民施小惠對知識份子極殘酷
爲防民變出高價收買民槍——

某方治理熱河，對於鴉片之種植，竭力提倡推廣。并强迫農民非種不可，收穫之後，某方乃儘量徵收并收買，用載重汽車押運至津，平等地，專爲製造嗎啡毒品之用。蓋其强迫民衆推廣種植鴉片，其目的所在，不盡爲多收烟款，以濟軍需，而實爲製造毒品，引人吸食。直接以減弱我種族，此乃其毒化麻醉政策之毒辣，殊足畏也。

某方在熱河，又廣設娛樂，由浪人僱用漢奸，租房設場，內有娼妓，（某國妓女居多，亦間雜有朝鮮妓女，或中國妓女），賭博，（如麻將，牌九，紙牌，押保，等色賭具，應有盡有）。毒品，（如雅片，嗎啡，海洛因，酒品，（各種酒均備）此外倘有樂戲，（如二簧，梆子戲，梨花大鼓，蘇灘，徽調，等小曲戲）雜耍，凡所以誘導人民，使之麻醉者，無一不具。而其索價又極低廉，祇須入門之際，出洋二角，購入場券足矣。入場之後，首先搖彩，如中首彩，有得物約值數十元者，搖而不中，仍可持原券購物，或吸烟。飲酒，賭博，聽戲，觀妓，故青年子弟，無知愚民，輕薄嫖女，罔不墮其誘惑術中，浪人及漢奸，開設此種娛樂場所，既可牟重利，又可引誘中國人墮落，其計亦至毒辣，此其貽害國民經濟，陷溺國民道德。較之强迫人民種植鴉片，或且過之。

僞當局又爲市恩小民計，特裁撤各機關，各縣除縣政府，公安局，監獄，看守所外，其餘若教育，建設，等各機關，均行裁減。故各縣田賦附加地方款　大爲減少，民衆負担，表面驟然減輕，一般無知愚民，又爲其所惑，頗有謳歌其政績者。孰知其實際乃施行愚民政策，故將教育，建設，等要政，或停辦或縮減，概採取消極主義。使國民知識，技能，程度，逐漸降低，以便易於統馭。故其表面藉詞裁減苛雜，以蘇民困，而實際乃係施行愚民政策而已。

僞當局對於辦理警政與稽查戶口，極爲完密，尤其對於知識階級，如

教員，學生，或舊爲公務員者，則調查其家庭狀況，親朋關係，詳晰周密。蓋其用意，在於防範此輩知識份子，若認爲有形迹可疑時，則覓帶押於警署，非刑拷審，往往死於笞杖之下。幸而得以不死，亦多因受刑不過，變爲殘疾或癡愚。故其對於愚民不識字者，較爲寬大，而於知識份子，至爲殘酷苛暴。

又防範民變收買槍械法，日軍初到熱河時即行下令，凡人民藏有槍械子彈者，限期登記，登記未久，旋又下令，一律繳諸僞官廳，不准私藏於民間。□僞官廳發價，初則每槍一支，僞官廳發三十元，後又提高發五十元，今則每支發價一百二十元。查該地民間槍支，向來售價，平常不過五六十元，今竟由僞官廳收買，高出百餘圓之鉅款。故民間槍支，幾盡搜去，無有存留者，其防範人民之法，亦可謂無微不至矣。

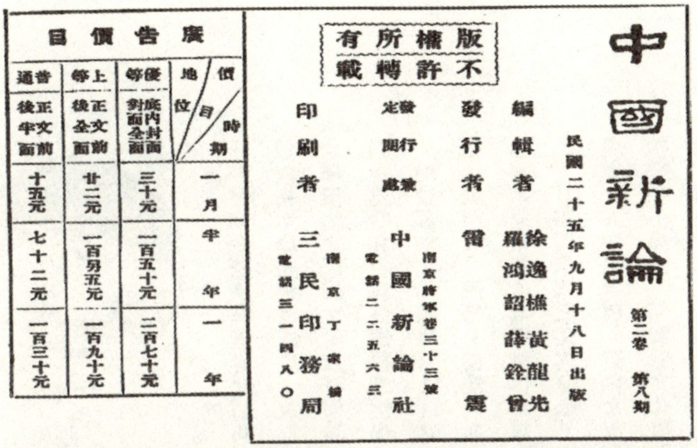

中國新論

第二卷 第八期

民國二十五年九月十八日出版

編輯者 徐逸樵 黄龍先 羅鴻詔 薛銓曾

發行者 雷震

發行兼定閱處 中國新論社 南京將軍巷三十三號 電話二二五六三

印刷者 三民印務局 南京丁家橋 電話三一四八〇

版權所有 不許轉載

廣告價目

| 時期＼地位 | 優等 底封面內面全面對面 | 上等 正文前全面 | 普通 正文前後半面 |
| --- | --- | --- | --- |
| 一月 | 三十元 | 廿二元 | 十五元 |
| 半年 | 一百五十元 | 一百另五元 | 七十二元 |
| 一年 | 二百七十元 | 一百九十元 | 一百三十元 |

《中国新论》杂志版权页

《中国新论》杂志封面

# 「九一八」事變後日本之對華文化侵略

曾亦石

日本帝國主義者自強佔我東北四省後，一方面盡量地以蠻橫手段威脅我政府，意圖保障其既得之權益，并開創未來侵佔之基礎。他方面則思以種種麻醉伎倆，愚弄我人民，圖緩和我民衆對彼之仇恨心理，佐其侵略之順利。此種麻醉伎倆中之最值得吾人注意者，厥爲近數年以來日本所施之對華文化侵略。茲當「九一八」五週年之沉痛紀念日，願書所見與國人共同警惕，以防奸人詭計之得逞。

日本對我國之文化侵略，以其外務省之「對華文化事業部」爲中樞機關。該部大部分事業經費如辦理學校，選拔學生，與設一切對華文化事業事宜，皆係以庚子賠款充當。緣庚子賠款各國皆相率退回我國辦理兩國共同之文化事業或其他設施，其主持之權，大都操於吾國人之手。惟日本一國，雖聲言退回此款，然於該款之支配權，完全操於日人之手。結果於民國十八年我政府拒絕接受，該款遂由日本獨自支配。

日本文化事業部利用此款於每年四月選拔我留學生，（從前係會同我駐日留學生監督處共同選拔，庚款交還日本後，選拔留學生之權，純在日本文化事業部手中。）前年以前，選拔費每月係日金約七十圓，前年以後，改爲每月自四十圓起，其目的在於增加選拔人數。除此普通之選拔而外，尚有名爲特別選拔者，則爲每月百圓百二十圓不等。普通選拔凡在學一年以上，經學校當局之認可，即可提出，原則上當然是依學業成績之好壞爲標準，然內中也不免人事之活動。至於特別選拔生之資格及提出之辦法如何，一般皆不得而知。

迄去年，其選拔留學生之辦法又有變動。蓋從前被選拔之學生，可領選拔費至畢業爲止。然自去年起，文化事業部又將被選後之有效期間，減短爲一年，即本年度被選拔後，領費至明年四月又須提出請求，如審查合格者，可以繼續爲選拔生，不合格者則即停止發費。表面上當然是考核學業成段，然據一般傳說，內中亦不免另有作用。

去年九月裏，東京讀賣新聞載了這樣一個消息：日本文化事業部每年化費數百萬圓選拔留學生，然被選拔者，歸國後或即於在學期間，也常常大做其反日工作，故文化事業部今後選拔留學生，必須與調查留學生行動之警視廳外事課的人取得聯絡，以期能收實效云。這是文化事業部對付留學生的情形。

此外日本外務省文化事業之工作尚多，觀乎去年十月，雜誌支那時報（專載中國問題）揭載了這樣一個消息：『日本對華工作之基本條件，首先在先得人心，然而這樣十分明顯之事，往往並沒有做到而適得其反者。最近外務省當局，向大藏省提出了對華文化工作之特別會計案，將從來之每年三百萬圓預算，增加爲四百萬圓，此新增加之百萬圓，即將以之直接施行於與中國人民之實際生活有關之諸工作。因爲如北平之人文科學，上海的自然科學研究所文化學院等皆過於專門了，對於一般民衆，簡直不能發生密切之關係。故此後當注意於醫療設施之普及，獎勵優待留日中國學生，積極努力於技術之援助等。』吾人於此當可以了解日本文化事業部工作之繁重也。

又去年「九月十八日」文化事業部第一課長林安氏曾來我國視察。據日本報戴其使命係因文化事業增加百萬元預算後，特赴我國計畫擴充各地同仁病院，并改善北平文化科學研究所，上海文化學院等。

又據本年八月十九日日本報載：『關於外務省的對華文化事業工作，省（外務省）內外皆有不少之批評，希望其轉換局面。故有田外相特於十八日召集堀內次官，桑島東亞局長，上村東亞第一課長，岡田文化事業部長，林文化第一課長開會，全般的檢討過去之對華文化工作，協議兩小時半，認爲從來之對華文化事業，太偏重於學術的研究，與中國民衆之接觸過於淡薄，故未能收充分之效果。爲應付目前中日經濟提攜之需要，及強化在華北之特殊地位，故不能不將對於中國民衆有直接關係之事業加以充分之考慮。決定於第六十九次議會要求增加預算，於青島及天津等增設產業研究所及其他機關，對於華北之經濟開發

與以側面之援助云』從這些消息當中，我們知道日本帝國主義者在如何地積極布置其對我國之文化侵略的工作呵！

其他如在文化事業部領導之下而各負其局部工作的如日華學會這是專門和我們之教育界學術界人士往還，給與一切參觀旅行之幫助，年來我國大批之赴日考查團到日本後大半由該會出面招待領導，其所負使命當然是宣揚日本文化，收買中國人心，「九一八」後我國人士研究日本心切，赴日考察者也特別多，於是該會工作亦甚爲忙碌。去年由該會主辦之東亞日語高等學院特爲我留日學生建立一東亞寮宿舍，收容留學生住宿，以圖收中日親善之功。本年度日華學會復另闢新房，可見其事業之繁旺也。

同仁會醫療所這也是受文化事業部支配的，該會於我國之北平，青島，濟南，漢口等地皆設有同仁醫院，該會係從國民生活必須之醫療上接近我國民衆，故其工作，在上述之日外務省的對華文化工作革新計劃中，當有更大之擴充與改良。惟據調查，因年來我國民受日本着着進逼之結果，頗引起對日厭惡心理，故各地同仁醫院雖力求接近民衆，然其營業，亦不見較前興旺云。

其餘如上述之北平人文科學，上海之自然科學研究所文化學院等在外務省的對華文化事業革新方針下，年來皆在積極籌劃收實際效果之辦法，此刻因時間之匆促，不能一一記述。惟此中上海東亞同文書院，所負使命，應特別提起國人之注意，蓋該院負有蒐集研究中國資料，調查中國各地出產地形等重大任務，該書院學生每年赴中國內地旅行，其足跡所到之處，遍我國邊陲各地，年來日本人之到我國內地旅行調查者，多係該校學生負責領導，且該校學生平素之教養，即係以養成所謂「支那通」（即熟知中國之意）爲目的。故凡日本內地的調查中國人的警察和特派至我國內地作特殊工作者，多出身自該校。年來因日本對此項人材需要特多，故該校亦正力求擴充云。

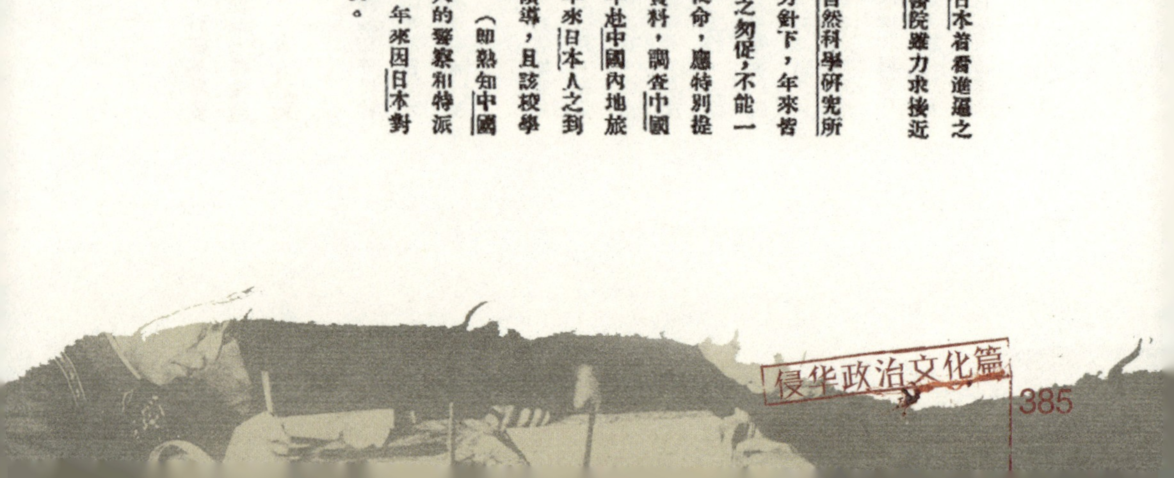

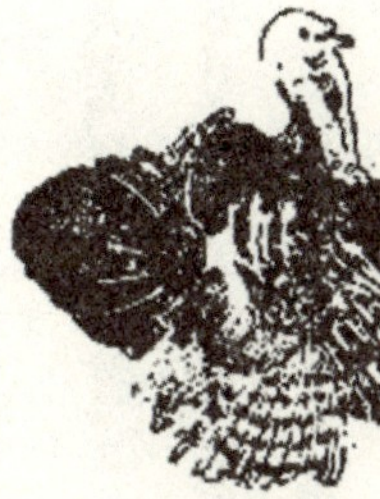

# 「九一八」事變後日本對華政策之演變

張秀峯

## 一 前言

在這篇文章的開始，首先有下列三點應向讀者加以說明：

第一，日本是一個後進資本主義的國家，纔是早經進入帝國主義的階段，其對外侵略的目的，在原則上說主要的是在經濟權益之獲得，但其侵略的方式，與英美等先進的帝國主義之間却存着不同之點。即是說，日本的向外發展，特別是對我國的侵略含着濃厚的政治侵略和領土佔領的野心。歷年來日軍在我國一切狂妄的行為，都證明着這點。又因為日本是個四面環海的島國，資源的出產異常薄弱，它要想與列強爭衡，要想避免戰時遭受敵國的經濟封鎖，所以必須要向大陸發展，爭取資源豐富的地方，以為其伸張「國威」及發展其所謂「大和民族精神」之基礎。我國的東三省、熱河、以至整個的華北遂成為日本的政治和軍事侵略之直接對象，它的對華政策亦以此為其樞紐而被決定。

第二，日本之所以要向大陸伸張無已，既佔取我東北復進窺我華北者，決不是如它自己向國際間所作之宣傳，是為了防止赤禍東侵而作進攻蘇聯的軍事地理上的準備。誠然，日蘇兩國因為制度之不同而有根本上的矛盾，在其彼此間未來國力的發展上，亦將發生必然之衝突；但以目前情勢而論，不但蘇聯沒有和日本一戰的念頭，即日本亦沒有與蘇聯一拚的必要。這理由很簡單，就是蘇聯近年來積極擴充遠東軍備的結果，使日本認為與蘇聯作戰是一種高度的冒險行為，而况苦寒的西伯利亞，何如抵抗力較弱而又資源豐饒的華北之美妙呢？

我們應該在此明確的指出，日蘇的戰爭就是要爆發，也要在我國的土地財產人民可以充分的為日本所揮動，為日本充當炮灰之時，即是說，在目前情勢之下，日本如不能達到策動中國的人民去為它作第一陣的犧牲時，決不會動員它本國的國力去與蘇聯衝突以減少其對華的侵略。實際上，日本對華的野心，決不因為日蘇間之對立所可減少；所以我們在認識日本對華政策時，決不要被這些迷混了我們的眼睛而放鬆了解救民族危亡的工作。

第三、本文所論的範圍，係從「九一八」事變至現在這五年間的日本對華政策的演變過程，並特詳於自去年六月灤州事件後（何梅協定）至華北自治運動之醞釀以迄現在為止，俾讀者能從此中追蹤日本侵略中國之跡以了解中日之現勢，並促我民族之徹底的覺悟。在敍述中，常有涉及日本內政之處，此於我國人了解日本尤為重要之點。

## 二 「九一八」事件至塘沽協定

「九一八」事件之爆發，其主要原因，在於彼時東三省的民族資本有了強大的發展，凡工業之振興，鐵路之增築，農業原料之壟斷，在在皆使日本的既成勢力，感受重大威脅。以南滿鐵路為中心的日本資本家們，當然不能坐視其權益之漸趨沒落。因此與滿鐵資本有密切關係的關東軍，遂在「九一八」之前由「中村事件」起，便隨時尋覓機會企圖對當時的東北地方實權者作一種實力的壓迫，要求他們既得的權利獲得明確的政治保障。其結果，遂由「九一八」事件以造成偽「滿洲國」之傀儡組織。

此一時期，日本對華政策之重心全在於軍事的掠奪上，以期佔領廣大的地盤而實現其大陸政策之夢。

由「偽國」之成立，中間經過天津騷亂，淞滬戰役，古北口喜峯口戰役，熱河佔領，以至塘沽停戰協定為止，中日之間無正式交涉之可言，日本政府用盡其強暴威脅之手段，以期發動國際間之聽聞使事件呈現擴大之勢。同時日軍及偽滿軍在東北的瘋狂的殺戮行為，一方面抑制民衆的抗日情緒，一方面企圖威脅我政府承認偽國之組織，以在這種情形之下，日本帝國主義者在其國家的預算中，對滿的軍事費沒有一年可以減少，所以在財政上已受到重大的損失。其次南滿鐵路公司的滿洲移民政策，亦因社會秩序的不安簡直不能進展，已經被派去的，隨時都私逃回來，將被派去的人不願去。我們時常可以在日本的出版物上看到他們爲被派去的移民之苦痛而作呼籲的，在去年的日本閣議上，高橋財相并曾痛罵移民滿洲等擬「拋棄孤兒」！其次在投資方面，至去年高橋爲財相時，統計「九一八」事變後日本內地投資於滿洲的已達十一、、、萬萬，然皆無利可獲。所以在閣議中高橋屢屢聲明，對滿投資應通知大藏省，不能任意將內地資本輸出。這是因爲日本在國際收支的結算上，并不是債權者，它在國際金融界的勢力，根本不能和美「元」與英「磅」相比擬，既沒有大量剩餘的資本投向海外，更不能以內地的生產資本投向急切不能產生利潤的地方去等待未來的收穫。所以在投資方面，由於僞國的社會秩序之不安，與各種自然和社會條件，日本亦未得如意的進行。

根據上述的事實，我們似乎要想到日本之領佔東北四省好像一無所得而反有損失一樣，那末由此他或者就可以獲得永遠佔領東三省的保障。

## 三 由東北轉向華北

日本帝國主義既侵佔我東北四省，一手造成傀儡的僞組織，并用盡一切無恥的方法企圖把「僞國」的內部安定起來，以便從事於產業開發和移民侵佔。但我中華民族已有數千年之悠久歷史，及根深蒂固之文化思想系統，決不是暴日的武力和麻醉伎倆可以把它消滅！所的在「僞滿」的組織內，日本帝國主義雖是用盡了心機，起先以爲佔領熱河，成立非武裝區域便足以保障僞國之安定，然而直到今日，爲民族復興而奮鬥的戰士們——東北義勇軍，仍在此仆彼起地輾轉與暴日血戰，根據今年五月關東軍所發表的由「滿洲事件」至現在縣年間的日軍傷亡統計，其總數已達十八、、萬之多！而且是按年增加，即「九一八」當年爲二・八七一人，次年民國二十一年爲三一・七三八人，民國二十二年爲四二・一四九人，民國二十三年爲三九・八七四人，去年爲最多，達五四・七六六人，本年雖尚無統計發表，但據日本報紙日常之報告，其傷亡數目較之去年必是有加無已！所以「僞國」內部的治安迄今仍不能安定。

放棄其侵略和掠奪的政策了。但在事實上，恰與此相反。正因為它在財政上沒有得到補益，又因為它的軍事費和各種匡救國策費的不斷膨脹，在在都需要金錢，而這種需要又決不是日本自國能夠設法，所以還是只有加緊對外的掠奪。在「偽國」日本用盡一切強暴的方法以直接榨取人民的血汗，掠奪民間所存的現金，同時由於原料和勞動力的賤價的賤價的提供，也可以使一部分資本家們獲得尋於由掠奪而來的利益，并可藉以緩和國內的失業問題。所以在事實上，日本帝國主義并不因其強佔東北不能完全消化，便放棄對我國的侵略和掠奪，反之，為了要彌縫它國內的財政、經濟、失業等各種危機，就只有加緊的向外侵略。所以在塘沽協定以後，日本就認為侵佔已經告一段落，遂積極的從事於進窺華北之準備，以維持其大陸政策的一貫精神。於是直接侵奪整個華北之序幕於以開始。而大陸政策之實現，遂得更進一步。

## 四 偽自治運動之醞釀及日本內政上之矛盾

自塘沽協定以後，日本遂積極的進行其侵佔華北的各種布置，中間經過許多大小的中日間的糾紛，而發生去年六月的灤州事件，因而造成何應欽梅津協定。這個協定成立以後，日本軍人的氣焰益加張狂，以為中央的勢力可以輕易地從華北排除出去，而一些失意政客和地方軍人却恰供其利用，在這情形之下即開始了自治運動的醞釀。所謂自治運動者，即是日本要在華北製造一個離叛中央與日本親善受日本支配的政權，以遂其直接統治華北之野心。日本的資本家，政府和軍部無不一致的盡力於這個目標之實現；但是在其進行的方法和步驟上，在日本的內部却存着很大的分歧之點，所以我們為要了解由自治運動之醞釀以至殷逆汝耕的冀東偽政權之成立這段時期中日本的對華政策之內幕，必須從日本內部的矛盾上作一清澈之觀察方能達到。

現在我們來看日本統治階級內部的兩派，即所謂現狀打開派和現狀維持派，在其侵佔華北的策略上所反映出來的矛盾之點。

滿鐵資本家及國內革新派和關東軍所代表的現狀打開派，自去年六月以後，即從事於投資華北之宣傳，各種新聞雜誌上都有宣傳華北富庶的文章，各通宣傳華北資源豐當的小册子，如雨後春筍，層出不窮。同時由南滿鐵路公司，關東軍及民間實業團體派赴華北考查實業農藝者先後絡繹不絕。這就是由現狀打開派所策動、企圖由此喚起日本內地資本對華北投資，先從經濟入手，隨着經濟上的支配力量以製造具希望中的僞政權。

當時的關東軍曾要求「臺拓」「台灣」「朝鮮」等銀行出資開拓華北，但是這個要求因爲兩種原因的阻礙幷未實現。第一個原因即是前面所說的日本不能以內地的資本投向生利緩慢的地方，而且因爲不能獲得政治上的安全保障，資本家們當然亦不願意冒這種險。第二種原因是當時政府的財政權尙操在現狀維持派的代表財政家高橋的手裏，當然不願內地的資本外溢而使內地的各項公司的股票跌價以損他們的利益。由於這些阻搖使他們的計劃未能實現，於是關東軍及華北駐屯軍和一些少壯派的軍人遂惱羞成怒，認爲開拓華北的如此良機，決不能因爲資本家的壟斷而放棄，所以結果遂由軍人的一意孤行，想利用一些浪人土痞冒充農民要求自治，硬逼華北的地方當局離叛中央成立所謂「華北自治政府」。

在此時，我中央政府公佈銀國有令進行幣制改革，其結果使華北的地方政權無論在政治經濟上更趨向於中央，使日帝國主義的侵略遭受了嚴重的打擊。同時，因爲幣制改命使中央政權強化幷深入各地，打破各地方的封建割據，更進一步的完成統一的政局，這當然又爲日帝國主義所嫉視。所以當時日本國內的輿論，一致宣傳中國銀國有令之公佈及幣制改革是促成華北自治運動爆發的原因。而華北駐屯軍的第一個聲明，就是要求宋哲元禁止白銀輸送南下，因爲華北所存的數千萬白銀已早在日人掠奪的計劃之中。日本在此時盡量地收買漢奸，利用流氓，以圖急切成立所謂自治政權，侵吞華北。但是如前所述，日本雖是用盡一切強暴的手段製造背叛中央的政權，但因華北的地方經濟與中央直接統制下的江浙金融界已有密切的關聯，在政治上中央已有強大之支配力，決不是暴力可以強其分離的所以結果醞釀了很久的侵吞華北的自治運動，只剩下利用殷逆汝耕將塘沽協定所規劃的非武裝區域造成了一個冀東僞自治政權以掩天下人之耳目，作個下台的藉口。所以國府命令宋哲元爲委員長成立冀察政務委員會，日本的輿論界曾呼之爲「早產」，「剛腰」，意思是說，這事件是爆發得太早，準備工作尙未完善，所以弄得沒有結果。因

之日本就有用另外的方法達到預定的目的之必要。

## 五　「二二六」事件前後

日本對於冀察政委會所採的策略，卽是從事於使它的質上發生變化，使冀察遠離中央而傾向日本。在這樣的路線之下，首先利用殷逆汝耕強佔鹽稅侵奪關稅等，造成許多困難的問題，以要挾冀察的當局。華北的走私事件，也是在這種計劃之下進行的。而「二二六」事件之爆發，廣田組閣，馬場財相的財政政策之改變，使日本的對華策略又呈一明顯之轉換。

「二二六事件」：是日本內閣上劃時期的政變。事件爆發的基因，就是由於前述的日本內政上的兩個派別之衝突。這兩個派別中的現狀維持派，係以既成的老大的資本家金融家為主幹，在政治上和元老重臣派有密切之關聯，在「二二六」以前，他們在政治上有不可動搖的支配力。因為他們是既成勢力，所以凡事主張維持現有的情勢以求逐步的發展，故其對華政策比較緩進，重在求實際的獲得經濟上的實益，不主張冒險投資。而日本的新興的力量，卽所謂現狀打開派或革新派，以軍部的少壯軍人及侵華最烈的關東軍為其代表，而其實際的主幹則是一部分軍需工業家和近代化的新興產業資本以及滿鐵的資本家。他們要想打破當時的國家財政政策，故竭力促成投資滿洲華北的運動及擴充軍備以增強其實力。在意識上他們利用一切右傾的國家主義的勢力結成一個新興強烈的力量，從「九一八」起在政治上大露頭角，因之其力量亦與日俱增。

在「二二六」事件以前，現狀打開派的力量雖在繼續的膨脹，但是政治上大部分的實權仍落操在維持派的元老重臣手裏。譬如前述高橋之限制既滿投資，限制軍事費膨脹。及南滿鐵路的股票在日本內地發行困難等，皆是給與其對敵以明顯的壓迫。而外務省之對華政策與軍部又時有衝突，甚至整個中央部的政策又與關東軍華北駐屯軍不相一致，皆係兩派對立之反映。以兩大系資本家之對立為基礎的兩個政治派別之不斷的衝突，乃產生「二二六」的歷史事件。

事件的結果，維持派在政治上傳統的支配力被擊破了，打開派的革新意識在政治上的作用愈益擴大。亦卽是打開派的革新的右傾力量在政治影響上擴大了，就是維持派的資本家們，也覺得這新的潮流並不是不可以利用的，於是三菱，三井幾個大財團的主要人物皆相繼下台。資本家和法西斯的結合因此更普遍而密切了。因之日本的一貫的積極政策，更能獲得資本家的支持，所謂一元化的外交政策於以完成。

在這個一元化的外交政策之下，首先是增兵華北，先取得實力上的保障，其次再來開發華北的產業，如農產，礦產及發展交通等。最近因爲川越的北上，在天津有華北武官會議及領事會議之召集，其結果謂駐外官吏與中央部意見完全趨於一致，今後將致力於華北經濟之開發，進而謀中日經濟之提携。另據確息，日本當前之對華秘密，將以對華問題爲中心，進而與英、美、蘇俄、德等謀協調以圖在華勢力之得以順利進達。如朝日新聞首唱英日同盟復活，太田駐俄大使歸國後，力言蘇俄無挑戰意而引起一般之好感，即爲此事之明證。像這些對華策略之改變固然與「二二六」事件有特別的關連，但亦可看出日本的政治家是在如何聰明地應用他們的手段以迎合當前的情勢。在另一方面，這種策略上的轉變，亦決不是日本對華政策之根本上的改變或取消，因爲所謂策略實只是政治行爲的方向和方法，他不過是實現其根本政策在某一個一定的階段所採取的方法而已。

## 六 結論

在敍述完了由「九一八」至現今這五年間的日本對華政策的演變及其內政上的各種情形之後，現在我們來觀察當前的中日關係及我國應採之對策以作本文的結論。

在前述的日本對華策略之轉換，除了因爲日本因「二二六」事件所發生的內政上之變化及受了國際情勢之影響以外，其根本的原因卻在中國的內部形勢之轉變。

最近的西南異動問題之迅速圓滿的解決，使我中央政府之統治權愈形強固，分裂割據的局面已不復在中國存在，此一方面表現出中央政府歷年年埋苦幹的成效，一方面即在事實上與侵略者以實際的打擊。并且自從幣制改革及銀國有令公佈之後，隨即有各種建設借款之成功，各種建設事業之進行，在在皆足爲我國政府興盛之表徵。而日本過去在我國所利用的地方政權之分裂，以進行無理的交涉及壓迫之事，現在已幾於不可能。而我國政府因爲本身力量之愈趨強固，全國愈能作政府之後盾，這些又使日本軍人在中國的強暴行爲不能不有所顧忌。雖然暴日之侵略固永無止境，但如我國民衆一致團結在中央政府領導之下，中央政府本過去實事求是的精神，以正當之外交手腕先謀中日國交之調整，而後脚踏實地以圖繫伊國家民族之興盛，當爲可能而且必需之事。全國民衆！惟有強固的團結在中央政府的領導之下，方能獲得眞正的民族國家的解放！

《申报》周刊封面

# 自修大学

《自修大学》创刊于中华民国26年（1937）1月，主编李平心，发行张鸿飞，双周刊，系社会科学综合性期刊。每期均以“一叶评论”作为开篇文章，大多以评论时事为主要内容。本刊除评论、探讨时局政事之外，每期均刊登一些百科名词解释以提高大众素质修养。民国27年（1938）8月13日，《自修大学》更名为《自修》旬刊，卷期另起。该刊出版至第1卷第10期。

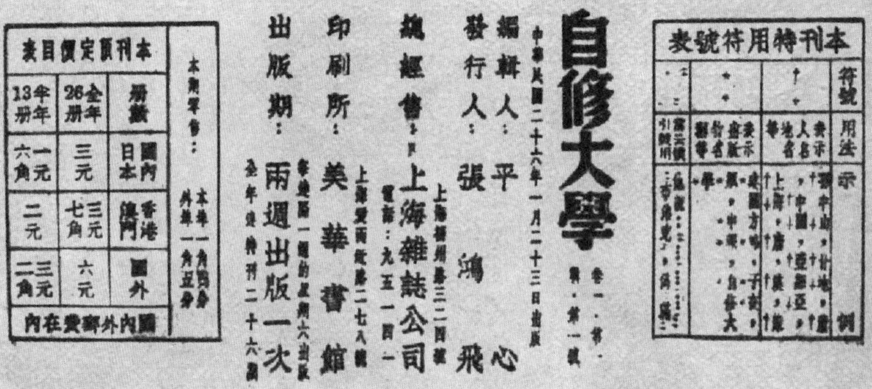
自修大學
中華民國二十六年一月二十三日出版
編輯人：平心
發行人：張鴻飛
總經售：上海雜誌公司
印刷所：美華書館
出版期：兩週出版一次

《自修大学》杂志版权页

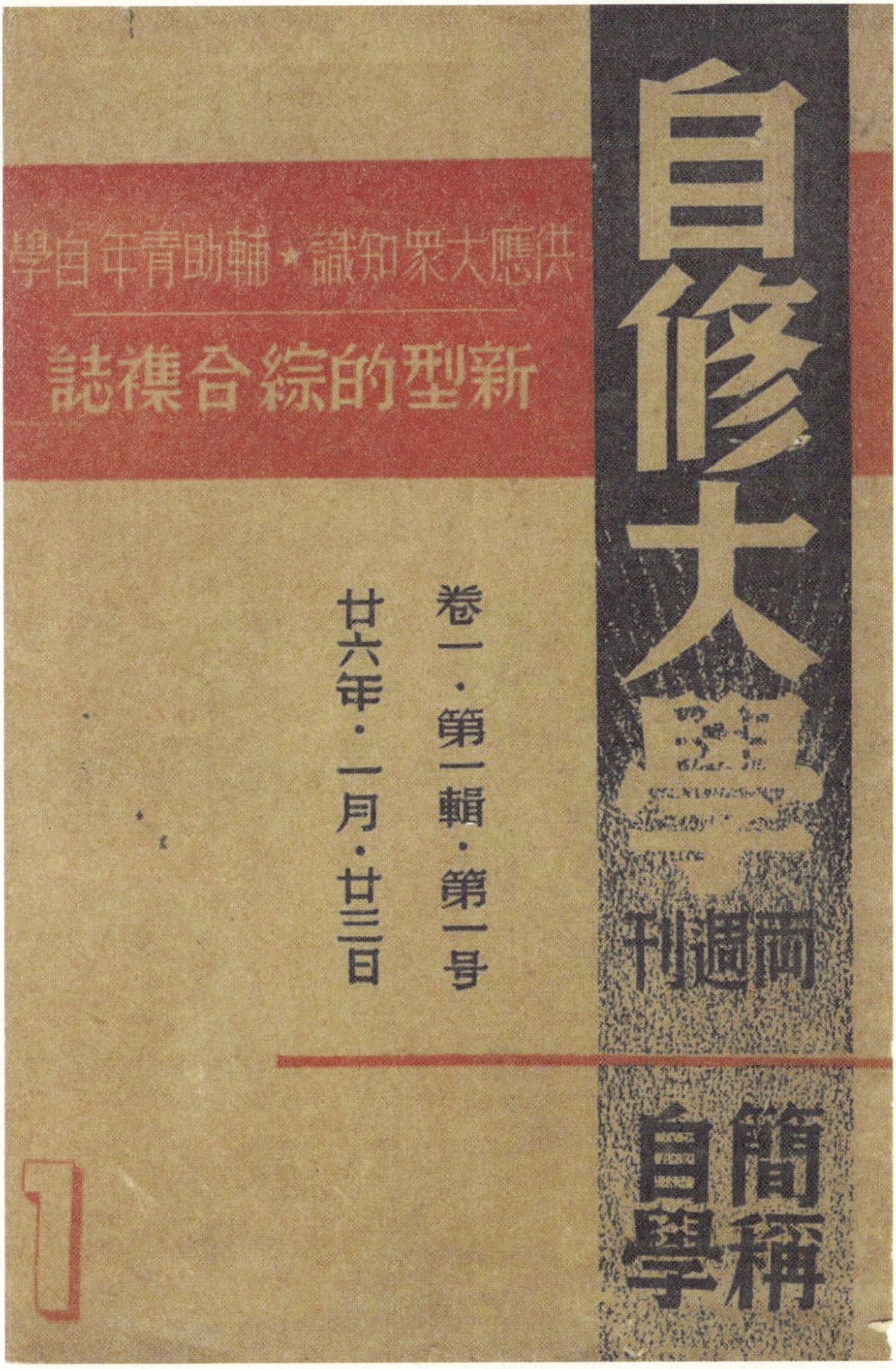


《自修大学》杂志封面

# 兩周漫話《附漫畫》

## 九一八以來日本對華外交的檢討

李凡夫

### (一)從大陸政策的「界限」說起

日本政友會議員蘆田均氏，於三月十一日在衆議院中曾向佐藤外相提出質問：「關於對華政策之改善，當由明示大陸政策之界限而出發，日本究以何處爲其止步？」蘆田均氏這個質問未免過於滑稽，難道作爲日本政友會議員的蘆田均先生還不知道大陸政策的界限嗎？我們的大公報記者也未免過於老實，他竟希望「佐藤先生趕快把對華方策的最少限度宣布出來」（三月十二日大公報短評），好像只要佐藤先生把大陸政策的「最少限度」宣布出來以後，我們便可以安心「建設」了。其實，今日佐藤先生對大陸政策的界限宣布與不宣布，不是一樣嗎？在九一八事變的時候，當時充任日本代表的佐藤先生，何嘗不會極力替日本帝國主義的強盜行爲辯護，向國際聯盟口口聲聲表示「軍事行動的目的，在保僑護路，不久當撤兵至鐵道線以內」呢？可是事實怎樣了？難道五年六個月以來的事實還不夠說明日本大陸政策的「界限」是沒有止境的嗎？我們今日還需要佐藤宣布牠的最少限度嗎？若果現在還有人不知道日本大陸政策的界限的話，那麼，就請他再三熟讀久已聞名的田中奏摺好了。

『按明治大帝之遺策，第一期征服台灣，第二期征服朝鮮等，皆既實現。惟第三期之滅亡滿、蒙，以便征服支那全土，尚未實現（現在早已實現）。惟有征服支那，必先征服滿、蒙，如欲征服世界必先征服支那。……我對滿、蒙之權利如可真實的握到我手，則以滿、蒙爲根據，以貿易之假面具，而風靡支那四百餘州；再以滿、蒙之權利爲司令塔，而攫取全支那之利源；以支那之富源，而征服支那及南洋各島，以及小亞細亞暨歐羅巴之用』。

『征服支那全土』，進而『征服全世界』，這便是日本大陸政策的界限，這個界限若果不是受到被侵略者的迎頭擊碎，日本帝國主義是決不會自動把牠縮小的。儘管牠今天可以宣布牠的『最少限度』；然而當牠達到這種限度以後，誰能保證牠明天不再宣布牠的第二第三第四以至無窮的『最少限度』呢？我們被人一步緊迫一步地趕上奴隸命運的中國人，不能再做夢了。我們必須看清楚：日本帝國主義滅亡中國的政策是整個的，牠爲要實現這滅亡中國的整個政策，牠可以運用種種不同的方式和手段，五年六個月來，就不知變換過多少花樣（當牠變換花樣的時候，自然有牠客觀的原因），但是這整個政策的骨子卻是始終不變的啊！

## （二）『焦土外交』代替『幣原外交』

從一九三一年九一八開始到一九三三年五月三十一日塘沽停戰協定簽字時止，是日本採取露骨的武裝侵略政策的時期，在這個時期裏，是用不着什麼外交的。當

時日本的外交官只是替日本的軍閥向世界播送些掩耳盜鈴的欺騙宣傳，向國際聯盟辯護辯護日本的行動而已。本來，當九一八事變發生的時候，幣原喜重郎還做着若槻內閣的外相，他是日本頂出色的外交家，曾先後做過五次外相，頗熟諳國際情勢和爛熟於『避名求實』的方法，什麼『經濟提攜』『日、支親善』和『共存共榮』等術語，即使不是他老先生所獨創，也是由他切實應用的。當一九二五年秋，中國召開北京關稅會議的時候，幣原外相曾大顯身手，首先承認『支那關稅自主權』，因而換得了『支那外交的指導權』。在第一次會議的前夜（十月二十五日），連我們的全權代表王正廷博士也須祕密地將演說的草稿首先徵求日本全權的同意，由此可以看到當時日本勢力在中國是居怎樣重要的地位了。日本外交所以能在中國獲得如此重要的地位，據日本人說，這都是幣原外相的『勞績』，所以『幣原外交』至今猶爲日本的元老重臣和金融資本家所讚絕。可是，有着如此『偉大勞績』的幣原外相，到了九一八事變後，日本軍閥已再用不着他了，認爲他的『協調和平主義』已經過了時，而必須讓『皇軍』顯示威風的時候了。雖然幣原在離開霞關官邸之前，還曾向軍閥警告：『我們（日本）吞併了滿洲，等於吞下一顆炸彈』；但軍閥們却認爲不值一顧。繼『幣原外交』之後的是『焦土外交』（在幣原之後，內田之前，芳澤謙吉曾做過一個短時期的外相，但無特徵可言），這個外交口號雖由內田康哉外相喊出來，但事實上這不過是日本『皇軍』繼續向中國進軍的喇叭吧了。

日本在這『焦土外交』的路線下，一直搶了中國八百萬餘方里的土地（等於日、英、法、德、意、奧、匈、比、荷、丹、瑞士等十一國本國的面積之和），壓迫中國簽訂上海、塘沽兩個喪權辱國的協定，同時宣告退出了國聯，宣佈了華盛頓海軍條約的死刑，拒絕了蘇聯的日蘇互不侵犯條約的提議……，這時日本帝國主義的氣燄的高張，眞是無以復加了。

## （三）『協和外交』又代替『焦土外交』

『焦土外交』雖然獲得了如上許多利益，但到了一定的階段，又非改換面目不可了。一方面，日本帝國主義者在上海、塘沽兩次協定的交涉中，他們得到了一個極可寶貴的暗示，他們知道不一定要直接用飛機大砲，而只須用威迫利誘的方法，也可以獲得很大的利益；另方面，國際情勢的日益嚴重，財政危機的日益深刻，中國民衆反日情緒和日本民衆反戰情緒的日益高張，使日本軍閥也不能不有所顧慮。於是他們靈機一動，計上心來，便馬上把內田趕走，另請廣田出來播音。廣田一上台就大唱其『消滅戰爭』、『萬邦協和』的調兒，廣田這副臉孔，一時頗獲得日本資產階級的讚許，他們認爲這是『幣原外交』的再現。就這『協和外交』的煙幕彈下，侵略者一方面極力設法緩和對英、美的矛盾，減輕對蘇聯的嚴重性；另方面對中國則改用經濟、政治、軍事、文化等數管齊下的侵略方式。什麼『經濟提攜』、『水鳥外交』、『啄木鳥外交』、『自治運動』等都是在這『協和外交』下演繹出來的。果然，侵略者用這些方式，用不着化很大的犧牲，又獲得了許多的便宜。在『經濟提攜』的口號下，侵略者不但得到了一部分『高等華人』的協助，成立了可恥的『中、日貿易協會』，打開了『用貿易的假面具，而風靡支那全土』的大道；而且華北五省的經濟實權也給他『提攜』去了。到了一九三五年五月二十九日，華北日本駐軍又毫無理由地突然提出新要求，結果，成立了何梅協定，從此以後，不但中央軍不能再蹂河北，連國民黨也不許在河北活動了。到了一九三五年秋，『自治運動』在華北又甚囂塵上，在土肥原的導演下，殷汝耕的『冀東防共政府』、德王的『蒙古軍政府』以及『冀察政務委員會』等組織相繼成立，而平、津的領土，事實上也早已落入敵人之手了。

## (四)由『三原則』到『自主積極』

侵略者在『協和外交』的烟幕下，既毫不費力地向中國攫取了無數的利益，他們便以為這條路是侵略中國最便宜的道路，於是再接再厲，由廣田外相把擬定了的滅亡中國的三大原則（要點是：(一)根絕反日運動，放棄以夷制夷政策，(二)承認滿洲國，(三)中日滿共同防共和華北特殊化），於一九三五年九月交給蔣作賓大使，強迫中國政府承認。照廣田的經驗，中國政府是沒有膽量拒絕的，所以他在一九三六年一月二十一日的衆議院中，居然神氣十足地聲明中國已經同意了他的三原則。可是他沒有料到中國民衆的憤怒已經達於極點，中國政府畢竟順從了民衆的意見和要求，對日本採取了比較強硬的態度。所以在廣田發表演說的第二天，中國外交部即發表聲明，否認了廣田的得意的演說。要不是因為當天議會即遭解散，恐怕廣田外相不易下台。就在廣田這三原則與中國當局相持不下的時候，東京二、二六事變發生了。事變之後，廣田被軍部『擢昇』為首相，這個擢昇是以『刷新外交』為重要的交換條件的，所以廣田登台後，馬上把『協和外交』的招牌改換為『自主積極的外交』。所謂『自主積極』，無非是要以更強硬的手段來實現『三原則』，所以自從廣田登台後，中、日間更加多事了。成都、北海、汕頭、漢口、上海等事件相繼發生，廣田內閣便以這些事件為藉口，曾用盡一切威脅利誘的手段，向中國政府提出了比三原則更具體更苛刻的七大要求，企圖一口併吞中國。可是中國方面的實情，絕不容許接受這些條件，所以川越大使雖曾與張外長作了八次的談判，也不能收到預期的効果。當時有田外相又妙想天開，聲明『不拘泥於三原則』，企圖藉此以緩和中國民衆的反抗，但仍然於事無補。在中日談判到了最後關鍵的時候，綏東抗戰爆發了，『外交談判』便無形中止；雖則在這期間，又來了一個『絕好時機』（西安事變發生），侵略者曾費了極大的氣力，企圖挑起中國內戰，以達到『以華滅華』的毒計，但全中國人民的怒吼，終於喝退了牠這一毒計，而以外交起家的廣田內閣也終於因『外交失敗』而被日本軍閥推翻了。

## (五)佐藤外交的本質與中日外交的前途

我們稍稍回憶一下五年六個月來的『往事』，已夠我們不寒而慄了。五年六個月來的事實告訴我們：無論侵略者擺出怎樣的面孔：『焦土』也好，『和平』也好，『親善』也好，『提攜』也好，無論什麼都好，牠的目的只有一個：滅亡中國，把中國變為牠自己的殖民地。現在當我們還沒有健忘的時候，侵略者又要變換新花樣了，而且這一次的花樣，似乎比以前歷次都要來得巧妙。以前，侵略者雖也說過『和平』、『親善』，但還未曾說過要以『平等地位』對待我們，而今次日本新外相佐藤居然要說：『完全獨立國家間之交涉，應以平等地位為根據』，並且還說：『過去一切應付東流，而重新以平等地位，進行談判』。平等，平等，居然從曾在五年前在國聯大會上盡量歪曲事實，主張以不平等待我的佐藤尚武先生放送出來，

這怎能不令我們奇怪呢？

其實，拆穿了西洋鏡，一點也不奇怪：第一，五年六個月來，中國所受的教訓雖多；但侵略者所受的教訓也同樣多，牠知道虛張聲勢，極易招來意外的抵抗，避名求實，乃是最好的侵略方式；第二，西安事變和平解決後，日本所最痛恨的事（在『抗日第一』的旗幟下，全國上下大團結）已經着着實現，這時候牠當然不敢用直率的手段，而只能在「平等互惠」的煙幕下，用陰謀手段使中國分化；第三，日德協定的成立，不但不能解日本國際孤立之圍，反而更加促進了英、美、法、蘇的聯系，增加了日本武裝吞併中國的困難；第四，日本國內民衆對軍閥執行冒險的政策，已經不滿日甚，林內閣爲了緩和這種不滿的情緒，不能不先放幾個煙幕彈作爲「越境」之前的應有佈置。除了這四點以外，值得我們注意的是：佐藤新外相第一次宣布外交方針與我們的王新外交部長第一次宣布外交方針，不但時間相同（三月八日）而且根本精神也極相接近。爲什麼來得這樣巧呢？樂觀論者認爲這是中、日關係好轉的象徵（特別是日本方面對中國關係抱樂觀的人很多，他們以爲中國人個個都是涼血動物，讀了新聞得意地說：「中、日兩外相同時實行指出與再度宣佈在平等互惠原則下，增進友誼之斷言，使吾人（日本）豁然爲之一爽，如吸新鮮空氣」）；悲觀論者則認爲未可樂觀（這在中國方面稍有點理知和認識的人都如此看法。即大公報也說：「觀於日方對佐藤外相演說之解釋，彌使人感覺此『狹窄觀點』之有力，而不能不使人對前途懷抱悲觀」）；究竟還應該「悲觀」和「樂觀」，實在是值得我們非常注意的。

不過，我們對於中、日關係的前途固然無從樂觀，也無所謂悲觀，但是我們應該認清事實：在東北失地尚未收復，華北主權尚未收回，綏東察北的僞軍與匪軍猶「蠢蠢欲動」的時候，除非我們自己甘心做奴隸，中、日國交決沒有好轉的可能，所謂「平等談判」，與過去的「和平親善」決沒有兩樣，其目的不外要用軟的辦法來宰殺我們，使我們中國人世世爲日本的奴隸！因爲「談判之本質無他，不過日本方面企圖不但保守業經奪得之大片中國領土，並進而統制中國全國而已」（蘇聯消息報）。

同時，我們知道，侵略者內部的意見是不容易統一的，佐藤的演詞只是代表一部分漸進法西斯蒂的意見，然而僅僅這一點空洞欺騙的意見，已經爲急進法西斯蒂所不滿，代表後者意見的東方會、國民同盟等右傾團體不但已經向佐藤提出警告，並且還要求佐藤與林銑十郎同時辭職呢。要是連林銑十郎和佐藤也不能「安於其位」的時候，你想侵略者又將變換什麼顏色啊？到那時，什麼「經濟提攜」，「平等地位」恐怕又要擱在一邊，而重新採取「斷然行動」吧，而我們今天盡着極大熱情，汗流浹背地去歡迎兒玉謙次一行的「高等同胞」們，也恐怕要慨嘆「早知今日，悔不當初」吧！

# 现世界

《现世界》于中华民国25年（1936）8月在上海创刊，民国26年（1937）3月第2卷第3期该刊被国民党当局勒令停刊，先后共出版15期。现世界社发行，钱俊瑞担任主编，实际的编辑工作由李凡夫、柳乃夫两位负责，胡耐秋协助他们进行编校工作，胡一声为发行人。半月刊，属综合性刊物。

撰搞人有马相伯、章乃器、沈钧儒、冯玉祥、艾思奇、王文元等。主要栏目有世界新形势、知己知彼、民族问题丛谈、国防常识、青年生活、半月来中国经济生活、文艺作品等。

《现世界》当时是以爱国华侨为主创办的，其主旨是“民主团结，抗战救国”，力图用最真挚的态度，最尖锐的眼光，看透日本侵略主义对中国文明的劫掠，用热烈的情绪，了解全世界大众为了争取和平，打击侵略行为的一切英勇的活动，以推进中华民族自身的抗争。

由于该刊发表的文章多为当时国内国际政治经济问题的评论报道、社会现实问题的讨论以及电影小说等文艺作品，又刊登有时事照片，内容丰富，图文并茂，再加上作者多为当时声誉卓著的进步作家和文学艺术、电影戏剧界的知名人士，所以《现世界》发行后受到国内外广大读者，尤其是青年读者的欢迎，对于宣传“民主团结，抗战救国”起到了积极的作用，同时，该刊的大量时事报道与评论文章也为我们今天研究30年代的国际国内局势提供了许多宝贵资料和重要参考，具有较高的研究价值。

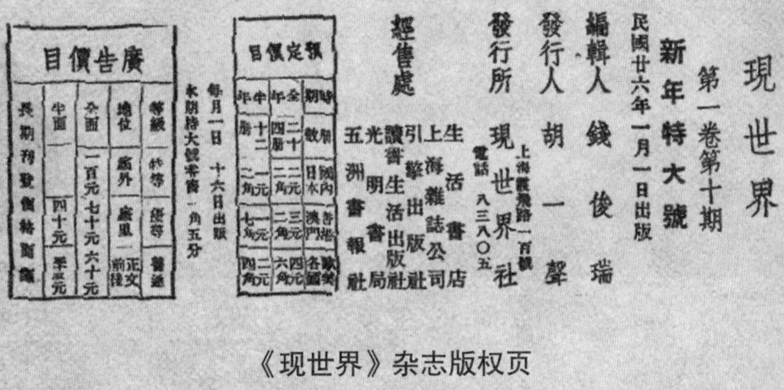

現世界

第一卷第十期

新年特大號

民國廿六年一月一日出版

編輯人 錢俊瑞

發行人 胡一聲

發行所 現世界社 上海霞飛路一百號 電話 八三八〇五

經售處 生活書店 上海雜誌公司 引擎出版社 讀書生活出版社 光明書局 五洲書報社

報定價目

| 時期 | 數量 | 國內日本 | 香港澳門 | 歐美各國 |
|---|---|---|---|---|
| 全年 | 二十四册 | 二元二角 | 三元二角 | 四元六角 |
| 半年 | 十二册 | 一元二角 | 一元七角 | 二元四角 |

每月一日 十六日出版

本期特大號零售一角五分

廣告價目

| 等級 | 地位 | 全面 | 半面 |
|---|---|---|---|
| 特等 | 底外 | 一百元 | — |
| 優等 | 底裏 | 七十元 | 四十元 |
| 普通 | 正文前後 | 六十元 | 三十五元 |

長期刊登價格面議

《现世界》杂志版权页

現世界
第一卷
第十一期
錢俊瑞主編
新年特大號
團結全國各界完成民族解放
聯合各國人民鞏固世界和平
華清池勝景
中國決不是西班牙!

《现世界》杂志封面

# 九一八後敵人對我黨政的壓迫

目前本刊從南京方面接到一位國民黨員寄來的文章，作者不詳其姓名，原文僅寫「一個幽居寒窗孔草於南京。」我們認為這篇文章很能表示一般國民黨黨員的痛心國難願意奮起抗敵的精神，今將全文發表出來以饗讀者。——編者——

我在九一八五週年國恥紀念的時候，就想站在我中國國民黨立場上，將日本帝國主義對我黨的摧殘和壓迫，寫一篇文章，一方面，表示我個人紀念國恥的意思，同時藉以喚醒我全國同志奮起雪恥；後來因爲事情忙的緣故，我沒有來得及寫，及至最近，敵人在唆使誘惑僞軍向我領土深侵的時候，更在上海青島各地佈上大批軍隊，在我國領土上大肆威風，並且還將我青島市黨部膠濟鐵路特別黨部等機關，一摘二搜，這種行動如果說不是侵犯主權，那末國際法簡直大有修改之必要了。我站在中華民國國民黃帝子孫的立場上，要反對這種野蠻行動，我站在 總理創立之爲自由平等和解放而奮鬥的國民黨立場上，更堅決地要反對這種侮辱我國民黨的行動。

幾年來，我在國難深重的狀況下，灰心已極，幾至一蹶不振，後來我在公餘之暇，以高誦 總理教言自警自惕，我知道許多以前未能深刻了解之處，我得出最基本的教訓（關於幾年來讀 總理遺教之心得擬另草一書）然而到處能發現到的最重要的是我黨之最大任務，爲要忠於國，要忠於民，要爲四萬萬人去效忠，我黨力量的强弱與爲國爲民的努力之程度應爲正比例，這一點是全世界各黨派團體之力量與好歹的尺度，同時也就是我黨之精髓，然而我黨敵人——日本帝國主義，牠不但吞併我東北四省，華北五省一大部分，不但壓迫我同血統同言語同文化同生活習慣之同胞，不但毒化和奴役我黃帝子孫，而且直接壓迫我國人民解放的先鋒，我國人民解放的領導者和以中國自由平等爲基本任務的政黨——國民黨，是此可忍，孰不可忍！當然，日本帝國主義者要把中國變成牠的殖民地的殖民地（日本帝國主義者不但自己來壓迫中國，而且強迫牠的殖民地朝鮮台灣的不覺悟的人民也來壓迫我們，所以我說中國要變成殖民地的殖民地，當然，這只是證明日本帝國主義殖民地基礎更加不穩），牠的最大的眼中釘就是我國的抗日最力者，因此敵人對我黨之壓迫，固不足爲奇，所以我們也很容易看出九一八後我國各地方黨部，凡是遭受日本帝國主義直接的明顯的壓迫者，必然是敵人準備大舉進攻的地方，或者該地方黨機關全部或個別人員爲敵人眼中釘，如果我們從九一八後一一將我黨直接受日本帝國主義之壓迫總算起來，每個同志和同胞看了都要汁流浹背，憤怒填膺！

九一八事件發生後，不到數月，我東北三省遂淪亡於敵人之手，此時我黨同志遭慘殺者，不知幾何，我東北三省之幾萬省黨部黨員和軍隊黨部黨員，在敵人壓迫之下，不敢佩黨徽，失去組織之聯絡，更無宣傳之活動，此後我國遼寧省黨部，吉林省黨部，黑龍江省黨部，遂不見於我黨之報告及文獻，而代之以東北黨務辦事處矣。東北黨務辦事處之二十幾位委員，在該辦事處成立之始，工作甚爲積極，此我親眼所見，如對東北難民救濟之努力，東北大學學生本來很少入黨者，在此一時期，也漸有加入，東北黨務辦事處，應當以收復東北失地爲最重要最迫切之課題，要終日終夜以思打回老家去

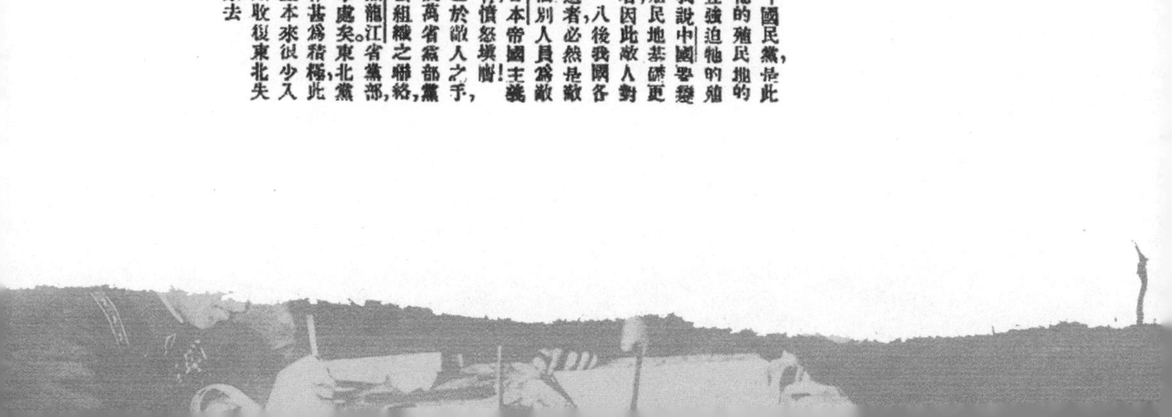

瀋陽留於東北之忠實於國民黨之黨員現已加入各種游擊隊義勇軍，奮力抗敵，誓死收復失地，言念及此，不禁追念我黨之最英勇最忠實之鄧鐵梅同志，彼以堅決之心浩然之氣，在敵人刀劍之下，慨然就義！鄧鐵梅同志，你是我黨最光榮者，你是我黨之模範，我黨將繼續你之事業，我黨之東北黨務辦事處將在收復失地之名義下，召集一切關內之忠實黨員，參加東北義勇軍抗戰，積極支持東北各種爲重建東北各省黨部之努力者。我東北黨務辦事處辦事人員以及我全體同志，應當切實深思，此東北黨務辦事處實在是一個可恥的畸形的機關，而當竭力重建我東北各省黨部。

我黨爲中國之國民黨，皮之不存，毛將焉附？中國一旦淪亡，則國民黨將無托身之所。同樣，國家勢力削弱，也即我黨勢力之削弱。九一八後，敵人每次進攻，都影響我國民黨之威力。一二八上海之戰，我上海市黨部因爲沒有準備於匆促間迫切應戰，故對於擴大黨員工作方面很少成績，敵人於此時決心佔領全部上海，彼時因爲有最英勇最忠實之同志聯合民衆抵抗，才將上海市黨部從東北各省黨部的厄運中解救出來。

一二八抗戰敵人大遭挫敗後，知我南方黨員和民衆並不好惹，遂竭力向華北進攻。一九三五年五月廿九日的何梅協定在第六條（一共九條正文三條附件）上有撤退河北省內所有國民黨黨部。嗚呼，我民族之最大敵人，不但要挾中國撤退駐平的中央軍憲兵第三團，不但强迫中國取消北平軍分會政訓處，不但逼令中國撤退北平勵志社分社，而且直接壓迫我國國民黨黨部退出河北，在北平政訓處解散時，彼時我正旅居北平，眼見多數同志，有如喪家之狗，赴前門車站時多不敢著制服者。我國民黨一百幾十萬黨員，不要說是忠實於黨的，即是稍有血性的，能忍受得住嗎？

敵人進攻是無止境的，眞是千眞萬確。北平特別市黨部，天津特別市黨部，河北省黨部和各縣縣黨部，在敵人壓迫之下，停止工作後，在形式上敵人也不允存在。如今上述各黨部，在形式上或實際上都取消了。尤其在今日，綏東抗敵正緊，我黨當立即恢復察綏黨務工作，領導抗敵，我們是不能忍下去的，即使在敵人壓迫下，一時犯了妥協的罪過，現在我們也得要將取消之黨部恢復起來，不但這樣，而且務使其工作內容充實，竭力如北伐時組織民衆，訓練黨員，驅逐日本帝國主義出中國去。

我黨同志和全國民衆，對於田中奏摺天羽聲明，無一時一刻能忘，而我黨同志，特別不能忘去的是多田駿小冊子，在多田駿小冊子中，日本帝國主義者不但對我黨大肆漫罵，似乎有國民黨存在，東亞和平即不保持，而且將一切什麼中日情感的破裂，都將罪於我黨。尤有甚者，在多田駿小冊子中並直接辱罵我黨政府之領袖，多田駿小冊子與是日本帝國主義向我國國民黨挑戰之哀的美頓書。

日本帝國主義對我黨之嚴重壓迫，還有新生事件，敵人藉口新生事件，要挾我國撤消上海市黨部查新生事件完全是日人之陰謀，因日人所藉口之論文，並無侮辱天皇之過失，如果日人可責備我國人民對於天皇有侮辱事情，則彼明體義者何出之如此卑鄙要挾手段？實際言之，我國民黨之在中國，固猶天皇之在日本之尊重也，自此可知日本帝國主義完全蔑視我黨，侮辱我黨，必將消滅我黨以至全中國而後止。

日本帝國主義接着向我黨之顯著壓迫，是要求我國撤消廈門市黨部，這證明敵人在加緊向我華南進攻，不但華南而且直搗華中，日本要求在成都設領，即是一證，敵人為達到其目的，遂藉口擴大成都事件，而要求取消我整個國民黨，如果說歷次敵人對我黨之壓迫，倘取地方行動，即侵略到何處，則壓迫取消該地國民黨組織，和國民黨有礙日人之侵略，那麼，此次乃敵人對整個中國國民黨壓迫之行動，我黨不可再忍之地步至矣！我黨從此明白認清，一旦敵人滅我全中國，則國民黨將如　總理創辦國民黨時只有避到海外，才能安身，不亦大恥辱乎？而事實上，敵人正在我全中國各地調查我黨機關黨部工作，是敵人之用心最後之最毒辣一着，即將到來也。

敵人向我黨之進攻，不僅在形式上要我黨撤退或取消，而且從我黨內進行分離之活動，我黨對付這種卑鄙陰謀，只有以精誠團結擊破之！只有履行九一八後我黨之宣言「當此人難非全體大團結不足以禦侮。」即履行告全體同胞「拋棄成見，努力禦侮」，敵人對我黨之進攻，不僅從我黨內進行分離之活動，而且對我黨員專乘施行奴化教育，如冀東教科書不准有我黨黨旗，不准唱黨歌，不准懸掛　總理遺像和誦讀　總理遺囑，這是全國皆知的事實。敵人更要求我國當局修改全國教科書，修改者何？我　總理之遺教也。同時，敵人更利用並歪曲我　總理之教言，如云　總理說的大同主義，也即日本所行之亞洲主義，兩者相同，故中國不當抵抗也！實則　總理之大同主義，乃基於平等，而彼日本帝國主義之亞洲主義，適野蠻之侵略理論。總之，敵人對我黨之壓迫，無所不至，直到中國滅亡國民黨消滅而後止，我全國同胞，能看着敵人將我　總理及先進畢生心力建立之國民黨及中華民國滅亡乎？不能，千萬個不能！願全體同志聯合全國民眾，聯合一切平等待我之民族，起來反抗日本帝國主義之野蠻侵略！

一個國民黨黨員草於南京

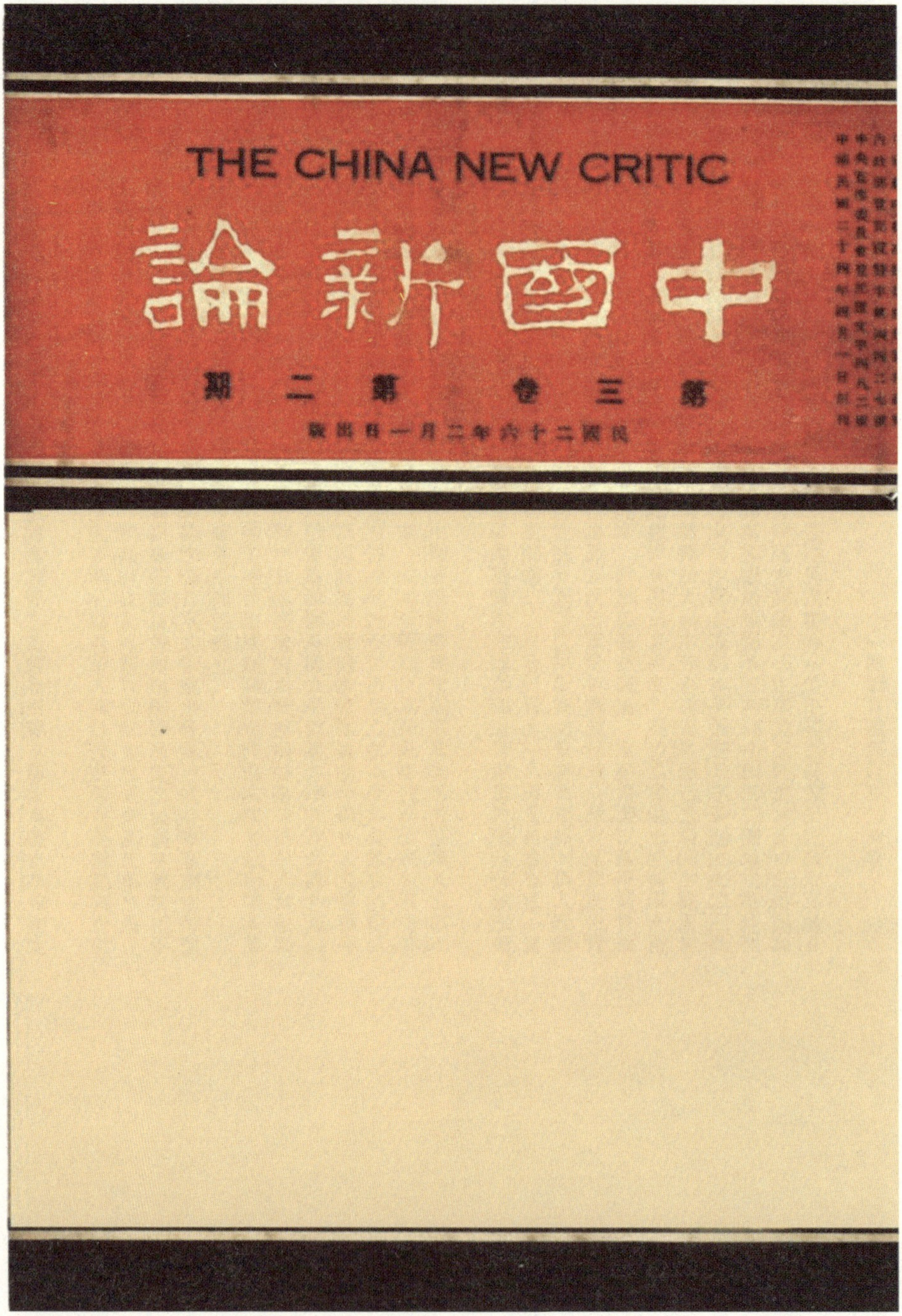


《中国新论》杂志封面

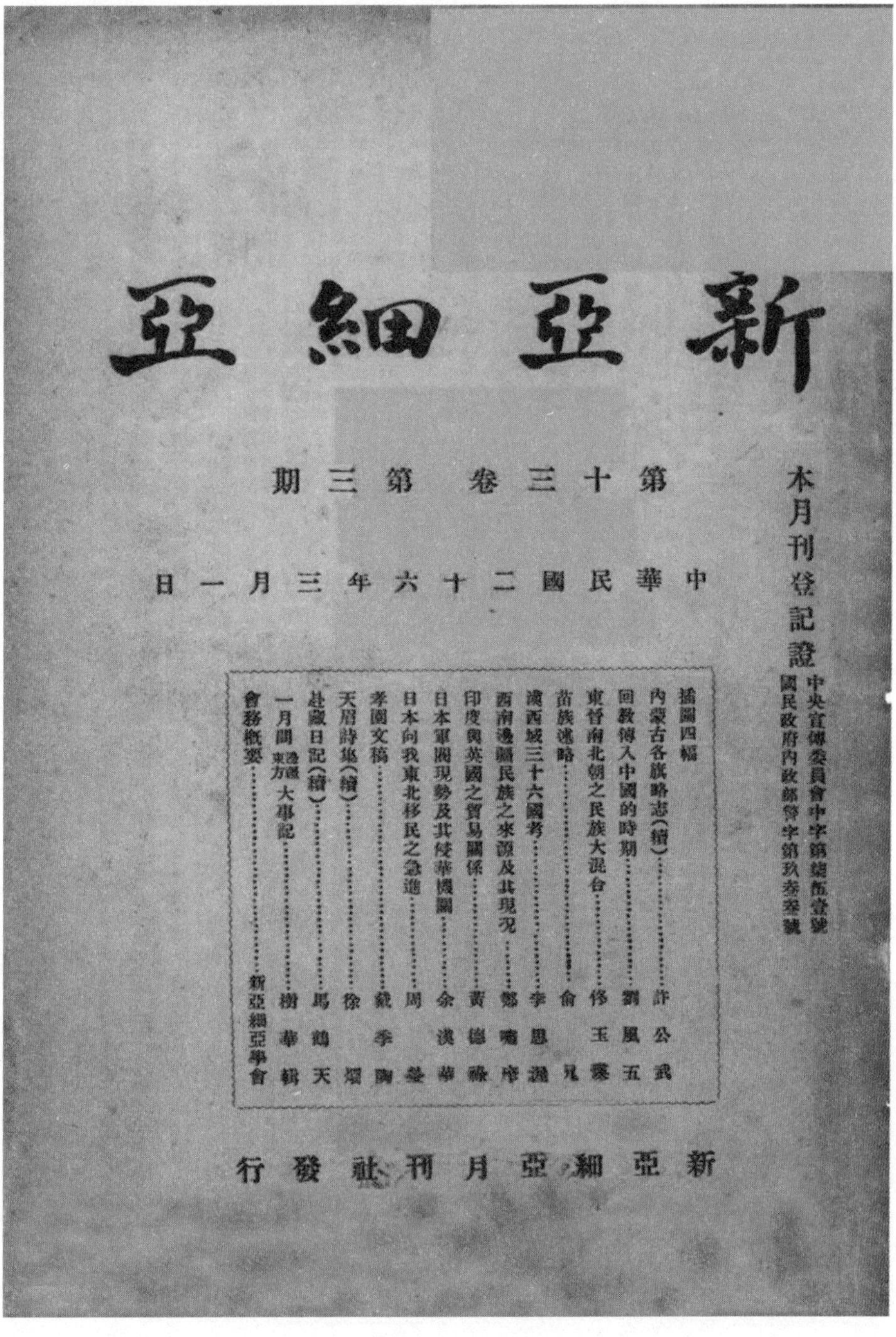

新亞細亞

第十三卷第三期

中華民國二十六年三月一日

本月刊登記證 中央宣傳委員會中字第貳伍壹號 國民政府內政部警字第玖叁叁號



新亞細亞月刊社發行

《新亚细亚》杂志封面

# 日本向我東北移民之急進

周瑩

## 一 緒言

記得在三年前，美國名記者在現代史料(Current History)上，發表一篇「滿洲能否解決日本經濟的難關」的論文，內中述及日本對東北移民的情形，並且肯定地說，「滿洲」是中國人的「滿洲」，日本向東北移民全告失敗，東北的生活習慣，氣候，文化程度一樣都不適於日本人，日本人極不願意前往墾殖，除非是日本政府大規模計劃的實施。去年得讀李特曼（Redman）作日本之危機（Jahan In Crisis）一書，同樣也提及日本殖民東北的失敗，並告訴我們日政府已有具體實施的決心。今年又讀日本拓務省拓務局發表的計劃，決定實施——武裝的集團移民。

原來日本帝國主義者，除了用武力加强東北非法統治外，又擬利用人口移植的陰謀，以永佔我東北。

向東北大規模的移民，是日本廣田內閣時代七大國策之一。爲求此種國策的實現，已成立了新計劃，打算在二十年中，以十八億日圓的經費，移殖一百萬戶五百萬人於東北。他們以爲日人在東北須佔有十分之一。他們估計東北人口有三千萬，二十年後可增至五千萬，而二十年內，日本可以移民五百萬人於「滿洲」。

我們很瞭然東北人民，除原有的東北同胞外，還有大量的關內同胞，由山東，河北，河南，山西等省每年大批大批地流過去的。九一八事變以後，日本惡毒的限制關內同胞的移殖，而增加了朝鮮人和日本人。朝鮮人的移入，也是有限制的。據說朝鮮人移入，大多限於邊境地帶，如安東間島區域等地，和易於日人統制的地域。統制朝鮮人的移入，其目的無非是盡量移植日本人。今後二十年中要移住一百萬戶到東北，無疑的是日本必須執行的殖民國策。

## 二　移民的過去

日本人常誇口着，以爲當此各國禁止日本移民潮的時代，幸有「滿洲國」與他們發生特殊關係，使日人充滿了移植「滿洲」的熱望，幷以爲對「滿」移民簡直是實現日「滿」兩國共存共榮理想的捷徑。

在「九一八」巨變以前，日人小村壽太郎，兒玉源太郎，後藤新平等，高倡對「滿」移民，但移民結果，常告失敗。日人以爲失敗的原因，最主要的不外，

1. 不易取得農耕的土地。
2. 移殖計劃不適當及其實施的不澈底。
3. 官民無後援，國家觀念薄弱。
4. 移殖的農民資素不良。
5. 當時東北當局壓迫移民過甚。

日本拓務省，鑑於對「滿」移民的重要與過去失敗的經驗，曾於昭和七年以來，舉辦各種移殖的調查與準備，且實行了四次約一千八百戶的試驗移民，雖仍遭遇失敗，不能達到預定的計劃，但他們依然深信「滿洲」移民可獲成功，當時拓務省會參酌朝野各方的意見，幷召集斯界的學者專家，會商結果，訂立滿洲移民計劃大綱，其內容如次，

第一、鑑於滿洲農業移民的特殊性，必須有相當多數的移殖，故以一戶的面積以自家勞力爲單位，且在經濟方面能自立的程度爲目標，而創設自耕農。第二，對於移民在內地或當地，施以特殊的訓練。第三、四日本內地農村困窮得由政府給與相當的補助費。第四、揀選農村中年富力強而志願堅定者。第五、第一期計劃在十年內移殖十萬戶，故於昭和七年十月，先送五百名所謂第一期試驗移民至吉林省（現改爲三江省）樺川縣永豐鎮，次於昭和八年，第二次移民五百名，於同年七月送到依蘭縣湖南營。翌年因所謂土龍山事件，這兩次移民團，受到意外的損害，不得不以一部分經費爲損害補償，故將移民減數至三百名，移住於綏稜縣。繼第四次又移民五百名，分殖密山縣內的城子河（三百戶）及哈達河（二百戶）。

但拓務省鑑於此等試驗移民的成績不佳，故自昭和十一年（去年）起，停止試驗移民，決定對於從來辦法中斟酌取捨，另行樹立集團移民計劃，實施第五次集團移民，由全國選送一千戶至密山縣內永安屯，朝陽屯及黑台等地。其先遣隊已開始移殖，其本隊則預定今年三月初旬移往。

## 三 移民的現狀

日本拓務省以為東北的氣候，風土等自然條件及衣食住等生活條件，對於日本移民并無若何障礙。況在今日所謂政治壓力早已滅消，各種經濟制度也日趨安定。故認為政府應有樹立對「滿」恆久的移民計劃，為加強國家後援助，精選質實剛健刻苦勤勉的農民，以期獲得美滿的成功。

觀於第一次至第四次移民移殖後的狀況，計移殖戶數共一、七八五戶，後因故退出的約三百戶，其他因病亡或戰死者亦有不少，現約有一、四〇〇戶。但自昭和九年頃起，其招致家屬者，現已超過一千名，且在當地出生的兒童也已達二百名，故合計總數，約在二千七百名以上。各移民團去年度（一九三五年）的耕種面積，第一次的水田一六二町，旱田九一八町，第二次的水田四七二町，旱田一、〇〇七町，第三次的水田七三町，旱田六七一町，第四次城子河水田一二〇町，旱田一七四町，又哈達河水田七〇町，旱田一六〇町。其每戶的面積，第一次至第三次為三町八反，第四次為一町餘。（按一町等於一萬八千方尺，一反等於三十六尺。）

耕種作物除水稻外，有大麥、小麥、燕麥、粟、高粱、玉蜀黍等穀物，大豆、小豆、菜豆、綠豆等荳類，大麻、煙草等特用植物以及其他蔬菜等，其成育很好，且皆豐收。

茲就日本拓務省實施第五次農業移民的實施計劃及募集綱要揭舉於後，並加以說明。

壹、移民的募集，訓練，移殖及政府的援助。

（1）第五次對「滿」移民實施計劃

一、移住地「滿洲國濱江省」密山縣內各地區。

甲、永安屯地區——三百戶。

乙、朝陽屯地區——三百戶。

丙、黑台地區——四百戶。

二、移殖 移殖約三回，依先發隊，先遣隊，本隊的順序行之。

甲、先發隊——從當地訓練完畢者中，每移住地各採用二十五名，於六月下旬移殖，先遣隊移殖冬營於當地，從事明春（一九三七年）本隊移殖的必要準備。其主要作業為宿舍，井，炊事場，倉庫等修繕準備及蔬菜的播種等。

乙、先遣隊——每一移住地各五十名，於九月上旬移殖，以準備明春移殖的本隊的宿舍及其他準備，並以耕作第一年度計劃為任務。

丙、本隊——明春三月初旬由敦賀或新潟經牡丹江移殖移住地。

(1)第五次對「滿」移民募集綱要。

一、應募資格

甲、年齡職業——對農耕有充分經驗，徵兵檢查期畢年滿三十三歲者，但在農村有特殊技能者，不在此限。

乙、健康——身體強壯，尤以無呼吸器病，神經系病脚氣病者爲限。

丙、家族——以家庭同往者爲佳，但亦可先單身移住，一年後再招致家屬且入「滿」時，須準備寄託金二十圓及移住後一年間的另用費，但以無鄉里送金的必要者爲限。

二、募集

除北海道及沖繩縣外，全國募集一千名，在各府縣募集七月十五日截止。

三、審查及訓練

甲、第一次審查——府縣舉行人物考查及身體檢查，拓務省即在認爲適當而被推薦者中，決定採用者，至八月末由府縣通知本人。

乙、訓練——採用者應在最近地的訓練所中，受約一年的訓練，其用費由拓務省支給。

丙、第二次審查——依訓練者的成績，決定正式採用者，俟訓練完畢，令其歸鄉，以待昭和十二年（本年）二月下旬渡「滿」

四、政府對於移民的補助及保護設施。

甲、政府補助——政府除補助渡航費外，對於開田費，重要營造物，農具，家畜及公共產業設施等所必需固定資本的三分之一，補助於各戶。此外，移民團的合作社事務所費及衛生獸醫費，也予以補助，（其補助額合計每戶約一千圓。

乙、保護設施

(1)農事指導設施——拓務省委派農事指導員，駐在當地，指導此等移民得有相當的經驗爲止。

(2)警備指導設施——拓務省委派警

備指導員，担任有關警備的指揮。

(3)醫療設施——拓務省委派醫師，從事醫療衛生等工作。

丙、其他設施——滿洲拓殖株式會社予以必要的土地及基礎的設施與資金金融等的補助，其土地分配，雖因移民的狀況有所不同，大致每戶約以二十町步爲標準，其地租依長期按年償還方法，以減輕移民的負担。

## 貳、農業移民團的組織及北設施

(1)移民團的組織、

移民團的組織，委以移民團自身的自治規約爲主，其活動也依團的自治統制而運用經營。集團移民，概以地域關係，每三十戶成一部落，十部落成一村爲標準，每戶所耕面積，約爲二十町步，故一村的地域，已甚廣大，其中又可分爲各聚落點。即如第一次移民團，分爲宮城班，長野班等。

移民團的行政機關，大體採會議制，但以團長爲中心，行使各種行政，並由各指導員輔助各團配屬的農事，收畜警備各事宜。

(2)移民團的諸設施

甲、神社及寺院——養成各移民團報本思源觀念，於各村各地建設神社，爲信仰的中心與團結的核心。第一次移民團的神社，稱之爲彌榮神社。第二次稱之爲千振神社，第一次移民團亦已建立寺院。

乙、學校——因招致家屬，就學兒童增加，故在各村開辦非正式的小學校，以團長兼任校長，團員或其家屬中有教員證書者担任教授，兒童則收容寄宿舍中，將來可認爲正式學校。

丙、衛生設備——設立公共病院，爲醫療衛生的設備。設有資格的醫師，舉辦團員免費診療施藥等。如團員人數增加，預定添設藥劑師及看護婦。各移民團中，有數名得產科證書的助產士，故尚感自由，至於保健衛生各方面，實施井水消毒，預防接種等，以期萬全。

丁、警備——各團設警備指導員，除以預備役將校充團警備主任外，殖民團中并備武器及作種種自衛準備。

戊、其他設備——除上述各項外，各團尚有團本部、農產加工場、建藝場、倉庫等公共設備。

## 參、殖民團農業經營計劃及經濟

### （1）農業經營計劃的概要

甲、農家所有地——每戶農家約受田二十町步，內水田一町步，旱田九町步，牧畜採薪地九町步，餘地一町步。

乙、開墾及耕種——水田開墾，須經滿洲拓殖株式會社之手，旱田開墾，以移民自動爲原則。大概移殖後第三年，可開墾完畢。其耕耘作物，須顧及自給穀物的確保，事業的安全與收益，以及日人農家的技能等條件。主要作物，以水稻、大豆小麥約占耕地的三分之二，其他則植穀蔬特用作物及蔬菜等。

丙、牧畜——購置牛馬各一匹，一方勞役，一方蕃殖。將原種牝豚與巴柯沙種交配蕃殖，逐漸出賣。原種綿羊，則與美利諾哥利台爾種交配蕃殖牝羊三十頭。而將牡及餘剩者賣出。此種家畜的飼養，具有利用穀物的麩糠、穀稈與製造堆肥維持地力的意義。

丁、副業——爲適應移民移殖地狀况起見，冬季從事伐木，運材，製材，製薪炭，採石炭，蓆子，手織物，柳條子細工，紛條子或從事馬車輸運物件等副業收入。

戊、農家的勞力——人力方面，在移殖當初，雖多少有雇傭勞力的必要，然家屬數漸增後，則可自力勞動。畜力方面，在「滿洲」所需畜力，約耕地六町步須馬一匹，或五町步須牛一頭。而開墾搬運，均便使役，故移殖之初，須備牛馬各一匹。

己、農家的衣食住——以自給自足爲原則，現金購買，須至最小限度。防寒物則利用自家生產羊毛羊皮等。食料以自給自足爲原則，主食每人每日須白米二合，精粟二合，小麥約七〇匁。副食則爲蔬菜、味噌，大豆油，食鹽，鹽乾魚。海藻等，漁臘、養蜂、栽培甜菜等，更可擴張自給範圍。住屋以瓦建造，以浪型鉛板建坪十五坪的土坑，以取溫暖。

### （1）收支預算

甲、收入——除自家消費的食物外，畜產物販賣收入及副業收入，於移住地完全的五六年度，

必可有七五〇圓至八〇〇圓的收入。

乙、支出——種子、飼料、肥料、勞動諸項合作費、租稅分課、警備費等的農業經營支出費，衣食住的費用及教育衛生費等的家用費，以及償還費等的支出，六年度以後約達五五〇圓。

丙、收支損益——初二年度雖有損失，然自三年度起，漸有利益增加，六年度以後，可得二〇〇圓至二五〇圓的利益。

(3)所需資金及其籌借並償還

甲、所需資金——固定資金，除地租四四〇圓，開田費一五〇圓，住屋附屬農舍井戶開墾造費七四〇圓，馬車農具等二六〇圓家畜購入費二七四圓，公共產業設施費一〇〇圓，合計一、九六〇圓外，尚須流通資金九〇〇圓。

乙、資金籌措——所需固定資金，約三分之一的六五〇圓，由政府補助，餘數二、二一〇圓，可由滿洲拓殖株式會社融通。

丙、借款償還——借款利率，年爲五分，固定資金自五年後的二十五年間，按年月平均償還，流通資金，自五年後的十年間按年平均償還。

(4)合作社組織

爲謀移民農家經濟合理化起見，各殖民團就生產物的販賣，農畜產物的加工製品設備及農具的公共利用，日用品的購買或金融等，各組織合作社，以期運用的完善。

肆、民間指導獎勵機關

(1)滿洲拓殖株式會社

據僞「康德」二年「滿洲國」法令，由日「滿」兩國協力設立滿洲拓殖株式會社，定資金一千五百萬圓，以扶助日本殖民及確保移住地的發達爲目的，幷辦理

甲、移住用地的取得，管理及分讓。

乙、移住者的必要設施。

丙、移住者的必需金融。

丁、上列各項附帶的事業。

「滿洲」農業移民事業，由政府交由會社負責。

(2)「滿洲」移住協會

昭和十一年，爲求「滿洲」移民事業的統一發展，並「滿洲」產業開發的所資，設立該協會，舉辦移民事業的調查宣傳及介紹移住者及訓練等事宜。

按除政府所主持的上述機關執行集團移民外，更利用民間各種團體實行移民，尤其對於宗教團體，更熱心奉行，如天照園、天理教村、鏡泊學園、東京移民村，每年也實行移民東北。

## 四 移民的將來

目前日本拓務省對於二十年移殖百萬戶的計劃，其細目尚在審訂中。日政府鑑於東北人現有三千萬人，而二十年後可增至五千萬，故極力奬勵移民以期達到日本人口至少占十分之一。其計劃將來移民分為集團移民與自由移民二種。自由移民，更分為農業自由移民及其他移民。

在集團移民移殖時，即在移住地附近，置備充分的餘地，以為將來招募自由移民及其他移民之用，使移住地形成村的經濟中心，以期完備社會的文化的設備。故每一集團，至少需有二百戶至二百戶的移住者。農業自由移民移殖於集團移民村周圍，使其形成移住村。又擬移殖於交通便利及市場的特殊地域，以從事特用作物與蔬菜栽培及乳牛飼養等，供給移民需要。而一般公共設施，以利用現有機關而不另設為原則，至於其他殖民，以補農業殖民及勞力不足為目的，而招募從事農業以外職業者的移民。此種計劃，對於將來的動向，一是將日本內地農家五百六十萬戶中約占三成五的小農，半數移殖東北，以期日本農村的健全與復興。他們以為這是近時農村更生計劃的主要項目，必須亟亟推行，同時日本的移民，將放棄自由的方式，採取武裝集團的移民，而在侵略本質上極力注重有計劃的農業移民的推行。

這裏再引幾個統計數字，表示日本移民東北的概況及動態。

昭和五年十一月一日，日本國勢調查統計，日人在東北的人數，為八十四萬八千六百五十三人。其中以朝鮮人為最多，真正日本內地人，不過二十四萬八千三百七十三人而已。昭和十年的國勢調查統計，則總數增為一百二十三萬五千七百九十人，而日本內地人激增至五千二百五十一人，恰為五年前的一倍以上。這個原因，正如本人緒言所云，日本限制朝鮮人的移植，而盡量奬勵日本內地人之故。茲將五年來日本內地人口向東北移殖的趨勢，列表於下。

| | 一九三〇年 | | 一九三五年 | |
|---|---|---|---|---|
| | 總數 | 日人數 | 總數 | 日人數 |
| 關東洲 | 二一〇・二九七人 | 一一七・九九三人 | 三五八・一八四人 | 一五七・七八七人 |
| 滿鐵沿線 | 二三三・二六〇 | 一〇七・二五四 | 二三四・五〇二 | 一九八・四二一 |
| 其他各地 | 四〇五・〇九四 | 二三・一二六 | 六四三・一〇四 | 一四五・〇四三 |
| 合計 | 八四八・六五三 | 二四八・三七三 | 一・二三五・七九〇 | 五〇一・二五一 |

又據昭和五年，日本內地移民實數，共為百分之九〇、七。計

在關東洲占百分之四七、五，滿鐵沿線占百分之四三、二，其他內地僅占百分之九、三。而昭和十年，在關東洲占百分之三二、六，滿鐵沿線占百分之三八、三，其他則占二九、一了。可見五年來日本移民東北各處的人口激增了百分之二〇。總計在東北日本人口的移殖，共二十五萬二千八百六十八人，即每千人中增加一千十八人之多。

再據昭和八年日本外務省調查在東北及關東洲的日本內地職業人口，有如下表所示。

| 業別 | 關東洲 | 東北四省 | 總計 | 有職業者百分比 |
|---|---|---|---|---|
| 農業 | 一·七八一 | 一·八三二 | 三·六〇三 | 一·七八 |
| 水產業 | 一·二六一 | 二二 | 一·二八三 | 〇·六四 |
| 礦業 | 三四〇 | 一·四四一 | 一·七八一 | 〇·八八 |
| 工業 | 二九·四三〇 | 一一·三〇〇 | 四〇·七三〇 | 二〇·一五 |
| 商業 | 三五·四六六 | 一五·三〇八 | 五〇·七七四 | 二五·〇九 |
| 交通業 | 二五·三三五 | 一一·七八六 | 三七·一二一 | 一八·六 |
| 公務及自由職業 | 三四·二三〇 | 一五·四四三 | 四九·六七三 | 二四·五七 |
| 家庭僕人 | 二·六六六 | 四·四七七 | 七·一〇三 | 三·五一 |
| 其他各業 | 七·七九八 | 二·三六〇 | 一〇·一五八 | 五·〇二 |
| 無業 | 八·八七七 | 一〇八·六七二 | 一一七·五四四 | — |
| 合計 | 一三七·二一四 | 一〇二·五〇一 | 二三九·七一五 | — |

可見日本移民中，失業者的數最殊可驚人。這種現象，當然是強迫移民的結果，因此在日本國內的無賴漢，偷竊盜，都成爲我東北的太上皇了，而職業率最高的公務員及自由職業者，更成爲宰制我東北同胞的劊子手。現僞國的特任至委任的官吏六千八百名中，日人佔三千人，加上特務雇用的，則在四千人以上。那些担任警務和司法的，便分途支配了我東北的全境。

# 文化建设

《文化建设》月刊，中华民国23年(1934)创刊于上海，26年(1937)停刊于抗战烽火之间，共出版34期。

该刊有一篇在文学史和文化思想史上赫赫有名的《中国本位的文化建设宣言》，也就是“十教授宣言”。

《文化建设》是为清算过去建设未来文化而产生的一个刊物。

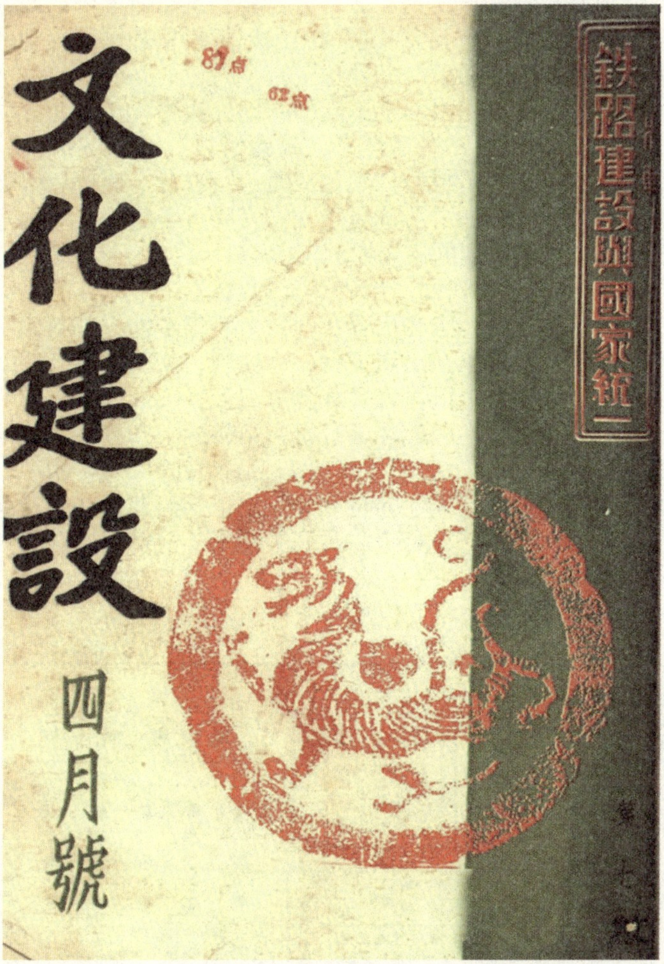


《文化建设》杂志封面

# 月　　报

《月报》月刊于中华民国26年（1937）1月15日在上海创刊，主编除胡愈之外，还有叶圣陶、孙怀仁等，由位于上海市福州路390号的开明书店出版发行。该月刊为册式，16开本，共256页。该刊在创办过程中，曾先后出刊“民国25年中国经济统计”“英美协定与西班牙战争”“三中全会周围”等特辑。因爆发华北事变，民国26年（1937）7月15日出版“华北事变临时增刊”后停刊。历时七个月，共出版月刊七期。

作为报道中国和日、美、英、法、苏、德、意、西等国的政治、文化、学术等方面情况的杂志，该刊尤其重视中国抗日战争和国际反法西斯斗争情况介绍的刊物，对其刊登的消息和评论进行了大量的刊登和转载。《月报》月刊不仅处处敢为人先，做出与众不同的举动，成为不愧为领先时代的醒民进步刊物；更因为该刊主要栏目设有“政治情报”“经济情报”“社会情报”“学术情报”“文艺情报”“现代战争论”“社会讽刺”等栏目，很不给当时的统治当局面子；加之所选用的文章言辞过于激烈，不与世俗同流的超前行为，均是导致其停刊的主要原因。

《月报》创刊号无发刊词。编者著文以《这一月》给予说明，说《月报》不是一种平常的刊物，它在内容和形式上有很多地方都打破了一切刊物向来的惯例。而且《月报》在编辑上有一个原则，就是注重客观的介绍，避免主观的批评。《月报》上面可以登载各方面各种不同的意见与主张，独不许有它自己的意见和主张。因此在《月报》第一期上若登载一篇照例的创刊词便实在是多余了。

《月报》月刊共出版七期，除特刊外仅出正刊两期，非常难觅。但作为当时全国上千种刊物之一，《月报》月刊聚精华、去糟粕，敢为人先地凌空出世，不啻一声惊雷。尽管它存在的时间短促，但却在中国现代文化史上起到了积极的推动作用，占有重要位置。

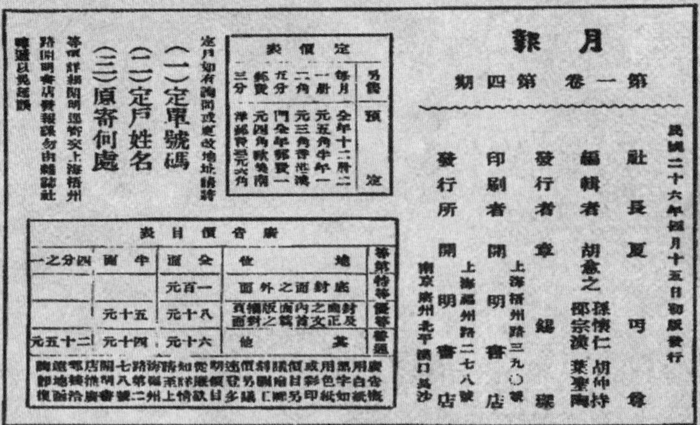
月報
第一卷第四期
民國二十六年四月十五日初版發行
社長　夏丏尊
編輯者　胡愈之　孫懷仁　胡仲持　邵宗漢　葉聖陶
發行者　章錫琛
印刷者　開明書店　上海梧州路三九〇號
發行所　開明書店　上海福州路二七八號　南京　廣州　北平　漢口　長沙
定價表
(一)定單號碼
(二)定戶姓名
(三)原寄何處

廣告價目表

| 地位 | 全面 | 半面 | 四分之一 |
| --- | --- | --- | --- |
| 底封面之外面 | 一百元 | | |
| 封面之內面及正文首篇之對面 | 八十元 | 五十元 | |
| 其他 | 六十元 | 四十元 | 二十五元 |

《月报》杂志版权页

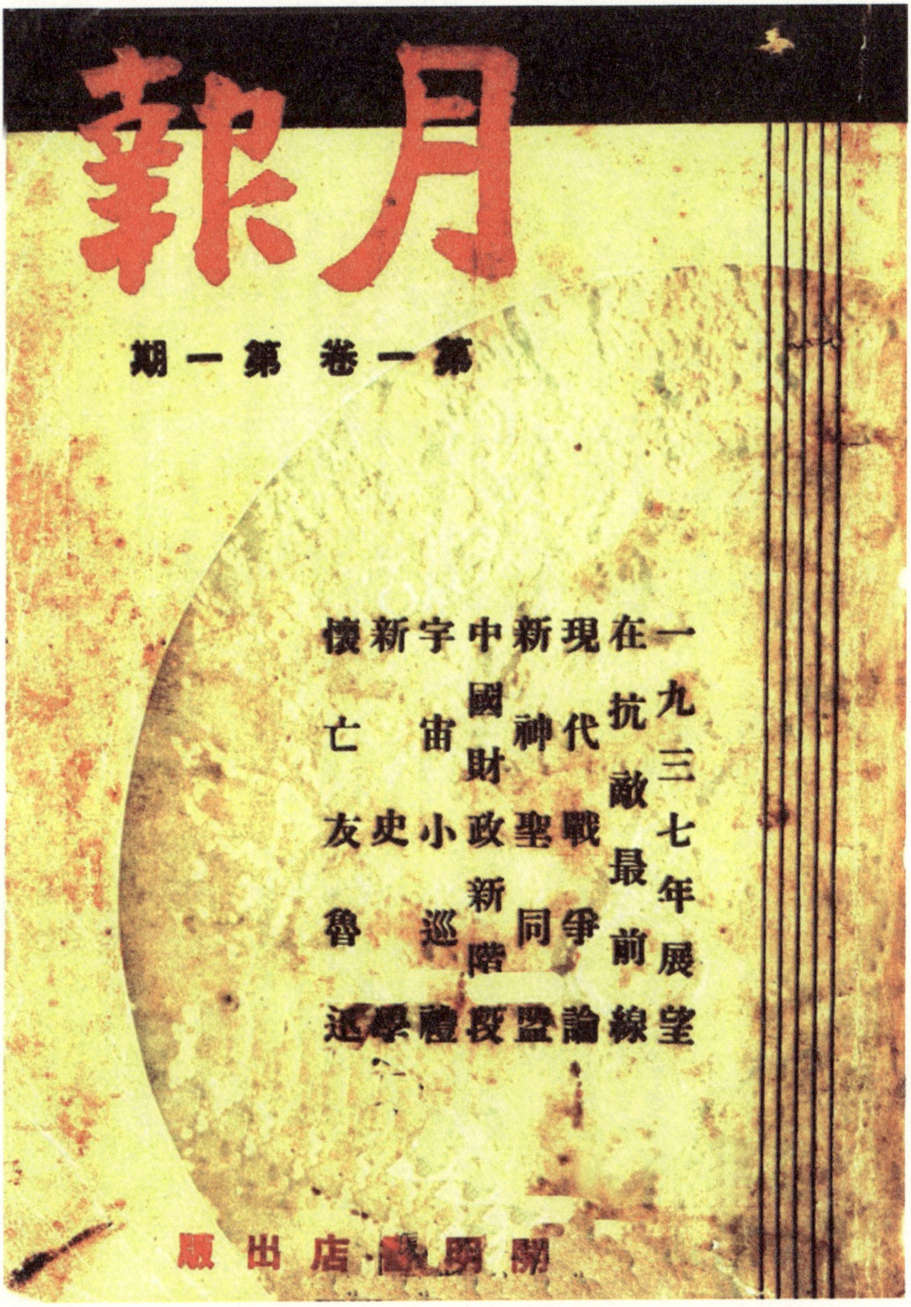
月報
第一卷第一期
一九三七年展望
在抗敵最前線
現代戰爭論
新神聖同盟
中國財政新階段
宇宙小巡禮
新史學
懷亡友魯迅
開明書店出版

《月报》杂志封面

# 日本在我國的兩個文化機關

## 一　上海自然科學研究所

日本仿效歐美諸國，以庚子賠款，對我國施行文化事業者，起自大正十二年（一九二四年）；經日本議會之協助，創設對華文化事業調查委員會，並在外務省設立對華文化事業部，又以中日兩國委員組織東方文化事業總委員會。協議結果，於大正十四年（一九二六年）五月，始決定設立「人文科學研究所」於北平，「自然科學研究所」於上海。又於去年十月，設立「華北產業科學研究所」於青島。

上海「自然科學研究所」，爲日本對華文化事業之白眉，與北平「人文科學研究所」適成對峙，有如車之雙輪。該所正式開設日期，已歷十年。在過去期間內，中日兩國政治關係雖常處於惡風險浪之中，獨研究並不受累。

該研究所建於上海法租界新齊路，爲一茶褐色之鋼骨建築物，聳立於灰色空中，其閑閑之靜穆空氣，益顯學術殿堂威嚴之可尊。

先入大講堂，其廣足容數百人，該係供學術講演之用。繼入各科研究室，實驗室，見各種儀器，琳琅滿目。雖承上野副主席詳加說明，但記者畢竟係門外漢，終難徹底瞭解其功用，惟有如小孩之對玩具，贊其好玩而已。最後導入圖書室，謂該室內藏有書籍五萬五千冊，且均爲關於東亞自然科學之書籍。

在各研究室、實驗室內，均可見到我國青年學子，與日本學者齊集研究，充分表出一種「科學無國境」之光景。該研究所在所長新城博士指導之下，擁有六十專門研究生。所員總數，共有百五十人，研究科目分物理、化學、生物、地質、病理、細菌、生藥等七科。一切研究之材料，則均取之於我國現地所有者。中華大陸係彼等最大之研究室。

自然科學研究所中研究之對象，爲中國之河川、湖沼之生物，岩石、鑛物、土壤中所有含有之稀有元素之分布狀態，特殊之疾病，風土病，固有之藥材等。現在原則上，則以純粹學術理論之研究爲其着重點。至於藥學、地質等方面，則與學理並行，同時致力於應用方面，聞今已獲有相當之效果。

觀各研究室中我國青年學子研究之熱烈，孜孜不已，將從其中所造就之實力，以貢獻於我國學界，充實國課，固可預卜也。

我國學術團體、有與該研究所取密接連絡提攜者，有中國科學社、中華學藝社、中國地理學會、中國動物學會、中國植物學會、中國藥學會、遠東熱病學會等。此外，該所尚與在上海之歐美學術團體互相連絡，以資研究之便。

我國學術界、教育界參觀該研究所者，日有四五人至十數人。各大學來聘講演者，月有數起，並負介紹學者之責。或將日本學者介紹於中國學界，或將中國學者介紹於日本學者，使其成爲一學術傳遞樞紐云。

## 二　北平人文科學研究所

北平人文科學研究所，有人稱之爲日本人的「古書蒐買所」。其母體就是「東方文化事業總委員會」，與該所同設於北平東廠胡同故大總統黎元洪氏邸內。

產生北平人文科學研究所與上海自然科學研究所這雙生兒的「東方文化事業總委員會」，至民國十七年濟南慘案發生，我方委員卽從該會退出以來，便陷於半身不遂的狀態。現在僅有日人前智利公使森安三郎一人爲總務委員駐守着，殆有風燭殘年之概。而北平與上海的兩研究所對其母體乃採取半獨立形態，經營其前途。

人文科學研究所創立於民國十六年，所長是有名的日本文學博士柯劭忞氏，副所長是服部宇之吉博士與我國王樹楠氏。研究員日方有內藤虎次郎博士，狩野直喜博士，安井小太郎等。我方有胡玉縉，江瀚等十九名。待研究開始後，柯所長於民國二十二年，以八十四歲的高齡逝世，研究員也因死亡或辭職等故，人事方面已無開設當初時的那樣興盛了。現在實際上負責的人僅是研究部主任橋川時雄氏一人而已。

該研究所數年來較爲有價值的事業，就是續修四庫全書提要的編纂。四庫全書本爲清乾隆勅員當時的大學者所編纂成的，四庫全書總目提要三千部及存目七千部，合計一萬三千部，爲我國文化事業的絕匯。人文科學研究所爲使這四庫全書更成完璧，計凡關於四庫全書上所未見載的各書，廣加精審搜集，將自乾隆以後至宣統止之書籍，廣加選擇，不僅從事複刻工作，且與四庫全書體裁同樣分爲經、史、子、集等四部，由各部專門學者之手，造成提要（解說。）所以普通將其稱之爲續修四庫全書提要的編纂。

這編纂工作是一樁極其困難的工作。研究所現在以稿費制度，囑託我國三十餘名學者，分給他們適當的書籍，進行編纂。再由囑託者之手所編成的稿本，送回研究所作爲雛形，再由執筆者加以校閱整理。民國廿四年的成績，編纂的篇數計四、一七九，稿費六萬四千九百餘元，每篇稿費平均有十五元五角。

記者頃參觀該研究所，據該所主任橋川談：編纂費每年計洋五萬元，人事費六萬元，圖書購入費二萬元，共計十三萬元。所幸事業尚稱順利，然困難部份的一萬三千部的續修現已告竣，所剩下的一萬四千部是比較容易的。大概預定二年之後，當可全業完成。囑託的學者二十餘名，都是知名之士，但因種種關係，他們的知名之士，均須嚴守祕密，恕不奉告，或者待事業完成後，將各編纂者的姓名一一附註上去，以明編者的責任。

該研究所在蒐集續修事業上所必要的書籍之際，乘便購入中國古代書籍，以防古書的散佚，並設立漢籍專門圖書舘。至民國二十四年止所購進的以及從各方寄贈來的古書，合達十三萬二千餘冊，購入費計達三十六萬八千餘元，圖書館的建築工費二十五萬元。現正準備開館手續，將所有藏書供一般人閱覽。（神州日報）

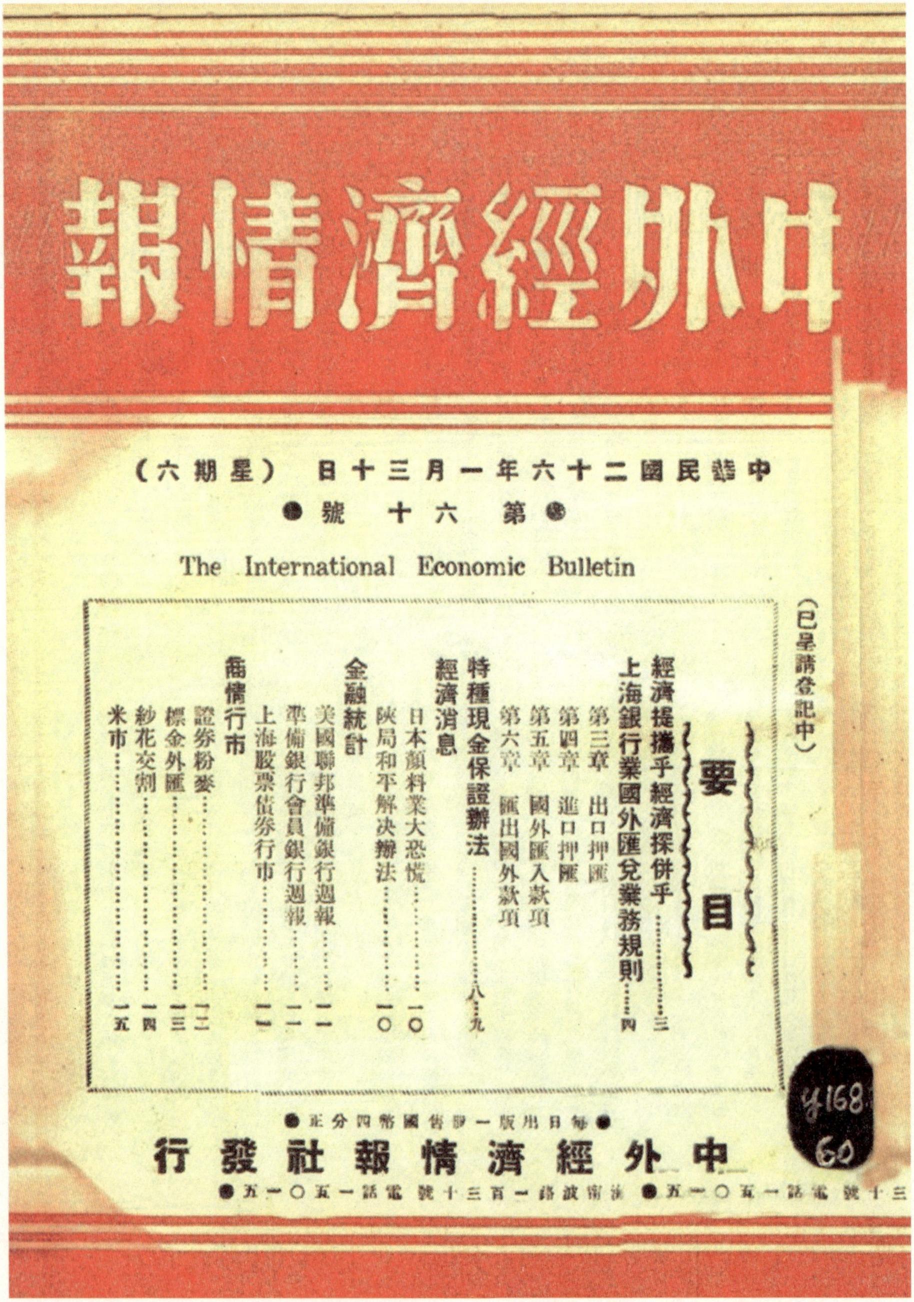
中外經濟情報

中華民國二十六年一月三十日（星期六）

● 第六十號 ●

The International Economic Bulletin

（已呈請登記中）

要目

經濟提攜乎經濟探併乎……三
上海銀行業國外匯兌業務規則……四
第三章 出口押匯
第四章 進口押匯
第五章 國外匯入款項
第六章 匯出國外款項
特種現金保證辦法……八—九
經濟消息
日本顏料業大恐慌……一〇
陝局和平解決辦法……一〇
金融統計
美國聯邦準備銀行週報……一一
準備銀行會員銀行週報……一一
上海股票債券行市……一一
商情行市
證券紛變……一二
標金外匯……一三
紗花交割……一四
米市……一五

● 每日出版一張售國幣四分正 ●

中外經濟情報社發行

三十號 電話一五○一五 ● 滬甯波路一百三十號 電話一五○一五 ●

《中外经济情报》杂志封面

# 日本移民東北之大計劃

獎勵移民滿洲，係廣田內閣七大國策之一。並為實現此項移民國策計，歸定於最近二十年內，移殖人民百萬戶，約合人民五百萬衆，共需資金一十八萬萬日元。原日本當局一部分意見，謂苟日本種族，不於發展新帝國中，居領袖地位，則舉凡與遠東五族之合作，及日滿之集團，即無法實現。此故乃有是項二十年移民計劃也。往事昭示，覺移民滿洲，實為基於王道，實現建立新帝國理想之唯一出路。復次，苟二十年移民計劃完成，則日民在滿洲者，可增至全滿人口之百分之十，至時新帝國中各種族之協調合作，始有實現之望，蓋目前滿洲人口，共有三千萬衆，二十年後，將增為五千萬也。復據日當局一致意見，根據精密之估計，認為二十年內，移民五百萬，並非難事，[illegible]較大數目，則有不克實現之虞矣。

雖然，日本之此項[illegible]基於上述之理由乎。是又不然。然所有開發滿洲之勢力，其平時來源凡三，（一）山東之苦力，（二）高麗之農民，（三）日本之移民。新京政府，不恤阻礙滿洲之經濟發展，限制山東苦力之移殖，良以此項中華人民之淵淵而來，苟不加以限制，殊有礙日本人民之移殖。復次邊境匪患，將永無殲絕之日，蓋往往因貧不聊生，即糾衆加入匪黨，危害地方，若山東苦力，任其二三年內，盡量移殖，達五百萬之多，則此項匪患，亦必滋蔓日甚，而賑災工作，又須大費苦心也。

爲統制此項苦力之移殖問題計，乃成立大同公所公司，並組織統制勞工供給之委員會。由委員會決定，年需苦力多寡，然後由該公司，根據決定之數目，進行招募。該公司並在山東設分辦事，給發遷入證。至經委員會決定准許遷往苦力之多寡，完全根據各方情形之考慮，例如勞工市場情形，現居新帝國境內苦力之人數，及返回老鄉之多寡而定。

鮮民之移入，亦經同樣之統制。按自九一八以來該地鮮民，極形桀戾跋扈，往往利用其日籍之地位，爲所欲爲，當地滿民，雖對日人，不無有相當尊敬，然殊藐視此項鮮民也。此項鮮民，散處滿境各地者，共計有八十萬之衆，若與滿民之格格不入，殊有礙五族人民協調合作之計劃耳。故鮮民之移入，及其在該地之移殖情形，有加以統制及從事監察之必要也。當局對鮮民之移殖，既無獎勵招徠之意，亦無堅決拒絕之心，並曾建議，凡自願移往之鮮民，應居住邊陲各區，例如安東間島各地。其經散居各地者應即集中相當區域，俾合乎其品性及生活情形之一切特別管理，易於實施。此種措施，不外騰出空地，爲日本人民移殖之地也。

按日方之統制中鮮移民，其最大用意，不外欲使日本人民，儘量移殖滿境。在二十年內，用種種方法，至少移殖一百萬戶。斯則日本對滿始終一貫之移民政策也。

日本獎勵此項移民，對農業山林各區之經濟現狀，暨城市各區之失業勞工人數，無不考慮周詳。

凡貧苦鄉村中身體强壯，思想健全之人民，許其優先參加之機會，如是於農村人口過剩問題方面，亦獲得相當解决也。至日民移殖區域之選擇，當局亦費相當經營，俾不至與當地滿民，發生利害衝突。凡政府及公家所有以及所有不明之土地，概為適宜於日民移殖之區域，此項土地，現經估計，共有一千萬邱，每邱約九千九百十七又三十六平方米特或合十九又十七英畝。

日本移民種類，分為甲乙兩等。其由拓省主持，以充分經濟供給者，屬於甲等，其自動前往移殖者，係屬乙等，政府雖不無予以若干津貼，然為數至微也。

移民種類，雖可分成兩等，然後者自動移殖之一等，實言易行難。苟已經移殖重要各地之人民，在未得政府保護，充分獲得具體之移殖結果前，無有願自動前往移殖者。若確保和平之工作能着着推進，而移殖人民之生活情形，能漸見改善，斯時移殖大陸之人民，或有漸見增進之望也。事雖如此，猶有反對政府之主張自動移殖，而僅主張國家之主持者，然此亦非事實。蓋國家之推進此項移民，原在獎勵將來人民之自動移殖也。

此項二十年移民計劃，復劃分為四期，每期五年，每期中歸定須移殖若干戶，計第一期中歸定須移殖十萬戶，第二期二十萬戶，第三期三十萬戶第四期四十萬戶。政府對第一期中之移殖人民，擬加訓練，成為移殖之領導人物，俾將來負責指導後期之移殖事宜。故其第一期之移殖人數，較後期為少。俟此項移殖領導人數增多，後始有大量之人民，向大陸移殖，此故後期之歸定移殖人數，所以較前期爲多也。有未明此項計劃者，謂政府之所以漸次遞增其移殖人數，竟在卸避保衛之責任云。

政府對甲等之移民，每戶給予公家津貼一千元左右，作爲川資營業及購買農具及建築房屋等一切必要費用。至對乙等之移民，每戶准給五百元，充作相類之必要費用，此外並歸定由私人方面，予以援助。復由滿洲墾殖公司，每戶以低利貸給兩千元，故合計甲等每戶可得三千元。此項貸款利率，歸定爲年息五厘。總計此項移殖經費，共需十八萬萬元，計第一期需用兩萬萬元，第二期需用二萬八千萬元，第三期需用五萬四千萬元，第四期需用六萬八千萬元。此項經費，並非盡由日政府負担，日政府僅担任五萬五千六百萬元，其餘經費，由僞滿政府，負責供給移殖所需之土地，由滿洲墾殖公司及其他會社供給低利貸放款，並由私人團體，負責援助乙等移殖人民。並由日滿兩當局，努力吸引兩國資本，以實現此次移殖計劃。

按前項計劃，係廣田內閣，於去年八月間開議時決定，現正見諸實施。共第一期中擬移殖十萬戶，現已進行準備，歸定三千戶自動參加，七千戶由公家選派，其中並有在滿洲兵役已滿之日兵一千五百名，願在該地進行移殖事宜。此外並有一千名，已由國內征募，共中已有若干名，已入滿洲，在當地積極訓練。日僞兩政府，協合供給土地，以備應用。所有此項移殖人民之征募，訓練，及運輸工作，歸拓省管轄，至在滿境內之此項任務，歸滿洲墾殖會社負責。其他事務，則歸滿洲墾殖公司執行云。

# 文　献

《文献》丛刊出版于中华民国27年（1938）10月10日，由中华大学图书有限公司编辑发行，小32开。该刊主要收录抗日战场、后方及沦陷区关于抗战的书报、著作、文件、传单及图片。分列画报、特载、专论、战区特写、世界之动、特辑及文化之页等栏目。

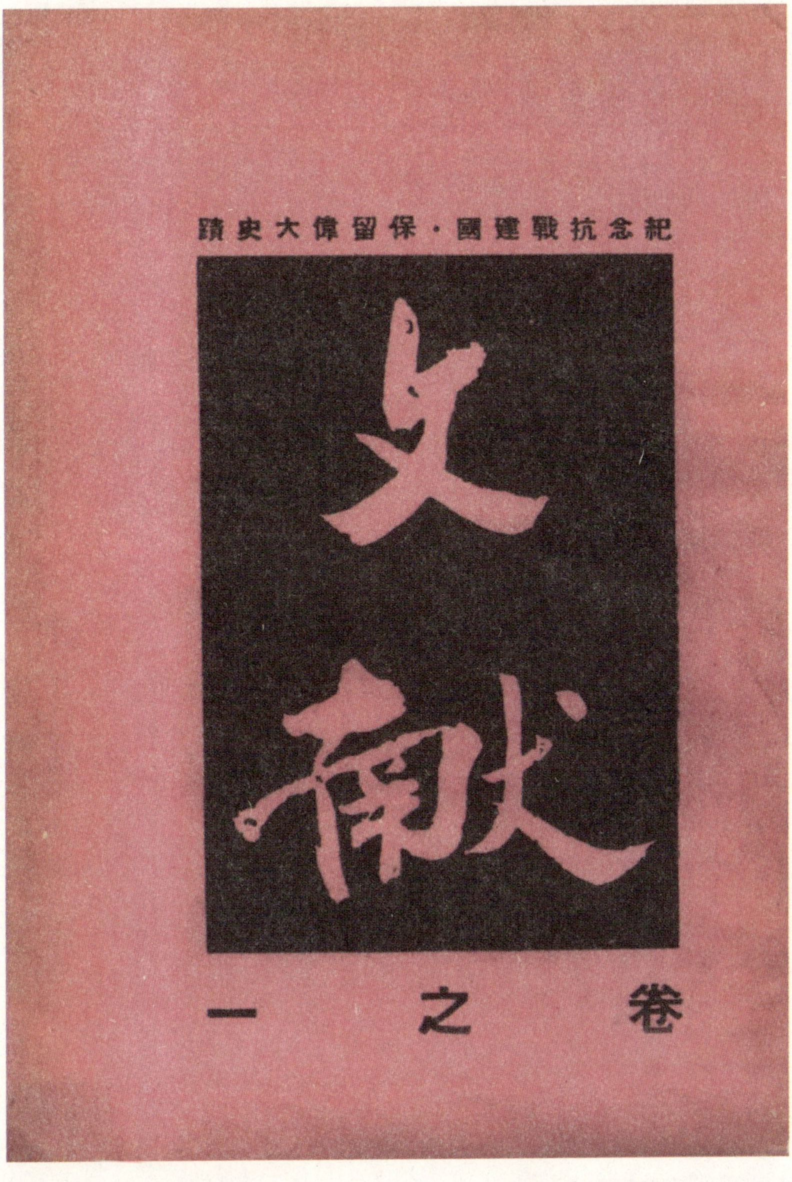


《文献》杂志封面

文化批判季刊　第五卷　第一期

民國二十七年一月三十日出版

編輯兼出版者　文化批判社　長沙天鵝塘中派里一號

發行者　文化批判社　長沙天鵝塘中派里一號

總批發處　正中書局雜誌推廣所　漢口後花樓街

印刷者　湘中印刷公司　長沙中山東路四十六號

經售及代定處

長沙　民治　民智　開明　湖南　教育用品社　湖南圖書消　費合作社　求志公司　金　城圖書公司　生活書店　上海什誌公司　會文堂　生活書店　大衆　新生圖書公司　中國書局　現代書局　共和　民智　大東　環球

漢口　北新　發光書局　上海雜誌公司支店

廣州　國貨商店　設綸　服務　發新　同文書局　讀文書局

南昌　徐州　寧波　溫州　安慶　蘇州　汕頭　左海藝育圖書社　中華　文明　現代　大東　南光書報社

湖州　梅縣　常德　宜昌　武昌　沙市　南昌　九江　贛州　重慶　成都　開封　西安　雲南

中華書局　青年書店　新時代　環球　中華　文華書局　生活書報雜誌社　廣益　新新地學社　新生　北平強　中國　新光　命中興　中國　四女書報　北　點石齋　擇山房　有昌　晉局拔提　葉科學儀器館　中華書局　日新商店　晉育書局　今日出版　新生命　北新　合作　會益文化部　協記現代文　化社　北平文化社分社　北新書局　開明書店　統一派報社　左文書局　大公報館　西安試報社　我的書店　現代　文化書局

《文化批判》杂志版权页

# 文化批判

第五卷

第一期

要目

東北抗日義勇軍的血跡

中日戰爭與各國的批判



民國二十七年二月一日

文化批判社出版

《文化批判》杂志封面

# 侵略中國後的日本

一民

——譯自塔斯社莫斯科通訊

自中日戰爭開始後，世界各國，對日本經濟情勢，均加以密切重視，相率估量日本國家經濟，尤其日本財政，於此次對華新冒險事業中可能的結果。

這次戰爭，日本犧牲是很重大，日本議會於戰事發生前，即已通過一九三七年至一九三八年經常預算增加到二十八萬萬元，雖然其中已經短少九萬萬元之多，而後又批准軍事追加預算達二十五萬萬元以上，總計追加軍事費與經常費預算的短少數，幾達三十五萬萬元，這數字，必須增加新的借款，始能彌補。

目前中日戰爭中，日本在第一月消耗費用已超過一九〇四年至一九〇五年日俄戰爭全部消耗總數以上，較佔據「滿洲」的費用，更超過了數倍。

當日本在東三省斷然作戰時期，自一九三一年九月至一九三二年三月，其消耗僅五千多萬元，約自「滿洲事變」起至本年三月止，依照統計，其消耗爲十一萬萬元，其數較目前對華第一月所耗者略少兩倍而已，無可異議的，這次日本的冒險，對於其國家經濟上的打擊，自較「滿洲事變」爲重大了。

捷克「巴拉加報」（Prague Press）駐東京訪員曾在他的通訊中說：「僅須看其銀行情形，即可斷定此次戰事對日本財政影響的如何深切，僅一月中，日本銀行存款即猛減了八千萬元，其增加借款不過三百萬元，因此，日本政府銀行已停止發表平常每日出入報告，此舉顯然在使其因戰事而遭遇重大財政損失之情報，勿使宣揚於外。」

中日戰爭在經濟上的影響，並不僅限於財政困難的增加，據巴拉加報記者稱：「據中立觀察家觀察，此次予日本在華財產與商業上的損害之大，必需若干年後，始能將其重獲舊觀。以上海一隅而論，日本一月之損失已達一千六百萬元，此尚僅限於可以計算者，而整個遠東，自菲律賓以至澳大利亞，廣泛的對日貨抵制運動之展開，對於日本商業的損失，真無可形容了。「日本在華商業，現已完全崩潰，第一月中因在中國無買賣之損失，已達一千二百萬元，此尚係日本官方的報告」。

日本全部經濟生活，現已置於嚴格軍事統制之下，由於軍閥的命令，日本議會已通過法律，授權於政府，限制或禁止，各種貨物進口出口，日本商船銷售或裝運外國貨物，同時又將企業若干部門予以改建或發展。

進口限制，最先者爲棉花，羊毛，木料；其次爲鋼質製造品與機器，同時，爲使軍事工業及與其有關部門資本充份起見，並限制紡織工廠，酒廠，磚廠，大百貨商店，酒店，旅館的改建或擴張。

最具有重要意義者，即日本經濟中對已實行統制的棉花進口，尚加以極嚴格限制，蓋彼等冀使其低於紡織品的出口，而不致失去商業的平衡，雖然，如此積極的謀商業的平衡，在本年八月尚未加限制，其超越數已達七萬萬四千八百萬元，而去年全年僅有二萬萬一千四百萬元。

東京交易所，八月間股票價格降落百分之十一，棉花生產減少二三五，〇〇〇公斤，人造絲紗減少二六七，〇〇〇公斤，在農村中，以被徵調關係，農人收獲頗感短少。日本在國外金子，已不易見，人民生活程度亦降低，原料儲存已逐漸短少（見「統計」報）。

日本現有若干最重要進口物品，已急切感覺短少，最要者爲汽油，汽油之出售，須有特別許可，私人汽車每日應用汽油，至多不得超過兩加崙，油料由此城運至彼城，須有特別許可證，其所以如此者，蓋因封鎖中國海岸的日本艦隊，每日需用大量汽油的原故。

不論財政如何困難，日本政府仍得向已爲戰爭所苦的資本家，找取協助辦法，如政府增加商船保險及戰爭保險費，政府雖已同意撥款一萬萬元，以補償離開中國並拋棄其財產的商人，工業家的損失，但此僅由居留本國者來贊助，純粹是種敷衍，至如何救他們飢餓，仍還是一無辦法，新冒險事業之重大結果（通貨膨脹，生活高貴，企業爲軍事勞役，失業的增加）均將不知胡底的置於日本民衆久經痛苦的肩上了。

# 时事类编

《时事类编》于中华民国22年（1933）8月10日在上海创刊，民国24年（35）2月与中山文化教育馆一同移至南京，抗战爆发后作为《时事类编特刊》（月刊）发行至70期（民国26年[1937]9月～民国31年[1942]1月），发行地从民国26年[1937]12月（6期）起移至汉口，从民国27年[1938]3月（18期）移至重庆，民国31年[1942] 1月停刊。共发行到5卷15期（1卷共14期、2卷共28期、3、4卷各22期。民国22年[1933] 8月～民国26年[1937] 8月）。该刊由中山文化教育馆编辑并发行，起初罗又玄担任主编，后改为钟天心。最初是旬刊，后改为半月刊，属于综合性刊物。

主要撰稿人有梅汝璈、陈洪进、李孟达、陈石孚等。

栏目有短评、学术论著、国际时事漫画、科学新闻、人物评传、文坛消息、国际时事文献等。还刊有各种新闻图片、数据表格等。短评主要针对国内政治局势为主要评论对象，抗日战争爆发后，则以评述中日战争态势为主，分析日本军事战略部署等方面的内容。学术论著主要是翻译一些著名的学术著作，分析国际政治局势。国际时事漫画以轻松幽默的漫画形式向读者介绍了国际大势，或幽默、或讽刺，揭露了国际纷争下的霸权本质。科学新闻一栏及时向读者介绍一些科学技术讯息。人物评传一栏介绍国际上一些著名的政治与文化名人，文坛消息一栏介绍了世界各国重要的文坛讯息，包括新出版物、新上映电影、文化人物活动、文学人物传略等。

作为一种时事类的综合刊物，该刊出版时间跨度长，所载内容丰富，是研究三十年代初期至抗战相持阶段国内外局势的重要资料。

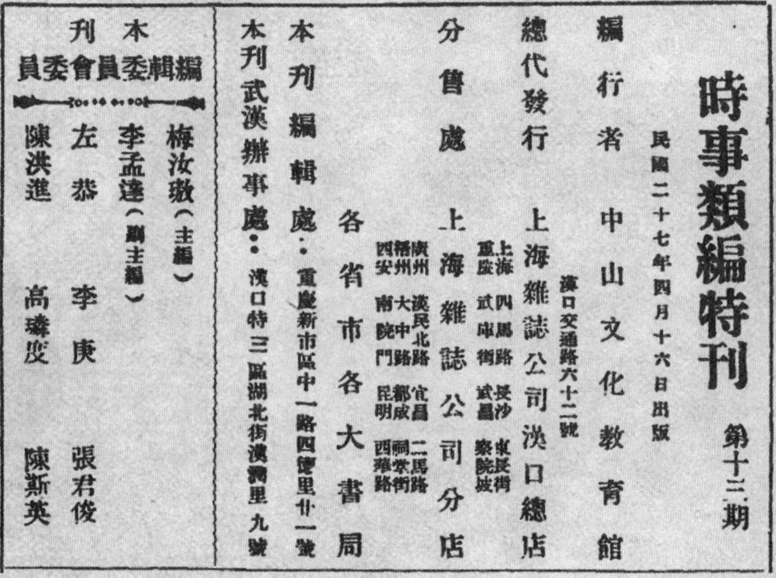
時事類編特刊 第十三期

民國二十七年四月十六日出版

編行者 中山文化教育館

總代發行 上海雜誌公司漢口總店

漢口交通路六十二號

分售處 上海雜誌公司分店

上海四馬路 重慶武庫街 長沙東長街 武昌察院坡

廣州漢民北路 梧州大中路 西安南院門 宜昌二馬路 成都祠堂街 昆明西蒲路

各省市各大書局

本刊編輯處：重慶新市區中一路四德里廿一號

本刊武漢辦事處：漢口特三區湖北街漢潤里九號

本刊編輯委員會委員

梅汝璈（主編） 李孟達（副主編） 左恭 陳洪進 李庚 高璘度 張君俊 陳斯英

《时事类编》杂志版权页

《时事类编》杂志封面

# 日本侵略中國的代價

李孟達譯



在一九三一年日本奪取了滿洲。佔領滿洲不過只是日本帝國主義企圖征服全中國的新戰爭的前奏曲。在一九三一年與一九三七年的事變之間是有直接連繫的。

依照日本軍閥的計劃，奪取滿洲第一可以給他許多經濟利益，第二可以爲她將來進攻大陸的軍事根據地。

隨着滿洲之佔領，就公開的掠奪中國人民，日本軍閥掠奪了廣大的土地供其建築後備兵的兵營飛機場與公路等等。廣袤的土地都轉入了日本軍閥與資本家的手中。日本的掠奪者驅逐滿洲與中國的農民離開自已的土地。日本帝國主義者奪取了滿洲全部國家機關，一切國家收入的源泉，中國省銀行的財產，關稅以及中國的鐵路與其他最大的企業，例如奉天兵工廠，但是日本的計劃之實施是比東京所想像的要困難得多。

滿洲的冒險並沒有給予如日本帝國主義者所預想的經濟利益。在佔領滿洲以後，日本政府就不得不每年耗費大批的資金來養活那些抵禦游擊運動所必需的兵力和準備軍事根據地，以便發動新的軍事冒險。近幾年來日本的預算每次都有一條特殊項目——「因滿洲事變而需的耗費。」此等耗費主要的是用在進攻游擊運動與軍事建設方面，計一九三一年——五四百萬日金，一九三二年——二八八百萬日金，一九三三年——一九七百萬日金，一九三四年——一五八百萬日金，一九三五年——一八一百萬日金，一九三六年——二〇〇百萬日金。因此日本政府在滿洲佔領的五年中，反直接用於軍事的耗費已達一·〇七八百萬日金。

此外，因軍閥之壓力，還有將近十萬萬日金投入滿洲，這批巨款都爲南滿鐵路及其附屬公司吸收了。假若我們再估見到養活與武裝軍隊以及擴大海軍空軍所用的巨款，那末滿洲冒險的代價就更貴了。

由此可見佔領滿洲之耗費還不過是整個日本軍費的一部分。日本的預算就是軍費增長的，一種不完整的證據。當侵略中國戰爭的新階段還未開始時，一九三七——一九三八年的日本預算就決定爲二·八七二百萬日金，差不多超過一九三二——一九三三年預算的兩倍。大家都知道軍費是佔日本預算的大部分。同時我們還要知道陸軍與海軍軍費之增長是比整個預算快得多。例如一九三二——一九三三年至一九三七——一九三八年的全部預算是增加兩倍，但海陸軍之費在同一時期都增加了三倍。反陸軍與海軍兩項在預算上的增加可由下面的數字看出來：一九三一——一九三二年的軍費（照預算）爲四五五百萬日金即佔預算全部開支項的三一%，一九三二——一九三三爲六八六百萬日金（佔全部開支的三五%）一九三三——一九三四年八七三百萬日金（佔全部開支的三五%，）一九三四——一九三五年爲九四二百萬日金（佔全部開支的四三%。）一九三五——一九三六年爲一·〇三三百萬日金（佔全部開支的四七%，）一九三六——一九三七年爲一·〇六〇百萬日（佔全部開支的四六%。）一九三七——一九三八年爲一·四二二百萬日金（佔全部開支的四九%）還要加上補充開支（以下再說）四・〇一三百萬日金。

我們更應注意軍費的開支並不僅僅依照陸軍海軍兩省的預算。日本經濟學家（Lo Sinrapo）在改造雜誌（一九三七年一月）上寫道：預算中所謂民政部分的一半也是掩飾的軍費。例如軍用醫院與徵兵處的經費，建築和修理兵營與射擊場的耗費都是列在內務省的預算中。在商工省的預算中列入有軍事研究院，航空練習站，實驗室的經費以及儲集燃料（揮發油，煤油等）的耗費。此外與備戰有關的耗費有關的就是支付公債利息的大宗款項。

但是一九三七——一九三八年預算上的規定支出是很明顯不够的。日本軍閥又打算錯了。他預料可以很快的奪取華北，破壞中國人民的抵抗。由於日本帝國主義者估計錯誤之結果，在日本國會的第七十一屆非常會議上又通過了補充預算五三七百萬日金（這是超出國會第七十屆會議通過的預算一・四一一百萬日金以外的）

事變的發展證明中國人民堅決願意爲自己的自由與獨立而奮鬥。戰爭已經成了持久性的，要求更多的物質耗費。日本政府不得不再召集國會第七十二屆非常會議，決定新的補充預算二・〇六五百萬日金。因此一九三七——一九三八年日本軍費（依照預算）已經達到四・〇一三百萬日金。換言之，此等耗費已經超過五年來佔領滿洲耗費的四倍。此外一九三七——一九三八年這一年的軍費幾乎已經等於此次戰爭以前五年的軍費。

日本軍閥已經預見到此等開支還是不够。據星報載：軍部已經要求在造一九三八——一九三九年預算時，反對華戰爭的補充支出即需四十萬萬日金，而總預算所規定的支出還不在內。

日本的軍事冒險嚴重的反映於她的國民經濟狀況。在一九三一——一九三二年，軍費還反等於日本國家收入的四・五%，到一九三六年就等於八・一%。在一九三七年因與中國開戰，軍費幾等於全國國家收入的三分之一。以下所列的表可以表明國家收入與軍費變動的情形：

（以百萬日金爲單位）

| | 國家收入 | 軍費 | 軍費在國家收入中所佔的百分數 |
|---|---|---|---|
| 一九三一年 | 一〇・〇四三 | 四五五 | 四・五 |
| 一九三二年 | 一〇・二二九 | 六八六 | 六・七 |
| 一九三三年 | 一一・四六九 | 八七三 | 七・六 |
| 一九三四年 | 一二・〇二九 | 九四二 | 七・八 |
| 一九三五年 | 一二・四八二 | 一・〇三三 | 八・三 |
| 一九三六年 | 一三・一〇九 | 一・〇六〇 | 八・一 |
| 一九三七年 | 一三・七三六 | 四・〇一三 | 三〇・〇 |

很明顯的，這種大批的不生産的過渡消耗國家收入，對於國家必有特別嚴重的影響。爲了比較起見，我們不妨舉英國爲例，因爲實行新的武裝綱領，軍費雖尖銳增加，仍未超過國家收入的一〇%。但是日本要比英國貧乏許多倍。日本的國家收入反等於英國國家收入的一七%，美國國家收入的七%。依賴國內資源來資助戰爭必然要緊張日本經濟與內部政治狀況。

爲了從人民方面榨取必需的龐大資金，日本政府就加緊發行公債與增加稅收，日本政府實際上已經禁止一切與軍事生産無關的公司發行有價證券。此種辦法之目的是在於利用現有的流動資金來投入國家的債券。換言之就是公債之推銷是依賴縮小非軍事工業部門的基本投資。

日本政府藉賴基金統制法，企圖利用保險公司及其他會社的資本，以致引起關係方面極大的不滿。政府已經企圖以半強制的手段，經過信用與農村經濟合作社及其他組織來推銷國家公債。但是公債的銷行仍然很慢。

## 日本侵略中國的代價

[illegible]償付公債必然要增加稅收，因為稅收是償付公債的基本源泉之一。反之國家一般的稅收一項，不連地方稅收在內已由一九三一——一九三二年的七三五百萬日金增至一九三七——一九三八年的一、二五〇百萬日金了。一般的稅收之增長，可由以下數目字中看出來：一九三一——一九三二年稅收等於七三五百萬日金，一九三二——一九三三年稅收等於六九五百萬日金，一九三三——一八三四年稅收等於七四八百萬日金，一九三四——一九三五年稅收等於八四三百萬日金，一九三五——一九三六年稅收等於八九九百萬日金，一九三六——一九三七年稅收等於九二三百萬日金，）一九三七——一九三八年稅收等於一•二五〇百萬日金（以上數字均根據預算數字）

稅收破壞了日本的勞動人民，在稅收系統中間接稅起着主要的作用，因此更加反映到工農與小資產階級的狀況。

在一九三七——一九三八年的預算中，稅收一項比前一年增加了三〇〇百萬日金。由於中日戰爭，又增加了新稅一〇〇百萬日金。資本家立即採取辦法，將此種稅收的負担移在勞動者的肩上，提高商品的價格。依一九三八——一九三九年的預算，據要繼續增加稅收。

由於佔領滿洲及對中國作戰，日本所負的龐大耗費證明日本帝國主義的軍部冒險不僅反對中國人民，而且反對日本的人民。工人遭受駭人聽聞的剝削，農民的貧困達到空前未有的程度，小資產階級都破產了。

[illegible]酷的警察恐怖的統治，殘酷摧殘工人組織，證明在日本國內日益增長着[illegible]大的大潮。

中國人民的英勇反抗，說明中國的戰爭是帶着持久的、綿延的性質，這對於日本有極嚴重的影響。（[illegible]著譯自蘇聯真理報二月七日）

# 新　粤

《新粤》杂志创刊于中华民国26年（1937），为时政评论性物。内容以时事述评和政治、经济、文化专论等为主，亦有少量文艺作品。载文有“川康整军之重要意义”、“广东粮食问题”、“思想训练与科学”等。其它题名:《新粤周刊》。出版至民国27年（1938）9月停刊。


**新粤半月刊社**

社長：向理潤
副社長：梁朝威
總編輯：蔣益明
總經理：林愛民

本期　第二卷第二期
出版日期：民國二十七年二月一日
編輯者：新粤半月刊社
發行所：廣州倉邊路五十號二樓　電話一七一〇九
代售處：廣州各大書店


定價表

| 訂購辦法 | 零售 | 預定 半年 | 預定 全年 |
|---|---|---|---|
| 冊數 | 一 | 十二期 | 二十四期 |
| 國內價目 | 國幣五分 | 連郵國幣五角 | 連郵國幣一元 |
| 國外價目 | 七分 | 連郵國幣一元 | 連郵國幣二元 |

定閱者如有詢問或更改地址時，請將(一)定戶姓名(二)原寄何處(三)定單號數等詳細塡明，以便檢查。

《新粤》杂志版权页

# 新粵

第二卷　第二期

要　目

民國二十七年二月一日出版

《新粵》杂志封面

# 日本侵華政治軍事的危機

蔣益明

## 一、日本政治軍事的畸形發展

日本政治的特質，是上了軌道的資本主義的君主立憲；而演進到今日，却成了尾大不掉的軍權政治，這不能不說是日本政治的莫大隱憂。目前日本政治機構內的唯一威權者，當然是軍部，而軍部的猖獗，又公然採取法西斯專橫的形式。但其實他既無意德法西斯所具的特質，復無真正像人的領袖，這真是可憐而復可憐。

本來日本的進步，建立于一部能實際推行的憲法；而支持這立憲政體的台柱者，乃是日本的元老重臣及諸政黨議員。然而他們今日都處在可憐的地位。不獨自己無駕馭軍部的力量，甚至自己身家性命，都是朝不謀夕。往者，如「立憲之神」的犬養毅，身居首相，始終擁護憲法，活到七十多歲，終不免在少壯軍人刀鋒之下壽終正寢（一九三二年五·一五事件）。又如八十三歲的日本活財神高橋是清翁，能在閣議席上支持十五小時而不為軍部的龐大預算所屈服，然而在二·二六事件中（一九三六）也終於被少壯軍人所槍殺。同樣，在日本稱得上有政治氣節與遠大眼光的政治家或財政家如濱口幸雄，井上準之助，團琢磨及齋藤實等，那一個不是直接間接被軍部所犧牲了呢？

目前尚活着的日本唯一元老的西園寺公爵，老政治家尾崎行雄及老議員濱田國松等對軍部又那一個不是噤若寒蟬？西園寺現年已八十多歲，與明治天皇為總角交，明治維新，盡力特多。近些年來凡日本首相有變動時，天皇必派人到興津坐漁莊垂詢繼任首相人選的決定，其威望之大，可以想見。他也想盡了方法來制服軍部，初則以政黨制軍部，繼則以海軍制陸軍，終於從陸軍內部分化。然而二·二六事變，連自己也險遭不測。濱田國松係七十多歲的老議員，去年一月在議會痛罵軍部，一時人心大快。可是軍部力量大，不獨議會大受壓迫，而廣田內閣亦同時倒台。

在二·二六事變後，政黨與軍部的對立，日益尖銳；日本政治舞台，頓成恐怖世界。廣田弘毅本一庸才，拜受組閣大命，意在調和政黨與軍部的衝突，但結果，廣田內閣却做了軍部的尾巴。這回濱田老人登台一呼，廣田內閣只好提出總辭職。繼任內閣人選，西園寺公提出軍部穩健派宇垣一成大將，意以分裂軍閥內部勢力，而使軍部就範。然在去年自一月二十五至三十一日一週組閣數天，終以軍部少壯派的反對，落得流產。繼而西園寺又提軍部黨軍派林銑十郎大將，拜命組閣，雖勉強組成，但暗中接受軍部兩條件，一維持已增加的軍事預算，二解散議會。當時各政黨均不入閣，表示藐視。到三月底第七十議會果突然被林內閣奏請解散。

議會解散後，當然再選舉。而選舉的實質也非常滑稽；還治鮮包括在內總人口達九千七百七十萬人之多，而有選舉權的，不過是一千四百六十一萬。這顯然是少數人和官僚式的民主政治。而且選舉運動一開始，各候選者的演說，莫不以打倒現政府爲爭取民衆投自己選票的唯一方法。可見日本一般民衆對軍權政治的感情爲何如。並且當競選運動正激烈之際，因賄賂選舉而被捕者達百人以上，也可見日本憲法運用的程度是怎樣。四月底選舉的結果，自然是反政府的大黨如政友（二六八名），民政（二六六名）及社會大衆（六五名）等三黨，佔得絕對的多數。林首相欲使政民內部分化而成新黨來擁護政府的計劃，已顯然失敗，於是林內閣維持到六月初，也就正式解體了。

新內閣近衛文磨，更徹底地做了軍部的傀儡；替軍閥們發動了侵華的戰爭。他們想以侵華戰爭去彌縫政黨與軍部的鬥爭，更想以侵華軍事上的暫時勝利，去緩和一般民衆的反抗。爲加強內閣力量及統一侵華軍事指揮計，並設置一內閣參議機關及大本營。然而各政黨對軍部的鬥爭及民衆的反政府運動，並不因此稍緩。試看末次大將任內相僅數天，便大捕反政府份子達三百七十餘人之多，其社會革命情形之嚴重，便可想而知了。

## 二、往左往右的政治暴動

本來反政府黨人的活動，是乘政府統制力量最薄弱之處，而勃發的。當日本政黨當權時，多半是軍部聯繫下的右派各團體對政府要員的襲擊；現在軍部猖獗了，當免不了左翼各團體對政府的革命暴動了。

右翼襲擊政府要員的事件，真是屈指難數，最著名的，如血盟團暗殺事件（昭和七年即一九三二年二月九日午後八時藏相井上準之助在東京本鄉區被刺死，三月五日三井銀行理事長團琢磨在銀行前被刺死），五・一五事件（一九三二年五月十五日由現役軍人十七名各持手榴彈手鎗襲隊赴首相官邸，察視廳，牧野內府，日本銀行及三菱銀行等處襲擊，首相犬養毅遇難），神兵隊事件（目的在打倒齋藤內閣，破壞國家中樞機構，定一九三三年七月十日起事，前一夜被檢舉），昭和維新血盟隊事件（目的在刺西園寺，牧野伸顯及高橋是清等，一九三四年九月六日被檢舉），少年血盟團事件（一九三四年十二月五日一十七歲少年持刀往興津謀刺西園寺），永田中將被刺事件（一九三五年八月十二軍務局長永田鐵山被步兵中佐相澤三郎所刺死），及二、二六事件（一九三六年二月二十六日現役陸軍將校士兵千餘人分襲首相官邸，及各大臣私邸，死藏相高橋是清，內大臣齋藤實及教育總監渡邊諸人）等，都在日本政治史上，佔了相當的地位。

左翼活動事件，更難枚舉，在一九三〇年前後，日本對馬克斯列寧主義書籍出版異常豐富，左派各黨亦特呈活躍現象。在近三四年來，紅色的左翼活動，如大森嶽溪團事件（一九三二年秋共黨爲謀活動費，搶刦第百銀行）及日本共產黨再建運動（一九三四年）及無政府共黨活動（一九三五年）之被檢舉等，雖受到相當的打擊，然隨着社會經濟恐慌的加深，帶黃色的社會大衆黨的活躍，到有驚人的發展。在選舉時東京大阪及橫濱各大都市的社大候選議員，無一個不得到投票的滿點。去年春社大在議會席位，由二十來席，一躍而增至六十五名之多，成爲日本第三位大政黨。

侵華戰事發動後，日本無產大衆反政府運動，益形猛烈，尤以勞農派，（又稱共黨產主義組合），日本評論家組合，日本無產黨，日本勞働組合及日本全國評議會等團體活動爲最顯著。彼輩不獨以反戰爲號召，且根本要推翻現行反常的政治制度。在去年十二月中，幹部份子雖被捕了三百多人，但這正是証明了日本社會的搖動，和軍權畸形政治要崩潰的預兆了。

## 三、軍部抬頭的原因與內部裂痕

談到日本軍部抬頭的原因，第一爲多年侵華的勝利所誘致：甲午中日戰爭不用說，後來歷次侵華的條約也不用說，而最使日本軍閥稱爲寫意之作的，便是九、一八事變、一二八之役及熱察長城諸役。每當他們國民反對軍部妄事侵華之際，而軍閥們老有驚人的勝利消息告訴他們。新聞刊物受軍部的統制，軍權法律握在軍閥手裡；可憐彼邦明達之士，明知侵華爲飲鴆止渴，也苦于有口莫辯。第二爲世界各國軍擴所啓發：年來歐美列强軍事預算的增加，軍事設備的强化，建艦造砲的競爭，都使得軍部擴軍增餉，振振有辭；軍部的計劃與行動，無形中引起了一般人的注意。第三爲蘇聯復興運動所促成：蘇聯前後兩個五年計劃的推行，不獨是工業諸般的建設，而軍事擴大亦隨之而實行。陸軍既取得世界首位，到去年冬空軍又佔居世界冠軍；從而海軍復興計劃亦開於世。這樣使得日本軍閥寢食不安。因日本在政治主義上及滿蒙利益上，處處均與蘇聯對立；日本若不能戰勝蘇聯，滿蒙及華北所得利益，終無法保障。這樣，日本新聞雜誌，一齊向蘇聯攻擊，軍部在無形中抑取得領導的地位。第四是日本國內元老派的凋謝，政黨內部鬥爭的劇烈及左派社會共產黨份子的活動，使軍部得以乘機取得唯我獨尊的地位。資本家想利用軍事力量向外發展以解決目前的經濟恐慌，因而以巨量財力幫助軍部這也是軍部得以飛揚跋扈重要原因之一。

但是，軍部雖然得到各種機會來發展，而內部的矛盾卻也無法彌縫，起先是海軍部與陸軍部的鬥爭；海軍主張南進託文人寫成許多南進論，以獲得南洋群島及南中國沿海各地資源與商業，爲日本發展的基礎。陸軍部則乾脆執行滿蒙政策，以北進論爲唯一指標。這鬥爭的結果，是陸軍部暫時獲到勝利。可是陸軍內部的鬥爭，並不亞于對海軍的對立穩健派以宇垣一成大將爲正宗，急進派以荒木貞夫，眞崎甚三郎，寺內壽一及香月清司等爲首領。而緩進急進派之外還有第三種勢力的肅軍派，以林銑十郎爲領袖。急進派的支持者即少壯派軍人，他們無事要起風波，天天以侵華爲唯一職志。對穩健派採取攻勢，去年一月底宇垣大將組閣的流產，便是他們作梗；氣得宇垣連「大將」的附勳，也奉還天皇。其暗鬥情形之烈，可以想見。現在急進派軍人雖以暫時的勝利來眩耀國人，但內部矛盾的加深，卻與時俱進。穩健派與肅軍派人只是等候着急進派軍人的失敗，再起

來收拾殘局便了。

## 四、侵華後日本國際矛盾的深刻化

本來，自日本軍部抬頭後，横幹糊鬧，已陷國際地位於孤立，到前年秋，日本各大報紙雜誌，無不評議政府外交，陷于四面碰壁。乃軍部妙想天開，與德成立反共協定，以爲此四面皆塞的環境，找一出路。既而又邀意大利加入集團，以張聲勢。但是這種防共協定的內容，既得不了英美大國的同情，更不能使中國了解。去年侵華戰事發動後，不惟未獲取德國充分的同情與幫助，反而與德國的矛盾，日加深刻。因爲德國與日本結防共協定的目的，在於反蘇，而日本的軍事行動，偏要侵華，這一方面使德在華方在向上發展的貿易，受到莫大的打擊，他方面則日本國力在華多消耗一份，即是反俄力量更薄一份，與反共協定的原意，完全背道而馳。所以，在中日戰爭中，德國態度始終保持中立，有時且奔走調停，無非是想從中謀挽救；而日本軍人始終不覺悟，德亦莫可如何。

英國原來也想與日本共分遠東利益，去年夏期英日談判甚至英日聯盟復活的呼聲，甚囂塵上；可是盧溝橋炮聲響後，這種企圖也隨着炮聲化成了烟幕了。後來日艦侵犯華南，威脅香港，轟炸長江英船艦，而英人聯結日本共謀遠東利益的迷夢，更爲打破無餘。美國利害與英相同，羅斯福總統歷次發表強硬的談話，可以概見。而南京美艦巴納號被日空軍炸沉事件，尤使美孤立派人士發生深刻的反省。美人素主門戶開放，機會均等；今日人門戶獨關，機會壟斷，那有不相剋日深的道理。目前英美合作。共同制日的趨勢，全爲客觀的事實所促成。

至於蘇聯與日本的對立，更明若觀火；而蘇日戰爭的暴發，也只是時間問題。因爲日本此次對華作戰的主要目的，在於準備對蘇聯作戰；而蘇聯近年遠東軍事的強化，也在於對付日本。現在中國與蘇聯完全站在同一利害上。蘇聯對中國軍事的勝敗，有唇齒相依的命運。故蘇聯之不能不援華以抗日，全爲站在蘇聯本身利害上而打算。然而遲至今日蘇日之戰尚未暴發者，其故安在？這很清楚，一則蘇聯在國際未切實得到英美大國了解之前，不會妄動。其次，日本未消耗到其必敗程度，蘇聯也不會動手。所以日本在華多消耗一日，即是對蘇作戰力量多減少一份；亦即蘇日戰爭更接近一天，同是蘇聯對日勝利，亦多加一層保證。此外法國與蘇聯有特殊協定，當然排日而助蘇，這不用我們論列。

## 五、對華宣戰的困難與繼續作戰的危機

日本看到國際環境的惡化，未嘗不想利用速戰速決，以求對蘇作戰的充分準備。故要對華宣戰，徹底封鎖中國海口，斷絕國際接濟，使中國早日無條件屈服。可是一旦對華宣戰，則英美勢必嚴守中立，而日本由美國的大批物資接濟，當將斷絕，封鎖華南海口，威脅香港利益，這就要促成英國正式對日本開火。這樣，英美利益相同，勢在合作，英法唇齒相依，情難觀望。蘇聯得英美法的抗日保證，何所恐而不對日進攻。日本想到這層，故亦不敢公然對華宣戰。

但目前日軍已深入中國內地，既不能明白宣戰，更不能也不顧無條件而盡行撤退，其結果仍是不宜而繼續作戰，然則日本果能繼續對華長期作戰嗎？我們不能不對日本作戰的能力畧加觀察。

第一是人力：人力爲作戰的基本動力，日木爲徵兵制，本國六千七百萬人中，去其老弱及病者，所獲當兵壯丁不過四百五十萬人。其中有農工商及他和社會職業而不可一日停頓者，約居百分之二十，是實際上彼全國總動員時亦不過得三百六十萬人而已，我國常備兵額便二百萬，戰時增加千萬以上，並非難事，是日木人力已感覺莫大恐慌。第二是財力，日本自去年作戰至今，已消耗三十萬萬圓，一天平均消耗達一千三四百萬圓之巨。日本財政早已捉襟見肘，公債達一百四十萬萬之多，繼續作戰，戰爭當更擴大，兵力需用亦愈增多，試問日本能有幾許財力，繼續消耗。第三是物力，日本各種原料多從國外運來，尤其是軍需原料，依從國外數量特多。戰事一延長，海關入超，自亦隨之增大；軍需生產若過分發展，他種應用品生產勢必陷于停頓，商業亦必陷于停滯，抗日持久，整個社會亦將陷于紊亂。到了那時，日本將有何法與英美作海軍競爭，更有何法以與蘇聯作戰？故日本繼續對華作戰的危機，已不言而喻。

## 六、戰事延長與在華軍事總覆沒

目前日軍在華作戰，不獨戰地已擴大，戰時要延長，而戰鬥的方法亦愈趨複雜化。在過去日本利用優勢的飛機大砲，作陣地戰，使物質環境較劣的中國兵，受到相當損害。而且日軍戰綫較短，運輸既便，指揮亦甚靈活。今則戰地延長、深入丘陵腹地，我華軍發動廣大的遊擊戰爭，配合着廣大的民衆，以協助我大軍作有計劃的反攻，這樣，在某些條件之下，即飛機大砲，也不免失掉作用。因遊擊戰爭的妙用，如驟雨巨雷，攻其不備，擊其所危。時而截斷敵人運輸，時而佔領某處要地，聲東擊西，進退神速，而且退可化整爲零，進可合零爲整。敵人砲位當失其效，飛機亦難尋其目標。我國以農業爲主，抗日持久，爲害較小，得到大批彈藥及飛機大砲等的補助，及無數壯丁新兵的補充，全國一齊反攻，則我爲主，而彼乃客，我爲主動，而彼變爲被動，是則最後的勝利必歸于主動者。尤其是我廣大的民衆的醒覺與訓練，使得日軍所到之地，處處都是有形無形的堅強壁壘，而他所獲到的地方，毫無所利用，這樣，抗日持久，我軍時時遊擊，處處反攻，在華作戰的日軍不總覆沒，還有什麼辦法?!

# 教育杂志

《教育杂志（The Education Magazine）》由商务印书馆创刊于清宣统元年(1909)，止于中华民国37年（1948），计出刊33卷382期，历任编辑计有陆费逵、朱元善、李石岑、唐钺、周予同、何炳松、黄觉民、赵廷为、李季开等。

二十世纪初，我国现代教育学尚处于起步阶段，其时有《教育世界》、《直隶教育官报》等杂志译介海外教育理论，国内办新学的风气也一时大盛。在这个时候，创办一份体现国人思想的教育杂志乃是迫切需求。当时，我国现代教育学尚处于起步阶段，其时有《教育世界》《直隶教育官报》等杂志译介海外教育理论，国内办新学的风气也一时大盛。在这个时候，创办一份体现国人思想的教育杂志乃是迫切需求。

抗战胜利后，《教育杂志》于民国36年（1947）复刊，复刊后主编为赵廷为与李季开。该刊于1949年休刊。

教育雜誌 第二十八卷第十一號（新第五十一號）

民國二十七年十一月十日初版



編輯兼發行人 黃覺民

印刷所 商務印書館香港分廠 香港英皇道

發行所 商務印書館香港分館 香港皇后大道中

分發行所 商務印書館分館 長沙 重慶 成都 西安 南昌 金華 梧州 昆明 貴陽 汕頭 福州

《教育杂志》版权页

# 教育雜誌

民國紀元前三年一月創刊
民國廿一年「一二八」停刊
民國廿三年九月復刊

第二十八卷

第十一號

## 要目



民國二十七年十一月十日

商務印書館發行

《教育杂志》封面

# 戰時補充教材

## 日本侵華的損失

黃震遐

目前全面抗戰已經進入第三階段，×人所受的有形與無形的損失，都非常巨大，不消說是完全超出×人的預算。在這勝負行將分曉的關頭，在我方固應加緊團結與努力，盡量的加深×人軍事與經濟上的困難，而促成×方最後不可避免的崩潰。同時在×方，亦必搜括所有竭其全力而進攻武漢，圖與我作孤注一擲的決戰，藉此來彌補其損失與窘態，而達到它滿望的企圖。所謂「山雨欲來風滿樓」，這將是最近不可避免的一幕。

我軍一貫的戰略方針，是消耗戰與持久戰，是拖倒而不是打倒×人，是以時間和磨折來取勝。因此在×人大舉進攻武漢聲中，危險的仍是×人而不是我們。退一步說，萬一即使武漢不幸而失守，我軍也不過是將向東的正面，移為南北夾擊的正面，這戰線雖仍是後退的，但因是山地作戰，必退得很慢，一尺一寸都要向×人索取高度的血價，這是我們可告慰的一點。

在兵力和財力方面，×人作戰到如今，究竟損失了多少？這在我們列身軍事局外的人，雖然無從得知其詳，但就一般的材料推測整理起來，則雖不能得到正確的結論，而一個輪廓的答案，是可以求得的。事實上，我們亦唯有看清了×人過去的損失與今後的窘況之後，纔能夠更充實我們的信念，加強我們的力量。這是第二點。

在實際作戰方面，×人的戰鬪、戰術和戰略指導的能力究竟如何，我們過去的缺點究竟到什麼程度，我們與×人的大會戰究有什麼收穫，游擊戰爭的效果究竟有多大，這些純軍事的問題，我們也可以在繼上海徐州之後的武漢第三次大會戰的直前，先作一概念的觀察。由此也許更可加強我們鬭爭的勇氣，發現×人日漸增加的弱點，這是第三點。

在本文中筆者盡可能的把抗×戰爭經驗，×人消耗的程度，和未來的趨勢，作一簡括的整理與觀察，希望這可以對讀者增加一種幫助，至於精確的統計，則須待諸來日了。

### (一)我作戰經驗的進步

自從開戰以後，我×共動員四百萬(×一百五十萬，我二百五十萬)以上的兵力從事作戰，戰線逐漸延長到二千五百公里以上，雙方傷亡的數目超過一百五十萬，就質和量論，無疑的這已是歐戰以後最大的戰爭。其中經過上海、徐州兩次大會戰，加上北平、南苑、南口、涿州、馬廠、娘子關、忻口、南京、滁州、淮上、靈石、蘭封、九江這十二個會戰，其中更包括平型關、臨沂、台兒莊這幾光輝的戰鬪。在短短時期中，規模不能謂不大，戰況不能謂不烈。在上海大會戰中，我以七十個師的延數和×人等於四十個旅團的兵力從事「陣地戰的決戰」，結果給與×人以約十二萬人的損害(素來以多報少的×人亦承認死傷四萬二千人)，這是我國有史以來最英勇、花錢最多，同時更是最大的戰鬪。在徐州會戰中，我以四十個師的延數和×人等於六十個聯隊的兵力從事「運動戰的決戰」，結果給與×人以約五萬人的損害(×方承認死傷一萬一千人)。經過這兩次大會戰，事實證明我軍作戰的能力，完全不在×軍之下，祇要技術裝備的程度均等，便充份有戰勝的把握。在徐州大會戰中，還看到我軍發揮出較上海大會戰更旺盛的攻擊精神，更勇敢的主動意志，更圓滑的協同一致，更活潑的戰術運用。這是第二期抗戰經驗進步的良證。

平型關、臨沂與台兒莊(還有許多失掉的機會，如羅店、兵興、羅王營等)，是我軍對於孤立的×軍發揮一串光輝的協同行動的成果。多數戰術上的勝利，雖因力不從心，終未能發展到所希望的「各個擊破」的戰果，或從中收到更大的戰略上的影響，但這些勝利，無疑便是未來大勝利的有力保證，而說明什麼時候我們具有充份的打擊力量，那時便可

爭取最後勝利。

過去十三個月的作戰，不但證明我軍在陣地戰中卻常常表現了其大的粘力與抗力，而且在運動戰中亦一再發揚過英勇的驟力與殲力，完全否定×人大場氏斷我軍不會「機動」的論斷。事實證明：在台兒莊決戰前後，我軍輒的內線作戰，很有一七九六年代法國革命軍的變動。

此外還有一個最大的力量，隨着時間的進展而消滅×軍於無形的，這便是普遍遊擊戰爭的消蝕力。一百萬以上的遊擊戰士在一百萬英方哩的淪陷地區中，不停地從事於消蝕工作，這對於要維持三千英里以上交通綫的×人是一種最大的苦難。在三十三個師團兵力的×人遠征軍隊中，至少有二十個師團的兵力要從事於交通綫的守備任務，而僅餘不到一半的兵力可以作戰。過去十個月的遊擊工作已使××暴露初期癱瘓病的徵象，是非常確實的。

遊擊戰爭消耗的價值，就地理來說，假定目前主要作戰的五個戰區中，平均每一戰區每天消耗×軍一百人，則五個戰區合計假消耗×軍五百人，一月是一萬五千人，一年即十八萬人！而事實上每一戰區每日的消耗成績當然是不止此數，如在山西和江南方面，每天的消耗率都較巨大。但即以此標準觀之，在止式作戰停頓期間，×人亦須每年支付二十萬人左右的血價，纔能維持其三千英里交通線的安全，當極顯然。

過去一年中×人兵力損害的分析（二十六年「七七」至二十七年「七七」）估計如下：

| | |
|---|---|
| 上海大會戰 | 十二萬人（四萬二千人） |
| 徐州大會戰 | 五萬人（一萬一千人） |
| 南京會戰 | 一萬人（三千八百人） |
| 其他十多個會戰合計 | 十五萬人 }（十萬人） |
| 十個月遊擊戰爭所消耗 | 十五萬人 |

共計四十八萬人（包括海空軍）

（附註）括弧內為×人發表數字



## （二）×軍兵力上的損失

目前×人派遣到中國戰場來的兵力截至六月底止是三十三個師團。假定機械以每師團平均二萬三千人計（軍備改造後每師團為步兵十二營，野砲兵一團（四營），重砲兵一團（三營），戰車兵一營，交通兵一團（三營），騎兵一團，工兵一營，輜重兵一團，化學兵一隊，）其總數兵力便是七十五萬九千人。此外還有數目不定的海空軍數萬人，偽軍數萬人，合計當在八十萬人之上。現暫僅以陸軍主力三十三師團計，這數目若逢×人在一年中所受的「永久損失」（陣亡及殘廢即不能再從事戰鬥者）約十二個師團，即二十五萬六千人計，則×人遠征兵力的延數前後當已在四十五個師團左右，而且在目前還三十三個師團的戰列部隊中，至少還有27%即約二十萬人，都是傷愈的官兵，某一時期曾經受過損害的。這樣算來，則×人一年來所蒙受的損損若假定到百分之六十左右（陣亡十五萬，殘廢十萬，傷癒二十萬？）和約翰塔德「當日本作戰的時候」一書的計算差不多了，而這還是較低的估計。

依上所述，我們的答案便是：日本要維持三十三個師團的兵力，即七十五萬九千個戰鬥的實力在中國戰場作戰一年，就必須準備每年損失百分之六十的比率（約翰塔德的計算是百分之六十四）即四十五萬五千四百人，這數目再除掉百分之六十左右是「永久損失」而必須補以新兵的外，約有百分之四十都係輕或重傷治愈的官兵，仍可回營再度作戰。這樣算來結論便是每年×軍必須增加十二三個師團的新兵作為缺額補充，纔能夠維持戰場上固定的三十三個師團單位而不致減低了它的戰鬥力。

歸納為一表說明：

| | |
|---|---|
| 戰場兵力 | 七五九、〇〇〇人（三十三個師團） |
| 減年度損失60% | 四五五、四〇〇人 |
| 剩餘戰場兵力 | 三〇三、六〇〇人 |
| 加40%傷愈兵力 | 一八二、一六〇人 |
| 等於兵力 | 四八五、七六〇人 |

增加新兵十二師團　二五六、〇〇〇人

戰場兵力　七四一、七六〇人

（三十三個師團弱）

（附注）其中永久損失爲二七三、二四〇人（約十二個半師團）

基上述機械的估計里算×人陸軍的損害第一年便要達到四五五、四〇〇人（「永久損害」爲二七三、二四〇人）這數目還沒有把×人海空軍的損害（根據我方官方估計就至四月止海軍爲二七、九四八人空軍爲一、一八六人共二八、一三四人）合計在內若算在一起則是四八三、五三四人而到目前（八月底）爲止則當已超過五二〇、〇〇〇人其中最少有60%即三一二、〇〇〇人是××永刼不復的損失再不會增強實力的了。

今後戰線延長籌備兵輸送不便尤其因爲游擊戰爭的活躍所受損害多半變成「永久損失」×人今後的人力消耗必然還要陸續增高甚或可以打破每年度60%的比率而增加到65%或70%結果是

(1)兵力增加損害便增加，

(2)佔地越大損害便越多，

(3)游擊隊活躍損害便增加，

(4)軍事失利損害更增加。

日本能夠作戰的總兵力換句話說即受過正式訓練的不過二百五十萬人在這數目中至少還要控制一百萬人左右準備與[?]作戰事實上不能調動即使調動亦仍然要調回去由此可見×人目前動員了一百五十萬人實在已經到了最最高的預算再無增加的可能了。而這一百五十萬人中除經常控制七十六萬人即半數以上的兵力於戰場外所剩預備隊不過七十四萬人以每年損失二十八萬九千人計不到兩年半便可用盡。

每年入伍的新兵除非軍事速成把戰鬥力降低一年內當不能參戰。

結論是抗戰十三個月吾人已消耗×人總兵力之20%與其預備隊兵力之40%進一步說萬一×人就是把對俄的兵力亦拿來攻我即傾其二百五十萬人之力而與我作戰亦不過消耗六年即不能支持也。



## (三)×方人力和財力的總損失

根據林語堂的「日本必敗論」所示（宇宙風）以每日消耗×人戰費一千八百萬元每月消耗五萬萬四千萬元計算日本到目前所耗戰費便已達七十萬萬元左右（八月底）超過日俄戰爭的二十萬萬元約三倍半而照着這筆賬算下去我們支持到明春二月，×人共花一百萬萬元和死傷七十六萬人（「永久損失」四十五萬人）那時便很有破產下台的可能這雖然只是林先生個人的估計但由此大約可見×人財力的艱難還甚於人力卽是顯然。

我們每天平均消耗×人的題目：

正式作戰　消耗×軍八百餘人（一年等於二十八萬八千人。）

游擊作戰　消耗×軍五百餘人（一年等於十八萬人。）

戰　　費　消耗×國財力一千八百萬元（一年等於五十四億八千萬元。）

×人欲圖進取華南須增兵十師團兵力一增損害便隨着增加戰費亦馬上擴大全國的困苦自然更甚鋌而走險的×人軍部許會打破上列定數而陷日本於年度損失六十萬人（永久損失爲三十六萬人）戰費八十四萬萬元（以每兵每天二十四元計）的絕境局勢果真如此發展則×人除非另行議得大宗借款並大量利用偽台偽滿軍隊替死則在人力方面不到兩年（明年夏季）在財力方面不到一年（今冬）便要瓶盤動搖顛覆不堪。

基上，在此時負行將分曉的緊急關頭我們非但不該恐懼×人進攻華南而還要大舉歡迎×人深入兩湖自尋來增加它的困難促早它崩潰的日期也就是完成我們的勝利。進一步說我們還要把×人每天損失的一千三百人設法提高至二千人戰費一千八百萬元增高至二千四百萬元（卽各增三分之一）這樣到明春二月×人便要損失八十四萬人（永久損失五十萬人）戰費九十一萬萬元（日俄戰費的四倍半）而到明年七月亦卽戰爭的第二年末則須死傷一百二十萬人（永久損失七十四萬人）戰費一百五十一萬萬二千萬元（日俄戰爭的七倍半）那時軍隊預備隊用盡戰況日壞國內還發生動亂[illegible]方在[illegible]下，不亡亦必衰減而向下台，非退出中國不可。

教育雜誌 第二十八卷 第十一號 戰時補充教材

附表(一) 兵力消耗表

| 兵力損害 | 每月 | 第一年 | 第二年 | 第三年 | 第四年 |
| --- | --- | --- | --- | --- | --- |
| 每天以一千人計 | 四萬人 | 四十八萬人 | 九十六萬人 | 一百四十四萬人 | 一百九十二萬人 |
| 每天以二千人計 | 六萬人 | 四十八萬人 | 一百二十萬人 | 一百九十二萬人 | 二百六十四萬人 |

附表(二) 戰費消耗表

| 消耗率 | 每月 | 第一年 | 第二年 | 第三年 | 第四年 |
| --- | --- | --- | --- | --- | --- |
| 每天消耗戰費一千八百萬元計 | 五億四千萬元 | 六十四億八千萬元 | 一百二十九億六千萬元 | 一百九十四億四千萬元 | 二百五十九億二千萬元 |
| 每天消耗戰費二千四百萬元計 | 五億四千萬 | 六十四億八千萬元 | 一百五十一億二千萬元 | 二百三十七億六千萬元 | 三百二十四億四千萬元 |

(二十七年八月二十六日香港大公報。)

# 通讯网

《通讯网》创刊于中华民国28年（1939）11月21日，综合性通讯刊物，由现实文化出版社出版。发行人胡春冰。社址位于重庆武库路21号生活书店内。该刊对于现实的再认识、对于教育者的再教育、组织者的再组织都是必要的。特别是在强盗和汉奸极力掩蔽现实、歪曲现实、抹杀现实的文化攻势中，该刊的主要任务是正确的报道现实，面对现实，粉碎寇匪与汉奸的新阴谋。


通訊網 第一卷 第三期

出版者：現實文化出版社 重慶上清寺街二一五號轉

發行人：唐漱敏

編輯人：尹振雄 汪肇 胡春冰 曾潔孺 黎覺奔

國內總批發：生活書店總管理處 重慶國府路學田灣

海外總批發：大公書局 香港皇后大道中三十七號

中華民國二十九年一月一日出版


定價

每逢一日十一日二十一日發行

本期零售每冊大洋一角

香港澳門每冊港幣八仙

預定

| 冊數 | 國內 | 香港澳門 | 南洋美洲及國外內地 |
|---|---|---|---|
| 一月三冊 | 二角五分 | 港幣二角 | 叻幣二角 |
| 半年十八冊 | 一元三角 | 港幣一元 | 叻幣一元 |
| 一年卅六冊 | 二元四角 | 港幣一元八角 | 叻幣一元八角 |

郵票代價 十足收用

《通讯网》杂志版权页

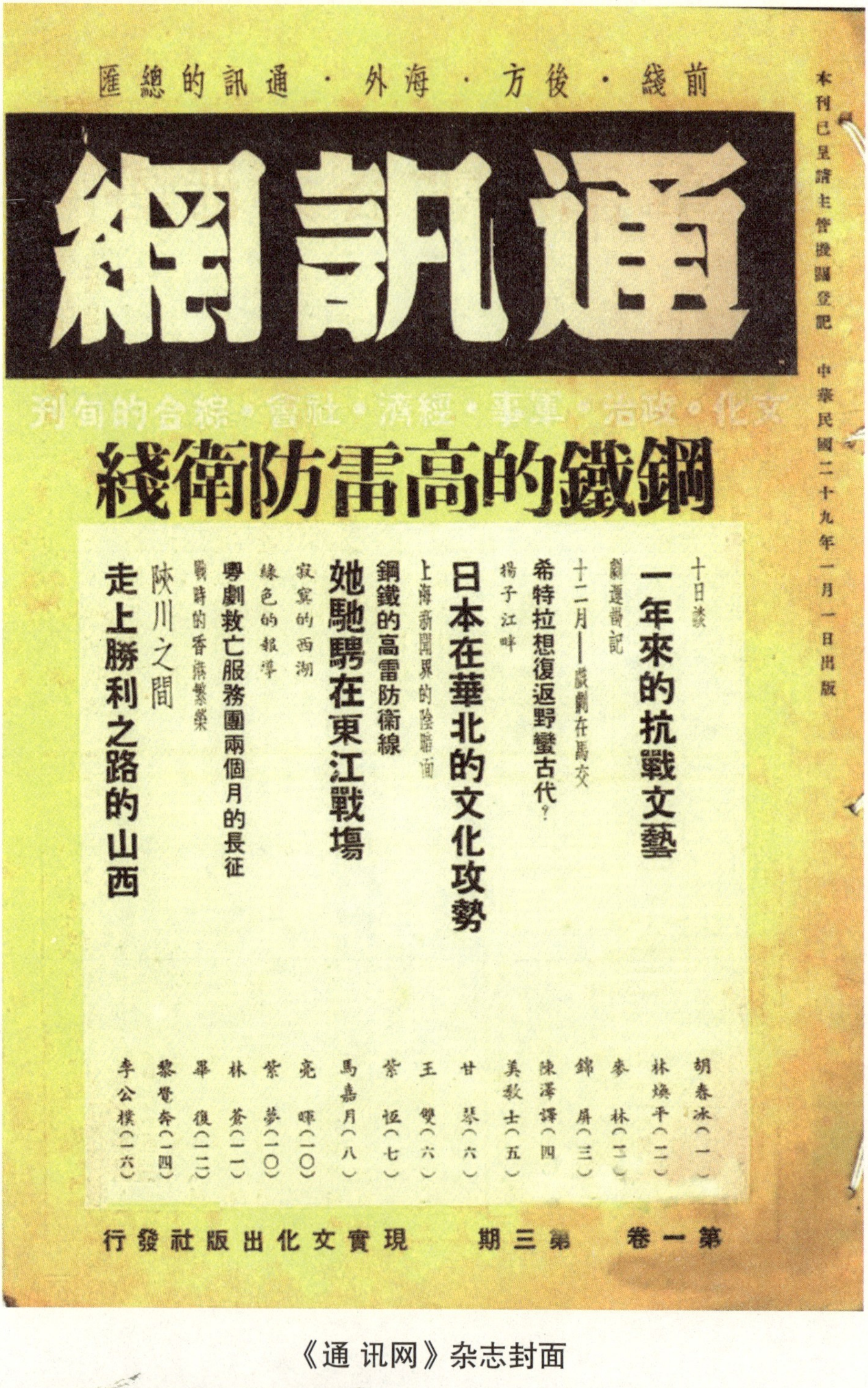
前綫·後方·海外·通訊的總匯
通訊網
文化·政治·軍事·經濟·社會·綜合的旬刊
鋼鐵的高雷防衛綫
十日談
一年來的抗戰文藝
劇運雜記
十二月——戲劇在馬交
希特拉想復返野蠻古代?
揚子江畔
日本在華北的文化攻勢
上海新聞界的陰暗面
鋼鐵的高雷防衛線
她馳騁在東江戰場
寂寞的西湖
綠色的報導
粵劇救亡服務團兩個月的長征
戰時的香港繁榮
陝川之間
走上勝利之路的山西
胡春冰(一)
林煥平(二)
麥林(二)
錦屏(三)
陳澤譯(四)
美教士(五)
甘琴(六)
王雙(六)
紫恆(七)
馬嘉月(八)
亮暉(一〇)
紫夢(一〇)
林蒼(一一)
畢復(一二)
黎覺奔(一四)
李公樸(一六)
第一卷第三期
現實文化出版社發行
本刊已呈請主管機關登記
中華民國二十九年一月一日出版

《通讯网》杂志封面

# 日本在華北的文化攻勢

甘琴

日本在華北淪陷區的目前積極推動「文化攻勢」。這一個「攻勢」，是緊隨着政治路綫而來的，日本深知道皇軍的攻打，已是老早失敗了的手法，於是不得不換藥另泡，企圖得以好轉。記者茲將華北情形，大概談談，我們也可以從這一部份情形，倘能够知道日本的「文化攻勢」，究竟是怎麽一種「攻勢」。

記者想先報導的是上個月的「華北師範學生訪日團」的事，及日本貴族院議員的「談話」。

日本在淪陷區裏創設的學校，教師來源便成問題。雖然日本在挑選這種小學的敎師，要經過相當的「思想訓練」，但始終還是怕靠不住。於是，索性便開了幾個師範學校，計劃在這幾個師範學校裏訓練出可觀的「親善教師」(？)。該團於十一月廿五日，由「興亞院華北聯絡部」日本調查官率領，一行十餘人去東京。先後訪問東京市立各中小學校，是爲以資參攷。並與東京日本教育界，開了數次「文化提携懇談會」。這種文化「提携」事實是日本人在勾弄，可以說是日本老早排定的「文化攻勢前奏」。

其次，日本貴族院議員伯爵二荒芳德，男爵八代五郎造及森田三人，最近來華北一帶各地慰問「皇軍」，兼爲視察旅行。曾發表談話云：

「……目擊中日協力建設東亞新秩序之狀況，已現曙光黎明。有高尚傳統的文化之中國，應反省自國之國土與其立場，速與日本實行提携，則亞細亞之興隆將無限矣。日華親善，協力，即於世界文化有莫大之貢獻。古代希臘羅馬之文明西漸，築成西洋文明，黃河，揚子江並印度之宗教文化東漸及於日本。世界文化之融合，這使命爲日本人與中國人共同合力建設，除日華兩國外，又誰能負起？……」

這是一段「談話」裏面含蘊着的是什麽呢？就是說中國的文化，應該受日本文化的提携，堂堂乎其詞也，這是「文化攻勢」的聲明。

日本在淪陷區內，特別注意的是小學教育。因爲小學生們尚不懂得許多，便於施行麻醉文化。於是將固有的小學校，重新開張似的整頓一下，拉了幾個古董頭腦的老頭子來執教，教一點四書，五經，弟子孝經之類的書籍，並且在這些書裏面還要打幾次折扣才讀得。此外，僞政府「教育局」編印的「親善」教課書是主要的功課，「日文」是必修課程。每個小學校的統制權柄直屬於「興亞院」，每個星期內，「興亞院」必派人視察學校，做「思想」演講。不管這科學校怎樣的優待，通融……引誘，但我們的小同胞們始終不顧進學校，讀那種的文字，受那種奴化的教育。最近「興亞」的「華北聯絡部」爲了亟欲使「文化」得以「進攻」，竟促使僞「教育局」下令，根據戶口調査表，認爲是學齡兒童，强迫其入學讀書。並挑選活潑，聰明的兒童，運送往日本「留學」，使兒童們脫骨換胎。現在各地正在積極挑選中。

日本在華北各地比如北平，天津，烟台，青島……等處——開辦報館，利用文字宣傳「親善」。最先這種報紙以地方報紙姿勢出現，彷彿是我們中國人辦的一樣，言論以我們中國自已爲立場。可是，醜態固然不能遮掩得了，而且印報紙的字粒，以及大美人廣告圖畫，卻完全是日本派頭。報紙上除了登載着的消息，是明明白白的攻擊中國抗戰，搖惑人心，所以一般人稱這種報紙爲「漢奸報」。實際上，漢奸倒沒有地位講話，卻是「日本報」。

日本的「同盟社」，固然在給我國造謠，而這種報紙的造謠。更爲駭人（？）可怕（？），滑稽。「謠言」失敗了，「日本報」的作風一再改變了。綜合一般來說，「日本報」仍未脫「造謠」以及當前的「懷柔」。至於報紙的其他文字，香艷，肉麻，無聊，恢諧，滑稽，無恥，……而已。

像天津，北平，青島等地方，最近竟在市面上，出現了大批書籍，內容呢？「和平」，「親善」，「艷經」……這幾種條件下的貨色。汪逆精衛受愛得寵時，其關於「和平」的著作，風行一時，但是現在也不見得多哩。在「文化攻勢」下，日本竟冒充國民黨及共產黨的名義，出版書籍，企圖挑撥離間，如此鄙賤。

華北各地還有圖書館。在圖書館裏放着的當然是「王道化」的書籍，如日本報紙，雜誌，尤其最多的是畫報。除此而外，簡直找不到有中國字的書報，有的呢？便是「日本報」「日本書」，每天到圖書館裏看書的人很少很少，所以各地的「教育局」都異想天開，發明了一種巡迴圖書車——首先在青島實行。這種巡迴圖書車，跟普通賣食物的攤子差不多，上面擺着的，又是「王道」書報，僱了幾個苦力來，推動這種車子，在各街道，巷子，公園等處，停下來讓過往行人可以隨便閱看，不收分文。這種辦法是不進便圖書館的人，不看「王道」書報的人，偏要送給他們看。「文化進攻」竟「攻」到這一步，可憐也可笑矣。

綜合以上的報導來看，日本的「文化攻勢」原來如此這般而已。我們固然不能輕視了這個「攻勢」目前一時的力量，但是我們祇可以說這是暫時的，將來還不是如其他「攻勢」一樣的再「攻」「勢」敗嗎？

# 读　　者

《读者》是中华民国34年（1945）诞生于汉口的一本综合性刊物，出版周期为半月刊，由张四翼任主编及发行人。

该刊主要探讨国防、政治、教育、文化、社会等方面问题，介绍世界各地地方印象，译述世界各地报纸新闻，刊登各地通讯及知识小品等。设有地方印象、资料稿、报纸与记者、书报春秋、新闻人物等栏目。

讀者半月刊

試版第四號（移漢復刊第一期）

三十四年十一月十五日出版

發行者 讀者出版社 漢口江漢路仁壽里十三號

編輯者 讀者半月刊社 漢口江漢路二 八號

印刷者 武漢日報社 漢口江漢路二 八號

總經售 中國文化服務社總社 重慶磁器街三十九號

武漢區總經售 漢口印刷所書報部 天津街智民里七號

·本刊徵稿條例·

一、本刊爲讀者刊物，歡迎讀者供給反映現實的創作及譯文，一般的建設性評論。內容文學亦所歡迎。

二、文責自負。請寫明眞姓名，詳細通訊處。發表時署名聽便，編者有代作者保守秘密之義務。

三、稿酬每千字一千元至五千元。特殊佳作，可酌予提高稿費，譯作可代付刊費。發表後版權歸屬本社，出版單行本，乙另付版稅、一稿兩投或轉載資料稿不給稿費。

四、來稿本社有刪改權，預先聲明者例外。

五、如徵退稿，請附貼足郵票寫明通訊處之信封。

六、來稿請寄本社編輯部勿寄私人。重要稿件務請掛號。

《读者》杂志版权页

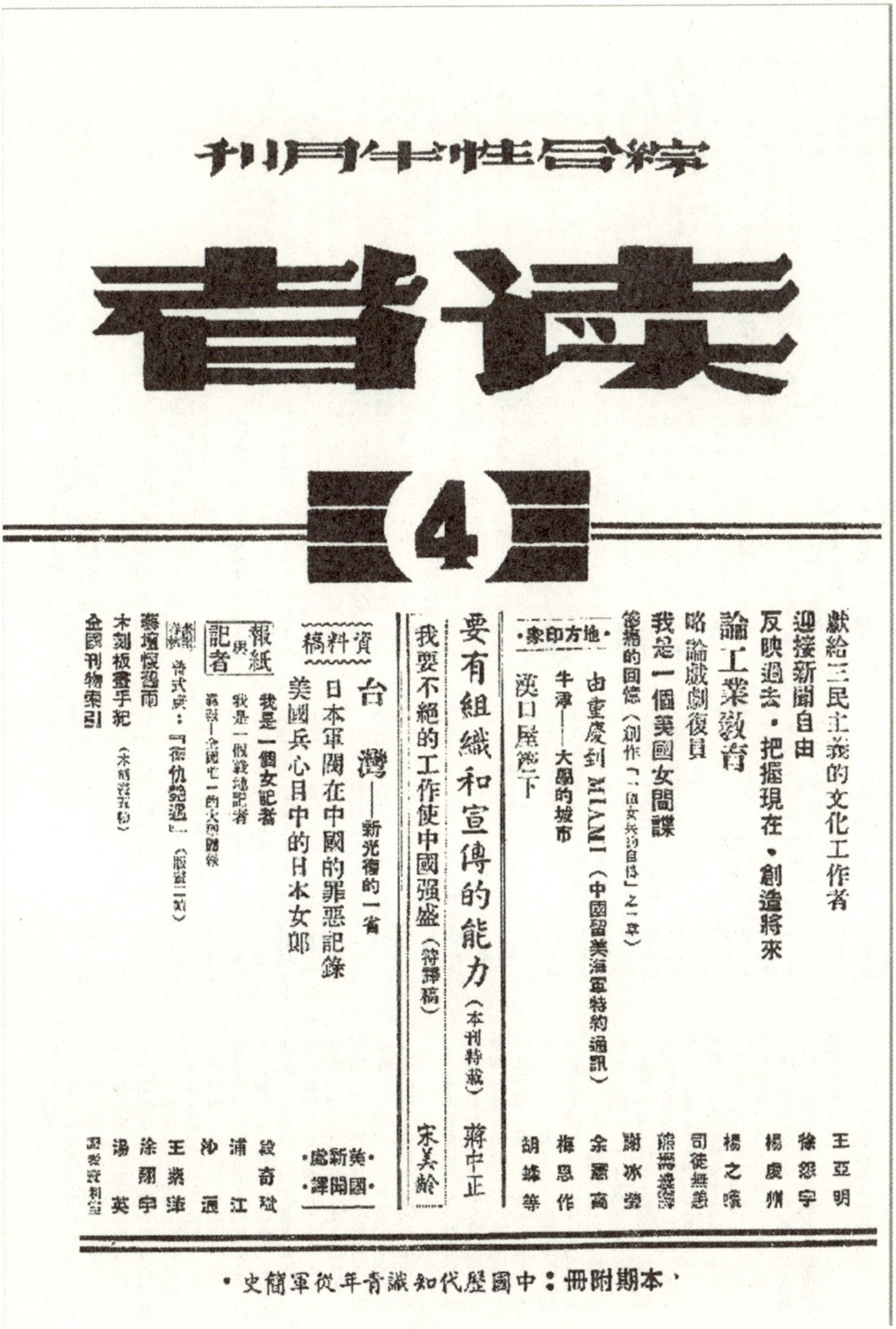

綜合性半月刊

# 讀者

4

獻給三民主義的文化工作者 王亞明
迎接新聞自由 徐怨宇
反映過去·把握現在·創造將來 楊庚州
論工業教育 楊之曦
略論戲劇復員 司徒無恙
我是一個美國女間諜 孫瑞璜
慘痛的回憶（創作「一個女兵的自傳」之一章） 謝冰瑩
由重慶到 MIAMI（中國留美海軍特約通訊） 余蕙高
·地方印象·
牛津——大學的城市 梅恩作
漢口麗慘下 胡鋒等

要有組織和宣傳的能力（本刊特載） 蔣中正
我要不絕的工作使中國強盛（特譯稿） 宋美齡

資料稿
台灣——新光復的一省
日本軍閥在中國的罪惡記錄
美國兵心目中的日本女郎
·美國新聞處譯·

報紙與記者
我是一個女記者 段奇斌
我是一個戰地記者 浦江
[illegible]——全國[illegible]一的大[illegible] 沙漠
戲劇詩歌 詩式戲：『復仇艷遇』（連載二） 王崇澤
藝壇[illegible]雨 涂翔宇
木刻板畫手記（本刊[illegible]） 湯英
全國刊物索引 [illegible]資料室

本期附冊：中國歷代知識青年從軍簡史

《读者》杂志封面

# 日本軍閥在中國的罪惡記錄

## 宣揚法西斯的日本匪軍，留在中國血腥的烙印，就是用他們自己的血也不能洗清。

日本統治下的中國情形如何呢？就經濟說，中國最進步的地方全被日本佔領了。在這些地方發生了甚麼事情呢？無論就人民生計全體說，或是單就農村情形說，都遭到了巨大的改變，從壞變到更壞，從半殖民地變到了十足的殖民地了。這種改變是由道地日本式的政策造成的：大規模的殺戮與擄掠，提倡迷信與吸食鴉片，沒收土地，徵用五穀與勞動力，繁重過分的稅收以及攫奪勞動力等政策造成的。例如一九四二年春到山西省北部的興縣中（鄰近陝西）全縣人口被殺戮了百分之一有餘。一九四一年秋山西及河北北部廿三縣中有十五萬棟房屋被燒成灰燼。僅祇平山縣就有六萬棟房屋被燒光了。五萬畝收成被毀了，六千多人被殺，將近二萬人被送去做苦力工作。山西東南的武鄉縣內有一〇六八八人民在一九四二年春被餓死了。正太路上的韓村（在壽陽縣內）原有八百居民，但因一九四〇年八月日人侵佔的結果全村人口減少到六十四人。在河北省的滑縣北大村，日本人用毒藥在一月之內便屠殺了八百居民。

耕地的沒收與徵用實行地區極廣。在山西的六個小縣裡日本人爲了建築房屋徵用了一萬五千畝土地而不給任何賠償。在河北平原上日人沿一千七百哩的鐵路及六千七百里的公路兩傍挖掘了兩道或四道平行壕溝。每一壕溝平均是二十呎寬十呎深。據估計日本人在華北建造了七千二百棟木房，沿鐵道與公路兩旁的壕溝共長一一八，六〇〇公里。僅是在河北省日本侵略者便修建了五十萬公里的公路。所以在華北五省中（河南，河北，山東，山西，察哈爾）約有百分之五的耕地被日本人沒收了。祇在河北中部，因爲修建穀倉及機場以及爲遊人強迫移居，中國農民便失去了九十萬畝的耕地。日本的固定政策便是鼓勵日人移住朝鮮，而驅逐朝鮮人到滿洲及華北各地。日本人並沒有停止從人民那裡掠奪土地。在佔領區內他們並且掠奪穀物與其他農產品。徵發食物以供給日本軍及僞軍是非常駭人聽聞的，在華北各地五十戶以上的村莊要向各地日軍繳納十五石或二十石的小麥及高粱。人口在一百戶以上者，還須另外附加兩石黃豆。更有甚者，在華北華南各地分佈極廣的日本公司的代理者，強迫農民依照固定的低市價把穀類，棉花，大麻，苧麻，煙草，及甘蔗等農產品賣與他們。許多地方百分之六十的穀類都到了日人手中去了。從山西省曲沃縣內一小小的農村交易中心，一九四一年夏季日本人奪走了四千五百斤羊毛，三五〇張獸皮，一萬九，〇〇〇斤苧麻及所有的食鹽。有許多地方日人從不毛之地與未墾地徵收土地稅。依日軍當局的計劃，當地人民必須供養侵略者。他們計劃在華南的日軍百分之七十的食物要取自中國人，在華北是百分之八十，在華中則是百分之百由中國人供給了。日人在佔領區內所行的定量支配制祇不過是向中國人掠奪穀物及其他食物的藉口而已。他們把滲有樹皮乾草粉的麵粉分配給中國人民。平均每人每月應消費量是三斤，但日人在定量分配制下僅配三斤麵粉給五口之家。華北某些地方是極爲寒冷的，日本人對於火爐用煤及木炭也行定量分配辦法。在這些地方每家煤消費量每月最少一五〇〇斤，但日本人卻限制每家用煤[illegible]〇〇斤。

通過各傀儡政府日本人建立了許多農村合作社。但這些合作社的功能卻是完全反對社員的利益的。他們鼓勵當地人民把穀物拿到這冒牌的合作社裡來交換日本的工業貨品，這交易是把穀物價值大大地打了折扣的。這樣日本人能夠吸收大量穀物同時又把大量的日貨分配出去。贊助這些冒牌合作社的全是大地主及受過教育而家道殷實的人。他們實際上是日本侵害人民生計政策的代理人。可斷言說，在日本本國絕對找不出這種合作社的，這實在是一種聰明的掠奪制度，它打起漂亮的牌子爲征服者的利益而服務。

日本人從佔領區的村莊裡搜尋出體力健壯的青年送到滿洲內蒙及中國其他地方做苦力。據傀儡政府的官方報告僅一九四二年上半年就有二〇三，九三七人被集團的送到滿洲與內蒙做苦力工作，另有四四，三六二人被個別的送到各地，僅在一九四二年六月就有一七，九〇六人被集團地從華北送走，而個別送走的還有四九，二一二人之多。在一九四二年最初七月內就有七十多萬人由農民變成了苦力。一九四三年則有九十萬青年被日本人從華北農村送到滿洲做苦力工作。到一九四四年總數超過二百萬人。這就是自稱爲東亞的優勝者之日本的罪惡的紀錄。

（陶灣譯自東方經濟學者）

# 书报精华

《书报精华》月刊在西安创刊，16开本。该刊是文摘综合性刊物,内容以趣味性为主选辑稿件。该刊在中华民国36年（1947）还增出了《书报精华》副刊《大家看》,由马鸿钧在西安东木头市编印。该刊直到民国38年（1949）5月1日出版最后1期停刊。社址位于西安北大街164号

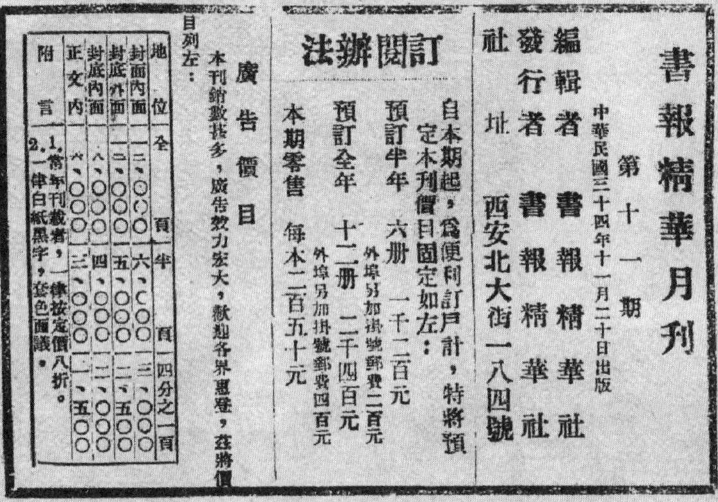
書報精華月刊

第十一期

中華民國三十四年十一月二十日出版

編輯者 書報精華社

發行者 書報精華社

社址 西安北大街一八四號

訂閱辦法

自本期起，爲便利訂戶計，特將預定本刊價目固定如左：

預訂半年 六册 一千二百元 外埠另加掛號郵費二百元

預訂全年 十二册 二千四百元 外埠另加掛號郵費四百元

本期零售 每本二百五十元

廣告價目

本刊銷數甚多，廣告效力宏大，歡迎各界惠登，茲將價目列左：

| 地位 | 全頁 | 半頁 | 四分之一頁 |
|---|---|---|---|
| 封面內面 | 一二、〇〇〇 | 六、〇〇〇 | 三、〇〇〇 |
| 封底外面 | 一〇、〇〇〇 | 五、〇〇〇 | 二、五〇〇 |
| 封底內面 | 八、〇〇〇 | 四、〇〇〇 | 二、〇〇〇 |
| 正文內 | 六、〇〇〇 | 三、〇〇〇 | 一、五〇〇 |
| 附言 | 1.常年刊載者，一律按定價八折。2.一律白紙黑字，套色面議。 | | |

《书报精华》杂志版权页

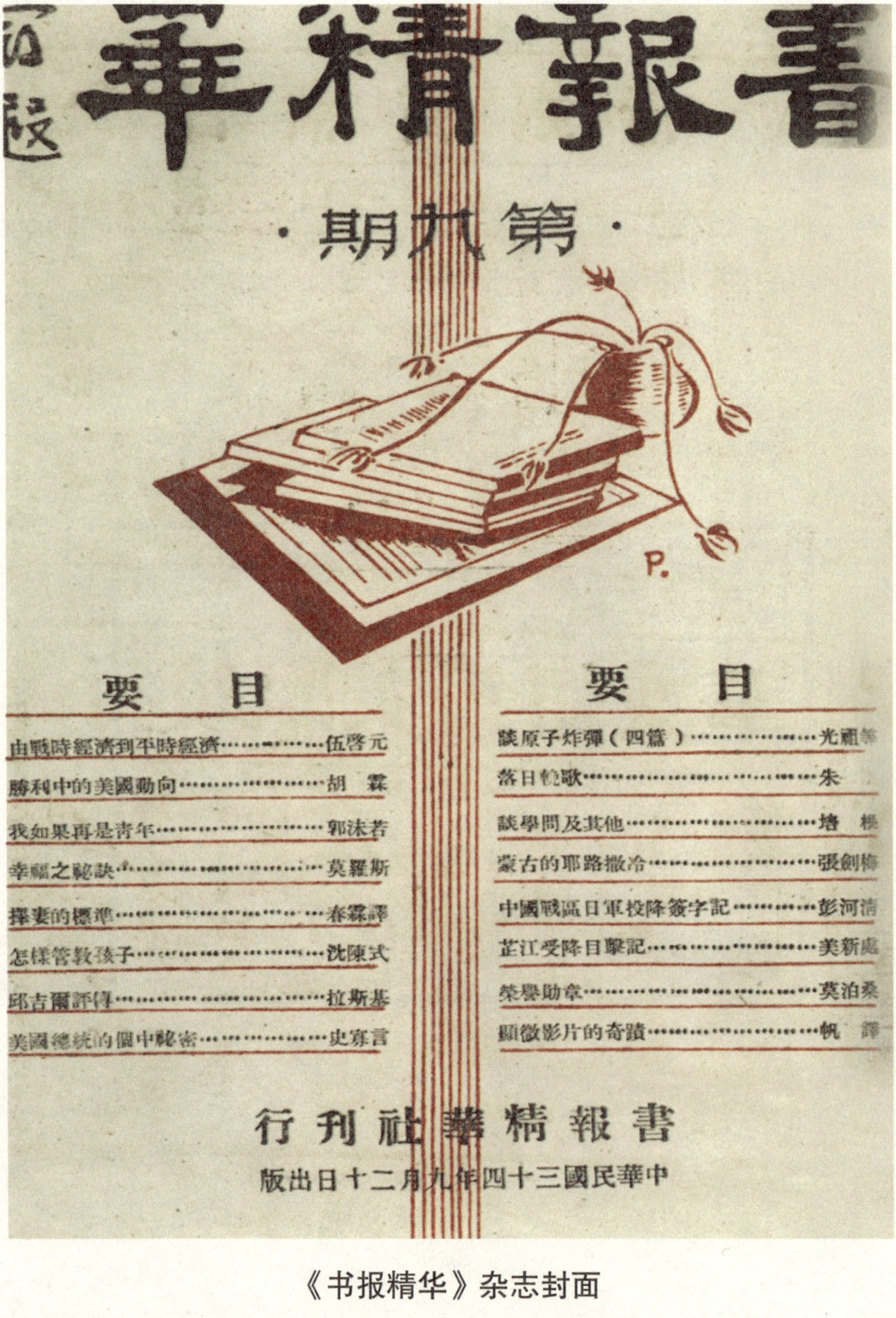

# 書報精華

·第九期·

目要

由戰時經濟到平時經濟……伍啓元
勝利中的美國動向……胡　霖
我如果再是青年……郭沫若
幸福之秘訣……莫羅斯
擇妻的標準……春霖譯
怎樣管教孩子……沈陳式
邱吉爾評傳……拉斯基
美國總統的個中秘密……史寡言

目要

談原子炸彈（四篇）……光通等
落日輓歌……朱
談學問及其他……培　根
蒙古的耶路撒冷……張劍梅
中國戰區日軍投降簽字記……彭河清
芷江受降目擊記……美新處
榮譽勛章……莫泊桑
顯微影片的奇蹟……帆　譯

書報精華社刊行

中華民國三十四年九月二十日出版

《书报精华》杂志封面

# 日本降伏文書

（一）余等茲對合衆國中華民國及大英帝國各國政府首腦於一千九百四十五年七月二十六日於波茨坦宣佈，而後由蘇維埃社會主義共和國聯邦參加之宣言之條項，根據日本帝國政府及日本帝國大本營之命令，代表受諾之。右開四國以後稱之爲「聯合國」。（二）余等茲布告無論日本帝國大本營及如何地位、所有之日本國軍隊及日本支配下地帶之一切，無條件降伏。（三）余等茲命令無論如何地位之一切日本國軍隊及日本國臣民，即刻停止敵對行爲，保存所有船舶航空及軍用財產，且防止損毀並服從聯合國最高司令官及其指示。（四）余等茲命令日本帝國大本營對於無論如何地位之一切日本國軍隊及由日本國支配下之一切軍隊之指揮官，速即發佈其本身或其支配下之一切軍隊無條件降伏之命令　（五）余等茲對所有之官廳陸軍及海軍之職員命其遵守且施行聯合國最高司令官爲實施此降伏文件認爲適當而由其自已發出或根據其委任發出之一切布告命令及指示，且命令右開職員除由聯合國最高司令官或根據其事務一任解除其任務以外，均須留守各自原有地位，且仍行繼續各自之非戰鬥之任務。（六）余等爲天皇日本國政府及其後繼者承約，着實履行波茨坦宣言之條款，發佈爲實施該宣言事，聯合國最高司令官及其他特定聯合國代表要求之一切命令，且實施一切措置。（七）余等茲對日本帝國政府及日本帝國　大本營命令即速解放現由日本國支配之所有聯合國俘虜及被拘留者，且採取爲彼等之保護津貼給養及對指示一定地點之即速運輸等措置。（八）天皇及日本國政府統治國家之權限置於爲實施降伏條款之用，認爲適當措置之聯合國最高司令官之限制下。一千九百四十五年九月二日午前九時四分於東京灣米蘇里號艦上簽字之，並根據日本帝國天皇陛下及日本國政府之命令，且以其名義，重光葵；根據日本帝國大本營之命令且以其名義，梅津美治郎；于東京灣爲合衆國中華民國、聯合王國及蘇維埃社會主義共和國聯邦及爲與日本國在戰爭狀態之其他聯合國之利益受諾之聯合國最高司令官，合衆國代表者，中華民國代表者，聯合王國代表者，蘇維埃社會主義共和國聯邦代表者，澳洲聯邦代表者，法蘭西代表者，荷蘭代表者，紐西蘭代表者。

1945年9月9日　何应钦代表中国接受日本投降书

侵华日军总司令冈村宁次代表日军签署投降书

设在南京黄埔路中国陆军前进指挥所内的签字大厅的局部

中方代表何应钦在日军投降书上签字

# 观　察

《观察》杂志社是由知名人士储安平于中华民国35年（1946）9月在上海创办的时政论杂志，每期封面的英文是：INDEPENDENCE（独立）、NON-PARTY（无党无派）、THE OBSERVER（观察）——这是《观察》的基本立场，“民主”“自由”“进步”“理性”“公平”“独立”“建设”“客观”是该刊物的“基本原则和主张”。解放前共出版5卷113期。

《观察》聚集了当时中国知识分子中最“星光灿烂”的一群人：曹禺、胡适、卞之琳、周子亚、宗白华、吴晗、季羡林、柳无忌、马寅初、梁实秋、冯友兰、傅雷、费孝通、钱钟书等。

《观察》是当时中国进步民主运动的一面重要旗帜，影响极大。

民国37年（1948）12月蒋介石亲自下令国民党政府查封《观察》，并逮捕了《观察》工作人员，这就是当时震惊中外的《观察》事件。

此后，我国民主运动的先驱之一，“五四”运动的领导人之一，著名“七君子”之一的王造时先生亲自出面，以自己的影响力给当局施压。经多方奔走，于次年2月亲自担保和营救了包括美术家朱宣咸在内的数位《观察》进步人士出狱。《观察》的被查封。标志着近代中国自由主义悲歌啼鸣至此。

發行者　觀察週刊社
社址：上海（5）興[illegible]路四四四弄十一號
電話：四三八八二
本期零售：每冊四十元。
訂閱：平寄先付四萬元　掛號航空先付五萬元
附註：訂閱時請註明起寄期數及寄遞方法。

儲安平主編
觀察
第二卷　第廿四期
三十六年八月九日

本期作者
吳世昌：中央大學教授
賀昌羣：中央大學史學系主任
陳彥：（投稿）
[illegible]光：（投稿）
傅雷：
鄧嗣禹：美國芝加哥大學副教授
陳[illegible]源：社會教育學院教授
金隄：北京大學助教

《观察》周刊版权页

# 琉球應歸還中國

萬光

琉球是中國的失土，依照開羅宣言的原則，應當歸還中國。最近日本竟希望和美國共管琉球。現在美國建議於八月十九日召開對日和約的初步會議，琉球歸屬問題勢將在會中討論，時機已經這樣的迫切，我們不應忽視這問題。

## 一 琉球在中國國防上的地位

琉球羣島是分佈在日本九州和台灣之間一長串島嶼的總稱。分北中南三部：北部有薩子羣島，土噶剌羣島，奄美羣島；中部爲冲繩羣島；南部爲先島羣島。大小共計四七三島，總面積二。三八六方公里。各島地勢險峻而少平原。熱帶森林掩蔽百分之六十的土地。重要農產祇有甘蔗和甘薯，後者是琉球人的主要糧食。糧食不能自給。水產比較豐富。沒有重要的礦產。地瘠人多，生活很苦。

所以琉球對於中國，經濟上毫無利益，而反是琉球要依賴內地經濟的幫助。明清以來，琉球藩屬中國的歷史，也一半爲着這原因，而中國對於琉球一向是取少而予多。今後收回琉球，也不能改變這形勢。但是在國防地位上看，琉球實在是中國不可缺少的一部份。

中國大陸的東面臨海，爲九州、琉球、台灣所包圍，是封閉性的緣海。中國失去台灣和琉球，東南沿海就失掉了國防前哨，海岸暴露，極易受敵人海陸空的襲擊。而且周圍都被別國勢力所環繞，中國就沒有通入太平洋的門戶，即使中國建立海空軍，也缺乏海上犄角聲援的據點，處於戀着劣勢的地位。戰時我國的海岸線，極易被敵人封鎖，這次中日戰爭中，我們已經受夠這種慘痛教訓。現在台灣收回，形勢較好，但是通入太平洋的門戶仍嫌太小。琉球羣島的陸地面積，雖然遠不及台灣，但是散布海面之廣，五倍於台灣，我們必須收回琉球，才可以策劃國防上的安全。如果說台灣和海南島是中國海疆上的兩隻眼睛，那末琉球羣島和西南沙羣島就是中國海疆上的兩個觸角，都是不可少的。

況且歷史告訴我們，日本侵略台灣，最先侵占琉球，然後奪我台灣。琉球羣島中最西南的島嶼，距台灣祇有七十餘哩。琉球是日本侵略台灣和中國大陸的跳板。我們如果失去琉球，那末台灣便懸海外，隨時感受嚴重威脅，一旦海上有事，必然極難防守。現在日本又想保有琉球，並且要求移民台灣，顯然沒有忘掉戰前侵略的野心，想要捲土重來，我們是曾經吃過這苦頭的，殷鑑還宛然如在目前，尤其不能忽視。

因此從中國國防安全上說，以及爲防止日本侵略勢力的再起，和保障東亞的和平，中國必須收回琉球。外國公正人士的看法也是一樣。例如美國地理學家葛德石（George B. Cressy）教授在他所著的「亞洲之地與人」一書中說：『中國軍略地理之對外關係，應注意者有四：……四爲台灣與琉球之佔領，以策軍事上之安全。』（見中譯本一三九頁）

## 二 琉球歸屬中國的歷史

琉球的名稱，初見于隋書流求傳。隋煬帝大業三年（西曆六〇七），令羽騎尉朱寬和海師何蠻往琉球。據琉球人自己著的「中山世鑑」說：朱寬見琉球的地形像虬龍腳水中，所以叫它做流虬。明洪武五年改爲琉球。可見這琉島嶼的名稱，本是中國人題的。從大業三年至今，已經一千三百四十一年了。

琉球的正式藩屬中國，始於明洪武五年（一三七二）。直至清光緒五年（一八七九）被日本併吞併爲止，琉球繼續藩屬中國五百〇八年。在此五百〇八年中，中國政府絕未對琉球用兵，他們的藩屬中國，完全出於自動，奉行中國的正朔，而且朝貢甚勤，甚至一年朝貢二三次，中國規定他兩年朝貢一次，他還一再請求准許每年朝貢。每逢中山王（卽琉球王）卒，嗣君稱世子權理國事，一面向中國告喪請封，等待冊封天使到琉球，行過冊封典禮後，才正式卽位稱中山王。明清兩代共計冊封中山王二十三次，玆列爲簡表如左：

| 年代 | 西曆 | 冊封王名 | 冊封正使 | 副使 |
| --- | --- | --- | --- | --- |
| 洪武五年 | 一三七二 | 察度 | 楊載 | （無） |
| 永樂二年 | 一四〇四 | 武寧 | 時中 | （無） |
| 洪熙元年 | 一四二五 | 尚巴志 | 柴山 | （無） |
| 正統七年 | 一四四二 | 尚忠 | 俞忭 | 劉遜 |
| 正統十三年 | 一四四八 | 尚思達 | 陳傅 | 萬祥 |
| 景泰二年 | 一四五一 | 尚金福 | 喬毅 | 童守宏 |
| 景泰六年 | 一四五六 | 尚泰久 | 嚴誠 | 劉儉 |
| 天順六年 | 一四六二 | 尚德 | 潘榮 | 蔡哲 |
| 成化七年 | 一四七一 | 尚圓 | 管榮 | 韓文 |
| 成化十四年 | 一四七八 | 尚眞 | 董旻 | 張祥 |
| 嘉靖十一年 | 一五三二 | 尚清 | 陳侃 | 高澄 |
| 嘉靖四十一年 | 一五六二 | 尚元 | 郭汝霖 | 李際春 |
| 萬曆四年 | 一五七六 | 尚永 | 蕭崇業 | 謝杰 |
| 萬曆二十九年 | 一六〇一 | 尚寧 | 夏子陽 | 王士禎 |
| 崇禎二年 | 一六二九 | 尚豐 | 杜三策 | 楊倫 |
| 順治十年 | 一六五三 | 尚質 | 張學禮 | 王垓 |
| 康熙二十一年 | 一六八二 | 尚貞 | 汪楫 | 林麟焻 |
| 康熙五十七年 | 一七一八 | 尚敬 | 海寶 | 徐葆光 |
| 乾隆二十年 | 一七五五 | 尚穆 | 全魁 | 周煌 |
| 嘉慶四年 | 一七九九 | 尚溫 | 趙文楷 | 李鼎元 |
| 嘉慶十三年 | 一八〇七 | 尚灝 | 齊鯤 | 費錫章 |
| 道光十七年 | 一八三七 | 尚育 | 林鴻年 | 高人鑑 |
| 同治五年 | 一八六六 | 尚泰 | （待考） | （待考） |

（附註）右表大體根據明史及清史稿，參以李鼎元「使琉球記」所載琉球天使館數銜堂後明清兩代冊封使題名榜。道光十七年冊封使姓名，由清代實錄查出補列。同治五年冊封使姓名，實錄失載，待考。表中年代以明清兩史所記遣使之年爲準，與上述冊封使題名榜不盡同。

歷次冊封使到琉球，琉球總是舉國歡迎，萬人空巷。處處流露出琉球對中國的尊敬和情誼。

日本第一次侵略琉球，是在萬曆三十七年（一六〇七），擄中山王尚寧，三年後釋歸。琉球北部諸島，卽在這次被日本侵占，以之隸屬鹿兒島縣。

到了清末，中國衰弱，而日本正值明治維新，開始採取帝國主義，侵略鄰國。同治十年（一八七一），有琉球船遭風漂到台灣，被生番劫殺五十四人，日本就藉口進兵台灣，並且說琉球是日本的領土。次年，乘琉球使節赴日的時候，强迫琉球爲藩屬，封中山王尚泰爲藩王。但琉球朝野都反對，一面仍繼續朝貢中國。光緒五年（一八七九），日本進兵滅琉球，夷爲沖繩縣。虜其王尚泰及世子。是時琉球使臣因滯留福建，沒有及時趕到北京，以致琉球亡於日本，痛不欲生。稍後又有琉球人到天津向總理各國事務衙門泣訴求援（詳見清續通攷）。中國也因爲日本侵占我領土，屢次向日本抗議，曾經美總統格蘭特（U. S. Grant）從中排解，日本政府

且曾遣全權大臣宋萊協商，提議由中日國共管琉球，中國政府始終沒有答應。

從以上的敍述，可見琉球從明初以來五百餘年，一向歸屬中國，中國的宗主權是無可爭辯的。日本用武力强占琉球，琉球人絕對不願意，中國也沒有承認。所以英國麥唐納爵士於去年四月間，在下院提出琉球未來地位問題時曾說，琉球是中國在壓力下讓與日本的。美國葛德石教授也說：『上海之東有琉球羣島，原爲中國之藩屬，晚在十九世紀始爲日本攫取。……中國、台灣、琉球，既有如此之歷史關係，要求恢復，自屬當然。』（見「亞洲地與人」中譯本一三八頁）

## 三　琉球的中國文化

琉球的土著人種，或許和南洋的馬來人相近，外來的大都是漢人的後裔。漢族本是許多民族混合同化而成的，它的主要特徵在文化。琉球藩屬中國這樣久，心向中朝，漢人去的人數又多，所以受中國文化的陶冶已經很深，就廣義的文化觀點講，琉球人已經成爲中華民族的一部分。

琉球王室姓尚，共都城首里的向翁毛馬四大姓，都是漢姓。琉球很看重久米村人，久米人完全是漢族後裔，主要是明太祖時所賜閩人三十六姓的子孫，萬曆又續賜阮毛二姓，還有不少漢人在那里寄籍起家。琉球國王所用的官吏中就有很多漢人。例如明史載：永樂九年『中山遣國相子及寨官子入國學，因言右長史王茂，輔翼有年，請擢爲國相，左長史朱復，本江西饒州人，輔臣祖察度四十餘年不懈，今年踰八十，請令致仕還鄉，從之。』而且這里還有一點值得注意，洪武五年始封察度爲中山王，從洪武五年到永樂九年還祇四十年，而朱復已經輔佐中山王四十餘年，可見朱復在琉球做官還在琉球藩屬中國之前，琉球必然早已有不少中國人在那里，而且已經在政治文化上有相當的貢獻。

琉球藩屬中國以後，不斷遣送子弟來中國求學。直到日本併吞琉球時，還有四人在北京國子監讀書。琉球有孔廟，兩廡收藏很多經書；傍有明倫堂，久米子弟在共中讀書。又有國學和鄉學，還擇久米人做教師。秀才考試，出四書題和作詩一首。琉球人家中掛的字軸，上寫四書五經的句子。琉球人釋順則家藏有宋朝朱子親蹟。國王尚溫曾親筆楷書壽字十二幅，設冊封副使李鼎元，以賀李母孟太夫人壽辰，書法得松雪韻意。琉球人用中文著的書也不少。

琉球的官制，也仿做中國，分爲九品。此外如祠廟方面，除孔廟外，還有天妃宮，關帝神堂，土地廟；建築方面，天使館像中國官署，王宮像中國宮殿；風俗方面，一樣有端午競渡，中秋賞月。琉球陶冶於中國文化之深，眞是不勝枚舉。

所以日本內藤虎博士在他所著的「清朝史通論」里，也不得不承認琉球文化是由中國福州傳去的。路透社記者戰時隨美軍在琉球登陸，於一九四五年四月十日自沖繩發電稱：處處皆見「以中國文化爲主的民族」。

## 四　結論

從以上所說，可見不論歷史、人種、或文化方面，琉球和中國的關係，決不是日本所能望其項背的。日本絕不能用這幾點作爲希望共管琉球的理由。日本大抵也自知不能和中國爭琉球的宗主權，所以運用巧妙辭令，希望任何國家均不得取得琉球的主權，以遂其共管之私。須知開羅宣言明白規定日本所奪取於中國之領土歸還中國，琉球理應在歸還之列。日本沒有資格要求變更。

我國政府以至今沒有公開表示要收回琉球，或許是因爲美國想要長期佔領琉球。其實美國無此必要，美國占領橫須賀以控制日本，比占領琉球好得多。至於太平洋上的防務，多一琉球不過是錦上添花，然而因此傷及中國人民的心，實屬得不償失。而且我們所最不放心的是：如果美國長期佔領琉球，可能爲撙節人力物力，祇控制若干戰略性的島嶼或據點，共餘部分允許和日本共管；那末日本就可以暗中佈置侵略中國和南進的基地了。這一點我們尤其要特別注意警惕，不可放鬆收回琉球的決心。我們把這些實情告訴美國，不見得就會損傷中美友誼。方今國家多難，東北、新疆、旅大等問題自然比琉球問題還要迫切嚴重得多。但是一國的對外關係原是多方面的，燃眉之急要應付，未來隱患也須預防。政府應當擧聲明，並且準備切實的資料和方案，以便在未來和會上提出，正式收回琉球。

近來有人以爲可以放棄琉球（見七月九日大公報劉子健的「準備對日和約」），不但自己先洩氣，也過於忽視了琉球在中國國防上的重要性。從種種方面看，琉球應當歸還中國，中國必須收回琉球。希望國人羣起呼籲。

七月十九日於南京

# 旅行杂志

《旅行家》杂志的前身是中华民国16年（1927）创刊于上海的《旅行杂志》。20世纪20年代的上海，经济的飞速发展，人口的大量拥入，城市公共设施、管理职能的完善，加速了都市化的进程；以西方时尚消费为主体的消费文化逐渐形成，市民注重精神层面的消费，形成了所谓的“上海生活”。中国旅行社创办的《旅行杂志》正是这种消费文化的产物。

《旅行杂志》是由时任上海商业储蓄银行（简称上海银行）的总经理陈光甫先生一手策划、创办的。编辑室设于上海仁记路110号4楼，由庄铸九总负责，聘请《申报》编辑赵君豪主编务，画家张振宇司美术。

《旅行杂志》初为季刊，季末出版。从民国18年（1929）第3卷起，改为月刊，月初出版，出至民国31年（1942）12月，共计16卷。是年8月初，在桂林成立直属总社的出版机构。从8月起，继上海版又出《旅行杂志》第16卷第8期，故第16卷第8～12期共有桂林和上海两种版各5期。民国32年（1943），上海版停刊，只出桂林版。由于受战事影响，民国33年（1944）7月出版机构迁往重庆继续出版。二战胜利后，迁回上海。1949年，《旅行杂志》一部迁到台湾，发行至1950年3月停刊，而留在上海的被人民政府接管后继续出版，1952年前到北京，1955年改为《旅行家》。

《旅行杂志》的创办，从大的社会背景来说，是都市中产阶层生活方式的一种体现，是舆论媒体消费商业化的表现方面，更是上海都市消费文化发展的必然结果。从民国时期旅游业发展的过程来看，它又是中国旅行社倡导行旅、服务社会宗旨的具体化和深入化，是旅游业与传媒业的结合，并通过传媒的便捷途径来进一步推动旅游业发展的规模化、科学化。

一九四九年十一月
發行者 中國旅行社
編輯者 中國旅行社
總發行所 上海四川路四二〇號 中國旅行社 電報掛號
分發行所 各地中國旅行社 及各招待所
經售處 上海及各埠書坊
本期每册實售人民幣壹仟貳伯元
旅行雜誌
十大特色
一、促進生產建設
二、協助物資交流
三、闡揚山水名勝
四、介紹海外風光
五、提供古跡考證
六、狀述邊疆風俗
七、提倡學術旅行
八、刊佈交通消息
九、報導各地旅程
十、迻譯世界名著
歡迎訂閱
中國旅行社發行
上海四川路四二〇號

《旅行杂志》版权页

旅行雜誌
25
一九二七年創刊 一九五一年 第廿五卷 第三期

# 琉球是我們的

楊柳文

大家知道，琉球羣島之在台灣以東，與日本毗連；正好像團沙羣島之在海南島以南，與菲列賓、越南相望一樣，同爲我國的二條觸鬚。然而在航行上，國防上的地位，其價値却比團沙羣島更爲重要。

琉球羣島，位在北洋緯二十四度至三十一度，和東徑一百二十三度至一百三十一度的西太平洋邊緣。係由上葛喇羣島、奄美羣島、大琉球羣島，（卽冲繩羣島）八重山列島所組成，共計全部島嶼約有四百七十三個。北起種子島、隔大隅海峽與九州相望；南迄那國島與台北緊聯。蜿蜒綿亙八百餘公里，形如弧狀的一串項珠。其中以冲繩島、奄美大島爲最大；西表島、石垣島、宮古島、久米島、德之島、屋久島、那國島、種子島等次之。面積凡四千六百七十方公里，人口八十餘萬，平均每方公里，爲一百七十三人。

琉球民族，以我國福建及沿海各省移入的漁民商人爲最多，在八十萬人口中，佔有半數。據唐張鷟著的「朝野簽載」所稱：人形短小似昆崙，今亦有魁偉俊秀者，首里、久米、泊、那霸四村，秀美尤多。姑米山所見，間有豐頤修髯，修髯殊類常爽。」按中國之移民琉球者，多集首里、那霸，其「豐頤修髯，」顯有漢人血統滲入而產生者。張氏在唐時稱「間有」，今則普遍矣。由此可見，漢人移入琉球羣島的時期，遠在隋、唐之前卽有，其後各朝，移往者卽更多矣。如洪武二十五年，明太祖遣水師三十六姓前往琉球，其後裔多居於首里，至今尙有阮、毛、蔡、金、梁、鄭、林等七姓大族。其他半數民族，據學者的硏究：有三分之一屬南方系，爲南洋羣島所遷入者。有三分之一屬北方系，爲日本方面所遷入者。另外三分之一，卽爲雜系云云。

根據地理種族上的分析，琉球是我們的，日本自無置喙之餘地。今日本反動派，胆敢顚倒黑白，妄稱琉球羣島，在種族上是屬於日本的，這很顯明，完全是因爲美帝國主義的扶植的關係，而暴露了法西斯主義侵略的舊面目。

## 歷史和政治關係的證明

琉球是我們的，證諸以往歷史，日本更無置喙它餘地。迴溯我國與琉球的關係，遠在唐、隋以前，就有漁民商人往來其間。大業元年，隋煬帝遣海師何蠻，與羽騎尉朱寬前往探險，這是政治上發生關係的開端。他們於萬濤駭浪之中，發見其地形如浮在水面的虬龍，故名流虬。登岸後，詔以臣服大隋，琉人不从。第六年政府命陳稜往琉球撫之乃服，不久雖失連絡，但與明朝，我國與琉球在政治上的關係，就連繫得更加密切了。

在公元一三七二年，（卽洪武五年，）明太祖命楊載去琉球詔撫，中山王察度，卽遣其弟隨楊載前來中國朝貢。一直至淸末，被日本掠奪時止的五百餘年間，政治上的往來，未曾間斷。

我國對琉球曾冊封二十四次。琉人遣使入貢，計二百七十八次，平均每兩一年朝貢一次。貢品以黃紅銅、海蚆、螺壳爲最多。琉球人每想依伙中國眷顧之恩威，常以入貢的政策，來杜絕他人侵略覬伺的野心。所以屢想打破二年一貢之例，改爲比年貢。因此常在一年之間，有再貢、三貢者，其內向心之忠誠，由此可以想見。故在歷史的政治上說，琉球是中國的領土，自不待言。今日本法西斯餘孽，謬以琉球在歷史上，政治上都是屬於日本的無恥叫囂，已不攻自破了。

當時，政府對琉球的政策，是採取懷柔的原則，而以教育輔之。同時加以使者的往來，商人的傳播，以及留華學生歸國的灌輸，和閩省人民的移住影响。徵諸古籍，考於民間，琉球一切，沒有不受中國之影响者；而尤以文化思想，受惠於中國者更多。幾乎完全屬於中國文化的體系。

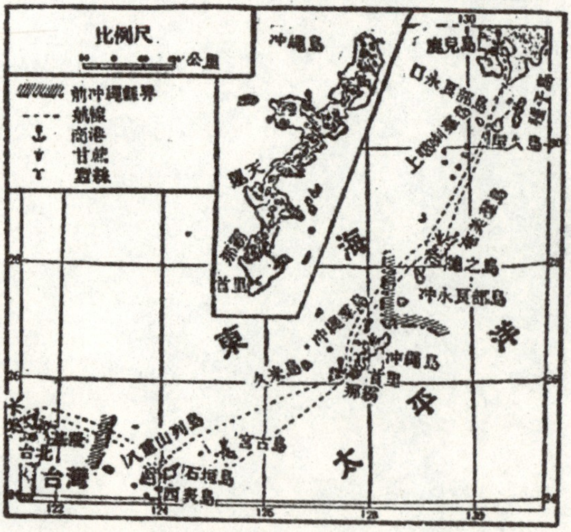


琉球羣島圖

好像其立國治民之道；典章文籍之制；官制、兵制、法律、農事、賦稅……等等政策。又如宮殿房屋之建築；車輿工具之製造；服裝衣飾之形式……等等，都是與中國有關係的。

極明顯者，如曆書一事，每年所應用者，均由明、清二朝曆年頒行其地。後來所採用的陽曆，係日本掠奪後所改，但民間仍盛行我國所用的陰曆。祭祀如神龕，奉祖神主，天地君親師位，及清明的掃墓，春秋二季的祀孔等……。音樂如我國的三弦，是琉球最盛行的樂器，樂譜也是採用我國的「五六工尺上四何」爲準則。他如五月的龍舟競賽，舞踊、唐手的技藝，以及石坆、石獅、石鼓……等等，都是模仿中國的。所以美軍於一九四五年四月在琉球羣島登陸後，就發出一項報導：謂「到處都是以中國文化爲主的民族。」可知琉球羣島的優秀文化，雖被日本摧殘達七十餘年之久，然而緊端久遠之中國文化，仍舊綿延燦爛於琉球羣島每一角落，始終未被泯滅，即見琉球人之民傾向我國之心理，依然是活躍於字裏行間，殊令人低徊而不能自已！今日本反動所謂「琉球在文化上是屬於日本的，」簡直是荒唐透頂！

## 美帝露骨的侵略行動

此次日本投降，琉球誰屬，根據它的歷史，種族，文化……等等的關係；根據開羅與波茨坦二會議的明白決定，歸還我國，自無置辯。殊料無恥的美帝國主義者，看中了琉球羣島是侵略遠東的重要跳板，是霸佔西太平洋的唯一蹈脚石，他們以該地的軍事價值的重要，早有單獨託管（即佔領）之議。自從一九四一年十二月八日太平洋戰爭爆發，經過四年血戰，盟軍得勝，在戰爭中爲美國所佔領，完全在他控制之下，迄今已有六七年之久了。美帝國主義的國防部和駐東京總部的戰販們，一致認爲琉球羣島，係美帝國主義在遠東防務上（即侵略上）不可缺少的一環。所以美軍於一九四五年四月登陸琉球羣島之後，他就居心狠毒，計劃單獨把琉球羣島長期佔領，作爲在遠東戰略上的軍事基地。根據各方面的消息，在他佔領的六七年當中，無論在政治上，軍事上，已有許多永久性的設備，如合衆社東京電訊會經更露骨地說：「據悉：中共的不斷勝利，已加速美國的決心，把沖繩島建爲永久性的不怕颶風的基地，從這裏，即最重的轟炸機，也可以深入亞洲與蘇聯的亞伯利亞，作爲原子性的轟炸襲擊……」美帝國主義圖謀如此，既無歷史淵源，更無種族依據，居然爲了侵略遠東，而強行霸佔了我國的領土，這種破壞世界和平的行爲，簡直是一個沒有理性的野獸。

琉球是我們的；是舉世公認的中國領土；是一八七四年被日本帝國主義以暴力掠奪的方法，把我國這一條升入太平洋的龍鬚，強行霸佔，並於一八七九年，將其合併爲日本的一個縣的我國領土。我們有正當的理由，要求歸還我國，現在不管日本反動派也罷！美帝國主義也罷！他們如果要想侵犯我們的一寸神聖領土，我們偉大的中國人民，是決不會容許人家侵犯的，決不肯放棄自己領土的。同時更不會聽隨琉球羣島爲他人所染指，爲他人所統治。我們要從日本人的手裏，收回琉球羣島，以湔雪我國七十年前喪失土地的恥辱。如果還有人要阻止我們收復琉球羣島的話，那麼，他就是我們的敵人。我們全國人民，要大家起來，要繼解放台灣之後，把琉球羣島解放，拯救淪亡已久的琉球人民，跳出陷井，同登自由的領域！

## 反對美國片面訂立對日和約

“高粱叶子青又青,九月十八来了日本兵!先占火药库，后占北大营！杀人放火真是凶!中国的军队好几十万，‘恭恭敬敬’让出了沈阳城!”每到“九一八”，我总想起老辈人经常唱的这首歌。80多年过去了，今天在编写这套《老报刊里的日本侵华实录》，一篇篇的“血泪大控诉”，让你对往事的再现有着深深的痛感!

我虽未亲历“九一八”，但从这些真实的史料记载中，可以看到：1931年9月18日这天晚上，北大营那边响起了枪炮声，震得房子直掉土渣，老百姓都不敢睡觉，天一亮，街坊四邻传递着小日本打了军火库、占了北大营的消息，全城人心惶惶。接着又听说少帅在北京叫东北军不要抵抗的消息，人们都不知怎么办才好。又有人说日寇最恨青年学生，要进城抓学生。还有人说，火车站日本人守着，不让学生走，认为学生进关就要搞抗日。于是很多青年学生都剃了光头，扮作关内生意人的小伙计，夹在逃难的人群中逃出了沈阳……

收藏领域包罗万象，我独钟老报刊的收藏。而战时遗物，更值得珍视!透过书案上摊放着陈旧而脆黄的近现代老报刊，我怀揣着敬畏之心，在茫茫报（刊）海中浏览，一行行细小而没有标点的繁体字在眼前闪过，将我带入似醉似痴、如梦如醒的状态。从而为这些老报刊中所提到的那些人、那些事、那些物，感到那么伤感，又是多么的叫人怀想!正是这民国的装束，使我等人不得不去爱她、动情地想要去亲她!如你也是这等人，就请收藏她吧!“娶”她回家吧!

我仿佛看到了一幅幅存废之争的画面，一篇篇声讨入木的檄文；好像听到了那久违的“我的家在东北松花江上，那里有森林煤矿，还有那满山遍野的大豆高粱……”“万里长城万里长，长城外面是故乡……”的歌声，“有亡国，有亡天下，亡国与亡天下奚辩？曰：易姓改号，谓之亡国；仁义充塞，而至于率兽食人，人将相食，谓之亡天下……保国者，其君其臣，肉食者谋之；保天下者，匹夫之贱，与有责焉耳矣!”的呼吁；似乎闻到了一发发炮火的气息，一首首良剂的芬芳。我感受到不屈不挠的战斗精神，力挽狂澜的英雄气概。

我向心仪的前辈们询问，曾最早使用“南京大屠杀”一词的《世界展望》杂志主编张正宇；作为了解中国的窗口，展现近现代中国社会的发展变迁、世界局势的动荡不安、中国军政学商各界之风云人物、社会风貌的《良友》主编梁得所；抗战胜利后最早发行的综合性刊物《周报》主编唐弢、柯灵，时过境迁，这些陈年过刊，已是明日黄花，究竟还有什么价值?

张正宇理理毡帽，唐弢微微颔首，柯灵捋捋胡须，梁得所缓缓启唇：此言差矣。老朽充实资料于此宝库，施洒肥料于此沃土，既映当世，又裨来兹，惜乎人多未识，视同弁髦。君若有志于此，不妨倡言开掘利用，吾等自可含笑于九泉。

黄粱枕失，南柯梦醒，四老之语，启我心扉。遂一一寻究，细细玩索。“既映当世，又裨来兹”之训，犹在耳畔，若有所得。

从老报刊里记录的“九一八”，再到北平听到“七七”事变的枪声，最后迎来抗日战争的胜利……我想，在历史的重要时刻，不论你是身居何处，是一种偶然；而在中华民族最危险的时候，作为普通的中国人，汇入全民抗战的大潮又是一种必然。

当下，出版资源的价值不仅仅体现在生产环节的当期，还体现在出版之后的再生产、再利用上，如何充分开发出版资源，延伸出版产业链，重新挖掘、组织并以合适的途径和载体再次送达给读者，不乏经营战略角度的考量。

新媒体、新技术、新平台的快速发展与普及，为传统出版和产业转型升级带来了前所未有的发展机遇。出版机构如何借助其参与出版资源的二次开发，怎样以资本力量撬动产业市场、以现代视野拓展产业规模、以多元运营提升产业效益，这样的大视野、大局观可谓重要。相较于过往稍显“粗放”、“单一”的经营理念，越来越多的出版同人更加看重出版资源的利用效率，甚至在业内形成一股出版资源二次开发的战略转变趋势。为此，老报刊价值的再利用，乃是一种必然的文化现象。

这些战时期间出版的老报刊其历史价值约有三端：一者，展示中日两国之间的交锋场面。它真实地记录了在三四十年代中国这个多事之秋，日本侵略我国的野蛮行径，奸淫掳掠、血腥冲天的场面，中国人民为驱赶倭寇所作出的不懈努力与抗争。二者，将这些的惨暴真实地挖掘、梳理展示给中国人民和世界人民，让人们永远牢记这段历史，以史为鉴。其现实意义在于针对当前日本右翼势力的否认、淡化和歪曲其侵华历史的罪恶行径，将有力地遏制日本军国主义反动势力的猖獗。三者，诸多老报刊及时报道战情，开设专栏，发表专论，刊载专著，成为文化界与敌人斗争的主要阵地。无疑还具有重要的学术价值和教育意义，其学术价值在于可为今后进一步深化研究抗日战争史提供坚实的史料基础，并有利于振奋国人的爱国热忱和实现“中国梦”的决心。

综观中国老报刊发展史的研究现状，对近现代学术发展的研究实在是一个薄弱的环节。造成这一现象的原因是多方面的，其中一个基本原因是近现代老报刊文本难得。因此，要想了解战时期间的真实状况，进而全面研究近现代日本帝国主义侵略行径，以及它对当代的影响与启迪，唯有望洋兴叹而已。因此，收集整理出版近现代老报刊无疑有着重大的学术价值。

为使近现代老报刊研究进一步拓展与深化，充分发挥它们的应有作用，我做了多年的近现代老报刊研究，饱受筚路蓝缕之辛，备尝爬罗剔抉之劳。《老报刊里的日本侵华实录》只是我编纂近现代老报刊的一种。

全套书分为战争篇、经济篇、教育篇、政治篇等四卷（6册）本。针对入编的老报刊，做了每种纸媒办刊目的、办刊人物、办刊内容，判为综合期刊、学术期刊、普及期刊三种类型，枝不旁引，井然有序；继者从全国研讨、地域交流、海派形成三个方面，阐发对学术的促进，中规中矩，有理有据。

近现代老报刊是一座资源丰富的矿藏，是一片尚待开垦的荒芜地域。今当这套丛书交与哈尔滨工业大学出版社付梓之时，或可改变近现代老报刊一向束之高阁人未识的困境，而出现一个研究近现代老报刊学术的热点，以告慰近现代出版界诸老。

在我眼里，一位思想家不在于他的著作有多么繁富，学说有多么缜密，如果缺少了独具慧眼的发现，缺少了照亮心灵的光色，那只能是平庸的再造或翻版。我们这么断言，是明代著名思想家、史学家、语言学家顾炎武用他独具慧眼的发现，照亮了我愚暗的心扉，给了我新的启迪。不要说他笔下那浩瀚的论著，就一句“天下兴亡，匹夫有责”便具有晴天霹雳的震惊效应。我知道这不是他的原话，这话是梁启超为之合成的。他的原话是：时光逝去数百年了，我坐在书斋轻轻掀动《日知录》，当字行里跳出这段话时，眼睛竟亮得如电光闪射，神魂竟震撼得如惊雷炸响！我把顾炎武尊为补天者，他要补的天是仁爱的苍穹，道德的星空。诚如那个阴沉沉的午后，我走进尚书浦畔的顾家宅第，顿觉阴霾四散，华光迸射，心胸亮堂得少见。是的，仁爱是天，一旦失去仁爱，人和兽还有何种差别？若是世道真的沦为“率兽食人，人将相食”，那可是最为恐怖的灾难啊！这灾难不是天塌，其危害甚于天塌；不是地陷，其危害甚于地陷。要免除这人为的天塌地陷有何良策？顾炎武已明确指出：“匹夫之贱，与有责焉耳！”是的，匹夫有责，匹夫履责，才会民风和洽，才会其乐融融，才会重现尧天舜日的美景。
顾炎武点起了一盏灯，一盏照亮人心的明灯！顾炎武就是一盏灯，一盏闪烁在中华大地的思想明灯！

《老报刊里的日本侵华实录》得以形成，这里由衷地感谢中国人民大学教授、中日战争研究史专家张同新欣然为本书作序；中国社会科学院研究员、教授李成勋为本书撰写了中肯的鉴评；军事科学院研究院岳思平，在审读全书后，给出了“深刻揭露了日本帝国主义自1868年明治维新后，积极进行大陆政策，以1931年至1937年间，中国东北为重点地区，在军事、政治、经济、思想和文化战线全面侵华的罪恶行径，使该书在一定程度上反映了中国军民抗战的历史。图文并茂、资料珍贵、内容丰富、具有重要的学术价值和现实意义。”人民日报社高级编辑王华兴为本书的编辑体例提出了宝贵的建议，还有中共黑龙江省委宣传部、黑龙江省新闻出版局联合组织众多专家对本书的审评后，最终给予了黑龙江省精品图书出版工程专项资金资助出版的支持，尤其感谢哈尔滨工业大学出版社的田新华编审在两年多的时间里，为本书的出版组织撰写材料报批、组织编审团队，并建议补充老报刊的历史出版信息，以便于读者按图索骥，付出了辛劳的汗水。

有了以上专家、学者及政府职能部门的肯定和支持，那么，让我在静夜里细细体味花开的声音，让一股生活的香甜顿涌心底。回忆不仅仅是为了铭记，更为了展望，我祝福我的祖国未来“春光尽十分”。当我们那燃烧的一代人的额头上皱纹愈来愈多的时候，我们的党和祖国却变得愈来愈年轻！

谢华

2015年1月25日 积字斋

## 内容简介

《老报刊里的日本侵华实录》旨在通过对1931～1945年我国出版的诸多报刊系统的梳理，全方位、多角度地再现那段悲壮历史，揭露日本侵略者所犯下的滔天罪行，向国人揭开一幕幕鲜为人知的血腥史实，讴歌中国各族人民抗击日本侵略者的不屈精神品质。

本书既为专家、学者研究抗日战争提供了可贵的史料，又为进行爱国主义教育提供了生动的教材。

**图书在版编目(CIP)数据**

老报刊里的日本侵华实录. 第3卷，侵华政治文化篇 / 谢华主编. —哈尔滨：哈尔滨工业大学出版社，2015.10

ISBN 978-7-5603-5358-6

Ⅰ. ①老…　Ⅱ. ①谢…　Ⅲ. ①日本-侵华-史料②日本-侵华-文化侵略-史料　Ⅳ. ①K265.306

中国版本图书馆CIP数据核字（2015）第083655号

---

策划编辑　田新华
责任编辑　唐余勇　尹继荣　田新华　杨秀华　常　雨　丁桂焱
封面设计　恒润设计
出版发行　哈尔滨工业大学出版社
社　　址　哈尔滨市南岗区复华四道街10号　邮编150006
传　　真　0451-86414749
网　　址　http://hitpress.hit.edu.cn
印　　刷　哈尔滨博奇印刷有限公司
开　　本　787mm×1092mm　1/16　印张 30.25　字数 610千字
版　　次　2015年10月第 1 版　2015年10月第 1 次印刷
书　　号　ISBN 978-7-5603-5358-6
定　　价　242.00 元